Vogelsang · Gesc

Themen: Ho … sgeselz

Romanhinweise
S. 638-9

Kai Vogelsang

Geschichte Chinas

Mit 54 Abbildungen
und 14 Karten

Reclam

MIX
Papier aus verantwortungsvollen Quellen
FSC® C083411

5., aktualisierte und erweiterte Auflage
2013 Philipp Reclam jun. GmbH & Co. KG,
Siemensstraße 32, 71254 Ditzingen
Druck und Bindung: CPI books GmbH,
Birkstraße 10, 25917 Leck
Printed in Germany 2018
RECLAM ist eine eingetragene Marke
der Philipp Reclam jun. GmbH & Co. KG, Stuttgart
ISBN 978-3-15-010933-5

www.reclam.de

Inhalt

Einleitung

Etwa 1200 v. Chr., Frühling, am achten Tag des Zyklus. Wu Ding, Herrscher der Dynastie Shang, steht im königlichen Ahnentempel, um ihn reich verzierte Opfergefäße aus Bronze, gefüllt mit Fleisch, Getreide und Hirsewein für die Geister der Ahnen. Einer von ihnen muss erzürnt sein, denn Wu Ding hat Zahnschmerzen. Ein Orakelpriester, der neben einem Feuer hockt, nimmt den polierten Brustpanzer einer Schildkröte vom Altar, bohrt einen glühenden Stab hinein und ruft: »Es ist Vater Jia!« – »Pock«, entsteht ein langer Sprung in dem Panzer. Vor den Augen der königlichen Familie versengt der Priester einen anderen Panzer: »Es ist Vater Geng!« – »Pock«, ein weiterer Sprung. Wu Ding befiehlt, ein Schaf und einen Hund als Opfer zu schlachten; mit blutigen Händen hält er die Panzer und sucht in den Sprüngen die Antwort auf die Frage, welcher Ahnengeist seine Zahnschmerzen verursacht.

Um das Jahr 510 v. Chr. Konfuzius steht in der Halle, als sein Sohn, Li, vorbeieilt. »Hast du die Lieder studiert?«, fragt Konfuzius ihn. »Noch nicht«, kommt die Antwort. »Wenn du die Lieder nicht studierst, hast du nichts zu sagen« – woraufhin Li umkehrt, um die Lieder zu studieren. Anderntags will sein Sohn wieder vorbeieilen, doch Konfuzius hält ihn an: »Hast du die Sitten studiert?« »Noch nicht«, entgegnet dieser. »Wenn du die Sitten nicht studierst«, bescheidet ihn Konfuzius, »besitzt du nichts, um zu bestehen.« So kehrt Li abermals um und lernt die Sitten.

873 n. Chr., 8. Tag des 4. Monats. In einer prachtvoll geschmückten Sänfte wird ein Fingerknochen des Buddha feierlich in die Hauptstadt der Tang verbracht. Die Luft ist gefüllt von Weihrauch und dem betörenden Gesang der Mönche, Tausende von Gläubigen säumen die Straßen, um die hochheilige Reliquie zu begrüßen. Der Kaiser selbst erweist ihr, tränenüberströmt, die Ehre. Von allen Seiten drängt das Volk herbei: Männer und Frauen, Arme und Reiche, Junge und Alte. Sie haben gefastet, um der Gnade Buddhas teilhaftig zu werden, nun öffnen sie ihrer Begeisterung alle Ventile. Ihre Rufe lassen die Erde erbeben. Viele kriechen auf Ellbogen und Knien, um Buddha zu ehren, ein Soldat hackt sich in besinnungsloser Hingabe den Arm ab, Mönche stecken sich die Kopfhaut in Brand. Eine Lawine von Ekstatikern wälzt sich durch die Stadt, bis der Knochen den Palast erreicht, wo er in ein kostbar behängtes, vorgewärmtes Bett gelegt wird.

1852, Jahr der Ratte, 9. Tag des 8. Monats. Zehntausend junge (und nicht mehr ganz so junge) Männer sind nach Nanjing gekommen, um die Provinzprüfung abzulegen. Seit ihrem 4. Lebensjahr haben sie für diese Prüfung studiert. Sie haben die Anfangsgründe der chinesischen Schrift erlernt, den *Tausend-Zeichen-Text* und andere Fibeln studiert und schließlich die *Vier Bücher* und die *Fünf Kanonischen Schriften* auswendig gelernt, fast eine halbe Million Zeichen. Mindestens drei Prüfungen haben sie schon hinter sich, doch die schwerste steht ihnen noch bevor: nur jeder Zwanzigste wird sie bestehen. Um ein Uhr nachts signalisieren drei Kanonenschüsse den Beginn der Prüfung: die Kandidaten betreten, beladen mit Tusche, Pinseln, Proviant und Bettzeug, das Prüfungsgelände, wo sie dreimal drei Tage und zwei Nächte in zugigen Einzelzellen verbringen werden. Streng bewacht und kontrolliert, müssen sie dort Fragen zu den kanonischen Schriften beantworten, Aufsätze zu Verwaltungsfragen und politischen Themen schreiben. Die Glücklichen, die diese Prüfung bestehen, haben Aussicht auf einen niedrigen Beamtenposten – oder auf die nächsthöhere Prüfung in der Hauptstadt.

Donnerstag, 18. August 1966. Um fünf Uhr morgens betritt Mao Zedong in grüner Uniform den Platz des Himmlischen Friedens. Die Hymne »Der Osten ist rot« schallt über den Platz, auf dem sich mehr als eine Million Menschen drängen: Jugendliche, Schüler und Studenten, die in vollgestopften Zügen aus dem ganzen Land nach Beijing gekommen sind, um ihr Idol zu sehen. Sie halten das rote Büchlein mit Maos Worten hoch, aus dem sie auswendig rezitieren; viele von ihnen tragen stolz die Armbinde der ›Roten Garden‹, die sie als Speerspitze der Großen Proletarischen Kulturrevolution ausweist. Ein Meer von roten Fahnen bedeckt den Platz, »Lang lebe die glorreiche Kommunistische Partei Chinas!«, »Lang lebe der Große Vorsitzende Mao! Zehntausend Jahre! Zehntausend Jahre!«, gellt es aus Hunderttausenden Kehlen, während Mao sein Bad in der Menge nimmt. Keiner der jungen Leute wird dieses Erlebnis vergessen. Wer besonderes Glück hatte, erhaschte einen Blick des geliebten Führers, wer ihn gar berührte, wusch sich wochenlang nicht mehr die Hände.

Fünf Szenen aus der Geschichte Chinas. Fünf Szenen, die zeigen, wie radikal unterschiedlich die Erfahrungen der Chinesen in drei Jahrtausenden waren. Mehrfach sind die Chinesen sich im Laufe ihrer Geschichte selbst fremd geworden. Konfuzius kannte die Riten der Shang nicht mehr – und hätte er sie erlebt, er wäre entsetzt gewesen. Die Chinesen des 9. Jahrhunderts wiederum trennten Welten von der Kultur des Konfuzius: die Weisen der Alten seien seit 1000 Jahren in Vergessenheit geraten, hieß es, und selbst ihre Sprache war unverständlich geworden. Die Buchgelehrten der späten Kaiserzeit hinwieder hätten das zügellose Treiben der buddhistischen Prozession verteufelt; sie suchten ihr Heil in »konfuzianischen« Prüfungen – die Konfuzius selbst niemals bestanden hätte. Intellektuelle des 20. Jahrhunderts schließlich ziehen die gesamte alte Gesellschaft der »Menschenfresserei«, und die Roten Garden zogen aus, um alle alten Gewohnheiten mit Stumpf und Stiel auszurotten.

Warum dieser Hinweis? Dass Geschichte vom Wandel der Dinge handelt, ist eine Binsenweisheit. Geschichtsbewusstsein ist nichts anderes als die Einsicht in die grundlegende Unbeständigkeit aller Formen. Nur in China scheint das anders zu sein. Der alte Topos vom »ewigen China« wirkt noch immer in vielfacher Gestalt: die Lehren des Konfuzianismus und Daoismus, die rätselhafte Schrift, die listigen »Strategeme« und viele andere Merkmale der ›chinesischen Kultur‹ erscheinen uns in zeitenthobener Würde – als ob sie keine Geschichte hätten. Populäre Darstellungen – auch und gerade von Chinesen geschriebene – tragen zu dieser Verklärung bei, aber selbst gestandene Wissenschaftler heben auf Kontinuität und Beständigkeit der chinesischen Kultur ab.

Paradoxerweise scheint diese ahistorische Perspektive ein Effekt der Geschichtsschreibung selbst zu sein. Geschichtsschreibung – nicht nur die chinesische – hat die Funktion, die verstörende Unbeständigkeit der Welt zu kompensieren, indem sie Kontinuitäten konstruiert. Sie verkürzt teleskopisch, rückt disparate Ereignisse nachträglich zusammen und stiftet ihnen einen sinnvollen Zusammenhang. Dadurch verleiht sie ihrem Gegenstand eine Kohärenz, die ihm an sich nicht innewohnt, schärfer noch: dadurch bringt sie ihren Gegenstand allererst hervor.

Die chinesische Geschichtsschreibung vermittelt seit 2000 Jahren das Bild einer homogenen Hochkultur, die sich im Rahmen eines mächtigen Einheitsreichs entfaltet hat. Reichsgeschichten der Kaiserzeit erzählten, wie Herrscher im zyklischen Auf und Ab der Dynastien kamen und gingen, auch Grenzen sich hier und da verschoben – doch die Einheit der Tradition erschien unerschütterlich. Die Nationalgeschichten des 20. und 21. Jahrhunderts erzählen die Geschichte Chinas als Aufstieg des chinesischen Volkes und seiner Selbstfindung im Nationalstaat. 5000 Jahre soll diese Geschichte überspannen! Die Chinesen hätten schon im 3. Jahrtausend v. Chr. am Mittellauf des Gelben Flusses eigene Staaten –

die »Drei Dynastien«: Xia, Shang, Zhou – gegründet und ihren Einfluss von dort aus in Auseinandersetzung mit »Minderheitenvölkern« sukzessive auf fast einen ganzen Kontinent ausgedehnt. So sei zusammengekommen, was zusammengehört, und die chinesische Nation zu dem geworden, was sie immer schon war.

Was aber ist der Grund für dieses monolithische Geschichtsbild? Warum das Beharren auf Einheit und Beständigkeit? Wenn Geschichte auf das Problem von Kontinuitätsbrüchen reagiert, indem sie Kontinuitäten beschreibt, so ist zu vermuten, dass sie dies umso nachdrücklicher tut, je gravierender das Problem ist. Mit anderen Worten, der Erzählung von Einheit und Kontinuität dürfte eine zutiefst prägende Erfahrung von Haltlosigkeit und Diskontinuität zugrunde liegen. Wenn Geschichte ihren Gegenstand selbst hervorbringt, so heißt das: nicht die nationale Geschichte mündete in den Nationalstaat, sondern erst Chinas Selbstverständnis als Nationalstaat erforderte eine Geschichte, die diese neugefundene Identität legitimierte.

›China‹ und die ›Chinesen‹ sind Geschöpfe der Geschichtsschreibung. Das chinesische Wort für China, *Zhongguo*, war ursprünglich ein Plural: es meinte die »Mittleren Staaten« der Nordchinesischen Ebene. Später wurde daraus ein Singular: das »Reich der Mitte«, Siedlungsgebiet der Chinesen. Im 17. bis 19. Jahrhundert nahm *Zhongguo* schließlich eine Bedeutung an, die weit über das chinesische Kernland hinausging und ein Vielvölkerreich bezeichnete. Damit erst wurde es plausibel, unterschiedliche ethnische, religiöse und regionale Gruppen, die sich zuvor als eigenständig definiert hatten, pauschal ›Chinesen‹ zu nennen. Am besten versteht man ›China‹ als Kollektivsingular, der eine Vielfalt von Verschiedenem in einem Begriff bündelt: separate Orte in einem Raum, unterschiedliche Verhaltensmuster in einer Kultur, individuell verschiedene Menschen in einer Nation, lokale Dialekte in einer Hochsprache, nicht zuletzt: disparate Ereignisse in einer Geschichte.

Es geht der vorliegenden Darstellung nicht darum, solche Selbstbeschreibungen als Konstruktionen zu entlarven, sondern sie als Teil der Geschichte ernst zu nehmen. Sie verweisen – das ist die These dieses Buchs – auf das Grundproblem der chinesischen Geschichte: die Ordnung einer heterogenen Gesellschaft. Auf jede Steigerung sozialer Optionen reagierte die chinesische Gesellschaft mit neuen Ordnungsmustern, um diese Komplexität zu bewältigen, auf jede Zunahme von Kontingenz mit Strategien, um die Ambivalenzen zu bändigen. Erzählungen von Einheit antworten auf empirische Vielfalt, Beschwörungen von Kontinuität kompensieren die Erfahrung von Diskontinuität, eindeutige Weltbilder reagieren auf Ambivalenzen der Wirklichkeit. Allemal indiziert die Abwehrreaktion den Infekt. Dieser Zusammenhang zwischen kulturellen Formen und den zugrundeliegenden Problemen einer ständig komplexer werdenden Gesellschaft bildet das Leitmotiv dieses Buches.

Diese *Geschichte Chinas* geht davon aus, dass Kultur in China von Anbeginn nicht durch Einheitlichkeit, sondern durch Vielfalt geprägt war, und zwar ganz emphatisch: nicht nur, dass chinesische Kultur Unterschiedliches vereint, sondern diese Vielfalt hat die Entstehung einer ›chinesischen‹ Kultur allererst möglich gemacht. König Wu Ding der Shang wusste noch nichts von China. Die Shang waren nur eine von vielen Regionalkulturen, die in Neolithikum und Bronzezeit nebeneinander siedelten: Welten in sich, die eigenen Sitten und Gebräuchen folgten. Erst als etwa im 9. Jahrhundert v. Chr. eine regelmäßige Kommunikation unter Eliten entstand, wurde ein familien- und regionenübergreifender Zusammenhang denkbar. ›China‹ ist also durch die Kontakte und Vermischung verschiedener Gruppen entstanden, und ›chinesische Kultur‹ bildete sich heraus als Lösung des Problems, dass unterschiedliche Lebensweisen sich einander anpassen mussten. In dem Maße, in dem die chinesische Gesellschaft vielschichtiger und differenzierter wurde, entwickelte sie kulturelle Formen, um diese Differenzen zu bearbeiten: Sitten, Bürokratie, Moral, aber auch Autokratie, Korruption, Totalitarismus und viele andere.

Indem solche kulturellen Formen nicht als Entfaltung urchinesischer Erbanlagen beschrieben werden, sondern als Antwort auf historische Bezugsprobleme, werden sie vergleichbar. Denn nicht nur China musste sich um Ordnung einer heterogenen Gesellschaft bemühen. Chinas Probleme – zum Teil auch seine Lösungen – finden Parallelen in Europa, Amerika oder im übrigen Asien. Mehr noch: viele Elemente der chinesischen Kultur entstanden erst durch den Kontakt mit asiatischen Nachbarvölkern oder mit den Staaten des Westens. Die Forschung der letzten Jahrzehnte hat die Erzählung von der Ausbreitung einer autochthonen Kultur, die alle Kraft aus sich selbst schöpfte und deren Strahlkraft sich die ›Barbaren‹ willig unterwarfen, Stück für Stück untergraben. Jahrtausendelang befand sich China »unter Gleichen«, umgeben von Nachbarvölkern, deren Staaten oft viel größer, mächtiger und kulturell kaum ärmer waren als der chinesische. Sie haben die ›chinesische‹ Kultur nachhaltig beeinflusst. Nicht ›nationale‹ Stärke und selbstgenügsame Isolation prägten die Geschichte Chinas, sondern der ständige Einfluss der Umwelt.

Dennoch fand auch in China gesellschaftlicher Wandel immer *in* der Gesellschaft statt. China hat Einflüsse von außen nie ungebrochen aufgenommen (ebenso wenig, wie es seine Nachbarn einfach »sinisiert« hat), sondern stets eigenen Verhältnissen angepasst und kreativ umgeformt. Der Buddhismus hielt Einzug, indem er sich mit daoistischen Lehren verquickte; die Jesuiten erklärten das Christentum in chinesischen Begriffen, um es zu verbreiten; der Sozialismus nahm ›chinesische Charakteristika‹ an; und die chinesische Interpretation der Moderne lässt sich nicht einfach durch das westliche Vorbild, sondern nur mit Verweis auf *multiple modernities* erklären.

Bei alledem kann von einer einheitlichen, von allen getragenen ›chinesischen‹ Kultur bis in die Moderne nicht die Rede sein, erst recht nicht von einer Nation, das heißt einer klassenübergreifenden Solidargemeinschaft, an der jeder teilhatte. Zu kleinräumig waren die kommunikativen Möglichkeiten vor der Verbreitung des Buchdrucks, zu scharf die Differenzen zwischen Stadt und Land, Eliten und Volk. Jahrtausendelang herrschte in China eine dünne Eliteschicht – höchstens 10 % der Bevölkerung – über schrift- und namenlose Menschen. Diese Elite, die sich durch Mauern, Sitten, Kleidung, Endogamie und eine esoterische Literatursprache sorgfältig von ihrer Umwelt abgrenzte, prägte und repräsentierte die Gesellschaft als Ganzes: sie regelte den gepflegten Diskurs, machte Politik, sprach Recht, schrieb Geschichte, schuf Kunst und Literatur.

Das Substrat dieser Hochkultur bildete eine bunte Vielfalt von Lokalkulturen. Das einfache Volk lebte in weitgehend isolierten Gemeinden, pflegte lokale Kulte, sprach örtliche Dialekte, bewahrte eigentümliche Sitten. Sowohl untereinander als auch mit der Hochkultur der Oberschicht hatten diese Lokalkulturen nur punktuellen Kontakt: auch wenn sie Elemente der Hochkultur in jeweils angepasster Form übernahmen, blieb sie ihnen in einem tiefen Sinne fremd. Vielleicht erklärt das, warum so viele Lokalbeamte in den Regionen ihres Wirkens zu Göttern wurden: sie waren mit ihren Segen und Strafen buchstäblich aus einer anderen Welt gekommen.

Die vorliegende *Geschichte Chinas* handelt von diesen Göttern. Sie erzählt, wie die elitäre Gesellschaft entstand, wie sie sich im Kontakt mit der Natur, mit Nachbarvölkern und den niederen Schichten des eigenen Volkes beständig umformte, anreicherte und erweiterte bis hin zur National- und schließlich zur Weltgesellschaft. Dieser Prozess soll nicht als kontinuierliche Ausformung *einer* Kultur beschrieben werden, sondern als Serie von immer neuen Interpretationen und Umformungen, aus denen jedesmal etwas Neues entstand.

Die Geschichte Chinas erscheint als Abfolge ehrgeiziger, aber letztlich erfolgloser Versuche der Eliten, die Vielfalt der Kulturen in China einer einheitlichen Ordnung zu unterwerfen: vom schnell gescheiterten Zentralisierungsprojekt der Qin bis hin zu den erschreckend effektiven Maßnahmen der VR China, Meinungsvielfalt und Protestbewegungen zu unterdrücken. Auch die Erzählung von der einheitlichen chinesischen Kultur, die heute erfolgreicher denn je propagiert wird, ist eine dieser Maßnahmen. Doch unter dem monochromen Putz der Nationalgeschichte zeigt sich ein buntes Mosaik, vielfach gebrochen, durchzogen von Rissen und feinen Schattierungen. Statt Einheit und Kontinuität erscheinen dem historischen Blick Vielfalt, Wandel und Diskontinuität. Die Geschichte Chinas beeindruckt nicht durch monumentale Größe und Geschlossenheit, sondern sie fasziniert durch Vielfarbigkeit und Kontraste.

Der Raum

9,6 Millionen km^2 umfasst das Gebiet der Volksrepublik China heute, kaum weniger als Europa vom Atlantik bis zum Ural: ein Land, so groß und vielgestaltig wie ein ganzer Kontinent. Auf rund 5000 km vom Pamir bis zum Pazifik und 3500 km von Südsibirien bis in die Tropen sind in China fast jeder Landschaftstyp und jede Klimaart anzutreffen: von tropischer, taifungefährdeter Küstenlandschaft bis zur subpolaren, kontinentalen Steppe; von den felsigen, inselreichen Küsten des Südens bis zu den Sandstränden des Nordens; von fluvialem Tiefland bis zu staubtrockener Wüste und den eisbedeckten Gipfeln des Himalaya. Der höchste Berg der Welt, der Mount Everest mit 8848 m, liegt ebenso in China wie einer der tiefsten Punkte, die Turfansenke mit 154 m unter Meereshöhe.

Die Landschaft in all ihrer Diversität hat die chinesische Gesellschaft tief geprägt – und umgekehrt: indem sie Sümpfe trockenlegten, Wälder abholzten, Kanäle gruben, Hügel terrassierten, Marschland gewannen und der Natur in einem jahrtausendelangen Kampf ihre Schätze abrangen, haben die Chinesen ihre natürliche Umwelt radikal umgeformt.

Wenn es überhaupt eine Konstante in Chinas Geschichte gibt, die des Wandels der Zeiten überhoben ist, dann sind es die Berge. Lange vor dem Menschen entstanden, haben sie seinen Lebensformen von Anfang an den Rahmen gesteckt. Die Achttausender des Himalaya und Karakorum, der Pamir, Tianshan und das Altai-Gebirge trennen Ostasien von Südasien, Mittelasien und Westsibirien. Östlich dieser gewaltigen Bergketten fällt das Land in drei großen Stufen ab, die ihm ein charakteristisches Profil verleihen. Das Tibet-Plateau und Qinghai, beide über 4000 m hoch, bilden das ›Dach der Welt‹. Nördlich und östlich davon bilden das Tarim-Becken, das Mongolische Plateau, das nordchinesische Lößplateau, das Sichuan-Becken und das Hochland von Yunnan eine zweite Stufe in etwa 1000–2000 m Höhe. Die Hügel und Ebenen im Osten und Süden schließlich, das dichtbesiedelte Kernland Chinas, bilden mit unter 500 m Höhe die dritte Stufe.

In diesem fruchtbaren, klimatisch begünstigten Hügel- und Tiefland entstand und verbreitete sich die chinesische Kultur. Dort fließen der »Gelbe Fluss«, Huanghe, und der Yangzi, die Lebensadern der chinesischen Welt. Beide Ströme entspringen im Hochland von Qinghai und durchfließen, geleitet vom abfallenden Relief, das chinesische Kernland von West nach Ost. Die Wasserscheide zwischen Huanghe und Yangzi, zugleich die wichtigste Barriere zwischen Nord und Süd, bildet das bis zu 4000 m hohe Qinling-Gebirge. Auf etwa 33 Grad nördlicher Breite von West nach Ost verlaufend, wirkt es als klimatische Grenze, die China in zwei grundverschiedene Hälften teilt. Es trennt die sibirischen Winde, die in den Wintermonaten kalte, trockene Luft von Norden bringen, von den feuchtwarmen Monsunwinden des Südens, die im Sommer für reiche Niederschläge sorgen. Die ausgeprägten klimatischen Unterschiede zwischen Nord und Süd führten dazu, dass an den großen Flüssen des Nordens und Südens zwei ganz unterschiedliche Kulturräume entstanden, geprägt durch andere Wirtschaftsweisen, Lebensformen und Mentalitäten.

In Nordchina mit seinen großen Anbauflächen herrscht trocken-kontinentales Klima, geprägt von heißen Sommern und staubigen, klirrend kalten Wintern. Die Niederschläge von 50–60 cm jährlich fallen vor allem in den Sommermonaten, die Wachstumsperiode dauert nur ein halbes Jahr. Auf dem gelben, fruchtbaren Lößboden, mit dem die Winde

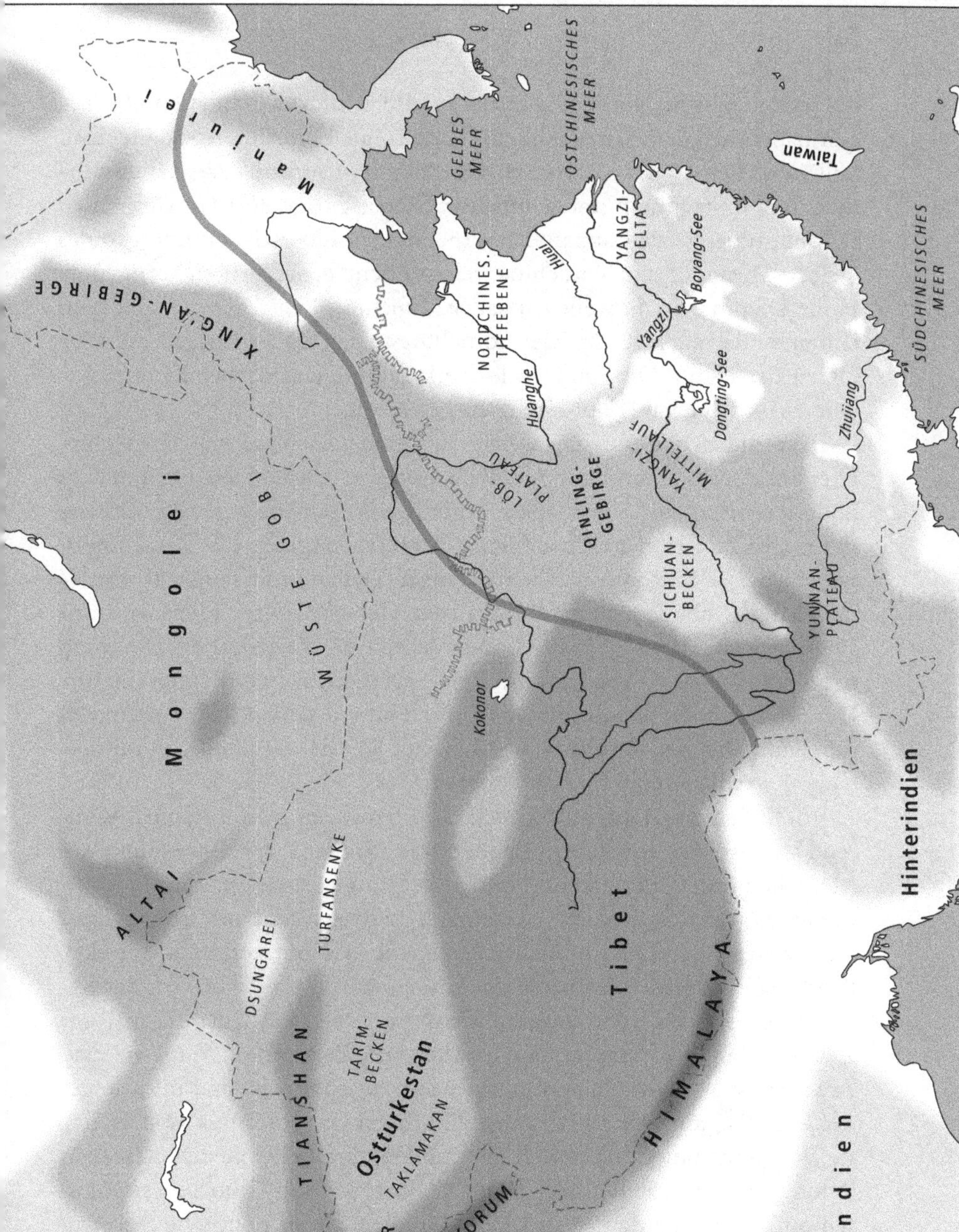

China physisch.

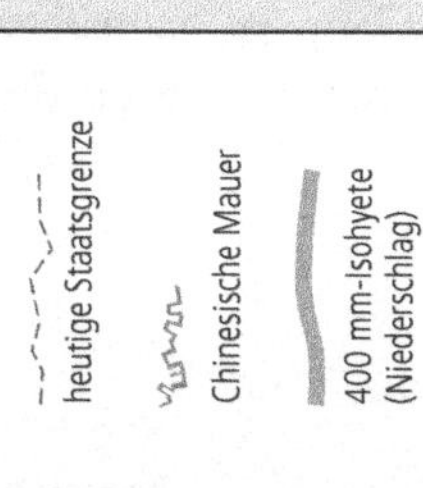

der letzten Eiszeit Nordchina in bis zu 200 m dicken Schichten überzogen haben, werden hauptsächlich Weizen und Hirse im Trockenfeldbau kultiviert. Die Landwirtschaft in Nordchina ist ein prekäres Unternehmen. Einerseits führen unregelmäßige Niederschläge dort fast jährlich zu Dürren, andererseits können die verheerenden Überschwemmungen des Gelben Flusses in der Nordchinesischen Ebene ganze Ernten vernichten. Hohe Dämme, die bisweilen sogar Stadtmauern überragen, zeugen vom jahrtausendelangen Kampf der nordchinesischen Bauern gegen die Unbilden der Natur. Die »gute Erde« verlangt ihnen seit jeher härteste Arbeit ab, um eine karge Subsistenz zu gewähren.

Ganz anders der Süden, jenseits von Qinling-Gebirge und Huai-Fluss. Hier sorgt der Monsunwind, der im Sommer warme, feuchte Luft aus Südosten bringt, für regelmäßige, ergiebige Regenfälle von 100–120 cm; der Yangzi bietet reiche, zuverlässige Wasserversorgung. Das Zusammenwirken dieser Faktoren macht das Yangzi-Tiefland mit seinen Roterde- und Sandsteinböden zum fruchtbarsten Gebiet Chinas. Hier wird vor allem Nassreisanbau betrieben, mit Weizen als Zweitkultur. Die rund neun Monate lange Vegetationsperiode ermöglicht zwei Ernten im Jahr. Der Süden ist die Kornkammer Chinas und seit tausend Jahren sein demographischer Schwerpunkt: noch immer lebt der Großteil von mittlerweile 1,3 Milliarden Chinesen im Süden.

»Im Süden das Boot, im Norden das Pferd«, sagt man in China. Während die weiten, trockenen Ebenen des Nordens der Bewegung von Menschen und Gütern kaum Hindernisse entgegenstellen, war die Kommunikation im Süden stets wesentlich schwieriger. Dort ist das Land durchzogen von Hügeln und Flüssen, die das Fortkommen auf dem Landweg erheblich erschweren. Sie sorgen zum einen dafür, dass der Süden lange vom Norden abgeschnitten war: der Yangzi markierte lange Zeit die definitive Grenze der chinesischen Zivilisation. Zum anderen bewirken sie, dass der Süden in sich stark zersplittert ist und in viele gesonderte Regionen zerfällt. Einige von ihnen waren so stark isoliert, dass sie als eigenständige Makroregionen zählen dürfen. Das Sichuan-Becken, durch große Bergketten isoliert, wurde erst spät von Chinesen erschlossen und hat im Laufe der Geschichte immer wieder politische Selbständigkeit behauptet. Das südöstliche Küstengebiet Fujians wurde durch das Wuyi-Gebirge ebenso vom chinesischen Kulturkreis abgeschottet wie der Südwesten durch die dschungelbedeckten Berge Guizhous und Yunnans.

Diese topographischen und kulturellen Abgrenzungen wirken sich in der Geschichte allenthalben aus. Es ist kein Zufall, dass schon die Steinzeitkulturen sich in Nord und Süd unterschiedlich ausbildeten, dass Reichseinigungen stets von den großen Ebenen des Nordens ausgingen, nicht aber vom zerklüfteten Süden, dass Sichuan im chinesisch-japanischen Krieg zur letzten Bastion der Guomindang wurde und dass Deng Xiaoping 1992 in Guangzhou zu wirtschaftlicher Liberalisierung aufrief, nicht in Beijing. Viele Aspekte der Geschichte Chinas lassen sich nur verstehen, wenn man die großen regionalen Unterschiede des Landes im Auge behält.

Doch die Kontraste innerhalb des chinesischen Kernlandes wiegen gering im Vergleich mit denen zu den umliegenden, höher gelegenen Regionen Zentralasiens: den Bergen und Hochplateaus Tibets und der Mongolei sowie den ariden Beckenlandschaften Xinjiangs. Diese Gebiete wurden, ebenso wie die manjurische Tiefebene, erst im 18. Jahrhundert in das Reich der Qing integriert und haben noch heute den Status autonomer Regionen. Sie sind durch natürliche Grenzen klar vom eigentlichen China getrennt: durch das tibetisch-chinesische Grenzgebirge im Westen, das Große Xing'an-Gebirge im Osten und – bezeichnenderweise – durch eine von Menschenhand errichtete Barriere, die Große Mauer, die von Gansu bis zum Golf von Bohai die Grenze Nordchinas markiert. Doch die entscheidende Grenzlinie der chinesischen Zivilisation ist gänzlich unsichtbar: die agrarklimatische Grenze des Regenfeldbaus, die in einem langen Bogen von der Manjurei, entlang der Mauer, bis nach Qinghai und Tibet verläuft. Sie bildet die Scheide zwischen Ackerland und Weideland. Nördlich und westlich dieser Linie fallen jährlich weniger als 400 mm Niederschlag, was ertragreiche Landwirtschaft fast unmöglich macht.

Dort liegen die ausgedehnten Wälder der Manjurei, Heimat des letzten Kaiserhauses, die Mongolei mit ihren weiten Grassteppen und der Wüste Gobi sowie das 1,6 Millionen km^2 große Ostturkestan, heute Xinjiang, mit der Dsungarei, dem Tarim-Becken und der knochentrockenen Wüste Taklamakan. Südlich dieser hochgelegenen, von allen Wasserstraßen abgeschnittenen Becken verhindern die ariden Hochplateaus von Qinghai und Tibet das Vordringen des Ackerbaus.

Im Laufe der Zeit hat sich der Unterschied zwischen dem chinesischen Stammland und diesen Gebieten zum Klischee verfestigt. Hier die Chinesen: sesshafte Bauern, die geduldig ihre Scholle bestellen, und kultivierte Städter in festgefügten Häusern, die Profite wägend Handel treiben und die höchste Erfüllung in Kunst, Dichtung und Philosophie finden. Dort die ›Barbaren‹: namenlos und ungestüm, nomadisierende Schaf- und Pferdezüchter, über sich nichts als den Himmel und um sich die endlose Weite der Steppe, rastlose Reiter, deren Leben aus Jagd und Kriegen besteht. Ihre Sprachen – Türkisch, Mongolisch, Manjurisch (eine Ausnahme bildet das Tibetische) – sind dem Chinesischen nicht einmal verwandt, Schrift haben sie lange nicht besessen. Hier geht es nicht bloß um den Unterschied zwischen Reis- und Hirsekultur, sondern um den Gegensatz von völlig verschiedenen Lebensweisen.

Jahrtausendelang bildeten die ›barbarischen‹ Steppenbewohner den Gegenentwurf zur chinesischen Kultur; sie waren das *Alter*, von dem sich Chinas *Ego* abgrenzte. Gerade dadurch definierten sie die chinesische Gesellschaft. Angesichts des Kontrasts zu den Steppenvölkern erschien es plausibel, ›China‹ allen inneren Differenzen zum Trotz als Einheit darzustellen.

Doch ebenso wenig, wie die innere Einheit Chinas einer genaueren Untersuchung standhält, überzeugt die Abgrenzung nach außen. Bei näherem Hinsehen zeigt sich, dass die Trennlinien keineswegs so scharf konturiert sind, wie sie zunächst erscheinen. Dann fällt auf, dass chinesische Herrscher seit je Heiratspolitik mit Fremdvölkern betrieben haben; dass die Xiongnu in Chinas größtem Geschichtswerk als ferne Verwandte der Chinesen beschrieben werden; dass die großen Herrscherhäuser der Zhou, Qin und Tang Wurzeln im Westen, außerhalb der chinesischen Stammlande hatten; dass so manche ›Barbaren‹ sich chinesischer gegeben haben als die Chinesen; und vor allem: dass nicht wenige von ihnen – Tuoba, Khitan, Jurchen, Mongolen, Manjuren und andere – für einen großen Teil der letzten 2000 Jahre sogar in China geherrscht haben und weit darüber hinaus. Unter diesen Dynastien hat das Reich seine größten territorialen Ausdehnungen erreicht, sie schufen allererst die Voraussetzung für Chinas heutige Größe.

Die scharfe Abgrenzung Chinas nach außen ist ebenso ein Mythos wie die Entgrenzung im Inneren. Das chinesische »Einheitsreich« war ethnisch und kulturell nie einheitlich. Mongolen, Turk-, Thai- und andere Völker, sogar Indoeuropäer lebten seit je inmitten der ›chinesischen‹ Bevölkerung. Sie brachten Krieg und Verluste, aber auch Anregung und Bereicherung für die ›chinesische‹ Kultur.

Die Zeit

Wenn von Länge, Einheitlichkeit und Kontinuität der chinesischen Geschichte die Rede geht, darf der Hinweis auf die Dynastientafel nicht fehlen. Sie ist die Legitimationsurkunde des monolithischen Geschichtsbildes. In unabweisbarer Evidenz führt sie vor Augen, wie ein chinesisches Herrscherhaus unfehlbar auf das andere folgte und die Einheit des Reiches wahrte. Die Herrscherlisten und Zahlenkolonnen, die über alle wirtschaftlichen, sozialen und kulturellen Umbrüche hinweggehen, beeindrucken durch ihre Geschlossenheit. Doch ein näherer Blick zeigt Risse und Bruchstellen dieses Geschichtsbildes, Diskontinuitäten, die durch die gleichförmige Liste kaschiert werden.

Schon nach den ersten beiden Dynastien, deren historische Details noch weitgehend im Dunkeln liegen, verzettelt sich die Geschichte Chinas: die Dynastien Zhou, Han und Jin zerfallen in »Westliche« und »Östliche« Teile, sodann liest man von »Kämpfenden Staaten« – im Plural –, »Drei Reichen«, »Südlichen und Nördlichen Dynastien«, »Fünf Dynastien« und sogar »Zehn Königreichen«, die in China geherrscht haben. Alles andere als ein kontinuierliches Einheitsreich, war China über viele Jahrhunderte seiner Geschichte in verschiedene Herrschaftsgebiete geteilt. Allein in den knapp 1700 Jahren vom Ende der Han (220) bis zum Sturz der Qing (1912) war China rund 750 Jahre lang in verschiedene Staaten zersplittert. Die Theorie von der dynastischen Folge ließ sich von Anfang an nur mit einer spitzfindigen Hilfskonstruktion aufrechterhalten: der Annahme, dass jeweils nur eines der konkurrierenden Herrscherhäuser die »rechtmäßige Linie« (*zhengtong*) repräsentiere.

Aber auch die großen, maßgeblichen Dynastien beherrschten kaum je das ganze ›chinesische‹ Kernland. Die Han mussten ihre Ostgebiete zunächst einer Reihe von Titularkönigen überlassen, später übten große Landbesitzer die wahre Macht in den Provinzen aus; die Tang verloren nach 150 Jahren die Kontrolle über große Gebiete, in denen Generäle autonom herrschten; das Reich der Song war von vornherein im Norden und Westen beschnitten; und bis in die späte Kaiserzeit war der gesamte Süden überhaupt nur punktuell entlang der Küsten und Flüsse besiedelt: erst in der Song-Zeit wurden Fujian und Hunan erschlossen, Guizhou und Yunnan sogar erst in der Qing-Zeit.

Auch diese Geschichte Chinas wird nicht umhinkönnen, von Dynastien – »den Song« oder »den Ming« – zu sprechen, als repräsentierten sie

Dynastientafel

Xia?	**?–17. Jh.? v. Chr.**	
Shang	**17. Jh.? – 11. Jh. v. Chr.**	
Zhou	**11. Jh. – 256. v. Chr.**	West-Zhou (11. Jh. – 771 v. Chr.) Chunqiu (722–481 v. Chr.) Zhanguo (453–221 v. Chr.)
Qin	**221–206 v. Chr.**	
Han	**202 v. Chr. – 220 n. Chr.**	Westliche Han (202 v. Chr. – 9 n. Chr.) Xin (9–23 n. Chr.) Östliche Han (25–220 n. Chr.)
Drei Staaten	**220–280**	Wei (220–265) Shu (221–263) Wu (222–280)
Jin	**265–420**	Westliche Jin (265–317) Östliche Jin (317–420)
Südliche und Nördliche Dynastien	**420–589**	16 Staaten der 5 Barbaren (304–439) Nördliche Wei (Tuoba, 386–534) Liu-Song (420–479) Südliche Qi (479–502) Liang (502–557) Östliche Wei (534–550) Westliche Wei (535–557) Chen (557–589) Nördliche Qi (550–577) Nördliche Zhou (557–581)
Sui	**581–618**	
Tang	**618–907**	
Fünf Dynastien	**907–960**	Spätere Liang (907–923) Spätere Tang (923–936) Spätere Jin (936–947) Spätere Han (947–951) Spätere Zhou (951–960)
Song	**960–1279**	Nördliche Song (960–1126) Liao (Khitan, 916–1125) Xixia (Tanguten, 1038–1227) Jin (Jurchen, 1115–1234) Südliche Song (1127–1279)
Yuan (Mongolen)	**1271–1368**	
Ming	**1368–1644**	
Qing (Manjuren)	**1635–1912**	
Republik China	**1912 – heute**	auf dem Festland (1912–1949) auf Taiwan (1949 – heute)
VR China	**1949 – heute**	

ganz China. Das ist nicht mehr als ein Notbehelf, der komplexe Zusammenhänge stark vereinfacht – ebenso wie die Rede von ›China‹. Als primär strukturierende Elemente jedoch sollen Dynastien hier nicht verwendet werden. Stattdessen bestimmt der oben beschriebene Zusammenhang zwischen dem Strukturwandel der chinesischen Gesellschaft und den Ordnungsmustern, die damit einhergehen, die neun Kapitel dieses Buches.

Es beginnt (1) mit der Vorgeschichte, als sich lokal beschränkte *segmentäre* Gemeinschaften herausbildeten, die durch *Gewalt* geordnet wurden. Im frühen 1. Jahrtausend v. Chr. entstand (2) eine *stratifizierte* Adelsgesellschaft, die lokale und Verwandtschaftsgruppen transzendierte: jetzt wurden *Sitten* für den Umgang mit Fremden gebraucht. Als diese Adelsgesellschaft sich im späten 1. Jahrtausend v. Chr. auflöste (3), wurde die Differenz zwischen *Zentrum und Peripherie* zum entscheidenden sozialen Strukturmerkmal; ihr entsprach die Entwicklung einer *Bürokratie*, die zwischen beiden vermittelte. Als (4) die Orientierung an der Zentrale zunehmend familiären und konfessionellen Verbänden wich, wurde *Religion* zum integrierenden Ordnungsfaktor. (5) In einer Gesellschaft, die seit dem 8. Jahrhundert von *Regionalismus* und hoher sozialer Mobilität geprägt war, wirkte die *Moral* als integrierendes Element. Als (6) die soziale Mobilität so zunahm, dass eine *Auflösung der ständischen Ordnung* drohte, diente die *Despotie* als letztes Mittel, um die Gesellschaft zu stabilisieren. Ab dem 19. Jahrhundert (7) war der Übergang zu einer *funktional differenzierten* Gesellschaft unübersehbar geworden, für die Partizipation und die Selbstbeschreibung als *Nation* angemessene Ordnungsmuster boten. Im 20. Jahrhundert (8) führte zunehmende Integration von Unterschichten zu einer *Massengesellschaft*, die mit den Mitteln des *Totalitarismus* gebändigt wurde. Seit China im 21. Jahrhundert (9) Teil der *Weltgesellschaft* geworden ist, sorgt ein virulenter *Nationalismus* für sozialen Zusammenhalt.

Diese Einteilung der Geschichte lässt ›China‹ nicht mit den Shang oder Zhou beginnen, sondern mit der sozialen Stratifizierung im 9. Jahrhundert v. Chr.; sie setzt eine Zäsur mitten in der Zhou-Zeit, leugnet dagegen den epochalen Einschnitt der Reichsgründung. Mehr noch: sie trennt die großen Dynastien Han und Tang jeweils in ihrer Mitte ab, lässt mit dem späten 18. Jahrhundert – auf dem Höhepunkt der Qing – eine neue Phase beginnen und gesteht nicht einmal der »Befreiung« von 1949 den Status einer historischen Zäsur zu. Diese Perspektive mag Sinologen irritieren, und genau das will sie: sie will fraglose Kontinuitäten auflösen und zugleich den Blick auf Zusammenhänge lenken, die durch herkömmliche Unterteilungen allzu leicht verdeckt werden.

Die Quellen

So uneinheitlich das Land und so vielfarbig seine Geschichte, so heterogen sind auch deren Quellen. Bis weit ins 20. Jahrhundert wurde die Geschichte Chinas fast ausschließlich aufgrund von überlieferter Literatur geschrieben. Vor allem die *Fünf Kanonischen Schriften* – die *Wandlungen* (*Yijing*), *Dokumente* (*Shujing*), *Lieder* (*Shijing*), *Frühlings- und Herbstannalen* (*Chunqiu*) sowie die *Aufzeichnungen der Riten* (*Liji*) – und die 25 Dynastiegeschichten galten als zuverlässige und verbindliche Grundlagen der Darstellung. Als Quellen im eigentlichen Sinne können sie jedoch nie gegolten haben, weder die Geschichtswerke, die naturgemäß aus einer späteren Perspektive über die Ereignisse berichten, noch die kanonischen und philosophischen Werke des Altertums. Diese sind in aller Regel nicht von der Person verfasst worden, der sie zugeschrieben sind, und auch nicht in ihrer ursprünglichen Gestalt auf uns gekommen. Wir besitzen keine einzige zeitgenössische Quelle für das Leben des Konfuzius: Anekdoten wie die oben zitierte tauchen erst in viel jüngeren Darstellungen auf, und es ist keinesfalls ausgemacht, dass sie authentisch sind. Die Texte, die uns heute vorliegen, basieren durchweg auf Ausgaben, die bereits mehr als ein Jahrtausend mündlicher und handschriftlicher Überlieferung durchlaufen haben, mit allem, was dazugehört: fahrlässigen Verderbnissen, wohlgemeinten Umgestaltungen und orthodoxen Vereinheitlichungen.

Dass Sinologen sich dennoch auf diese Literatur gestützt haben, war vor allem dem Mangel an Primärquellen geschuldet. Unzählige Texte, Bilder, Bauwerke und andere Quellen sind im Laufe der chinesischen Geschichte verlorengegangen. Höchstens ein Viertel der Literatur des Altertums ist auf uns gekommen, und auch danach sind Schriften wieder und wieder Kriegen, Bränden und planmäßiger Vernichtung zum Opfer gefallen. Mehrfach brannten kaiserliche Bibliotheken nieder, mancher Künstler zerstörte sein gesamtes Œuvre, abgeschlossene Verwaltungsakten wurden routinemäßig beseitigt. Zu alledem kamen die ständigen Verluste, die handschriftliche Überlieferung mit sich bringt: in Zeiten vor der

Durchsetzung des Buchdrucks gingen Texte, die nicht abgeschrieben wurden, unwiederbringlich verloren.

Erst im 20. Jahrhundert wurden Primärquellen in größeren Mengen verfügbar, und mit ihnen geriet das monolithische Geschichtsbild ins Wanken. Die Manuskriptfunde von Dunhuang bezeugten das vielsprachige, multikulturelle Leben einer Oasenstadt; Knochen- und Bronzeinschriften des Altertums liefern Informationen, die der Tradition völlig unbekannt waren (die Orakelzeremonien der Shang gehören dazu); amtliche Dokumente der Qing-Zeit bieten detaillierte Einblicke in die Verwaltung eines Vielvölkerstaates; Grabmanuskripte der Zhanguo- und Han-Zeit geben den Blick für die Fülle ›heterodoxer‹ Lehren im späten Altertum frei; und die Öffnung vieler Archive ermöglicht heute die Erforschung der modernen Geschichte jenseits offizieller Propaganda. Im Gegensatz zur überlieferten Literatur zeugen diese Texte – sofern sie nicht gefälscht sind – unmittelbar von den Ereignissen. Allerdings liefern sie kein kohärentes Gesamtbild, sondern gewähren lediglich punktuelle Einblicke in ein komplexes Geschehen. Sie bieten eine differenzierte Perspektive, die weniger die Einheit als die Vielfalt der Geschichte in den Fokus rückt; und sie machen deutlich, wie stark das überlieferte Geschichtsbild perspektivisch verkürzt und gebrochen ist.

Keine Geschichte Chinas kann es sich leisten, die neuerschlossenen Quellen zu ignorieren. Aber ebenso wenig darf sie die Tradition einfach verwerfen. Die neuen Quellen verdeutlichen nicht nur die Subjektivität der überlieferten Literatur, sondern auch ihre eigene Perspektivität. Eine Geschichte Chinas muss dieser grundsätzlichen Perspektivität Rechnung tragen. Sie kann nicht auf faktische Ereignisse abzielen, die es so zu rekonstruieren gelte, wie sie »eigentlich gewesen« seien. Fakten sind immer schon Beschreibungen, bisweilen nüchtern und kühl, oft aber phantasievoll und leidenschaftlich. Wenn im heutigen China Statuen für Zheng He und den Herzog von Zhou errichtet werden, wenn das Abbild Qin Guis bespuckt und Konfuzius vehement kritisiert wird, bezeugt das, wie lebhaft die Chinesen sich ihre Geschichte noch heute ausmalen.

Eine Geschichte Chinas muss darlegen, wie solche Beschreibungen entstanden, wie sie sich änderten und wie sie zu dem wurden, was sie heute sind. Sie kann eine Vorstellung von ›China‹ – weder die moderne noch eine frühere – nicht einfach voraussetzen, sondern muss darstellen, wie diese Selbstbeschreibung entstand, wie es dazu kam, dass China sich heute als große Nation mit glanzvoller, 5000jähriger Geschichte versteht, und wie diese Selbstbeschreibung wieder zersetzt wird. Unser Bild der chinesischen Geschichte ist im Umbruch begriffen. Die folgenden Seiten wollen diesen Zustand einfangen, indem sie beide Erzählungen zu Wort kommen lassen, die traditionelle – das, was jeder Chinese über seine Geschichte weiß – und die wissenschaftlich-kritische. Wenn sich etwas aus der neuen Vielfalt und Widersprüchlichkeit der Quellen lernen lässt, dann das: dass sich Chinas Geschichte nicht auf eine einzige, verbindliche Darstellung reduzieren lässt.

Zur Einrichtung des Bandes

Keine linear fortschreitende Erzählung kann der Komplexität der Geschichte in ihren zeitlichen, räumlichen und sozialen Dimensionen gerecht werden. Daher wird die chronologische Darstellung dieses Bandes ergänzt durch (1) kurze Überblicke zu Anfang jedes Kapitels, die auf größere Zusammenhänge eingehen, (2) Zeittafeln, die wichtige Daten auflisten, (3) Karten, die räumliche Verhältnisse veranschaulichen, (4) Exkurse, die einzelne Themen zeitenübergreifend und in sich geschlossen behandeln. Querverweise sollen Bezüge über Epochen hinweg verdeutlichen.

Literaturhinweise sowohl zu den einzelnen Kapiteln als auch zu den Exkursen finden sich am Ende des Bandes. Angaben zu weiterführender Literatur sowie Quellen sind im Internet unter www.aai.uni-hamburg.de/china/Personal/Vogelsang.html verfügbar; dort finden sich auch detaillierte Nachweise von Zitaten, zu denen hier nur Autorennamen, Buchtitel und Kapitelnummer angegeben werden. Alle Übertragungen aus dem Chinesischen sind, soweit nicht anders vermerkt, von mir. Es handelt sich meist nicht um philologisch exakte Übersetzungen, sondern, den Erfordernissen der Darstellung entsprechend, um Paraphrasen.

Chinesische Namen sind ein dorniges Problem. Prinzipiell wird die moderne hochchinesische Aussprache alter Namen angegeben, nicht die rekonstruierte alt- oder mittelchinesische Lautung. Statt historischer Ortsnamen, die oft wechselten, wird meistens der moderne Name verwendet, also: Sichuan statt Shu, Guangzhou statt Panyu. Shaanxi (südwestlich des Gelben Flusses) wird abweichend geschrieben, um es von Shanxi (nordöstlich des Gelben Flusses) zu unterscheiden. Für Personen wird durchweg der geläufigste Name verwendet; dabei kann es sich um Rufnamen (z. B. Sima Qian), Mannesnamen (Tao Yuanming), Künstlernamen (Su Dongpo), dialektale Aussprachen (Sun Yat-sen) oder auch latinisierte Formen (Konfuzius) handeln, bei Kaisern um postume Namen (Kaiser Wen), Tempelnamen (Taizong) oder auch Äranamen (Kangxi). Bei Kaisern werden nicht Lebens-, sondern Regierungsdaten angegeben, und zwar immer ab dem ersten vollen Jahr ihrer Regierung (also in der Regel das Jahr nach ihrer Thronbesteigung), mit dem auch eine neue Regierungsdevise begann.

Als Umschrift für das Chinesische dient *Hanyu pinyin*; Zitate sind gegebenenfalls in der Umschrift angepasst worden.

Mythen und Vorgeschichte (ca. 8. Jahrtausend – 13. Jahrhundert v. Chr.) Regionale Kulturen und Herrschaft durch Gewalt

Zwischen dunkler Vorzeit und herandämmernder Geschichte schimmert das rätselhafte Zwielicht der Mythen. Erzählungen von Kulturschöpfern und weisen Kaisern der Vorzeit, die im 3. Jahrtausend v. Chr. die chinesische Zivilisation begründeten, haben ihre Schleier über deren vorgeschichtliche Ursprünge gelegt. Diese Schleier haben sich mit der Zeit nicht gelichtet, sondern, Schicht um Schicht anwachsend, sogar verdichtet. Bis ins 20. Jahrhundert hinein haben sich diese Mythen behauptet; auf ihnen gründet die Rede von der ›5000jährigen chinesischen Geschichte‹.

Erst als sich in den 1920er Jahren die wissenschaftliche Archäologie in China etablierte, verlor die mythische Überlieferung ihre Orientierungsfunktion. Nun kamen Funde zutage, die sie an Reichtum, Vielfalt und zeitlicher Tiefe weit übertrafen: ackerbauende Kulturen, die etwa im 8. Jahrtausend v. Chr. an den Ufern des Huanghe und des Yangzi entstanden und im Laufe der nächsten Jahrtausende immer komplexer wurden. Diese Kulturen wurden zur Grundlage eines neuen, archäologisch fundierten Bildes – nicht der Geschichte, sondern der *Vor*geschichte Chinas.

Diese Vorgeschichte ist äußerst lehrreich. Im Blick auf die Überreste vergleichsweise einfacher, prähistorischer Kulturen erscheinen manche Grundstrukturen der chinesischen Geschichte deutlicher und klarer konturiert als in den hochentwickelten, verfeinerten Gesellschaften späterer Zeiten. Besser als andere Perioden führt uns die Vorgeschichte die ganze Diversität Chinas vor Augen: das Nebeneinander, Gegeneinander, aber auch die Vermischung und gegenseitige Beeinflussung verschiedener Regionalkulturen. Nicht das zentral organisierte Einheitsreich ist die Bühne dieser Erzählung, sondern eine fragmentierte Vielzahl eigenständiger Regionalkulturen. Die Vorgeschichte kennt keine Helden: keine Kulturheroen, die Zivilisation aus sich heraus erschaffen, oder Herrscher, die das Geschick des Reiches in ihrer Hand haben. Dafür erscheinen ihrem Blick die namenlosen, unbewussten Kräfte sozialen Wandels umso deutlicher, die dem Lauf der Geschichte die Richtung weisen.

Archäologische Funde bezeugen, wie einfache neolithische Kulturen in einem jahrtausendelangen Prozess allmählich differenzierte Strukturen entwickelten. Die Siedlungsformen des 5. Jahrtausends v.Chr. lassen erahnen, wie sich innerhalb der Dorfgemeinschaft zunächst Familien abgrenzten, die einen Teil der gemeinschaftlichen Verrichtungen in den häuslichen Bereich verlagerten. Im Laufe der Zeit dürften sich die Unterschiede zwischen Familien weiter ausgeprägt haben, als Spezialisten – etwa im Handwerk und in der Religion – hervortraten, denen eine besondere Stellung zukam. Reich ausgestattete Gräber dokumentieren das Prestige, das manchen Personen zukam. In einem sich selbst verstärkenden Prozess – erhöhtes Ansehen ermöglichte privilegierten Zugang zu Gütern, welche wiederum das Ansehen erhöhten – entstanden schließlich geschichtete Gesellschaften mit mächtigen Eliten. Großangelegte Fundamente – von Tempeln? Palästen? – sowie trutzige Mauern, die im 3. Jahrtausend v.Chr. entstanden, zeugen von der Macht dieser Eliten, aus einem weiten Umkreis Arbeitskräfte für große Bauprojekte zu mobilisieren. Waffen- und Skelettfunde deuten an, dass die neolithischen Herrscher ein neues Mittel besaßen, um sich das Volk gefügig zu machen: institutionalisierte Gewalt. So waren am Ende des Neolithikums aus kleinen Dorfgemeinschaften hierarchisch strukturierte Fürstentümer geworden, deren Macht sich von großen Zentren auf ganze Netzwerke von Siedlungen erstreckte.

Im 2. Jahrtausend erschienen Fürstentümer, die eine neue Qualität hatten: Erlitou und Erligang dürfen als die ersten Hochkulturen Chinas gelten. Ihre Eliten waren bereits klar vom gemeinen Volk unterschieden, sie residierten in großen Palästen und verfügten über kostbare Bronzegefäße, die in äußerst aufwendigen Verfahren produziert wurden. Die Reichweite dieser Hochkulturen erstreckte sich über Hunderte Kilometer. Mit ihnen begann die Bronzezeit und damit eine neue Ära der Vorgeschichte Chinas.

Zeittafel

(alle Daten v.Chr.)	
ab ca. 8000	»Neolithische Revolution«
ca. 5000–3000	Yangshao-Kultur (Lößplateau)
	Dawenkou-Kultur (Lößebene)
	Liangzhu-Kultur (Unterer Yangzi)
	Hongshan-Kultur (Nordosten)
ca. 2600–2000	Longshan-Kulturen (Lößebene, Lößplateau)

ca. 19.–16. Jh.	Erlitou-Kultur (Lößebene)
ca. 17.–14. Jh.	Erligang (Lößebene)
	Panlongcheng (Unterer Yangzi)
	Sanxingdui (Sichuan)

Mythen der Einheit

Jedes Jahr am 5. April spielt sich im Kreis Huangling in der Provinz Shaanxi eine bemerkenswerte Zeremonie ab. Tausende von Gästen – Politiker, Staatsmänner, Repräsentanten aus dem Ausland – versammeln sich zum Qingming-Fest auf dem kleinen Berg Qiao, um sich, unter Fahnenschwenken, Posaunen und Trommelwirbel, vor dem offiziellen Mausoleum des »Gelben Kaisers« zu verneigen. Sie erweisen dem Ahnherrn aller Chinesen die Ehre. Vor rund 4500 Jahren soll Huangdi, der »Gelbe Kaiser«, fast eigenhändig die chinesische Zivilisation gestiftet haben: die Erfindung von Töpferei, Schrift, Architektur, Astronomie, Kalenderwesen, Musik, Verwaltung und anderen Kulturgütern mehr wird ihm und seinen Ministern zugeschrieben. »Hier ist der Ursprung der chinesischen Nation, wir alle sind Kinder des Gelben Kaisers«, verkünden Lautsprecher den Festgästen in Huangling.

Mythen stehen am Anfang der Geschichte Chinas, und zwar in doppeltem Sinn. Sie beschreiben die Anfänge der Geschichte, und sie sind gemeinsam mit dieser Geschichte entstanden. Mythen tauchten genau in dem Moment auf, als in China erstmals Geschichte geschrieben wurde. Ihre ältesten Spuren finden sich im früheren ersten Jahrtausend v. Chr. Sie erscheinen in Liedern, die nicht nur die Geschichte der Herrscherdynastien Shang und Zhou besingen, sondern auch deren sagenhafte Herkunft: Ein schwarzer Vogel soll niedergekommen sein und die Shang erzeugt haben; die Urmutter des Hauses Zhou ward schwanger, als sie in die Fußspur eines Gottes trat.

Etwa zur selben Zeit wurden in Bronzeinschriften die Genealogien von Herrscherhäusern mit der mythischen Gestalt des Flutenbändigers Yu verknüpft, der »das Land einteilte und die Flüsse ableitete«. Die Texte des späten Altertums wussten – 2000 Jahre nach Yus angeblichem Tod! – erstaunliche Details über ihn zu berichten: dass er aus dem Bauch seines Vaters geboren wurde, den Wagenbau erfunden hat, dass er neun bronzene Dreifüße als Insignien herrschaftlicher Macht gießen ließ, die

Der »Gelbe Kaiser«; Holzschnitt aus der späten Kaiserzeit.

erste chinesische Dynastie gründete, die Xia, und dass er eigenhändig das Land vor einer Sintflut rettete. »Ohne Yu«, heißt es dort, »wären wir alle Fische.«

Je stärker sich im Alten China ein Geschichtsbewusstsein ausbildete, je unabweisbarer die Einsicht in den Wandel der Zeit sich durchsetzte, desto dringender wurden sinnstiftende Mythen benötigt. Auch die Namen von Yus erhabenen Vorgängern im 24./23. Jahrhundert v. Chr. wurden nun geläufig, den Kaisern Yao und Shun, die zu Vorbildern an Tugend und Gerechtigkeit wurden. Während Yaos Regierungszeit strahlten die Gestirne wie Edelsteine, und Phönixe nisteten am Hof; und nachdem er die Herrschaft nicht seinem Sohn, sondern Shun vermacht hatte, der aus niederen Verhältnissen kam, geschahen ähnliche Zeichen und Wunder. Ein ganzes Pantheon von mythischen Gestalten bevölkerte die Literatur des späten ersten Jahrtausends v. Chr., deren Ursprünge in unvordenkliche Zeiten zurückreichen. Je jünger die Werke, desto älter die Mythen, auf die sie sich beriefen.

Diese disparaten Mythen, die aus ganz unterschiedlichen regionalen Kontexten stammen dürften, wurden im 2. Jahrhundert v. Chr., unter der Dynastie Han, erstmals in eine systematische Ordnung gebracht. Nun entstand eine Mythologie. Ihre verbindliche Gestalt erhielt diese Mythologie bezeichnenderweise in einem Geschichtswerk. Sima Qians *Aufzeichnungen des Schreibers* (*Shiji*), Chinas erste Universalgeschichte und das bedeutendste Werk der chinesischen Geschichtsschreibung überhaupt, beginnt mit Mythen. Das erste Kapitel gilt den »Fünf Kaisern«, die im frühen 3. Jahrtausend v. Chr. in der Nordchinesischen Ebene regiert haben sollen, bevor die Dynastien Xia, Shang und Zhou das Land beherrschten: Huangdi, Zhuanxu, Ku, Yao und Shun. Mythische Figuren, die zuvor nebeneinander – vielleicht als Ahnväter verschiedener Clans – in eigenständigen und wohl auch regional ganz verschiedenen Überlieferungen erschienen, werden im *Shiji* nun aus der Perspektive des Einheitsreiches dargestellt: in historisierender Reihung als aufeinander folgende Herrscher *einer* Linie, umgeben von Fachbeamten, in ein und demselben Gebiet, Nordchina. Die Han-Zeit brauchte offenbar eine Geschichte, die zu ihrer Gegenwart passte.

Am Anfang der Reihe steht eine Gestalt, die in der früheren Tradition eine untergeordnete Rolle gespielt hatte, zu Beginn der Han-Zeit aber als daoistischer Gott verehrt wurde: der »Gelbe Kaiser«. Seine Figur war ungemein symbolträchtig: er gehörte angeblich zum gleichen Clan wie die Kaiser der Han, unter denen zudem die Zahl fünf als kosmische Zahl galt, Gelb zur Farbe der Dynastie bestimmt wurde und der Kult des Huangdi seinen Höhepunkt erreichte. Kaiser Wu der Han soll vor Feldzügen stets zum Gelben Kaiser gebetet und auch das Grabmal auf dem Berg Qiao gestiftet haben. Huangdi wurde zur Identifikationsfigur eines zentralisierten Einheitsreiches, zum Stifter der Han-Kultur und Urvater der chinesischen Geschichte; er symbolisiert die Einheit und historische Kontinuität eines Volkes, das sich noch heute »Han« nennt.

Frühe neolithische Kulturen

Kein Wissenschaftler glaubt heute noch an Kulturstifter oder mythische Kaiser. Überhaupt tritt der Mensch zurück, wenn Historiker die Vorgeschichte in den Blick nehmen. Deutlicher als andere Epochen lehrt sie, dass der Mensch nicht nur »Geschichte macht«, sondern ebenso von ihr gemacht wird; dass er nicht nur seine Umwelt gestaltet, sondern selbst von dieser Umwelt geformt wird. Die neolithischen Anfänge zeigen, wie die Natur der Geschichte Chinas den Rahmen gesteckt, mehr noch: sie allererst ermöglicht hat. Denn am Anfang dieser Geschichte stand kein Menschenwerk, sondern ein Naturereignis.

Mit dem Ende der letzten Eiszeit, vor etwa 10 000 Jahren, begann ein dramatischer Klimawandel, der die natürliche Umwelt Ostasiens radikal veränderte. Die Temperaturen, die zuvor im Jahresdurchschnitt etwa acht Grad unter den heutigen gelegen hatten, stiegen um mehr als zehn Grad. Mit dem Anstieg der Temperatur und dem Abschmelzen der Polarkappen schwoll der Meeresspiegel um über 100 m an. Die Fluten trennten Taiwan, Japan und den amerikanischen Kontinent vom asiatischen Festland und verwandelten die Küstengebiete auf weite Strecken in Seen- und Marschlandschaften. Die Nordchinesische Ebene war damals mit zahlreichen Seen bedeckt, Shandong dürfte eine große Insel gewesen sein, der Mittellauf des Yangzi ein riesiger See; die Gebiete der heutigen Metropolen Tianjin und Shanghai lagen unter dem Meeresspiegel. Gleichzeitig verschob sich das Einflussgebiet des Monsuns weit nach Nordwesten; seine reichen Niederschläge verwandelten die eiszeitliche Tundra in ausgedehnte Waldgebiete. Den Süden bedeckten tropische Regenwälder, große Seen und Mangrovensümpfe, und selbst im Norden gediehen Bambus, immergrüne Bäume und andere subtropische Pflanzen. Wo zuvor Säbelzahntiger, Mammuts und Wollnashörner gelebt hatten, breiteten sich Elefanten, Tiger, Wasserbüffel und Alligatoren aus.

Das nacheiszeitliche Wärme-Optimum, das etwa vom 8. bis 4. Jahrtausend v. Chr. währte, veränderte die Geographie Chinas und brachte grundlegend neue Gesellschaftsformen hervor. Zum einen dürfte das Aussterben eiszeitlicher Großwildarten die steinzeitlichen Jäger gezwungen haben, ihre Ernährung umzustellen; zum anderen wurde es nun möglich, wildes Getreide zu kultivieren. Dies geschah etwa zur selben Zeit in verschiedenen neolithischen Kulturen, die sich entlang des Gelben Flusses und im Yangzi-Tal, am Rand der großen Waldgebiete angesiedelt hatten. Das heiße, regenreiche Klima des Südens ermöglichte schon im 7. Jahrtausend v. Chr. in der Gegend des heutigen Zhejiang den Anbau von Reis; der Norden, jenseits des Qinling-Gebirges, bot immerhin genug Niederschläge, um auf den fruchtbaren Lößböden Hirse gedeihen zu lassen.

Dieser jahrtausendelange Übergang von Jäger- und Sammlerkulturen zu Ackerbau und Tierhaltung, die »Neolithische Revolution«, war von epochaler Bedeutung. Er ermöglichte allererst die Entstehung von sesshaften Kulturen, gekennzeichnet durch dauerhafte Überschussproduktion, daraus resultierendes Bevölkerungswachstum und die Möglichkeit, Arbeitskräfte für andere Bereiche als die Nahrungsbeschaffung freizustellen; das wiederum führte zur Herausbildung differenzierter religiöser, politischer und militärischer Rollen, zur Spezialisierung des Handwerks, zum Bau von Städten, zur Erfindung der Schrift und zu immer deutlicherer sozialer Schichtung. Kurz, die »Neolithische Revolution« schuf die Voraussetzung für all das, was wir mit chinesischer Kultur verbinden.

Archäologie 考古學

Keine andere Disziplin hat in den letzten Jahrzehnten mehr dazu beigetragen, unseren Blick auf die Geschichte Chinas zu verändern, als die Archäologie. Grabfunde der Han-Zeit haben bislang unbekannte Texte zutage gefördert; Wandmalereien in Tang-Gräbern haben ungeahnte Einblicke in die chinesische Kunstgeschichte gewährt; Bergungen versunkener Dschunken aus der Song-Zeit haben unsere Kenntnisse des maritimen Handels erweitert; Ausgrabungen an der Peripherie des chinesischen Kernlandes haben die prachtvollen Zivilisationen der Nachbarn Chinas vor Augen geführt; und unser Bild der alten Geschichte ist durch neuere archäologische Funde geradezu revolutioniert worden.

Zwar hatten chinesische Gelehrte seit Jahrhunderten antiquarische Studien betrieben, indem sie Bronzegefäße, Steininschriften und andere alte Kulturgüter beschrieben und katalogisierten. Doch die wissenschaftliche Archäologie wurde erst im 20. Jahrhundert von Europäern in China eingeführt. Als der schwedische Geologe J.G. Andersson (1874–1960) in den 1920er Jahren am Gelben Fluss die ersten neolithischen Stätten in China entdeckte, kam es einer Sensation gleich.

Die Entdeckung fiel in eine Zeit der »nationalen Demütigung«, als die Besetzung durch ausländische Mächte, der Zusammenbruch der Dynastie und die Krise der jungen Republik das Vertrauen auf die Stärke der chinesischen Kultur und den Glauben an ihre Geschichte tief erschüttert hatten. Kritische Historiker hatten begonnen, traditionelle Mythen systematisch zu zersetzen und die gesamte alte Überlieferung anzuzweifeln. Doch gerade als der »Zweifel am Altertum« am heftigsten nagte, offenbarten die Funde von Yangshao und Longshan eine Vorgeschichte, die weit über alle Mythen hinausging: plötzlich erschienen die Wurzeln der chinesischen Kultur tiefer und stärker, als man je vermutet hatte.

Daher ist es nicht verwunderlich, dass die chinesische Archäologie von Anbeginn im Zeichen des Nationalstolzes stand. In einer Zeit, in der Mythen nicht mehr überzeugten, versprach sie den wissenschaftlichen Nachweis für Alter, Eigenständigkeit und Einzigartigkeit der chinesischen Kultur. Die Ausgrabungen, die von 1928 bis 1937 unter der Leitung von Li Ji (1896–1979), dem »Vater der chinesischen Archäologie«, in Anyang durchgeführt wurden, lieferten den überwältigenden Beweis für die Existenz der Shang-Dynastie. Die neolithische Longshan-Kultur, die in den 1930er Jahren erforscht wurde, lieferte Argumente für die These, dass die chinesische Kultur nicht nur alt, sondern auch autochthon sei: frei von fremden Einflüssen am Gelben Fluss erwachsen. Die Funde bronzezeitlicher Zentren in Erlitou und Erligang in den 1950ern schienen schließlich den Beweis für die Historizität auch der ältesten Dynastie Chinas, der Xia, zu liefern und somit die traditionelle Geschichtsschreibung vollständig zu bestätigen.

Doch die goldene Zeit der chinesischen Archäologie sollte erst noch kommen. Seit den frühen 1970er Jahren vermelden die archäologischen Zeitschriften Monat für Monat sensationelle Funde: die Terracotta-Armee des Ersten Kaisers, große Depots mit antiken Bronzen, Mausoleen von Regionalfürsten, Gräber, die mit ganzen Bibliotheken ausgestattet waren, Tausende von Verwaltungsschriftstücken auf Holz- und Bambustafeln, ja ganze Kulturen sind in den letzten Jahrzehnten unter den Spaten der Archäologen ans Licht gekommen – vieles allerdings auch unter dubiosen Umständen auf Antiquitätenmärkten. Große internationale Ausstellungen haben diese Funde auch im Westen einem breiten Publikum bekannt gemacht.

Derart vielfältig und reich sind diese Funde, dass sie kaum noch zu überblicken sind und es lange dauern wird, sie wissenschaftlich auszuwerten. Doch bei aller Unsicherheit im Detail haben die neueren Ausgrabungen eines deutlich gemacht: dass die chinesische Zivilisation nicht aus *einem* Zentrum am Gelben Fluss entstanden ist, sondern aus mehreren. Nachdem sich Ausgrabungen, geleitet von den Angaben historischer Literatur, zunächst auf die Gegend um den Gelben Fluss konzentriert hatten, hat vor allem die Rettungsarchäologie in Südchina überraschende Funde zutage gebracht: Überreste von Kulturen und Zivilisationen, die sich so stark von denen des Nordens unterscheiden, dass an ihrer Eigenständigkeit kein Zweifel sein kann. Seither sprechen Archäologen von mehreren, in verschiedenen Makroregionen angesiedelten Regionalkulturen, die eine »Interaktionssphäre« gebildet hätten. Die Archäologie der letzten Jahrzehnte hat das Dogma der einheitlichen Nationalgeschichte buchstäblich untergraben.

Die frühen Ausgrabungen mögen die traditionelle Geschichte bestätigt haben; doch die neueren Funde verdeutlichen vor allem die Diskrepanz zwischen überlieferten und archäologischen Quellen. Manche Forscher wollen auch noch die Diversität der archäologischen Befunde im Sinne der alten Texte verstehen – etwa neolithische Kulturen mit der vordynastischen Zeit der Fünf Kaiser identifizieren – und den »Zweifel am Altertum« endgültig ausräumen. Bei anderen hingegen setzt sich eine grundsätzlich neue Meinung durch. Demnach habe Wissenschaft Zweifel eben nicht auszuräumen, sondern vielmehr sorgsam zu pflegen. Daher sollten archäologische Funde gerade nicht mit Blick auf die überlieferten Texte interpretiert, sondern unabhängig von diesen analysiert werden. Nur so werde der Blick auf eine grundsätzlich neue Geschichte Chinas freigegeben, wissenschaftlich fundiert und ungebunden von traditionellen Vorgaben. Die revolutionären Änderungen, welche die Archäologie für die Erforschung von Chinas Geschichte bewirkt hat, sind noch lange nicht abgeschlossen; sie haben gerade erst begonnen.

Die Wiege der chinesischen Kultur stand keineswegs nur am Gelben Fluss, wie lange Zeit angenommen wurde. Diese entstand an zwei Flüssen, dem Yangzi und dem Huanghe, in eigenständigen, weit voneinander entfernten Regionen, die markante Unterschiede aufwiesen. Im Süden Reisbauern, die in kleinen Dörfern von hölzernen Pfahlbauten über den sumpfigen Böden erhöht lebten; in den großen Ebenen des Nordens Hirsebauern, die in größeren Siedlungen von 20 000–30 000 m^2 in Lößhöhlen lebten oder in strohgedeckten Lehmhütten, die halb in den Boden versenkt waren.

Mit der weiteren Ausbreitung von Landwirtschaft und sesshafter Lebensweise traten auch in anderen Gebieten deutliche regionale Verschiedenheiten hervor, so dass sich ab ca. 5000 v. Chr. mindestens drei Makroregionen unterscheiden lassen: (1) Nordchina, innerhalb dessen sich (1a) das Lößplateau am Mittellauf des Gelben Flusses und (1b) östlich davon die Nordchinesische Tiefebene sowie die Shandong-Halbinsel unterscheiden lassen; (2) Südchina mit (2a) den Gebieten an Mittellauf des Yangzi, im heutigen Hubei und Hunan, und (2b) dem Yangzi-Delta, im heutigen Jiangsu und Zhejiang; sowie (3) das Sichuan-Becken. Hinzu kommen periphere Regionen im Nordosten um den Liao-Fluss; im südlichen Küstengebiet einschließlich Taiwans sowie im Nordwesten, dem Gebiet des heutigen Gansu und Qinghai (Karte S. 19).

Diese geographische Binnenstruktur sollte die Geschichte Chinas noch lange prägen, denn die Grenzen zwischen den steinzeitlichen Regionalkulturen erwiesen sich als erstaunlich stabil. Sie blieben jahrtausendelang bestehen und markierten bis weit über die Reichseinigung von 221 v. Chr. hinaus prononcierte kulturelle Unterschiede innerhalb der ›chinesischen‹ Welt.

Innerhalb dieser Makroregionen entstanden im mittleren Neolithikum eigenständige Kulturen, die jedoch in Kontakt miteinander standen und sich in vielerlei Hinsicht parallel entwickelten. Grundlage dieser Entwicklung war die beständige Ausbreitung der Landwirtschaft gegenüber der Jagd im 5. und 4. Jahrtausend v. Chr., als das nacheiszeitliche Wärme-Optimum seinen Höhepunkt erreichte. Während etwa die Menschen der Yangshao-Kultur am Mittellauf des Gelben Flusses im 5. Jahrtausend v. Chr. sich zu ca. 50 % von Kolben- und Rispenhirse ernährten, machten diese Getreide in der nachfolgenden Longshan-Kultur im 3. Jahrtausend v. Chr. schon 70 % der Ernährung aus. Die gesicherte Versorgung mit Nahrungsmitteln ermöglichte ein markantes Wachstum der Bevölkerung: neolithische Siedlungen wurden nun zahlreicher und größer, ihr Einflussbereich weitete sich aus, und sie änderten auch im Inneren ihr Aussehen.

Die Dörfer der frühen Yangshao-Kultur, oft durch Schutzgräben vom Umland abgegrenzt, bestanden aus Gruppen von kleinen Hütten, die jeweils um größere, offenbar gemeinschaftlich genutzte Gebäude angeordnet waren. In diesen Siedlungen von – so nimmt man an – weitgehend egalitären Gemeinden mit annähernd gleicher Güterverteilung entwickelten sich allmählich soziale Differenzierungen. Nun bildeten sich Trennlinien zwischen verschiedenen Gruppen – nennen wir sie: Familien – heraus, die zu eigenständigen sozialen Segmenten wurden. Während gewisse Aufgaben wie die Lagerung von Getreide etwa, Zeremonien und große Bauarbeiten nach wie vor gemeinschaftlich erledigt wurden, verlagerte sich die alltägliche Wirtschaft zunehmend in einzelne Haushalte. Im späten Neolithikum wurden manche dieser Behausungen durch Mauern abgegrenzt, die eine Privatsphäre markierten. In solchen Haushalten wurden Lebensmittel verarbeitet, Tiere gehalten, Stoffe gewoben und vielerlei Gegenstände des täglichen Gebrauchs produziert.

Vor allem Tongefäße zur Aufbewahrung von Nahrung wurden in Heimarbeit hergestellt: Keramiken, die geradezu zum Distinktionsmerkmal verschiedener Regionalkulturen wurden. Die Yangshao-Kultur etwa charakterisieren bunte, mit geometrischen oder tierförmigen Motiven bemalte Krüge und Schalen, während die Dawenkou-Kultur im Gebiet der Shandong-Halbinsel raffiniertere Keramiken produzierte: mit Ritzmustern verzierte Dreifüße sowie Kannen mit aufwendigen Henkeln und Tüllen. Aus dieser Tradition ging mehr als ein Jahrtausend später die außerordentlich feine, auf schnell drehender Töpferscheibe gearbeitete Keramik der Longshan-Kultur hervor: elegante schwarze Fußschalen und Becher auf hohen Sockeln. Diese hauchdünne »Eierschalenkeramik«, Zeugnis großer Kunstfertigkeit und hochentwickelter Herstellungstechniken, war nicht mehr Produkt häuslicher Teilzeitarbeit, sondern das Werk von Spezialisten. Sie ist Ausdruck einer zunehmenden Differenzierung und Arbeitsteilung neolithischer Kulturen, in denen sich nun einige Haushalte zu spezialisierten Handwerksbetrieben entwickelten. In der Dawenkou-Kultur (3. Jahrtausend v. Chr.) arbeiteten solche Handwerker nicht nur mit Ton, sondern auch mit Stein, Knochen, Elfenbein, aus dem kleine Röhren und feingezinkte Kämme geschnitzt wurden,

Farbig bemalte Gefäße der Yangshao-Kultur
und schwarze Gefäße der Longshan-Kultur.

und Jade, die zu Ketten und Armreifen verarbeitet wurde. Eindrucksvoller noch sind die kleinen, delikat gearbeiteten Tierfiguren aus Jade, die zur Hongshan-Kultur im Nordosten gehören, sowie die feinen Jaderinge und mit Tiermasken dekorierten Zylinder der Liangzhu-Kultur im Yangzi-Delta.

Jade 玉

Jade wird in China bewundert und verehrt wie in keiner zweiten Kultur. »Sie ist der schönste aller Steine«, rühmt schon das früheste chinesische Lexikon,

> denn sie besitzt die fünf Tugenden: ihr warmer Glanz ist Ausdruck der Menschlichkeit, ihr durchscheinendes Muster, welches das Innere erkennen lässt, ist Ausdruck der Rechtschaffenheit; ihr Klang, klar und weithin hörbar,

ist Ausdruck der Weisheit; ihre Unbeugsamkeit ist Ausdruck der Tapferkeit; ihre dezente Schärfe ist Ausdruck der Reinheit. (*Shuowen jiezi* 1A)

Schon im Neolithikum wurde chinesische Jade – meist Nephrit, ein etwas weicheres Mineral als der ›echte‹ Jadeit – abgebaut und zu kunstvollen Kleinodien verarbeitet. So bedeutend schien dieses Material zu sein, dass manche Archäologen den Begriff der »Jadezeit« für das späte Neolithikum vorgeschlagen haben. Zur Zeit der mythischen Kulturschöpfer, stellte schon ein alter Text fest, fertigte man Waffen aus Stein, zur Zeit des Gelben Kaisers aus Jade, zur Zeit des Großen Yu fertigte man sie aus Bronze und danach aus Eisen. Tatsächlich symbolisiert die Jade den gesellschaftlichen Wandel, der sich im späten Neolithikum vollzog: sie ist der Stein der Oberschicht, die sich im späten Neolithikum herausbildete. Ihre extreme Härte – Jade ist härter als Stahl – und die besondere Schwierigkeit ihrer Bearbeitung, vor allem aber Haltbarkeit und Schönheit der Jade haben sie schon früh zum bevorzugten Material für Schmuck und kultische Gegenstände gemacht.

Die frühen Zentren der Jadeproduktion lagen an den äußeren Rändern des chinesischen Kernlandes, in der nordöstlichen Kultur von Hongshan und der südlichen Liangzhu-Kultur. Dort wurden schon im 4. und 3. Jahrtausend v. Chr. feinziselierte Tierfiguren, ringförmige und zylindrische Ritualgegenstände, mit Menschengesichtern verzierte Plättchen, Armreife, Anhänger und andere Schmuckstücke hergestellt. Elitegräber der Bronzezeit wurden überaus reich mit solchen »glücksbringenden« Jaden ausgestattet, aber auch mit Waffen, Alltagsgegenständen und Klangsteinen aus Jade. Allein im Grab einer königlichen Gemahlin der Shang fanden sich mehr als 750 Jadestücke, die über 4000 Kilometer aus dem Tarimbecken importiert worden waren.

Der Jade kam im gesamten Altertum magische Kraft im Totenkult zu. Vielfach wurden Verstorbenen Jadestücke in Mund und andere Körperöffnungen geschoben, offenbar um der Verwesung entgegenzuwirken. Wie weit diese Bemühungen gingen, zeigen die spektakulären Funde von »Jadekleidern« in den Gräbern Han-zeitlicher Titularkönige: Tausende kleiner Jadeplättchen, die mit Goldfäden zu einem Anzug zusammengenäht wurden, der den ganzen Körper des Verstorbenen bedeckte – unschätzbar kostbare Leichengewänder, die einen Höhepunkt der chinesischen Jadekultur markieren.

Die Jade gilt noch heute als das Material der Unvergänglichkeit. Der Jadering, der in die Medaillen der Olympischen Spiele in Beijing 2008 eingelassen ist, symbolisiert die altehrwürdige chinesische Kultur, die Magie des sportlichen Wettkampfs und den unvergänglichen Ruhm der Sieger.

Die Handwerker des späten Neolithikums waren keineswegs grobe Steinschläger, sondern kunstfertige Spezialisten ihres Fachs. Auch galten ihre Produkte nicht mehr den Bedürfnissen des Alltags, sondern dienten zunehmend außeralltäglichen, speziell rituellen und kultischen Zwecken. Sie dienten der Religion.

Von Anbeginn beschäftigten die neolithischen Menschen am Huanghe und am Yangzi die geheimnisvollen Wirkkräfte ihrer Welt. Die Natur, die sie so reich beschenkte, war zugleich unberechenbar und furchterregend; jedes unerklärliche Ereignis, jede krisenhafte Störung der gewohnten Ordnung gemahnte an ihre Allmacht. Solche außergewöhnlichen Ereignisse ließen sich nicht nach alltäglichen Mustern behandeln; sie mussten tabuisiert, sakralisiert, ritualisiert werden. Schon in der Hongshan-Kultur, vor allem aber in der Longshan-Kultur im 3. Jahrtausend v. Chr. wurde offenbar der Wille der Götter durch Orakel erfragt, indem Knochen von Hirschen und Schweinen erhitzt und die dabei entstehenden Sprünge gedeutet wurden. Für diese Rituale dürfte es schon früh Experten gegeben haben. Ebenso wie im Handwerk bildeten sich auch in der Religion schon früh spezialisierte Rollen heraus: Mittler der Götter, denen in ihrer Gesellschaft besonderes Ansehen zuteilwurde. Der Mann aus der Yangshao-Kultur, dessen Leiche zwischen aus Muscheln geformten Darstellungen eines Drachen und eines Tigers beigesetzt wurde, mag so ein Medium gewesen sein.

Solche außergewöhnlichen Begräbnisse sind Ausdruck eines äußerst folgenreichen Prozesses, der sich in den spätneolithischen Gesellschaften, vor allem in der Nordchinesischen Tiefebene vollzog: der Entstehung sozialer Schichtung. Wo sich Familien zunächst als prinzipiell gleichartige Segmente voneinander abgegrenzt hatten, führte die Herausbildung spezialisierter Handwerke und religiöser Führer dazu, dass zwischen verschiedenen Familien Rangunterschiede entstanden. Handwerkliche Spezialisierung, religiöses Charisma, vielleicht auch Besitz von Tieren und Erfolge bei der Jagd dürften manche Familien gegenüber anderen ausgezeichnet haben. Sie erlangten dann, oft durch überregionalen Handel, privilegierten Zugang zu wertvollen Gütern, deren Besitz wiederum ihr Prestige gesteigert haben dürfte. Wie Knochen- und Geschirrfunde andeuten, richteten wohlhabende Familien im späten Neolithikum zudem üppige Festgelage aus, um ihren Status zu untermauern. Solche Feste, bei denen Speise und Trank rituell geteilt wurden, waren ein probates Mittel, um Vermögen darzustellen, Solidarität zu schaffen und sich der Gunst der Teilnehmer zu versichern.

Am deutlichsten werden die sozialen Unterschiede dieser Gesellschaften jedoch nicht durch die Spuren des täglichen Lebens dokumentiert, sondern durch die des Todes. Wie andere Kulturen auch, scheinen die Menschen des neolithischen China dem verstörenden Phänomen des Todes mit dem Glauben an eine Form des Weiterlebens nach dem Tode begegnet zu sein. So ließe sich die Sorgfalt und der immense Aufwand erklären, mit dem sie Gräber anlegten und ihre Toten bestatteten. In der Dawenkou-Kultur etwa wurden manche Gräber mit hölzernen Grabkammern und Dutzenden von Grabbeigaben ausgestattet: Schmuck, Jadeobjekte, Schildkrötenpanzer, bemalte Keramikgefäße und andere wertvolle Objekte wurde den Toten mitgegeben. Während die meisten Gräber weiterhin schlichte, unbestückte Gruben blieben, wurden im Laufe des 3. Jahrtausends v. Chr. manche Gräber immer größer und die Beigaben reicher. Einige Gräber aus der Liangzhu-Kultur, die im nördlichen Zhejiang gefunden wurden, enthielten Hunderte von Kleinodien: Tongefäße, Steinäxte, Haifischzähne und vor allem kostbar verzierte rituelle Jadestücke; und auf den Friedhöfen der Longshan-Kultur in Shanxi finden sich, säuberlich getrennt von den Hunderten gewöhnlichen Gräbern, einige große Grabanlagen, die mit Keramiken, hölzernen Musikinstrumenten, Krokodilhäuten und Kupferglocken geradezu verschwenderisch ausgestattet waren.

Die Toten, die in diesen Gräbern bestattet wurden, waren keine gemeinen Leute. Sie waren Angehörige von Eliten, die sich innerhalb der Regionalkulturen herausgebildet hatten: Führer, die spezielle Privilegien genossen und sich zunehmend von den übrigen Angehörigen ihrer Kultur absonderten. Sie sollten das Gesicht des Alten China verändern.

Das späte Neolithikum

Die Eliten des späten Neolithikums wurden nicht mehr in Gruben verscharrt, sondern in prächtigen Gräbern bestattet; sie lebten nicht mehr in Dörfern, sondern in ummauerten Städten. Vor allem in der Longshan-Periode, in der zweiten Hälfte des 3. Jahrtausends v. Chr., entstanden Siedlungen in nie dagewesener Zahl und Größe. Über 50 solcher Städte, Anlagen von Dutzenden Hektar Größe, sind bislang in verschiedenen Regionen gefunden worden. Diese Städte waren nicht mehr von einfachen Gräben umgeben, sondern von massiven Mauern aus »gestampfter Erde« (*hangtu*), eine Bauweise, die jahrtausendelang charakteristisch für die chinesische Architektur war. Dabei wurde eine Mischung aus Sand, Kies und Lehm Schicht für Schicht mit Stampfern so stark verdichtet, dass sie zu einer harten, äußerst widerstandsfähigen Masse wurde. So dauerhaft waren diese Konstruktionen, dass von der neolithischen Siedlung in Chengtou shan am Mittellauf des Yangzi noch heute Mauerreste von 5–6 m Höhe und über 20 m Breite erhalten sind, umgeben von einem 35–50 m breiten Wassergraben. Noch imposanter waren die Anlagen der Longshan-Kultur in Shandong, Shanxi und Henan: die Mauerreste in Guchengzhai, Henan, sind bis zu 16 m hoch und 40 m breit; und die Mauern von Taosi, Shanxi, die im Jahr 2000 gefunden wurden, bilden ein Rechteck von 1500 × 1800 m Länge und einer Fläche von 2,7 km^2.

Diese Städte, die wohl einige tausend bis zehntausend Bewohner hatten, mögen aus heutiger Sicht klein erscheinen. In ihrer Zeit jedoch waren sie immens groß; ihre Mauern, die sich über die Weite der Nordchinesischen Ebene erhoben, müssen einen überwältigenden Anblick geboten haben. Sie standen im radikalen Gegensatz zu den beschaulichen Dörfern des frühen Neolithikums. Die Städte der Longshan-Zeit enthielten neben Wohnhäusern – manche durch Fundamente aus gestampfter Erde erhöht – auch Viertel mit Werkstätten, Friedhöfe, Tempel- oder Palastanlagen. Sie waren keine isolierten Siedlungen, sondern regionale Zentren, die von Netzwerken aus mehreren kleineren Siedlungen umgeben waren. Mindestens acht solcher Ballungsgebiete, die größten mit einer Fläche von über 1000 km^2, lassen sich bisher identifizieren: Zeugnisse expandierender, vielschichtiger Gesellschaften. Das waren nicht mehr die weitgehend egalitären Stammesgesellschaften des frühen Neolithikums, sondern sozial geschichtete Fürstentümer. Ihre Eliten herrschten über eine Anzahl benachbarter Siedlungen und verfügten über beträchtliche Macht. Sie besaßen die Mittel, aus einem weiten Einzugsgebiet Arbeitskräfte für monumentale Bauten zu mobilisieren: Mauern und Paläste, an denen Tausende von Arbeitern jahrzehntelang bauen und viele ihr Leben lassen mussten.

Mit den Fürstentümern tauchte ein neues Element in der Vorgeschichte Chinas auf: institutionalisierte Gewalt. Die wehrhaften Stadtmauern und eine Vielzahl von Waffenfunden deuten auf Kriege hin, und allenthalben finden sich archäologische Spuren von Gewalt: skalpierte Schädel, verstümmelte Leichen, Skelette in Brunnenschächten. Nun wurden zu kultischen Zwecken nicht mehr nur Tiere geopfert, sondern auch Menschen. Zahlreiche Skelette von Erwachsenen und Kindern, rituell ermordet, wurden in den Fundamenten von Palästen und zwischen Lagen gestampfter Erde gefunden. Sie können nur andeuten, welche Opfer die spätneolithischen Fürsten von ihrem Volk forderten.

Solche grausamen Sitten lassen sich nicht einfach blutdürstigen Göttern oder rohen Machtgelüsten der neuen Eliten zurechnen. Eine plausiblere Ursache dürfte im demographischen Wandel im 3. Jahrtausend v. Chr. liegen, als viele Regionalkulturen sich gezwungen sahen, ihre Siedlungsgebiete zu verlassen. Es scheint in dieser Zeit zu einem Exodus aus den Küstengebieten von Nord-Jiangsu gekommen zu sein. Dort hatte der Gelbe Fluss um ca. 2600 v. Chr. seinen Unterlauf von Nord nach Süd geändert, ein großes Gebiet überschwemmt und zugleich den Weg in das heutige Henan freigegeben. Die folgende Migration führte in der Mitte des 3. Jahrtausends zum sprunghaften Anstieg der Siedlungsdichte in Henan, der wesentlich zu den sozialen Veränderungen der Longshan-Zeit beigetragen haben dürfte. Er ermöglichte staunenswerte kulturelle Leistungen, beschwor aber auch Kriege und Blutopfer herauf, die zugleich als Korrektiv des Bevölkerungswachstums wirkten.

Die Atmosphäre wurde rauher in der Longshan-Zeit, und sie wurde kälter. Die Zeit des neolithischen Wärme-Optimums ging zu Ende. Paläoklimatische Untersuchungen deuten einen empfindlichen Temperaturrückgang im 3. Jahrtausend an, einen Rückgang der Monsunzone nach Südosten, zunehmende Trockenheit und die Rückkehr der Steppe in die Waldgebiete des Nordens. All das führte dazu, dass sich am nördlichen Rand des chinesischen Kernlands Regionalkulturen vom Ackerbau auf die Weidewirtschaft verlegten. Im Nordwesten breitete sich nach dem Untergang der Qijia-Kultur die Schafzucht aus, und im Gebiet, das später durch die Große Mauer markiert wurde, entstanden Kulturen, die Ackerbau und Weidewirtschaft verbanden. In dieser Zeit begann sich allmählich die Grenze zwischen der Ackerbau betreibenden ›chinesischen‹ Welt und den Viehzüchtern Zentralasiens herauszubilden, die historisch so ungemein bedeutend werden sollte.

Noch während an der Peripherie diese neuen Kulturen entstanden, bereiteten Naturkatastrophen und Klimawandel den spätneolithischen Kulturen des chinesischen Kernlandes ein jähes Ende. Eine Flutkatastrophe biblischen Ausmaßes ereilte Nordchina im späten 3. Jahrtausend, als der Gelbe Fluss abermals seinen Lauf über mehrere hundert Kilometer zurück nach Norden verlegte und dabei ein Gebiet von der Größe Westdeutschlands verwüstete. Diese Flut sowie der konstante Temperaturrückgang dürften wesentliche Gründe dafür gewesen sein, dass ab der Mitte des 3. Jahrtausends v. Chr. viele große Regionalkulturen am Yangzi und Huanghe untergingen: die Liangzhu-Kultur mit ihren prächtigen Jaden verschwand ca. 2300 v. Chr., die große Hongshan-Kultur im Nordosten um etwa dieselbe Zeit, die Städte Taosi und Guchengzhai gingen ca. 2000 v. Chr. unter, ebenso wie viele andere Regionalkulturen der Longshan-Periode von der Landkarte verschwanden. So, wie der Klimawandel zu Beginn des Neolithikums die Landwirtschaft und Ausbreitung diverser Regionalkulturen ermöglichte, trug der Temperatureinbruch des 3. Jahrtausends zu ihrem Untergang bei. Die Steinzeit war zu Ende. Doch aus ihren Ruinen sollten bald neue Kulturen entstehen, größer und prächtiger, als China sie je gesehen hatte.

Die frühe Bronzezeit

Während die Bevölkerung Nordchinas im späten 3. und frühen 2. Jahrtausend deutlich sank, erlebte das Gebiet des heutigen Henan, am Mittellauf des Huanghe, einen bemerkenswerten Aufschwung. Ab ungefähr 1800 v. Chr. bildete sich um ein Zentrum im heutigen Erlitou, nahe Luoyang, ein System von mehr als 100 kleineren und größeren Siedlungen, das alle neolithischen Fürstentümer weit übertraf. Einige Jahrhunderte später entstand weiter östlich, auf dem Gebiet des heutigen Erligang (bei Zhengzhou), eine gewaltige Stadt als Zentrum eines noch größeren Netzwerks. Mit Erlitou und Erligang erscheinen die ersten Hochkulturen auf chinesischem Boden.

In Erlitou, das vom 19. bis zum 16. Jahrhundert v. Chr. bewohnt war, dürften rund 30 000 Menschen gelebt haben. Auf einem Gebiet von rund 450 Hektar wurden dort Wohnsiedlungen gefunden, Bronze- und Knochenwerkstätten, Öfen, Grabanlagen, zahllose Ritualgegenstände und vor allem ein Kult- oder Palastbezirk von 11 Hektar Größe mit Fundamenten von über 30 Gebäuden. Das größte von ihnen maß 100 × 108 m – ein Bauwerk, wie es zuvor nie da gewesen war.

Auch in Städten der Longshan-Zeit hatte es große Bauten gegeben, aber Erlitou war anders. Seine Anlagen waren komplexer, deutlich als Vorläufer späterer Paläste und Tempel erkennbar, und klar von anderen Wohnsiedlungen getrennt. Hier lebte die Elite, und hier wurde sie auch begraben. Erstmals finden sich in Erlitou Elitegräber innerhalb von Palastanlagen, weit entfernt von den Gräbern des gemeinen Volkes. Die Trennung zwischen Elite und Volk, Hochkultur und Volkskultur, die in der Longshan-Zeit begonnen hatte, war in Erlitou deutlich sichtbar. Ein eindeutiges Machtzentrum, architektonisch deutlich von seiner Umgebung abgegrenzt, hatte sich herausdifferenziert.

Die Hochkultur von Erlitou dürfte, ebenso wie die Fürstentümer des Neolithikums, auf die sozialen Grenzen einer Verwandtschaftsgruppe beschränkt gewesen sein; die Reichweite ihres räumlichen Einflussbereichs jedoch übertraf die Kulturen der Longshan-Zeit bei weitem. Während sich diese in einem Radius von kaum mehr als 20 km – einer halben Tagesreise – über ihr Zentrum erstreckte, kontrollierten die Eliten von Erlitou mit Hilfe sekundärer und tertiärer Zentren ein wesentlich größeres Gebiet. Aus teilweise über 100 km Entfernung bezogen die Eliten Lebensmittel, Baumaterial und Luxusgüter wie Jade, Töpferwaren und Bronze.

Wesentlich ausgedehnter noch war die Reichweite der etwas späteren Hochkultur von Erligang, die ca. 1600–1300 v. Chr. blühte. Ihr Zentrum, genau zwischen dem Hügelland von West-Henan und der Ebene im Osten, im heutigen Zhengzhou gelegen, bildete eine Stadt, die von einer 7 km langen Mauer aus gestampfter Erde umgeben war, deren Überreste noch heute bis zu 9 m hoch und 40 m breit sind. Eine Truppe von 10 000 Arbeitern hätte acht Jahre gebraucht, um diese Mauer zu bauen! Auch wenn die Stadt selbst bislang nicht genau erforscht werden konnte, besteht kein Zweifel an der Macht und Größe der Hochkultur von Erligang. Wie Erlitou erstreckte sie sich auf ein weites Netz von Städten und Siedlungen in Nordchina und sogar bis an den Yangzi: in Panlongcheng, Hubei, 450 km südlich von Zhengzhou, sind Reste einer Stadt gefunden worden, deren Mauern und Bronzen exakt denen von Erligang entsprechen. Auch wenn unklar ist, ob das Zentrum in Erligang diese fernen Gebiete politisch kontrolliert oder lediglich kulturell beeinflusst hat, bezeugen sie doch einen bis dahin unerreichten Höhepunkt zivilisatorischer Expansion.

Neben der territorialen Ausdehnung, den monumentalen Mauern und Palästen symbolisiert vor allem die Bronze das neue gesellschaftliche Niveau, das in Erlitou und Erligang erreicht wurde. Zwar waren weit im Nordwesten, in der Qijia-Kultur, schon im 3. Jahrtausend v. Chr. einfache Werkzeuge und Schmuckstücke aus Bronze hergestellt worden, doch in Erlitou und vor allem in Erligang nahm die Bronzeproduktion eine neue Qualität an.

Nicht, dass die bronzezeitlichen Kulturen bessere Werkzeuge, schärfere Waffen oder effektivere Pflüge zur Verfügung gehabt hätten als ihre neolithischen Vorgänger. Derlei Gebrauchsgegenstände wurden weiterhin aus Holz, Stein oder Knochen hergestellt. Vielmehr wurde die kostbare Bronze fast ausschließlich für Kultgegenstände verwendet: zeremonielle Klingen und Plaketten, vor allem aber Karaffen, große Speisekessel und andere Gefäße, die zum Opfer an die Ahnen verwendet wurden. Etwa zwei Dutzend solcher Gefäße wurden in Erlitou gefunden, rund 130 in Zhengzhou; das größte wiegt über 50 kg. Das waren keine Alltagsgegenstände. Wie die monumentalen Paläste von Erlitou, dienten sie rituellen und repräsentativen Zwecken. Die Bronze war, mehr noch als die Jade, das Material der Elite – nicht im platten Sinne eines Luxusgutes, sondern in viel fundamentalerer Weise.

In Erlitou und Erligang wurden wesentlich mehr Bronzen hergestellt als in Qijia, und vor allem: sie wurden nicht mehr gehämmert, sondern gegossen, eine Technik, die einen wesentlich höheren Aufwand an Material und Arbeit erforderte. Nur Eliten besaßen die Mittel, um die überaus komplexen Arbeitsabläufe zu organisieren, die zur Herstellung solcher Bronzen notwendig waren: vom Bergbau – oft in weit entfernten Minen – über den Transport, das Gewinnen der richtigen Legierung aus Kupfer, Zinn und Blei in speziellen Hochtemperaturöfen und die Herstellung keramischer Modelle bis zum präzisen Guss mit hochentwickelten Gießvorrichtungen. Eine solche Bronzeindustrie erforderte einen Aufwand an Arbeitskraft und Organisation, wie ihn einfache Gesellschaften nicht erbringen können. Sie setzt eine komplexe Gesellschaft voraus mit einem hohen Maß an Spezialisierung und einer mächtigen Elite mit weitreichender Verfügungsgewalt über Arbeitskraft. Die Bronzen von Erlitou markieren den Beginn einer neuen Epoche, der sie zu Recht den Namen geben: der Bronzezeit.

Bronze 青銅

Die Bronze galt im Alten China als *das* Metall schlechthin. Keine andere Kultur der alten Welt hat auch nur annähernd so viel Bronze produziert, und nirgends wurde die Bronzekunst zu so großer Meisterschaft entwickelt wie in China. Die Bronzen des Alten China, vor allem die exquisiten, formvollendeten Karaffen, Pokale und Dreifüße der Shang mit ihrem detaillierten geometrischen oder tierförmigen Dekor zählen zu den höchsten Leistungen der Weltkunst.

Die Bronzeverarbeitung entstand relativ spät in China – ihre Anfänge finden sich um 2000 v. Chr. in der Qijia-Kultur (im heutigen Gansu) und kurz darauf in Erlitou –, und es ist viel diskutiert worden, ob sie ein Import aus dem Westen sei. Doch die Frage verliert ihre Relevanz angesichts der großartigen Bronzeproduktion, die um die Mitte des 2. Jahrtausends v. Chr. begann. Schon ein einziges Stück aus Erligang enthielt ein Vielfaches der gesamten Bronze, die in Erlitou gefunden wurde, ein Speisegefäß von ca. 1200 v. Chr. ist 133 cm hoch, 110 cm breit und 875 kg schwer, und ein einziges Grab der Shang enthielt 1600 kg Bronze. Ob die Bronzekunst ursprünglich importiert war oder nicht: ihre Ausmaße und Formen machten sie zu etwas völlig Einzigartigem.

Die chinesische Bronzekunst war nicht nur in ihrem Umfang einzigartig, sondern auch in ihrer Technik. Sie beruhte auf einer hochentwickelten Keramikproduktion, welche Schmelztiegel, Tonformen und Gussformen lieferte. Die Bronzen des Altertums wurden nicht im *cire perdue*-Verfahren, auf dem Umweg über ein Wachsmodell gegossen, sondern nach einer Methode, bei der mehrteilige Tonmodelle die Form für den Bronzeguss lieferten. In diese Modelle, nicht in die kalte Bronze, wurde auch der Dekor graviert, der auf den fertigen Gefäßen dann im Relief erschien. In der Shang- und frühen Zhou-Zeit waren das überwiegend zoomorphe Motive, die sich von einem fein gearbeiteten Hintergrund aus Spiralen und Mäandern abheben: Drachen, Schlangen, Vögel, Zikaden und vor allem eine aggressive Monsterfratze, die man später *taotie* genannt hat (Farbabb. 3). Die genaue Bedeutung dieser Tiermotive (auch tier*förmige* Gefäße kommen vor) werden wir wohl nie verstehen. Sie mögen Totems oder Elemente eines magisch-religiösen Kults gewesen sein, bei denen Medien mit Hilfe tierischer Begleiter Kontakt mit dem Jenseits aufnahmen. Bezeichnenderweise verschwanden diese Motive im Laufe der frühen Zhou-Zeit, als auch die Religion rationalere Züge annahm.

Viele dieser Kultgefäße tragen innen Inschriften: anfangs kurze Notizen, oft nicht mehr als den Namen des Stifters und des Ahnherrn, dem sie gewidmet sind. Doch vor allem unter der Dynastie Zhou wurden diese Inschriften umfangreicher – die längste hat fast 500 Zeichen – und interessanter. Sie berichten vom Anlass der Stiftung: einem Feldzug, einer Investitur oder einem Ritual, aber auch von Rechtsstreitigkeiten, Landverkäufen, Genealogien und in späteren Zeiten von Krieg und Unruhe im Königtum der Zhou.

Heute verfügen wir über ein Korpus von weit mehr als 10 000 Bronzeinschriften der Shang und Zhou: neben den Knocheninschriften der Shang die einzigen Schriftzeugnisse dieser Zeit. Auch wenn diese Inschriften längst noch nicht gründlich erschlossen sind und vieles an ihnen unverstanden bleibt, bilden sie einzigartige Quellen der frühen Geschichte Chinas. Die Bronzen sind das Wertvollste, was wir aus der Zeit besitzen, die nach ihnen benannt wurde.

Es mangelt nicht an Versuchen, die Hochkulturen von Erlitou und Erligang mit den ersten chinesischen Dynastien zu identifizieren, die in der historischen Literatur überliefert sind. Demnach wird Erlitou den Xia (trad. 2205–1766 v. Chr.) zugeordnet, die der mythische Herrscher Yu gegründet haben soll: dafür spreche die geographische Lage ebenso wie die chronologische Einordnung. Die klimatischen Katastrophen am Ende der Longshan-Periode entsprächen der Sintflut, die Yu bekämpft haben soll; und auch den Bronzeguss soll er schließlich eingeführt haben mit den königlichen Dreifüßen, die von Dynastie zu Dynastie weitergereicht worden seien (S. 33). Doch all das sind viel spätere Mythen, die sich nicht ohne weiteres mit den Funden von Erlitou verbinden lassen. Ebenso schwierig ist die Gleichsetzung von Erligang mit der Frühphase der Dynastie Shang (trad. 1766–1123 v. Chr.). Diese soll mehrmals ihre Hauptstadt gewechselt haben, und bei Zhengzhou könne es sich um ihre erste Residenz handeln. Doch auch diese Informationen stammen aus Texten, die 1500 Jahre nach den Ereignissen geschrieben wurden. Die archäologischen Quellen hingegen schweigen. Sie verraten uns weder den Namen dieser Zivilisation noch die ihrer Herrscher. Solange in Erligang keine soliden Belege für die frühen Shang-Könige gefunden werden, fehlt diesen Spekulationen das Fundament.

Die archäologischen Funde belegen weniger die geordnete Folge alleinherrschender »Dynastien« als das komplexe Mit- und Nebeneinander verschiedener Kulturen in der chinesischen Bronzezeit. Neben der Hochkultur von Erlitou existierten in den Gebieten des heutigen Shandong, der Inneren Mongolei, in Shaanxi, Gansu, Sichuan, Hubei und im Yangzi-Delta eine Reihe eigenständiger Kulturen, die in Kontakt mit Erlitou standen, aber keineswegs unter seiner Herrschaft. Auch nach dem Zusammenbruch der Zivilisation von Erligang erscheint die politische Karte der Bronzezeit als Mosaik kulturell unterschiedlicher Herrschaften, deren Einfluss meist nicht über eine Makroregion hinausging.

Die meisten dieser Kulturen sind bislang wenig erforscht. Wir kennen weder ihre Namen noch ihre Geschichte. Das zweite Jahrtausend v. Chr. gehört der Vorgeschichte an – mit Ausnahme einer kleinen Stadt, die um 1200 v. Chr. ins volle Licht der Geschichte trat: Anyang.

Die Entstehung Chinas (13.–6. Jahrhundert v. Chr.) Stratifizierung und die Ordnung durch Sitten

Während Neolithikum und frühe Bronzezeit zur Vorgeschichte zählen, lässt sich ab ca. 1250 v. Chr. von Geschichte sprechen: denn aus dieser Zeit gibt es schriftliche Quellen. Die beschriebenen Orakelknochen der Dynastie Shang, die in Anyang (Henan) gefunden wurden, berichten von Göttern, Kriegen, Jagden, Ackerbau und anderen Leistungen einer Hochkultur, die alle früheren in den Schatten stellte. Die Shang produzierten atemberaubend schöne Bronzen, bauten monumentale Königsgräber, sie verfügten über mächtige Waffen, hatten einen Kalender und kannten die Schrift. Für viele Historiker beginnt die Geschichte Chinas mit den Shang. Als wichtigstes Ereignis der frühen chinesischen Geschichte gilt die Eroberung der Shang durch ein anderes Volk, die Zhou, um das Jahr 1050 v. Chr. Die frühen Zhou-Herrscher, Wen, Wu und der Herzog von Zhou, sollen die philosophischen und institutionellen Grundlagen von 3000 Jahren chinesischer Zivilisation geschaffen haben: ein System von Ämtern und Riten sowie die Lehre vom »Mandat des Himmels«, auf die sich chinesische Denker bis ins 20. Jahrhundert beriefen.

Tatsächlich dürften diese hehren Institutionen und vieles andere, was den frühen Zhou zugeschrieben wird, erst viel späteren Ursprungs sein. Unser Bild der frühen chinesischen Geschichte basierte allzu lange auf kanonischen Texten, die angeblich in der frühen Zhou-Zeit entstanden seien. Neuere Forschungen legen jedoch nahe, dass diese Texte erst einige Jahrhunderte später zu datieren sind. Die einzigen Quellen, die uns zuverlässig über die Geschichte der Shang und Zhou informieren, sind somit archäologische Funde: Gräber, Siedlungen, materielle Überreste und vor allem Inschriften. Über 200 000 kurze Knocheninschriften sind aus der Shang-Zeit bekannt, über 10 000, oft längere Inschriften auf Bronzegefäßen aus der Zhou-Zeit. Wenn man diese Quellen ernst nimmt, ergibt sich ein anderes Bild von der Entstehung Chinas.

Weder die Shang noch die Zhou waren China. Die Shang waren nur eine – wiewohl prächtige – Hochkultur, der hauptsächlich Angehörige eines Clans in einem kleinen Gebiet Nordchinas angehörten. Neben den Shang gab es noch andere, nicht minder glanzvolle, aber schriftlose Hochkulturen in Sichuan und am Yangzi. Auch die Zhou, deren materielle Kultur weitgehend jener der Shang glich, übten allenfalls eine lose Oberhoheit über kleine Fürstentümer in Nordchina aus. Die Vorstellung einer ›chinesischen‹ Kultur oder Gesellschaft dürfte ihnen fremd gewesen sein.

Entgegen der gängigen Lehrmeinung soll die Entstehung Chinas hier weder mit den Shang noch mit den frühen Zhou identifiziert werden, sondern mit dem Zusammenwachsen der Fürstentümer Nordchinas. Mit Erschließung des Raums, Ausbreitung der Schrift und zunehmender Verständigung unter regionalen Eliten entstand erstmals ein kommunikativer Zusammenhang, der Verwandtschaftsgrenzen überschritt. Es bildete sich eine stratifizierte Gesellschaft, deren Grenzen nicht mehr durch Verwandtschaftsgruppen gebildet wurden, sondern durch eine größere Einheit: wir nennen sie ›China‹. Dieser Prozess schlug sich im 9. Jahrhundert v. Chr. in einem markanten Wandel der Bronzekunst nieder, der von Archäologen als »Rituelle Revolution« bezeichnet wird.

Anders als es meist dargestellt wird, erlebte das 9. Jahrhundert nicht den Zerfall wohlgeordneter Staatlichkeit, sondern die Entstehung der chinesischen Gesellschaft. Der Machtverlust der Zhou-Könige ab 841 v. Chr. und ihr endgültiger Sturz 771 v. Chr. bedeuteten nicht das Ende eines goldenen Zeitalters, sondern den Anfang der Geschichte Chinas. Die folgende Periode des »Frühling und Herbst« (Chunqiu, 722–481 v. Chr.) wird in der chinesischen Tradition zu Unrecht als Periode des Chaos und Niedergangs angesehen. In ihr bildeten sich eigenständige Fürstentümer heraus und zugleich die Mechanismen, die dieser »internationalen« Adelsgesellschaft Ordnung verliehen: ein System von »Hegemonen«, die das Konzert der Regionalfürsten dirigierten, erste Gesetzeswerke und schließlich die Sittenlehre des Konfuzius. Wahrscheinlich entstanden auch die kanonischen Texte, die das »System« der Zhou idealisieren, erst jetzt: in der Chunqiu-Zeit wurden klassische Muster für die Ordnung Chinas geschaffen.

Zeittafel

(alle Daten v. Chr.)

13.–11. Jh.	Yinxu: Shang (Lößebene)
	Sanxingdui (Sichuan)
	Wucheng, Xing'an (Unterer Yangzi)
11. Jh.	Sieg der Zhou über die Shang
	König Wu
	Herzog von Zhou

10. Jh.	König Zhao
	König Mu
ab 9. Jh.	Rituelle Revolution
841–828	Gonghe-Interregnum
771	Die Rong erobern Zongzhou; Ende der Zhou-Herrschaft
722–481	Chunqiu-Zeit
ab 651	Hegemonie Qis
632	Schlacht von Chengpu: Hegemonie Jins
613	Hegemonie Chus
551–479	Lebenszeit des Konfuzius
473	Yue besiegt Wu

Die Shang

1899, so berichtet eine Anekdote, erkrankte der Paläograph Wang Yirong, Rektor der Kaiserlichen Universität zu Beijing, an Malaria. Er ließ sich aus einer Apotheke sogenannte »Drachenknochen« kommen: alte Tierknochen, die im 19. Jahrhundert in China als Medikament verwendet wurden. Bei der Zubereitung der Arznei entdeckte Wang Yirong kleine eingeritzte Zeichen auf diesen Knochen: eine bislang unbekannte Frühform der chinesischen Schrift. Die Entdeckung der Knocheninschriften war eine wissenschaftliche Sensation. In den nächsten Jahren kauften Gelehrte alle beschriebenen Knochen, deren sie in Apotheken und auf dem Antiquitätenmarkt habhaft werden konnten, und begannen, die Inschriften zu ordnen, zu entziffern und zu publizieren.

Bald wurde klar, dass es sich bei den »Drachenknochen« um Brustpanzer von Schildkröten bzw. Schulterblätter von Rindern handelte, die vor 3000 Jahren, unter der Dynastie Shang, zur Orakelnahme verwendet worden waren (Farbabb. 1). Wie schon neolithische Kulturen (S. 43), erhitzten die Shang diese Knochen, um aus deren Rissen Prognosen abzuleiten; aber sie taten noch mehr: sie protokollierten diese Zeremonien. Die Inschriften auf den Knochen verzeichnen die Namen der Beteiligten, Daten der Orakelbefragung, die Fragen selbst, oft auch die Antworten und bisweilen sogar Erfüllungsnotizen, die besagen, ob sich die Vorhersagen bewahrheitet haben. Auf den Knochen ließen sich Namen von Königen der Dynastie Shang identifizieren, Herrschern, die zwar aus der alten Literatur bekannt waren, deren Existenz im frühen 20. Jahrhundert jedoch als höchst zweifelhaft galt. Nun wurden sie historisch fassbar. Mit den

Schulterblatt eines Rinds mit eingeritzten Orakelprotokollen; 13. Jh. v. Chr.

Orakelknochen der Shang beginnen traditionelle Geschichte und archäologische Funde sich zu überlagern.

Bald war auch der Herkunftsort der »Drachenknochen« ausgemacht. Die Spur führte in das Dorf Xiaotun bei Anyang im nördlichen Henan, eine Gegend, in der schon frühe Geschichtswerke die Hauptstadt der Dynastie Shang lokalisierten. Dort stießen Bauern beim Pflügen regelmäßig auf solche Knochenstücke im Boden, die sie kiloweise an Apotheken verkauften. In Anyang begannen im Oktober 1928 schließlich systematische Ausgrabungen, das erste Großprojekt der chinesischen Archäologie. Es förderte nicht nur Zehntausende beschriebener »Orakelknochen« zutage, sondern eine ganze neue Welt: Gruben mit Streitwagen, riesige Grabanlagen, Hunderte von prachtvollen Bronzegegenständen sowie jüngst die Reste trutziger Stadtmauern und Fundamente von Palastanlagen, die alle früheren in den Schatten stellten. Kostbare Schnitzereien aus Knochen, Elfenbein und Jade wurden in Anyang gefunden, die von weitreichenden Handelsverbindungen zeugen: Kaurimuscheln, die offenbar als Währung benutzt wurden, und Schildkrötenpanzer kamen aus dem Gebiet des Yangzi, die Jade sogar aus dem 4000 km entfernten Khotan in Ostturkestan. Alles in Anyang erscheint klarer, größer und prächtiger als je zuvor, die Zivilisation der Bronzezeit erreichte mit den Shang ein neues Niveau.

Der traditionellen Geschichtsschreibung zufolge sollen die Shang ihre Hauptstadt fünfmal verlegt haben. Mit ihrer letzten Hauptstadt dürften sie einen nahezu idealen Ort gefunden haben: Ganz im Norden der heutigen Provinz Henan, am westlichen Rand der klimatisch gemäßigten Lößebene, erstreckt sich sanftes Flachland mit äußerst fruchtbarem Lößboden, das durch den Huan-Fluss bewässert wird. Zur Zeit der Shang herrschte dort ein wärmeres, feuchteres Klima als heute, das mehrere

Hirse- und Reisernten im Jahr ermöglichte; Bären, Elefanten, Büffel, Tiger und Rhinozerosse lieferten reiche Beute für die Jagd. Nach Westen bot das Taihang-Gebirge einen natürlichen Schutzwall, die Grenze im Süden und Osten bildete der Gelbe Fluss. In diesem strategisch idealen Gebiet entstand zunächst um die Mitte des 15. Jahrhunderts v. Chr. beim heutigen Huanbei eine 470 Hektar große ummauerte Stadt mit imposanten Palastanlagen, die etwa 200 Jahre besiedelt war. Wahrscheinlich handelte es sich dabei um eine Metropole der Dynastie Shang, doch bislang wissen wir nur wenig über die Kultur von Huanbei.

Die spektakulären Funde, die sich eindeutig der Dynastie Shang zuordnen lassen, stammen aus dem Gebiet unmittelbar südwestlich davon, wo ca. 1250 v. Chr. ein neues Zentrum entstand. Yinxu, die »Ruinen von Yin« (ein anderer Name der Shang), wie die Siedlung genannt wird, hatte einen ganz anderen Charakter als Huanbei. Auf einem Gebiet von 30 km^2, von keiner Mauer umgeben, finden sich zahlreiche einfache Wohnungen, Werkstätten, über 2500 Opfergruben, ein bescheidener Palastbezirk, mehrere hundert kleine Gräber und eine Nekropole mit dreizehn gewaltigen Grabanlagen. Mehr als alles andere haben diese Gräber die Bedeutung Anyangs vor Augen geführt: denn die neun größten von ihnen, darunter ein unvollendetes, lassen sich den letzten neun Königen der Shang zuordnen, die in Yinxu residierten. Wahrhaft königliche Anlagen sind das: kreuzförmige, 10–13 m tiefe Gruben mit großen Grabkammern, zu denen vier lange Rampen hinabführten. Das größte dieser Gräber misst inklusive Rampen 66 × 44 m! Der Arbeitsaufwand, diese Gruben auszuheben und Schicht um Schicht wieder aufzufüllen, muss ungeheuer gewesen sein.

Die Ausstattung der Gräber lässt sich nur erahnen, denn sie waren allesamt längst geplündert. Allein das unversehrte Grab einer königlichen Gemahlin gibt uns eine Vorstellung davon, welche Schätze die Shang ihren verstorbenen Herrschern mitgaben. Dieses Grab der Dame Hao enthielt Hunderte Knochen- und Jadeschnitzereien, Elfenbein und Edelsteine, Schmuck und Waffen, 7000 Kaurimuscheln, 755 Jadestücke – die größte Sammlung, die je gefunden wurde – sowie 468 Bronzen mit einem Gesamtgewicht von 1600 kg. Der Reichtum und die Feinheit der Objekte aus diesem und anderen Gräbern sind überwältigend. Die Shang waren Meister der Schnitzerei, und ihre bronzenen Ritualgefäße bezeugen eine Kunstfertigkeit, die niemals zuvor und niemals danach erreicht wurde.

So beeindruckend die Formen dieser Bronzen, so bezeichnend ist ihre Funktion. Die ganze Kunst der Shang, all der enorme Aufwand, der mit dem Bronzeguss verbunden war, galt nicht ästhetischen oder praktischen, sondern religiösen Zwecken. Die allesbeherrschende Rolle der Religion, die schon im Neolithikum zu erkennen war, zeigt sich in Anyang in aller Deutlichkeit. Das Heilige war immer und überall. Die Shang verehrten eine schwindelerregende Vielzahl von Göttern: Wind, Regen, Donner, Blitze, Sonne und Mond, Flüsse und Berge, die Erde, die vier Himmelsrichtungen und offenbar auch einen höchsten Gott, Di, der über die anderen Mächte gebot. Vor allem aber verehrten die Shang-Herrscher ihre Ahnen. Die Ausmaße des Ahnenkults, welche die Knocheninschriften der Shang verraten, sind frappierend. Die Shang-Könige vollzogen Dutzende verschiedener Rituale für über hundert Ahnen, von kürzlich Verstorbenen bis zu den fernsten Vorvätern. Rauschhaft-ekstatische Zeremonien müssen das gewesen sein, bei denen Fleisch, Blut, Getreide oder »Wein« (eigentlich ein bierähnliches Gebräu aus Hirse) geopfert wurden, während ein Medium, begleitet von Glocken und umgeben von magischen Schutztieren, sich in Trance tanzte, um Kontakt mit dem Jenseits aufzunehmen.

Bei den unterschiedlichsten Anlässen holten sich die Shang Rat und Beistand der Ahnen: vor Ernten, Ritualen, Jagdausflügen, Kriegen und Geburten, bei Krankheiten, Träumen, astronomischen Erscheinungen, Bauvorhaben oder sonstigen Ereignissen. Das Wetter: mehr als tausendmal fragte allein König Wu Ding die Ahnen, ob es regnen werde. Fragen zum Schlachtglück liest man auf den Orakelknochen: »Der König bietet 5000 Mann auf, um die Tufang (ein feindliches Volk) anzugreifen – er wird Unterstützung erhalten«; aber auch: »(Der König) hat einen schlimmen Zahn – es ist nicht (der Ahnherr) Vater Yi, der ihn peinigt«; oder: »Die Dame Hao wird gebären – es wird vielleicht nicht gut. 31 Tage später gebar sie, und es war nicht gut: es war ein Mädchen.«

Bei diesen Zeremonien ging es offenkundig nicht um Totengedenken oder Anbetung, auch nicht um moralische Werte, sondern um ganz praktische Dinge. Die Shang pflegten nahezu geschäftsmäßigen Umgang mit den Ahnen nach dem Prinzip *do ut des* – bisweilen feilschten sie regelrecht mit ihnen, indem sie ein kleines Opfer boten und für den Fall der Erfüllung ihres Wunsches ein größeres in Aussicht stellten: »Für diesen Exorzismus opfern wir Vater Yi drei Rinder und versprechen nach Erfüllung 30 Kriegsgefangene und 30 Schafe« – »Vater Yis« Hilfe wurde nicht erbeten, sondern geradezu erschachert. Solche Praktiken rücken die Religion der Shang in die Nähe der *Magie*, bei der es nicht um demütige Anbetung geht, sondern um Gunstbewerbung und Beeinflussung der Geister zu eigenen Zwecken.

Offensichtlich waren die Ahnen der Shang – ebenso wie die Naturmächte – keineswegs transzendente Götter, sondern Teil der Menschenwelt: sie vermochten dort unmittelbar einzugreifen und ließen ganz weltlich mit sich verhandeln. Götter waren nur unscharf von den Menschen getrennt, Religion nicht als eigenständiger Bereich der Gesellschaft differenziert. Die Götter waren allgegenwärtig, und jeder Handlung konnte, über ihre Alltagsbedeutung hinaus, magisch-religiöser Sinn zugeschrieben werden. Politik war niemals nur politisch, Wirtschaft niemals nur wirtschaftlich, sondern immer auch religiös bedeutsam. Die Welt der Shang war noch nicht rational und entzaubert, sie war magisch.

Diese Welt erscheint archaisch und fremd. Nirgends wird das so deutlich wie an den grausamen Menschenopfern, die die Shang ihren Göttern machten. Hekatomben von geopferten Menschen hat man an den Stätten der Shang gefunden, geschlachtet wie Vieh, geköpft oder verstümmelt und anonym begraben in den Fundamenten ihrer Tempel oder den Gräbern ihrer Führer. Sechzehn Opfer wurden im Grab der Dame Hao gefunden, Hunderte begleiteten einen König in den Tod, allein die Orakelinschriften verzeichnen insgesamt 13 000 Menschenopfer. Wie lassen sich diese schaurigen Rituale in einer Hochkultur erklären? Die Shang waren keine blutrünstigen Wilden; ihre Menschenopfer dürften rationale, sozial bedingte Gründe gehabt haben. Sie mögen ein probates Mittel gewesen sein, eine wachsende Bevölkerung angesichts knapper Nahrungsmittel zu dezimieren. Doch die meisten Menschenopfer der Shang waren Kriegsgefangene, vor allem Angehörige der Qiang, eines fremden Stammes aus dem Westen. Es dürfte leichtgefallen sein, diese Menschen zu opfern, denn in den Augen der Shang waren sie eben *keine* Menschen. Die Qiang standen den Shang ferner als die verstorbenen Ahnen, denn mit ihnen konnten sie nicht einmal kommunizieren: sie waren unverständlich, feindlich, vogelfrei.

So großartig die Zivilisation der Shang, so weitreichend ihre Handelsverbindungen, so lokal beschränkt war die Gesellschaft, die all das vollbrachte. Die Shang-Könige in Yinxu waren in erster Linie Herren eines Clans. Sie erweiterten ihren Einflussbereich, indem sie Prinzen, verdienstvollen Heerführern, aber auch Führern unterworfener Nachbarvölker Titel verliehen, sie mit Territorien in den Randzonen ihres Herrschaftsgebietes belehnten und offenbar auch Heiratsverbindungen mit ihnen eingingen. Die Herrscher dieser Gebiete waren somit alle dem Shang-König verwandt oder verschwägert – allein König Wu Ding hatte 64 Frauen! –, ihr Status dürfte von ihrer Nähe zur königlichen Linie abhängig gewesen sein. Auf diese Weise bildete sich ein »konischer Clan«, ein hierarchisch gegliedertes System von Abstammungsgruppen. Diese Abstammungsgruppen bildeten die primären sozialen Bezugspunkte der Shang. Die Ahnen standen an der Spitze dieser Gesellschaft, deren Grenzen durch die Zugehörigkeit zum Clan definiert waren. An diesen verwandtschaftlichen Trennlinien, die zugleich Grenzen sprachlicher Verständigungsmöglichkeiten gewesen sein dürften, endeten Menschlichkeit und Moral der Shang. Ein allumfassendes Bild vom Menschen und universell gültige Moralvorstellungen konnten sich erst später entwickeln, in einer Gesellschaft, die ihre Grenzen entscheidend erweitert hat. Die Shang waren sozial und regional viel enger beschränkt; ihr Ahnenkult und ihre Menschenopfer sind eine Erinnerung daran, wie klein der Horizont dieser großen Zivilisation war.

Auch der politische Einfluss der Shang-Könige scheint sich nicht sonderlich weit erstreckt zu haben: ihr Gebiet – ein dünnes Netzwerk von Wegen und Siedlungen – war kaum größer als wenige hundert Quadratkilometer, die maximale Fläche, die sich bei den damaligen Kommunikations- und Verkehrsmöglichkeiten kontrollieren ließ. Auch wenn es bisweilen so dargestellt wird: die Shang waren nicht gleich China. Weder bildeten sie die politische Zentrale, noch erstreckte sich ihre Kultur einheitlich auf das Land zwischen Huanghe und Yangzi. Die Shang waren lediglich eine Regionalmacht, neben der es weitere eigenständige Gesellschaften gab.

Spektakuläre Überreste einer ganz anderen Kultur wurden in den 1980er Jahren in Sanxingdui, nördlich von Chengdu (Sichuan) gefunden, mehr als 1000 km entfernt von Anyang. Dort stießen Archäologen auf die Mauer einer großen Stadt mit Fundamenten palastartiger Anlagen, die etwa zeitgleich mit den Shang-Städten in Anyang besiedelt war. Zu den aufsehenerregenden Funden gehören zwei Gruben mit zahlreichen Gegenständen aus Jade und Gold, Elefantenstoßzähnen, Kaurimuscheln und Hunderten von Bronzen, wie sie nie zuvor gesehen worden waren: eine mit Blattgold belegte Menschenmaske etwa, eine wuchtige Göttermaske von 82 × 77 cm Größe, eine 2,6 m hohe Menschenfigur, die einen Elefantenzahn hielt und bis zu 4 m hohe Bronzebäume (Farbabb. 2). Diese Gegenstände kamen nicht aus Nordchina. Sie haben eine andere Formensprache, und ihre Verwendung – viele der Stücke waren rituell verbrannt oder zerbrochen worden – war ganz anders als bei den Shang. Menschenopfer, wie sie aus Anyang bekannt sind, scheinen in Sanxingdui keine Rolle gespielt zu haben. Es war eine völlig eigenständige Hochkultur, die dort zeitgleich mit den Shang blühte. Die chinesische Tradition würde sie ›barbarisch‹ nennen; doch diese ›Barbaren‹ waren nicht weniger zivilisiert als ihre ›chinesischen‹ Nachbarn.

Die Shang verdanken ihre historische Prominenz vor allem einer Kulturtechnik, die sie allen Zeitgenossen voraushatten: der Schrift. Kaum früher als 1250 v. Chr. erfunden, tritt uns Schrift erstmals auf den Orakelknochen in Anyang entgegen: völlig anders als die heutige und nur von Spezialisten zu entziffern, aber doch klar erkennbar als *chinesische* Schrift. Schon neolithische Kulturen hatten gelernt, auf Knochen »Zeichen« des Orakels zu lesen (S. 43); die Schrift mag als Weiterentwicklung dieser Technik erfunden worden sein. Wir wissen nicht, ob die Shang auch auf vergänglichen Materialen wie Holz oder Bambus geschrieben haben (den Pinsel haben sie schon gekannt). Erhalten sind allein über 200 000 Inschriften auf Bauchpanzern von Schildkröten und Rinderknochen sowie Hunderte von Inschriften auf Bronzen. Vieles davon ist noch nicht entzifferbar, zudem sind die Texte kurz – selten länger als zwei Dutzend Zeichen – und stammen allesamt aus dem Kontext des Ahnenkultes. Dennoch bieten uns diese Inschriften ein detailliertes Bild von der Sprache, Religion, Politik und Gesellschaft der Shang. Allein durch ihre Schrift treten sie als erste »Dynastie« in das Licht der Geschichte.

Nicht, dass die Schrift eine wichtige Rolle in dieser Geschichte gespielt hätte: die Shang waren noch lange keine Schriftkultur. Nach allem, was wir wissen, dürften nur wenige Spezialisten am Hof der Schrift mächtig gewesen sein, und ihre Verwendung war eng beschränkt. Weder diente sie der Verwaltung noch dem literarischen Ausdruck, ja es ist unsicher, ob sie überhaupt der Kommunikation diente: denn wer hätte sie lesen sollen? Die Schriftzeichen der Shang, wie wir sie kennen, waren Hieroglyphen im eigentlichen Sinne: heilige Zeichen, die der Fixierung kultischer Handlungen vorbehalten waren. Es sollte noch ein Jahrtausend dauern, bis die chinesische Schrift breite soziale Wirksamkeit entfaltete. Doch der Beginn dieser Entwicklung lässt sich schon in den Inschriften von Anyang erahnen.

Unter den letzten Königen der Shang, etwa ab der Mitte des 12. Jahrhunderts v. Chr., begann sich die Orakelpraxis merklich zu wandeln. Orakel wurden nun seltener und stets gemäß einem bestimmten Zeitplan befragt, zudem wurde die Vielfalt der Orakelthemen drastisch reduziert, und als Orakelnehmer fungierten nur mehr die Könige selbst. Die Prognosen wurden stereotyper, stets glückverheißend, und sie trafen, im Gegensatz zu früheren Zeiten, unfehlbar zu. Die Orakel der Shang waren berechenbar geworden. Einst spontane Reaktionen auf außergewöhnliche Ereignisse, waren sie zu Routinen erstarrt, die nichts Unvorhersehbares mehr an sich hatten. Magie hatte sich zum Ritual gewandelt. Womöglich förderte ausgerechnet die heilige Schrift der Shang diese schleichende Entzauberung der Welt, indem sie Präzedenzfälle festhielt, Tradition stabilisierte, Prozeduren standardisierte und die Variationsbreite der Handlungsmöglichkeiten einschränkte: Schrift bedeutete von Anbeginn immer auch *Vor*schrift.

In dem Maße, in dem der Rat der Ahnen zur Routine verkam, ging auch die Zahl der Opfer in der späten Shang-Zeit zurück. Der Einfluss der Toten im Diesseits begann allmählich an Bedeutung zu verlieren. Dem höchsten Gott, Di, wurde nun gar nicht mehr geopfert; stattdessen nahmen die letzten beiden Shang-Könige – ein hochsymbolischer Akt – selbst den Titel *di* an. Während die Götter sich von der unmittelbaren Regierung der Welt zurückzogen, stiegen die Könige zu ihren Stellvertretern auf Erden auf, die religiöse und politische Macht in ihrer Person vereinigten.

Die Knocheninschriften deuten diese einschneidende Umwandlung der Shang-Gesellschaft nur eben an, und ihre möglichen Folgen lassen sich lediglich vermuten. Sie geschah in einer Zeit, in der die Macht der Shang deutlich zurückging und sie die Kontrolle über große Teile ihres Gebietes zu verlieren begannen. Als die letzten beiden Könige ihre gottgleichen Titel annahmen, regierten sie nur noch über einen kleinen Teil ihres Herrschaftsgebietes. Während der letzte von ihnen noch sein Grab ausheben ließ, war weit im Westen schon eine Macht entstanden, die seiner Herrschaft ein Ende setzen sollte: die Zhou.

Die Zhou

Etwa im Jahre 1050 v. Chr. wurde die berühmteste Schlacht des chinesischen Altertums geschlagen. König Wu der Zhou hatte die Armeen von 800 »Fürsten«, rund 50 000 Soldaten, auf der Ebene von Muye vor den Toren der Shang-Hauptstadt versammelt, um den despotischen letzten Herrscher der Shang, Zhouxin, zu stürzen. Dieser Zhouxin soll der verkommenste Schurke unter der Sonne gewesen sein, trunksüchtig, lüstern und bestialisch grausam. Mit seiner liederlichen Frau Da Ji soll er Orgien in »Weinseen« und »Fleischwäldern« gefeiert und sich an den Qualen seiner Opfer ergötzt haben. Verurteilte soll er über glühende Kohlen getrieben haben, seinen eigenen Onkel ließ er zerfleischen, weil er ihn kritisiert hatte, und seinen treuen Verbündeten, den nachmaligen König Wen von Zhou, sperrte er sechs Jahre lang in den Kerker. An all das erinnerte König Wu, als er zu seinen Heerführern sprach:

> Der König der Shang hört auf die Worte von Frauen. In seiner Verblendung vernachlässigt er die Opfer und behandelt seine Verwandten nicht geziemend. Schurken und Vagabunden macht er zu Würdenträgern und Ministern, auf dass sie das Volk tyrannisieren und ihre Laster in der Stadt der Shang treiben können. Nun werde ich die Strafe des Himmels vollstrecken.
>
> (*Shujing*, »Mu shi«)

Daraufhin sandte er seine Truppen in den Kampf gegen eine erdrückende Übermacht von 700 000 Soldaten, die der Shang-König ihm entgegensandte. Doch die demoralisierten Truppen der Shang vernichteten die Angreifer nicht etwa, sondern liefen zu ihnen über, um ihren eigenen Tyrannen zu stürzen, der schließlich in den Flammen seines Palastes starb. Unter dem Jubel der Menge marschierte König Wu in die Hauptstadt ein, enthauptete Zhouxins Frauen eigenhändig und stellte ihre Köpfe zur Schau. Am nächsten Morgen vollzog König Wu ein Opfer und verkündete, dass er das Mandat des Himmels erhalten habe, anstelle der Shang zu herrschen.

Wir wissen nicht, ob die Ereignisse sich auch nur annähernd so abgespielt haben. Die traditionelle Geschichtsschreibung, rund 1000 Jahre später entstanden, bietet ein karikaturhaft überzeichnetes Schwarzweißbild der Ereignisse: dort der abgrundtief böse letzte Shang-König, der sein Volk mit sadistischen Torturen peinigte; hier die tugendhaft strahlenden ersten Herrscher der Zhou, deren weiser Ratschluss ihrer Dynastie zum Aufstieg verhalf. Die chinesische Geschichte führt den Lauf der Dinge stets auf das Wirken großer Persönlichkeiten zurück. So sind der letzte Shang-König zum Inbegriff des Bösen, die Zhou-Herrscher Wen und Wu hingegen zu Säulenheiligen der späteren Tradition geworden. Sie bilden ein Dreigestirn zusammen mit König Wus jüngerem Bruder, dem Herzog von Zhou. Dieser soll nach König Wus Tod für sieben Jahre die Regentschaft für den minderjährigen Thronfolger übernommen, die Herrschaft konsolidiert und die Grundlagen eines wohlgeordneten Gemeinwesens geschaffen haben.

Vor allem ihre moralischen Qualitäten, ihre Weisheit, Güte und liebevolle Sorge um das Volk, sollen die Zhou-Könige von den ruchlosen Shang-Herrschern unterschieden und ihre Herrschaft begründet haben. Die Zhou hätten sich demnach nicht etwa durch Geburt oder unveräußerliches Recht legitimiert, sondern durch Moral, konkreter noch: durch das »Mandat des Himmels«. Nach dieser Vorstellung verlieh der Himmel, der oberste Gott der Zhou, einem tugendhaften Herrscher den Auftrag, als König zu regieren. Er konnte es jedoch, wenn dessen Nachfolger vom Pfad der Tugend abwichen und die Regierung vernachlässigten, wieder entziehen und einer anderen Herrscherfamilie übertragen. Das »Mandat des Himmels«, eine findige Konstruktion zur Rechtfertigung von Herrschaft ebenso wie von Rebellion, wurde in der späteren Tradition zum vielzitierten Topos; ob die Idee jedoch auf die frühen Zhou-Herrscher zurückgeht, erscheint heute zweifelhaft.

Andere Quellen legen nahe, dass die Zhou weniger kultivierte Gutmenschen waren als rustikale Parvenüs. Schon in einem klassischen Text des 3. Jahrhunderts v. Chr. wird König Wen als »Mann der Westbarbaren« bezeichnet, und ihr eigener Ursprungsmythos verband die Zhou mit dem Clan der Jiang, womöglich ebenjenen Erzfeinden der Shang, die unter dem Namen Qiang so oft als Blutopfer dienten. Tatsächlich siedelten die Zhou weit entfernt von den Shang auf dem Lößplateau, im Zentrum des heutigen Shaanxi. Guanzhong, »Inmitten der Pässe«, heißt dieses rund 350 km lange, in ca. 300–600 m Höhe gelegene Plateau, das vom Wei-Fluss und seinen Zubringern geprägt wird. Strategisch äußerst günstig gelegen, kam ihm historisch immense Bedeutung zu: mehr als zehn chinesische Dynastien hatten ihre Hauptstadt in diesem Gebiet. Im Süden vom Qinling-Gebirge und im Norden vom Lößplateau begrenzt, ist das Wei-Tal nur durch enge Pässe von der Nordchinesischen Tief-

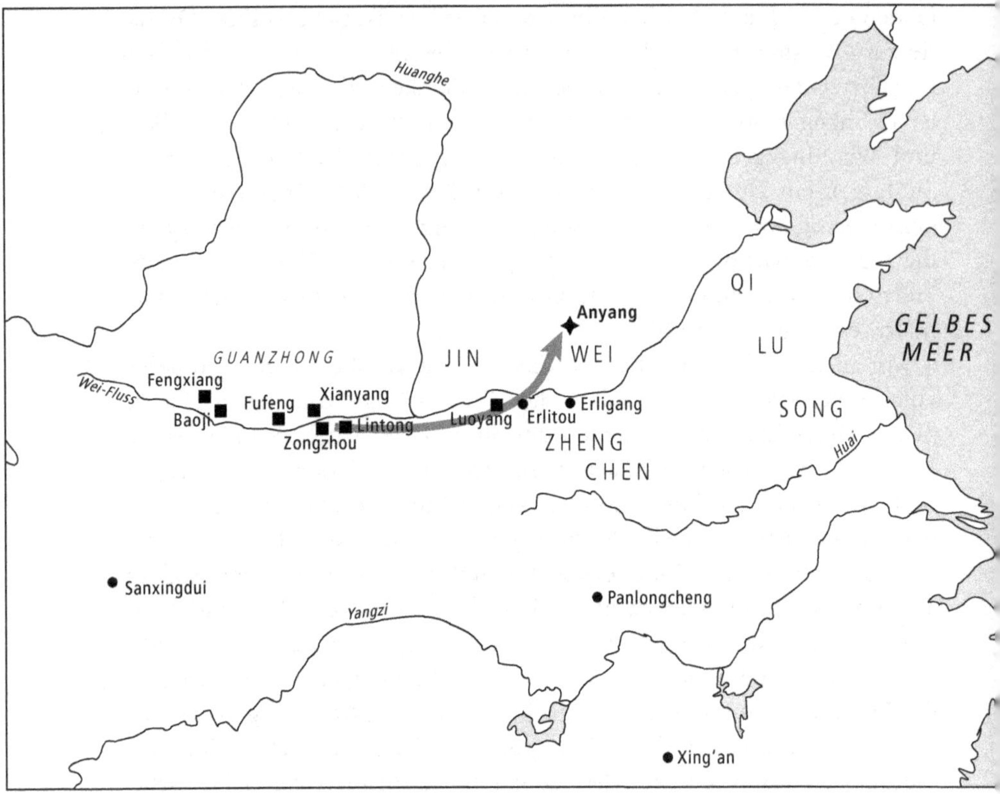

Die Gebiete der Shang und Zhou.

ebene im Osten und Zentralasien im Westen erreichbar. Guanzhong bildet die Verbindung zwischen der ›chinesischen‹ Welt und den fernen »Westgebieten«.

Die Zhou scheinen zumindest im 11. Jahrhundert v. Chr. stärkere Verbindungen nach Westen gehabt zu haben als zur Nordchinesischen Ebene. Es finden sich nur wenige Spuren der Shang-Zivilisation in Guanzhong – keine Bronzen, keine Streitwagen, kaum Waffen, nicht einmal große Siedlungen. Die Zhou waren eines von vielen kleinen Völkern in

Guanzhong, von denen lediglich Keramikfunde zeugen. Die Zhou waren, verglichen mit den Shang, rückständig, in chinesischer Rhetorik: Barbaren. Es bleibt ein Rätsel, wie es ihnen gelang, einen Feldzug über den Hangu-Pass und die unwegsamen Gebirgsstraßen Henans in das 600 km entfernte Anyang zu führen – eine Reise von über zwei Monaten – und die technisch weit überlegenen Herrscher der Shang zu besiegen.

Klimageschichte 氣候史

Weder die Unmenschlichkeit der Shang-Könige noch ihr eigener Humanismus dürfte die Zhou aus Guanzhong in die Nordchinesische Ebene getrieben haben. Wahrscheinlich war es ein empfindlicher Klimawandel, der die Eroberer in die fruchtbare Lößebene drängte, wo sie eine neue Hauptstadt in der Gegend von Luoyang gegründet haben sollen. Im späten 2. Jahrtausend v. Chr. war es in ganz Eurasien zu einer deutlichen Abkühlung und Trockenheit gekommen, welche die Nahrungsgrundlage vieler Völker bedrohte. Es wäre nicht das einzige Mal, dass die Eroberung der Nordchinesischen Ebene mit klimatischen Veränderungen zusammenhing. Die langfristigen Schwankungen des Klimas verlaufen bemerkenswert parallel zu den Zyklen der chinesischen Geschichte; regelmäßig gehen einschneidende historische Prozesse mit Klimaänderungen einher.

Die Anfänge der Kultur in China fielen nicht zufällig in eine Wärmeperiode, in der die Durchschnittstemperaturen etwa 2 °C höher lagen als heute. Die Wärme, die in Shandong Bambus wachsen und in Henan Tapire, Krokodile, Bambusratten und Pflaumen gedeihen ließ, förderte auch den Anbau von Hirse und Soja in Nordchina. Hochkulturen entstanden. Als aber gegen Ende des 3. Jahrtausends die Temperaturen sanken, verschwanden viele dieser Kulturen wieder, und als ein Jahrtausend später ein neuer Kälteeinbruch folgte, wurden die Shang von den Zhou gestürzt. Die Kälte hielt an: um 900 v. Chr. soll der Yangzi zweimal gefroren sein – und kurz darauf wurden die Zhou ihrerseits von einem Steppenvolk besiegt. Als es in den folgenden Jahrhunderten wieder deutlich wärmer wurde – Lieder aus jener Zeit besingen Pflaumen und Vögel, die heute nur in Südchina leben – und die Vegetationsperioden sich verlängerten, kam es in Nordchina zu erheblichem Bevölkerungswachstum, Urbanisierung und sozialer Mobilität. Diese Wärmeperiode hielt während der Qin- und Han-Zeit an – das *Shiji* erwähnt Orangenbäume und Bambus im Norden –, bevor es im 2. Jahrhundert wieder zu einer Abkühlung kam: die Han-Dynastie stürzte, während die Generäle, die das Land unter sich aufteilten, über den gefrorenen Huai-Fluss marschieren konnten. Was folgte, war der Exodus der Nordchinesen nach Süden und die Eroberung des Landes südlich des Yangzi, während der Norden von Steppenvölkern besetzt wurde.

Erst ab ca. 600 begann sich das Klima wieder zu erwärmen – und eben zu der Zeit, 589, wurde China durch die Dynastie Sui wieder vereint. Schon im frühen 8. Jahrhundert wurde es trockener, der Sommermonsun ging merklich zurück: eine Klimaveränderung, die mit dem Niedergang der Dynastie Tang zusammenfiel. Das anschließende Klimaoptimum, das etwa vom 9. bis 11. Jahrhundert herrschte, dürfte nicht unwesentlich zur frühneuzeitlichen Wirtschaftsrevolution beigetragen haben, die China in dieser Zeit erlebte. Als Nordchina im 12. Jahrhundert von den Jurchen erobert wurde, waren die Temperaturen wieder stark gesunken. Auch der »Mongolensturm« im 13. Jahrhundert fiel mit einer Kälteperiode zusammen, und 1644, als die Ming von den Manjuren besiegt wurden, befand sich China ebenso wie Europa in einer »Kleinen Eiszeit«.

So ließe sich fortfahren. Das Auf und Ab des chinesischen Einheitsreiches wäre parallel zur Kurve langfristiger Klimaschwankungen darstellbar. Eine solche Graphik würde zwar die Verhältnisse übermäßig vereinfachen, sie würde unzählige Faktoren außer acht lassen und Gewissheit suggerieren, wo vieles noch ungeklärt ist. Aber sie würde daran erinnern, dass längst nicht alles in der Geschichte durch menschliches Tun zu erklären ist, ja dass der Mensch, wie auf einer chinesischen Landschaftsmalerei, nur ein kleines Element im Zusammenspiel der historischen Kräfte ist.

Während Historiker weiter intensiv diskutieren, wann die Schlacht von Muye genau stattgefunden habe – mindestens 18 Datierungen von 1122 bis 1018 v.Chr. sind vorgeschlagen worden –, legen archäologische Funde nahe, dass dieses Ereignis keineswegs so einschneidend war, wie die Tradition es darstellt. Zunächst scheint sich mit dem »Mandatswechsel« nicht viel geändert zu haben.

Die Zhou, Parvenüs aus dem Westen, übernahmen fast alle Zivilisationstechniken von den Shang: Schrift, Bronzeguss, Grab- und Palastarchitektur. Doch sie verehrten einen anderen Gott: den »Himmel« (*tian*), einen wahrscheinlich anthropomorph gedachten Clangott, den auch andere Völker der eurasischen Steppe kannten. Bei den Zhou finden sich deutlich weniger Menschenopfer als bei den Shang, und auch das Knochenorakel verlor an Bedeutung. Stattdessen scheinen sie schon früh eine Orakeltechnik verwendet zu haben, bei der mit Hilfe von Schafgarbestengeln eine Kombination von sechs gebrochenen oder ungebrochenen Linien ermittelt wurde, die eine Tendenz der Ereignisse anzeigten. Die 64 Hexagramme, die daraus resultieren, wurden später im *Buch der Wandlungen* (*Yijing*) systematisiert.

Auch eine neuartige, moralisch fundierte Regierung lässt sich weder archäologischen Funden noch den Bronzeinschriften der frühen Zhou abnehmen. Überhaupt kann von einer effektiven »Regierung« der Zhou wohl kaum die Rede sein. Die neuen Herrscher besaßen nicht die Mittel, das Land der Shang zentral zu regieren. Archäologische Funde legen nahe, dass sie sich bald wieder in ihre Domäne auf dem Lößplateau zurückzogen und die Verwaltung der Ostgebiete den alten Eliten überließen – sogar die Shang erhielten weiterhin eine Domäne – sowie ihren Verwandten und Vasallen, denen sie Gebiete zur Verwaltung zuteilten.

Der Herzog von Zhou etwa soll das Gebiet von Lu erhalten haben, ein anderer Sohn König Wens das Gebiet von Wei, sein Bruder das von Jin usw.: mehr als 50 Verwandte des Königs sollen auf diese Weise belehnt worden sein. Indem einzelne Linien der Zhou sowie verbündeter Clans eigenständige Gebiete verwalteten, entstand ein dezentrales Regierungssystem, das auf einer Hierarchie persönlicher oder verwandtschaftlicher Beziehungen basierte. Die Zhou-Könige pflegten diese Beziehungen offenbar durch Reisen. Da Schrift noch kaum zu Verwaltungszwecken verwendet wurde, mussten sie ihr Herrschaftsgebiet durch direkte Interaktion zusammenhalten. Das Reisen gehörte zu den vornehmsten Aufgaben der frühen Zhou-Könige. Statt die Regionalfürsten aber in eine ihrer Hauptstädte – offenbar weniger politische als kultische Zentren – kommen zu lassen, fuhren die Könige selbst durch das Land, um sie zu treffen.

In alledem war die Herrschaft der Zhou, wie die der Shang, keineswegs flächendeckend. Man sollte sie sich nicht als Territorialstaat vorstellen, sondern besser als Netzwerk von zahlreichen Städten, wohl kaum mehr als umwallte Siedlungen. Diese Enklaven waren umgeben von einer autochthonen Landbevölkerung, deren Sprache und Kultur uns unbekannt sind, die ethnisch aber ganz heterogen gewesen sein dürfte: ein Königtum, in dem »Chinesen und Barbaren noch vermischt lebten« (Yang Bojun). Die Regionalfürsten der Zhou dürften vielfach Eheverbindungen mit diesen umliegenden Völkern eingegangen sein.

Doch der Kontakt war keineswegs immer friedlich. Schon im 10. Jahrhundert v. Chr., unter den Königen Zhao und Mu, kam es oft zu kriegerischen Auseinandersetzungen, vor allem mit den Huai Yi in den Sumpfgebieten des Ostens und Völkern im Tal des Han-Flusses. Die Siedlungsgebiete dieser Völker, bergig und von Sümpfen durchzogen, blieben für die Truppen der Zhou uneinnehmbar. König Zhao, der 5. Herrscher der Zhou, soll auf einem Feldzug nach Süden sogar sein Leben gelassen haben: der Yangzi, Grenze nach Südchina, markierte auch den äußersten Rand der Zhou-Einflusssphäre.

König Zhaos Nachfolger, König Mu, soll nicht weniger mobil gewesen sein. Die Tradition beschreibt ihn als schillernde Persönlichkeit, als Reisekönig, der ausgedehnte Jagd- und Eroberungszüge nach Westen unternahm, vielleicht bis an die Grenze von Mittelasien (ein Sinologe meinte sogar, er habe dort die sagenhafte Königin von Saba getroffen). Diese Rastlosigkeit ist als Anzeichen von Stärke und Expansionsdrang verstanden worden; tatsächlich dürfte sie schlicht eine Notwendigkeit gewesen sein. Durch ihre Reisen wahrten sie Kontakt mit ihren Verbündeten, definierten ihr Gebiet und nahmen es zugleich symbolisch in Besitz. Vielleicht deutet die gesteigerte Mobilität der Zhou-Könige im 10. Jahrhundert gerade darauf hin, dass ihnen dieser Besitz zu entgleiten drohte. Denn während die Könige Zhao und Mu noch versuchten, ihren Glanz durch Reisen und Feldzüge zu mehren, hatten bereits tiefgreifende gesellschaftliche Umbrüche in ihrem Königtum begonnen, die schließlich zum Niedergang der Zhou-Herrschaft führen sollten.

Die Rituelle Revolution

Der Sieg über die Shang mag das spektakulärste Ereignis in der Geschichte des Alten China gewesen sein; das wichtigste war es nicht. Wesentlich folgenreicher war ein unauffälliger, langfristiger Prozess, der mehr als ein Jahrhundert später einsetzte: ein sozialer Strukturwandel, der schließlich zum Zusammenbruch der Zhou-Herrschaft und zur Entstehung einer völlig neuen Gesellschaft führte. Und doch berichtet kein überlieferter Text, keine schriftliche Quelle auch nur ein Wort von diesen radikalen Umwälzungen. Wir kennen sie nur aus den Spuren, die sie in der Bronzekultur hinterließen, besonders in bronzenen Ritualgefäßen.

Die Zhou hatten zunächst die Bronzekunst der Shang übernommen. Dabei bildeten Sätze verschiedener Wein- und Speisegefäße für Opfergaben, meist versehen mit tierförmigem, fein gearbeitetem Dekor, einen zentralen Bestandteil des Ahnenkults (Farbabb. 3). Nachdem diese Sätze lange Zeit im wesentlichen beibehalten wurden, veränderten sie sich im 9. Jahrhundert grundlegend. Alte Gefäßtypen der Shang – darunter die meisten Weingefäße – verschwanden aus dem Repertoire, dafür tauchten neue auf; Formen und Dekor wandelten sich: die fein gemusterten Gefäße im Stil der Shang wurden ersetzt durch wuchtige, gröber gearbeitete Gefäße; exzentrische, ausschweifende Formen wurden gebändigt zu ruhigeren, gleichmäßigen Konturen; und der lebhafte Tierdekor wich rein geometrischen, repetitiven Mustern. Ebenso repetitiv wurden nun auch die Gefäßsätze. Statt aus Kombinationen von Einzelstücken bestanden sie nun aus Sätzen gleichartiger Gefäße, die weniger durch individuelle Details wirken als durch imposante Größe.

Archäologen haben von diesem umfassenden Formwandel auf eine grundlegende Änderung des Rituals im Ahnenkult geschlossen, auf eine »Rituelle Revolution«. Die intimen, ekstatischen Praktiken der Shang wurden durch distanziertere, nüchternere Rituale ohne unmittelbare Einbeziehung der Gemeinde abgelöst. Die Umgestaltung der Ritualgefäße deutet eine Veränderung der Religion selbst an, in deren Zuge die Toten sich von den Lebenden zu entfernen schienen. Die neuen Gefäße waren dazu geschaffen, aus der Distanz betrachtet zu werden; auch wurden sie nicht mehr exklusiv den Toten geweiht, sondern nahmen zunehmend den Charakter von Erbstücken an, die »Kindeskindern und Enkelsenkeln« gewidmet wurden. Statt der Toten traten nun die Gemeinschaft und ihre Rituale ins Zentrum der Aufmerksamkeit.

Die Umgestaltung der Riten war Ausdruck eines Strukturwandels, der die gesamte Gesellschaft erfasste. Schon im späten 10. und frühen 9. Jahrhundert begannen die Verwandtschaftsverbände der Regionalfürsten, deren Größe kontinuierlich gewachsen war, sich weiter aufzuspalten in eigenständige Unterlinien, die wiederum hierarchisch strukturiert waren. Die Gesellschaft wurde komplexer, Abstufungen differenzierter, und offensichtlich wurde es immer wichtiger auszudrücken, wo man in dieser Rangfolge stand. Die zunehmende Bedeutung von Hierarchien lässt sich z. B. an Namensformen ablesen, die nun häufiger Geburtsrangbezeichnungen wie »Ältester« oder »Zweitgeborener« enthalten – und sie lässt sich am Wandel der Bronzegefäße im 9. Jahrhundert erkennen. Denn die Anzahl der Gefäße in den standardisierten Sätzen drückte offenbar den Rang des Verstorbenen aus: hohe Würdenträger erhielten neun Dreifüße und acht Kessel, die Nächstfolgenden sieben und sechs, die Herrscher von regionalen Fürstentümern fünf und vier usw.

Diese Sätze, die sich offenbar binnen kurzer Zeit als Standard etablierten, drückten nichts anderes als soziale Hierarchien aus, und zwar weit-

Standardisierter Satz von Bronzegefäßen aus dem späten 9. Jh. (Zhuangbai-Hort)

gehend einheitlich für das Gebiet der Zhou-Kultur. Durch diese Systematisierung wurden zunächst Hierarchien innerhalb von Verwandtschaftsgruppen festgeschrieben; doch zugleich bewirkte sie, dass diese Hierarchien vergleichbar wurden, und zwar über den Rahmen der Verwandtschaftsgruppe hinaus. Die Rituelle Revolution wirkte universell: nun bekam prinzipiell jeder Regionalfürst fünf Dreifüße und vier Kessel und jeder Sohn einen Geburtsrang.

Durch diese übergreifende Systematik wurden Regionalfürsten und Würdenträger am Hof erstmals als homogene soziale Schicht identifizierbar. Nun konnte man von einem Adel sprechen. Damit scheint sich die Zhou-Gesellschaft von einer primär segmentären, an Verwandtschaftsgruppen orientierten, zu einer stratifizierten Gesellschaft gewandelt zu haben. Das Kennzeichen dieser Gesellschaft waren nicht etwa neue Formen der Ungleichheit – die hatte es schon lange gegeben –, sondern eine neue Form der Gleichheit: nämlich schichtenspezifische, klassengebundene Gleichheit. Nun konnten Adlige über Clangrenzen hinweg von gleich zu gleich kommunizieren, untereinander heiraten und sich als Gruppe von ihren nichtadligen Verwandten absetzen. »Innerhalb der Vier Meere« – gemeint sind die Grenzen Chinas – »sind alle Brüder«, formulierte später ein Konfuzius-Schüler, und zwar unabhängig von Blutsverwandtschaft. Die Adligen wurden untereinander sprichwörtlich zu »Brüdern«, ihre Fürstentümer bildeten einen Verbund von »Brüderstaaten« (*xiongdi zhi guo*).

Durch die Ausweitung des kommunikativen Zusammenhangs entstanden ein neuer politischer Raum und eine völlig neue Gesellschaft, die nicht etwa auseinanderfiel, wie es die traditionelle Geschichtsschreibung will, sondern zusammenwuchs; die nicht auf den Rahmen des Clans begrenzt war, sondern weit darüber hinausging. Um es auf den Punkt zu bringen: erst durch die clanübergreifende Interaktion von Oberschichten und das damit verbundene Gefühl der Zusammengehörigkeit entstand – *China*. Die neue Gesellschaft, die man nun mit guten Gründen ›chinesisch‹ nennen kann, war nicht mehr durch Verwandtschaftsgruppen definiert, sondern durch Eliteschichten. Mit der Stratifizierung der Gesellschaft verschärfte sich die Trennung von Hochkultur und Volkskultur: während diese regionalen und familialen Strukturen verhaftet blieb, vereinte jene die verschiedenen Regionalfürsten in der Ökumene »unter dem Himmel« (*tianxia*).

Über diesem Herrschaftsverbund, das sagt schon sein Name, war nur der »Himmel« (*tian*). Auch die Vorstellung dieses Gottes, der seit je über das Wohl der Zhou gewacht hatte, schien sich nun zu ändern. Er wandelte sich vom menschennahen Wesen zu einer Macht, die ganz konkret mit dem Himmel assoziiert wurde. Der Himmel stieg buchstäblich auf in eine weit enthobene Position, deutlich von der Welt getrennt. Eine Gesellschaft, die Verwandtschaftsgrenzen transzendierte, brauchte einen ebenso transzendenten Gott: einen Gott, der als unerreichbare Spitze der stratifizierten Ordnung fungierte. »Der Himmel spricht nicht«, wie ein späterer Denker feststellte, selbst Könige kamen nicht in Kontakt mit ihm.

Wenn der Himmel nicht von dieser Welt war, gehörte er noch viel weniger zu einem Clan. In der Adelsgesellschaft verwandelte der »Himmel« sich vom partikularen Gott der Zhou zum universalen Gott, der nicht mehr allein die herrschende Dynastie schützte, sondern sich um den gesamten Herrschaftsverband sorgte. Eben deshalb war sein Mandat auch nicht an eine Familie gebunden, sondern konnte von einem Herrscherhaus zum anderen übertragen werden. Die Vorstellung vom »Mandat des Himmels«, das einem würdigen Herrscher verliehen und wieder entzogen werden kann, wurde erst in einer stratifizierten, clanübergreifenden Gesellschaft sinnvoll. Auch wenn dem Konzept traditionell ein höheres Alter zugeschrieben wird, dürfte es wohl kaum vor der Rituellen Revolution entstanden sein. Die neue Gesellschaft schuf sich ihren Gott und zugleich eine angemessene Theorie politischer Legitimation.

Das »familiäre« Königtum der frühen Zhou war auf persönliche Bekanntschaft, direkte Interaktion und das Charisma des Herrschers gegründet; das neue Staatensystem »Unter dem Himmel« dagegen war größer und anonymer, es erforderte ganz neue Formen der Organisation. So bildeten sich ab dem 10./9. Jahrhundert offenbar Ansätze einer Bürokratie heraus. Die Zhou-Könige stützten sich fortan weniger auf Verwandtschaft und persönliche Beziehungen als auf Beamte und eine Verwaltung, die zunehmend auf Schriftstücken beruhte. Nun wurden amtliche Schreiber immer wichtiger. Auch das Militär scheint im Sinne einer Professionalisierung umstrukturiert worden zu sein; und es bildeten sich neue Formen von Landbesitz heraus: alte Territorien wurden zerteilt, Land wurde käuflich und das Recht auf Land einklagbar. All diese Reformen reagierten auf die veränderte Struktur einer Gesellschaft, die enge verwandtschaftliche Grenzen transzendierte. Nicht mehr Kontakte unter Vertrauten, bei denen Verhaltensformen »von Haus aus« geregelt sind, prägten diese Gesellschaft, sondern die Kommunikation zwischen mehr oder weniger Unbekannten. Sie erforderte die Entwicklung allgemeiner und von der Person abstrahierter Regeln des Umgangs, wie sie für die spätere chinesische Gesellschaft so kennzeichnend waren.

Bei alledem war diese neue, ›chinesische‹ Gesellschaft noch sehr klein; ihr gehörte keineswegs jeder Einwohner des Landes an, sondern nur die Elite. Eine tiefe Kluft trennte die Oberschicht mit ihren Bronzen, Palästen und verfeinerten Ritualen vom Volk, das buchstäblich noch in der Steinzeit lebte: das in Höhlen und Erdlöchern hauste und die Äcker mit primitiven Stein- und Holzwerkzeugen bebaute, um eine magere Subsistenz zu erwirtschaften. Wir wissen fast nichts von diesen Menschen. Sie bleiben unsichtbar und stumm, denn sie hatten keine Stimme in der Gesellschaft. Sie nahmen in keiner Weise an Entscheidungen oder bewahrenswerter Kommunikation teil; nur in ihrer ökonomischen Funktion, gleichsam als Ressource, waren sie in die Gesellschaft integriert.

Gesellschaftsfähig war, wer einen Adelstitel trug und – bezeichnender noch – wer Schrift benutzte. Die Ausbreitung der Schrift dürfte die entscheidende Voraussetzung dafür gewesen sein, dass Oberschichten nicht nur mit den Zhou-Königen, sondern auch untereinander regelmäßig und dauerhaft kommunizieren konnten. Bis dahin war Schrift räumlich und sozial eng beschränkt geblieben. Unter den Shang dürften nur wenige Spezialisten am Königshof schriftkundig gewesen sein, und auch die Inschriften der frühen Zhou verzeichneten primär Handlungen des Königs. Doch dieser Exklusivanspruch auf Schrift wurde von den Regionalfürsten im Laufe der nächsten Jahrhunderte zunehmend untergraben. Während zunächst nur vereinzelt kurze Inschriften lokal verfertigt wurden, tauchten zur Zeit der Rituellen Revolution lange, selbstbewusste genealogische Texte auf, die ganz offenbar nicht vom Zhou-König in Auftrag gegeben wurden, sondern aus der Perspektive von Würdenträgern oder Regionalfürsten geschrieben waren. Nun änderten sich auch die Formen der Kommunikation. Waren für die Frühzeit der Zhou vor allem königliche Erlasse typisch, mit denen einzelne Würdenträger ausgezeichnet oder auf ein Amt berufen wurden, so kennzeichneten die folgenden Jahrhunderte Bundesschwüre, mit denen sich Regionalfürsten verständigten.

Es trifft also zu, was so oft betont wird: die chinesische Kultur entstand mit der Schrift. Doch das geschah nicht in der Shang-Zeit, als wenige Orakelpriester Schrift wie ein Heiligtum bewahrten, sondern erst, als diese Hieroglyphen die Tempel verließen und säkularisiert wurden. Nicht die Erfindung der Schrift im 13. Jahrhundert v. Chr. ist das entscheidende Datum, sondern ihre Ausbreitung rund 400 Jahre später, mit der sie breite soziale Wirksamkeit entfaltete. Damit wurde Schrift nicht nur zum äußeren Zeichen, sondern zur Bedingung der Möglichkeit einer chinesischen Identität.

Schrift 文字

Als Cang Jie, ein Beamter des Gelben Kaisers, die Schrift erfand, »ließ der Himmel Korn regnen, und die Geister heulten des Nachts«, berichtet ein Text der Han-Zeit. – Von Anbeginn haben sich Mythen um die chinesische Schrift gerankt. Was wird nicht alles in sie hineingeheimnist! Geheime Chiffren seien diese Zeichen, Piktogramme oder auch »Ideogramme« von tiefer Weisheit, die intuitiv – ohne Umweg über gesprochene Sprache – Begriffe oder Ideen vermittelten: eine »zu den Augen sprechende Sprache«, gar ein universales Medium des menschlichen Geistes. Bei aller Faszination für diese Zeichen vergisst sich nur zu leicht, dass hinter ihnen trotz allem eine Sprache steht.

Dabei wurde die chinesische Schrift nach denselben Prinzipien entwickelt wie alle anderen ursprünglichen Schriftsysteme: die Keilschrift, die Hieroglyphen und die Maya-Schrift. Zunächst wurde mit einfachen Bildern – ein

Mensch, die Sonne, ein Baum u.ä. – ein konkreter Lautwert verbunden. Jetzt standen diese Bilder für Wörter – nicht für »Ideen« – und wurden somit allererst zu Schrift. Doch die Wortzeichen für Dinge, die sich bildlich darstellen lassen, reichten für eine funktionsfähige Schrift nicht aus. Um auch abstraktere Wörter darstellen zu können, bedienten sich die Chinesen – wie auch die Sumerer, Ägypter und Mayas – des Rebus-Prinzips: demnach konnte ein Zeichen nicht nur für *ein* Wort stehen, sondern auch für andere, gleich oder ähnlich lautende Wörter. So konnte das Zeichen 其, das für »Worfelsieb« (altchinesisch: *kə) erfunden worden war, ebenso für die Modalpartikel »wohl« (*gə) verwendet werden, die fast genauso klang; oder das Zeichen 勿 für »Lebewesen« (*mət) für das homophone Wort »nicht« (*mət). Auf diese Weise konnte ein Zeichen für viele Wörter stehen. Um größere Eindeutigkeit zu erreichen, wurden in einem dritten Schritt den einfachen Zeichen weitere Elemente hinzugefügt, die einen Hinweis auf das gemeinte Wort gaben. Das Worfelsieb wurde nun mit dem zusätzlichen Element »Bambus« geschrieben: 箕, während das ursprüngliche Zeichen der Modalpartikel vorbehalten blieb. Das Zeichen für »Lebewesen« erhielt zusätzlich das Element »Rind«: 物, während die Negation unverändert geschrieben wurde. So änderten viele Zeichen ihre Bedeutung und schrieben nicht mehr die Wörter, für die sie einst erfunden wurden.

Weit mehr als 90 % aller chinesischen Zeichen sind nach diesem Prinzip gebildet, sie bestehen aus einem lautanzeigenden und (mindestens) einem sinnanzeigenden Element. Nun mag man in manchen dieser Kombinationen nach tiefer Weisheit suchen (z. B. Frau neben Kind = »lieben, gut«, Frau unter Dach = »Friede« oder Schwein unter Dach = »Familie«); primär aber bilden alle Zeichen eine *Laut*gestalt ab. Die sinnanzeigenden Elemente – etwas irreführend »Radikale« genannt – sind allemal sekundär. Schrift gibt per Definition Sprache wieder, das gilt auch für die chinesische.

Seit ihren ersten Belegen auf den Orakelknochen der Shang hat die chinesische Schrift eine lange Entwicklung bis zu ihrer heutigen Form durchlaufen. Sie wandelte sich mit dem Schreibmaterial – Bronze, Bambus und Holz, schließlich Papier – und den gesellschaftlichen Bedürfnissen. Die erste Schriftreform fand vermutlich im 9. Jahrhundert v. Chr. statt, als die Schrift sich in Adelskreisen verbreitete. Die zweite Reform fiel mit der Entstehung des bürokratischen Einheitsreiches zusammen: sie betraf nicht nur Linienführung und Zeichenformen, sondern die Struktur der Schriftzeichen selbst. Sie legte verbindlich fest, mit welchen Elementen ein Zeichen zu schreiben sei, und machte damit zahllose ältere, anders zusammengesetzte Zeichen obsolet. Die dritte schließlich fand im 20. Jahrhundert statt, als die Schrift für den Gebrauch der Massen in der VR China radikal vereinfacht wurde. Regulative Eingriffe wurden immer dann nötig, wenn sich die Reichweite von Schrift derart vergrößerte, dass sie neue soziale Schichten erreichte: auch die chinesische Schrift war stets ein Medium der sozialen Ordnung.

Trotz allem ließ sich orthographische und kalligraphische Vielfalt nie wirkungsvoll einschränken. Neuschöpfungen von Zeichen, lokale Sonderschreibungen, Siegelschriften und eine verwirrende Vielfalt von kalligraphischen Schriftstilen haben die Erforschung der chinesischen Schrift zu einem weiten Forschungsfeld werden lassen. Schon im ersten Jahrhundert n.Chr. scheint sie so problematisch geworden zu sein, dass ein Lexikon notwendig wurde. Das *Shuowen jiezi* des Xu Shen, 121 n.Chr. vollendet, führte 9353 Schriftzeichen samt Angaben zu ihrer Form und Aussprache an. Zudem bot es die erste Systematik dieser Zeichen, indem es sie nach 540 graphischen Elementen einordnete: ein Versuch der Standardisierung, denen in den nächsten zwei Jahrtausenden viele weitere folgten. Die chinesische Lexikographie sucht weltweit ihresgleichen: Kalligraphielexika, paläographische Lexika, Herkunftslexika und vielbändige Thesauri erschließen heute die chinesische »Welt aus Zeichen«. Nach nur mehr 214 »Radikalen« geordnet, verzeichnen die größten dieser Wörterbücher mehr als 50 000 Schriftzeichen aus drei Jahrtausenden. Die weitaus meisten davon sind heute ungebräuchlich; um chinesische Alltagstexte zu lesen, benötigt man etwa 3000 Zeichen, und um Alltagsgespräche zu führen – kein einziges.

Ein weiteres Kulturgut, das untrennbar mit dem Chinesentum verbunden wird, entstand in der Zeit der Rituellen Revolution: die Geschichte. Die Shang und frühen Zhou kannten noch keine Geschichte im Sinne eines Wandels in der Zeit. Sie standen im zeitenthebenden Bann einer Tradition, die als unveränderlich galt: in der es keinen Wandel gab, sondern nur Kontinuität, keine von der Gegenwart verschiedene Vergangenheit, sondern nur ewige Präsenz.

Etwa im 10./9. Jahrhundert zeigen sich die ersten Risse in diesem Weltbild. Nicht nur die oben beschriebenen politischen und wirtschaftlichen Umbrüche trugen dazu bei, sondern auch lokale Aufstände und Angriffe von Nachbarvölkern, die den Zhou nun immer häufiger zusetzten. »O weh«, klagte ein Zhou-König,

> in den heutigen Tagen schickt der Himmel, heftig und furchteinflößend, Unglück herab. Ich kann nicht durch Tugend regieren und an die früheren Könige anknüpfen. (*shi* Hong *gui*)

Der Bruch in der Tradition war unübersehbar geworden, nun erschien erstmals eine Vergangenheit, die emphatisch anders war als die Gegenwart und deshalb nicht als Tradition, sondern nur mehr als Geschichte beschrieben werden konnte. Diese Geschichte war nicht etwa wissenschaftlich-kritisch, sondern mythisch, indem sie eine Vergangenheit beschrieb, die eben nicht ganz vergangen war, sondern fortwirkte. Sie erzählte nicht die Entwicklung zum Neuen, sondern bemühte sich, Kontinuität zu suggerieren: damit stand sie dem Mythos nahe. Tatsächlich entstanden Ursprungsmythen wie der des Hauses Zhou wahrscheinlich genau zur selben Zeit wie Geschichte:

> Der Ursprung des Geschlechtes war / Von Jiang Yuan, die es gebar. / Und wie gebar sie dies Geschlecht? / Sie brachte Opfer, brachte Weih'n, / Daß sie nicht kindlos möge sein; / Trat in des Herren Fußspur schaudernd ein, / Wo's weit war, wo sie stand allein. / Und nun empfing sie, schloß sich ein, / Und nun gebar, nun säugte sie: – / Und dieses eben war Hou Ji. … // Der Kürbis wächst, man merkt nicht, wie. / Des Volks Beginn ist ausgegangen / Vom Land der Flüsse Qu und Qi. / Das war zur Zeit Altfürst Dan fus, / Erdgruben, Höhlen wölbten sie; / Wohnhäuser hatten sie noch nie. … // Und es gelangt' an König Wen, / Des Tugend niemals Reu beschwert; / Dem Segen ward vom Herrn beschert, / Der bis auf Enkel fortgewährt.
>
> (*Shijing* 245, 237, 241, Übersetzung: Victor v. Strauß)

Die verstörende Erfahrung der Geschichtlichkeit ließ es umso dringender erscheinen, sich einer ungebrochenen Traditionslinie zu vergewissern. Nicht nur die Zhou-Herrscher taten dies; auch von den Shang ist ein ähnlicher Ursprungsmythos überliefert, Regionalfürsten begannen etwa um dieselbe Zeit mit genealogischen Aufzeichnungen, die ihren Rang historisch legitimierten, und selbst Beamtenfamilien dokumentierten nun ihre Herkunft in langen Inschriften.

Doch sosehr Tradition und Kontinuität auch beschworen wurden, der historische Wandel ließ sich nicht aufhalten. Er bedeutete das Ende der alten Welt. In der Mitte des 9. Jahrhunderts wurde die Macht der Zhou-Könige über die Adligen immer geringer, ja sie gerieten mehr und mehr unter deren Einfluss: sogar in die Thronfolge der Zhou sollen sie sich eingemischt haben. 841 v. Chr., so will es eine Überlieferung, trieben einige Adlige den Zhou-König Li durch einen Putsch ins Exil und führten in den folgenden 14 Jahren die Regierung. Die Zhou-Könige hatten den Status heiliger Unantastbarkeit eingebüßt. Sie wurden mehr und mehr verdrängt durch eine Regierung des Adels.

Das Jahr 841 v. Chr., der Beginn des »Gonghe-Interregnums«, ist das früheste gesicherte Datum der chinesischen Geschichte. Es wird übereinstimmend von den Annalen verschiedener Regionalfürstentümer – nicht von Zhou-Dokumenten – bezeugt, die offenbar genau zu dieser Zeit begannen, ihre Eigenständigkeit systematisch durch solche Aufzeichnungen zu dokumentieren. Sollte man nicht sagen: die chinesische Geschichte *begann* 841 v. Chr.? Das Datum markiert das selbstbewusste Zusammenwachsen der Fürstentümer Nordchinas und das Ende der alten Ordnung der Zhou. Auch wenn die Dynastie unter dem starken König Xuan (827–782 v. Chr.) noch einmal militärische Erfolge erzielte, war ihr Niedergang nicht mehr aufzuhalten.

Im 9. Jahrhundert wuchs der Druck von Nachbarvölkern, vor allem aus der nordwestlichen Steppe. Auch früher hatte es Scharmützel mit diesen Völkern gegeben; aber jetzt wurden sie zu einer ernsthaften Bedrohung für die Zhou, denn ihre Kriegsführung hatte sich entscheidend geändert. Erstmals drangen die Steppenvölker mit Kavallerie in das Gebiet der Zhou ein. Die berittenen Truppen waren den trägen Streitwagen der Zhou – mühsam zu steuernden Gefährten, die nur von Spezialisten gelenkt werden konnten – weit überlegen. Deutlicher als zuvor dürfte nun auch die grundsätzliche Andersartigkeit dieser Völker vor Augen getreten sein. Ihre Namen – Rong, Yi, Man u. a. – nahmen einen zunehmend verächtlichen Klang an: ›Barbaren‹. Diese Völker gehörten nicht zu ›China‹. Sie hatten den einschneidenden Wandel von der segmentären zur stratifizierten Gesellschaft nicht vollzogen und lebten weiter in Stämmen organisiert. In dem Maße, in dem sich die Vorstellung einer chinesischen Zusammengehörigkeit durchsetzte, verfestigte sich auch ihr Gegenbild. Während in der alten Gesellschaft *alle* außerhalb des eigenen Clans fremd erschienen, ob sie Hua oder Rong hießen, wurden die ›Barbaren‹ nun zum Inbegriff des emphatisch Anderen. Sie kleideten sich anders, lebten anders, sprachen anders und verfügten nicht über Schrift. Die Alterität der ›Barbaren‹ dürfte geradezu Voraussetzung für die Identität der ›Chinesen‹ gewesen sein: denn die alten Grenzen der Verwandtschaftsverbände, die durch den sozialen Strukturwandel unterlaufen wurden, mussten durch neue ersetzt werden. Die Grenzen dieser neuen Gesellschaft nach außen bildeten nun die ›Barbaren‹, die China *ex negativo* definierten.

Die chinesische Tradition hat die komplexen Entwicklungen, die zum Untergang der Zhou führten – Machtverlust der Zhou-Könige, Eigenständigkeit der Regionalfürsten und Bedrohung von außen –, in einer einzigen Anekdote verdichtet, die zur Zeit des letzten Zhou-Königs, You

(781–771 v. Chr.), spielt. Schuld war der unheilvolle Einfluss einer schönen Frau, Bao Si, die König You derart bestrickte, dass er jegliche politische Vernunft fahrenließ. Um sie, die nie lachte, zu amüsieren, ließ er mutwillig falschen Alarm geben, indem er Warnfeuer entfachen ließ, die einen feindlichen Angriff anzeigten. Die Truppen der Regionalfürsten marschierten artig zur Verteidigung auf, nur um festzustellen, dass sie genasführt wurden – und über diesen Anblick soll Bao Si tatsächlich gelacht haben. Doch als kurz darauf die Rong, ein Reitervolk aus dem Westen, allen Ernstes die Zhou angriffen, kam trotz lodernder Alarmfeuer niemand der Dynastie zu Hilfe. Im Jahr 771 v. Chr. eroberten die Rong die Hauptstadt, brachten König You um, vertrieben seine Anhänger und beendeten damit nach weniger als drei Jahrhunderten die Herrschaft der Zhou in Nordchina. Auch die Zhou fielen, weil sie »auf die Worte von Frauen« hörten …

Von der überstürzten Flucht der Zhou aus Shaanxi zeugen eine Reihe von reichen Bronzehorten, die im 20. Jahrhundert gefunden wurden. Offenbar haben Familien von Würdenträgern ihre kostbaren Erbstücke dort verscharrt in der Hoffnung, sie eines Tages wieder auszugraben. Doch die Zhou kehrten nie zurück. Ihre Heimat wurde bald besetzt von einem Regionalfürstentum aus dem Westen namens Qin, von dem noch zu hören sein wird. Zwar vermochten die Zhou-Könige ihre östliche Hauptstadt noch ein halbes Jahrtausend zu behaupten. Aber sie waren nie mehr Herrscher über ein Königtum, sondern nur mehr Regionalfürsten im Gebiet um Luoyang, innerlich zerrissen von Thronfolgekriegen, allenfalls formal respektiert. Der Himmel, der sich von den Menschen getrennt hatte, hatte auch die Zhou-Könige verlassen. Sie waren nicht mehr heilig, sondern fehlbar, antastbar, sogar verwundbar. Bis zur endgültigen Auslöschung ihrer verbliebenen Domäne im Jahre 256 v. Chr. spielten die Zhou-Könige keine Rolle mehr in der Geschichte. Auch wenn die traditionelle Geschichtsschreibung von der »Östlichen Zhou« spricht – die Herrschaft der Zhou endete im Jahre 771 v. Chr. Die neue Gesellschaftsstruktur, die sich mit der »Rituellen Revolution« angekündigt hatte, gekennzeichnet durch Stratifizierung, Verbreitung von Schrift und einheitliche Riten, sollte sich in den nächsten Jahrhunderten weiter ausprägen und neue Ordnungsmuster schaffen.

Frühling und Herbst (722–481 v. Chr.)

Auf der Halbinsel von Shandong, etwa 80 km südlich des heiligen Berges Tai, liegt das Städtchen Qufu. Rund 650 000 Menschen wohnen dort, für chinesische Verhältnisse nicht sonderlich viel. Allein ein berühmter Sohn der Stadt sorgt dafür, dass jährlich die zehnfache Zahl an Touristen nach Qufu strömt: Konfuzius. 551 v. Chr. soll Kong Qiu, so sein chinesischer Name, hier geboren worden und 479 v. Chr. gestorben sein. Sein idyllischer Grabhain im Norden der Stadt sowie sein Ahnentempel und das Anwesen seiner Nachkommen sind 1994 zum UNESCO-Weltkulturerbe ernannt worden. Den Chinesen sind sie schon seit über 2000 Jahren heilige Gedächtnisorte, zu denen sogar Kaiser gepilgert sind, um dem großen Weisen zu opfern. Mehr als 100 000 Kong in Qufu sollen von Konfuzius abstammen, und auf Taiwan führt heute sein direkter Nachfahre in der 79. Generation, Kong Chuichang, die Opfer fort. Nicht immer durften die Kongs im 20. Jahrhundert stolz auf ihre Abstammung sein. Doch heute entdeckt China seine Wurzeln im Konfuzianismus wieder: Hunderte von Konfuzius-Instituten sollen überall auf der Welt chinesische Sprache und Kultur propagieren, und Qufu wird zu einem großen Tourismuszentrum ausgebaut. Jedes Jahr am 28. September wird dort Konfuzius' vermeintlicher Geburtstag in einer großen Zeremonie mit historisierenden Kostümen, alter Glockenmusik, Weihrauch und Fahnen begangen: Symbole einer kultivierten, wohlgeordneten und harmonischen Gesellschaft, die China sein soll.

Die Gesellschaft der Chunqiu-Zeit, in der Konfuzius lebte, war nichts von alledem. Nach dem Machtverlust der Zhou »wurde mit Gewalt regiert, die Starken setzten sich über die Schwachen hinweg«, berichtet das *Shiji*, »die Lehnsfürsten ließen sich gehen, Ausschweifung und Verschwendung waren schrankenlos, aufsässige Untertanen und renitente Söhne erhoben sich immer öfter«. Den klangvollen Namen Chunqiu, »Frühling und Herbst«, hat diese Epoche offenbar nicht verdient. Sie wurde seit jeher als Zeit der Bastarde und Verräter, der Intrigen und heimtückischen Morde beschrieben: nie als Frühling, sondern immer als Herbst des Altertums.

Eine solche Beschreibung impliziert das Ideal der Einheit, enger noch: der politischen Einheit, ohne die China in Chaos und Barbarei verfalle. Doch gerade die Zeiten politischer Desintegration waren in der Geschichte Chinas zugleich Zeiten geistigen Auftriebs und höchster kultureller Leistungen. Die Zeit der »Ausschweifung und Verschwendung« war ein formatives Zeitalter Chinas, und unter den »aufsässigen Untertanen« waren einige der größten Denker seiner Geschichte. Statt als Periode des Zerfalls lässt sich die Chunqiu-Zeit besser als Reifezeit einer neuen Ordnung verstehen, als die Periode, in der China recht eigentlich zusammenwuchs.

Die neuen Staaten

Nach dem Ende der Zhou wurde das radiale System, in dem die wesentlichen Kommunikationslinien zwischen König und einzelnen Regionalfürsten verliefen, ersetzt durch ein dichtes Geflecht zwischenstaatlicher Beziehungen. Über 1500 Fürstentümer soll es in der Chunqiu-Zeit gegeben haben, von denen aber nur wenige große – Jin, Qi, Chu, Qin, Lu, Song, Wei, Chen, Cai, Cao, Zheng und Yan – die Politik bestimmten. Erst ab der Chunqiu-Zeit lässt sich sinnvoll von Staaten reden; denn nun begannen die Stadtstaaten der Zhou-Zeit, deren Herrschaftsgebiet sich auf wenige hundert Quadratkilometer beschränkte, zu expandieren und Souveränität über große Gebiete durchzusetzen. Zunächst geschah dies durch die Anlage von befestigten Stützpunkten, die durch Straßen mit der Hauptstadt verbunden waren. Doch im Laufe des 6. Jahrhunderts weitete sich diese Expansion auch auf dazwischenliegende Gebiete aus, und es entstanden ausgedehnte Territorialstaaten, die ihre Grenzen nicht mehr punktförmig, sondern linear definierten und flächendeckenden Anspruch auf das Land innerhalb dieser Grenzen erhoben.

Durch ihre territoriale Expansion gerieten die Staaten der Chunqiu-Zeit in immer engeren Kontakt. Sie begannen, regelmäßige diplomatische Beziehungen zu pflegen, erstatteten sich gegenseitig Bericht von Staatsgeschäften, gingen geregelte Eheverbindungen ein, schlossen Bündnisse mit-, aber auch gegeneinander. So bildeten sich wechselnde Allianzen unter der Führung sogenannter »Hegemonen« (*ba*). Die Tradition spricht – parallel zu den »Fünf Kaisern« – von Fünf Hegemonen, die als herausragende Persönlichkeiten der Chunqiu-Zeit gelten: Herzog Huan von Qi (reg. 685–643 v. Chr.), Herzog Xiang von Song (650–637), Herzog Wen von Jin (635–628), Herzog Mu von Qin (659–621) und König Zhuang von Chu (613–591).

Zahlen 數

Zahlen besitzen eine besondere Magie. In der Geschichte umweht sie die Aura der unangreifbaren Faktizität. Die unwiderlegbare Evidenz der Chronologie, die mathematische Präzision der historischen Statistik, die Ästhetik der Fünfergruppen: was quantifiziert werden kann, erscheint wissenschaftlich, exakt, überzeugend. – Es gehört zu den Grundaufgaben des Historikers, diesem Zauber nicht zu erliegen. Das gilt insonderheit für die Geschichte Chinas, wo die Magie der Zahl oft ganz wörtlich zu nehmen ist: wenn nämlich Zahlen nicht aufgrund ihrer Quantität, sondern ihrer Qualität verwendet werden und Daten nicht chronologische, sondern *kairologische* Bedeutung haben.

Am deutlichsten wird dies am Kalender der Shang, der nicht linear war, sondern zyklisch. Die Shang zählten Tage nach einem System, bei dem eine Zehnerreihe (die »himmlischen Stämme«, *tiangan*) mit einer Zwölferreihe (die »irdischen Zweige«, *dizhi*) derart kombiniert wurde, dass ein Zyklus von 60 entstand (nicht 120, da nur jeweils geradzahlige Stämme mit geradzahligen Zweigen und ungerade mit ungeraden kombiniert wurden). Bei dieser *ganzhi*-Zählung ging es nicht um homogene, als Dauer verstandene Zeit. Die Shang befragten das Orakel nicht nach der Position von Tagen auf einem Zeitvektor (es war ein Zeit*kreis*), sondern nach deren glückverheißenden Eigenschaften. Auch wenn gut ein Viertel der Zhou-Bronzeinschriften auf den Tag *dinghai* – den 24. im Zyklus – fallen, dürfte keine kalendarisch-exakte, sondern eine symbolische Datierung vorliegen. Der Tag *dinghai* war für bestimmte Dinge besonders günstig – egal, ob er in der Gegenwart, Vergangenheit oder Zukunft lag. Nicht zuletzt deshalb ist die Chronologie des Alten China ein so dorniges Problem, weil Daten oft nicht chronologisch zu verstehen sind.

Auch bei anderen Zahlen ist mit symbolischer Verwendung zu rechnen. Sollte Konfuzius (551–479 v.Chr.) tatsächlich genau 72, neun mal acht, Jahre alt geworden sein: die höchste Yang-Zahl multipliziert mit der höchsten Yin-Zahl? Hatte er tatsächlich genau 72 Schüler, ebenso wie es 72 daoistische Unsterbliche gab? Soll es wirklich fünf Kaiser, fünf Hegemonen, fünf Geschichtsbeamte und andere Fünfergruppen mehr gegeben haben, so wie es fünf Wandelphasen (S. 119) gab? Ist Chinas Wirtschaft 2009 wirklich um 8 % gewachsen, oder steht die Ziffer eher für besonderes Glück? Die Zahl »Zehntausend« ist notorisch unscharf, weil meist im Sinne von »sehr viele« verwendet, und auch sonst ist numerischen Angaben zu misstrauen. Die Größe von Armeen und die Zahlen von Kriegsopfern, die chinesische Geschichtswerke nennen, halten oft keiner Überprüfung stand. Der lockere Umgang mit Zahlen hängt auch damit zusammen, dass chinesische Gelehrte – ebenso wie die Europäer des Mittelalters – nicht sonderlich gut rechnen konnten. Nicht selten stößt man auch bei den hellsten Köpfen auf Rechenfehler: besonders bei

Angaben von Zeiträumen, die aufgrund der mit jedem Herrscher neu beginnenden Jahreszählung besonders mühsam waren.

Auch wenn in China schon früh Volkszählungen durchgeführt – die erste stammt aus dem Jahr 2 n.Chr. – und Kataster angelegt wurden, blieben diese Zahlenwerke doch ungenau, uneinheitlich und lückenhaft. Ähnliches gilt für Maße, Gewichte und Preise, die lokal stark variieren und deren Berechnungsgrundlage meist so unklar ist, dass Historiker nur mit Näherungswerten arbeiten können. Erst Europäer wie der Ire Sir Robert Hart, der jahrzehntelang das Zollamt der Qing leitete, führten im 19. Jahrhundert moderne Statistiken in China ein; das statistische Zeitalter begann in China im 20. Jahrhundert. In der Republikzeit erschienen die ersten statistischen Jahrbücher, und 1952 wurde ein Nationales Statistisches Amt gegründet. Doch das wurde schon wenige Jahre später unter dem Einfluss maoistischer Kampagnen stillgelegt – und bald konnte die Parteiführung ihren eigenen Statistiken nicht mehr trauen.

Bis heute sind Zahlen in China mit Vorsicht zu genießen: bei Volkszählungen, Angaben zum Militärbudget, Wirtschaftsberichten u. a. sind die Datengrundlagen meist undurchsichtig, und die Opfer der Kriege und Demozide im 20. Jahrhundert wird man wohl nie genau beziffern können. Historiker mögen sich bei dem Gedanken beruhigen, dass Geschichte nicht *ge*zählt wird, sondern *er*zählt.

In späteren, vom Ideal des Einheitsreiches geprägten Darstellungen wurden diese Hegemonen zum Inbegriff illegitimer Herrscher, die ihren Führungsanspruch allein auf Stärke gründeten – im Gegensatz zu den (Zhou-)Königen, die sich durch Tugend legitimierten. Tatsächlich versteht man sie wohl besser als Garanten einer neuen, dezentral angelegten Staatenordnung, die nicht durch Hofaudienzen und Edikte dirigiert wurde, sondern sich durch Konferenzen und Bundesschwüre regelte. Die Tradition hat sie vor allem als Verteidiger der chinesischen Grenzen gegen Fremdvölker im Norden beschrieben. Doch mindestens ebenso stark haben sie gewirkt, indem sie den Zusammenhalt des Staatensystems innerhalb dieser Grenzen garantierten. Die Hegemonen waren nicht Auswüchse des Verfalls, sondern die Organe einer neu entstehenden Ordnung.

Wie sich diese Ordnung bildete, verdeutlicht die wohl berühmteste Erzählung der Chunqiu-Zeit, die des Prinzen Chong'er, des späteren Herzogs Wen von Jin. Als rechtmäßiger Sohn des Herzogs Xian im altehrwürdigen Staat Jin geboren, wurde er das Opfer einer Frau, Li Ji, die sein Vater im Krieg geraubt hatte. Nachdem diese *femme fatale* dem Herzog einen Sohn geboren hatte, beförderte sie diesen durch rücksichtslose Arglist zum Thronfolger. Dem Herzog mischte Li Ji Gift ins Essen, den Kronprinzen trieb sie in den Selbstmord, Chong'er konnte nur mit knapper Not einem Attentat entkommen und sich außer Landes retten. Jin versank daraufhin in Fememorden und Bürgerkrieg. Chong'er aber soll 19 Jahre auf Reisen verbracht haben und dabei in vielen Staaten mit gebührenden Ehren empfangen worden sein. Bei den nichtchinesischen Di, in Qi, Chu und Qin war er zu Gast, bevor er nach Jin zurückkehrte, den Thron eroberte und als Herzog Wen zum mächtigen Hegemonen der chinesischen Welt aufstieg.

Die Vertreibung des Chong'er ist einerseits charakteristisch für die Ruchlosigkeit der Zeit, andererseits symbolisieren seine Reisen das Zusammenwachsen der Chunqiu-zeitlichen Staatenwelt. Die Oberschichten dieser Staaten kannten und respektierten einander. Die Kommunikation zwischen ihnen lief nicht mehr über den Königshof – dorthin war Chong'er bezeichnenderweise nicht gereist – und machte nicht an Staatsgrenzen halt, sondern orientierte sich an den Strukturen einer weitaus größeren Gesellschaft »Unter dem Himmel« (*tianxia*).

Die neue Gesellschaft wuchs zusammen, und sie wuchs über sich hinaus. Chong'er reiste in die alteingesessenen Staaten der Nordchinesischen Ebene, aber auch zu Völkern, die nicht zum Herrschaftsverbund der Zhou gehört hatten: zu den Di, nach Chu und nach Qin. Die Stationen verdeutlichen eine Verschiebung der Schwerpunkte vom Zentrum an die Peripherie. Nach dem Verfall der Zhou-Macht übernahmen nicht die zentral gelegenen Staaten der Nordchinesischen Ebene – Zhou, Zheng, Lu und andere – die politische Führung, sondern die äußeren, in denen sich neue Wirtschafts- und Herrschaftsformen zuerst entwickelten.

Qi, im Norden der Shandong-Halbinsel gelegen, war der erste dieser Randstaaten, der in eine Vormachtstellung aufstieg. Grundlage seiner Stärke war eine neue Politik, die bezeichnenderweise weniger dem Herzog selbst zugerechnet wird als vielmehr seinem Minister Guan Zhong (gest. 645 v. Chr.). Er soll unter anderem die planmäßige Ausbeutung regionaler Rohstoffe angeregt haben, die Einrichtung von Staatsmonopolen für Salz und Eisen sowie die administrative Neuaufteilung des Landes in zentral verwaltete Bezirke. Qi repräsentierte den neuen Typus eines rational organisierten Staates, der nicht durch den persönlichen Einfluss eines charismatischen Herrschers zusammengehalten wurde, sondern durch unpersönliche Verwaltungsmechanismen und kühle Machtpolitik. Nun wurde das Recht von der Person des Herrschers gelöst, indem erstmals Gesetze geschrieben wurden. Chu und Jin sollen schon im 7. Jahrhundert v. Chr. Recht kodifiziert haben, und in Zheng soll der Minister Zichan (gest. 522 v. Chr.) 536 v. Chr. Gesetze in Metall gegossen haben. Sie sind Ausdruck einer neuen, unsentimentalen Gesellschaft, die nicht mehr auf verwandtschaftliches Vertrauen baute, sondern auf allgemeinverbindliche Regeln.

Diese Gesellschaft wurde zunehmend von den Staaten Chu und Qin, am nordwestlichen bzw. südlichen Rand des alten Zhou-Gebiets, geprägt, die andere ethnische und kulturelle Wurzeln hatten als die Staaten der Mittleren Ebene. Beide offenbarten schon früh machtpolitische Ambitionen, die eindeutig auf das alte Zhou-Königtum zielten. Die Herrscher von Chu sollen schon im 9. Jahrhundert v. Chr. den Titel »König« (*wang*) angenommen haben, der sonst nur den Zhou-Herrschern zukam, und die Herzöge von Qin beriefen sich spätestens im 7. Jahrhundert unverhohlen auf das »Mandat des Himmels«. Die Expansion dieser Staaten in die Nordchinesische Ebene und der Kampf gegen diese ›barbarische‹ Bedrohung prägten die politische Geschichte der Chunqiu-Zeit.

Das Vordringen der neuen Staaten hatte mehr als nur politische Bedeutung; es korreliert mit der Ausformung der neuen Gesellschaft, die sich grundsätzlich von jener der Zhou unterschied. Wie groß diese Unterschiede waren, zeigt das Beispiel des zweiten der Fünf Hegemonen, des Herzogs Xiang von Song. Als im Jahre 644 Meteoriten über dem Staat Song niedergingen und sechs Reiher rückwärts über die Hauptstadt flogen, fragte Herzog Xiang voller Sorge einen Schreiber, was diese Phänomene bedeuteten. Der antwortete artig, dass sie dem Herzog Macht und Erfolg verhießen, mokierte sich jedoch nach der Audienz über den Herzog: Schon seine Frage sei verfehlt, denn »Glück und Unglück gehen vom Menschen aus«. Einige Jahre später demonstrierte der Herzog seine Weltfremdheit abermals, als seine Truppen dem übermächtigen Heer von Chu an einem Fluss gegenüberstanden. Chu hatte noch nicht übergesetzt, da drängte der Marschall von Song zum Angriff, aber Herzog Xiang weigerte sich; als Chu den Fluss überquert, aber noch nicht Stellung bezogen hatte, drängte der Marschall abermals, aber wieder verweigerte der Herzog ihm den vorzeitigen Angriff: ein Edler lege keinen Hinterhalt und greife nicht an, solange sich der Gegner nicht formiert habe. – Als es schließlich zur Schlacht kam, erlitt die Armee von

Song eine vernichtende Niederlage, der Herzog selbst wurde verwundet und verlor seine Machtstellung.

Nun gelten die Leute von Song als Schildbürger des Alten China, denen so manche Tölpelei nachgesagt wird. Doch diese Anekdoten, ob wahr oder nicht, sind keine bloßen Schildbürgerwitze. Sie verdichten die Geschichte der Chunqiu-Zeit in einer tragischen Gestalt. Herzog Xiang wird als ein Mann der alten Welt dargestellt, als einer der letzten Vertreter einer ritterlichen und vorrationalen Ordnung. Er glaubte noch an die ominöse Bedeutung von Naturphänomenen und den Ehrenkodex adliger Kriegsführung – und wurde dafür mit Spott und Demütigung bestraft. Die Realität einer neuen Gesellschaft hatte ihn auf schmerzhafte Weise ereilt.

Nach dem Sieg über Song drohten Chus Truppen die Nordchinesische Ebene zu erobern. Herzog Wen von Jin brachte ihnen kurz darauf bei Chengpu, 632 v.Chr., zwar eine schwere Niederlage bei: die Schlacht, mit der die Hegemonie Jins begann. Doch damit war Chus Kraft keineswegs gebrochen. Eine Generation später nutzte er Auseinandersetzungen zwischen Jin und Qin, um erneut nach Norden vorzustoßen und Jin im Jahre 598 v.Chr. entscheidend zu schlagen. Damit endete die Hegemonie Jins, und es begann die Vorherrschaft eines Staates, dessen Herrscher sich selbst kokett ›Barbaren‹ nannten.

Die Grenze zwischen ›Chinesen‹ und ›Barbaren‹ verschwamm in dem Maße, in dem sich das politische Gewicht weiter nach Süden verlagerte. Zwei weitere Staaten betraten dort die historische Bühne, Wu und Yue, deren Kultur sich grundlegend von der chinesischen unterschied. Die Leute von Wu und Yue, die am Unterlauf des Yangzi, im Gebiet des heutigen Suzhou bzw. in der Gegend des heutigen Hangzhou lebten, werden als tüchtige Seefahrer beschrieben, aber auch als tätowierte Wilde, die sich die Zähne schwarz färbten und in fremden Zungen sprachen. Ursprünglich dem südostasiatischen Kulturkreis zugehörig, bildeten diese Völker nun Staaten – und kamen damit auf Augenhöhe mit den Staaten der Mittleren Ebene.

König Helü von Wu (514–496 v.Chr.) eroberte 506 v.Chr. die Hauptstadt von Chu und vertrieb den König. Wenige Jahre später, 493 v.Chr., besiegte sein Sohn, König Fuchai (495–473 v.Chr.), auch noch Yue. Doch auch diese Herrschaft währte nicht lange, denn schon 473 fiel Yue in die Hauptstadt von Wu ein, löschte den Staat endgültig aus und erklärte sich selbst zur Hegemonialmacht. Die epischen Kämpfe zwischen

Chu, Wu und Yue, mit ungeheurer Leidenschaft, Rachsucht und Grausamkeit geführt, bilden einen der großen Stoffe der historischen Literatur. Jeder Chinese kennt die Geschichte König Goujians von Yue (496–464 v. Chr.), der nach seiner Gefangenschaft in Wu zwanzig bittere Jahre lang auf Rache sann. Noch heute gilt Xi Shi als Inbegriff weiblicher Schönheit: die Frau, die König Fuchai von Wu derart den Kopf verdrehte, dass er seinen treuen Berater Wu Zixu, der zur Vernichtung von Yue gedrängt hatte, zum Tode verurteilte. Und jeder kennt Wu Zixus dramatische letzte Worte: »Reißt meiner Leiche die Augen aus und legt sie auf das Osttor von Wu, damit sie den Einmarsch der Truppen von Yue sehen können.«

Mit dem Aufstieg Yues hatte das Gleichgewicht der Mächte sich weit nach Süden verlagert. Die Zhou-Könige spielten keine Rolle mehr im Kalkül der Politik, und die blutrünstige Kriegsführung hatte nichts mehr gemein mit der Welt des Herzogs Xiang von Song. 300 Jahre nach dem Ende der Zhou hatte sich die chinesische Welt grundlegend verändert. Aus Stadtstaaten der Nordchinesischen Ebene, deren Herrschaft sich auf einzelne Siedlungszentren konzentrierte, waren große Territorialstaaten geworden, die sich bis an den Yangzi erstreckten und auch die Landbevölkerung innerhalb klar definierter Grenzen integrierten. Sie hatten ihr Gebiet weit ausgebreitet und zugleich ihre Ränder geschlossen. Doch eine politische Karte reicht nicht aus, um die Umwälzungen der Chunqiu-Zeit darzustellen; die wichtigsten Veränderungen betrafen die Gesellschaftsstruktur selbst.

Die neue Gesellschaft

Die Chunqiu-Zeit, 722–481 v. Chr., fällt in eine weltgeschichtlich ungemein bewegte Epoche, die Zeit zwischen 800 und 200 v. Chr., in der viele alte Kulturen parallel grundlegende Transformationen erlebten. Karl Jaspers hat sie die »Achsenzeit« genannt: das Zeitalter der Philosophen in Griechenland, der Propheten in Israel, die Epoche Buddhas und der Upanishaden in Indien sowie der klassischen Philosophen in China – die Zeit, als der Logos den Mythos ablöste. Wollte man die vielschichtigen sozialen und intellektuellen Veränderungen der Zeit auf einen Begriff bringen, so wäre es der der Transzendenz. Gemeint ist die Vorstellung einer jenseitigen Ordnung, die rigoros vom Diesseits getrennt ist. Im »mythischen Zeitalter« war die Welt noch als Einheit denkbar, in der die Sphären des Seins nicht scharf geschieden waren; in der keine klare Grenze zwischen Diesseits und Jenseits verlief und die Toten den Lebenden zur Seite standen; in der die Vergangenheit noch nicht grundsätzlich anders als die Gegenwart erschien und keine Kluft die weltliche Ordnung von der transzendenten trennte. Diese buchstäblich heile Welt zerbrach in der »Achsenzeit«.

In China zeigten sich erste Risse im mythischen Weltbild schon in Bronzeinschriften des 9. Jahrhunderts, die erstmals historischen Wandel beschrieben (S. 75f.). Mit der Entdeckung von Geschichte begann die Vergangenheit sich von der Gegenwart zu lösen. Die Erkenntnis, dass die Welt einmal anders gewesen war, machte zudem die Annahme plausibel, dass sie grundsätzlich anders sein kann. Die soziale Ordnung erschien nun zeitgebunden und wurde damit von der zeitlosen kosmischen Ordnung entkoppelt; sie verlor ihre fraglose Selbstverständlichkeit und geriet in den Kontext von Alternativen.

Der Himmel hatte sich von den Menschen getrennt und sie sich selbst überlassen. Damit zerbrach auch das Kontinuum zwischen Diesseits und Jenseits, die Lebenden distanzierten sich zunehmend von den Toten. Die Ahnen boten keine Orientierung mehr. Waren sie in den Inschriften der Shang noch regelmäßig um Rat und in denen der Zhou-Zeit zumindest um Beistand gebeten worden, wurde ihnen diese Ehre in der Chunqiu-Zeit nur noch selten zuteil. Nun fertigten die Stifter »sich selbst« ihre Bronzegefäße, wie es typischerweise heißt, ohne die Ahnen auch nur eines Wortes zu würdigen.

Die zunehmende Kluft zwischen Lebenden und Toten fand eine bemerkenswerte Parallele innerhalb der Gesellschaft selbst, die nun an ihrer Spitze auseinanderstrebte. Wieder sind es vor allem archäologische Funde, an denen sich diese Entwicklung ablesen lässt. Seit dem 6. Jahrhundert v. Chr. wurden nämlich die Führer von Verwandtschaftsgruppen weitab von den Friedhöfen ihrer Verwandten in separaten Grabanlagen beigesetzt, die teilweise monumentale Ausmaße annahmen. Von weithin sichtbaren Hügeln überwölbt und mit kostbarsten Bronzesätzen ausgestattet, übertrafen manche dieser Gräber sogar die der Shang-Könige an Größe und Reichtum. Selbst das Grab des Königs von Zhongshan (4. Jahrhundert v. Chr.), eines unbedeutenden kleinen Staates im Norden, war mit einem gewaltigen Hügel von 90 × 100 m Grundfläche, sechs Nebengräbern, zwei Gruben mit Pferdegespannen und weiteren Opfergruben ausgestattet; obwohl es geplündert worden war, enthielt es noch Tausende von Grabbeigaben aus Gold, Bronze, Glas, Lack, Silber, Knochen und Ton. Die Gräber der unteren Elite dagegen hatten nichts, was auch nur annähernd an diese Prachtentfaltung heranreichte, im Gegenteil: sie wurden in Anlage und Ausstattung eher bescheidener, so dass sie sich den Gräbern der einfachen Menschen anglichen.

Offensichtlich spaltete sich die Elite in zwei klar getrennte Schichten. Waren zuvor selbst die Führer der herrschenden Verwandtschaftsgruppe lediglich *primus inter pares* gewesen, nahmen sie nun eine zunehmend entrückte Position ein, während die unteren Eliten sich mit nicht-adligen Schichten vermischten. Aus der graduell abgestuften Adelshierarchie war eine Zweischichtenordnung geworden. Durch diese radikale Zweiteilung war die Stratifizierung der Gesellschaft, die einige Jahrhunderte zuvor begonnen hatte, an ihren Endpunkt gekommen. Waren die Herrscher früher immerhin noch indirekt, über die graduelle Rangfolge des Adels, mit dem Volk verbunden gewesen, gerieten sie jetzt ebenso außer Sichtweite wie der Himmel. Nun gab es keinen Platz mehr für Hegemonen, die zwischen Gleichen vermittelten. Gleichzeitig – und noch folgenreicher – löste sich die Grenze zwischen niederem Adel und dem Volk auf. Waren bis dahin nur die Adligen gesellschaftsfähig gewesen, eröffneten sich nun viel breiteren Schichten Möglichkeiten der sozialen Partizipation. Die Gesellschaft der Chunqiu-Zeit gewann an Komplexität und erlebte eine nie zuvor dagewesene soziale Mobilität.

Das sinnfälligste Symbol dieser neuen Gesellschaft ist ihr neuer Werkstoff: das Eisen. Die Technik des Eisengusses, im 6. Jahrhundert v. Chr. erstmals erwähnt, verbreitete sich in den nächsten Jahrhunderten in allen Staaten. So, wie die Bronze das Entstehen von hierarchisch gegliederten Fürstentümern markierte, setzte sich auch mit dem Eisen eine neue Gesellschaftsstruktur durch. Wenn Bronze das Edelmetall der Eliten war, der Stoff, aus dem prestigeträchtige Ritualgefäße gemacht wurden, so war Eisen vor allem das Metall der Bauern: Bronze diente der Distinktion, Eisen der Nivellierung. In weitaus größeren Mengen verfügbar als Bronze, war Eisen besonders geeignet zur Herstellung von Werkzeug: Spaten, Hacken, Sicheln und vor allem Eisenpflügen, die schon im 6. Jahrhundert v. Chr. in Gebrauch kamen. Während Bauern sich zuvor mit Holz- und Steinwerkzeugen abgerackert hatten, ermöglichten diese Geräte eine weitaus intensivere Nutzung des Landes. Neue Anbaumethoden laugten den Boden nicht mehr durch Brandrodung aus, sondern ließen ihn in systematischem Fruchtwechsel regenerieren. Jetzt konnte Land dauerhaft bestellt und auf diese Weise in Besitz genommen werden: es wurde zur Kommodität.

Die Regionalstaaten begannen nun, die landwirtschaftliche Produktion gezielt abzuschöpfen: Agrarsteuern sollen schon 594 v. Chr. in Lu und 543 v. Chr. in Zheng eingeführt worden sein. Geldwirtschaft und Handel breiteten sich aus. Hatte in der Zhou-Zeit noch Geschenk- und Tributwirtschaft vorgeherrscht, traten nun professionelle Händler auf, Straßen wurden gebaut, die ausgedehntere Reisen als zuvor ermöglichten, und große Städte entstanden. Während aus der Zhou-Zeit bislang keine Spuren von größeren Städten gefunden worden sind, haben Archäologen beeindruckende Zeugnisse von der Urbanisierung der Chunqiu-Zeit zutage gefördert. Städte wie Qufu, die Hauptstadt von Lu, Xinzheng, Hauptstadt von Zheng, Handan, Hauptstadt von Zhao, oder Ying, Hauptstadt von Chu, erstreckten sich über Dutzende von Quadratkilometern.

Diese Zentren waren nicht mehr allein Sitz der Fürsten und Adligen, sondern sie brachten Handwerker, Händler, Krieger und Denker zusammen. Dort erschienen ganz neue Akteure auf der Bühne: Männer, die es nicht aufgrund ihrer Abkunft, sondern dank ihrer Bildung zu Ansehen und hohen Posten brachten. Ein Text des 3. Jahrhunderts beschreibt es rückblickend:

> Zizhang stammte aus einer verkommenen Familie in Lu, Yan Zhuoju war ein Erzganove aus Liangfu, aber sie lernten bei Meister Kong. Duangan Mu war der größte Wucherer in Jin, aber er lernte bei Zixia. Gao He und Xian Zishi waren berüchtigte Schläger aus Qi, aber sie lernten bei Meister Mozi. Suo Lucan war der übelste Betrüger im Osten, aber er lernte bei Qin Huali. Diese sechs Männer hätten peinliche Strafe und schmählichen Tod verdient. Doch nicht nur sind sie dem entgangen, sondern sie beendeten ihr Leben als berühmteste und angesehenste Männer unter dem Himmel, denen Könige, Fürsten und Vornehme folgten und Ehre erwiesen. Das haben sie durch Gelehrsamkeit erreicht. (*Lüshi chunqiu* 4.3)

Angeborene Qualitäten wurden durch erworbene ersetzt, statt durch edle Abstammung konnten sich Männer (nicht aber Frauen) durch Kompetenz für Ämter qualifizieren, die früher erblich waren. Da die weltliche Ordnung auf sich selbst verwiesen war – das implizierte die Vorstellung von Transzendenz –, wurden gezielte Veränderungen durch den Menschen denkbar. Die Welt wurde gestaltbar. In der Chunqiu-Zeit traten erstmals Männer mit dem Anspruch auf, die Ordnung ihrer Welt zu ändern. Typischerweise arbeiteten diese Männer als Berater an Fürstenhöfen: Guan Zhong aus Qi und Zichan aus Zheng sind prominente Beispiele solcher Berater; der berühmteste von allen aber, dessen Einfluss weit über seine Zeit hinausreichte, war Konfuzius.

Kongzi (551–479 v.Chr.), »Meister Kong«, oder Konfuzius, wie ihn die Jesuiten später latinisierten, ist eine merkwürdig ambivalente Gestalt. Es existiert keine einzige zeitgenössische Quelle zu seinem Leben, aber eine umso reichere Überlieferung; er war als Berater völlig erfolglos und hat dennoch stärker gewirkt als jeder andere; seine Schule war in der Antike weitgehend bedeutungslos, trotzdem wurde sie später zur beherrschenden Lehre in ganz Ostasien. So schleierhaft seine Person erscheint, so klar steht er doch für ein ganzes Zeitalter, dem er sogar den Namen gegeben hat: *Chunqiu*, *Frühling und Herbst*, ist der Titel der Annalen von Lu, die ihm zugeschrieben werden. An der Person des Konfuzius wird einmal mehr deutlich, dass es in der Geschichte weniger um die Ereignisse »an sich« geht als um deren symbolische Bedeutung.

In seiner scheinbaren Widersprüchlichkeit steht Konfuzius für eine Zeit, der die Eindeutigkeit verlorengegangen war. Seine Biographie mit all ihrer Legendenbildung verdeutlicht die epochalen Umbrüche dieser Zeit. Aus einer Adelsfamilie aus Song gebürtig, die nach Lu geflohen war, verkörpert er die neue soziale Mobilität. Seine Mutter, die vor seiner Geburt zu einem Berggott gebetet haben soll, lebte noch im Bannkreis von Kleingötterglauben und magischer Religiosität, von der Konfuzius nichts mehr wissen wollte: er sprach angeblich nie von Göttern und Geistern. Stattdessen orientierte er sich an den Menschen, speziell an den Weisen der frühen Zhou: den Königen Wen und Wu sowie am Herzog von Zhou, an deren wohltätige Ordnung er anknüpfen wollte. Damit schuf Konfuzius die erste erfundene Tradition der chinesischen Geschichte: denn die gesellschaftlichen Bedingungen für diese Ordnung sind, wie wir heute wissen, erst im 9. Jahrhundert entstanden. Konfuzius und seine Anhänger verstanden sich aber als Vertreter einer altehrwürdigen Tradition, die in Vergessenheit geraten sei: »Seit langem schon fehlt dem Land der rechte Weg, doch der Himmel wird den Meister zu seiner Holzglocke machen«, um die Ordnung der Zhou zu erneuern.

Als Politiker ist Konfuzius das nie gelungen. Nach einer kurzen Amtszeit in seiner Heimat Lu soll er das Land verlassen und, wie ein »herrenloser Köter«, viele Jahre auf Wanderschaft verbracht haben, wobei er sich

Konfuzius ermahnt seinen Sohn, die Lieder und die Riten zu lernen; Holzschnitt aus der Ming-Zeit.

verschiedenen Regionalfürsten als Berater andiente. Erfolg war ihm jedoch kaum vergönnt, ganz im Gegenteil: »Er wurde nicht gebraucht«, das ist das Leitmotiv seiner Biographie. Seine eigentliche Wirkung entfaltete Konfuzius als Lehrer. 3000 Schüler soll er gehabt haben, was gewiss übertrieben ist; und sicherlich waren sie auch nicht alle »Erzganoven« wie der oben erwähnte Yan Zhuoju. Die meisten entstammten wohl dem niederen Adel, aber viele von ihnen, deren Namen überliefert sind, waren ausgesprochen schlichter Herkunft. Handwerker, Bauern, Händler und andere lernten bei Konfuzius, der manche von ihnen geradewegs als Rüpel charakterisierte: »Chai ist dumm, Shen ist plump, Shi ist ordinär, You ist roh.« Männer des Volkes waren das, denen sich durch den Strukturwandel der Gesellschaft nun ungeahnte Aufstiegsmöglichkeiten boten: sie konnten zu den »berühmtesten und angesehensten Männern des Landes« werden – wenn sie nur Bildung erwarben.

Es ist weder Zufall noch individuelle Schrulle, dass Konfuzius die Notwendigkeit des Lernens so stark betonte. Er lebte in einer Zeit, in der mehr denn je mit anderen Perspektiven zu rechnen war, die man anzuerkennen, zumindest aber: zu kennen hatte. Was in Adelsfamilien einst durch Sozialisation vermittelt wurde, musste jetzt erlernt werden – und es konnte erlernt werden, da auch weiteren Kreisen Wissen zugänglich wurde, das früher hohen Eliten vorbehalten war. All das verdichtet sich in der Person des Konfuzius. Er soll nicht nur Chinas erster Lehrer gewesen sein, sondern auch fünf Bücher redigiert haben, die alle maßgeblichen

Lehren enthielten: die *Wandlungen* (*Yijing*), ein Handbuch des Schafgarbenorakels, die *Dokumente* (*Shujing*), eine Sammlung historischer Reden, die *Lieder* (*Shijing*), eine Anthologie von rund 300 Hof- und Volksliedern, die *Frühlings- und Herbstannalen* (*Chunqiu*), die Annalen des Staates Lu, sowie die *Aufzeichnungen der Riten* (*Liji*), ein großes Kompendium antiker Institutionen, Zeremonien und Regeln der Persönlichkeitsbildung.

Das Buch der Lieder 詩經

Das *Buch der Lieder, Shijing*, ist in mancher Hinsicht der wichtigste Text des konfuzianischen Kanons und in jeder Hinsicht der schönste. Konfuzius selbst soll die 305 Stücke aus einem Korpus von 3000 Liedern ausgewählt haben, die ursprünglich zur Begleitung von Musik, wahrscheinlich auch Tanz gesungen wurden. Die Lieder entstammen verschiedenen Regionen und diversen sozialen Kontexten. Liturgische Tempelhymnen sind darunter, heroische Hofgesänge, Preislieder auf historische Personen und einfache Volksweisen, die von Liebe, Leid und Freuden des Landlebens handeln. Oft dienen dabei Naturbilder als Auftakt, um die Stimmung des Liedes zu evozieren. So auch das Entenpaar, Symbol erotischer Gelüste, im berühmten ersten Lied der Sammlung, »Guanju«:

> Ein Entenpaar ruft Wechsellaut, / Auf Stromes Insel hat's gebaut. / Still, sittsam ist die reine Maid, / Des hohen Fürsten würd'ge Braut. // Seerosen schwimmen mannigfalt, / Und links und rechts durchfährt man sie. / Still, züchtig ist die reine Maid; / Wach und im Schlaf begehrt' er sie. / Und fand er nicht, die sein Begehr, / Wach und im Schlaf gedacht' er der, / Ach wie so sehr, ach wie so sehr! / Und wälzt' und wand sich hin und her. // Seerosen schwimmen mannigfalt, / Und links und rechts wir langen sie. / Still, sittsam ist die reine Maid, / Und Laut' und Harf' empfangen sie. / Seerosen schwimmen mannigfalt, / Und links und rechts wir pflücken sie. / Still, sittsam ist die reine Maid, / Und Glock' und Pauk' entzücken sie.
>
> (Übersetzung: Victor von Strauß)

Es lässt sich nur erahnen, wie dieses zarte Lied einst, und zu welchem Anlass, gesungen wurde. Von einem sehnsüchtig Liebenden am einsamen Flussufer? In ausgelassener Hochzeitsrunde, erhitzt durch die sexuellen Untertöne des Liedes? Wir wissen es nicht. Sobald die Lieder – gewiss nicht von Konfuzius, aber doch wohl in seiner Zeit – verschriftlicht wurden, verloren sie ihren ursprünglichen Sitz im Leben. »Als die Spuren der Könige erloschen«, heißt es im *Mengzi*, »gingen die Lieder verloren.« Mit anderen Worten: Als die segmentär begrenzte Gesellschaft der Zhou-Könige von einer überregionalen Adelsgesellschaft abgelöst wurde, ging die lebendige Tradition der Lieder unter.

Im Medium der Schrift verloren die Lieder ihre lokale Bindung und erhielten einen neuen Sinn: sie wurden zum allgemeinen Bildungsgut, das ein Edler kennen musste. Schon Konfuzius forderte seine Schüler auf, die Lieder zu lernen: man könne sich an ihnen erbauen, Beobachtungen machen und viele Tier- und Pflanzennamen kennenlernen; schließlich: »Wer die Lieder nicht gelernt hat, hat nichts zu sagen.« Das »Guanju« charakterisiert er als »freudig, aber nicht ausschweifend, traurig, aber nicht schmerzhaft« – so nüchtern-analytisch dürfte es ursprünglich kaum verstanden worden sein.

Bei Konfuzius' Nachfolgern nahmen die Lieder wieder eine neue Funktion an. Nun wurden sie nicht mehr rezitiert, sondern nur mehr in Auszügen zitiert, um Weisheiten zu illustrieren und diesen Autorität zu verleihen. Waren die Lieder mit der Verschriftlichung gleichsam petrifiziert worden (tatsächlich sind frühe Zeugnisse von ihnen auf Steintrommeln erhalten), wurden sie nun zum Steinbruch, der vor allem moralische Botschaften lieferte. Viele der Lieder wurden nun auch mit konkreten historischen Personen verbunden. Das »Guanju« galt dieser Tradition nicht mehr einfach als Liebeslied, sondern als Preislied auf die Tugendhaftigkeit der Braut, und zwar ganz konkret: der keuschen Braut des Zhou-Königs Wen, die »sexuell nicht ausschweifend war, sondern sittsam, versteckt und abgesondert lebte, wie die Enten«. Denn, das lehre das Lied, »wenn Mann und Frau gesondert sind, stehen Vater und Sohn sich nahe, wenn Vater und Sohn sich nahestehen, respektieren sich Herrscher und Minister, und wenn Herrscher und Minister sich respektieren, ist der Hof in Ordnung«.

Gerade ihre Vieldeutigkeit, die es jedem Zeitalter erlaubte, sie neu zu interpretieren, dürfte den unvergänglichen Reiz des *Shijing* ausgemacht haben. Seine Reimschemata blieben noch Jahrtausende später für die Dichtung verbindlich, als sich der Lautstand der chinesischen Sprache schon völlig verändert hatte. Obwohl ihre Melodien längst verklungen sind und ihre Reime abgenutzt, haben die Lieder ihre Faszination nicht eingebüßt. Noch heute kennt jeder gebildete Chinese das »Guanju« auswendig.

Auch wenn die fünf kanonischen Schriften gewiss nicht auf Konfuzius zurückgehen, dürften sie doch seine Lehre recht gut reflektieren. Vielleicht unterwies Konfuzius seine Schüler tatsächlich in überlieferten Schriften. Doch weitaus wichtiger als Buchgelehrsamkeit waren ihm andere Werte: Moral und Anstand. Die Hauptquelle zu seiner Lehre, die *Urteile und Aussprüche* (*Lunyu*), überliefert die Frage eines seiner Schüler:

»Gibt es ein einziges Wort, nach dem man sein ganzes Leben handeln kann?« Der Meister sprach: »Doch wohl die ›Rücksicht‹: Was du dir selbst nicht wünschst, das füge auch keinem anderen zu.« (*Lunyu* 15.24)

Die Goldene Regel ist ein Leitmotiv, das im *Lunyu* in verschiedenen Variationen wiederholt wird. Sie bringt das Problem des Konfuzius auf den Punkt: die Koordination von Verhaltenserwartungen. In einer immer komplexer werdenden Gesellschaft, in der radikal unterschiedliche Lebensentwürfe miteinander konfrontiert wurden, bedurfte es neuer Regeln des Miteinanders. Diese Regeln verdichtet Konfuzius in den zentralen Begriffen der »Menschlichkeit« (*ren*) und der »Sittlichkeit« (*li*).

Zhonggong [ein Schüler] fragte nach der Menschlichkeit. Der Meister sprach: »Tritt aus der Tür, als empfingest du einen hohen Gast, leite das Volk, als vollzögest du ein großes Opfer. Was du dir selbst nicht wünschst, das füge auch keinem anderen zu: so wird in Staat und Familie kein Groll sein.«
(*Lunyu* 12.2)

Der Begriff der »Menschlichkeit«, der im *Lunyu* erstmals auftaucht, bezeichnete die höchste konfuzianische Tugend: die Fähigkeit, den anderen – das heißt in einer clanübergreifenden Gesellschaft: den Fremden – als einen gleichwertigen Menschen zu behandeln. War es unter den Shang noch angängig, Angehörige anderer Clans als Blutopfer darzubringen, heißt es nun ausdrücklich: »Was du dir selbst nicht wünschst, das füge auch keinem anderen zu.«

Die Goldene Regel wird konkretisiert in den Regeln der »Sittlichkeit«, dem zweiten Kernbegriff des Konfuzius. Die Geschichte des Begriffs ist höchst aufschlussreich: *li* dürfte einst religiöse Riten beim Ahnenopfer gemeint haben, das heißt Techniken im Umgang mit unbekannten Kräften. Während die alte Gesellschaft nur außergewöhnliche Situationen rituell behandeln musste, wurden die *li* im *Lunyu* zu Riten des Alltags: denn jetzt war auch im profanen Bereich mit Unbekannten zu rechnen. Mit den gesellschaftlichen Umbrüchen seit dem 9. Jahrhundert, als kommunikative Zusammenhänge die Grenzen von Familien transzendierten, bekamen Leute wie Konfuzius es zunehmend mit Fremden zu tun, deren Verhaltensmuster ihnen nicht vertraut waren: in dieser Situation wurden allgemeine Regeln des Umgangs notwendig. Sitten dienen der Einschränkung von Handlungsoptionen, wie im *Lunyu* mehrmals betont wird; je vielfältiger diese Optionen in einer wachsenden Gesellschaft wurden, desto dringender wurde ein verbindlicher Comment, der wohlanständigen Umgang verbürgte.

Gerade in Konfuzius' Lebenszeit verschärfte sich das Problem der Integration angesichts der Aufstiegsmöglichkeiten verschiedenster Schichten. Die Manieren des alten Adels galten nicht mehr für diese neuen Eliten. Nun ließen sich zivilisierte Formen nicht mehr durch den Appell an »angeborene«, also klassenspezifische Tugenden einfordern, sondern nur noch durch die Mahnung an erworbene, persönliche Tugend, mit anderen Worten: an Moral. Moral wurde zum integrierenden Element der neuen Gesellschaft: eine persönliche, innere Qualität, die entschieden im Gegensatz zu den äußeren Prestigesymbolen steht, wie sie für Adelsschichten kennzeichnend ist. Ohne Menschlichkeit und Ehrfurcht, so Konfuzius, seien gute Sitten nichts wert, ein Opfer ohne echte Anteilnahme sei kein Opfer.

Konfuzius knüpfte an Werte der alten Gesellschaft an, indem er Ahnenopfern und dem Zusammenhalt der Verwandtschaftsgruppe zunächst höchste Bedeutung zumaß: »Der Vater wird vom Sohn beschützt und der Sohn vom Vater« – und zwar auch, wenn dieser gegen das Gesetz verstößt. Doch er übertrug die familiären Handlungsregeln auf das weitere soziale Umfeld: »Die Jungen sollen daheim pietätvoll sein und außerhalb respektvoll«, und noch deutlicher: »Wenn der Edle seiner Verwandtschaft treu bleibt, wird das Volk sich an Menschlichkeit aufrichten.« Aus den rituellen Handlungen beim Ahnenopfer, die den Zusammenhalt innerhalb einer Abstammungsgruppe festigten und die familiäre Tradition bestärkten, wurden allgemeine, clanübergreifende Normen des Umgangs. Ebenso wurden aus angeborenen Qualitäten erworbene: das Charisma des Adels (*de*) wurde zur moralischen Tugend, die für alle verbindlich war; aus dem Fürstensohn (*junzi*) wurde der »Edle«, der Mann des öffentlichen Lebens: ein Status, den nun jeder erreichen konnte. Im Wandel dieser Begriffe äußert sich die Umwertung aller Werte, die das Zeitalter des Konfuzius erlebte. Sie war der Reflex sozialer Umbrüche ab dem 6. Jahrhundert und der Vollendung einer stratifikatorischen Gesellschaftsstruktur, die sich im 9. Jahrhundert abgezeichnet hatte.

Es waren nicht die zahllosen Kriege in der Nordchinesischen Ebene, welche die bleibende Bedeutung der Chunqiu-Zeit ausmachten. Auch die epischen Kämpfe zwischen den Staaten »unter dem Himmel« und den aufbegehrenden Mächten des Südens haben den Gang der Geschichte nicht entscheidend bestimmt. Vielmehr waren es die langsamen, vegetativen Prozesse sozialen Wandels, die das Alte China unwiderruflich veränderten: soziale Mobilität und der Aufstieg unterer Schichten, territoriale Expansion, Integration von Randkulturen, landwirtschaftliche Produktionssteigerung, das Aufblühen des Handels und Wachstum von Städten, Einführung neuer Verwaltungsformen und Rechtskodizes, die Rationalisierung aller Lebensbereiche und die zunehmende Konkurrenz unter den Territorialstaaten. Diese Entwicklungen, die in der Chunqiu-Zeit begannen, sollten sich in den nächsten Jahrhunderten fortsetzen und wiederum neue Ordnungsmuster hervorbringen, die der gesellschaftlichen Komplexität gerecht wurden: die Bürokratie und das Reich.

Das Klassische Altertum (5. Jahrhundert v. Chr. – 23 n. Chr.) Zentrum, Peripherie und die Herrschaft der Schreibstube

Das Klassische Altertum erlebte den Übergang von einer stratifizierten Aristokratie zu einer Gesellschaft, die durch die Differenzierung von Zentrum und Peripherie strukturiert war. In der Zeit der »Kämpfenden Staaten« (Zhanguo, 453–221 v. Chr.) wurde der alte Adel verdrängt, Herrscher nahmen eine immer entrücktere Position ein. Zwischen sie und das Volk trat eine neue Eliteschicht, die sich im Einheitsreich der Qin (221–206 v. Chr.) zu einer Bürokratie entwickelte. Der bürokratische Zentralismus wurde unter den Han (202 v. Chr. – 9 n. Chr.) fortgeführt, fand aber seine Grenzen in den Machtansprüchen lokaler Herrscher: mit den Reformen des Wang Mang (9–23 n. Chr.) endete der erste Versuch, ein chinesisches Einheitsreich zu schaffen.

Die Entwicklung der stratifizierten Gesellschaft war in der Chunqiu-Zeit auf ihren Höhepunkt und zugleich an ihren Endpunkt gekommen: weniger als zwei rigide getrennte Rangstufen konnte es nicht geben. Stattdessen erwies sich, dass die dünne Schicht des Hochadels allein nicht regieren konnte. Wirtschaftlich und militärisch war sie unmittelbar auf die Bauern angewiesen, politisch wurde sie von der Hilfe nichtadliger Berater abhängig. Wo in der Chunqiu-Zeit einzelne Gestalten wie Konfuzius aufgetreten waren, bildete sich jetzt eine regelrechte »Mittelschicht« heraus, eine gebildete Elite, welche die Gesellschaft entscheidend prägte.

Während die Regionalfürstentümer sich in der Zeit der »Kämpfenden Staaten« – Eisenguss und Massenheere revolutionierten die Kriegsführung – regelrecht zerfleischten, entstand eine neue Sozialstruktur, in der sich alle Selbstverständlichkeiten der alten Ordnung auflösten. Eisenwerkzeuge und ausgeprägt warmes Klima – im Mittel 3 Grad wärmer als heute – trugen zu einer enormen Steigerung landwirtschaftlicher Produktivität bei, Handwerk und Handel entwickelten sich sprunghaft, die Bevölkerung wuchs rasant, große Städte entstanden, in denen Händler und andere Emporkömmlinge die Ordnung des Adels untergruben und schließlich beendeten.

Während von der Adelsgesellschaft epigraphische Denkmäler zeugen, wurde Schrift jetzt auf Holz- und Bambusleisten (selten auch auf Seide) fixiert. Gebrauchstexte jeder Art wurden darauf geschrieben: medizinische, astrologische, magische, bürokratische und andere. Philosophische Werke und die ersten großen Geschichtswerke, mehrere hunderttausend Zeichen lang, entstanden in dieser Zeit. Dutzende dieser Texte sind bis heute überliefert worden, indem sie wieder und wieder abgeschrieben, neu ediert und schließlich gedruckt wurden. Hunderttausende von beschriebenen Holz- und Bambusleisten aus der Zeit sind zudem archäologisch gefunden worden. Auch wenn diese Primärquellen noch lange nicht vollständig erschlossen sind: im Klassischen Altertum begann die chinesische Manuskriptkultur, seither kommt schriftlichen Quellen überragende Bedeutung zu.

Schrift wurde zum Medium der klassischen Philosophie. »Hundert Schulen« boten einer Zeit ihre Lehren an, in der es keine fraglose Wahrheit mehr gab. Männer wie Mo Di, Meng Ke, Xun Kuang und Han Fei entwickelten Konzepte für die Neuordnung einer Gesellschaft, die ihre traditionelle Legitimation verloren hatte. Ihre Lehren wurden klassisch. Sie bildeten den Fundus, auf den chinesische Denker bis heute zurückgreifen, den Kern der Philosophie Chinas – auch deshalb, weil ›China‹ den Kern dieser Philosophie bildete. An ihrem Anfang stand die Frage, wie die sich herausbildende Gesellschaft Chinas zu organisieren sei, und am Ende die Antwort: in einem vereinten, bürokratisch regierten Reich.

Diese Denkbewegung fand ihr Pendant in den politischen Entwicklungen. Im 3. Jahrhundert v. Chr. gelang es dem Staat Qin, in schneller Folge die übrigen Staaten in der Nordchinesischen Ebene und am Yangzi zu besiegen und China erstmals in einem Reich zu vereinen. Die Qin organisierten das gesamte Reich in einer Weise, die maßgeblich für die nächsten 2000 Jahre wurde: (1) ein absoluter Kaiser an der Spitze, der sich (2) auf eine professionelle, zentralisierte und schriftlich kommunizierende Bürokratie und (3) einheitliches, positives Recht stützte; (4) ein gleichmäßig in Amtsbezirke und Kreise aufgeteiltes Reich, in dem (5) die Bauern Steuern zu entrichten sowie Arbeits- und Militärdienst zu leisten hatten.

Das Reich der Qin war der Gegenentwurf zur Adelsherrschaft. Es beruhte auf der Durchsetzung der Zentralmacht, die sich nicht auf eine eigenständige Adelsklasse stützte, sondern auf Verwaltungsbeamte, die unmittelbar vom Herrscher abhängig waren. Alte Adelsprivilegien wurden abgeschafft, lokale Unterschiede systematisch nivelliert zugunsten der einen, alles beherrschenden Unterscheidung zwischen Zentrale und Peripherie. Die Zentrale repräsentierte die Hochkultur, Recht und Ordnung, die in das ganze Reich ausstrahlten; die Peripherie dagegen kleinliche, lokal begrenzte Volkskultur.

Doch so einfach siegte der Zentralstaat nicht. Die Neigung zur Staatsbildung war keineswegs die treibende Kraft der chinesischen Geschichte, ganz im Gegenteil: es war der unablässige Widerstand gegen zentrale Kontrolle, der die Geschichte des Kaiserreichs bewegte. Die Qin gingen schon nach 14 Jahren unter. Die große Dynastie Han, die den Qin folgte und deren System übernahm, musste ihr Reich von Anbeginn mit lokalen »Königen« teilen.

Mehr noch: an der weiteren Peripherie erwuchsen den Han mit den Xiongnu mächtige Rivalen, deren sie sich nur durch erniedrigende Appeasement-Politik erwehren konnten. Erst unter Kaiser Wu (141–87 v.Chr.) gelang es dem Hof, sowohl die Territorialfürsten als auch die Xiongnu zu besiegen und kurzfristig den Herrschaftsanspruch der Zentrale durchzusetzen. Unterstützt wurde er von Literaten, die aus der Lehre des Konfuzius und anderen Einflüssen eine politische Ideologie formten. Aber noch war die Zentrale zu schwach, um ihre Macht auf Dauer zu behaupten, ja sie war so marode, dass sie von innen zerfiel: ein kaiserlicher Regent, Wang Mang, usurpierte 9 n.Chr. den Thron und gründete eine neue Dynastie, die jedoch bald wieder unterging.

Die Dynastien Qin und Han schufen das zeitlose Modell chinesischer Staatlichkeit. Unsere Bezeichnung ›China‹ soll sich – eine unbewiesene, aber reizvolle These – vom Namen Qin herleiten; und wenn die Chinesen sich bis heute »Han« nennen, gründen sie ihr Selbstverständnis in der langlebigen Dynastie, die den Qin folgte. Auch wenn beide Dynastien politisch scheiterten: das Ideal der Einheit blieb als Erbe des Klassischen Altertums bestehen.

Zeittafel

453 v.Chr.	Teilung Jins: Beginn der Zhanguo-Zeit
359	Reformen des Shang Yang in Qin
256	Qin erobert die Zhou-Domäne: Ende der Dynastie Zhou
247	Zheng wird König von Qin
221	Reichsgründung durch Qin shi huangdi

213	Bücherverbrennung
210	Tod des Qin shi huangdi
207	Sturz der Qin
202	Liu Bang wird Kaiser: Beginn der Han-Dynastie
187–180	Interregnum der Kaiserin Lü
180–157	Kaiser Wen
157–141	Kaiser Jing
154	Aufstand der Sieben Königtümer
141–87	Kaiser Wu
119	Einrichtung von Staatsmonopolen
112–108	Expansion nach Süden und Südwesten
109–108	Unterwerfung von Korea
81	Diskussionen um Salz und Eisen
9–23 n.Chr.	Herrschaft des Wang Mang
11	Der Gelbe Fluss ändert seinen Lauf
22	Rebellion der »Roten Augenbrauen«

Die Kämpfenden Staaten

Sun Wu, ein Mann aus Qi, der für seine Kenntnisse der Kriegsführung bekannt war, hatte einst eine Audienz beim König von Wu. Dieser fragte ihn, ob er seine Drillmethoden auch an Frauen demonstrieren könne. Als er bejahte, ließ der König 180 seiner Palastdamen kommen. Sun teilte sie in zwei Gruppen ein und ernannte die beiden Lieblingsfrauen des Königs zu Gruppenführern. Nachdem er ihnen die Marschkommandos erklärt hatte, ließ er sie Aufstellung nehmen und gab Befehl zum Rechtswenden – worauf die Frauen in Kichern ausbrachen. Nachdem Sun Wus Befehl auch ein zweites Mal nicht ernst genommen wurde, sprach er: »Wenn die Befehle klar sind und nicht befolgt werden, liegt die Schuld bei den Gruppenführern« – und ließ, zum Entsetzen des Königs, die zwei Frauen köpfen.

Kriege und Umwälzungen

Die Anekdote ist in Sima Qians *Aufzeichnungen des Schreibers* (*Shiji*) überliefert. Sie ist bezeichnend für die unerbittliche Logik der Kriegsführung, die in der Zeit der »Kämpfenden Staaten« eine neue Qualität erreichte.

Die Epoche trägt ihren Namen nicht von ungefähr; ihre Geschichte liest sich über weite Strecken wie ein einziges blutiges Gemetzel. Auch die Chunqiu-Zeit war reich an Kriegen gewesen, aber jetzt nahmen die Auseinandersetzungen ganz andere Formen an. Zwei militärische Neuerungen wurden in dieser Zeit eingeführt, welche die chinesische Kriegsführung zwei Jahrtausende lang prägen sollten: die Armbrust – eine formidable Waffe von enormer Reichweite und Durchschlagskraft – ersetzte den Bogen; und die majestätischen Streitwagen von einst wurden abgelöst durch wendige Kavallerietruppen, wie die Steppenvölker sie schon lange hatten. Erstmals soll König Wuling von Zhao im 4. Jahrhundert v. Chr. die Kavallerie und damit zugleich die ›barbarische Kleidung‹ – Reithosen, -jacken und -stiefel statt der wallenden chinesischen Obergewänder – eingeführt haben. Bald verfügten alle Staaten über Reitertruppen, die mit Armbrüsten bewaffnet waren.

Noch folgenreicher war die Entwicklung der Infanterie, denn jetzt bildeten sich Massenheere, die den Charakter des Kriegswesens vollkommen veränderten. Die kleinen Verbände adliger Krieger der Zhou- und Chunqiu-Zeit wuchsen zu Armeen von mehreren hunderttausend Infanteristen an, bewaffnet mit Schwertern und Hellebarden aus Eisen. Um diese Waffen zu führen, bedurfte es keiner besonderen Fähigkeiten mehr; sie ermöglichten die Vermassung, ja Verpöbelung der Kriegsführung. In vielen Staaten wurde jetzt allgemeiner Wehrdienst eingeführt; Waffenfunde in Gräbern einfacher Männer, wie sie zuvor nur in Adelsgruften üblich waren, zeugen von der Militarisierung des gesamten Volkes.

Wo früher kurze, offene Scharmützel die Regel gewesen sein dürften, teilweise mit rührender Ritterlichkeit geführt (man denke an Herzog Xiang von Song), bestimmten nun große Feldzüge, lange Belagerungen und Materialschlachten die Kriegsführung. Jetzt begannen die Regionalstaaten, Mauern zu bauen: Hunderte Kilometer lange Verteidigungswälle aus Lehm, unter größten Anstrengungen aufgetürmt, welche die Staaten der Mittleren Ebene nicht nur gegen die Steppenvölker des Nordens, sondern auch gegeneinander schützen sollten. Jetzt wurde die wirtschaftliche Grundlage des Militärs immer wichtiger; es entstand eine Form des ›totalen Kriegs‹ unter Einsatz aller Ressourcen. Die Quellen der Zeit berichten von Städten, die ausgehungert wurden, bis Eltern ihre Kinder fraßen, von Kriegsgefangenen, die massenweise verstümmelt oder massakriert wurden, von Heerführern, die aus den Schädeldecken ihrer Feinde tranken, von Leichenschändung und Kriegen, bei denen »die Toten Felder und Städte füllten«. In der Schlacht zwischen Qin und Chu fielen 80000 Köpfe; als Qin Han und Wei angriff, fielen 240000 Köpfe; im Krieg mit Zhao ließ Qin erst 20000 von dessen Soldaten im Huanghe ertränken und schließlich, als die Armee von Zhao – 450000 Soldaten – kapituliert hatte, beschloss der Kommandeur der Qin:

»Als wir einst Shangtang erobert hatten, wollten die Einwohner nicht mit uns kooperieren und sind nach Zhao gezogen. Die Soldaten von Zhao sind ähnlich wendig; wenn wir sie nicht allesamt töten, werden sie womöglich Unheil anrichten.« Daraufhin lockte er sie in einen Hinterhalt und ließ sie allesamt niedermetzeln. Nur 240 der Jüngsten ließ er nach Zhao zurückkehren. Insgesamt fielen 450000 Köpfe. (*Shiji* 73)

Auch wenn die Zahlen weit übertrieben sein dürften – die Kriege der Zhanguo-Zeit wurden mit unvorstellbarer Skrupellosigkeit und Brutalität geführt. In ihnen kulminierte eine Entwicklung, die in der Chunqiu-Zeit begonnen hatte: die zunehmende Rationalisierung und Entpersonalisierung von Teilen der Gesellschaft. Nicht nur die philosophische Entzauberung der Welt, der Niedergang des Ahnenkults und die Entwertung familiärer Bindungen hatten dazu geführt. Auch die Leistungssteigerung der Wirtschaft, die das Leben in der Zhanguo-Zeit geradezu revolutionierte, wirkte in diese Richtung.

Der Eisenguss hatte die Landwirtschaft grundlegend verändert. Mit eisernen Äxten wurden ganze Wälder zur Erschließung von Neuland abgeholzt; Eisenpflüge, zusammen mit dem Kummetgeschirr für Ochsen und dem Einsatz organischer Dünger, ermöglichten intensive Bebauung der Scholle; Flussregulierungen und zahlreiche Kanalbauten sorgten für regelmäßige Bewässerung: all das führte zu einer enormen Produktionssteigerung der Landwirtschaft. Der Handel blühte auf, und gezahlt wurde jetzt in Geld. Zahlreiche Münzen: messer- und spatenförmige sowie runde mit einem Loch in der Mitte, die in verschiedenen Regionalstaaten Nordchinas zirkulierten, zeugen von der zunehmenden Monetarisierung der Wirtschaft.

Mit gesicherter Versorgung und zunehmendem Wohlstand wuchs die chinesische Bevölkerung in der Zhanguo-Zeit stärker als je zuvor. »Heutzutage gelten fünf Söhne nicht als viel«, berichtet ein Zeitgenosse, »von denen wiederum jeder fünf Söhne bekommt, so dass ein Großvater noch zu Lebzeiten 25 Enkel hat.« Ein immer größerer Teil dieser Bevölkerung ballte sich in großen Städten, deren Mauern Paläste, Manufakturen, Bronzegießereien, Marktplätze und Wohngebiete für Zehntausende von Bewohnern umschlossen. Linzi, die Hauptstadt von Qi, soll in der Zhanguo-Zeit 210 000 Einwohner gehabt haben – nur die wehrfähigen Männer gezählt. »Auf seinen Straßen reihten sich die Wagen und die Menschen gingen Schulter an Schulter; wenn sie die Ärmel hoben, bildeten sie ein Zelt, und wenn sie ihren Schweiß abschüttelten, fiel er wie Regen.« Während im Altertum allenfalls ein paar Millionen Menschen China bevölkert haben dürften, ergab die erste Volkszählung aus dem Jahre 2 n. Chr. bereits 57 Millionen steuerpflichtige Einwohner.

In alledem zeigen sich die nivellierenden, anonymisierenden Tendenzen der Zeit: an die Stelle von Naturalien trat das Geld, aus Handwerkern wurden Arbeiter, aus Individuen Massen, aus Kriegern »Menschenmaterial«. Angesichts des demographischen Drucks wirkte der hohe Blutzoll der Zhanguo-zeitlichen Kriege als durchaus rationales Regulativ des Bevölkerungswachstums.

Doch während die Kriege Heere von Infanteristen verheizten, machten sie das gemeine Fußvolk zu einem wichtigen politischen Faktor. Die Bauern wurden als Steuerzahler und Rekruten gleich in zweifacher Hinsicht zur neuen Machtbasis der Herrschenden. Denn auch die Schicht der Herrschenden wandelte sich. Viele der alten Regionalfürsten waren nach den Expansionen der vergangenen Jahrhunderte nicht mehr in der Lage, ihr Staatsgebiet zu kontrollieren, so dass sie ihre Macht an lokale Würdenträger und einflussreiche Familien verloren. Im 6. Jahrhundert v. Chr. übernahmen die »Drei Huan« in Lu faktisch die Macht, 481 v. Chr. ließ die Familie Tian in Qi, die zuvor schon mehrere Rivalen ausgelöscht hatte, den Fürsten von Qi ermorden, und 453 v. Chr. teilten die drei Familien Han, Zhao und Wei das Land Jin unter sich auf. Die alte Adelsgesellschaft ging unter. Die Bronzegefäße, die im Zentrum der aristokratischen Legitimation gestanden hatten, verschwanden völlig, ja selbst die Clannamen, einst das Privileg der Adligen, gerieten in Vergessenheit. Das Wort selbst, das vormals »Clanname« bedeutete, *xing*, nahm jetzt die Bedeutung »Familienname« an – und immer mehr Angehörige des einfachen Volkes trugen jetzt einen solchen. Was einst die »Hundert Geschlechter« (*baixing*) des Adels waren, meinte jetzt »Hundert Familiennamen«, nämlich das Volk.

Dieses Volk wurde zur Machtbasis der neuen Eliten, die den alten Adel verdrängten. Die Tian in Qi stützten sich keineswegs auf hochwohlgeborene Mitstreiter, sondern »pflegten Nähe zum Volk« und gewannen durch mildtätige Aktionen dessen Unterstützung. Im Kampf der Eliten war das einfache Volk zum entscheidenden Faktor geworden – und damit zur Stütze einer neuen Ordnung. In Jin haben Archäologen Tausende von Stein- und Jadetafeln mit Treueschwüren gefunden, ausgesprochen von niedrigen Adligen, vielleicht auch Stadtvolk, an die Führer emporstrebender Eliten. »Wenn ich, Hu, es wagen sollte, meinem Fürsten nicht mit ganzem Herzen zu dienen oder unseren Bund nicht einzuhalten, so möge meine Familie untergehen«: so oder ähnlich lesen sich diese Texte. Im Zeitalter der Hegemonen waren solche Bundesschwüre noch zwischen den Fürsten einzelner Staaten geschlossen worden, nun dienten sie der Sicherung einer Machtbasis, die viel tiefer im Volk wurzelte. Die *baixing* wurden zum Fundament des Staates.

Mit der Teilung Jins 453 v. Chr. begann die neue Zeit der »Kämpfenden Staaten«. In ihr erreichte eine Entwicklung ihren vorläufigen Höhepunkt, die zum Ende des alten Staatensystems und der Adelsgesellschaft führte: die Expansion weniger großer Staaten bei gleichzeitigem Machtverlust der alten Eliten. Von den Hunderten Staaten der Chunqiu-Zeit waren nur mehr sieben große übriggeblieben: Qin, Qi, Chu, Han, Zhao, Wei und Yan. Die meisten dieser Staaten wurden nicht mehr von den alten Fürstenhäusern regiert, sondern von neuen Eliten. Es gab keinen Hegemonen mehr, der zwischen ihnen vermittelte.

Der soziale Strukturwandel, vor allem der Aufstieg von unteren Schichten in Politik und Militär, ließ sich nur allzu leicht als Verfallserscheinung deuten, als Vulgarisierung der Gesellschaft. Die Klage über den Niedergang der Sitten wurde nun zum Allgemeinplatz:

> Die Welt verfiel, und der rechte Weg ging verloren; Irrlehren und Gewalttaten kamen auf, Untertanen, die ihre Fürsten mordeten, und Söhne, die ihre Väter mordeten. (*Mengzi* 3B9)

Nur deshalb mussten Konfuzius und seine Schüler Respekt vor Vätern und Fürsten so nachdrücklich anmahnen, weil er ebenso verfiel wie alle ehemals unantastbaren Hierarchien. Diese Entwicklung machte nicht einmal vor den Toten halt. Etwa ab dem 6./5. Jahrhundert wurden diese, zunächst ausgehend von Qin und Chu, in deutlich veränderten Gräbern bestattet. Während die Ritualbronzen, Herzstücke des alten Ahnenkultes, verschwanden, wurden den Verstorbenen stattdessen vielerlei Gebrauchs-

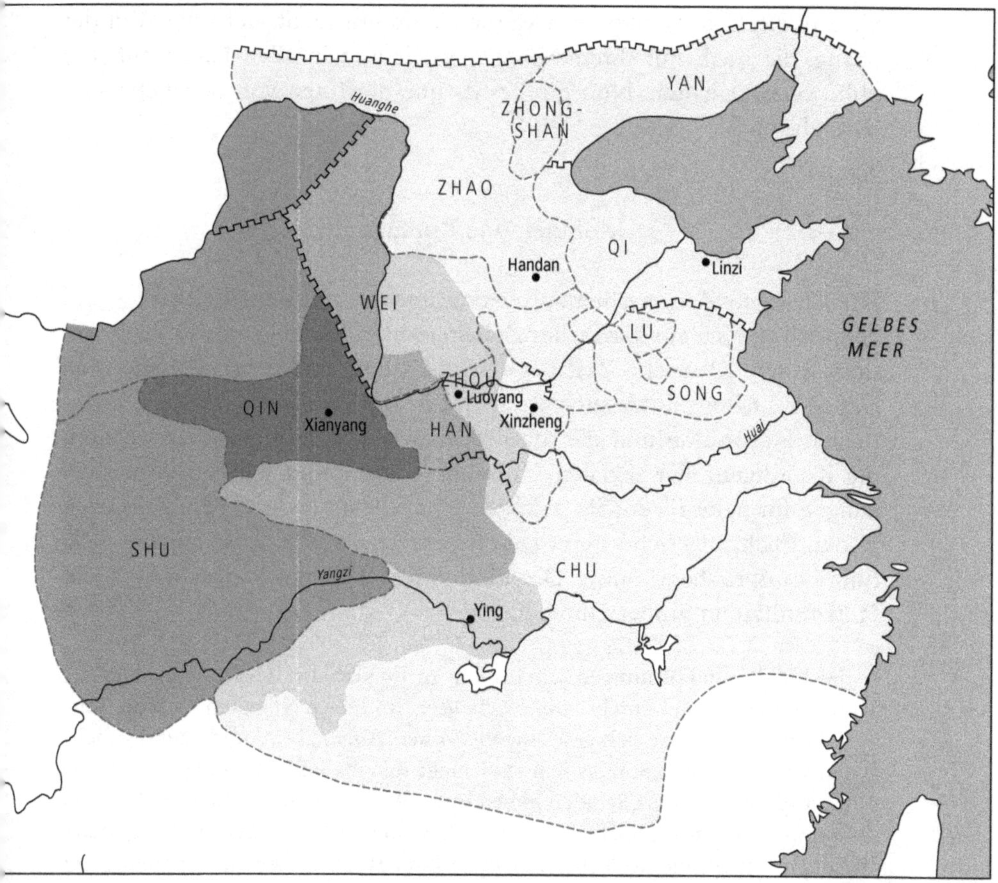

Staaten der Zhanguo-Zeit und die Expansion der Qin.

Staat Qin, ca. 350 v. Chr.
Eroberungen bis ca. 315 v. Chr.
Eroberungen bis ca. 288 v. Chr.
Eroberungen bis ca. 249 v. Chr.
Eroberungen bis ca. 221 v. Chr.
WEI Regionalstaaten der Zhanguo-Zeit
Mauern der Regionalstaaten

gegenstände des täglichen Lebens mitgegeben. Auch die Grabkammern, deren Dekor Wände, Vorhänge und Dachbalken darstellt, glichen weltlichen Behausungen. Die Gräber wurden angelegt, die Verstorbenen aufzunehmen – und tunlichst dazubehalten. Alles andere als wohlwollende Helfer, wurden die Toten nun zunehmend als Dämonen dargestellt, die in die Welt drängen und den Lebenden Krankheit und Unglück bringen.

Sie mussten sicher eingesperrt werden. Dies war nicht mehr die Welt der Shang, die noch mit ihren Ahnen getafelt und in allen Lagen auf ihre Hilfe vertraut hatten. Nun ging es darum, die Toten von den Lebenden fernzuhalten.

Mohisten und Konfuzianer

Die Zhanguo-Zeit erscheint als verkommenes, verrohtes Zeitalter – und dennoch war sie ein klassisches Zeitalter; oder besser: gerade deshalb war sie klassisch. Klassische Zeitalter sind nie ruhig, und umgekehrt können ruhige Zeitalter nie klassisch werden. Erst die Transformationen der Rituellen Revolution und die sozialen Krisen der Chunqiu-Zeit machten die Kontingenz der sozialen Ordnung sichtbar und schufen Voraussetzungen für neue Ideen. Sie brachten eine Vielfalt anderer Möglichkeiten in den Blick, angesichts derer kein System mehr selbstverständliche Geltung beanspruchen konnte. Die Einheit der Welt war verloren, und »das Reich stürzte in großes Durcheinander«:

> die Weisen und Würdigen sahen nicht mehr klar, der Rechte Weg und die Tugend waren nicht mehr einheitlich. Viele im Reich erlangten einzelne Einsichten, in denen sie sich gefielen: wie Ohren, Augen, Nase und Mund, erhellten sie alle etwas, konnten sich aber nicht miteinander verständigen. … Wie traurig! Die Hundert Schulen gehen ihren Weg, ohne sich umzuwenden, und kommen gewiss nie mehr zusammen. Die unglücklichen Lernenden späterer Zeiten werden die Welt nicht mehr in ihrer Reinheit sehen, die Alten nicht mehr in ihrer Gesamtheit: der Rechte Weg wird im Reich zerstückelt.
>
> (*Zhuangzi* 33)

Was hier als Verfall des wahren Wissens beklagt wird, war nicht weniger als der Beginn der chinesischen Geistesgeschichte. So wie sich im 9. Jahrhundert die Einsicht durchsetzte, dass die Vergangenheit anders war, wurde nun deutlich, dass auch Gegenwart und Zukunft anders gedacht werden konnten. Die Einsicht in die grundsätzliche Wandlungsfähigkeit der sozialen Ordnung und ihre Gestaltbarkeit durch den Menschen forderte zum Nachdenken über neue Weltentwürfe heraus.

Nicht zufällig ging der Beginn der Geistesgeschichte mit einer signifikanten Ausweitung des Schriftgebrauchs einher. Die schriftlichen Zeugnisse, die aus früheren Zeiten erhalten sind, waren Inschriften, die fast ausschließlich der Fixierung staatstragender Dokumente galten: Orakelprotokollen, Investituren, Genealogien und ähnlichem. Das änderte sich in der Zhanguo-Zeit, als eine regelrechte Manuskriptkultur entstand. Seit etwa 300 v. Chr. sind Texte auf weichen Schriftträgern – Holz- oder Bambusleisten, die durch Schnüre verbunden waren – bezeugt. Auf ihnen finden sich Reden, Lieder, Geschichten, Exorzismen, magische Formeln, philosophische Gespräche, Abhandlungen und andere Äußerungen, die bis dahin der Mündlichkeit vorbehalten waren. Kurz, es entstanden Bücher. War die Schrift in der Zeit der Rituellen Revolution hoffähig geworden, so wurde sie nun gesellschaftsfähig und erreichte damit eine unerhörte Wirkungsmacht. Sie ermöglichte das Lernen unabhängig von Zeit und sozialem Kontext und damit auch den kritisch-distanzierten und bewusst gestalterischen Umgang mit tradiertem Wissen. Die Ausbreitung der Schrift war die Voraussetzung für die Entstehung von Literatur und Philosophie in China. Mit ihr begann das klassische Zeitalter, in dem die »Hundert Schulen« der Philosophie Maßstäbe für die gesamte chinesische Tradition setzten.

Die chinesische Sprache 漢語

Nicht nur die Gedanken der »Klassiker« lieferten das Vorbild für alle Zeiten, sondern auch ihre Sprache. Die Sprache des 5.–3. Jahrhunderts, in der die Literatur der Zhanguo-Zeit geschrieben ist, gilt als »klassisches Chinesisch«. Sie bildete, ähnlich dem Latein in Europa, über 2000 Jahre lang die Grundlage der Literatursprache, selbst als das gesprochene Chinesisch sich weit von ihr entfernt hatte. Bis ins frühe 20. Jahrhundert blieb sie maßgeblich: jeder, der die chinesische Tradition ernsthaft studieren will, muss diese Sprache erlernen.

Das galt auch schon für die Lernenden der Kaiserzeit. Bereits in der Han-Zeit hatte sich die Sprache so stark gewandelt, dass alte Texte kommentarbedürftig wurden. Das früheste erhaltene Lexikon des Chinesischen, das *Shuowen jiezi* (S. 75), erklärt nicht nur Zeichenformen, sondern macht auch Angaben zur Aussprache. In den nächsten Jahrhunderten wurden – auch unter Einfluss der Sanskrit-Grammatik – subtile Methoden zur Analyse der Sprache entwickelt. Da chinesische Zeichen jeweils ganze Silben wiedergeben und eine alphabetische Lautschrift nicht zur Verfügung stand, konnte das *Shuowen jiezi* die Lesung eines Zeichens nur durch ein anderes, gleichlautendes Zeichen angeben. Jetzt entstand eine Methode, bei der die Lautung eines Zeichens durch zwei andere angegeben wurde, eines für den Anlaut und eines für den Auslaut: *zhong* etwa durch *zh(i)* + *(g)ong*. Neben Anlauten und Auslauten wurde auch eine weitere Eigenart chinesischer Silben entdeckt: ihre Konturtöne. Shen Yue

(441–513), Historiker und Dichter der Liang-Dynastie, beschrieb als erster den Umstand, dass das Chinesische vier Töne hat: den ebenen, den steigenden, den fallenden und den eingehenden (jeweils in zwei Höhen, so dass sich acht Töne ergeben). Zudem legte er Normen fest, wie diese Töne in der Dichtung eingesetzt werden müssten, um Wohlklang und Harmonie zu erreichen. Die mittelalterliche Sprachforschung gipfelte im Jahr 601 mit der Publikation des *Qieyun* von Lu Fayan (fl. 581–601), eines Reimlexikons, das rund 12000 Zeichen nach 193 Reimgruppen anordnet.

Systematisierende Werke wie das *Qieyun*, das bewusst Standards setzen wollte, dürfen nicht darüber hinwegtäuschen, dass es nie nur eine chinesische Sprache gab, sondern immer eine Vielzahl grundverschiedener Dialekte. Schon um die Zeitenwende schrieb Yang Xiong (53 v.Chr. – 18 n.Chr.) – wohl nicht zufällig ein Mann aus Sichuan – das erste Dialektwörterbuch, das *Fangyan*; und heute unterscheidet man sieben große Dialektgruppen: neben dem Mandarin, das in Nordchina und Südwesten gesprochen wird, Wu (Zhejiang, Shanghai), Gan (Jiangxi), Xiang (Hunan), Min (Fujian, Taiwan), Yue (Guangdong, Guangxi, Hongkong) und Hakka (verstreut, v. a. in Fujian, Guangdong, Guangxi). Diese ›Dialekte‹ sind so unterschiedlich, dass man sie, vom linguistischen Standpunkt betrachtet, als verschiedene Sprachen bezeichnen müsste. Ein Bauer aus Hebei könnte ebenso wenig mit einem Kollegen aus Hunan sprechen wie ein bodenständiger Shanghaier mit einem Fischer aus Guangdong. Lediglich die politische Korrektheit gebietet, von ›Dialekten‹ zu sprechen. Erst im 20. Jahrhundert wurde diesen Dialekten, den Bedürfnissen des Nationalstaats entsprechend, eine ›Nationalsprache‹ (*guoyu*) bzw. ›allgemeine Sprache‹ (*putonghua*) übergeordnet, die als Standard für Medien und Schulen gilt.

Etwa um dieselbe Zeit entstand auch die wissenschaftliche chinesische Linguistik: nun wurden Grammatiken, Rhetoriken und moderne Wörterbücher geschrieben. Der schwedische Sinologe Bernhard Karlgren (1889–1978) begründete die historische Phonologie des Chinesischen, indem er die Angaben des *Qieyun* mit den tatsächlichen Aussprachen moderner chinesischer Dialekte verglich. Aufgrund ihrer systematischen Unterschiede gelang ihm eine Rekonstruktion der mittelchinesischen Lautungen, d. h. der Sprache des *Qieyun*. Die Arbeiten Karlgrens und seiner Nachfolger haben uns vor Augen (wenn auch nicht: vor Ohren) geführt, wie stark sich die chinesische Sprache in etwas mehr als 1000 Jahren verändert hat. Wie viel fremder muss erst das Altchinesische geklungen haben, das noch ein Jahrtausend älter ist! Diese Sprachstufe lässt sich nur annäherungsweise beschreiben: als Rekonstruktion aufgrund einer Rekonstruktion. Wir wissen in etwa, wie Konfuzius und seine Zeitgenossen geschrieben haben; wie sie gesprochen haben, können wir nur erahnen.

Der erste, der seine Vorstellungen von einer gesellschaftlichen Neuordnung in eine Lehre gefasst hatte, war Konfuzius. Doch sein Einfluss blieb auch in den Jahren nach seinem Tod gering; seine Schule soll sich in acht verschiedene Zweige aufgespalten haben, von denen nur wenig überliefert ist. Wie unterschiedlich Konfuzius' Lehre gewirkt haben mag, lässt die Geschichte eines anderen Denkers erahnen, dessen Ideen in seiner Zeit weitaus wirkmächtiger waren: des Mo Di (ca. 479–381 v. Chr.). Meister Mo hatte angeblich der Konfuzianischen Schule angehört, sich aber enttäuscht von ihr abgewandt und eine ganz konträre Lehre entwickelt. »Wider die Konfuzianer« heißt einer der Texte, die ihm zugeschrieben werden. Er wendet sich konkret gegen verschwenderische Ahnenverehrung und ganz allgemein gegen jede Art von familiärem Egoismus, der den eigenen Verwandten mehr Liebe oder Gaben zukommen lässt als anderen. Mo Dis Gegenentwurf stellt das Ideal der »allumfassenden Liebe« (*jian'ai*) in den Mittelpunkt, dem zufolge man alle Menschen gleichermaßen lieben und achten solle.

> Angenommen, alle Welt liebte einander allumfassend, liebte den anderen so wie sich selbst: gäbe es dann etwa noch Pietätlosigkeit? … Gäbe es etwa Familien von Würdenträgern, die einander ins Unheil stürzten? Fürstentümer, die einander angriffen? Wenn man die Familie eines anderen wie die eigene ansieht, wer sollte dann Unheil stiften? Wenn man das Land eines anderen wie das eigene ansieht, wer sollte dann angreifen? … Wenn also alle Welt einander umfassend liebt, dann herrscht Ordnung, wenn sie einander hasst, herrscht Chaos. (*Mozi* 14)

Nirgendwo fand die Struktur der neuen Gesellschaft deutlicheren Niederschlag als in dieser radikal egalitären Lehre, die keine Standes- oder Familiengrenzen mehr kennt. Mo Di – selbst ein Parvenü, wohl ein Handwerker oder gar ehemaliger Strafgefangener – hatte eine Bande ruppiger Gesellen um sich geschart, die offenbar schäbigsten Verhältnissen entstammten: das geeignete soziale Umfeld, um grundstürzend neue Ideen zu entwickeln.

Mo Di führte seine Anhänger, die »Mohisten«, mit fast militärischer Ordnung und strengen Vorschriften – und lehrte sie zugleich, alle Regeln in Frage zu stellen. Die Mohisten suchten nicht nur nach allgemein verbindlichen Regeln, sondern fragten zugleich, wie sich die Regeln rechtfertigten. In der Schriftensammlung *Mozi* finden sich ausführliche

Überlegungen zur Logik – eine Disziplin, die ebenso wie die mohistische Schule bald in Vergessenheit geriet.

Die grundlegende Skepsis der Mohisten reflektiert, wie unsicher die Grundlagen jedweder Ordnung in der Zhanguo-Zeit geworden waren. Mit der Auflösung der Adelsgesellschaft war deren Wertesystem fraglich geworden, und mit der Ausbreitung der Schrift traten die Unterschiede der Überlieferung deutlich vor Augen. Nichts war mehr sicher, alles geriet in den Kontext von Alternativen, und immer drängender wurde die Frage, wie soziale Ordnung möglich sei. Hatte die Suche nach einer Letztbegründung sozialer Ordnung bei Konfuzius zu den weisen Herrschern der frühen Zhou und allgemein verbindlichen Sitten geführt, fanden die Mohisten ein ganz anderes Ordnungsprinzip:

> Im Altertum, in der Zeit, als das Volk allererst geboren wurde und es noch keine Regierung durch Strafgesetze gab, existierte für einen Menschen eine Rechtsvorstellung, für zwei Menschen existierten zwei Rechtsvorstellungen, und je zahlreicher die Menschen wurden, desto zahlreicher die Auffassungen von »Recht«. Daher beharrten die Menschen auf ihren eigenen Rechtsvorstellungen, und alle widersprachen sich gegenseitig. Aus diesem Grund wurde der Tüchtigste und Fähigste des Reiches gewählt und zum Himmelssohn gemacht. (*Mozi* 11)

Nicht die Sitten als normatives Gerüst stehen im Zentrum von Mo Dis Überlegungen, sondern der »Nutzen«, den alle erstreben. Daher verbürgen nicht etwa »Edle« die rechte soziale Ordnung, sondern der »Tüchtigste und Fähigste«, in letzter Instanz also der Souverän, der die Wertvorstellungen im Reich vereinheitlicht. Mo Di erklärte die Entstehung des Staates ganz ähnlich wie Thomas Hobbes.

Nicht zufällig tauchten diese Überlegungen genau zu dem Zeitpunkt auf, an dem im Alten China ein Leviathan entstand: ein allmächtiger Staat, der die Gesellschaft mehr und mehr in seinen Griff nahm. Die absolute Stellung des Herrschers wurde überall sichtbar. In Residenzstädten trennte nun oft eine zweite, innere Mauer den Palastkomplex ab, hohe Tore, imposante Terrassen und Türme, die geradezu in den Himmel wuchsen: Wolkenkratzer des Altertums, die den alles überragenden Staat symbolisierten. Auch die gigantischen Gräber der Herrscher (S. 87 f.) versinnbildlichen diese Entwicklung. Von mächtigen, mit Tempeln bebauten Hügeln überwölbt (viele sind noch heute sichtbar), gemahnten sie weithin sichtbar an die Allmacht der Herrscher, die hoch über allen

Untertanen thronten und im 4. Jahrhundert v. Chr. begannen, sich »König« (*wang*) zu nennen – der Titel der Zhou-Herrscher. Die Spitze der Gesellschaft entfernte sich weiter von der Basis, bis sie schließlich als etwas grundsätzlich anderes wahrgenommen wurde. So, wie der Himmel den Menschen gegenüberstand, erschien nun der Staat als Gegensatz zur Gesellschaft.

Genau in dieser Lücke zwischen Staat und Gesellschaft entstand in der Zhanguo-Zeit eine neue soziale Schicht: die *shi*, eine gebildete Elite, die im Dienst für Regionalfürsten die Politik der Zeit maßgeblich bestimmte. Die *shi* stammten typischerweise aus jenen unteren Adelsschichten, deren Status gegenüber den Herrschern so weit gesunken war. Jetzt wurden sie zu einer »Mittelschicht«, die zwischen Herrscher und Volk angesiedelt war – und damit an entscheidender Position. Es nimmt nicht wunder, dass sich im 4. und 3. Jahrhundert v. Chr. gerade am Verhältnis von Staat und Gesellschaft lebhafte Debatten entzündeten, in deren Verlauf die *shi* den Fürsten ihrer Zeit konkurrierende Weltentwürfe anboten.

Damit wurde die Politik als eigenständige Sphäre entdeckt. Erstmals entstand ein wirklich politischer Diskurs in dem Sinne, dass die Gestaltung der Welt dem Herrscher zugerechnet und von ihm eingefordert wurde. König Hui von Wei versammelte im 4. Jahrhundert führende Denker an seinem Hof, und in der Hauptstadt von Qi entstand mit der Jixia-›Akademie‹ ein intellektuelles Zentrum, das die meisten großen Köpfe der Zeit besuchten. Diese Denker, die ›Klassiker‹ der chinesischen Philosophie, richteten sich ausdrücklich an den Herrscher. Sie vertraten daher eine entschieden praktische Philosophie, die sich weniger für Fragen der reinen Erkenntnis interessierte als für Probleme des tätigen Handelns: für Ökonomie, wie sie etwa durch die Schule der ›Agronomen‹ gelehrt wurde, Militärstrategie, auf die sich Männer wie der oben erwähnte Sun Wu spezialisierten, und Staatsführung.

Das Spannungsverhältnis von Staat und Gesellschaft wurde auf verschiedene Weise aufgelöst. Meng Ke (oder Menzius, wie ihn die Jesuiten später nannten, ca. 372–289 v. Chr.), ein Denker in der Tradition des Konfuzius und wie dieser ein weitgereister Gelehrter, gab der Gesellschaft Priorität. In dem ihm zugeschriebenen Werk, *Mengzi*, wird aus der Trennung von Staat und Gesellschaft eine Verantwortung des Herrschers für sein Volk abgeleitet – und umgekehrt das Recht des Volkes auf Widerstand gegen den Herrscher. Wie Mo Di ging Menzius von dem Gedanken aus, dass sich der Fürst nicht durch angeborene, sondern durch erworbene Eigenschaften legitimiere: jeder Mensch könne ein »Yao oder Shun«, das heißt ein weiser Herrscher werden (S. 34). Voraussetzung dafür sei aber nicht Tüchtigkeit, wie bei Mo Di, sondern Güte und die Sorge um das Volk. »Warum müsst Ihr unbedingt vom ›Nutzen‹ reden«, wies er einen Herrscher zurecht, »es reichen doch wohl Menschlichkeit und Anstand (*renyi*).« Da jeder Mensch die Anlage zum Guten in sich trage, komme es darauf an, die fünf menschlichen Beziehungen (*wulun*) – zwischen Vater und Sohn, Fürst und Untertan, Ehemann und Ehefrau, Älteren und Jüngeren, Freunden – klarzustellen, um soziale Ordnung zu sichern. Menzius ließ diese soziale Ordnung – das ist seine Replik auf die Mohisten – nicht mit dem Souverän beginnen, sondern mit dem *Volk*:

> Das Volk ist am wichtigsten, gefolgt von den Göttern der Erde und der Hirse [Symbolen des Landes], und der Fürst ist am unwichtigsten. Daher wird derjenige Himmelssohn, der das Volk gewinnt. (*Mengzi* 7B14)

In einer raffinierten Neuinterpretation der Herrschaftslegitimation assoziierte Menzius das Volk mit dem Himmel: »Der Himmel sieht, wie unser Volk sieht; der Himmel hört, wie unser Volk hört.« Ebenso, wie der Himmel einem schlechten Herrscher das Mandat entziehen könne, besitze das Volk das Recht, gegen einen Tyrannen zu rebellieren. Der Herrscher solle daher tunlichst gütig, gerecht und im Einklang mit den Bedürfnissen des Volkes regieren: »Wer keinen Gefallen daran findet, Menschen zu töten, kann das Reich einen.«

Diese etwas altväterlich anmutenden Ratschläge dürften in ihrer Zeit tatsächlich neuartig gewesen sein. Sie wären undenkbar ohne die Zhanguo-zeitliche Erosion der Adelsgesellschaft, durch die das Volk zur Stütze des Staates wurde. Umso erstaunlicher ist, dass Menzius für seine Lehre durchweg historische Belege anführt: Beispiele von weisen Herrschern etwa, die das Volk für sich gewannen. Hierin zeigt sich ein neues Verständnis von Geschichte, welches seit der Zhanguo-Zeit das historische Denken prägte. Menzius suchte in der Geschichte nicht mehr – im Sinne von Genealogien – die Herkunft des Gegenwärtigen, sondern lediglich Präzedenzfälle, die sich auf die Gegenwart beziehen lassen. Geschichte dient ihm als Steinbruch von Exempla, aus denen man Lehren ziehen kann: *historia magistra vitae*, die Geschichte als Lehrmeisterin des Lebens.

Diese exemplarische Geschichte erfüllte die Bedürfnisse einer neuen

Elite, die sich nicht mehr historisch legitimieren konnte und Geschichte stattdessen zur Kritik der Gegenwart benutzte. Die *shi*, die keine Wurzeln in der Geschichte hatten, leugneten historische Kontinuität ganz grundsätzlich: man könne keine durchgehende Linie von der Vergangenheit in die Gegenwart ziehen, sondern nur mehr Parallelen, denn die Vergangenheit sei – vergangen. Allein die Natur des Menschen habe sich im Wandel der Zeiten gehalten, daher könne man immerhin aus der Geschichte lernen und Schlüsse für die Gegenwart ziehen. Tatsächlich muss man wohl sagen: Die Denker der Zhanguo-Zeit schlossen aus der Gegenwart auf die Geschichte. Denn wenn die bestimmenden Faktoren – die Natur des Menschen – als unwandelbar vorausgesetzt wurden, konnten gegenwärtige Zustände ohne weiteres in die Vergangenheit projiziert werden.

Geschichte ließ sich auch ohne Rückgriff auf Quellen überaus plausibel erzählen, und genau das taten die Denker der Zhanguo-Zeit: sie schufen sich Geschichten, die ihrer Gegenwart entsprachen. Die vielen historischen Anekdoten über gütige Herrscher, kluge Berater und unmoralische Bösewichter, die aus dieser Zeit überliefert sind, dürften größtenteils frei erfunden sein. Das geschah keineswegs in unlauterer Absicht: denn es ging nicht um objektive Wahrheit, sondern um nützliche Lehren. Der Gedanke der exemplarischen Geschichte wirkte noch in der kaiserzeitlichen Historiographie weiter. Es ist kein Zufall, dass uns chinesische Geschichte so kontinuierlich erscheint: diese Kontinuität liegt nicht in der Vergangenheit selbst, sie ist das Produkt einer Geschichtsschreibung, die aus der Gegenwart auf die Vergangenheit schließt.

Menzius vertrat nun die Ansicht, dass das Wesen des Menschen von Natur aus gut sei: er besitze »intuitives Wissen« (*liangzhi*) und »intuitives Können« (*liangneng*), die ihn zum Guten disponierten. Moralisches Handeln sei demnach ganz im Einklang mit der natürlichen Ordnung – eine recht treuherzige Lehre in einer Zeit, in der Mord und Totschlag grassierten. Es überrascht daher kaum, dass er keinen Herrscher seiner Zeit überzeugen konnte.

Viel realistischer erscheint demgegenüber ein anderer Denker, der sich ebenfalls auf Konfuzius berief, dessen Lehre aber ganz anders entwickelte: Xun Kuang (313–238 v. Chr.) oder Xunzi, »Meister Xun«. Meister Xuns Denken, in einem gleichnamigen Buch bemerkenswert systematisch dargestellt, lässt sich am prägnantesten auf den Begriff der Differenz bringen: Differenz zwischen Himmel und Menschen, Natur und Gesellschaft, Vergangenheit und Gegenwart, Worten und Dingen. Xun Kuang nahm den Grundgedanken der »Achsenzeit«, die Transzendenz, ernst, indem er den »Unterschied zwischen Himmel und Menschen« nicht überbrückte, sondern zur Grundlage aller Überlegungen machte. Der Himmel folgt seinem ewigen Gesetz, ohne sich nach dem Wohl und Wehe der Menschen zu richten. Naturerscheinungen sind völlig unabhängig von den Handlungen der Menschen. Es gibt kein moralisches Kontinuum, ja der Mensch selbst ist von Natur aus amoralisch und in diesem Sinne: schlecht.

> Meister Meng behauptete: »Der Mensch, in seiner Gelehrsamkeit, ist von Natur aus gut.« Ich sage: Das ist nicht so. Er verkennt die Natur des Menschen und erfasst nicht den Unterschied zwischen der Natur und der Kultur des Menschen. Grundsätzlich: Natur ist vom Himmel eingerichtet und lässt sich nicht erlernen oder erarbeiten; Sitten und Anstand sind von den Weisen geschaffen, sie kann der Mensch erlernen und beherrschen, erarbeiten und vollenden. (*Xunzi* 23)

Das Gute liegt nicht in der Natur des Menschen, sondern in seiner ›Kultur‹, es ist ›gemacht‹, künstlich, uneigentlich: Xun Kuang erkannte den sozialen Ursprung der Moral. Umso wichtiger wurden deshalb zwei Dinge, die schon Konfuzius gelehrt hatte: die Sitten und das Lernen. Erst die Sitten geben den Menschen einen Rahmen für das geordnete Zusammenleben, erst durch das Lernen finden sie zum Guten. Nicht, dass das ›Gute‹ eine von der Erkenntnis unabhängige Existenz hätte, die der Mensch erkennen kann, wie sie eigentlich ist; so gutgläubig war Xun Kuang nicht. Auch hier beharrt er auf einer grundlegenden Differenz: der zwischen den Worten und den Dingen. »Bezeichnungen haben keine feste Realität; man vereinbart sie, um Realitäten zu bezeichnen.« Ihr Bezug zu den Dingen ist somit rein konventionell, ohne innere Notwendigkeit. Gleichwohl ist dieser Bezug nicht zufällig oder beliebig, denn die weisen Könige der Zhou selbst hätten diese Begriffe festgelegt: »Als die Könige die Bezeichnungen bestimmt hatten, waren die Bezeichnungen festgelegt und die Realitäten definiert, ihr Weg wurde beschritten und ihr Wille setzte sich durch.« Allein aus der Autorität der Zhou-Könige gewinnt die begriffliche Ordnung ihre Legitimation. Xun Kuang beharrt darauf, dass nur sie, die »Späteren Könige«, maßgeblich seien, nicht etwa die mythischen Weisen des Altertums, auf die andere Schulen sich beriefen. Denn die Zeiten hätten sich geändert:

> Die Späteren Könige sind die Fürsten des Reiches; sie zu missachten und sich nach dem hohen Altertum zu richten, ist, als missachte man den eigenen Fürsten und diene einem anderen. (*Xunzi* 5)

Auch auf der Zeitebene ersetzt er Kontinuität durch Differenz: das Altertum kann der Gegenwart nicht mehr die Regeln vorschreiben.

Mit Xun Kuang erreichte die klassische chinesische Philosophie ihren Höhepunkt und zugleich ihren Endpunkt. Die Trennung zwischen Himmel und Menschen und die daraus resultierende Kontingenz und Zeitgebundenheit gesellschaftlicher Ordnung, die am Anfang aller Überlegungen stand, wird in seinem Werk in aller Konsequenz zu Ende gedacht – und ad acta gelegt. Allein in der Positivität dieser Ordnung, in ihrer Setzung durch die weisen Könige, liegt ihre Legitimation. Damit ist der unendliche Regress unterbrochen und grundsätzlicher Zweifel stillgestellt. Die Ordnung ist so, weil sie so ist. Das Denken gewann wieder festen Grund. Es ist kein Zufall, dass die Philosophie im Anschluss an Xun Kuang weniger theoretische als unmittelbar praktische, politische Wirkung entfaltete.

Daoisten und Naturphilosophen

Scheinbar abseits vom Getriebe der Zhanguo-zeitlichen Welt entstand die wohl faszinierendste und radikalste Lehre, die China je hervorgebracht hat: der Daoismus (in anderer Umschrift: Taoismus). Sie geht zurück auf ein Buch, das nie hätte geschrieben werden sollen: das *Daode jing*. Dieser knappe Text von 5000 Zeichen wird einem historisch nicht fassbaren Mann namens Laozi, »Meister Lao« (mit anderem Namen: Li Er) zugeschrieben. Die Legende sagt, dass erst ein Zöllner, der Laozi bei seiner Reise über die Berge nach Westen anhielt, ihm die Niederschrift abgerungen habe.

Auch der Zentralbegriff des *Daode jing*, »Dao«, hätte nicht benannt werden sollen. Er ist lediglich eine Kontingenzformel, eine Verlegenheitslösung, um das Weltprinzip zu bezeichnen, das eigentlich unbenennbar ist. »Ein Dao, das benannt werden kann, ist nicht das ewige Dao«, lautet der erste Satz des *Daode jing*. Jede Bezeichnung wird nur durch Unterscheidung von einer anderen sinnvoll – da das Dao aber allumfassend ist, ist es von nichts zu unterscheiden. Es ist durch Sprache nicht fassbar, sondern orientiert sich an seiner eigenen Natur – und ebendas sollten auch die Menschen tun. Im *Daode jing* wird nicht weniger vorgeschlagen als die Rückentwicklung der Gesellschaft in einen »natürlichen«, undifferenzierten Urzustand:

> Klein sei das Land, das Volk gering an Zahl. Und gibt es noch so viele Werkzeuge, man gebrauche sie nicht! Lasst das Volk die Toten respektieren und nicht weit reisen! Selbst wenn es Boote und Wagen gibt, man besteige sie nicht; selbst wenn es Schilde und Waffen gibt, man setze sie nicht ein. Lasst die Menschen wieder Knoten knüpfen und [statt Schrift] benutzen. Lasst sie Geschmack an ihren Speisen finden, Schönheit in ihrer Kleidung, Ruhe in ihren Hütten und Freude an ihren Gebräuchen. Die Nachbarstaaten mögen in Sichtweite liegen, das Bellen ihrer Hunde und Gackern ihrer Hühner hörbar, und doch verkehren ihre Menschen nicht miteinander, bis sie Alters sterben. (*Daode jing* 80)

Dies ist das Ideal einer segmentären Gesellschaft, die keine gruppenübergreifende Kommunikation kennt, keine Reisen, keinen Handel, keine Schrift. Alle Entwicklungen seit der Rituellen Revolution sind damit zurückgenommen. Die Dorfgemeinschaft genügt sich selbst, findet »Freude an ihren Gebräuchen«, ohne komplexer Sitten und Maßregeln für den Umgang mit Fremden zu bedürfen. All diese Tugenden entlarvt das *Daode jing* als pathologische Erscheinungen einer dekadenten Welt:

> Wenn das große Dao verlorengeht, entstehen Güte und Rechtschaffenheit. Wenn Wissen und Klugheit aufkommen, entsteht Betrug. Wenn die Verwandtschaft nicht mehr harmoniert, entstehen Liebe und Pietät. Wenn der Staat in Wirren und Chaos versinkt, entstehen loyale Minister. (*Daode jing* 18)

Daher der Rat:

> Lasst die Weisheit fahren und verwerft die Klugheit, so wird das Volk hundertfach profitieren! Lasst die Menschlichkeit fahren und verwerft den Anstand, so wird das Volk zu Liebe und Pietät zurückfinden! (*Daode jing* 19)

Die schillernd-vieldeutigen Aussprüche des *Daode jing* vermögen noch in unserer Zeit, wiewohl oft auf das Format von Kalendersprüchen reduziert, weite Kreise zu begeistern. Hunderte Übersetzungen dieses Büchleins in westliche Sprachen gibt es, die oft himmelweit voneinander abweichen; und doch geben sie vor, so etwas wie die »ewige Weisheit« Chinas zu vermitteln. Wie zeitgebunden der Text tatsächlich war, zeigt schon die eben zitierte Passage, die sich unschwer als Polemik gegen die konfuzianische Schule erkennen lässt. Der scheinbar so entrückte Autor des *Daode jing* hatte die Lehren seiner Zeitgenossen sehr wohl zur Kenntnis genommen; auch die des Mo Di, denen er entgegenhält:

> Die Tüchtigen *nicht* hochzuhalten, bewirkt, dass das Volk sich nicht streitet; schwer erhältliche Güter nicht wertzuschätzen, bewirkt, dass das Volk nicht zu Räubern wird. Begehrenswertes nicht vorzuzeigen, bewirkt, dass die Herzen nicht verwirrt werden. Daher die Ordnung des Weisen: Leert ihre Herzen und füllt ihre Bäuche; schwächt ihren Willen und stärkt ihre Knochen. Lasst das Volk stets ohne Wissen und ohne Wünsche sein; lasst die Wissenden es nicht wagen zu handeln. Seid tätig im Nichttun, dann wird es nichts geben, das nicht geordnet ist. (*Daode jing* 3)

Alle Ausprägungen der neuen Gesellschaft lehnt diese Passage ab: soziale Mobilität, Handel, soziale Distinktion, Erwerb von Wissen, selbst der Grundgedanke der achsenzeitlichen Kultur, die Gestaltbarkeit der Welt durch menschliches Handeln, wird verworfen. Doch gerade die vehemente Ablehnung all dieser Werte zeigt, wie tief das *Daode jing* in die Gedankenwelt der Zhanguo-Zeit verstrickt ist. Selbst das »Nichttun« (*wuwei*), in der modernen Esoterik-Literatur zum zeitlos gültigen Ideal des gewaltfreien, spontanen Lebens im Einklang mit der Natur stilisiert, war eine Polemik gegen konkurrierende Entwürfe und ein Ratschlag an den Herrscher. Es geht, wie bei allen Lehren des Altertums, um die Ordnung der Gesellschaft durch Einschränkung von Handlungsmöglichkeiten (S. 94). Im »Nichttun« findet dieses Prinzip seinen deutlichsten und radikalsten Ausdruck.

Laozi auf dem Weg in die Emigration; Tuschegemälde von Zhao Buzhi (1053–1110).

Konsequenter als das *Daode jing* distanziert sich das zweite Hauptwerk des Daoismus, die Textsammlung des *Zhuangzi*, vom Treiben der Welt. Sein mutmaßlicher Autor, Zhuang Zhou (4. Jahrhundert v. Chr.?), wälzte sich nach eigenem Bekunden lieber wie eine Schildkröte im Schlamm, als ein Amt anzunehmen. In einem literarischen Meisterwerk spottet er bald ironisch, bald lyrisch, in gewitzten Dialogen oder phantasievollen Parabeln aller weltlichen Ambitionen. Herrschaft ignoriert er, verachtet Bücher, verhöhnt die Konfuzianer und spottet anderer Denker. Zhuang Zhou beargwöhnt jedwedes Streben nach Erkenntnis. Wollte man Zhuang Zhous Lehre – was er selbst nie getan hätte – auf einen Nenner bringen, so wäre es die Skepsis. Er bezweifelt die grundsätzliche Möglichkeit der Erkenntnis, die sprachlich vermittelt ist. Denn die Kategorien der Sprache und ihre Unterscheidungen – »dieser« und »jener«, »wahr« und »falsch« – sind artifiziell und perspektivisch gebunden. Sprache verweist nur auf Sprache, sie verstellt den Zugang zur Realität. Zhuang Zhou lehrt, die Kategorien der Sprache zu überwinden, mehr noch: *alle* Gegensätze als Illusion zu entlarven, sogar die zwischen Leben und Tod sowie verschiedenen Formen des Seins:

> Einst träumte Zhuang Zhou von einem Schmetterling: einem munteren Schmetterling, vergnügt und zufrieden, der nichts von Zhou wusste. Plötzlich wachte er auf und war schlagartig wieder Zhou. Nun wusste er nicht, ob Zhou geträumt hatte, er sei ein Schmetterling, oder ob der Schmetterling träumt, er sei Zhou … (*Zhuangzi* 2)

Nur wer alle Unterscheidungen ignoriert, das ist die Lehre des *Zhuangzi*, wer hinter die Fassade des Scheins und der Sprache blickt, findet zum undifferenzierten, unbenennbaren Einen, das den »Zehntausend Dingen« zugrunde liegt: zum Dao.

Das Weltprinzip des Dao, das im *Laozi* und *Zhuangzi* erscheint, ist jenseits aller esoterischen Verklärung äußerst aufschlussreich: denn es setzt einen Begriff der Welt voraus. Einen solchen Weltbegriff, der den universalen Zusammenhang aller Dinge ausdrückt, hatte es im Alten China zuvor nicht gegeben; er wäre schlicht nicht denkbar gewesen in einer Gesellschaft, die auf kleinräumige Verwandtschaftsgruppen oder exklusive Adelszirkel begrenzt war. Erst in der Zhanguo-Zeit, als sich die Grenzen der Gesellschaft öffneten, weitete sich auch der geistige Horizont, um die Vorstellung einer Welt zu umfassen. Die Vielfalt der Staaten und Sitten, die jetzt sichtbar wurde, forderte zum Nachdenken darüber auf, was die umfassende Gleichförmigkeit der Welt ausmache. Grandiose Kosmologien wurden jetzt entwickelt. Konzepte wie das *qi*, Yin und Yang oder die Fünf Wandelphasen (*wuxing*) sollten – ähnlich den Überlegungen der Vorsokratiker – erklären, was die Welt im Innersten zusammenhält. Sie begründeten die Einheit der Welt.

Diese Theorien sollten fast alle Bereiche der chinesischen Kultur über mehr als 2000 Jahre prägen. Der Begriff *qi* bezeichnet die immaterielle Lebenskraft, die in allen Dingen ist und dem Sein zugrunde liegt. Seine Bewegung erhält dieses Sein jedoch erst durch die komplementären Kräfte Yin und Yang, die in allen Erscheinungen wirken. Yin, das weibliche, dunkle, kalte, schwache, und Yang, das männliche, helle, warme, starke, sind paradigmatisch für alle denkbaren Dualitäten, das heißt: für die Welt. »Ein Yin, ein Yang, das ist das Dao«. Das spezifische Verhältnis von Yin und Yang bestimmt die Eigenschaften der Dinge, aber auch ihre Entwicklung, je nachdem, welches der Prinzipien im Zu- oder Abnehmen begriffen ist. Diese Lehre verband sich in der Zhanguo-Zeit vor allem mit dem *Buch der Wandlungen* (*Yijing*). Um nicht weniger als zehn Kommentare ergänzt, hatte es sich von einem Orakelbuch zu einem kosmologischen Kompendium entwickelt. Seine 64 Hexagramme wurden als Kombinationen von Yin- und Yang-Linien verstanden, die einen Zustand ausdrücken und zugleich eine Tendenz des Wandels.

Ein gleichermaßen dynamisches Weltbild entwickelte auch die Theorie der Fünf Wandelphasen – Erde, Holz, Metall, Feuer, Wasser –, die durch ihre gegenseitige Ablösung den Lauf der Welt und zugleich ihre Struktur bestimmen. Mit ihnen verband sich allmählich ein allumfassendes System von Korrelationen, in denen sämtliche Bereiche des Seins einem Element zugeordnet wurden: Jahreszeiten, Himmelsrichtungen, Staaten, Farben, Organe, Geschmäcker, Ämter und vieles mehr. Die folgende Tabelle gibt nur einige Beispiele.

Element	**Jahreszeit**	**Richtung**	**Farbe**	**Organ**	**Planet**	**Staat**
Holz	Frühling	Osten	Grün	Galle	Jupiter	Qi
Feuer	Sommer	Süden	Rot	Lunge	Mars	Chu
Erde	(6. Monat)	Mitte	Gelb	Herz	Saturn	Zhou
Metall	Herbst	Westen	Weiß	Nieren	Venus	Qin
Wasser	Winter	Norden	Schwarz	Leber	Merkur	Yan

Die Welt wurde in fünf Kategorien aufgeteilt. Die korrelative Kosmologie (gleichsam ein Spiegel der bürokratischen Ordnung, die zur selben

Zeit ihr Netz über alle Bereiche des Lebens zu legen begann) war eine Reaktion auf die achsenzeitliche Teilung der Welt: je schärfer die Grenze zwischen Immanenz und Transzendenz sich konturierte, desto klarer wurden die Gesetzmäßigkeiten definiert, die für alle Bereiche des Seins gleichermaßen galten. Je unsicherer die Ordnung der Welt, desto bestimmter wurde nun festgelegt, welcher Platz einem jeden Ding naturgemäß zukommt.

Die Auswirkungen dieser Denkfigur auf die gesamte chinesische Tradition können gar nicht überschätzt werden. Die Korrelationslehre wurde zur Grundlage der chinesischen Medizin, die Suche nach gesetzmäßigen Zusammenhängen regte naturkundliche Forschung und Erfindungen an, wie sie in der vormodernen Welt einzigartig waren, und der Gedanke des »Universismus«, der kosmischen Harmonie, hat chinesische Denker mehr als zwei Jahrtausende lang beschäftigt.

Aberglaube 迷信

Wir halten die Chinesen seit Konfuzius für humanistisch und rational? Die Grabfunde der Zhanguo- und Han-Zeit sprechen eine andere Sprache. Die meisten Texte, die den Toten mitgegeben wurden, handeln nicht etwa von Ethik und politischer Philosophie, sondern von Astrologie, Weissagungen, Medizin, Kosmologie, Exorzismen und magisch-okkulten Praktiken. Diese Probleme haben die alten Chinesen – und zwar durch alle Schichten – im Alltag weitaus mehr bewegt als Fragen der Riten und Staatsordnung. Selbst Herrscher wandten sich bei Krankheiten an Naturgötter, wie ein kürzlich aufgetauchter Gebetstext aus dem Staat Qin zeigt:

> Ich bringe dem Großen Berg Hua eine Jadetafel, eine Jadescheibe und einen Edelstein dar und mache Ihm hiermit Mitteilung: Möge der Große Berg mir Gnade angedeihen lassen und meine Krankheit beenden, die von meinem Magen und Herzen bis hinab zu meinen Füßen reicht, so dass ich mich wieder erhole. Ich opfere zwei siebenjährige, reine Ochsen sowie ein Schaf und ein Schwein. … Wenn Er bewirkt, dass ich mich von der Krankheit erhole, werde ich den Amtsinhabern, Generälen, den einzelnen Familien und dem Königshaus mitteilen, dass sie es ebenso machen sollen. (*Huashan yuban*)

Das klingt nicht viel anders als die Verhandlungen der Shang mit ihren Ahnen (S. 57 f.): auch die Herrscher der Zhanguo-Zeit hofften noch auf die Hilfe der Geister. Die rationale Ordnung, die sich seit der Rituellen Revolution etablierte, hat die magisch-archaische Weltsicht nie vollständig ersetzt, sondern nur aus dem öffentlichen Diskurs verdrängt. Im Hintergrund wirkte sie fort und prägte den Alltag stärker, als die überlieferte Literatur es ahnen lässt. Am Hof der Han-Kaiser waren Daoisten, Wahrsager, Alchimisten, Geomanten und Exorzisten Legion. Die »apokryphe« Literatur der Zeit war voller Spekulationen über das Zusammenwirken von Yin und Yang, Himmel und Menschen. Von Dong Zhongshu (ca. 179–104 v.Chr.), einem der einflussreichsten Denker der Zeit, sind Gebete um Regen und zur Abwendung einer Sonnenfinsternis überliefert. Allenthalben wirkte die Vorstellung eines direkten Wirkzusammenhangs zwischen Diesseits und Jenseits, auch nach der Achsenzeit war die Welt voller Geister. Wenn Wang Chong (ca. 27–100) in der Späteren Han-Zeit explizit schreibt: »Tote werden nicht zu Dämonen, sie haben kein Bewusstsein und können den Menschen nicht schaden«, und »Drachen können keine Geister sein und zum Himmel aufsteigen«, bezeugt das nur die weite Verbreitung solcher Vorstellungen in der Elite.

Im chinesischen Mittelalter waren »Aufzeichnungen von Übernatürlichem« (*zhiguai*), die von außergewöhnlichen Erscheinungen, Zauberern und Dämonen berichten, ein weitverbreitetes Genre. Und selbst ein kühler Gelehrter wie Han Yu (768–824), der sich vehement gegen die Irrlehren des Buddhismus aussprach, schrieb als Präfekt von Chaozhou allen Ernstes einen amtlichen Erlass an ein Krokodil, das seinen Kreis plagte:

> Ich habe als Präfekt das Mandat des Himmelssohns erhalten, dieses Land zu beschützen und dieses Volk zu regieren. Doch du, Krokodil, bist störrisch und gibst dich nicht mit deinem Gewässer zufrieden, frisst Haustiere und Wild, um dich zu mästen und deine Kinder aufzuziehen: damit leistest du dem Präfekten Widerstand und forderst ihn heraus. … Willst du der Amtsgewalt des Himmelssohns entgehen, dann zieh innerhalb von drei Tagen mit deiner gesamten Brut nach Süden ins Meer! (*Han Changli wenji* 8)

Auch in den Schriften des großen Zhu Xi (1130–1200), der ein so rational durchgestaltetes Weltbild entwarf, finden sich bemerkenswerte Texte: Gebete für Regen, Anrufungen an Geister von Verstorbenen, Selbstkritiken vor den Mächten des Jenseits. »Die Seele des Ersten Weisen (Konfuzius), des Ersten Lehrers nähert sich von oben – ich, Xi, lege meine Hände auf den Boden und verneige mich.« Auch die klarsten Köpfe der chinesischen Geschichte haben an Geister und übernatürliche Mächte geglaubt – so wie sich in dem berühmten Koffer mit Newtons Nachlass keineswegs nur mathematisch-physikalische Notizen fanden, sondern alchimistische, esoterische und mystische Schriften. Nicht ›die Chinesen‹ waren rational geprägt, sondern nur bestimmte – sehr prominente – Kontexte des öffentlichen Diskurses in China. In anderen Zusammenhängen aber trat die rationale Weltsicht schnell hinter traditionellen Aberglauben zurück.

Die KPCh unter Mao bekämpfte noch im 20. Jahrhundert den »feudalen Aberglauben« im Volk – und zwar vergeblich. Mit dem Beginn der Liberalisierung kehrten auch lokale Götter, Almanache, Wahrsager und Geomanten zurück in den chinesischen Alltag. Noch im Jahr 1981 klagte eine große chinesische Zeitung:

> Feudaler Aberglaube: Wahrsagen mit den Acht Trigrammen [des *Yijing*], aus dem Abtasten von Knochen und dem Aussehen von Personen ihre Zukunft vorherzusagen, Geomantik [*fengshui*], … Exorzismen zur Heilung von Krankheiten, Geisterschriften, Opfer an Götter und Bitten um Kinder, Gebete um Schonung von Unheil, für Regen usw. – das ist der Bodensatz der alten Gesellschaft, der auf uns gekommen ist. (*Guangming ribao*, 20.4.1981)

Dieser »feudale Aberglaube« ist der *basso continuo* der chinesischen Kultur. Die rationalen Diskurse des Konfuzianismus und des ›wissenschaftlichen‹ Sozialismus haben ihn oft übertönt, aber nie zum Schweigen gebracht.

Die Legisten und der Aufstieg von Qin

Der Gedanke des Universismus war die Antwort auf das Problem sozialer und kultureller Vielfalt. Gerade die unabweisbaren Differenzen, die mit der Konfrontation der Territorialstaaten Nordchinas sichtbar wurden, erheischten die Frage nach einer übergeordneten Einheit. In einer Zeit der Kriege und Zerrissenheit drängte der Gedanke eines universalen Zusammenhangs aller natürlichen und sozialen Phänomene an die Oberfläche, eines Zusammenhangs, der alle Grenzen transzendiert. Der Gedanke des Reichs war geboren, und er ließ sich nicht mehr verdrängen. Nun war ›China‹ nicht mehr als Nebeneinander gleichberechtigter Staaten unter der Führung von Hegemonen denkbar; das war das obsolete Ideal der alten Adelsgesellschaft. In der neuen Gesellschaft, die so scharf zwischen Spitze und Basis unterschied, war auch Staatlichkeit nur im Bannkreis eines Zentrums vorstellbar, dem sich alle Regionen unterwarfen. Die Frage war nicht ob, sondern wann und wem die Reichseinigung gelingen würde.

Die Antwort darauf gaben nicht Konfuzianer oder Daoisten, sondern Denker, die Einflüsse dieser beiden Schulen und anderer zu einer neuen Lehre umformten: dem Legismus. Es war ein Schüler des Xun Kuang, Han Fei (ca. 280–233 v. Chr.), der dessen Gedanken zu einer politisch äußerst wirkungsvollen Ideologie formte. Vor allem zwei von Xun Kuangs Ideen formulierte er in aller Schärfe aus: die vom Wandel der Zeiten und die von der schlechten Natur des Menschen. Während Xun Kuang zwar erkannt hatte, dass die vorgeschichtlichen Weisen nicht mehr als Maßstab dienen können, aber am Vorbild der Zhou-Könige festhielt, verwarf Han Fei auch diese. Die Geschichte könne überhaupt keine Vorbilder liefern, so sein Argument, da die Zeiten sich geändert hätten: »Vergangenheit und Gegenwart haben unterschiedliche Sitten, Neues und Hergebrachtes bedürfen unterschiedlicher Maßnahmen.« Han Fei illustriert das mit der berühmten Anekdote vom Bauern aus Song, der einmal beobachtete, wie ein Hase gegen einen Baum lief und starb. Der Bauer ließ daraufhin den Pflug fahren, um fortan neben dem Baum auf weitere Hasen zu warten, die natürlich nie kamen: so töricht sei es, sich an Vergangenem zu orientieren.

Konsequenter als in allen anderen Schulen wird der Gedanke der Historizität hier zu Ende gedacht, und zwar mit allen Folgen: »Es gibt keine ewigen Regeln, um das Volk zu regieren«, stellt Han Fei fest, weder Gelehrsamkeit noch Gutmenschentum eignen sich dazu, im Gegenteil: »Menschlichkeit und Anstand taugten im Altertum, nicht aber heute.« Stattdessen könnten »allein Gesetze Ordnung schaffen«: Gesetze, die sich mit den Zeiten wandeln und den Umständen anpassen. Damit zieht Han Fei zugleich die Konsequenz aus dem Gedanken Xunzis, dass der Mensch von Natur aus schlecht sei. »Wenn ein Weiser den Staat regiert, verlässt er sich nicht darauf, dass die Menschen ihm Gutes tun, sondern trifft Maßnahmen, dass sie nichts Schlechtes tun können.« Aus der Sittenlehre in der Tradition des Konfuzius war eine Gesetzeslehre außerhalb jeder Tradition geworden.

Han Fei lieferte die philosophische Begründung für eine Politik des »Legismus«, die sich zum Leviathan bekannte und dessen Interesse in den Mittelpunkt stellte. »Den Staat bereichern und das Militär stärken« (*fuguo qiangbing*): unter dieser Devise waren legistische Maßnahmen in unterschiedlichem Maße schon in vielen Staaten implementiert worden. Typischerweise werden sie klugen Beratern zugeschrieben wie Guan Zhong, der die Volkswirtschaft in Qi gefördert, Zichan, der in Zheng Gesetze erlassen, oder Sunzi, der das Militär in Wu reformiert habe. Doch nirgendwo wurden legistische Ideen konsequenter angewendet als in Qin, jenem Staat weit im Westen, am Rand der chinesischen Welt. »Im abgeschiedenen Yongzhou gelegen, nahm es nicht an den Bundestreffen der Regionalfürsten teil« und behielt stets den Anruch des Barbarischen. Die Qin, heißt es, hätten

> Sitten wie die Barbaren, die Gesinnung von Tigern und Wölfen. Sie sind hart und grausam, profitgierig und nicht vertrauenswürdig. Sie kennen weder Riten noch Anstand oder Tugend. Wenn Profit im Spiel ist, kennen sie keine Verwandten. Sie sind wie wilde Tiere, das wissen alle im Reich.
>
> (*Zhanguo ce* 24)

Tatsächlich schien sich die Kultur der Qin deutlich von jener der Nordchinesischen Ebene zu unterscheiden; die Anlage ihrer Gräber etwa wies viel mehr Ähnlichkeit mit denen nichtchinesischer Stämme aus dem Westen auf. In vielerlei Hinsicht glichen sie den Zhou, die einst von genau derselben Gegend aus die Shang erobert hatten. Im 8. Jahrhundert waren die Qin in das Wei-Tal nach Shaanxi eingewandert, dorthin, wo zuvor die Zhou ihre Hauptstadt hatten. Ganz offensichtlich fühlten sich die Qin als Nachfolger der Zhou, denn ihre Herrscher beriefen sich schon im 7. Jahrhundert v. Chr. offen auf das »Mandat des Himmels«. Sie leisteten sich Gräber von enormen Ausmaßen, die sogar die der Shang-Könige in den Schatten stellten. Das Grab eines Qin-Herrschers aus dem 6. Jahrhundert v. Chr. war 24 m tief, hatte 280 m lange Rampen und enthielt 166 Menschenopfer! Es nimmt nicht wunder, dass legistische Lehren vom starken Staat bei den Qin auf fruchtbaren Boden fielen.

Ihre Einführung wird auch hier einem Berater zugeschrieben, Shang Yang (ca. 390–338 v. Chr.), dem Machiavelli des Alten China. Shang Yang soll 361 v. Chr. nach Qin gekommen und dort von Herzog Xiao mehrmals empfangen worden sein. In einer ersten Audienz kramte er dem Herzog die altbackenen Lehren der Konfuzianer aus, worüber dieser gelangweilt einschlief. Daraufhin wechselte Shang Yang das Register: Bei einer nächsten Audienz erzählte er von der Kunst, den Staat zu stärken, und zwar auf eine Weise, die mit den Idealen der Konfuzianer nichts zu tun hat. Mit Liedern, Riten, Menschlichkeit, Bescheidenheit, Rhetorik und Klugheit könne man niemand zu Krieg und Verteidigung bewegen. Stattdessen bedürfe es Belohnungen und vor allem harter Strafen, um die Menschen produktiv und wehrhaft zu machen.

Die Welt lasse sich nicht verbessern, indem man die Überzeugungen der Menschen ändert, sondern nur durch Reform von Institutionen, deren Routinen die Menschen stärker prägen als Erziehung. Je unabhängiger die Gesellschaft von Motiven und Überzeugungen der Menschen, das ist die kühle Einsicht Shang Yangs, desto besser lasse sie sich steuern. Damit lieferte er, ohne es explizit zu formulieren, die Rechtfertigung für die Bürokratie, jene Institution, die von Reflexionslasten befreit, indem sie die Welt einer fraglosen Ordnung unterwirft. Die Bürokratie, das ist der Subtext der legistischen Lehre, bietet die Lösung für die Kontingenz aller Ordnungen: denn sie braucht keine Letztbegründung, sondern nur Routinen für Zwecke, die immer schon vorgegeben sind.

Herzog Xiao zeigte sich von Shang Yangs Ausführungen so begeistert, dass er dessen Ideen zur Stärkung des Herrschers und Mobilisierung des Volkes durch eine Reihe einschneidender Reformen in die Tat umsetzte. Grundlage dieser Reformen war die Landwirtschaft. Sie wurde systematisch gefördert, indem Bauern privater Landbesitz gewährt wurde; zudem wurden Familien aus den dichtbevölkerten Nachbarstaaten ermutigt, sich in Qin anzusiedeln und dort Brachland zu erschließen. Das gesamte Land wurde nun in Amtsbezirke (*jun*) und Verwaltungskreise (*xian*) eingeteilt, die nicht mehr von Adligen, sondern von Beamten der Zentrale verwaltet wurden. Diese Einheiten waren die Basis für die systematische Erfassung des Volkes, die Eintreibung von Steuern und die Rekrutierung für Dienste am Staat. Alle erwachsenen Männer waren verpflichtet, Militärdienst zu leisten. Die Bauern waren gleichzeitig Soldaten und bildeten so die Grundlage der Armee von Qin. Auf diese Weise konnte fast das gesamte Volk zum Krieg mobilisiert werden.

Auch im Alltag war die Gesellschaft Qins geradezu militärisch organisiert. Alle Einwohner waren eingeteilt in Gruppen von fünf oder zehn Familien, die gemeinsam arbeiteten und sich gegenseitig kontrollierten. So entstand ein rigoroses Überwachungssystem, in dem alle der Pflicht zur Denunziation unterlagen und der Kollektivhaftung unter einem Gesetz, das in unnachgiebiger Strenge jedes Delikt ahndete. Wer Vergehen in seiner Gruppe meldete, wurde belohnt wie ein Kriegsheld, wer sie verschwieg, ebenso bestraft wie ein Deserteur: mit dem Tod. Die Gesetze der Qin galten unbarmherzig, einheitlich und zuverlässig. Sie sahen überaus harsche Strafen für Gewalttätigkeit, Diebstahl, Betrug, aber auch Amtsvergehen vor: »Wenn die Strafen schwer sind und die Schuld kollektiv trifft«, so lautete das Prinzip, »wird das Volk nicht einmal den Versuch (einer Straftat) wagen; wagt das Volk nicht einmal den Versuch, dann bedarf es keiner Strafen«. Allein die Angst vor der Unerbittlichkeit des Gesetzes sollte Ordnung schaffen: ein Regime des Terrors.

In der Gesellschaftsordnung der Qin kulminierte die folgenreichste

Entwicklung der Zhanguo-Zeit, der Niedergang der Adelsgesellschaft. In jeder Hinsicht wurde die Macht der alten Geschlechter beschränkt. Staatlich garantierter Landbesitz löste die alten Adelsprivilegien ab; allgemeingültige Gesetze verdrängten die private Abrechnung zwischen Familien in Form von Blutrache; die steuerliche Besserstellung von Kernfamilien zersetzte größere Verwandtschaftsverbände; und die aristokratische Rangordnung selbst wurde durch eine soziale Hierarchie ersetzt, die vor allem auf militärischen Verdiensten beruhte, und zwar ganz objektiv: gezählt wurde die Zahl der abgeschlagenen feindlichen Köpfe.

Das System des Legismus war nicht aristokratisch, sondern bürokratisch: kühl, rational und völlig amoralisch. Der Mensch in seiner Würde oder Tugend zählte nichts vor einem Gesetz, das in unbestechlicher Präzision und ohne Ansehen der Person funktionierte. Es entbehrt nicht der Ironie, dass der Schöpfer dieses Systems ihm selbst zum Opfer fiel. Shang Yang wurde nach dem Tod seines Gönners im Jahre 338 v. Chr. der geplanten Rebellion bezichtigt und gevierteilt, seine Familie ausgerottet.

Doch Shang Yangs Politik, »den Staat zu bereichern und das Militär zu stärken«, wurde fortgesetzt, und mit ihr baute der Staat Qin seine Macht Schritt für Schritt aus. Nun begann der unaufhaltsame Aufstieg der ›barbarischen‹ Qin, die schließlich ganz China beherrschen sollten. 350 v. Chr. verlegte Qin seine Hauptstadt nach Xianyang (beim heutigen Xi'an), näher an die Nordchinesische Tiefebene. 325 v. Chr. nahmen seine Herrscher den Titel König an und erweiterten ihre Machtbasis in den folgenden Jahrzehnten unaufhaltsam.

316 v. Chr. eroberte Qin die Staaten Shu und Ba im heutigen Sichuan. Dieses Gebiet, von hohen Bergen umgeben und nur über steile Pässe und schwindelerregende Gebirgsstraßen zu erreichen, lag damals noch weitab der chinesischen Staatenwelt. Seine Annektierung war eine militärische Großleistung und ein entscheidender Schritt in der Expansion Qins. Das fruchtbare Sichuan-Becken war ein landwirtschaftlich ungemein ertragreiches Gebiet. Durch die Ansiedlung von 10 000 Familien, die Gründung der Stadt Chengdu und mehrere große Bewässerungsprojekte systematisch erschlossen, wurde es zur Kornkammer für Qin und seine Armee. Daraufhin drang Qin weiter nach Süden und Osten vor. Es sicherte sich den Zugang zur Nordchinesischen Ebene sowie, indem es den Oberlauf des Han-Flusses besetzte, nach Südchina. Dort lag der einzige Staat, der sich noch mit Qin messen konnte: Chu.

Am Mittellauf des Yangzi gelegen, in einem Gebiet, das im 1. Jahrtausend v. Chr. noch mit tropischen Regenwäldern bedeckt war, befand sich Chu von jeher außerhalb des chinesischen Kulturkreises. Ethnisch dürften die Leute von Chu den Völkern Südostasiens nähergestanden haben als den Chinesen der Lößebene; jedenfalls hatten sie eine andere Sprache und entwickelten eine eigenständige Literatur. Doch schon früh meldeten die Herrscher von Chu Ambitionen an, ihre Macht nach Norden auszuweiten: Sie nannten sich ungeniert Könige und drangen in der Chunqiu-Zeit mehrmals weit nach Nordchina vor. Zwar wurden sie 632 v. Chr. von Jin und 506 v. Chr. von Wu schwer geschlagen, doch sie konnten ihre Macht konsolidieren und erreichten im 4. Jahrhundert v. Chr. ihre größte Ausdehnung. Nun beherrschte Chu den gesamten Mittel- und Unterlauf des Yangzi bis hin zum Meer; die Großmacht des Südens wurde zur ernsthaften Bedrohung für den Norden. 249 v. Chr. löschte Chu auch Lu, den Heimatstaat des Konfuzius, aus. Doch zu diesem Zeitpunkt hatte längst der Siegeszug Qins begonnen. Diese beiden Staaten vom Rand der chinesischen Welt standen sich am Ende des 3. Jahrhunderts gegenüber, als es um die Herrschaft über ganz China ging.

Die Gesänge von Chu 楚辭

Ein bleibendes Zeugnis der eigenständigen Kultur des Südens sind die *Gesänge von Chu, Chuci*, etwa im 3. Jahrhundert v. Chr. entstanden. Die *Gesänge* sind neben dem *Shijing* die zweite bedeutende Sammlung poetischer Texte des Alten China, unterscheiden sich formal und inhaltlich aber deutlich von den Liedern des *Shijing*. Die langen rhapsodischen Texte, in denen oft die Trennung von Leib und Seele sowie die Überschreitung der Grenzen von Diesseits und Jenseits beschrieben wird, bezeugen eine ekstatische, schamanistische Religiosität, die den Liedern des Nordens fremd ist. Das Langgedicht »Zurückrufen der Seele« (»Zhao hun«) etwa beschwört eine Seele, die den Körper bereits verlassen hat, zurückzukehren:

> Seele, geh nicht nach Osten! / Die großen Wasser umspülen endlos den Osten der Erde. / Meeresdrachen spielen über dem tosenden Gischt. / Regen und Nebel verhüllen kalt das glitzernde Eis. / Seele, geh nicht nach Osten ins leere Tal des Morgens! // Seele, geh nicht nach Süden! / Im lodernden Feuer des Südens spielen die giftigen Nattern. / Im rauhen Gebirge lauern Tiger und Leopard. / Dort spielen Skorpione und Quallen ums Haupt der riesigen Schlange. / Seele, geh nicht nach Süden, wo Ungeheuer dich fressen! // Seele, geh nicht nach Westen! / Treibender Sand der Wüste

> erstreckt sich endlos im Westen. / Dämonen mit Schweineköpfen, haarig, mit feurigen Augen, / Mit scharfen Klauen und spitzen Zähnen warten auf dich und lachen. / Seele, geh nicht nach Westen, im Westen lauert Gefahr! // Seele, geh nicht nach Norden! / Hinter eisigen Gipfeln verbirgt sich des Fackeldrachens Glut. / Niemand hat je den Fluss überquert, keiner kennt seine Tiefe. / Der Himmel ist weiß und glänzend, Rauhreif liegt über dem Land. / Seele, geh nicht nach Norden, kein Ende nimmt dort die Fahrt! (Übersetzung: Peter Weber-Schäfer)

Diese erzählfreudigen Gesänge mit ihrer überbordenden Bildersprache haben weitaus größeren Einfluss auf die spätere Dichtung ausgeübt als die Lieder des *Shijing*. Ihren bleibenden Wert verdanken die *Chuci* nicht zuletzt ihrem berühmtesten Autor, Qu Yuan (ca. 340–278 v. Chr.), dem eine Reihe der Gesänge zugeschrieben wird. Qu Yuan, ein Prinz von Chu, gilt als größter Dichter des Altertums. Zugleich gilt er als tragischer Held, denn er wurde am Hof verleumdet, verbannt und fristete fortan sein Leben als Einsiedler. »Die ganze Welt ist im Schmutz versunken, ich allein bin rein; alle Menschen sind betrunken, ich allein bin nüchtern«, so klagte er angeblich einem Fischer. Seine Dichtung jedoch ist alles andere als nüchtern, vielmehr geradezu rauschhaft. Im berühmtesten Gedicht der *Chuci*, dem »Lisao«, beschrieb er das Leid seines Lebens und ließ es in eine schamanistische Reise durch die Sphären der Götter und Geister münden.

> Vier Jadedrachen am Phönixwagen, / So stieg ich in den Sandsturm hinauf, / Im Morgengrauen verließ ich Cangwu, / Fand spät am Abend die Hängenden Gärten, / Im Garten der Feen, da wollt ich verweilen, / Doch die Sonne eilte dem Westen schon zu. / Ich befahl Xihe, den Wagen zu bremsen, / Stillzustehen am Berge Yanzi. / Lang war der Weg, Weit meine Reise, / Hinauf und hinab die Suche mich führt.
>
> (Übersetzung: Peter Weber-Schäfer)

Von Schmerz und Enttäuschung erfüllt, soll sich Qu Yuan schließlich in einem Fluss ertränkt haben. Noch heute gedenken die Chinesen seines Todes beim Drachenbootfest, am 5. Tag des 5. Monats im Mondkalender. An diesem Tag erinnern Drachenbootrennen an die Fischer, die Qu Yuan vor dem Ertrinken retten wollten; und Klebreiskuchen, die zu diesem Fest verzehrt werden, symbolisieren die Speisen, die sie ins Wasser warfen, um die Fische von seinem Leichnam abzulenken.

Im frühen 3. Jahrhundert wurden noch einmal große diplomatische Anstrengungen unternommen, um das Gleichgewicht der Mächte zu erhalten. Sogenannte »Längs- und Querallianzen« sollten Qin mit den übrigen sechs Staaten verbinden bzw. diese sechs gegen Qin vereinen. Doch selbst schwere Niederlagen in Schlachten gegen Zhao und Chu konnten Qin nicht mehr aufhalten. 256 und 249 v. Chr. eroberte es die Krondomäne der Zhou, die zu der Zeit schon in einen östlichen und einen westlichen Teil zerfallen war.

Die große Dynastie Zhou war untergegangen; das »Mandat des Himmels« ging nun an die Qin. Nach den Eroberungen des frühen 3. Jahrhunderts war Qins Territorium fast so groß wie das aller anderen Staaten zusammen und seine Bevölkerung wesentlich zahlreicher. Der Aufstieg Qins verdankte sich nicht dem Zufall oder besonderem Schlachtglück, sondern er war die logische Folge systematischer Erweiterung der ökonomischen Basis. Wie weit Qin den anderen Staaten seiner Zeit darin überlegen war, illustriert die folgende Anekdote: Der Herrscher von Han wollte Qin mit einer List davon abhalten, weiter nach Osten vorzudringen. Er hatte gehört, dass die Leute von Qin große Bauprojekte liebten, und so schickte er den Ingenieur Zheng Guo dorthin, um sie zum Bau eines großen Bewässerungskanals zwischen zwei Zubringern des Gelben Flusses zu überreden: auf diese Weise sollten Qins Kräfte erschöpft werden. Qin ließ den Kanal tatsächlich bauen – und konnte dadurch ein Gebiet von 250 000 Hektar bewässern: »Daraufhin wurde Guanzhong zu fruchtbarem Land, das keine schlechten Jahre kannte.« Statt Qin zum Verhängnis zu werden, trug der Zheng-Guo-Kanal entscheidend zu seiner Stärkung bei.

Im selben Jahr, in dem der Zheng-Guo-Kanal fertiggestellt wurde, 246 v. Chr., bestieg ein neuer König den Thron von Qin: Ying Zheng (ca. 259–210 v. Chr.). Unterstützt von zwei einflussreichen Kanzlern, Lü Buwei (gest. 235 v. Chr.) und Li Si (ca. 280–208 v. Chr.), war es ihm vorbehalten, die Früchte dieser Politik zu ernten und die Expansion Qins zu vollenden. Es war nur noch eine Frage der Zeit, bis auch die anderen Regionalstaaten in seine Hand fielen. Zwischen 230 und 225 v. Chr. eroberte Qin in rascher Folge die Staaten Han, Zhao und Wei, bevor es 223 zum Krieg gegen Chu kam. Chu zeigte sich den Armeen Qins nicht gewachsen, die über den Han-Fluss in das Yangzi-Tal einfielen und Chu entscheidend schlugen. Nachdem Qin in den nächsten beiden Jahren noch die nordöstlichen Staaten Yan und Qi besiegt hatte, war das Werk vollbracht. 221 v. Chr. wurde die chinesische Welt unter einem Herrscher vereint, der sich nun einen neuen Namen gab: Qin shi huangdi, »Erster Erhabener Kaiser von Qin«.

Die Qin (221–206 v.Chr.)

Im März 1974 stießen Bauern in Lintong, Provinz Shaanxi, etwa 30 km nordöstlich von Xi'an, beim Bohren eines Brunnens auf eine unterirdische Kammer mit lebensgroßen Soldatenfiguren aus gebranntem Ton. Chinesische Wissenschaftler waren sich schnell einig, dass es sich um die 2200 Jahre alte Grabarmee des Ersten Kaisers von China handeln müsse: der Fund wurde zur größten archäologischen Sensation seit der Entdeckung von Anyang. Von der sagenhaften Pracht des Grabes selbst, das rund 1,5 km weiter westlich unter einem großen Hügel liegt (und längst geplündert ist), wusste man aus der historischen Literatur: Gleich nach seiner Thronbesteigung im Jahr 247 v.Chr. soll Ying Zheng, König von Qin, den Bau begonnen und nach der Reichseinigung 221 v.Chr., nunmehr als Kaiser, mehr als 700 000 Zwangsarbeiter dazu abkommandiert haben. Viele Konkubinen sollen dem Kaiser in den Tod gefolgt sein, und schließlich wurden auch alle Handwerker, die das Geheimnis der Schätze kannten, lebendig in dem Hügel begraben. Die Gruft wurde als Palast angelegt, gefüllt mit vielerlei Schätzen, besetzt mit Beamtenfiguren und gesichert durch raffinierte Selbstschussanlagen. Mehr noch, die Anlage symbolisierte den gesamten Kosmos: Flüsse aus Quecksilber flossen am Boden, an der Decke waren die Gestirne nachgebildet, von Öllampen erhellt. Eine unglaubliche Beschreibung – und doch haben die Funde von Lintong sie noch übertroffen. Dort befinden sich das Grab mit seinem weithin sichtbaren Hügel – noch heute über 50 m hoch – sowie eine ca. 8 km^2 große, doppelt ummauerte Nekropole, ausgestattet mit einem Palast, Wohnanlagen, Opferstätten, 61 weiteren Gräbern, Gruben mit geopferten Pferden und 180 Beigabengruben. Außerhalb dieser Anlage wurden weitere Tiergräber gefunden, Bronzeskulpturen und rund 8000 Terracotta-Figuren in vier großen Gruben: Generäle, Fußsoldaten, Reiter, Wagenlenker, Bogenschützen, ganze Pferdegespanne – die Elitetruppen des Ersten Kaisers, lebensecht und individuell gestaltet. Obwohl viele ihrer bronzenen Waffen längst von Plünderern gestohlen worden waren und sie ihre ursprünglich leuchtend bunten Farben im Laufe der Jahrhunderte verloren hatten, geben sie ein eindrucksvolles Zeugnis von der Macht, aber auch der Hybris des Herrn, dem sie dienten (Farbabb. 4).

Das Grab und die Armee des Ersten Kaisers von China markieren den Höhepunkt einer Entwicklung, die den Herrscher als unerreichbare

Spitze installierte in einem Reich, das die Welt bedeutete. »In allen Richtungen ist das Land des Kaisers«, verkündete eine Inschrift der Zeit,

> westlich überquert es die Sandwüste, südlich erstreckt es sich bis dorthin, wo die Häuser nach Norden zeigen, östlich umfasst es das Ostmeer, nördlich reicht es bis jenseits von Daxia [Shanxi?]. So weit menschliche Spuren führen, ist keiner, der ihm nicht untertan ist. (*Shiji* 6)

Im politischen Sinn beginnt die Geschichte Chinas erst mit den Qin. Das Reich, das Qin 221 v.Chr. unter seine Herrschaft zwang, war das größte, das China bis dahin gesehen hatte. Über zwei bis drei Millionen km^2 dürfte es sich erstreckt haben, vom Sichuan-Becken bis zum Gelben Meer und von der Ordos-Wüste bis ins Tiefland südlich des Yangzi: ein unermessliches Gebiet in Zeiten, als Reisen noch weitaus langwieriger und beschwerlicher waren als heute. Berittene Kuriere legten kaum mehr als 30 km am Tag zurück, und selbst Eilboten bewältigten nur rund 80 km in 24 Stunden. Nachrichten aus Hunan etwa, wo kürzlich Zehntausende von Bambusstreifen der Qin-Bürokratie gefunden wurden, brauchten mehr als drei Wochen, bis sie in der mehr als 600 km entfernten Hauptstadt eintrafen. Die Ausmaße des Qin-Reichs waren nur mit jenem Reich am anderen Ende der Welt zu vergleichen, dem römischen.

Die Einheit dieses Großreichs war im 3. Jahrhundert v.Chr. keineswegs selbstverständlich. Die dringendste Aufgabe der Qin war es, die neuerworbenen Gebiete zu sichern, um sie dauerhaft zu besitzen. Die Lösung, welche die Zhou-Herrscher 800 Jahre zuvor gewählt hatten: die Vergabe des Landes als Lehen an Verwandte und Vasallen, kam nicht in Frage. Die Risiken der Stärkung regionaler Machthaber auf Kosten der Zentrale waren allzu evident, und das Scheitern der Zhou stand noch zu deutlich vor Augen, als dass sich diese Option durchsetzen konnte. Stattdessen verfügte der Kanzler von Qin, Li Si, einen radikalen Bruch mit der althergebrachten Ordnung: Er ließ alle verbliebenen Lehen abschaffen, die Strukturen der Zhanguo-zeitlichen Staaten auflösen und ihre Chroniken und Akten vernichten. Um lokale Machtbasen zu zerstören, wurden Stadtmauern geschleift, Waffen konfisziert und – Höhepunkt einer brachialen Zentralisierungspolitik – 120000 Familien in die Hauptstadt Xianyang umgesiedelt. Der Unterschied zum »familiären« Staat der Zhou hätte größer nicht sein können. Nun wurde das gesamte Reich in 36 zentral verwaltete Amtsbezirke (*jun*) eingeteilt, die wiederum in Kreise (*xian*) untergliedert waren. Von einer professionellen Beamtenschaft verwaltet, waren sie die Grundlage für Besteuerung und Wehrdienst.

Das charakteristischste Merkmal des Qin-Reichs war die Bürokratie. Die Herrschaft der Schreibstube, eine geradezu modern anmutende Institution, war möglich geworden durch die Verbreitung von Schrift, die sich in der Zhanguo-Zeit auf die Administration ausgeweitet hatte. Unter den Qin entwickelte sich dann die früheste flächendeckende, rational organisierte und zentral geleitete Bürokratie des Altertums. Das ganze Ausmaß dieser Bürokratie ist erst in den letzten Jahrzehnten deutlich geworden, als Zehntausende von Holz- und Bambusstreifen mit Verwaltungstexten der Qin gefunden wurden. Sie verzeichnen die grundlegenden Statuten sowie unzählige Details – teilweise auf die Stunde genau datiert – des bürokratischen Alltags, die verdeutlichen, wie komplex die Verwaltung der Qin war. Die vornehmste Aufgabe dieser Bürokratie war es, Steuern einzutreiben; mit diesen Steuern wurde das Militär finanziert; das Militär wiederum diente zur Unterstützung der Bürokratie: ein sich selbst verstärkender Zyklus von Ausbeutung und Unterdrückung, der die Stabilität der Zentralmacht verbürgte – solange er funktionierte.

Ein typisch bürokratisches – und ausgesprochen modernes – Phänomen waren die Normierungen, die unter den Qin durchgesetzt wurden: Maße, Gewichte, der Kalender, die Währung und sogar die Spurbreite von Gefährten (die entsprechende Rinnen in die Lehmstraßen gruben) wurden im ganzen Reich vereinheitlicht. Am folgenreichsten aber war die Vereinheitlichung der Schrift, die unter den Qin durchgesetzt wurde. Unter der Leitung des Kanzlers Li Si wurden die teilweise erheblich divergierenden Schreibungen, die sich in den verschiedenen Staaten der Zhanguo-Zeit herausgebildet hatten, durch eine standardisierte »Kanzleischrift« ersetzt. Der zentralisierte, bürokratische Einheitsstaat duldete keine Abweichungen. Auch wenn diese Standardisierung bald durch die Praxis untergraben wurde, bedeutete sie doch eine tiefe Zäsur in der Geschichte der chinesischen Schrift – und der Literatur, die mit ihr geschrieben war.

Der Erste Kaiser soll auf Anraten von Li Si 213 v. Chr. eine Bücherverbrennung befohlen haben, der – mit Ausnahme prognostischer und medizinischer Texte – alle Schriften der Zhanguo-Zeit zum Opfer fallen sollten: Chroniken der Regionalstaaten (außer Qin), historische Literatur sowie die Werke der »Hundert Schulen«. Die Früchte der klassischen Philosophie sollten vernichtet werden, auf dass niemand mehr »die Gegenwart mit der Vergangenheit kritisieren« könne. Der Besitz alter Schriften wurde unter strenge Strafe gestellt. Doch damit nicht genug: auch lebende Erinnerung und mündliche Überlieferung – potentiell subversiv und staatsgefährdend – sollten eliminiert werden. So ließ der Erste Kaiser – eine seiner berüchtigtsten Übeltaten – angeblich 460 Gelehrte umbringen, die gegen seine Politik protestiert hatten. Jede Form der Heterodoxie wurde im Staat der Qin mit aller Härte verfolgt, jeder Verstoß gegen die Normen unnachsichtig geahndet.

Nicht nur innere Subversion bildete eine Gefahr für das Reich der Qin, ebenso gefährlich erschien die äußere Bedrohung durch die Steppenvölker im Norden. Auch dort gingen die Qin über Leichen, um ihre Macht zu sichern. Der Bau der Großen Mauer zur Sicherung der Gebiete, die ursprünglich den Steppenvölkern gehört hatten, ist ebenso berüchtigt wie der Mord an den Gelehrten. Indem er die Zhanguo-zeitlichen Mauern von Yan, Zhao und Qin verbinden ließ, schuf der Erste Kaiser einen Verteidigungswall von »10000 Meilen« Länge, der sich von der Manjurei bis zum heutigen Lanzhou erstreckte. 300000 Zwangsarbeiter sollen an dieser Mauer geschuftet haben, in Ketten gelegt, mit roter Häftlingskleidung, viele von ihnen zur Strafe tätowiert oder verstümmelt. Unzählige Menschen wurden in der Großen Mauer begraben. Zahlreiche Legenden haben sich um ihren Bau gebildet, wie die der Dame Meng Jiang, deren Mann bei der Zwangsarbeit starb und die so heftig weinte, dass die Mauer unter ihren Tränen einstürzte und seine Knochen wieder freigab. Die Mauer der Qin ist ein Monument des Leids, das dem chinesischen Volk durch seine Herrscher zugefügt wurde.

Die Große Mauer 萬里長城

Kaum ein zweites chinesisches Bauwerk ist so mythenbeladen wie die Große Mauer. Jeder kennt sie: über 6000 km soll sie lang sein, 10 m hoch und 5 m breit, und erstrecke sich ohne Fehl und Lücke vom Shanhai-Pass in der Bucht von Bohai bis zum Jiayu-Pass in Gansu. Die »Zehntausend-Meilen-Mauer«, wie sie auf Chinesisch heißt, ist das größte von Menschenhand geschaffene Bauwerk der Welt. Dennoch ist sie natürlich nicht, wie oft behauptet wird, mit bloßem Auge vom Mond aus zu sehen; ein chinesischer Astronaut hat das jüngst explizit widerlegt.

Auch über ihr Alter – meist mit über 2000 Jahren angegeben – kursieren manche Fehlinformationen. Zwar haben die Regionalstaaten Nordchinas schon seit dem 5. Jahrhundert v. Chr. Hunderte Kilometer lange Wälle aus gestampfter Erde gebaut, die ihre Landesgrenzen schützten. Solche Mauern entstanden im Norden als Schutz gegen die ›Barbaren‹ der Steppe, aber auch innerhalb der chinesischen Welt: zwischen Lu und Qi, Zhongshan und Zhao, Wei und Qin, Han und Chu sowie einigen anderen Staaten. Die Qin haben ab 221 v.Chr. einige dieser Mauern verbunden und verlängert. Doch die Mauer, die man heute sieht, ist keineswegs identisch mit der Mauer der Qin. Vielmehr ist sie hauptsächlich im 15. und 16. Jahrhundert, unter der Dynastie Ming, gebaut worden. Die Qin-Mauer, von der heute noch wenige Reste zu sehen sind, verlief weiter nördlich und reichte nicht so weit nach Westen; und sie war nicht aus Stein gebaut, sondern aus gestampfter Erde. Dieser »Erddrache«, weitaus weniger imposant als die Ming-Mauer, war nie dazu geeignet, Angreifer effektiv aufzuhalten; er diente lediglich dazu, ihren Ansturm zu verzögern, bis die eigenen Truppen sich zur Verteidigung formiert hatten.

Die Mauer der Qin ist offenbar schon bald an vielen Stellen verfallen, denn in den folgenden Jahrhunderten ist sie immer wieder ausgebessert, schließlich aber ganz vernachlässigt worden. Schon in der Tang- und Song-Zeit scheint sie keine Rolle mehr gespielt zu haben; den Mongolensturm im 13. Jahrhundert hielt keine Mauer auf, und auch Marco Polo, dieser aufmerksame Beobachter, erwähnt sie mit keinem Wort. Es scheint zu dieser Zeit keine lückenlose Befestigungsanlage gegeben zu haben, die den Namen »Große Mauer« verdiente. Überhaupt ist ›die‹ Große Mauer nie gebaut worden, sondern immer nur einzelne Abschnitte, denen kein Gesamtplan zugrunde lag. Schon die Qin hatten lediglich bestehende Wälle verbunden, und auch für spätere Zeiten ist unsicher, ob die Mauer ein durchgehendes Bauwerk war. Selbst die Große Mauer der Ming ist nie richtig vermessen und kartographisch erfasst worden. Noch 1988 ist ein bislang unbekannter Abschnitt der Mauer entdeckt worden, und chinesische Medien verkündeten, dass sich die Gesamtlänge der Mauer, mit allen Verästelungen, damit auf 7200 km erhöht habe. Der größte Teil der Mauer ist heute völlig verfallen, zerstört durch die Unbilden der Natur und den Raubbau lokaler Bauern, die sie als Steinbruch für Straßen und Häuser benutzten. Erst in den letzten Jahrzehnten ist die Große Mauer an einigen Stellen, vornehmlich bei Beijing, wieder für den Tourismus herausgeputzt worden (Farbabb. 10). Heute gilt sie als Symbol nationaler Identität – jeder ›echte‹ Chinese muss einmal dort gewesen sein –, und kürzlich ist sie zu einem der ›Neuen Sieben Weltwunder‹ gewählt worden. Die Mythenbildung um die Große Mauer dauert an.

So aufwendig, wie die Qin ihr Reich nach außen begrenzten, verbanden sie es im Inneren. Sie schufen ein weites Netz von Straßen, das dem des Römischen Reiches nicht nachstand. Sternförmig von der Hauptstadt Xianyang nach Norden, Nordosten, Osten und Südosten ausgehend, soll sich dieses Straßennetz über 6800 km erstreckt haben. Die längste Straße, die geradewegs nach Norden bis jenseits des Gelben Flusses, an die Grenzen des Qin-Reichs führte, soll über 900 km lang gewesen sein. Sie diente der Bewegung von Truppen in diese neuralgische Zone, wo es kein Land zu gewinnen gab, sondern nur zu verteidigen.

Den Süden erschlossen die Qin weniger zu Land als zu Wasser. Schon vor der Reichseinigung hatten sie den 120 km langen Zheng-Guo-Kanal in Shaanxi gegraben und das große Dujiang-Wehr in Sichuan angelegt. 214 v. Chr. wurde ein drittes staunenswertes Projekt vollendet: der ›Magische Kanal‹, Lingqu, der im heutigen Guangxi auf einer Länge von 33 km den Xiang-Fluss und den Li-Fluss verbindet. Der Kanal, eine technische Meisterleistung, bildete die fehlende Verbindung zwischen dem Yangzi und dem Westfluss im heutigen Guangdong. Mit seiner Fertigstellung war ein mehr als 4000 km langes System von schiffbaren Wasserwegen geschaffen, das vom Unterlauf des Gelben Flusses bis in den fernen Süden führte. Diese ›barbarischen‹ Gebiete, die bislang weit jenseits der chinesischen Welt gelegen hatten, wurden nun erstmals von Norden her erobert. Mit einem Heer von 500 000 Soldaten unterwarfen die Qin schon bald nach der Reichseinigung das heutige Fujian, Guangxi und Guangdong, wo sie die Stadt Panyu (Guangzhou) gründeten. Die Qin vereinten nicht nur die Staaten »unter dem Himmel«, sondern expandierten ständig weiter. Über 3,5 Millionen km^2 erstreckte sich ihre Herrschaft schließlich: ein Reich von bis dahin ungekannten Ausmaßen. Mit dieser Expansion war das Gebiet abgesteckt, das zum Stammland aller großen chinesischen Dynastien werden sollte.

Der Erste Kaiser bereiste sein Reich ausgiebig. Qin shi huangdi war unter den chinesischen Herrschern der eifrigste Reisende seit König Mu (S. 68). Fünf ausgedehnte, monatelange Reisen unternahm er in den elf Jahren seiner Herrschaft, meist in die Küstengebiete des Ostens. Während die Regierung, ganz wie die Theorie des Legismus postuliert, offenbar von selbst funktionierte, nahm der Kaiser sein Reich symbolisch in Besitz. Dabei ließ er ein halbes Dutzend große Stelen mit Inschriften errichten, die von seinem Ruhm kündeten:

> Wo immer Mond und Sonne scheinen, / Wo Boote und Wagen Lasten tragen, / Erfüllt alles seine Bestimmung, / Und nichts, das nicht nach Wunsch gerät; / Der zeitgerecht die Dinge bewegt, / Ist allein seine erhabene Majestät.
> (*Shiji* 6)

Diese Inschriften bezeugen die Größe des Ersten Kaisers, aber auch seinen Größenwahn. »Wo immer Mond und Sonne scheinen« sollen einst die Nachfahren des Gelben Kaisers geherrscht haben. Schon in dem Titel, den er trug, ist sein übermenschlicher Anspruch ausgedrückt: das Wort *huangdi* kombiniert die Namen der »Drei Erhabenen« (*san huang*), der göttlichen Kulturschöpfer der Mythologie, und der höchsten Götter der Qin, die ebenfalls *di* hießen. Der Erste Kaiser inszenierte sich als ein Gott, und zwar als Gott des Reiches, der über allen lokalen Göttern stand – und wehe dem, der seine Autorität missachtete! Einmal soll er einen Berg, bei dem er auf seiner Reise aufgehalten wurde, bis auf die nackte Erde abgeholzt haben, um die zuständigen Berggöttinnen zu strafen.

Das Bild dieses Herrschers ist merkwürdig ambivalent: Der Architekt eines rationalen Staates, der am Tag 120 Pfund auf Holz und Bambus geschriebener Akten bearbeitet haben soll, war auch zutiefst abergläubisch; der Despot, der gelehrte Berater hinrichten ließ, umgab sich mit Magiern, Wahrsagern und Alchimisten; der Massenmörder war besessen von Todesangst. 270 Paläste ließ er sich angeblich bauen, verbunden durch geheime Gänge, in denen er sich wechselweise aufhielt, damit niemand seinen Aufenthaltsort kenne. Sein Leben lang trachtete er danach, ein Elixier der Unsterblichkeit zu finden, das er auf einer fernen Insel der Unsterblichen vermutete. Er schickte eine Gesandtschaft aus, um sie zu suchen (sie kehrte nie zurück), und vielleicht hingen auch seine eigenen Reisen an die Küste mit dieser manischen Suche zusammen. Es mutet wie eine Ironie der Geschichte an, dass der Erste Kaiser von Qin 210 v. Chr. ausgerechnet auf einer dieser Reisen, 500 km entfernt von der Hauptstadt, starb. Fische wurden in seinen Prunkwagen gestapelt, um den Verwesungsgeruch zu überstinken, während sein Leichnam in das vorbereitete Prachtgrab bei Xianyang verbracht wurde.

Mit der charismatischen Person des Ersten Kaisers ging auch sein Reich unter. Sein Nachfolger, durch die Ränke eines Eunuchen an die Macht gekommen, erwies sich als unfähig, die Regierung zu führen, der Kanzler Li Si wurde auf grausame Weise umgebracht, und so wie die Zentrale zerfiel auch das Reich. Für einen konfuzianischen Beobachter, Jia Yi (201–169 v. Chr.), lag der Grund des Untergangs auf der Hand: Qin habe »Kultur und Schriften verboten und grausame Strafen erlassen, List und Gewalt gegenüber Menschlichkeit und Anstand vorgezogen«, und so sei der jähe Sturz unvermeidlich gewesen; doch er fügt eine aufschlussreiche Beobachtung hinzu:

Attentat auf den Ersten Kaiser;
Abreibung eines Bildsteins aus Shandong, 2. Jh. n. Chr.

> Erobern und Bewahren erfordern unterschiedliche Techniken; doch als Qin aus den Kämpfenden Staaten hervorging und das Reich regierte, da wandelten sich seine Prinzipien nicht, und seine Regierung blieb unverändert. (*Shiji* 6)

Der Grund für Qins Abstieg war demnach genau derselbe, der seinen Aufstieg herbeigeführt hatte: der Staat als Militärmaschine, die eine gewaltige Expansion ermöglichte, aber immer weiter expandieren musste, um sich selbst zu erhalten. Der Krieg wurde in diesem System zum Selbstzweck. Je mehr Mittel die Qin für ihre Eroberungen einsetzten, desto mehr Ressourcen mussten sie erschließen; um den Zyklus von Ausbeutung und Unterdrückung aufrechtzuerhalten, bedurfte es immer neuer Feldzüge und größerer Bauprojekte. Der Qin-Staat war dazu verdammt, beständig zu wachsen – und sein Volk immer stärker auszubeuten.

In vielerlei Hinsicht – der rational organisierten Bürokratie, dem positiven Recht, dem Streben nach Einheitlichkeit, dem Zwang zum Wachstum – trug die Zivilisation der Qin dezidiert moderne Züge. Doch sie arbeitete mit vormodernen Mitteln. Die Qin besaßen die militärische Stärke, um einen ganzen Subkontinent zu erobern, aber sie besaßen weder die technischen noch die ökonomischen oder kommunikativen Mittel, um es zu kontrollieren.

Eine, wie so oft, moralisch gefärbte Anekdote beschreibt den Anfang vom Ende auf bezeichnende Weise. Chen Sheng, ein Mann aus Chu in

Diensten des Qin-Militärs, war mit seiner Truppe durch Regen aufgehalten worden, so dass er einen befohlenen Treffpunkt nicht rechtzeitig erreichen konnte. Für einen Truppenführer bedeutete das die sichere Todesstrafe. Statt sich darein zu fügen, wählte Chen Sheng einen anderen Ausweg: er rebellierte. Unschwer erkennt man hinter der moralisierenden Botschaft – ihre eigenen harschen Gesetze hätten die Qin zu Fall gebracht – den Grund für den Untergang der Dynastie: die Qin hatten sich überdehnt und waren nicht mehr in der Lage, ihren überdimensionierten Militärapparat zu kontrollieren. Nun implodierte das Reich. Vom Aufstand des Chen Sheng, der sich fortan »König von Chu« nannte, sprang der Funke über, es kam zu zahlreichen Revolten in weiten Teilen des Reichs. Neben Chu, das sich unter der Führung des Generals Xiang Yu 208 v.Chr. unabhängig erklärte, wurden auch in Qi und Yan, Wei, Zhao und Han die alten Staaten der Zhanguo-Zeit wieder etabliert. Der Staat der Qin hatte die regionalen Kulturen des Alten China zwar überlagert, aber keineswegs ausgelöscht. Jetzt wurde er seinerseits von Truppen aus dem Land gestürzt, das seit jeher sein ärgster Rivale war: aus Chu.

Der Sturz der Qin ist auch die Geschichte zweier Militärführer aus Chu, die unterschiedlicher nicht hätten sein können: auf der einen Seite Xiang Yu (232–202 v.Chr.), der gebildete Aristokrat, ein Dichter und militärisches Genie, auf der anderen Seite Liu Bang (ca. 256–195 v.Chr.), ein gerissener Haudegen niedrigerer Herkunft – er war Polizeihauptmann in einem Provinznest –, dessen Charisma ihm gleichwohl die Gefolgschaft äußerst fähiger Männer sicherte. Zunächst verbündet, wurden die beiden Heerführer bald zu Konkurrenten im Kampf um das Reich. Liu Bang hatte als erster die Hauptstadt der Qin eingenommen, wurde aber von Xiang Yu daraus vertrieben, der den letzten Qin-Herrscher und dessen Familie tötete und die Paläste von Xianyang in Schutt und Asche legte. Damit war das Qin-Regime 206 v.Chr., nach nur 15 Jahren, an sein Ende gekommen.

Der Krieg zwischen Xiang Yu und Liu Bang, der nun folgte, ist zu einem der großen Stoffe der chinesischen Literatur geworden. Jeder Chinese kennt seine schauerlich-heroischen Episoden: von Xiang Yu, der Liu Bangs Vater gefangen genommen hatte und drohte, ihn lebendig zu kochen – worauf Liu Bang kühl entgegnete, Xiang Yu möge ihm doch auch einen Becher von der Brühe zukommen lassen; von der Umzingelung Xiang Yus, als dieser von den Belagerern ringsum Gesänge aus Chu hörte und meinte, seine Heimat sei schon fest in Liu Bangs Hand; und vom dramatischen Ende Xiang Yus, der sich das Leben nahm, damit seine Mitstreiter das Kopfgeld kassieren konnten, das auf ihn ausgesetzt war. Mit dem Sieg über Xiang Yu im Jahre 202 v. Chr. hatte Liu Bang die Herrschaft über das Reich gewonnen. Er wurde zum Kaiser und »Hohen Ahnherrn« (Gaozu) einer neuen Dynastie: der Han.

Die Frühere Han (202 v. Chr. – 9 n. Chr.)

Mit Liu Bang stieg erstmals ein Mann des einfachen Volkes zum Kaiser auf. Darin gipfelten die sozialen Umbrüche, die in der Chunqiu- und Zhanguo-Zeit begonnen hatten und unter den Qin systematisch gefördert wurden. Die Han legten recht eigentlich den Grundstein des chinesischen Kaiserreichs. Sie, nicht die Qin, galten Generationen von politischen Denkern als Bezugspunkt. Das lag nicht zuletzt daran, dass ebensolche politischen Berater maßgeblich am Aufstieg der Han beteiligt waren. »Sie alle sind Helden«, soll Gaozu über sie gesagt haben, »dass ich sie einstellen konnte, ist der Grund, weshalb ich das Reich erobert habe.« Vor allem machten sie ihm klar, dass er das Land zwar auf dem Pferderücken erobert habe, es aber nicht von dort regieren könne. Statt zum rigoros durchgreifenden Staat der Qin riet Lu Jia (240–170 v. Chr.) seinem Kaiser zu einem Minimalstaat, der kaum in Erscheinung trat:

> Der Edle führt die Regierung unbewegt, als gebe es nichts zu tun, und lautlos, als habe er keine Stimme; in den Behörden scheinen keine Beamten zu sein, in den Häusern kein Volk; die Dörfler streiten nicht in den Gassen, die Generationen grämen sich nicht auf den Höfen; … nachts bellen keine Hunde und krähen keine Hähne; die Alten finden Wohlgeschmack in ihren Hallen, während die Jungen auf dem Lande ackern; bei Hof ist man dem Fürsten treu, im Haus liebt man die Eltern. (*Xinyu* 8)

Die Anklänge an Laozis idealisiertes Gemeinwesen (S. 116) sind nicht zu übersehen. Lu Jias utopischer Staatsentwurf kehrte die Tyrannei der Qin geradezu in ihr beschaulich-daoistisches Gegenteil um. Dieses Idealbild trug viel dazu bei, dass die Institutionen der Han zum Vorbild für spätere Dynastien wurden. Die westliche Bezeichnung ›China‹ mag vom Dynastienamen Qin herrühren; die Chinesen aber nennen sich bis heute »Han-Menschen«.

Die Rhetorik des Neuanfangs verdeckt das Ausmaß, in dem die Han an das Vorbild der Qin anknüpften. Das Land, das sie übernahmen, wiewohl von Kriegen verwüstet, war im wesentlichen das des Qin-Reiches: sein wirtschaftliches und demographisches Zentrum war Guanzhong, das »drei Zehntel der Bevölkerung und sechs Zehntel der Schätze« besessen haben soll; südwestlich davon, hinter dem Qinling-Gebirge gelegen, das fruchtbare Becken von Sichuan; östlich des Hangu-Passes die große Ebene, die zweite Kornkammer des Reiches; und südlich der Ebene die Reisanbaugebiete am Mittel- und Unterlauf des Yangzi, die alten Königtümer Chu und Wu. Hier endete das Reich der Han. Die Gebiete südlich davon – die heutigen Provinzen Fujian, Guangdong, Guangxi, Guizhou und Yunnan – behaupteten trotz der Feldzüge der Qin ihre Eigenständigkeit; sie sollten erst ein Jahrhundert später erneut erobert werden.

Auch die Verwaltung dieses Reichs übernahmen die Han von den Qin. Zwar wird Kaiser Gaozu gerühmt, er habe deren strenge Gesetze bis auf drei Paragraphen – Mord, Körperverletzung und Diebstahl – abgeschafft, die Steuern auf $1/_{15}$ der Ernte herabgesetzt und dabei stets dem Ratschluss weiser Berater vertraut. Tatsächlich aber übernahm er das System der Qin mit der administrativen Einteilung in Amtsbezirke und Präfekturen, strenger Kontrolle der Bevölkerung, Auflösung von Großfamilien, Kopfsteuern und Frondienst sowie einer Hierarchie von 20 Rängen, in die das gesamte Volk klassifiziert war (keineswegs eine Rückkehr zum Adelssystem, sondern der Versuch, die Sozialstruktur zentral zu kontrollieren). Archäologisch gefundene Verwaltungstexte verraten zudem, dass die Han die Gesetze und Strafen der Qin nicht etwa abschafften, sondern in Bausch und Bogen übernahmen. Auch das Bücherverbot der Qin wurde erst unter Gaozus Nachfolger aufgehoben. Der Dynastiegründer machte aus seiner Geringschätzung der Buchgelehrsamkeit keinen Hehl. Zwar ließ er Literaten nicht umbringen wie der Erste Kaiser, übernahm sogar die Akademiker der Qin als Berater, ließ sie aber seine Missachtung deutlich spüren: »Wenn Besucher zu ihm kamen, die einen Gelehrtenhut trugen«, heißt es, »nahm Gaozu ihnen den Hut ab und pisste hinein.«

Zentrum und Peripherie

Die prekäre Beziehung des Kaisers zu seinen Beratern war ein Aspekt des großen Grundthemas, das die Han-Zeit prägte: des Verhältnisses von Zentrum und Peripherie. Diese Form gesellschaftlicher Differenzierung, die sich schon seit der späten Chunqiu-Zeit abgezeichnet hatte, erreichte nun ihre volle Ausprägung. Stärker als zuvor setzte sich die Semantik der ›Mitte‹ durch: die Han verstanden ihre Hauptstadt Chang'an, das heutige Xi'an, als Zentrum der Welt. Chang'an war die bedeutendste Stadt ihrer Zeit: mit über 33 km^2 Fläche mehr als doppelt so groß wie das antike Rom, hatte sie rund 250 000 Einwohner. Ihre gewaltigen Mauern – noch die heutigen Reste sind 25 km lang – besaßen zwölf Tore, zwischen denen acht Prachtstraßen die Stadt durchzogen, die größte von ihnen 50 m breit. Chang'an war die Achse der Welt. Der Umriss der Stadt stellte angeblich die Sternbilder Großer Wagen und Schütze dar, und der Kaiserpalast, der die halbe Stadt einnahm, bildete das Gegenbild zum Sitz des Himmelskaisers. Ähnlich grandios waren die Gräber der Han-Kaiser angelegt. Unter gewaltigen Hügeln gelegen, die noch heute nördlich und östlich von Xi'an zu sehen sind, wurden sie von ganzen Heeren von Menschen betreut und gepflegt. Um die Kaisergräber der Han bildeten sich auf diese Weise Satellitenstädte mit bis zu 300 000 Einwohnern.

Nicht nur um die Hauptstadt entfaltete sich der Kult der Kaiser; in jeder Kommandantur des Reiches wurden zudem Tempel für Gaozu und seine Nachfolger errichtet, in denen die Opfer für das Kaiserhaus durchgeführt wurden: Mitte des 1. Jahrhunderts v. Chr. gab es annähernd 350 solcher Tempel im Reich, die von 45 000 Wächtern und 12 000 Opferköchen betreut wurden. Das Zentrum strahlte in alle Welt aus, und alle Welt orientierte sich daran. Im Kosmos der Han wurde die Position jedes Elements durch seine Stellung im Verhältnis zum Zentrum bestimmt. Vor diesem Hintergrund erklären sich die Positionskämpfe, die sich in der Han-Zeit auf drei konzentrischen Ebenen entzündeten: am Hof, in der Provinz und an den Grenzen des Reichs. Die Konflikte, die in diesen Bereichen ausgetragen wurden, waren keine vorübergehenden Erscheinungen; sie waren Grundprobleme, die die chinesische Geschichte bis in die Gegenwart bestimmt haben.

Am wenigsten problematisch erschien zunächst das Verhältnis des Kaisers zu seinem Hofstaat. Von Anbeginn etablierte sich eine – großteils mit ehemaligen Beamten der Qin besetzte – Bürokratie, der die Verwaltung in der Hauptstadt und im Reich oblag. Schwieriger gestaltete sich das Verhältnis von Zentrale und Reich. Schon die Qin hatten zu Beginn ihrer Herrschaft vor dem Problem gestanden, ob sie ihr Reich in quasifeudaler Weise in Regionalfürstentümer oder in zentral verwaltete Bezirke aufteilen sollten. Die Han entschlossen sich zunächst zu einem Kompromiss, indem sie einen Teil des Landes – nämlich den neuerschlossenen Westen – in Amtsbezirke und Kreise einteilten und den anderen – die Stammgebiete der alten Regionalstaaten im Osten – in zehn Königreiche und über 100 Markgrafschaften, mit denen sie Verwandte und verdiente Mitstreiter belehnten. Fette Pfründe waren das, von denen vor allem die Angehörigen des Hauses Liu profitierten. Zwar waren sie nur Titularkönige, ohne Rechtshoheit in ihren Gebieten, aber sie genossen das Privileg, Steuern einzuziehen, und auch ihre Nachkommen erhielten Ämter und hübsche staatliche Alimente.

Mit diesem System zollten die Han der unübersehbaren Tatsache Tribut, dass das Einheitsreich keineswegs einheitlich war. Der Zentralstaat hatte die segmentären Strukturen lediglich überlagert, die auf regionaler Ebene herrschten. Nicht nur die abgelegenen Gegenden Sichuans, des Yangzis und des fernen Südens – Exilgebiete für die Bewohner des Nordens – waren sprachlich und kulturell eigenständig. Auch die alten Stammlande Chinas zerfielen in eine Vielzahl verwandtschaftlich oder regional definierter Gemeinschaften, die sich kulturell deutlich unterschieden und zum Teil in blutigen Fehden bekämpften. In diesen Gebieten – weit mehr als der Hälfte des Reiches – mussten die Han wie Besatzer erscheinen.

Von Anbeginn stand die Dynastie vor dem Problem, die Machtentfaltung lokaler Gruppen einzuschränken. Denn noch immer saßen in den Gebieten der ehemaligen Territorialstaaten die alten Herrscherfamilien, deren Einfluss der Zentralmacht entgegenstand. 198 v. Chr. ließ Gaozu – wie schon die Qin – 100 000 Angehörige mächtiger Familien aus dem Süden und Osten des Reichs in die Gegend von Chang'an umsiedeln, um sie unter direkter Kontrolle zu halten. Zudem begann der Dynastiegründer schon kurz nach seiner Thronbesteigung, Kriege gegen ›unbotmäßige‹ Könige zu führen, um sie innerhalb weniger Jahre fast alle zu beseitigen und durch eigene Verwandte zu ersetzen. Doch auch die Könige des Hauses Liu – darunter einige äußerst verkommene Subjekte – mussten streng kontrolliert werden: sie wurden von zentralen Ämtern ausgeschlossen und hatten jährlich bei Hof vorstellig zu werden. Das chi-

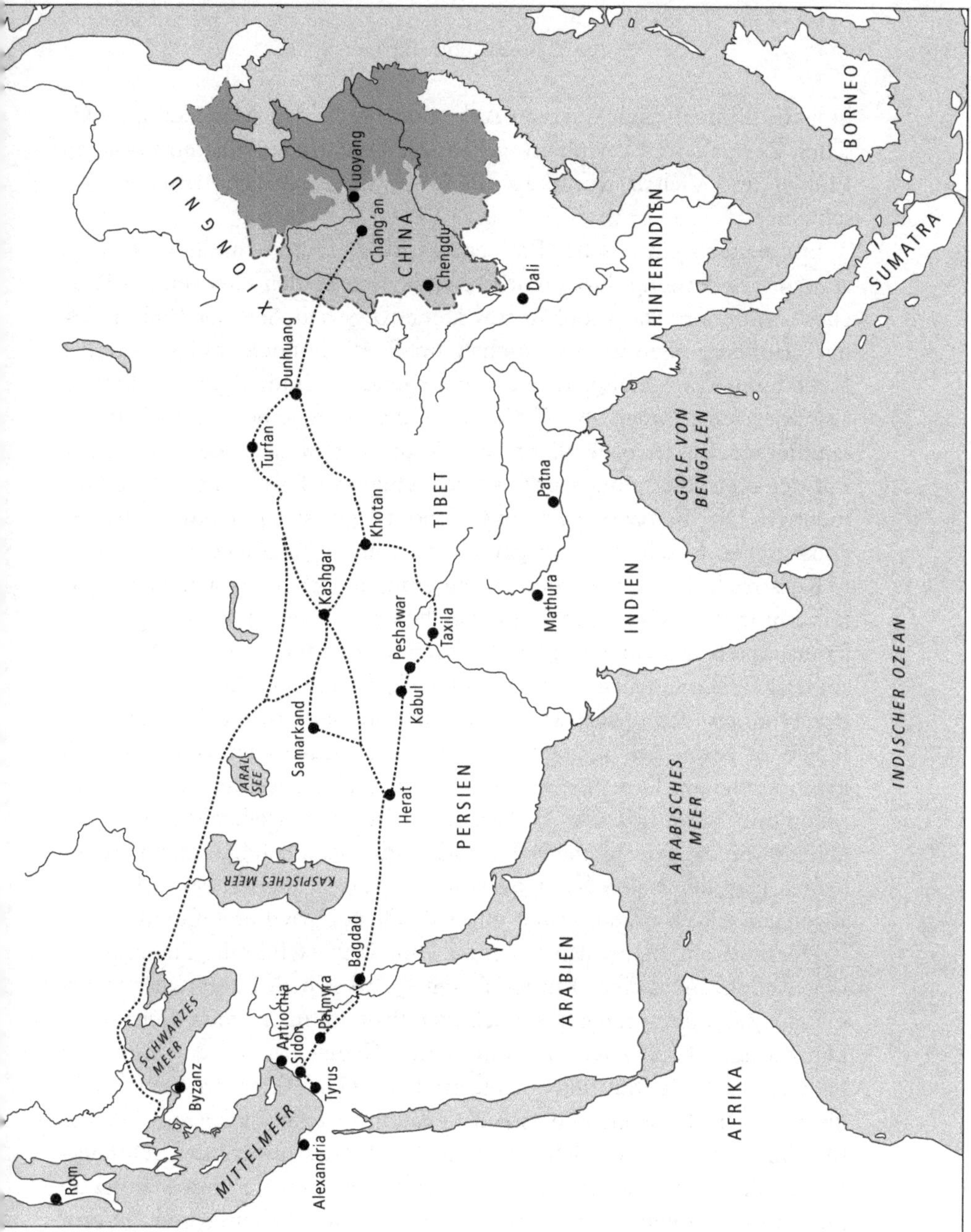

Das Reich der Han und die Seidenstraßen.

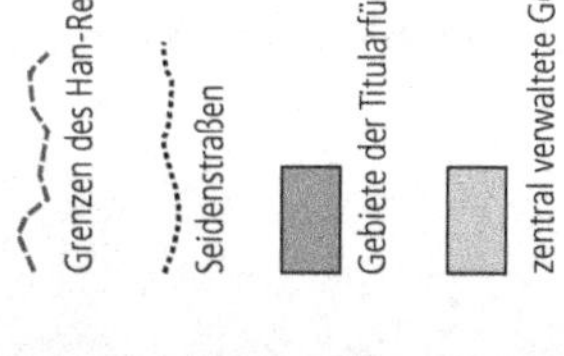

nesische Einheitsreich war von Anbeginn durch den Machtkampf zwischen Zentrale und Peripherie gekennzeichnet; das Oszillieren zwischen Einheit und Vielfalt wurde zu einem Leitmotiv der chinesischen Geschichte.

Ein weiteres chronisches Problem wurde mit der Gründung der Han akut: die Bedrohung durch ›Barbaren‹, die sich an den Grenzen des Reiches formierten. Das Problem war keineswegs neu. Seit der Bildung einer clanübergreifenden Gesellschaft im 9. Jahrhundert v.Chr., seit der Entstehung Chinas also, wurden umliegende Fremdvölker zunehmend als anders empfunden (S. 77). Je enger die chinesische Gesellschaft zusammenwuchs, desto deutlicher wurde die Differenz zu den ›Barbaren‹: mit der Reichseinigung wurde sie schließlich in Form einer Mauer zementiert. Die ›Barbaren‹ sind ein Geschöpf Chinas: der Geburtsfehler der chinesischen Gesellschaft, der gemeinsam mit ihr heranwuchs.

Kurz nach der chinesischen Reichseinigung schlossen sich auch Reiterstämme der südsibirischen Steppe, die den Chinesen als Xiongnu bekannt waren, zu einer großen Föderation zusammen. Diese Xiongnu, wahrscheinlich ein altaisches Volk, sind allein aufgrund ihres Namens mit den Hunnen identifiziert worden, die Jahrhunderte später das Römische Reich in Schrecken versetzten; doch dieser Zusammenhang lässt sich kaum beweisen. Der Name dürfte nichts anderes als eine Pauschalbezeichnung für fremdartige ›Barbaren‹ gewesen sein, vielleicht ganz wörtlich: so, wie das griechische *bárbaros* »der unverständlich Stammelnde« bedeutet, mag der Name Xiongnu von *xiongxiong*: »unartikuliert schreien«, abgeleitet sein. Xiongnu waren unverständlich, unzivilisiert, fremd.

Doch als ein Mann namens Mao Dun 209 v.Chr. »alle Stämme der Bogenschützen zu einer Familie machte« und sich als Führer aller Stämme *shanyu* nannte, drängten sie sich unaufhaltsam in die chinesische Welt. Die Xiongnu kontrollierten ein immenses Gebiet, das von der Mongolei bis weit nach Zentralasien reichte und das Han-Reich an Größe weit übertraf. Die Parallelität ihres Aufstiegs dürfte kein Zufall sein. Als die Qin ihr Gebiet bis nördlich des Huanghe-Bogens ausdehnten, verdrängten sie die dort ansässigen Reiterstämme, schnitten sie vom Handel ab und raubten ihnen so einen wichtigen Teil ihrer Lebensgrundlage. Auf diese bedrohliche Situation konnten die Xiongnu nur durch Bildung einer Föderation reagieren – wodurch sie ihrerseits zu einer akuten Bedrohung für die Han wurden. Ab 201 v.Chr. kam es immer wieder zu Überfällen der Xiongnu in die Gebiete, die einst ihnen gehört hatten.

Doch die Han-Kaiser wichen einem neuerlichen Krieg aus; sie hatten aus den Fehlern der Qin gelernt:

> Mit Soldaten und Waffengewalt könnten wir unsere Wünsche zwar erreichen – aber die Mobilisierung würde unsere Kräfte erschöpfen. Wie könnten wir unser Volk also in ferne Gegenden schicken? (*Shiji* 25)

Die Han reagierten zum einen, indem sie die Mauer der Qin verlängern ließen, zum anderen mit einer äußerst aufschlussreichen neuen Strategie: einer Politik der »Harmonie und Verwandtschaft« (*heqin*). Sie schlossen ein Friedensabkommen mit den Xiongnu, in dem die Han sich verpflichteten, regelmäßige Tribute – Seide, Schnaps und Reis – zu liefern sowie dem *shanyu* eine chinesische Prinzessin zur Frau zu geben. Das Wort »Verwandtschaft« war ganz ernst gemeint: der Xiongnu-Führer wurde fortan als jüngerer Bruder des Han-Kaisers bezeichnet und diesem diplomatisch gleichgestellt. Die Han und die Xiongnu wurden »Brüderstaaten«, wie einst die Fürstentümer der Nordchinesischen Ebene (S. 71). Sima Qian, der große Historiker der Han-Zeit, stellte die Xiongnu sogar als Nachkommen der Xia dar, also als – lediglich etwas abgedriftete – Chinesen (tatsächlich dürften viele ethnische Chinesen unter den ›Barbaren‹ gelebt haben – und umgekehrt).

Solche Beschreibungen waren mehr als nur rhetorisches Zugeständnis an einen militärisch überlegenen Feind; sie waren integraler Bestandteil des chinesischen Weltbildes. Die Han verstanden sich nicht als ein Staat neben anderen, sondern als ein Imperium: als Zentrum der Welt und einziges Reich »Unter dem Himmel« (das Römische Reich, am anderen Ende des eurasischen Kontinents, lag buchstäblich in einer anderen Welt), das in alle peripheren Gegenden ausstrahlte. Dieses Weltreich kannte keine echten Grenzen, die es von gleichberechtigten Staaten trennten, sondern lediglich einen Randbereich abnehmender Wirkungsmacht und Integration. Die imperiale Ideologie – maßgeblich für alle späteren Dynastien – hatte universalen Anspruch, sie erstreckte sich auch auf die ›Barbaren‹. In diesem umfassenden Weltbegriff, der einen ebenso generalisierten Begriff vom Menschen impliziert, sind die Xiongnu selbstverständlich Teil der chinesischen Ordnung. Sie erscheinen nicht als grundsätzlich andersartig und unmenschlich, sondern als wesensverwandt, also tatsächlich: verwandt. In der Han-Zeit setzte sich ein konzentrisches Weltbild durch – in der Mitte der Hof, umgeben von Ringen abnehmender Zivilisation, in das die Xiongnu sich zwanglos einordnen ließen. Das erklärt die Selbstverständlichkeit, mit der die Han und spätere Dynastien regelmäßig ›Barbaren‹ in ihre Streitkräfte eingliederten und den Führern umliegender Völker chinesische Beamtentitel verliehen; es erklärt die verschwenderische Großzügigkeit chinesischer Kaiser gegen ›Tributgesandte‹ aus anderen Ländern, aber auch ihr pedantisches Beharren auf dem Kotau vor ihrer Macht. Das Imperium unterwarf die ganze Welt seiner Ordnung – auch dann noch, wenn es sich selbst unterwerfen musste.

Die frühen Jahre: Harmonie und Nichttun

Die frühen Han-Kaiser regierten – ganz so, wie Lu Jia es geraten hatte – zurückhaltend, indem sie den Beamten ihr volles Recht einräumten, Titularkönige mit regionalen Privilegien ausstatteten und den Xiongnu Tribut zollten. Man sagt ihnen nach, sie hätten auf geradezu daoistische Weise durch »Nichttun« (*wuwei*) regiert, und das Reich sei wohlgeordnet gewesen:

> Kaiser Wen [180–157 v.Chr.] kultivierte die Lehre von Huangdi und Laozi, die Methoden der Gelehrten mochte er nicht sonderlich, in seiner Regierung schätzte er lautere Ruhe und das Nichttun. (*Fengsu tongyi* 2.6)

Ähnliches wird von Kaiser Jing (157–141 v.Chr.) und seiner Mutter, der Kaiserin Dou, gesagt: auch sie hätten »Huangdi und Laozi studiert und ihre Methoden verehrt«. Die frühen Han-Kaiser waren nicht etwa »Konfuzianer«, sondern Anhänger der daoistischen Huang-Lao-Schule. »Die Kunst des Herrschers«, die diese Schule lehrte,

> besteht darin, durch Nichttun zu handeln und ohne Worte zu unterweisen; er bleibt lauter, ruhig und unbewegt, gleichmäßig und ungerührt; folglich vertraut er seinen Untergebenen und erzielt Erfolge, ohne sich zu mühen.
> (*Huainan zi* 9)

Diese Politik des *laisser-faire*, so harmlos sie anmutet, war nicht nur ein daoistisches, sondern auch ein legistisches Ideal. Das Gesetz, einmal erlassen, funktioniert automatisch und zuverlässig, so dass ein Eingreifen des Herrschers überflüssig wird. Genau besehen, bezeugt das »Nichttun« der

Kaiser nur den Erfolg der Bürokratie, die das Reich mit ihrem anonymen Apparat beherrschte. In der Verwaltung, welche die Han von den Qin intakt übernommen hatten, liefen alle Fäden zusammen. Sie kontrollierte den gesamten Schriftverkehr zwischen Zentrale und Provinz, bestimmte, was zum Kaiser gelangte und was von ihm ausging. Die Beamten waren die sprichwörtlichen »Augen und Ohren« des Kaisers, ohne die er nicht regieren konnte. Dasselbe galt aber auch umgekehrt: die Beamten brauchten den Kaiser als Legitimation ihrer Macht.

Kaiser 皇帝

›Der Kaiser von China‹ gilt als Inbegriff eines absoluten, mit nahezu unbegrenzter Machtfülle ausgestatteten Herrschers, der seinen Willen autokratisch, bisweilen mit drakonischen Maßnahmen durchsetzt. Nichts ist unzutreffender als dieses Bild. Tatsächlich war der Absolutismus des chinesischen Kaiserreichs ein *bürokratischer* Absolutismus, der dem Kaiser eine neutrale, weitgehend passive Rolle zuwies. Persönlichkeiten wie der Erste Kaiser, Kaiser Wu der Han oder die frühen Kaiser der Tang, Ming und Qing, die der Regierung ihren persönlichen Stempel aufgedrückt haben, sind einsame Ausnahmen unter den rund 500 Kaisern, die das chinesische Reich erlebt hat.

Der Grund dafür wird schnell ersichtlich, wenn man den Alltag dieser Autokraten betrachtet. 120 Pfund Akten soll der Erste Kaiser täglich mit dämonischer Energie bearbeitet haben – und das war erst der Anfang. Der erste Kaiser der Ming musste einmal 1160 Dokumente zu 3291 verschiedenen Angelegenheiten bearbeiten – und zwar innerhalb von acht Tagen. Die Flut der Akten war nicht zu bewältigen. Kein Kaiser kam ohne einen bürokratischen Apparat aus, der sämtliche Schriftstücke – Verwaltungsberichte, militärische Meldungen, Throneingaben und Petitionen – kontrollierte und bearbeitete, bevor sie ihm zur Kenntnisnahme vorgelegt wurden. Zur Kenntnisnahme: niemals durften Kaiser in diesem System von sich aus Politik anregen, sie mussten stets auf Vorschläge hin handeln. Ihre Notizen, die auf Dokumenten der späten Kaiserzeit erhalten sind, beschränken sich meist auf ein lakonisches »zur Kenntnis genommen« (*zhidao le*), und ihre Erlasse konnte die Verwaltung jederzeit aus formalen Gründen zurückweisen. Das System der Berater, das sich seit der Zhanguo-Zeit entwickelt hatte, wurde im Kaiserreich so weit perfektioniert, dass es die Kaiser neutralisierte. Ihnen kam in diesem System vor allem rituelle Funktion zu: sie mussten Opfer darbringen, Audienzen vorsitzen, Lehren empfangen und Akten abzeichnen – ob sie wollten oder nicht. »Ach«, seufzte einst ein Kaiser, dem seine Minister einen Ausritt untersagt hatten, »ich werde als Sohn des Himmels verehrt, darf aber nichts von mir aus tun!«

Der bürokratische Staat brauchte den Kaiser als Symbol seiner Einheit und Legitimität, nicht aber als Herrscher. Die ›Söhne des Himmels‹ wurden zu göttlichen Wesen stilisiert, erhaben über die Welt der Menschen – und damit zugleich von ihr isoliert. Eingeschlossen in den Mauern des Palastes, umgeben nur von Frauen und Eunuchen, kannten die meisten von ihnen »das Reich, ohne aus dem Tor zu gehen«, mit anderen Worten: sie kannten es nur aus Berichten. Die Kindkaiser der Han, aber auch der letzte Kaiser der Qing, Puyi, sind Beispiele dafür, wie hilflos chinesische Kaiser von Anbeginn in einem System gefangen waren, das sie nach Belieben manipulierte. Die Frage war lediglich, wer den Kaiser manipulierte: Beamte, Eunuchen oder die Kaiserinnen mit ihren Verwandten. Bisweilen haben Kaiser versucht, die Bürokratie zu umgehen, indem sie Kompetenzen auf innere Zirkel am Hof – Eunuchen oder persönliche Berater – verlagerten; immer wieder gab es blutige Palastintrigen, die von der Geschichtsschreibung streng verurteilt wurden. Doch am System änderte das alles nichts, ebenso wenig wie die verzweifelten Versuche der Ming-Kaiser, sich aus der rituellen Zwangsjacke zu befreien, indem sie streikten: jahrzehntelang hielten sie keine Audienzen – und die Regierung funktionierte trotzdem. Auch das skrupellose Vorgehen des ersten Ming-Kaisers, der grausame Prügelstrafen für die Beamten sowie eine folternde und mordende Geheimpolizei einführte, lassen sich kaum als Demonstration der Stärke verstehen. Sie sind nur eine andere Form des Widerstands der Kaiser gegen ein System, das ihnen nicht mehr als eine streng geregelte rituelle Funktion zuwies.

Die ersten 50 Jahre der Han, geprägt von daoistisch-müßigen Kaisern, waren eine Zeit des Friedens und der Prosperität. Daran änderte auch das Interregnum der berüchtigten Kaiserin Lü Zhi nichts. Die Witwe Gaozus ermordete nach seinem Tod ihre Rivalin auf bestialische Weise, vergiftete einen Bruder des Kaisers, setzte dann nacheinander zwei Kinder auf den Thron. Sie führte von 191 bis 180 v. Chr. *de facto* die Regierung, womöglich sogar *de iure*, wie ein 1968 gefundenes Jadesiegel mit der Aufschrift »Siegel der Kaiserin« nahelegt: als erste regierende Kaiserin der chinesischen Geschichte. Wie auch immer – die Episode erschütterte den Hof, nicht aber das Reich, das unbehelligt von den politischen Ränkespielen der Hauptstadt prosperierte. Wie wohlhabend selbst kleine Lokalfürsten in dieser Zeit waren, belegen Grabfunde wie die von Mawangdui, im heutigen Hunan. Dort wurden 1972 drei Gräber der Markgrafen von Dai gefunden, einem winzigen Fürstentum mit 700 Haushalten. Diese Gräber waren überaus reich ausgestattet. Über 1000 Grabbeigaben fand man in ihnen: exquisite Seidenkleider, kostbare Lackbehälter, Möbel, Geschirr, Speisen, Musikinstrumente, Grabgeld, Holzfiguren und eine große Grabbibliothek mit Dutzenden auf Seide geschriebenen Texten – Schatzkammern auch für die moderne Forschung.

Der Reichtum der Han-Eliten hatte seine Kehrseite im Leid der Bauern. In der zeitgenössischen Lehre von den »Vier Ständen« (*simin*) der Gesellschaft – Gelehrten, Bauern, Handwerkern, Händlern – nahmen die Bauern den zweithöchsten Platz ein. Doch die Realität sprach dieser Theorie hohn. Die Bauern, sonnenverkohlte, halbnackte und ausgemergelte Gestalten, fristeten ein erbärmliches Dasein am Rande der Gesellschaft. Ob sie überhaupt wussten, dass sie in einem Reich lebten? Ob sie den Ruhm ihrer Dynastie oder auch nur deren Namen kannten? Es dürfte ihnen gleichgültig gewesen sein, unter wessen Herrschaft sie ihre zerschundenen Körper tagtäglich über den Feldern krümmten, um eine magere Subsistenz zu erwirtschaften.

> Im Frühjahr bestellen sie das Land, im Sommer jäten sie, im Herbst ernten sie, und im Winter bringen sie die Ernte ein. Außerdem müssen sie Holz für den Winter hauen, und die öffentlichen Bauten ausbessern, und zudem werden sie zu vielen anderen Arbeiten herangezogen. Im Frühjahr sind sie den schneidenden Winden und dem Staub ausgesetzt, im Sommer schwitzen sie unter der Glut der Sonne, sie erstarren unter den herbstlichen Regengüssen und zittern vor Kälte im Winter. Das ganze Jahr rasten sie nicht einen einzigen Tag. … Geplagt sind sie mit tausend Pflichten, dann aber stürzen noch Naturkatastrophen über sie herein – seien es Dürren oder Überschwemmungen. Sie müssen die Forderungen einer allzu harten Regierung erfüllen, den Steuererhebungen der Jahreszeit entsprechend nachkommen … Wer etwas Eigentum besitzt, muss es zum halben Preis verkaufen, wer aber nichts hat, muss für den doppelten Wert borgen gehen. Ach, wie oft geschieht es, dass ein Bauer seine ganze Habe verkaufen muss, seine Felder, seinen Hof und sogar seine Kinder und die Enkelkinder, um jene Schulden zu bezahlen.
>
> (Chao Cuo, *Hanshu* 24)

Die Bauern lebten stets am Rande des Existenzminimums. Eine fünfköpfige Familie, die knapp 2 Hektar Land beackerte, konnte eine durchschnittliche Ernte von höchstens 3 Tonnen Getreide erzielen, von denen sie Steuern, Kleidung, Werkzeug und allen Bedarf des täglichen Lebens bestreiten musste. Das mochte zum Leben reichen – aber wehe, wenn es ein schlechtes Jahr oder gar Heuschreckenplagen und Überflutungen gab. Dann begann der unerbittliche Mechanismus, den der oben zitierte Text beschreibt: Um die Steuern zu bezahlen, mussten Bauern Kredite zu Wucherzinsen aufnehmen, verschuldeten sich und mussten schließlich ihre Äcker an Großgrundbesitzer verkaufen, die mit der Zeit immer mehr Land in ihrem Besitz konzentrierten.

Damit bröckelte das Fundament des Reiches selbst: die freie Kleinbauernschaft, auf deren Steuern und Dienstleistungen der Staat angewiesen war. Bauern, die zu Pächtern wurden, verschwanden oft von den Steuerlisten, wodurch die verbliebenen Bauern umso stärker belastet wurden und ihrerseits in den fatalen Strudel von Schulden und Enteignung gerieten. Im selben Maße, wie die Zentralregierung durch diesen Prozess geschwächt wurde, entstanden mit den Großgrundbesitzern neue Machthaber auf lokaler Ebene, die dem Staat Steuern und Gehorsam verweigern konnten. Während die Eliten florierten, brachte die Not der Bauern die Dynastie in Bedrängnis: der Zyklus von Ausbeutung und Unterdrückung neigte sich nach unten.

Autokratie und Expansion

Ihre erste große Krise erlebten die Han, als zunehmend repressive Maßnahmen der Zentrale gegen die Titularkönige im Jahre 154 v. Chr. zu einer Revolte führten. Unter der Führung des Königs von Wu erhoben sich sieben Königtümer gegen die Han, der größte Aufstand, den die Dynastie bis dahin erlebt hatte. Doch es gelang der Han-Armee, die Rebellion schnell niederzuschlagen, und sie nutzte die Gelegenheit, um Macht und Größe der Königreiche weiter zu beschneiden. Der Aufstand von 154 markiert einen Wendepunkt in der Geschichte der Han. Erst durch seine Niederschlagung und die endgültige Entmachtung der Regionalfürsten in den folgenden Jahrzehnten konnte die Zentrale ihren Einfluss tatsächlich auf das ganze Reich ausdehnen. Erst jetzt wurde das Reich der Han nicht nur nominell, sondern auch faktisch geeint. Nun wurden die Beziehungen zwischen Zentrale und Peripherie in allen Bereichen radikal umgestaltet – und zwar nach demselben Muster wie bei der ersten Reichseinigung unter den Qin.

Die Umgestaltung des Han-Reichs verbindet sich vor allem mit einem Herrscher, der wie kaum ein anderer in der chinesischen Geschichte persönlich Politik gemacht hat: mit Liu Che, der als Kaiser zu Recht Wu, der »Kriegerische«, heißt. Kaiser Wus Regierungszeit, 141–87 v. Chr., war eine der längsten und ereignisreichsten der chinesischen Geschichte. Sie erlebte die größte militärische Ausdehnung der Han, sah ihren bedeutendsten Historiker, Sima Qian, ihren einflussreichsten Philosophen, Dong Zhongshu, und ihren Dichterfürsten, Sima Xiangru; und sie brachte Institutionen, Denk- und Handlungsmuster hervor, die bestimmend wurden für chinesische Vorstellungen von Staat und Herrschaft.

Kaiser Wu führte die Han auf den Höhepunkt ihrer Macht. Durch aggressive Maßnahmen stärkte er die Zentralmacht in allen Bereichen: gegenüber den Beamten, der Provinz und den ›Barbaren‹. Zunächst setzte er eine autokratische Herrschaft durch, indem er die Spitze der Verwaltung umging. Seine Kanzler ließ Kaiser Wu regelmäßig absetzen oder umbringen und herrschte stattdessen durch ein persönliches Sekretariat. Die Titularfürsten entmachtete er systematisch, indem er sie verurteilen oder enteignen ließ und sie zwang, ihre Herrschaftsgebiete nicht einem Sohn zu vererben, sondern unter allen gleichmäßig zu verteilen. Innerhalb weniger Generationen waren die Titularfürsten zersplittert und machtlos.

Vor allem aber ging Kaiser Wu gegen die Xiongnu vor, die immer wieder Raubzüge gegen das Reich der Han führten. Die *shanyu*, deren Autorität über die Stammesführer auf militärischem Erfolg beruhte, waren zu regelmäßigen Kriegszügen gezwungen, um ihren Machtanspruch zu bestätigen. Was für die Xiongnu eine politische Notwendigkeit war, empfanden die Han als Plage. Den Friedensvertrag hatten die Xiongnu regelmäßig gebrochen und immer unverschämtere Forderungen gestellt: Mao Dun hatte sich einst sogar erdreistet, der Kaiserin Lü die Ehe anzutragen.

> Ich bin ein einsamer Herrscher, inmitten von Sümpfen geboren und aufgewachsen in der Steppe, zwischen Rindern und Pferden. Mehrfach schon bin ich an Eure Grenzen gekommen in dem Wunsch, das Reich der Mitte zu bereisen. Ihr, Majestät, seid ebenso einsam auf dem Thron und im Leben. Wir zwei Herrscher sind beide freudlos und haben nichts, woran wir uns erbauen können: lasst uns das, was wir besitzen, eintauschen gegen das, was uns fehlt!
> (*Hanshu* 94A)

Die Kaiserin ließ ihn abblitzen: sie sei alt und kränklich, Haare und Zähne seien ihr ausgefallen, und gerade gehen könne sie auch nicht mehr …

Ab 133 v. Chr. beendete Kaiser Wu die Politik der »Verwandtschaft und Harmonie« mit den Xiongnu und ging in die Offensive. Er lancierte zum einen mehrere große Frontalangriffe durch die Mongolei, mit denen er den Xiongnu verheerende Niederlagen beibrachte, und versuchte zum anderen, sie in einer Zangenbewegung von Westen anzugreifen. Dort, in Zentralasien, siedelten nicht Chinesen, Xiongnu oder andere Völker der Steppe, sondern eine verwirrende Vielfalt meist indoeuropäischer Völker: »Menschen mit tiefliegenden Augen und hohen Nasen.« Die Xiongnu hatten 176 v.Chr. die Yuezhi, eines dieser indoeuropäischen Völker, vertrieben. Diese Yuezhi, die weiter westlich nach Baktrien (im Norden des heutigen Afghanistan) geflohen waren, wollte Kaiser Wu für seinen Plan als Verbündete gewinnen. 139 v.Chr. schickte er den Gesandten Zhang Qian (gest. 114 v.Chr.) aus, um Kontakt mit ihnen aufzunehmen. Die Expedition, eine wahre Odyssee, war ein kolossaler Fehlschlag: Zhang Qian geriet zehn Jahre lang in die Gefangenschaft der Xiongnu und fand auch bei den Yuezhi keine Unterstützung. Auch ein zweiter Versuch, die Wusun, ein indoeuropäisches Reitervolk im Ili-Gebiet (heute in Russland), als Verbündete zu gewinnen, scheiterte.

Dennoch wurden Zhang Qians Reisen legendär. Unermessliche kulturelle Bereicherung sollen sie dem Han-Reich beschert haben. Zhang Qian, so heißt es, habe nicht nur die ersten Berichte aus der hellenistischen Welt jenseits des Pamir, sondern auch viele ihrer Produkte nach China gebracht: Trauben, Klee, Gewürze, Pfirsiche und vor allem die sagenhaften »blutschwitzenden« Pferde von Ferghana – eine wertvolle Ressource für sein Land, in dem es stets an Pferden mangelte. Zhang Qian wird als Vater der Seidenstraßen verehrt. Mit seiner Person verbindet sich die Öffnung der Handelswege nach Baktrien und Sogdien, die unter Kaiser Wu weiter ausgebaut wurden.

> Von da an füllten glänzende Perlen, Schildkrötenpanzer, Rhinozeroshörner, Eisvogelfedern die Paläste der Kaiserin; … blutschwitzende Pferde drängten sich am Kaiserhof; Herden von großen Elefanten, Löwen, Raubtieren und Straußen lebten in den äußeren Parks; die exotischsten Dinge kamen aus allen vier Himmelsrichtungen. (*Hanshu* 96B)

Die Orientierung nach Westen diente von Anbeginn auch der Erschließung von Land. Entlang der Seidenstraße wurden zahlreiche Grenzstationen errichtet: Militärstützpunkte und zugleich Zentren ziviler Besiedlung, in denen freie Bauern fern von den Latifundien der Lößebene angesiedelt wurden. Es war eine Maßnahme, um dem Zyklus von Landflucht und Steuerausfall entgegenzuwirken und die wirtschaftliche Basis des Zentralstaates zu stärken. Etwa zwei Millionen Menschen sollen in den Gansu-Korridor und in das Tarim-Becken umgesiedelt worden sein: eine Expansion, die dauerhaft zwar nicht das Gebiet Chinas, aber doch seinen Horizont deutlich erweiterte. Seither ist die Geschichte Chinas ein Teil der Geschichte Asiens.

Geschichtsschreibung 史

China besitzt eine historische Literatur, deren Fülle weltweit einzigartig ist. Als Vater der chinesischen Geschichtsschreibung gilt Sima Qian (ca. 145–86 v. Chr.), Hofastronom unter Kaiser Wu. Seine Leistung mutet geradezu heroisch an. Er durchforstete nicht nur die kaiserliche Bibliothek auf der Suche nach Quellen, sondern reicherte seine historischen Kenntnisse auf langen Reisen an die Ostküste und bis in den fernen Süden des Reiches durch mündliche Überlieferungen, Augenzeugenberichte und persönliche Anschauung an. Auch nachdem er wegen seiner außenpolitischen Ansichten in Ungnade gefallen und zur Strafe kastriert worden war, ließ er sich nicht von seinem Werk abhalten: »mit verstümmeltem Körper im Schmutz dahinvegetierend«, schuf er ein monumentales Geschichtswerk, das zum Vorbild für alle späteren Historiker wurde. Mehr noch, seine *Aufzeichnungen des Schreibers*, *Shiji*, haben der Geschichte selbst ihren Namen gegeben. *Shi*, der Amtstitel Sima Qians, nahm späterhin die Bedeutung »Geschichtsbuch« und schließlich »Geschichte« an. In 130 Kapiteln mit 500 000 Zeichen – ganze Wagenladungen von Holz- oder Bambustäfelchen müssen das gewesen sein – beschreibt das *Shiji* die Geschichte Chinas vom mythischen Gelben Kaiser bis zu Kaiser Wu der Han. Dabei ordnet es seinen gewaltigen Stoff nicht chronologisch, sondern nach fünf inhaltlichen Kategorien: »Grundlegende Annalen« (*benji*) der großen Herrscherhäuser, chronologische »Tabellen« (*biao*), »Monographien« (*shu*) zu kulturgeschichtlichen Themen, wichtige »Erbhäuser« (*shijia*) des Alten China sowie »Überlieferungen« (*zhuan*) über historische Personen und Nachbarvölker.

Dieses Format wurde, nur wenig verändert, in späteren Werken übernommen, die in der Regel die Geschichte einer Dynastie behandelten. Auf diese Weise entstanden 25 Reichsgeschichten, vom *Shiji* bis zum *Entwurf der Qing-Geschichte* (*Qingshi gao*). Sie gelten als Herzstück der chinesischen Historiographie und autoritative Darstellung chinesischer Geschichte. Auch wenn diese Werke ab dem 7. Jahrhundert von offiziell bestallten Kommissionen – von Beamten für Beamte – herausgegeben wurden, beriefen sich die Historiker stets auf ihr Berufsethos, das Sima Qian vorgelebt hatte. Er gebot ihnen, sich allen Anfechtungen der Obrigkeit zum Trotz an die Fakten zu halten, gewissenhaft die Quellen zu wägen, »Schönes nicht zu entwerten, Hässliches nicht zu verhehlen« und sine ira et studio »Wahrhafte Aufzeichnungen« (*shilu*) zu verfassen. Das Ideal hat auch westliche, vom Historismus geprägte Forscher beeindruckt: hier fanden sie ihre »eunuchische Objektivität« (Droysen), verkörpert vom Kastraten Sima Qian.

Natürlich sind chinesische Geschichtswerke ebenso wenig objektiv wie alle anderen. Sima Qian, der Daoist aus Shanxi, stellte die Geschichte des Han-Reichs deutlich anders dar als seine Nachfolger Ban Gu (32–92) und dessen Schwester Ban Zhao (ca. 45–117), Mitglieder einer mächtigen Generalsfamilie aus dem Nordwesten, die 200 Jahre später abermals eine Geschichte der Han (*Hanshu*) schrieben. Noch irritierender ist die Selbstverständlichkeit, mit der das *Shiji* vom Gelben Kaiser und anderen Mythen handelt, ohne diese von Geschichte zu unterscheiden; und auch die nächsten Dynastiegeschichten berichten bedenkenlos von Geistern, Monstern und anderen übernatürlichen Erscheinungen. Um »Wahrheit« ging es diesen Historikern weniger als um die exemplarische Veranschaulichung von guten und bösen Taten. Geschichte war im vormodernen China kein getreuer Spiegel, sondern eine Lehrmeisterin des Lebens. Sie wurde weniger nach methodisch-kritischen Maßstäben beurteilt als nach ethischen und literarischen.

Auch der oben zitierte Begriff *shilu* dürfte wohl ein literarisches Kriterium gewesen sein, mit dem nicht »wahrhafte«, sondern prägnante, kurzgefasste Aufzeichnungen gemeint waren. Ebendas waren sie: Auszüge aus Edikten, Protokollen und anderen Akten, zusammengestellt, bevor die Originale vernichtet wurden. Diese *shilu* dienten, abermals stark gekürzt, seit der Tang-Zeit als Grundlage für die Dynastiegeschichten. Auch methodisch sind diese Reichsgeschichten also als Literatur zu behandeln, nicht als Quellen. Der Vergleich mit den Originalakten, die uns – vor allem aus der späten Kaiserzeit – erhalten sind, verdeutlicht, wie selektiv, verkürzt und unvollständig ihre Darstellung ist. Erst mit der zunehmenden Verfügbarkeit von Primärquellen in den letzten Jahrzehnten beginnt die historische Forschung, das orthodoxe Geschichtsbild dieser Standardwerke durch differenziertere, kritische Darstellungen zu ersetzen.

Der Vorstoß nach Zentralasien war Teil einer geradezu explosiven Ausweitung des Reiches unter Kaiser Wu. In alle Himmelsrichtungen schickte der »Kriegerische« seine Armeen: nach Süden, wo 138 v. Chr. die Gegend des heutigen Fujian und 111 v. Chr. das heutige Guangzhou besetzt wurden, nach Nordosten in die heutige Manjurei und sogar auf die koreanische Halbinsel, wo 108 v. Chr. chinesische Verwaltungszentren errichtet wurden. Die Parallelen zu den Eroberungen des Ersten Kaisers von Qin sind nicht zu übersehen: Kaiser Wu stieß nicht nur in ähnliche Richtungen vor, sondern er eroberte zum Teil dieselben Gebiete noch einmal.

Mit den Feldzügen der Qin und Han begann ein Prozess, der sich über 1500 Jahre fortsetzen sollte: die chinesische Kolonisierung des Südens. Doch der Zugriff auf die besetzten Gebiete südlich des Yangzi war zunächst weder fest noch flächendeckend. Die Han etablierten in dem dünn besiedelten Land lediglich kleine Außenposten, meist entlang der Flusstäler, und überließen die Verwaltung ansonsten den Einheimischen, denen sie – ganz ähnlich den Titularkönigen im Osten des Reiches – chinesische Titel verliehen. Diese Einheimischen, »die sich den Kopf kahlscheren, Leib und Arme tätowieren und ihre Kleider links knöpfen«, waren im übrigen keineswegs Wilde, sondern zum Teil hochzivilisierte Völker. In der Nähe des heutigen Kunming, an der Handelsstraße nach Burma, blühte vom 4. bis 1. Jahrhundert v. Chr. das Königreich der Dian, dessen hochentwickelte Bronzekultur – Waffen, Schmuck, Trommeln, Figuren von Tieren und tanzenden Menschen – erst in den 1950er Jahren entdeckt wurde. Die Dian dürften weitaus engere Kontakte mit den Völkern Südchinas, Burmas, ja sogar mit den Völkern der nördlichen Steppe gehabt haben als mit China. Dennoch weist ein goldenes Siegel ihren Herrscher in chinesischen Zeichen als »König von Dian« aus: ein Titel, vom Han-Kaiser verliehen, der den Anspruch der Han auf Oberhoheit über die Dian dokumentiert.

Südöstlich davon, in der Gegend des heutigen Guangzhou, bestand ein Jahrhundert lang sogar ein eigenständiges Kaiserreich, das dem der Han kaum nachstand: Nanyue, gegründet von einem General der Qin, Zhao Tuo. Von seiner Pracht zeugt das 1983 gefundene Grab seines Enkels, Zhao Mo: über 1000 Grabbeigaben aus Gold, Silber, Jade, Elfenbein und Bronze sowie 15 mitbestattete Menschen befanden sich darin. Auch dieser König besaß ein prächtiges goldene Siegel, mit einem Drachenknauf verziert, das die Inschrift »Reisesiegel des Kaisers Wen« trug: ein Titel, der keineswegs Unterwürfigkeit gegenüber den Han ausdrückt, sondern selbstbewusste Autonomie. Die Völker am Rande der chinesischen Welt waren lange Zeit nur aus chinesischen Quellen bekannt, wo sie als botmäßig, bisweilen auch renitent, jedoch stets in Abhängigkeit vom chinesischen Reich beschrieben werden. Wie eigenständig sie in Wirklichkeit waren, zeigen erst die Funde der modernen Archäologie. Sie rezipierten chinesische Kultur, ließen sich aber keineswegs einfach von ihr verdrängen.

Die Han gerieten indes mit der Expansion unter Kaiser Wu in dieselbe gefährliche Spirale, die schon die Qin zu Fall gebracht hatte. Die Mi-

Arbeit in einem Salzbergwerk; Abreibung eines Grabziegels aus Sichuan, 2. Jh. n. Chr.

litärmaschine, die zur Stärkung und Bereicherung des Staates diente, brauchte selbst immer mehr Ressourcen, um ihre Schlagkraft aufrechtzuerhalten. Schon bald waren die Staatsfinanzen so erschöpft, dass neue Geldquellen erschlossen werden mussten. Jetzt ging es den Händlern, von denen es einige zu enormem Reichtum – riesigen Ländereien, Fischteichen, Jagdparks und Hunderten von Sklaven – gebracht hatten, an den Kragen: Kaiser Wu führte Zusatzsteuern ein und ließ viele Händler umstandslos enteignen. Seine Beamten

> konfiszierten Vermögenswerte, die nach Hunderten Millionen rechneten, Sklaven, die nach Tausenden und Zehntausenden zählten, in großen Kreisen Ländereien von mehreren tausend Morgen, in kleinen Kreisen an die tausend Morgen und entsprechend viele Häuser. Daraufhin waren nahezu alle mittleren und großen Händler ruiniert. (*Hanshu* 24B)

Der Staat wurde nun selbst zum Wirtschaftsakteur, indem er eine Reihe von Monopolen auf essentielle Güter einrichtete: Salz, Eisen, Alkohol und Münzgeld. Besonders der lukrative Handel mit Salz und Eisen wurde zu einer wichtigen Einnahmequelle für den Staat. Die Staatsmonopole dürften wesentlich dazu beigetragen haben, dass die Han sich noch ein weiteres Jahrhundert an der Macht halten konnten.

Kaiser Wu der Han ist oft mit dem Ersten Kaiser der Qin verglichen worden. Wie dieser bekräftigte er seinen Machtanspruch durch ausgedehnte Reisen sowie aufwendige Kulthandlungen; und seine politischen Maßnahmen – Zentralisierung, Autokratie, Angriffskriege, harsche Strafen, hohe Steuern, Fronarbeit und kollektive Verantwortung – waren Legismus reinsten Wassers. Auch den Glauben an Magier und Wundertäter teilte Kaiser Wu mit Qin shi huangdi. An seinem Hof tummelten sich Astrologen, Wahrsager, Zauberer und Schamanen; Daoisten verhießen mit makrobiotischen oder sexuellen Techniken langes Leben, Alchimisten versprachen aus Zinnober Gold herzustellen, Geomanten richteten Gräber und Wohnhäuser glückbringend aus, und Geisterbeschwörer führten Regentänze auf. »Keiner«, so spottete ein Zeitgenosse, »der nicht mit den Händen wedelte und behauptete, er kenne geheime Techniken und verstehe sich auf Geister und Unsterbliche.« Die Dimensionen des Okkultismus am Hof offenbarten sich immer dann, wenn es zu Skandalen kam: 130 v. Chr. etwa, als 300 Personen der Hexerei bezichtigt und hingerichtet wurden, oder 91 v. Chr., als Zehntausende starben, nachdem ein Mordversuch am Kaiser durch Voodoo-Puppen aufgeflogen war.

›Konfuzianismus‹ als Staatsideologie

Es erscheint wie eine Ironie der Geschichte, dass ausgerechnet unter Kaiser Wu die Lehre auflebte, die sich stets als Gegenentwurf sowohl zum Legismus als auch zum Glauben an Magie darstellte: der ›Konfuzianismus‹. Jahrhundertelang war die Lehre des Konfuzius völlig unbedeutend gewesen, seine Schriften wurden von den Qin proskribiert, und die früheren Han-Kaiser standen dem Daoismus näher als dem Konfuzianismus.

Erst jetzt, gegen Ende des 2. Jahrhunderts v. Chr., gewann er am Hof an Bedeutung – allerdings in einer Form, die der Meister selbst kaum wiedererkannt hätte: der ›Konfuzianismus‹ der Han war keineswegs dasselbe wie die Lehre des Konfuzius. Zwar stützte er sich auf dieselben Schriften, die auch schon Konfuzius und seine Schüler verehrt hatten, interpretierte diese aber im Sinne mystischer kosmologischer Spekulationen. In den ›apokryphen‹, von der nüchternen Orthodoxie später unterdrückten Kommentaren wurden die kanonischen Schriften als Ausdruck des Zusammenspiels von Yin und Yang, Himmel und Mensch und den Fünf Wandelphasen gelesen. Die Apokryphen waren – und das kennzeichnet Denkschulen der chinesischen Kaiserzeit – Synkretismen, in denen diverse Einflüsse verschmolzen. Nachdem die kämpfenden Staaten politisch vereint und Denker unterschiedlichster kultureller Prägung im Zentrum des Reichs zusammengekommen waren, verbanden sich die einst konkurrierenden »Hundert Schulen« zu neuen Synthesen: die passende geistige Form für ein Zentralreich, in dem regionale Unterschiede aufgehoben waren. Dieser synkretistische ›Konfuzianismus‹ unterschied sich nur wenig von den Lehren der Geomanten, Magier und Daoisten: diese benutzten Kompasse, jener Texte, um Glück und Unglück zu bestimmen. Allemal bildete die Vorstellung vom Zusammenhang aller Sphären die Grundlage des Denkens.

Dieser Seinszusammenhang, die »Vereinigung von Himmel und Menschen« (*tianren heyi*), wird oft als *der* Grundgedanke des ›chinesischen Denkens‹ identifiziert. Besonders deutlich wird er in der einflussreichsten der apokryphen Schriften formuliert, dem *Üppigen Tau zum Frühling und Herbst* (*Chunqiu fanlu*), verfasst von einem hohen Berater Kaiser Wus, Dong Zhongshu (ca. 179–104 v. Chr.). Als Kommentar zum *Chunqiu* konzipiert, verbindet dieses Werk konfuzianische, daoistische, legistische und kosmologische Gedanken der Zhanguo-Zeit. »Die Kräfte des Himmels und der Erde vereinen sich und werden eins, teilen sich in Yin und Yang, verteilen sich auf vier Jahreszeiten und reihen sich zu den Fünf Wandelphasen«, heißt es dort, und auch: »In ihrer Art verbunden, sind Himmel und Menschen eins.« Damit ist der Weltzusammenhang, der zuerst in der Zhanguo-Zeit formuliert wurde, auf den Punkt gebracht. Doch er ist keineswegs als naturverbundene Harmonielehre zu verstehen; so harmlos war der Gedanke nicht. Vielmehr bot er die Legitimation der monarchischen Ordnung; denn allein der Herrscher verbürgte die Einheit von Himmel und Menschen:

> Die Alten, die die Schrift erfanden, zogen drei Linien, verbanden sie in der Mitte und nannten das Zeichen [王] *wang*, »König«. Die drei Linien sind Himmel, Erde und Menschen, und die Verbindung in der Mitte durchdringt ihr Urprinzip. Der die Mitte von Himmel, Erde und Menschen einnimmt, sie verbindet und dreifach durchdringt, wer könnte das sein, wenn nicht der König? Daher ist der König der Vermittler des Himmels: er vermittelt seine Jahreszeiten und vollendet sie, richtet die Menschen nach dem Vorbild seines Gesetzes aus, nimmt die Aufgaben nach seiner Maßgabe auf, erlässt Gesetze nach der Ordnung seines Prinzips und führt seinen Willen auf Menschlichkeit zurück. Die herrlichste Menschlichkeit liegt beim Himmel, ja: der Himmel ist Menschlichkeit. (*Chunqiu fanlu* 44)

Dong Zhongshu ging es offenkundig nicht um romantischen Einklang mit der natürlichen Ordnung, sondern um Herrschaftslegitimation. Er übernahm die alte Vorstellung vom Herrscher als »Sohn des Himmels« – auch diese Bezeichnung wurde unter Kaiser Wu wieder eingeführt – und radikalisierte sie: denn der Himmel war nun nicht mehr der Stammesgott der Zhou, auch nicht der moralisch richtende Gott der Chunqiu-Zeit, sondern ganz im Sinne Xunzis gleichbedeutend mit der Natur, deren Gesetze absolut gelten. Damit wird die kaiserliche Ordnung in der Natur begründet und der Herrscher zur *axis mundi*, um die sich alles dreht – eine schlechthin unanfechtbare Legitimation des Systems gegenüber der Literatenschicht. Dieser Konfuzianismus, der sich als harmonisierende Lehre der Einheit von Himmel und Menschen gab, war in Wirklichkeit die Ideologie eines Absolutismus, der alle Macht im Kaiser vereinte. Der Kaiser war zwar nicht gottgleich – der Gedanke der Transzendenz verbot dies –, aber als »Himmelssohn« göttlich legitimiert – und dadurch gezwungen, sich der natürlichen Ordnung zu fügen.

> Wenn der König von rechter Art ist, dann stehen die Urkräfte [Yin und Yang] in harmonischer Beziehung zueinander. Wind und Regen kommen zur rechten Zeit, glückverheißende Gestirne werden sichtbar, und der Gelbe Drache senkt sich hernieder. (*Chunqiu fanlu* 4.6)

Der Kaiser wird als höchste Macht auf Erden installiert, muss sich aber ständig aufs neue bewähren und wird dadurch – das ist der Clou dieser Lehre – entmachtet: denn als »Vermittler des Himmels« steht ihm keine Initiative außerhalb dieser Ordnung zu, er bleibt an das »Mandat des Himmels« gebunden. Gleichförmig und pünktlich, wie der Gang der Jahreszeiten, hatte er seine Riten zu vollziehen, um die Harmonie des Kosmos zu sichern. Er verkündete den Kalender, zog im Frühjahr symbolisch die ersten Furchen im Acker und brachte die Opfer des Reichs dar. All das war weniger ein Tun als ein Geschehen. Die geringste Abweichung von dieser Routine konnte sich desaströs auf das kosmische Gleichgewicht auswirken. Naturkatastrophen! Jedes Erdbeben, jede Flut, Sonnenfinsternis oder Heuschreckenplage konnte auf ein Fehlverhalten des Kaisers zurückgeführt werden. Die Historiker der Han-Zeit ließen es sich angelegen sein, glückverheißende und unheilvolle Vorzeichen akribisch zu notieren – auch solche, die in Wirklichkeit nie aufgetreten waren: Fiktionen der Beamten als Mahnung an den Herrscher. Eingezwängt in ein System ritueller Vorschriften, das jeden Verstoß sanktionierte, war der Kaiser gut beraten, keinerlei Initiative zu ergreifen. Genau das wurde von ihm erwartet: er sollte ganz ausdrücklich *nichts tun*.

> Indem er auf Würdige vertraut, erfährt er Vollendung, und indem er sich nicht an den Aufgaben abmüht, wird er verehrt. Indem er alle Wesen gleichermaßen liebt, ohne Zorn und Eifer, Belohnung und Strafen, übt er Menschlichkeit. Also erhebt der Herrscher das Nichttun zum Prinzip und die Neutralität zum höchsten Gut. Auf seinem Posten des Nichttuns nutzt er die vollkommenen Beamten: seine Füße bewegen sich nicht selbst, doch die Berater leiten ihn voran; sein Mund spricht nicht selbst, doch die Hofleute leiten seine Worte; sein Geist denkt nicht selbst, doch die Minister bewirken das Angemessene. Daher werden die Dienste vollendet, ohne dass jemand sieht, wie er es tut: auf diese Weise richtet der Herrscher sein Handeln nach dem Himmel.
>
> (*Chunqiu fanlu* 18)

Der Konfuzianismus der Han-Zeit war nicht mehr die Lehre einer sich wandelnden Adelsgesellschaft, wie Konfuzius sie vor Augen hatte, sondern die Legitimation des Beamtenstaates. Der Satz von oben muss also ergänzt werden: der Konfuzianismus war die Ideologie eines bürokratischen Absolutismus. Während der Sohn des Himmels, gleichsam eingezwängt in ein Totengewand aus Jade, schon zu Lebzeiten mumifiziert war, hatten die Beamten, die ihn »voranleiteten«, die eigentliche Macht inne. Vor allem die Macht einer Gruppe von Beamten wuchs an, nämlich die der konfuzianischen. Die Propagierung des Konfuzianismus, der heute so selbstverständlich als Inbegriff chinesischer Weisheit gilt, war in der Han-Zeit ein politisches Manöver, um Vertreter anderer Lehren aus den Ämtern zu drängen. Sie war eine Hofintrige unter vielen und letztlich eine vorübergehende Episode.

Was blieb, war die Wertschätzung von Literatur und Bildung. Kaiser Wu, der die Bande zu den Titularkönigen so entschieden kappte, versicherte sich umso mehr der Unterstützung durch die Literaten. Der »Kriegerische« Kaiser gab sich jetzt zunehmend als Patron ziviler Kultur, unter seiner Herrschaft wurde die Literatur als Instrument imperialer Legitimation systematisch gefördert. Ein Hofmusikamt (*yuefu*) war zuständig für die Komposition von Hymnen für Staatszeremonien und Unterhaltungsmusik für Feste. Dort wurden auch Lieder aus dem Volk gesammelt, um dessen Stimmung festzustellen, vielleicht auch für öffentliche Lustbarkeiten. Kaiser Wu holte auch Literaten an seinen Hof, darunter den großen Sima Xiangru (179–117 v.Chr.), die seine Herrschaft in langen, sprachgewaltigen ›Poetischen Beschreibungen‹ (*fu*) priesen. Diese *fu* hatten sich schon früh aus dem Genre der *Gesänge von Chu* (S. 127f.) entwickelt und erreichten in der Han-Zeit ihre Blüte: sie erinnern an die

Herkunft der Han aus Chu. Teils gereimt, teils in Prosa verfasst, boten die *fu* kunstvolle, oft überschwengliche Beschreibungen von Tieren, Gegenständen, Gefühlen, Städten, Parks, Jagden – und eben auch der Pracht des Kaisers.

> Ein großer Mann ist in der Welt, / der weilt im Kontinent der Mitte. / Sein Heim misst an zehntausend Meilen, / doch keinen Augenblick kann es ihn dort halten. / Betrübt ob Drang und Enge in der schnöden Welt, / schwingt leichthin er sich auf und wandelt fern hinfort. / Geschmückt mit roten Fahnen wie Regenbögen klar, / trägt er den Wolken-Odem und gleitet leicht empor. / Errichtet hoch den langen Pfahl des Sterns Gezi, / Geschmückt mit bunten Schweifen, die funkeln voller Glanz. / Er trägt den Stern Xunshi als Schärpe umgehängt, / und macht sich von Kometen einen bunten Schweif …
>
> (Sima Xiangru, »Daren fu«, *Shiji* 117)

… und so weiter über hundert Verse. Mehr als 1000 solcher *fu* wurden in der Han-Zeit verfasst, nur wenige sind erhalten. Mit seiner opulenten Bilderfülle und seinen gewaltigen Satzkaskaden war das Genre eng mit der Hofkultur der Han verbunden. Seine Glanzzeit endete mit der Dynastie, und auch das Musikamt wurde 7 v. Chr. aufgelöst.

Eine andere Einrichtung Kaiser Wus blieb indes dauerhaft von Bedeutung. 124 v. Chr. ließ er vor den Toren der Hauptstadt eine Kaiserliche Hochschule errichten, die der Unterweisung in den kanonischen Schriften des Altertums diente: dem *Buch der Wandlungen*, den *Liedern*, den *Dokumenten*, den *Riten* sowie den *Frühlings- und Herbstannalen*. Nicht, dass dort profunde Wissenschaft betrieben wurde: das Curriculum sah lediglich das Studium einer kanonischen Schrift mitsamt Kommentaren vor. Aber immerhin, diese Kenntnis sollte zu einer Voraussetzung für den Staatsdienst werden. Während Beamtenposten zuvor ohne weiteres an Verwandte oder Freunde von Amtsinhabern vergeben wurden, sollte der Zugang jetzt formal geregelt werden.

Damit war das alte System zwar keineswegs außer Kraft gesetzt; nach wie vor boten Empfehlungen einen direkten Zugang zu Ämtern, und auch für das Studium in der Kaiserlichen Hochschule bedurfte es einer Referenz. Aber jetzt wurde klassische Bildung so wichtig, dass fortan »die meisten Beamten in den Ministerien und in der Hauptstadt literarische Gelehrte waren«. Aus anfänglich 50 Studenten an der Kaiserlichen Hochschule wurden bald Hunderte und Ende des 1. Jahrhunderts v. Chr. schließlich 3000: damit gelang den Han eine Kontrolle des Denkens, wie sie die Qin mit allen Bücherverbrennungen und Verfolgungen nicht erreicht hatten.

Kanonische Schriften 經

Ohne die Schrift gäbe es keinen Konfuzianismus, und ohne Schriften wäre er nie zur Staatsideologie geworden. Schon der Meister selbst, Konfuzius, soll seinen Lebensabend damit verbracht haben, die »Lieder«, »Dokumente«, »Riten« und die »Musik« zu pflegen; die »Wandlungen« habe er so intensiv studiert, dass die Einbandschnüre dreimal rissen; und das *Chunqiu*, die Annalen seines Heimatstaates Lu, soll er sogar eigenhändig verfasst haben. Traditionell wird die Edition des gesamten konfuzianischen Kanons (zu dem als sechstes Werk noch ein *Kanon der Musik* gehörte, der heute verloren ist) Konfuzius zugeschrieben – doch daran glaubt heute niemand mehr. Ob und welche Teile davon zu Konfuzius' Zeiten überhaupt existierten, wissen wir nicht. Wie alle Texte des Alten China dürften auch sie in einem jahrhundertelangen kreativen Prozess angewachsen sein. Dieser Prozess war erst abgeschlossen, als in der Han-Zeit aus der breiten Überlieferung fünf völlig heterogene Texte – ein Orakelhandbuch, eine Dokumentensammlung, ein Liederbuch, ein Annalentext und ein Ritenkompendium – in kanonischen Rang erhoben wurden.

Auch wenn Konfuzianer es nie eingestehen würden: Die Kanonisierung wirkte sich ähnlich restriktiv auf die Überlieferung aus wie die Bücherverbrennung der Qin. Sie kanalisierte den lebendigen Strom der Tradition und stutzte den wuchernden Diskurs der Zhanguo-Zeit auf ein maßgebliches Format zurecht. Der Kanon hatte normativen Anspruch, er – und er allein – verkörperte die grundlegenden Werte der Gesellschaft, die »Wahrheit«. Deshalb mussten verbindliche Editionen geschaffen und vor allem: Kommentare geschrieben werden. Erst durch ihre Deutungsleistung konnten die alten Texte auf die lebendige Wirklichkeit bezogen werden. Kanonisierung und Kommentierung gingen Hand in Hand, ja genau genommen verliehen erst die Kommentare den Texten kanonischen Rang, indem sie hineinlasen, was diese nie ausgedrückt hatten. Unmöglich, in den lakonischen Einträgen des *Chunqiu* – »der König ging zur Jagd«, »die Ernte war gut«, »Regen« u. ä. – den Ausfluss konfuzianischer Weisheit zu erkennen, wenn nicht die Kommentare »die große Bedeutung der unscheinbaren Worte« erklärten. Sie lehren uns, dass jedes Wort des *Chunqiu* Lob oder Tadel ausdrückt, dass die scheinbar volkstümlichen Lieder voller politischer Anspielungen sind und die archaisch-dunklen Dokumente die Grundlegung chinesischer Staatsphilosophie enthalten.

Kommentierung führte zu Kanonisierung, und umgekehrt führte Kanonisierung zu Kommentierung. Denn mit der Fixierung des Kanons wurde es unmöglich, dessen Text zu ändern. Der Kanon war per Definition vollständig und ewiggültig. Die einzige Möglichkeit, etwas Neues hinzuzufügen, war –

einen Kommentar zu schreiben. Chinesische Gelehrsamkeit, stets gebunden an den konfuzianischen Kanon, drückte sich ganz wesentlich in der Kommentarliteratur aus. Unzählige Kommentare und Kommentare zu Kommentaren wurden seit der Han-Zeit produziert, deren Umfang die kanonischen Werke weit übertraf: in einem extremen Fall kamen auf vier Zeichen Text 300 000 Zeichen Kommentar!

Mehr als ein Dutzend verschiedene Dynastien haben den Kanon in Stein meißeln lassen, um ihn endgültig zu fixieren. Doch die Vielzahl der Versuche bezeugt nur ihr Scheitern. Der gelehrte Diskurs widersetzte sich beharrlich der kanonischen Engführung und schuf sich neue Wege. In der Tang-Zeit war der Kanon auf neun Werke gewachsen, in der Song-Zeit schließlich auf dreizehn – einschließlich Kommentaren, die selbst kanonisch geworden waren. Erst mit der Durchsetzung des Neukonfuzianismus im 13./14. Jahrhundert wurde diese Ausweitung beendet – durch Schaffung eines neuen Kanons. In den nächsten 600 Jahren erlangten die *Vier Bücher* – die *Urteile und Aussprüche* des Konfuzius, der *Mengzi* sowie zwei kurze Schriften aus den *Aufzeichnungen der Riten* – überragende Bedeutung. Sie bildeten den Kern des Korpus, der für die Beamtenprüfungen studiert werden musste, mitsamt den orthodoxen Kommentaren. Ihre Funktion war dieselbe wie die aller Kanones seit der Han-Zeit: die Einschränkung und Gleichschaltung des Diskurses in einem zentralen Einheitsreich. Erst als dieser Kanon grundsätzlich in Zweifel gezogen wurde, kam das chinesische Reich ins Wanken, und als er 1905 mit der Abschaffung des Prüfungssystems schließlich obsolet wurde, brach kurz darauf auch das Kaiserreich zusammen.

Nicht, dass der Konfuzianismus sich bereits unter Kaiser Wu als Staatsideologie etabliert hätte. Der Prozess dauerte noch fast ein Jahrhundert und kam erst unter Kaiser Yuan (48–33 v. Chr.) zu einem Abschluss. Kaiser Wus Politik der Expansion, staatlichen Monopole und Autokratie hingegen hatte weitaus mehr mit der des Ersten Kaisers von Qin gemein als mit konfuzianischen Idealen.

Die Han, darüber kann ihre spätere Verklärung nicht hinwegtäuschen, übten ein legistisches Regime mit ausgefeilten Gesetzen und überaus harten Strafen aus. Der Kodex, nach Gründung der Dynastie angeblich so drastisch zusammengestrichen, war im 1. Jahrhundert n. Chr. schon auf Hunderte Paragraphen mit Tausenden von Klauseln angewachsen. Auch wenn einige Körperstrafen – Tätowierung, Abhacken der Nase oder der Füße – 167 v. Chr. abgeschafft wurden, blieben Prügelstrafe und Kastration in Kraft, Folter gehörte zur juristischen Routine. »Jährlich werden

Zehntausende von Hinrichtungen vollstreckt«, berichtet ein zeitgenössischer Text, »im Reich gibt es mehr als 2000 Gefängnisse, und die Leichen der unschuldig Getöteten stapeln sich übereinander.« Ein Scharfrichter Kaiser Wus, der schon Tausende gehenkt hatte, soll nicht wenig erbost gewesen sein, als mit dem Frühlingsanfang die Saison der Hinrichtungen zu Ende ging und ihn hinderte, sein Werk fortzuführen. Legionen von Menschen wurden zu Zwangsarbeit verurteilt: zum Militärdienst an den Grenzen, weitab jeder Zivilisation, oder zum Bau von Palästen, Kanälen, Mauern und Kaisergräbern. Ihre Familien wurden versklavt, ebenso wie Tausende Kriegsgefangene, die für den Staat arbeiteten. Die ganze Macht und Herrlichkeit der Dynastien Han – der Früheren wie der Späteren – beruhte zum großen Teil auf drakonischen Körperstrafen und Zwangsarbeit.

Der Niedergang der Han

Als Kaiser Wu 87 v. Chr. starb, hinterließ er ein Reich, das finanziell zerrüttet war und von Kriegen erschöpft. Die Xiongnu hatten der Han-Armee zuletzt empfindliche Niederlagen beigebracht. Doch die Kräfte, die zum Zusammenbruch der Han führten, kamen nicht von außen. Die Xiongnu sollten sich nach mehr als einem Jahrhundert der Auseinandersetzung mit den Han bald in zwei rivalisierende Lager spalten. Der Führer des einen Teils unterwarf sich 51 v. Chr. den Han; der andere Teil wurde 36 v. Chr. von Han-Truppen weit im Westen geschlagen. Fortan herrschte Ruhe an der nördlichen Grenze, die Xiongnu waren keine ernste Bedrohung mehr für die Han.

Die echten Probleme erwuchsen im Reich selbst. Der Hof war von einem Skandal erschüttert worden, in dessen Folge Zehntausende von Menschen ermordet wurden (S. 157), die Bauern lebten in schreiendem Elend, Großgrundbesitzer dehnten ihre Besitztümer immer weiter aus. Angesichts dieser Krise berief Kaiser Zhao (87–74 v. Chr.) 81 v. Chr. eine Konferenz ein, in der Gelehrte und Beamte die dringendsten Fragen der Zeit verhandelten. Eine literarische Darstellung dieser *Debatten über Salz und Eisen* (*Yantie lun*), die Symbole staatlicher Monopolwirtschaft, ist uns erhalten: ein faszinierendes Dokument der Han-zeitlichen Geisteswelt, in dem zwei völlig gegensätzliche Positionen aufeinandertrafen. Auf der einen Seite die »Modernisten« oder Legisten, die einen starken Staat, wirtschaftliche Monopole, aktiven Außenhandel und Expansion fordern. Auf der anderen Seite die konfuzianischen »Reformer«, die eine physiokratische Wirtschaftspolitik vertreten: sie plädieren für autarke Landwirtschaft und Herrschaft durch Tugend, lehnen dagegen Merkantilismus, Gesetze und Profitstreben ab. Die Regierung der Han, so ihr Vorwurf, gebe mit Monopolen und Getreidehandel ein schlechtes Vorbild für das Volk, indem sie sich als Krämer geriere und von ihren landwirtschaftlichen Grundlagen entferne. Es sei absurd, entgegnen die Modernisten, am Ideal einer rein agrarischen Gesellschaft festzuhalten, da Handwerk und Handel ebenso wichtig seien: gerade deshalb müsse die Regierung im Namen der sozialen Gerechtigkeit regulierend eingreifen, um die Bauern zu schützen. Dagegen die Reformer: Die Qualität der Eisengeräte sei so schlecht und die staatlichen Preise seien so hoch, dass sie Bauern geradewegs ins Verderben trieben. Der Staat, entgegnen die Modernisten, brauche dieses Geld für den Kampf gegen die Xiongnu und den Unterhalt seiner Garnisonen: die Soldaten müssten ebenso geschützt werden wie die Bauern. Aber nein, versetzen die Reformisten, die beste Verteidigung bestehe in tugendhafter Herrschaft. Der Edle habe keine Feinde, im Gegenteil: alle Welt ströme ihm ergeben zu. Der Hof möge sich also bescheiden geben und den Handel mit Luxusgütern unterlassen. Mitnichten, erwidern die Modernisten, gerade der Luxus am Hof beeindrucke fremde Völker; der Außenhandel sei daher essentiell für die Außenpolitik. Das gehe alles zu Lasten der Bauern, beharren die Reformer; sie beklagen die Not auf dem Land, die Modernisten verweisen auf den Wohlstand der Städte.

Diese grundlegenden Themen und Argumentationsmuster sollten im Laufe der chinesischen Geschichte in vielen Variationen wiederkehren – bis zu den Diskussionen um Wirtschaftsreformen unter Deng Xiaoping. Dabei erforderte die Durchsetzung von ›Reformen‹ stets den Bezug auf die Geschichte. Um etwas Neues zu legitimieren, musste es als alt ausgegeben werden: als Reform im eigentlichen Wortsinn. Hinter dieser Rhetorik steckt keineswegs Nostalgie oder die Liebe zur Tugend der Alten, sondern meist blankes politisches Kalkül. Die Kleinbauern wurden zur Sicherung der Zentralmacht unterstützt, nicht aus Mitgefühl und Mildtätigkeit; Amnestien, Rangerhöhungen und Festgaben, die der Kaiser dem Volk zu besonderen Anlässen gewährte, förderten die Autorität der Zentrale; und die Sorge um den Lebenswandel des Kaisers zielte nicht auf seine Tugendhaftigkeit, sondern auf seine Ruhigstellung im Rahmen ritueller Vorschriften, und das heißt: der Machtsicherung der Bürokratie.

Auch unter Kaiser Zhao setzten sich die konfuzianischen ›Reformer‹ durch; doch damit kehrten keineswegs Tugend und Menschlichkeit in die Politik der Han ein. Nachdem der Hauptvertreter der ›Modernisten‹ 80 v.Chr. hingerichtet wurde, schwang sich ein General, Huo Guang (gest. 68 v.Chr.), zum Regenten für den minderjährigen Kaiser Zhao auf und brachte Mitglieder seiner Familie auf alle hohen Posten: sie dominierten die Politik bis 66 v.Chr. Diese Dominanz äußerte sich auf dramatische Weise im Jahr 74 v.Chr., als der Nachfolger von Kaiser Zhao nach nur 27 Tagen wegen unziemlichen Betragens vom Thron abgesetzt wurde – ein unerhörter Vorgang, der verdeutlichte, wie machtlos die Kaiser gegenüber ihrem Hofstaat geworden waren. Ebenso symbolträchtig war die Auflösung von über 200 kaiserlichen Ahnentempeln im ganzen Reich (vgl. S. 141) unter Kaiser Yuan (48–33 v.Chr.). Die Han-Kaiser waren entmachtet; kaum einem gelang es mehr, die Regierung zu führen.

Stattdessen machten sich rivalisierende Fraktionen die Macht am Hof streitig; und wie schon am Anfang der Dynastie war es eine Frau, bei der schließlich alle Fäden zusammenliefen: Kaiserin Wang, die Gemahlin von Kaiser Yuan, die diesen lange überlebte und die Politik 60 Jahre lang, bis zu ihrem Tod im Jahre 13 n.Chr., dominierte. Sie brachte Mitglieder ihrer Familie auf alle wichtigen Posten am Hof und sorgte dafür, dass diese de facto in der Familie vererbt wurden. Vor allem das Amt des Generalmarschalls (*da sima*), das nacheinander fünf Mitglieder der Familie Wang innehatten, war mit einer ungeheuren Machtfülle ausgestattet. Sie leiteten das Kabinett und fungierten, als am Ende des 1. Jahrhunderts v.Chr. hintereinander zwei Kinder im Alter von acht bzw. zwei Jahren auf den Thron kamen, als Regenten für die minderjährigen Kaiser. Es überrascht kaum, dass einer der Wangs es schließlich nicht bei der Regentschaft beließ, sondern vollends den Thron usurpierte.

Die Herrschaft des Wang Mang (9–23 n.Chr.)

Wang Mang (45 v.Chr. – 25 n.Chr.) war seit 8 v.Chr. Großmarschall und mächtigster Mann im Reich, während zwei Kinder sich auf dem Thron ablösten. Er schmückte sich zunächst mit dem Titel »Befrieder der Han«

und erklärte sich 9 n.Chr. schließlich zum Kaiser einer neuen Dynastie, die er nach seinem Lehen in Henan »Xin« nannte. An Wang Mang scheiden sich die Geister: manchen gilt er als Prototyp eines machtgierigen Usurpators, anderen als aufrechter, wohlgesinnter Staatsmann. Doch die Fokussierung auf seine Person darf nicht davon ablenken, dass er ohne die billigende Unterstützung einer anderen Gruppe kaum Kaiser geworden und sicher nicht geblieben wäre: der konfuzianischen Beamten.

Von Anbeginn inszenierte sich Wang Mang als überzeugter Konfuzianer und Anhänger der Zhou-Ordnung, gar als zweiter Herzog von Zhou: auch der hatte schließlich für einen minderjährigen Herrscher Regentschaft geführt (S. 63). Wang Mang rechtfertigte seine Usurpation mit einem ehrgeizigen Reformprogramm, dessen Ziel kein geringeres war als die Wiederherstellung des Zhou-Systems. Ausgehend vom kanonischen Text der *Riten der Zhou* (*Zhouli*), in dem die rituelle Ordnung der Zhou-Dynastie detailliert dargestellt wird (allerdings keineswegs authentisch, sondern nach Vorstellungen der Han-Zeit), unternahm er eine radikale Umgestaltung des Reichs. Er schuf »Beamte des Himmels«, »Beamte der Erde«, »Fünf Aufseher« und andere vermeintlich Zhou-zeitliche Ämter, teilte das Reich in zwölf Provinzen ein, änderte die Namen von Kreisen und Amtsbezirken, reformierte den Kalender und führte neue Münzen ein. Er verkündete eine Abkehr vom System der Qin, in dem die Käuflichkeit von Land dazu geführt habe, dass

> die Ländereien der Starken nach Tausenden zählen, während die Schwachen nicht einmal genug Boden besitzen, um eine Nadel hineinzustecken; dass Sklavenmärkte eingerichtet wurden, in denen man die Ärmsten wie Rinder und Pferde hält, kontrolliert von Menschen, die ihr Schicksal bestimmen. (*Hanshu* 99B)

Um diesem Übel beizukommen, ließ Wang Mang privaten Grundbesitz abschaffen. Verkauf von Land wurde ebenso verboten wie der Handel mit Sklaven. Alles Ackerland sollte dem Staat gehören und, in kleine Parzellen aufgeteilt, von Kleinbauern bestellt werden, die den zehnten Teil ihrer Ernte als Steuer zu entrichten hatten. All das hatte wenig mit der Ordnung der Zhou zu tun. Wie immer, wenn Geschichte politisch instrumentalisiert wird, ging es nicht etwa um historische ›Wahrheit‹, sondern um Nützlichkeit in der Gegenwart. Wang Mangs ideologischer Bezug zur Dynastie Zhou sicherte ihm die Unterstützung der konfuzianischen Gelehrten, obwohl seine Politik vor allem legistisch geprägt war. Wang Mang kehrte keineswegs zum dezentralen Regierungssystem der Zhou zurück, sondern führte den dirigistischen Zentralismus der Qin und Han konsequent fort. Er erneuerte die Staatsmonopole auf Salz, Eisen und Alkohol und unterstellte auch Forstwirtschaft und Fischerei zentraler Kontrolle.

Auch die Bodenreform gründete keineswegs in väterlicher Sorge um das Wohl der Kleinbauern – sie sollte die Macht der Großgrundbesitzer brechen und den Zentralstaat stärken. Damit verfolgte sie – aller Rhetorik zum Trotz – dasselbe Ziel wie die Reform der Qin (S. 125), wiewohl unter veränderten gesellschaftlichen Bedingungen: diese hatten die Erbgüter des alten Adels zersetzt, indem sie den Kauf von Land förderten, Wang Mang wollte die erworbenen Ländereien einer neuen Elite von Großgrundbesitzern auflösen, indem er den Bodenerwerb untersagte. Das Beispiel verdeutlicht, wie problemlos sich legistische Politik konfuzianisch rechtfertigen ließ. Wang Mangs Reform schuf einen Präzedenzfall. Fortan begannen alle neuen Machthaber – bis hin zu den Kommunisten im 20. Jahrhundert – ihre Herrschaft mit einer Bodenreform: die Abschaffung großer Latifundien und die Stärkung steuerzahlender Kleinbauern bildeten das Fundament des Zentralstaates.

Wang Mangs Reformen aber gerieten zu einem Fiasko. Die Bodenreform konnte nie gegen den Widerstand der Grundbesitzer durchgesetzt werden, die Finanzreform führte zu Inflation, und die verwirrende Vielzahl neuer Regeln brachte die Verwaltung fast zum Erliegen. Während es für die heillos überforderten und hoffnungslos unterbezahlten Beamten Strafen hagelte, wuchs das Elend der Bauern. Mehrere Jahre lang wurde Nordchina von Dürren und Missernten heimgesucht. Zudem trat der Gelbe Fluss mehrfach über seine Ufer, bis er 11 n.Chr. schließlich aus seinem Bett ausbrach und seine Mündung über 100 km von der Gegend des heutigen Tianjin ins nördliche Shandong verlagerte. Seine verheerenden Fluten trafen eine der am dichtesten bevölkerten Gegenden Chinas und zerstörten die Lebensgrundlage von Abertausenden Familien. Der Hunger trieb die Menschen in den Kannibalismus, Scharen von Flüchtlingen strömten nach Süden, brachten Krankheit und Krieg mit, andere landlose Bauern rotteten sich zu Räuberbanden zusammen.

Im Jahr 22 brach schließlich eine große Rebellion aus, die das Regime stürzte. In Shandong – dort, wo der Gelbe Fluss gewütet hatte – erhoben sich Bauerntruppen, die nach ihrer Kriegsbemalung die »Roten Augenbrauen« genannt wurden; in Nanyang, im südlichen Henan, rebellierten weitere Bauernheere, denen sich bald auch mächtige Großgrundbesitzer der Region, zugleich Verwandte der Han, anschlossen. Wang Mang schickte ihnen ein Heer von angeblich 420 000 Mann entgegen, »die sich in endloser Reihe auf den Weg machten: ein Aufgebot an Wagen, Panzern, Soldaten und Pferden, wie es seit dem Altertum noch nie gesehen wurde.« Doch trotz ihrer Überlegenheit erlitten die Truppen bei Kunyang (im heutigen Henan) eine vernichtende Niederlage.

Noch im selben Jahr, 23 n.Chr., eroberten die Han und die Rebellen die Hauptstadt und töteten den Kaiser. Wang Mangs Leiche wurde von den Rebellen zerstückelt, sein Kopf in der Stadt zur Schau gestellt, wo die aufgebrachte Menge ihn durch die Gassen getreten haben soll. Ihr Zorn richtete sich nicht so sehr gegen einen Usurpator, sondern gegen den letzten Vertreter des alten Regimes. Mit Wang Mangs Tod endete jeder Widerstand der Zentralgewalt gegen die Interessen lokaler Machthaber; mit seinem Reformprogramm scheiterte der Versuch, noch einmal an das Vorbild der Antike anzuknüpfen; mit dem Untergang seiner Herrschaft endete das chinesische Altertum.

Erfindungen 發明

Als die Rebellentruppen Wang Mangs Palast in Brand gesetzt hatten und die Flammen ihn rings einschlossen, ließ der Kaiser, in Purpur gekleidet, einen Astrologen kommen. Der plazierte sein Divinationsbrett vor ihm, Wang Mang richtete seinen Sitz nach dessen Zeiger und sprach: »Der Himmel hat die Tugend in mir erzeugt – was können mir die Truppen der Han?!«

Dieser Bericht über Wang Mangs Glauben an magische Kräfte enthält einen der frühesten Hinweise auf den Kompass in China. Die Chinesen besaßen den »Südzeiger«, wie sie ihn nennen, rund 1500 Jahre vor den Europäern. Allerdings nutzten sie ihn jahrhundertelang nicht zur Schifffahrt, sondern in der Astrologie und der Geomantik, zur Bestimmung günstiger Bedingungen für die Anlage von Gräbern und Häusern. Die Lehre der kosmischen Zusammenhänge, die Sorge um Naturphänomene, das tiefe Vertrauen auf Astrologie, Alchimie, Mantik und Magie im Alten China trugen zu naturkundlich-technischen Leistungen bei, die in der vormodernen Welt nicht ihresgleichen hatten. Nicht nur den Kompass haben die Chinesen viele Jahrhunderte vor den Europäern gekannt, sondern auch das Dezimalsystem, die Armillarsphäre, den Blutkreislauf, den Eisenpflug, das Papier, die Stahlerzeugung, die Schubkarre, den Messschieber, Drachen und Fallschirme, den Seismographen, Hängebrücken, gestimmte Glocken, die Armbrust, Porzellan und vieles mehr.

Francis Bacon stellte 1620 fest, dass der Buchdruck, der Kompass und das

Schießpulver »die Erscheinung und den Zustand der ganzen Welt verändert« hätten – chinesische Erfindungen allesamt. Die Chinesen waren, wie der englische Sinologe Joseph Needham in seinem monumentalen Werk *Science and Civilisation in China* gezeigt hat, den Europäern technisch und naturkundlich bis in die frühe Neuzeit weit voraus. Dennoch waren es diese, die die Welt veränderten, nicht die Chinesen. Als die Europäer sich anschickten, die Weltmeere zu erobern, vernichteten die Ming ihre riesige kaiserliche Flotte; als in Europa der Buchdruck zur Reformation führte, genossen in China noch Manuskripte den Vorzug vor Drucken; und als die Jesuiten im 17. Jahrhundert nach Beijing kamen, waren sie nicht nur den chinesischen Mathematikern und Astronomen überlegen, sondern konnten auch bessere Kanonen bauen als die Erfinder des Schießpulvers.

Seither rätseln Historiker, wie es zu dieser Verschiebung der Gewichte kommen konnte, wie die Chinesen gegenüber dem Westen derart zurückfallen konnten und warum nicht sie es waren, die die Welt mit ihrer überlegenen Technik eroberten. Offenbar sind es nicht die Erfindungen, die Geschichte beeinflussen, sondern deren soziale Durchsetzung und Nutzung. Erst als die Schrift sich über Tempel und Hof hinaus verbreitete, entfaltete sie ihre integrierende Kraft; erst als der Kompass neben der Geomantik auch für die Navigation genutzt wurde, blühte die chinesische Seefahrt auf; und erst als der Buchdruck sich gesellschaftsweit als Medium der Kommunikation etablierte, wirkte er sich prägend auf das Leben der Menschen aus. Die gesellschaftlichen Bedingungen sind entscheidend dafür, dass Erfindungen sich durchsetzen. Technik kann die Probleme der Menschen lösen – aber erst müssen die Menschen sich diese Probleme schaffen.

Das chinesische Mittelalter (25–755)
Das Zeitalter des Buddhismus

Im chinesischen Mittelalter wurde die Orientierung an Zentrum und Peripherie verdrängt durch eine neue stratifizierte Ordnung. Zugleich boten neue Religionen Integration und individuelle Heilsversprechen jenseits von Familien, Regionen und Hierarchien. Während große Familienverbände zu Machthabern auf lokaler Ebene wurden und religiöse Gemeinschaften Massen in ihren Bann zogen, schuf der Staat Institutionen, um beide zu integrieren.

Die »Spätere« Han-Dynastie (25–220) hatte mit der »Früheren« nicht viel mehr als den Namen gemein. Von Anbeginn mussten sich die Han-Kaiser mit lokalen Machthabern arrangieren, sagenhaft reichen Familien, die wie Lehnsherren große Gebiete kontrollierten. So begann nach einer kurzen Zeit der Prosperität bald der unaufhaltsame Zerfall der Kaisermacht. Während im 2. Jahrhundert die Familien der Kaiserinnen, Eunuchen und Beamte um die Macht am Hof kämpften, erschütterten religiöse Aufstände das Reich: messianische Bewegungen, deren egalitäre Strukturen eine Alternative zur staatlichen Ordnung boten. Das erste chinesische Einheitsreich ging schließlich unter im Kampf von Generälen, welche die Macht unter sich ausfochten und den Marionettenkaisern der Han ein Ende setzten.

Nach 400 Jahren – zumindest äußerlicher – Einheit und Stabilität blieb China die nächsten 400 Jahre fast durchweg geteilt. In der Zeit der Drei Staaten (220–280) und der langen Zersplitterung des Reiches (4.–6. Jahrhundert) bildete sich eine Gesellschaft heraus, die von Adelsfamilien und religiösen Organisationen geprägt war. Zeit der »Sechs Dynastien« (*liuchao*) wird diese Periode oft genannt. Tatsächlich wurden rund 30 Dynastien und Königtümer in dieser Zeit etabliert und wieder gestürzt, ohne bleibende Bedeutung zu erlangen. Zunächst war China für 60 Jahre in die heroischen »Drei Staaten« geteilt, bevor es, nach kurzer Einigung, vollends zerfiel. In einer langen Kälteperiode, in der auch über Europa Völkerwanderungen herzogen, wurde China zum Schauplatz gewaltiger Völkerbewegungen, die Krieg und Elend mit sich brachten. Die altehrwürdigen Hauptstädte fielen in Ruinen, »die Fünf Barbaren stürzten China ins Chaos«. Jahrhundertelang wurde die Nordchinesische Ebene von nichtchinesischen Völkern beherrscht, während ein Großteil der alten Elite nach Süden floh.

Hatten in der frühen Han-Zeit nur 10 % der Chinesen südlich des Yangzi gelebt, eine Minderheit inmitten einheimischer Völker und unkultivierter Landstriche, wurde dieses Gebiet in den nächsten Jahrhunderten allmählich erschlossen. Der Vorstoß der Chinesen war ein stiller, aber ungeheuer folgenreicher Prozess: denn der Süden sollte schließlich zum wirtschaftlichen und demographischen Zentrum des Landes werden, zum Schwerpunkt chinesischer Kultur.

Während China zwischen »Südlichen und Nördlichen Dynastien« (*nanbei chao*) zerfiel, blühte allenthalben das religiöse Leben auf: der Daoismus etablierte sich als Religion, und der Buddhismus eroberte die chinesische Kultur. Zwischen den zunehmend organisierten Religionen und den Staaten entwickelte sich ein kompliziertes Verhältnis. Zum einen hielten die Religionen stets ein subversives Potential bereit, das die Staatsmacht gefährdete, und Klöster machten dem Fiskus auf wirtschaftlicher Ebene Konkurrenz; zum anderen wirkten die religiösen Organisationen stabilisierend, indem sie die Vielfalt der Glaubensformen in klar definierte Bahnen lenkten: sie bildeten ein Kontrollorgan, das zur Stützung der Herrschaft diente. So wurde das chinesische Mittelalter zur großen Zeit der buddhistischen Kaiser.

Dieses ›Mittelalter‹ war trotz des politischen Zerfalls nichts weniger als ein finsteres, rückständiges ›Pfaffenzeitalter‹. Der Buddhismus bereicherte die chinesische Welt auf allen Ebenen des Seins. Literarische und künstlerische Ausdrucksformen, Politik, Wirtschaft und das soziale Miteinander wurden zutiefst durch den Buddhismus geprägt. Die Religion aus Indien ist repräsentativ für die Kultur dieser Zeit: keineswegs Han-Kultur, sondern eine vielfältig angereicherte Mischkultur. Sie wirkte auf die Steppenvölker des Nordens, die Völker Süd- und Südostasiens, die mittelasiatischen Zivilisationen an der Seidenstraße sowie Korea und Japan im Osten – und nahm zugleich Einflüsse aus all diesen Regionen auf. Die Kultur des Mittelalters war überaus vielfältig – und gerade diese Vielfalt machte sie zu chinesischer Kultur.

Die Fülle an Perspektiven und Handlungsmöglichkeiten führte zu einer kulturellen Blüte, wie es sie in China zuletzt in der Zhanguo-Zeit, im 5. bis 3. Jahrhundert v. Chr. gegeben hatte. Jetzt entstand erstmals eine ›echte‹ Philosophie, der es nicht um handlungspraktische Orientierung ging, sondern um reine Erkenntnis. Auch die Künste – Kalligraphie, Malerei, Dichtung und Skulptur – blühten auf. Die Kunst schlechthin – als Kunst, die keinem anderen Zweck als sich selbst dient – entstand überhaupt erst in dieser Zeit. Wenn die Zhanguo-Zeit den Beginn der chinesischen Geistesgeschichte erlebte, markiert die Zeit der Reichsteilung den Beginn der chinesischen Kunstgeschichte.

So, wie all diese Bereiche des sozialen Lebens, befreit vom Primat der Politik, sich emanzipierten, fand auch der Mensch zu sich selbst. Im gesellschaftlichen Umbruch der Späteren Han-Zeit entstanden zunehmend Freiräume für abweichende Lebens- und Ausdrucksformen: Formen, die sich keinen Hierarchien fügten, sondern eigenen Regeln folgten. Im chinesischen Mittelalter erlebte der Mensch sich erstmals als Individuum, das persönliches Heil anstreben und seinen autonomen Weltentwurf in Literatur, Malerei oder unangepasstem Lebenswandel ausdrücken konnte. Nicht konfuzianische Gelehrte sind die Repräsentanten dieser Zeit, auch nicht Kaiser und Generäle, sondern Mönche, Dichter, Einsiedler und Exzentriker.

Die Verbreitung des Papiers im Mittelalter bewirkte zum einen, dass mehr geschrieben wurde als je zuvor, zum anderen, dass kaum etwas davon erhalten blieb. Neben archäologischen Funden sind vor allem die großen Dynastiegeschichten Quellen dieser Zeit: das *Buch der Späteren Han* (*Hou Han shu*), das erst im 5. Jahrhundert entstand, ist die Hauptquelle der ersten zwei Jahrhunderte, die meisten anderen Geschichtswerke wurden im 7. Jahrhundert vom kaiserlichen Geschichtsamt der Tang kompiliert. Rückblickende, ideologisch überformte Darstellungen sind das, die keineswegs unmittelbar von den Ereignissen zeugen, sondern den Stempel ihrer Entstehungszeit tragen.

Das neue Einheitsreich der Sui (581–618) und Tang (618–906) bildete den Abschluss des Mittelalters. Beide Dynastien gehörten ethnisch dem Xianbei-chinesischen Kriegeradel des Nordwestens an und übertrugen dessen Institutionen, militärische Organisation, System der Landverteilung und Religion auf ein Weltreich. Die Sui hatten das chinesische Kernland vereint und ihren Einfluss in Zentralasien, Indochina, der Manjurei und bis nach Japan geltend gemacht. Die Tang integrierten das Tarim-Becken mit seinen Oasenstädten vollends in ihr Reich und sicherten damit die Verbindung nach Mittelasien und Indien.

Gesandte und Händler aller Herren Länder durchreisten das Weltreich der Tang, trieben Handel in seinen reichen Städten und trafen zusammen in der prächtigen Metropole Chang'an. Die Tang-Zeit erlebte eine beispiellose Schaffenskraft in allen Bereichen des Lebens. Mehr Literatur als je zuvor wurde geschrieben; der Buddhismus brachte gut ein halbes Dutzend neuer Schulen hervor; der Daoismus entfaltete sich prächtiger denn je; Skulptur und Architektur erreichten ihre Vollendung; in der Malerei wurden Maßstäbe für die Ewigkeit gesetzt; und die lyrische Dichtung erlebte ihr goldenes Zeitalter. Zur Zeit der Tang-Kaiser Taizong und Xuanzong ereichte die multikulturelle Gesellschaft des Mittelalters ihren Höhepunkt, bevor sie im 8. Jahrhundert einer neuen Ordnung wich.

Zeittafel

25	Kaiser Guangwu: Beginn der Späteren Han
65	Erste Erwähnung des Buddhismus in China
100	Xu Shen vollendet das Wörterbuch *Shuowen jiezi*
169–184	Eunuchenherrschaft, »Parteienverbot«
175	Cai Yong lässt die kanonischen Schriften in Stein meißeln
184–196	Rebellion der Gelben Turbane
188–215	Theokratie der »Fünf-Scheffel-Reis«-Sekte in Sichuan
189	Yuan Shaos Massaker an den Eunuchen
190	Dong Zhuo brandschatzt Luoyang
208	Cao Cao wird Kanzler; Schlacht an den Roten Klippen
220–280	Drei Staaten: Wei (220–265) Shu (221–263) Wu (229–280)
239	Erste Gesandtschaft aus Yamatai in Wei
265	Sima Yan gründet die Dynastie Jin
304–439	Sechzehn Staaten der Fünf Barbaren
311/16	Eroberung Luoyangs und Chang'ans: Untergang der Jin
317	Gründung der Östlichen Jin in Jiankang
366	Anlage der Grotten von Dunhuang
386–534	Nördliche Wei
399–412	Faxian bereist Indien
439	Die Nördlichen Wei vereinen Nordchina
460	Der Bau der Grottentempel von Yungang beginnt
494	Umzug der Nördlichen Wei nach Luoyang
502–557	Liang-Dynastie in Südchina
535	Gründung der Westlichen und Östlichen Wei
552	Reichsgründung der Gök-Türken
557	Untergang der Westlichen Wei, Gründung der Nördlichen Zhou
577	Die Nördlichen Zhou vereinen Nordchina
581	Gründung der Sui-Dynastie

589	Reichseinigung durch die Sui
	Bau des Kaiserkanals
605–618	Kaiser Yang: Bauarbeiten und Feldzüge
618	Ermordung Kaiser Yangs, Li Yuan gründet die Tang
618–626	Kaiser Gaozu
626–649	Kaiser Taizong
630	Taizong wird Khan der Türken
649–683	Kaiser Gaozong
690–705	Wu Zetian regiert als Kaiserin der Zhou
712–756	Kaiser Xuanzong
751	Schlacht am Talas-Fluss: Tang verlieren die Westgebiete
755	Aufstand des An Lushan: Eroberung Chang'ans, Zerfall des Reiches

Die Spätere Han (25–220)

Im Frühling des 4. Jahres der Ära Jianping, im Jahr 3 v. Chr. also, spielten sich gespenstische Szenen im Han-Reich ab.

> Es gab eine große Dürre. Das Volk östlich des Passes trug Talismane der Königinmutter des Westens umher, durchquerte Amtsbezirke und Königtümer, bis sie nach Westen durch den Pass und bis zur Hauptstadt kamen. Andere rotteten sich zusammen, um der Königinmutter des Westens zu opfern, manche stiegen nachts mit Fackeln auf Dächer, schlugen Trommeln, brüllten und schreckten einander auf. … Im Sommer kamen die Menschen in der Hauptstadt und den Provinzen auf den Straßen und Feldern zusammen, … sangen, tanzten und opferten der Königinmutter des Westens. Sie gaben ein Schreiben herum, in dem es hieß: »Die Mutter teilt dem Volk mit: wer dieses Schreiben trägt, wird nicht sterben!« … Erst im Herbst war es vorbei. (*Hanshu* 11 und 27B)

Die Geschichtsbücher widmen diesen offenbar gewaltigen Unruhen nur wenige Zeilen – doch solche messianischen Bewegungen waren Menetekel für das, was die Spätere Han-Dynastie erwartete. Eine neue Epoche hatte begonnen, in der das Volk seine Hoffnung nicht mehr auf Macht und Güte des Kaisers setzte, sondern auf familiäre Bande oder religiöse Heilsversprechen.

Der Wiederanfang der Han

So paradox es klingen mag: Die Usurpation des Wang Mang, die der Han-Dynastie ein Ende setzte, bescherte ihr zugleich einen neuen Anfang. Die Konzentration von Landbesitz und die Misere der Bauern hatten ihren Ursprung in der Frühen Han-Zeit und wären zweifellos bedrohlich für die Dynastie geworden. Doch durch einen historischen Zufall ereilte die Naturkatastrophe, die das Fass zum Überlaufen bringen sollte, das Land erst zwei Jahre nach Wang Mangs Machtübernahme. Sie hätte das Ende der Han bedeutet; so aber richtete sich der Volkszorn gegen das Regime der Xin und führte geradewegs zu einer Restauration der Han: »Wiederanfang« (Gengshi) war denn auch die Devise des ersten Kaisers nach Wang Mang. Tatsächlich erlebten die Späteren Han zunächst eine Epoche außenpolitischer Stabilität und inneren Friedens. Der Außenhandel florierte, die Xiongnu stellten keine ernsthafte Bedrohung mehr dar, und das Reich expandierte bis weit in den Süden und Nordwesten. Zwar unternahmen die neuen Han-Kaiser keinerlei grundlegende Reformen; die Strukturen, die zum Sturz Wang Mangs geführt hatten, bestanden weiter. Aber nach den Katastrophen der Vorjahre war die Bevölkerung des Reiches stark geschrumpft: von 57 Millionen steuerpflichtigen Einwohnern im Jahre 2 n.Chr. auf 21 Millionen im Jahre 57. Auch wenn dieser Rückgang zu einem Gutteil auf Steuerflucht beruhte, war der Druck auf selbständige Bauern doch erheblich gelindert. Die Han erlebten eine Renaissance, die selbst ihre kritischsten Denker begeisterte:

> Die Barbaren von einst gehören nun zum Reich der Mitte; die Nackten von einst tragen nun höfische Kleidung; die Barhäuptigen von einst tragen nun Staatskappen; die Barfüßigen von einst laufen nun auf hohen Sandalen. Aus steinigen Äckern sind saftige Felder geworden, aus Gaunern gute Untertanen; alle Ungleichheiten sind ausgeglichen, alle Unbotmäßigen zu ordentlichen Untertanen gemacht worden. Wenn dies nicht der Höchste Friede ist, was dann?! (Wang Chong, *Lunheng* 19)

Doch unter der glitzernden Oberfläche des Wohlstands, der rund 60 Jahre währte, setzte sich der folgenreiche soziale Wandel fort, der unter den Frühen Han begonnen hatte und schließlich zu einer völlig neuen Gesellschaft führte. Mit der Späteren Han begann eine neue Epoche. Das Herrscherhaus hatte, genau besehen, mit seinem Vorgänger nicht viel mehr als den Namen gemein, und auch die Eliten hatten sich gewandelt. Kaum eine der Familien von Titularfürsten und alten Regionalmachthabern, die zu Beginn der Han-Zeit zum Adel gehörten, hatte ihre Stellung halten können. Nun bildeten andere »große Familien« die Elite: Verwandtschaftsverbände, die durch Landbesitz und Handel lokale Machtstellungen erreicht hatten und ihre wirtschaftliche Stärke in politischen Einfluss ummünzten. Ihre Söhne wurden zu hohen Beamten, ihre Töchter zu Hofdamen oder gar Kaiserinnen. Die Spätere Han war eine neue Dynastie, die eine gewandelte Gesellschaft regierte.

Symbolisch für diesen Zeitenwechsel war die Verlegung der Hauptstadt. Nach dem Sturz der Xin war zunächst ein entfernter Verwandter der alten Han-Herrscher in Chang'an zum neuen Kaiser ernannt worden. Doch schon bald darauf kam es zu einem Streit in der Koalition der Rebellen, in dessen Folge die Hauptstadt geplündert und niedergebrannt wurde. Neuer Kaiser wurde Liu Xiu, mit postumem Namen Guangwu (25–57), der aus einer Nebenlinie der Han stammte. Er gründete eine neue Hauptstadt in Luoyang, wo schon die Zhou nach der Katastrophe von 771 v. Chr. Zuflucht gesucht hatten (S. 78). Wie 800 Jahre zuvor bedeutete der Umzug nicht nur eine Verschiebung, sondern eine grundsätzliche Neubestimmung des Zentrums.

Zunächst verschob sich das Verhältnis von Zentrum und Peripherie. Die Autorität des Zentralstaats, die zwischen 140 und 50 v. Chr. ihren Höhepunkt erreicht hatte, wurde nun in allen Bereichen untergraben: am Hof, in der Provinz und an den Grenzen des Reichs. Kaiser Guangwu war kein schäbiger Dorfschulze wie Liu Bang, sondern ein reicher Grundbesitzer, dessen Machtbasis in der Nordchinesischen Ebene lag. Darin lag jedoch kein Vorteil, sondern ein entscheidender Nachteil für den Ausbau der Zentralmacht. Denn Kaiser Guangwu war durch die Unterstützung mächtiger Clans zur Macht gekommen: steinreicher Lokalfürsten, deren Vermögen dem der Zentrale kaum nachstand, die in ummauerten Festungen lebten, eigene Märkte unterhielten und große Armeen kommandierten.

> Ihre Behausungen zählten Hunderte Giebel, ihre fetten Felder bedeckten die Ebenen, sie besaßen Tausende von Sklaven und eine Gefolgschaft, die nach Zehntausenden rechnete. Ihre Handelsschiffe und -wagen fuhren in alle Himmelsrichtungen, ihre Speicher und Magazine füllten die Städte; die größten Häuser reichten nicht, ihre Schätze und Kostbarkeiten aufzunehmen, die Ber-

> ge und Täler waren für ihre Herden zu klein. Lustknaben und Gespielinnen bevölkerten ihre prächtigen Gemächer, Sängerinnen und Dirnen reihten sich in den Tiefen ihrer Hallen. (Zhongchang Tong, *Hou Han shu* 49)

Diese Männer, nicht Prinzen aus dem Hause Liu oder die zentrale Verwaltung, waren die Stützen des neuen Regimes. Sie traten, 250 Jahre nach der Reichseinigung der Qin, als neue Elite hervor, die sich nicht auf Blut, sondern auf lokale Macht gründete: auf Reichtum, Landbesitz und weitgespannte Netze von Verwandtschaft und Beziehungen. Diese regionalen Machthaber besaßen keine Lehen, verbunden mit erblichen Herrschaftsrechten; dennoch gelang es ihnen regelmäßig, Angehörige ihrer Familien über Empfehlungen in Regierungsämter zu bringen. Das System der »lokalen Empfehlungen« (*xiangju lixuan*), bei denen Gouverneure würdige und talentierte Männer für die Reichsuniversität oder den Staatsdienst vorschlugen (vgl. S. 161), bestand noch immer: und aus welchen Kreisen sollten solche Männer kommen, wenn nicht aus denen der großen Familien?

Das Rekrutierungssystem der Han war trotz aller Prüfungen nicht primär leistungsorientiert. Vielmehr garantierte es die Kontinuität lokaler und zentraler Eliten, die in ein vielfältiges Geflecht von Beziehungen eingebunden waren. Klientensysteme, die sich um lokale Patrone bildeten, entwickelten angesichts einer schwachen Zentralverwaltung stärkere Strukturen und begannen in vielen Bereichen, die reguläre Bürokratie zu überlagern. Heute würde man solche Verbindungen als Korruption beschreiben, und auch an zeitgenössischer Kritik mangelte es nicht. Die »Cliquen« (*dang*), die im Gegensatz zur regulären, ideologisch legitimierten Bürokratie standen, wurden seit der Späteren Han zu einem Leitmotiv politischer Debatten in China. Sie gehören zu den großen Kontroversen um Zentralismus und Regionalismus, Herrschertreue und Familienbindung, Einheit und Vielfalt, die bis heute immer wieder aufflammen.

Bezeichnenderweise stieg in der Späteren Han-Zeit eine konfuzianische Tugend zu höchster Bedeutung auf, die zuvor eher marginal war: die kindliche Liebe (*xiao*). Nun wurde die Bindung an die Eltern als Quintessenz der Lehre des Konfuzius dargestellt. Im *Leitfaden der kindlichen Liebe* (*Xiaojing*), der in der Han-Zeit entstand und später kanonischen Status erlangte, doziert der Meister:

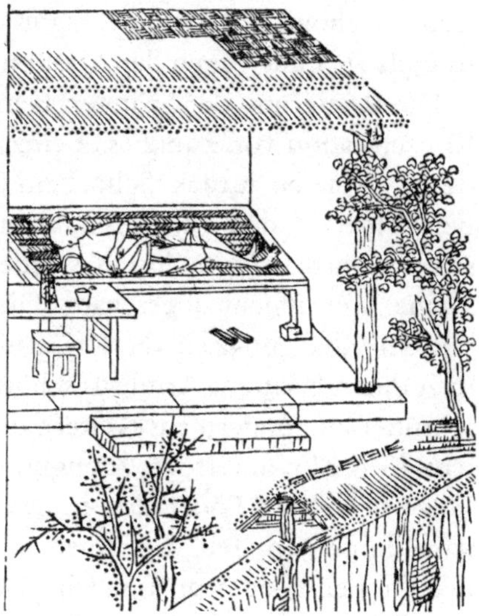

Wu Meng lässt sich von den Wanzen auf dem Bett seiner Eltern beißen; undatierter Holzschnitt.

Die kindliche Liebe ist die Grundlage der Tugend und Ausgangspunkt der Erziehung. Leib und Glieder, Haar und Haut empfängt man von den Eltern: sie nicht zu verletzen wagen, ist der Anfang der kindlichen Liebe. Die eigene Person fest zu gründen, den rechten Weg zu gehen, sich einen Namen zu machen, der den Eltern zur Ehre gereicht, ist das Ende der kindlichen Liebe. Die kindliche Liebe findet ihren Anfang im Dienst an den Eltern, ihr Zentrum im Dienst am Fürsten und ihr Ende darin, die eigene Person fest zu gründen. (*Xiaojing* 1)

Die Eltern, der Fürst, die eigene Person: im Begriff der »kindlichen Liebe« bündeln sich die Spannungen und Widersprüche einer Gesellschaft, die zwischen Aristokratie, Zentralisierung und Individualisierung schwankte. Trotz aller Bemühungen, den »Dienst am Fürsten« mit der kindlichen Liebe zu vereinbaren, steht der Dienst an den Eltern im Vordergrund. In den folgenden Jahrhunderten wurden Biographien von liebevollen Kindern zu einem weitverbreiteten Genre, dessen Helden meist aus dem 2. oder 3. Jahrhundert kamen: Guo Ju etwa, der den eigenen Sohn verkaufte, um seine Mutter zu ernähren; Wang Xiang, der sich im tiefen Winter nackt auf einen gefrorenen Teich legte, um das Eis zum Schmelzen zu bringen und seiner Mutter frische Karpfen zu fangen; oder Wu Meng, der sich allabendlich auf das verwanzte Bett seiner Eltern legte, damit das Geziefer sich an seinem Blut sättige und seine Eltern verschone. – Skurrile Zeugnisse einer Moral, die der Selbstbehauptung der Familie gegen den Staat entsprach.

Die Regierung der Späteren Han gab nicht nur alle Versuche auf, die Konzentration von Landbesitz einzuschränken, sie zog sich auch auf anderen Gebieten zurück. Schon um 30 v.Chr. waren die kaiserlichen Ahnentempel in den Provinzen, sichtbares Zeichen des zentralen Herrschaftsanspruchs, geschlossen worden; 31 n.Chr. wurde auch die allgemeine Wehrpflicht abgeschafft. Die bäuerlichen Infanterietruppen, die seit der Zhanguo-Zeit die Kriegsführung bestimmt hatten, wurden ersetzt durch berittene Armbrustschützen, die sich nicht etwa aus Chinesen rekrutierten, sondern aus Reitern der Steppe. Es passte in dieses Konzept, dass 48 n.Chr. unter den Xiongnu ein Erbfolgestreit ausbrach, in dessen Folge sich deren Föderation in zwei Lager spaltete. Die Han gestatteten daraufhin einem Teil von ihnen, sich als »Südliche Xiongnu« innerhalb der Großen Mauer anzusiedeln. Dort sollten sie – nominell den Han zum Tribut verpflichtet – als Puffer gegen die Nördlichen Xiongnu dienen. »Mit den Barbaren die Barbaren kontrollieren«, lautete das Schlagwort dieser neuen Außenpolitik. Sie bedeutete, dass die Späteren Han weite Gebiete aufgaben, die ihre Vorgänger über zwei Jahrhunderte besetzt hatten.

Auch im Süden und Nordwesten waren in den Wirren der Jahrzehnte zuvor große Gebiete an den Rändern des Reichs verlorengegangen. Doch es gelang den Späteren Han, diese Territorien ein weiteres Mal zu erobern. Der General Ma Yuan (14 v.Chr. – 49 n.Chr.) stellte im Jahr 43 die Han-Oberhoheit in Indochina wieder her, wo die Schwestern Trung Trac and Trung Nhi – heute Nationalheldinnen Vietnams – ein unabhängiges Königreich gegründet hatten. Im Nordwesten führte Ban Chao (31–102), der Bruder des großen Historikers (S. 154), eine Reihe erfolgreicher Feldzüge nach Zentralasien. Indem er die Oasenstädte des Tarimbeckens eroberte, schnitt er »den Xiongnu den rechten Arm ab«, etablierte den Einfluss des Han-Reichs in Zentralasien und sicherte damit die Kontrolle über die Handelsstraßen nach Westen.

Die Seidenstraßen 絲綢之路

1877 prägte der deutsche Geograph Ferdinand von Richthofen den Begriff »Seidenstraßen« für das Netz von Verkehrswegen, das sich etwa seit dem 1. Jahrhundert v.Chr. zwischen China und Rom entspann: den alten Seeweg von Südchina über Indien bis nach Bagdad, vor allem aber die Karawanenwege, die über 7000 km die Enden des eurasischen Kontinents miteinander verbanden (Karte S. 143).

Nicht zufällig wurde unter den vielen Gütern, die auf diesen Straßen bewegt wurden, ausgerechnet die Seide zur Namensgeberin. Schon im alten Rom war die Seide so prestigeträchtig, dass ihr Herkunftsland am anderen Ende der Handelsstraßen *Serica* genannt wurde, Land der Seide, und seine Einwohner die *Seres*. Seide war schon im 1. Jahrhundert so beliebt und so teuer – angeblich wurde sie in Gold aufgewogen –, dass sie die römische Handelsbilanz spürbar belastete. Plinius und Seneca beklagten Seidenkleider als Dekadenzerscheinung, und der Senat unter Tiberius (14–37) beschloss, dass »Männer sich nicht mit Kleidung aus Seide verunstalten sollen«. Das Verbot tat ihrer Beliebtheit offenbar keinen Abbruch, denn einige Jahrhunderte später klagte der heilige Hieronymus, dass, wer keine *serica vestis* habe, für einen Mönch gelte.

Zunächst dürften es die Xiongnu gewesen sein, die einen Teil der Tributseide, die sie von den Han erhielten, nach Westen verkauften, von wo sie bis nach Rom gelangte. Erst nachdem Zhang Qian die Handelsrouten für das Han-Reich erschlossen hatte, führte ein direkter Weg von Chang'an durch den Gansu-Korridor nach Westen. Bei Dunhuang verzweigte sich der Weg in eine nördliche Route, die über die heutigen Städte Hami und Ürümqi nördlich der Tianshan-Kette verlief, und zwei Routen, die nördlich und südlich um das Tarim-Becken und die Wüste Taklamakan führten. Staubige Trampelpfade waren das, im Sommer sengend heiß, im Winter klirrend kalt, auf denen die Gebeine verendeter Menschen und Tiere die Richtung anzeigten. Die Reise wäre unmöglich gewesen ohne die baktrischen Kamele, deren Organismus dem Wüstenklima perfekt angepasst war, die wochenlang ohne Wasser auskamen, Quellen witterten und vor tödlichen Sandstürmen warnten.

> Wenn diese Winde aufkommen, erkennen die alten Kamele das im voraus, schnaufen, stellen sich zusammen und vergraben Schnauze und Nase im Sand. Die Menschen nehmen dies als Zeichen und bedecken Nase und Mund mit Filz. Die Winde kommen schnell und sind rasch wieder vorbei, doch wer sich nicht schützt, gerät allemal in Lebensgefahr. (*Beishi* 97)

Die einzigen grünen Flecken jenseits des »Jadetors« (Yumen) bildeten Oasenstädte wie Hami, Lop Nor (Loulan), Turfan und Kucha (im Norden) sowie Khotan und Yarkand (im Süden). Dort lebten seit alters keine Chinesen, sondern indo-europäische Völker. Funde von Mumien wie der 4000 Jahre alten »Schönen von Loulan« mit ihrer hohen Nase, dem spitzen Kinn und den großen Augenhöhlen deuten darauf hin; und auch die materielle Kultur bezeugt einen anhaltenden Strom westlicher Einflüsse im Tarim-Becken: nestorianische Kreuze mit syrischer Schrift, Roben mit griechisch-persischen Mustern, tocharische Manuskripte, sassanidische Drachmen, sogar einen Goldring mit dem Abbild einer römischen Göttin.

In Kashgar, am westlichen Rand des Tarim-Beckens, trafen beide Routen zusammen. Dahinter lagen die vereisten Pässe des Pamir, jenseits derer mehrere Routen durch das indoskythische Kushan-Reich (1.–4. Jahrhundert) führten, welches Nordindien sowie das heutige Pakistan und Afghanistan umfasste; westlich davon, im Gebiet des heutigen Iran, durch das Reich der Parther, später das der Sassaniden; und dahinter zur levantinischen Hafenstadt Antiochia, von wo aus die Handelsschiffe nach Rom fuhren. Dort kamen alle zusammen:

> Denn einerseits schickten auch die Skythen Gesandte, andererseits baten die Sarmaten um Freundschaft. Sogar die Serer und die unmittelbar unter der Sonne lebenden Inder, die zusammen mit Edelsteinen und Perlen auch Elefanten unter ihren Geschenken mitführten, rechneten nichts stärker als die Dauer ihrer Reise als Ehrerweis an – vier Jahre lang waren sie unterwegs gewesen; und bereits die Hautfarbe der Menschen verriet, dass sie von einem anderen Himmelsbereich kamen. (Florus, Übersetzung: Günter Laser)

Allerdings dürften nur wenige Handelskarawanen vier Jahre unterwegs gewesen sein; die meisten bewältigen nicht die gesamte Distanz der Seidenstraße, sondern bereisten nur einzelne Abschnitte der Strecke, an deren Enden sie ihre Ware verkauften. So waren es vor allem die Zwischenhändler, besonders Parther und Sogdier, die vom Handel auf der Seidenstraße profitierten. Die *lingua franca* auf den Straßen Mittelasiens war Sogdisch. Obwohl den Han das Römische Reich – unter dem Namen Da Qin, »Großes Qin« – bekannt war, dürfte kaum ein Römer bis nach China gekommen sein. Auch die Waren, die China über die Seidenstraße bezog, kamen meist nicht aus Rom, sondern aus Süd- und Mittelasien: Gold, Silber, Edelsteine, exotische Tiere (Pferde, Löwen, Elefanten, Papageien u. v. a.) und Speisen (etwa Pfirsiche, Datteln, Weintrauben, Kokosnüsse, Pistazien), Gewürze, Arzneimittel, Farbstoffe ebenso wie Kulturgüter und Religionen: Manichäismus, Zoroastrianismus, nestorianisches Christentum, Judentum und vor allem der Buddhismus.

In ihrer Hochzeit, zwischen dem 5. und 9. Jahrhundert, bevor Mittelasien muslimisch wurde, war die Seidenstraße von buddhistischen Pilgern und Mönchen bevölkert, die Lehre und Texte von Indien nach China brachten. Hunderte von Grottentempeln und Steinskulpturen markieren noch heute den Pfad des Buddhismus über Ostturkestan und den Gansu-Korridor nach China. Erst als die Mongolen ihr Weltreich errichteten, wurde gesicherter Verkehr zwischen Europa und China im 12./13. Jahrhundert wieder möglich. Jetzt waren es nicht mehr Buddhisten, die nach China reisten, sondern franziskanische Christen, die Verbündete gegen den Islam suchten. Und wieder kamen die Händler: Venetier vor allem, der berühmteste von ihnen Marco Polo (ca. 1254–1324), dem wir eine detaillierte Beschreibung seiner Reiseroute verdanken. Mit dem Niedergang der Mongolenherrschaft ging auch die Zeit der Seidenstraße zu Ende; von Pest und Banditen verseucht, verlor sie gegenüber dem Seeweg weitgehend an Bedeutung.

Erst im 19. Jahrhundert wurde die Seidenstraße wieder erschlossen – nicht durch Händler, sondern durch Forscher wie Ferdinand von Richthofen, Sir Aurel Stein und Sven Hedin, dessen abenteuerliche Berichte viel zur Verklärung der Seidenstraße beigetragen haben. Wer heute diese Abenteuer sucht, braucht keine Kamele mehr: schon 1931/32 bewältigte die legendäre *Expédition Citroën* den Weg von Beirut bis Beijing per Automobil. Heute verbindet der Karakorum-Highway Pakistan mit Kashgar, durch die Taklamakan führt eine asphaltierte Fernstraße; für Erfrischungen und Internetzugang ist gesorgt.

Die »Westgebiete« waren ab dem späten 1. Jahrhundert politisch in chinesischer Hand; doch kulturell strahlte das chinesische Reich weniger dorthin aus, als dass es selbst Einflüsse aus dem Westen empfing, die es für Jahrhunderte prägen sollten. Es ist kein Zufall, dass in dieser Zeit der Buddhismus zum ersten Mal in chinesischen Quellen erwähnt wird. Kaiser Ming (57–75) soll im Jahr 65 n. Chr. vom Buddha geträumt und daraufhin eine Gesandtschaft nach Westen geschickt haben. Diese soll mit einem Sūtra in 42 Abschnitten, zwei Mönchen und einem Schimmel zurückgekehrt sein, zu deren Ehren das »Kloster des Weißen Pferdes« (Baima *si*) gegründet worden sei, das noch heute östlich von Luoyang zu besichtigen ist. Auch wenn dies eine fromme Legende ist, dürfte Buddha in dieser Zeit tatsächlich in manchen Kreisen verehrt worden sein. Doch es sollte noch lange dauern, bis er seine ganze Wirkung entfaltete; und die Kaiser der Han spielten dabei kaum eine Rolle.

Ab 88 n. Chr. kamen fast nur noch Minderjährige und Kinder auf den Thron. Kaiser He (88–106) bestieg den Thron mit neun Jahren, Kaiser Shang (Febr.–Sept. 106) mit einem Jahr, Kaiser An (106–125) mit zwölf, Kaiser Shun (125–144) mit zehn, Kaiser Chong (144–145) mit einem, Kaiser Zhi (145–146) mit sieben usw.: Marionetten in den Händen des Hofstaats allesamt. Im Umfeld der unmündigen Kaiser rivalisierten fortan drei Gruppen um die Macht am Hof: die Gelehrten, die Eunuchen und die Kaiserinnen, die den großen Familien entstammten. Zunächst machten letztere – die Familien der Yin, Dou, Deng und Liang – die Macht unter sich aus, indem sie versuchten, möglichst viele ihrer Mitglieder und

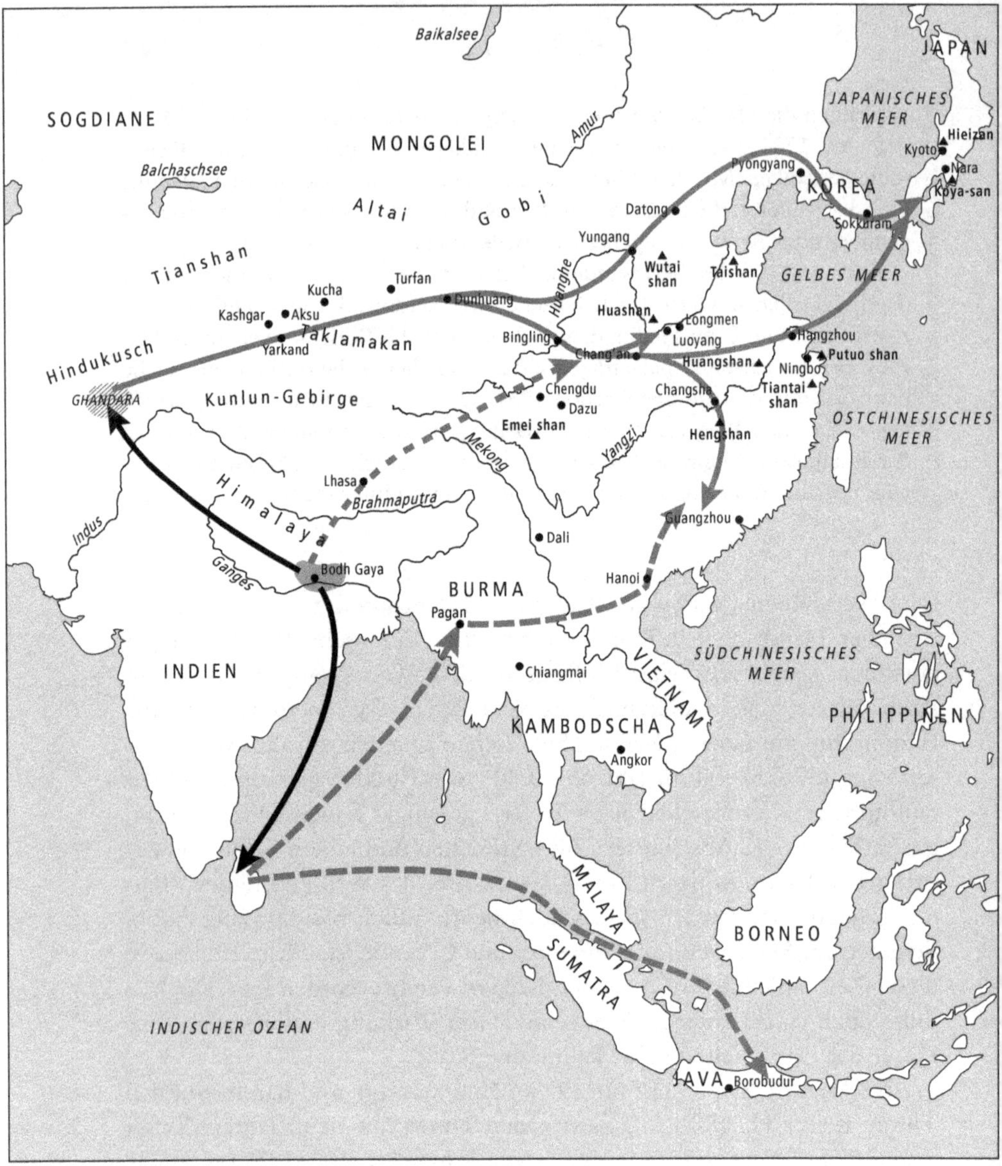

Verbreitung des Buddhismus in Ostasien.

Freunde auf hohe Posten zu bringen. Zu diesem Zweck wurde ab 132 n.Chr. auch die Kaiserliche Hochschule gezielt gefördert, deren Abgänger Verwaltungsposten füllen sollten. Die Maßnahme führte zu einer enormen Ausweitung der kanonischen Studien: im 2. Jahrhundert n.Chr. sollen über 30000 Studenten die Kaiserliche Hochschule besucht haben – ein Höhepunkt der Gelehrsamkeit, wie er erst ein knappes Jahrtausend später wieder erreicht werden sollte.

175 n.Chr. wurden unter der Leitung des großen Literaten Cai Yong (133–192) die kanonischen Schriften vor den Toren Luoyangs in Steinstelen gemeißelt. Auf diese Weise sollte der Text gesichert und Lernenden in einer autoritativen Fassung verfügbar gemacht werden.

> Sobald die Stelen aufgestellt waren, kamen täglich mehr als tausend Gefährte mit Leuten, die sie ansahen und sich Abreibungen davon machten: alle Straßen und Wege waren verstopft. (*Hou Han shu* 60B)

Zugleich aber war die Gravur der Stelen ein Akt von unfreiwilliger Symbolik: die staatliche Orthodoxie war versteinert. Das zweite und dritte Jahrhundert erlebten keine schöpferische Entwicklung der Tradition mehr, sondern ihre Kommentierung. Fast alle wichtigen kanonischen Schriften – die *Lieder*, die *Riten*, die *Wandlungen*, die *Urteile und Aussprüche* des Konfuzius, der *Mengzi* und andere – wurden in dieser Zeit kommentiert. Der größte Kommentator der Zeit war Zheng Xuan (127–200). Ein unabhängiger, im besten Sinne universaler Gelehrter, beschränkte Zheng sich weder auf eine Schule noch auf einen Text. Er studierte alle konfuzianischen Klassiker, bezog sie aufeinander und verfasste Kommentare, die zu den einflussreichsten der chinesischen Geistesgeschichte wurden. In Zheng Xuans großer Synthese erreichte die gelehrte Tradition der Han ihren Höhepunkt – und ihren Abschluss.

Das Ende der Orthodoxie

Die Hypertrophie der Gelehrsamkeit im Dienst der Politik provozierte von Anbeginn grundlegende Kritik. Schon früh hatte der Gelehrte Yang Xiong (53 v.Chr. – 18 n.Chr.) Fehler und Verderbnisse im konfuzianischen Kanon sowie die Ignoranz mancher Gelehrten bemängelt. Noch ätzendere Kritik übte Wang Chong (ca. 27–100), vielleicht der klarste

Kopf seiner Zeit, an der Brotgelehrsamkeit seiner Zeitgenossen: gedankenlos beteten diese die überlieferten Lehren herunter und gaben sie so sklavisch und wortgetreu weiter, »wie Postboten Briefe ausliefern oder Pförtner Meldungen überbringen«. Ein wahrer Gelehrter hingegen studiere nicht nur einen einzigen Text, sondern die gesamte Tradition, und vor allem: er lebe danach, indem er sich moralisch kultiviere und diese Normen in der Gesellschaft propagiere. Kurz, die Schriftgelehrsamkeit, doktrinär erstarrt und auf bürokratische Karrieren fixiert, widerspreche dem Wesen wahrer Bildung.

Viele kluge Männer der Späteren Han-Zeit kehrten dem öffentlichen Leben demonstrativ den Rücken und wurden »Einsiedler«. Manche zogen sich tatsächlich in Waldeinsamkeit zurück, manche auch nur aus dem Amt; gemeinsam war ihnen die Abscheu vor der staatlichen Bildungsmaschinerie. Liang Hong etwa (1. Jahrhundert), der nach dem Studium an der Reichsuniversität erst Schweinehirt wurde, dann eine fette, hässliche Frau heiratete und sich mit ihr in die Berge zurückzog, widmete der Hauptstadt folgenden Gesang:

> Zum Gipfel des Beimang stieg ich empor, / rülps, / und wandte den Blick zu der Kaiserstadt, / rülps, / wo sich Paläste und Tore wie Berge auftürmen, / rülps. / Pein und Mühsal des Volkes, / rülps, / bleiben und dauern und enden nie, / rülps.
>
> (»Wu ai zhi ge«, *Hou Han shu* 83, Übersetzung: Hans Stumpfeldt)

Andere »Einsiedler« entwarfen jenseits der staatlichen Stoppelgelehrsamkeit neue Lehren, in denen sie Elemente der klassischen Philosophie höchst unorthodox rekombinierten. Wang Fu (ca. 90–165) beschrieb in seinen *Erörterungen eines Eremiten* (*Qianfu lun*) als Gegenentwurf zum Luxus der Han-Eliten das Ideal eines bäurisch-schlichten Lebens, das zugleich von konfuzianischer Bildung und strengen Gesetzen geprägt ist; Zhongchang Tong (180–220), ein intellektueller Rebell und scharfzüngiger Zeitkritiker, der einer Beamtenkarriere das idyllische Landleben vorzog und daoistische Körpertechniken lehrte, setzte sich zugleich für zentralistische Verwaltung, ein rigides System von Strafen und Belohnungen sowie dirigistische Regierung ein.

Neben solchen philosophischen Synkretismen entstanden – viel folgenreicher – auch neue religiöse Weltentwürfe. Der Kult der »Königinmutter des Westens« (S. 175) hatte es angedeutet: messianische Bewegungen waren eine Folge der Desintegration zentralstaatlicher Ordnung. Wo die Orientierung am Zentrum nicht mehr wirkte, boten entweder lokale bzw. Familienverbünde Möglichkeiten der sozialen Inklusion oder religiöse Gemeinschaften. Gerade dort, wo staatliche Kontrolle (aber auch Handel, Geldwirtschaft und soziale Mobilität) alte Bindungen am gründlichsten aufgelöst hatte, wurden religiöse Identifikationsangebote am wirksamsten. Sobald die ordnende Hand des Staates versagte, drängte die Religiosität des Volkes mit Macht an die Oberfläche.

Dabei ging es eben nicht um Ahnenverehrung oder lokale Kulte, sondern um religiöse Bewegungen, die familiäre, ständische und regionale Grenzen überbrückten. Diese Bewegungen boten Integration in weitgehend egalitäre Gemeinschaften, und sie versprachen individuelles Heil: »Wer dieses Schreiben trägt, wird nicht sterben!«, verkündete die »Königinmutter des Westens«. Unzählige Menschen, die, von Naturkatastrophen oder Teuerungen aus allen sozialen Banden gerissen, durch das Land vagabundierten, waren nur allzu empfänglich für ihre Heilsversprechen.

Spätestens als Zhang Daoling (ca. 34–156) 142 n.Chr. in Sichuan eine Art daoistischer Kirche gründete, entstanden religiöse Organisationen, um das Bedürfnis nach Integration zu bedienen: soziale Verbände mit festgelegten Zielen, eindeutigen Rollenzuweisungen, Regeln der Zugehörigkeit, gemeinsamen Verhaltensmustern und peniblen Strafkatalogen für Versäumnisse. Diese Organisationen konnten mit ihrer religiösen Durchdringung des Alltags und der Mobilisierung von Gläubigen zur ernsthaften Bedrohung des Staates werden. Seit dem Jahr 144 verzeichnen die Geschichtsbücher fast jährlich Aufstände von »magischen Rebellen« (*yaozei*), religiösen Gruppen also, die sich offen gegen die Dynastie richteten: zwei ihrer Führer ernannten sich zum »Gelben Kaiser«, andere zum »Schwarzen Kaiser«, »Kaiser des Großen Anbeginns«, »Kaiser des Sonnenlichts« usw. Sie kündigten das Ende der Han an.

Religiöser Daoismus 道教

Kaum eine chinesische Lehre war ähnlich vieldeutig und wandelbar wie der Daoismus. Unter seinem Etikett firmieren die kryptischen Weisheiten des *Daode jing* und die scharfsinnige Skepsis des *Zhuangzi* ebenso wie die politische Lehre des »Gelben Kaisers und Laozis« (Huang-Lao, S. 146), der Kult der Langlebigkeit und eine Vielzahl esoterischer Praktiken der Lebensverlängerung, die sich am Hof der Han größter Beliebtheit erfreuten: alchimistische Rezepte, Atemkontrolle, Meditation, diätetische Regeln, Leibesübungen und sexuelle Techniken.

> Wenn ein Mann ständig die Frauen wechselt, mit denen er schläft, wird ihm großes Wohlergehen zuteil. Wenn er in einer Nacht mit mehr als zehn Frauen schlafen kann, ist es zu seinem Besten. (*Fangnei ji*)

Aber Achtung:

> Die Kunst des Schlafgemachs … besteht darin, dass der Mann seine Ejakulation unterdrückt, während er das Qi der Frau aufnimmt. Indem er bewirkt, dass sein Sperma zurückfließt und das Gehirn anreichert, kann er langes Leben erreichen. (*Hou Han shu* 80B, Kommentar)

Zweifellos spielten magische und makrobiotische Praktiken noch immer eine große Rolle, als Zhang Daoling 142 n.Chr. eine daoistische Kirche gründete. Damit wurde der Daoismus zur Religion und Laozi zum Gott. In wechselnden Manifestationen sei er schon immer da gewesen, allgegenwärtig und allmächtig, der Ursprung allen Lebens. Aus dem alten Mann, den es vielleicht niemals gegeben hat, war ein Gott geworden, den es immer schon gab und ohne den nichts wäre.

Mit der Zeit nahm der religiöse Daoismus immer mehr Götter in sein Pantheon auf: die »Drei Klaren Majestäten«, den »Jadekaiser«, die »Königinmutter des Westens«, die Planeten, den Gott des Donners, Mazu (S. 300), den Gott des Vermögens (Caishen), den Gott des Langen Lebens (Shouxing gong), diverse »Unsterbliche« sowie unzählige Stadt- und Lokalgötter (Farbabb. 5). Der Daoismus war eine *universale* Religion, die sämtliche Regionalismen der Volksreligion überragte und in sich aufnahm. Damit erhob er denselben Anspruch wie das *Reich*. Es ist kein Zufall, dass der Daoismus als organisierte Religion genau in dem Moment erschien, als die imperiale Macht begann, sich endgültig aufzulösen.

Zhang Daolings Nachfolger gründeten 184 in Sichuan einen regelrechten Gottesstaat unter der Führung eines »Himmlischen Meisters« (*tianshi*), eingeteilt in 24 Gemeinden mit einer amtlichen Verwaltung, der eine Abgabe von fünf Scheffeln Reis zu entrichten war. Selbst das Jenseits war bürokratisch organisiert mit einer Vielzahl von Ämtern, an die Gläubige schriftliche Petitionen zu richten hatten. Auf diese Weise entwickelte der Daoismus ein kompliziertes Verhältnis zum Staat. Er barg stets rebellisches Potential, arrangierte sich aber regelmäßig mit starken Machthabern. Das galt für die »Fünf-Scheffel-Reis«-Sekte ebenso wie für spätere Schulen: die Lingbao-Schule übte großen Einfluss auf die Südlichen Dynastien aus, die Maoshan-Schule wurde zur Staatsreligion der Tang, die Quanzhen-Schule beherrschte das religiöse Leben unter den Jin.

In alledem – magischen Praktiken, Vermengung mit der Volksreligion, politischer Machtentfaltung – entwickelte sich der Daoismus parallel zum Buddhismus. Beide Religionen breiteten sich zur selben Zeit aus, beeinflussten sich gegenseitig und nahmen so ähnliche Formen an, dass sie bisweilen überhaupt nicht voneinander unterschieden wurden: Übersetzer benutzten daoistische Begriffe, um buddhistische Termini wiederzugeben, umgekehrt wurden buddhistische Texte ohne weiteres in daoistische Schriften aufgenommen, Abbilder des Buddha finden sich ebenso im Zusammenhang mit der »Königinmutter des Westens«, und als Kaiser Huan (146–168) offiziell Laozi *und* Buddha Opfer brachte, bestätigte er eine Entwicklung, die sich im Volk längst vollzogen hatte. Selbst als der Daoismus sich in den folgenden Jahrhunderten vom Buddhismus distanzierte, spielte er dabei mit der Verwandtschaft beider Religionen: Buddha sei nichts weiter als eine weitere Manifestation des Laozi, seine Lehre also letztlich dem Daoismus geschuldet. In der späten Kaiserzeit setzte sich schließlich der Gedanke durch, dass »die drei Lehren eins« seien (*sanjiao heyi*), dass Buddhismus, Konfuzianismus und Daoismus nicht voneinander zu trennen seien.

Der Daoismus ist jedenfalls nicht von der chinesischen Kultur zu trennen, die er mehr als 2000 Jahre lang tief geprägt hat. Die traditionelle chinesische Medizin beruft sich bis heute auf den *Esoterischen Leitfaden des Gelben Kaisers* (*Huangdi neijing*), eine Schrift, die wohl auf Kreise daoistischer Heilkünstler zurückgeht. Daoistische Diätetik und Kräuterheilkunde haben das große pharmakologische Kompendium *Bencao gangmu* (16. Jahrhundert) angeregt, daoistische Alchimie und Naturbeobachtungen haben einen unermesslichen Beitrag zur Entwicklung chinesischer Naturwissenschaft und Technik geleistet. Kunst und Literatur empfingen reiche Inspiration vom Daoismus, und viele der größten Dichter, Maler und Kalligraphen hingen daoistischen Schulen an.

Die christlich inspirierten Taiping-Rebellen zerstörten im 19. Jahrhundert viele daoistische Tempel, und auch in Kriegen und der Kulturrevolution des 20. Jahrhunderts hat der Daoismus schwer gelitten. Doch heute prägt er wieder Alltag und Volkskultur in China: im berühmten Beijinger »Tempel der weißen Wolke« (Baiyun *guan*), vor allem aber in Hongkong und Taiwan, wo noch heute die Nachkommen Zhang Daolings als »Himmelsmeister« wirken. Wer heute durch Hongkong oder Taibei geht, stößt nicht selten auf betriebsame, farbenprächtige Tempel, in denen Gläubige Weihrauch verbrennen, Orakel befragen und vor imposanten Götterfiguren inbrünstig um Wohlergehen beten. Wenn man sie fragt, was ihre Religion sei, Buddhismus, Konfuzianismus oder Daoismus, bekommt man nicht selten die Antwort: »Ach, das ist doch alles dasselbe …«

Das Ende der Han

Während den Han die Kontrolle über das Volk zunehmend entglitt, war der Hof von Cliquenkämpfen gelähmt. Vor allem Eunuchen und Literaten traten seit der Mitte des 2. Jahrhunderts in tödliche Konkurrenz zueinander. Eunuchen waren in vielerlei Hinsicht das Gegenteil der Akademiker: oft ungebildete Männer aus verächtlichen Verhältnissen, Kriegsgefangene oder Unglückliche, durch Schulden oder Armut dazu getrieben, sich zu verstümmeln. Die Kastration bedeutete nicht nur Kinderlosigkeit, sie galt auch als schlimmes Verbrechen an den Eltern, von denen man seinen Körper erhalten hatte. Dennoch wählten viele freiwillig diese Strafe, selbst wohlhabende Familien ließen Söhne bisweilen ohne Not kastrieren. Denn Eunuchen hatten die Möglichkeit, als persönliche Diener des Kaisers und seiner Frauen enorm mächtig zu werden. Entmannt und doch die einzigen Männer in den Gemächern des Kaisers, wurden sie in der Späteren Han-Zeit zu den wichtigsten Stützen des Herrschers gegen die Macht der Regenten und anmaßenden Familien der Kaiserinnen. Gegen Ende des 1. Jahrhunderts begannen sie, aktiv in der Politik mitzuwirken, erhielten vom Kaiser als Dank Adelstitel und durften diese ab 135 n.Chr. an adoptierte Söhne vererben. Dem Kaiser treu ergeben, waren sie die Todfeinde all derer, die seine Macht untergruben. Die Eunuchen löschten nacheinander mehrere Familien von Kaiserinnen aus: die Dou, die Liang und die Deng, deren Einfluss im 2. Jahrhundert die Politik dominierte. Kurz nach der Ausrottung der Dou im Jahre 168 n.Chr. kam es zum blutigen Konflikt zwischen Eunuchen und gelehrten Beamten. Hunderte Beamte und ihre Anhänger wurden ermordet, ihre Familien ins Exil geschickt und durch ein Amtsverbot 15 Jahre lang aus der Verwaltung verbannt. Die Eunuchen bestimmten nun die Politik am Hof, Ämter wurden gegen Bezahlung an ihre Günstlinge vergeben, die reguläre Bürokratie war außer Kraft gesetzt.

Traditionelle Historiker – gelehrte Beamte ihres Zeichens – haben nicht versäumt, die Untaten der Eunuchen scharf zu verurteilen. Die Geschichte des 2. Jahrhunderts liest sich bisweilen wie ein einziges blutiges Gemetzel zwischen verfeindeten Fraktionen am Hof. Doch solche Darstellungen verfehlen den Kern der Sache: denn die Krise der Han war nicht moralisch verschuldet, sondern systembedingt. Nicht eine einzelne Fraktion war schuld am Niedergang der Zentralmacht, sondern der Fraktionalismus selbst; nicht der Verfassungsbruch der Eunuchen, sondern das Fehlen einer Verfassung. Genau besehen, haben die Eunuchen am Hof nicht schlechter regiert als andere Konkurrenten um die Macht: die Kaiserinnen, die Regenten oder die Beamten. Das Reich der Han brach nicht in der Mitte auseinander, sondern es zerfiel an den Rändern.

Seit 168, so wird berichtet, blieben die Han kein Jahr verschont von Raubzügen der Nachbarvölker. Wahrscheinlich getrieben von einer empfindlichen Verschlechterung des Klimas, fielen zwei Steppenvölker, die Wuhuan und Xianbei (möglicherweise Vorfahren der Mongolen), jeden Winter über die Städte des Nordostens her; die Xiongnu wurden wieder aggressiv, plünderten Städte und raubten Frauen – darunter auch die Tochter Cai Yongs:

> Der Barbaren-Bock hat mich gezwungen, / seine Frau zu werden, / und er ließ mich mit sich reisen / an den Himmelsrand. / Wolken, Berge, abertausend, / und der Heimweg ist so lang. / Der scharfe Wind auf tausend Meilen / fegt nur Staub und Sand empor, / und die Menschen, wild und grausam, / gleichen Schlangen oder Vipern. / Nur mit Bogen, Rüstung tragend, / sind sie stolz und kühn gestimmt. // Für mein zweites Lied sind die Saiten gestimmt, / doch die Saiten wollen reißen: / mein Wille zerstört, mein Herz gebrochen. / Jammer nur ist mir geblieben.
>
> (Cai Yan, »Hujia pai«, Übersetzung: Hans Stumpfeldt)

Im Westen, in der Gegend des heutigen Qinghai, Tibet, Gansu und Sichuan, wurden die Stämme der Qiang zu einer noch gefährlicheren Bedrohung. Eine Vielzahl verschiedener Stämme von Hirtennomaden wurde unter diesem Namen subsumiert (der schon in den Inschriften der Shang auftaucht, S. 58), vielleicht Vorfahren der Tibeter, die in der Han-Zeit enorm angewachsen waren. Die Han betrachteten große Siedlungsgebiete der Qiang als Teil ihres Reiches und die Qiang als »Unterworfene«, doch schon früh waren die Probleme dieser Konstruktion unübersehbar:

> In Liangzhou [heute: Gansu] siedeln überall unterworfene Qiang, die ihr Haar offen tragen und ihre Kleider links knöpfen, vermischt mit Han-Leuten. Ihre Sitten unterscheiden sich, sprachlich können sie sich nicht verständigen, und oft werden sie von niedrigen Beamten und Betrügern ausgebeutet. Wenn ihr Hass so weit ist, dass sie es nicht mehr ertragen können, kommt es zu Rebellionen. Alle Aufstände und Unruhen der Barbaren geschehen aus diesem Grund. (Ban Biao, *Hou Han shu* 87)

Ab 184 war es wieder so weit, als sich Aufstände der Qiang so ausweiteten, dass sie zweimal sogar die alte Hauptstadt Chang'an bedrohten. Im selben Jahr – es war das ominöse 1. Jahr des 60er-Zyklus – brachen kurz nacheinander zwei gewaltige religiöse Aufstände aus. Sie setzten ein Fanal für den Untergang der Han. Der Aufstand der »Gelben Turbane« an der Ostküste, einer daoistisch inspirierten Gruppe unter der Führung des Wunderheilers Zhang Jue, richtete sich explizit gegen die Dynastie. Der »Blaue Himmel« der Han würde durch einen »Gelben Himmel« ersetzt werden, und der vergöttlichte Laozi sollte das Zeitalter des »Höchsten Friedens« herbeiführen. Doch das Versprechen erfüllte sich nicht: die Rebellion wurde noch im selben Jahr niedergeschlagen, ihre Führer wurden hingerichtet. Der Aufstand der »Fünf-Scheffel-Reis«-Sekte in Sichuan, geführt vom Enkel Zhang Daolings, war erfolgreicher. Es gelang der Sekte, in Sichuan einen theokratischen Staat zu etablieren, der 30 Jahre lang bestand. Sichuan wurde genau 500 Jahre nach seiner Eroberung durch die Qin die erste Region, die vom Han-Reich abfiel.

Diese Aufstände gefährdeten die Zentrale nicht direkt. Dennoch leiteten sie das Ende der Dynastie ein, indem sie die Macht der Generäle stärkten, die gegen sie kämpften: Männer wie Cao Cao (155–220), Dong Zhuo (139–192) und Yuan Shao (154–202) behaupteten immer stärkere Eigenständigkeit gegenüber der heruntergekommenen Zentrale und forderten die Dynastie schließlich direkt heraus. Im Jahr 189 – wieder einmal saß ein minderjähriger Kaiser auf dem Thron – marschierte Yuan Shao mit seinen Truppen aus dem Osten des Reiches in die Hauptstadt ein und massakrierte 2000 Eunuchen und ihre Anhänger. Er wurde kurz darauf von einem General aus dem Westen, Dong Zhuo, vertrieben, dessen Truppen die Gräber der Han-Kaiser plünderten und die Hauptstadt brandschatzten. Die Paläste von Luoyang gingen in Flammen unter, die Kaiserlichen Archive und die Palastbibliothek mit all ihren Schätzen wurde vernichtet.

Es herrschte Endzeitstimmung. Zhongchang Tong sprach für viele, als er gegen Ende des 2. Jahrhunderts auf die Geschichte des letzten Jahrtausends zurückblickte und allenthalben Krieg, Leid und Zerstörung erkannte:

> In der Chunqiu-Zeit stürzte einst das Haus der Zhou ins Chaos; die Zhanguo-Zeit war sogar noch schlimmer. Als König Zheng von Qin die Einigung

vollbrachte, ließ er seiner bestialischen Gesinnung ihren Lauf, zerriss das Reich in blutigem Gemetzel und fraß die Menschen bei lebendigem Leibe. Die endlose Grausamkeit führte zu den bewaffneten Aufständen von Chu und Han, deren Leid das der Zhanguo-Zeit noch übertraf. Nach 200 Jahren der Han kam dann der Aufruhr unter Wang Mang, dessen Opfer die der Qin und Xiang Yus wiederum um ein Vielfaches übertrafen. Heute schließlich, da die berühmten Hauptstädte öde und unbewohnt sind, unzählige Landstriche wüst und menschenleer, ist es abermals schlimmer als zu Wang Mangs Zeiten. Ach! in kaum 500 Jahren gab es drei große Katastrophen – die kleinen dazwischen nicht einmal mitgezählt –, in denen Untreu und Grausamkeit stetig anwuchsen. Wenn man daraus auf die Zukunft schließt, so ist das Ende wohl nahe!
(Zhongchang Tong, *Hou Han shu* 49)

Tatsächlich waren die Han am Ende. Das Land versank in einen blutigen Bürgerkrieg, von dem sich die Dynastie nie wieder erholte. Auch wenn der letzte Kaiser, ein Spielball der Generäle, die Regierung nominell noch bis 220 fortführte, hatte er die Macht endgültig verloren. Die politische Zäsur markierte allerdings keinen Einschnitt in Hinblick auf die chinesische Gesellschaftsstruktur. Durch sie wurde nur offiziell vollzogen, was sich schon lange abgezeichnet hatte: der Zerfall des Zentrums zugunsten lokaler Eliten. Jetzt konnten die Institutionen geschaffen werden, die dieser Gesellschaftsstruktur entsprachen.

Bildsteine 畫像石

Unsere Kenntnisse der Han-Zeit beruhen fast ausschließlich auf den großen Geschichtswerken, die von Literaten für Literaten geschrieben wurden. Sie geben uns ein detailliertes Bild von der Hochkultur, von Regierungsakten und dem öffentlichen Diskurs der Zeit. Wie viel durch diese Hochkultur – ganz wörtlich – in den Untergrund verdrängt wurde, können wir nur vermuten. Es deutet sich vor allem in Gräberfunden an: in »Grabbibliotheken«, die alles andere als orthodox bestückt sind (S. 120), aber auch in Bildern, die diese Gräber einst geschmückt haben.

Seit Mitte der Früheren Han-Zeit ließ sich die Oberschicht statt in Grubengräbern mit Holzsärgen zunehmend in Katakombengräbern bestatten, die oft mit Bildsteinen oder -ziegeln geschmückt waren. Mehr als 4000 solcher Reliefs sind aus Gräbern der Han-Zeit – hauptsächlich der Späteren Han-Zeit – bekannt. Aus diesen Bildern, die ursprünglich farbig ausgemalt waren, spricht eine völlig andere Vorstellungswelt als aus überlieferten Texten. Szenen aus dem täglichen Leben finden sich da: Jagden, Feste, Tänze, Marktszenen, Musikanten und Akrobaten, galoppierende Reiter, Fischer, Feldarbeiter, Küchen, Schnapsbrennereien und vieles mehr. Abbildungen des Konfuzius oder des Laozi sind zu erkennen, aber auch das: geflügelte Pferde, eine Kröte im Mond, Tiere mit Menschenköpfen, Wundervögel, Ungeheuer und Fabelwesen, mythische Gestalten mit Schlangenleibern und immer wieder die »Königinmutter des Westens«.

Wir können nur raten, was sich hinter dieser phantastischen Bilderwelt verbarg: Botschaften an das Jenseits, das man sich ähnlich strukturiert vorstellte wie das Diesseits? Unterhaltung oder Statusausweis für die Toten, vielleicht auch symbolische Güter und Verpflegung? Darstellungen von Jenseitsreisen der Seele? Manchmal sind auch politische Aussagen in diesen Bildern zu vermuten, und deutlich lassen sich regionale Stile erkennen: die weitaus meisten dieser Grabbilder stammen aus den Regionen des heutigen Henan, Shandong, Jiangsu und Sichuan, oft klar voneinander zu unterscheiden. Die Grabdarstellungen zeugen von regionalen Unterschieden des Han-Reichs und von einer geistigen und religiösen Vielfalt, die wir bislang nur erahnen können. Erst, wenn diese Darstellungen recht verstanden sind, können wir ein angemessenes Bild von der ganzen Komplexität der chinesischen Gesellschaft unter den Han gewinnen.

Die Drei Staaten (220–280)

Im 13. Jahr der Regierungsperiode »Frieden etablieren« (*Jian'an*), 208 n.Chr., wurde die berühmteste Schlacht der chinesischen Geschichte geschlagen. Cao Cao hatte den letzten Han-Kaiser unter seine Kontrolle gebracht und beherrschte ganz Nordchina. In Sichuan hingegen hatte der General Liu Bei (161–223) ein eigenständiges Regime etabliert, und die Gebiete am Unterlauf des Yangzi waren unter der Kontrolle Sun Quans (182–252). Jetzt hatte Cao Cao einen Feldzug nach Süden begonnen, um das ganze Han-Reich in seine Gewalt zu bringen. Mit einer Armee von mehreren hunderttausend Soldaten war er bis an den Mittellauf des Yangzi vorgedrungen, wo ihm Liu Bei und Sun Quan mit einem Aufgebot von 30 000 Mann gegenüberstanden. An den »Roten Klippen«, im heutigen Hubei, sollte es zur entscheidenden Schlacht kommen. Cao Caos Truppen, auf dem Wasser ungeübt, hatten ihre Schiffe mit eisernen Kupplungen verbunden, um sie zu stabilisieren. Doch noch bevor sie auslaufen konnten, fielen sie einer List zum Opfer: Ein vermeintlicher Überläufer aus Sun Quans Truppen hatte sich ihnen mit einigen Dutzend Booten genähert, die mit Zunder beladen waren, diese in Brand gesteckt und in Cao Caos Flotte treiben lassen. Die aneinandergekoppelten Schiffe fielen allesamt den Flammen zum Opfer, das Heerlager Cao Caos brannte völlig nieder; wer die Feuersbrunst überlebte, wurde von Sun Quans Armee niedergemetzelt. Auch wenn Cao Cao sich durch eine abenteuerliche Flucht in Sicherheit bringen konnte – die Schlacht an den Roten Klippen war sein Waterloo. Sie bedeutete das Ende seines Versuchs, das Reich der Han wieder zu einen: China sollte Jahrhunderte hindurch geteilt bleiben.

Statue Guandis, des vergöttlichten Guan Yu.

Wir wissen nicht, ob die Schlacht an den Roten Klippen sich tatsächlich so abgespielt hat; zu stark haben literarische Überformungen die historischen Ereignisse verdeckt. Während die historischen *Aufzeichnungen der Drei Staaten* (*Sanguo zhi*) aus dem 3. Jahrhundert nur eine knappe Beschreibung der Schlacht liefern, ist sie in der späteren Dichtung besungen, in unzähligen Theaterstücken und vor allem in den *Erzählungen der Drei Staaten* (*Sanguo yanyi*) aus dem 16. Jahrhundert ausgesponnen worden. Jeder Chinese kennt diesen Roman. Jeder kennt die Helden der Drei Staaten und ihre dramatischen Schlachten: die Feldzüge Cao Caos und Sun Quans, den brillanten General Zhou Yu (175–210), die Blutsbrüder Liu Bei, Guan Yu (gest. 220), Zhang Fei (gest. 221) und den listenreichen Strategen Zhuge Liang (181–234). Sie haben noch heute einen Ruf wie Donnerhall. Einer von ihnen, Guan Yu, wird sogar als Gott verehrt, zuständig für Krieg und den Schutz des Volkes. Kaum ein Ort in der chinesischen Welt, in dem sich kein Tempel mit Guandis Figur – rotes Gesicht, langer Bart, vertieft in die Lektüre des *Chunqiu* – findet; Anfang des 20. Jahrhunderts gab es allein 1600 offizielle Guandi-Tempel in China, zudem Zehntausende private.

Doch die Zeit der Drei Staaten verdankt ihre außerordentliche Prominenz in der Geschichte Chinas, die in keinem Verhältnis zu ihrer kurzen

Spanne steht, nicht allein der romantischen Verklärung. In diesen 60 Jahren entstand aus den Trümmern des Han-Reiches nicht weniger als ein neues China.

Innerer Zerfall und Wachstum nach außen

Aus den blutigen Kriegen um die Herrschaft in Nordchina ging Cao Cao als Sieger hervor. Nachdem er sich im Kampf gegen die »Gelben Turbane« die ersten Meriten erworben hatte, setzte er sich gegen Ende des 2. Jahrhunderts gegen Dong Zhuo, Yuan Shao und andere Heerführer durch und brachte von Luoyang aus ganz Nordchina in seine Gewalt. Im Jahr 196 hatte er den letzten Han-Kaiser unter seine Protektion genommen und maßte sich große Rechte in der Regierung an. 208 machte er sich zum Kanzler, 215 seine eigene Tochter zur Kaiserin, und 216 nahm er den Titel eines Königs von Wei an. Zwar gelang es ihm nicht, das ganze Reich zu erobern: Sichuan blieb von Liu Bei besetzt, und der große Südfeldzug in das Reich Sun Quans scheiterte an den »Roten Klippen«. Aber in Nordchina hatte Cao Cao seine Macht so unumschränkt etabliert, dass nach seinem Tod im Jahr 220 sein Sohn, Cao Pi (186–226), sich zum Kaiser einer neuen Dynastie, der Wei, ausrufen lassen konnte. Er gab sich allen Anschein der Legitimität, indem er vom – gewiss nicht freiwillig – abdankenden Han-Kaiser offiziell die Siegel der Herrschaft empfing und damit als Nachfolger eingesetzt wurde.

Als Cao Pis Staatsstreich ruchbar wurde, ließ auch Liu Bei – vorgeblich ein Verwandter der Han-Kaiser – sich in Sichuan als Kaiser einer Dynastie Shu-Han ausrufen, die er seinerseits als legitime Nachfolgerin der Han darstellte. Kurz darauf erließ Sun Quan im Südosten als Zeichen der Unabhängigkeit einen eigenen Kalender und nahm wenige Jahre später den Titel eines Kaisers von Wu an. Nun war ganz China in drei Teile geteilt: Wei, Shu-Han und Wu.

Diese Zerfallsform entsprang weder dem Zufall noch allein dem Kriegsglück. Die Geographie der Drei Staaten entsprach exakt der großen naturräumlichen Gliederung Chinas. Wei besetzte das nordchinesische Lößgebiet, die bevölkerungsreichste, wirtschaftlich stärkste Gegend Chinas: ein Land, wo

> Fruchtbar, reich die Landschaft ist, / groß und weit die Ackerfelder, … / wo Einheitsfelder abgeteilt, / und Zäune, Hütten aufgereiht.« (Zuo Si, *Sandu fu*)

Ganz anders Shu-Han, dessen Hauptstadt Chengdu im fruchtbaren, von Gebirgen umgebenen Sichuan-Becken lag, abgeschieden und nur über schmale Bergwege von Norden oder die engen Yangzi-Schluchten von Osten zu erreichen. Hier lebte eine kleine chinesische Minderheit inmitten von einheimischen Völkern in einer Landschaft, in der

> Bambus die Gipfel überzieht, / Zimtbäume über Klippen blicken, … / wo Pfaun und Eisvögel in Schwärmen fliegen, / Rhinozerosse und Elefanten um die Wette laufen.« (Zuo Si, *Sandu fu*)

Schließlich Wu mit der Hauptstadt Jianye (dem heutigen Nanjing), fern vom Staubbecken des Nordens, im schwer zugänglichen, sumpfigen Yangzital, wo Yao und Thai-Völker siedelten. Der Name erinnert an den Staat der Chunqiu-Zeit, der am Rande der nordchinesischen Staatenwelt lag: dort, wo

> Berge die Gaue schroff durchziehen, / Ströme das halbe Reich überspülen, … / wo große Wale Schiffe schlucken, / und ihre Weibchen Wellen spucken.« (Zuo Si, *Sandu fu*)

Drei Staaten, wie sie unterschiedlicher nicht sein konnten: China war wieder in die geologisch abgegrenzten Makroregionen zerfallen, die seit dem Neolithikum seine Geschichte prägen. Der Zerfall war jedoch weitaus gravierender, als die politische Karte ausdrückt. Der einschneidende Klimawandel im 2. Jahrhundert, Ernteausfälle, Aufstände, Epidemien und Kriege hatten die Bevölkerung dramatisch dezimiert. Hatte die Späte Han noch 56,5 Millionen Einwohner, wurden in den Drei Reichen nur noch 7,6 Millionen gezählt: 4,4 Millionen in Wei, 900 000 in Shu und 2,3 Millionen in Wu. Auch wenn sich ein Großteil der Bevölkerung dem Zensus der Drei Staaten entzogen haben dürfte, vermitteln die Zahlen doch eine Ahnung vom Ausmaß der Katastrophe. Die großen Überlandstraßen, die das Reich der Qin und Han zusammengehalten hatten, verfielen zusehends, und jeder der Drei Staaten bewahrte politische Eigenständigkeit.

Jetzt entstanden markante kulturelle Unterschiede zwischen Nord und Süd, die sich in den folgenden Jahrhunderten vertiefen sollten. Während die an den Yangzi geflohenen Eliten durch engen Kontakt mit den Völkern des Südens beeinflusst wurden, vermischten sich die Chinesen des Nordens ethnisch und kulturell mit den Völkern aus der Steppe. Im Süden sprach man kernig und volkstümlich, aß Reis und Fisch und fuhr Boot; im Norden sprach man geschwollen und altertümlich, aß Hirse und Fleisch und ritt zu Pferd. Im Süden waren Kleinfamilien mit Konkubinen üblich, Frauen hatten wenig Freiheiten; im Norden dominierten monogame Großfamilien, deren Frauen aktiv und selbstbewusst waren; im Norden lebte man sparsam, im Süden freigiebig und luxuriös. Die Südchinesen, die sich als neue Hüter des kulturellen Erbes ansahen, verachteten die Nordchinesen als erdhafte, rauhe Burschen, »bezopfte Wilde«, die sich schlicht kleideten und frugale Hirsegerichte äßen. Die Nordchinesen seien ehrlich, aber simpel, stur und unbedarft im Umgang, im übrigen halbe Analphabeten, deren Literatur »wie Eselsgeschrei und Hundegebell« klinge. Für die Nordchinesen waren die Südchinesen dagegen verweichlicht, schwach und schlüpfrig wie ihr Land: flinke, unzuverlässige und verschlagene »Inselbarbaren«, kurzhaarig und tätowiert. Die Sichuanesen galten als besonders ungepflegte Zeitgenossen, von denen es hieß, sie wüschen sich nur zweimal im Leben: zur Geburt und beim Tod …

Der politische Zerfall bedeutete keineswegs, dass die chinesische Welt schrumpfte; im Gegenteil: in der Zeit der Drei Staaten dehnte sich ihr Einfluss weiter aus als je zuvor. Jetzt entstanden die Grundlagen für die Entgrenzung der chinesischen Kultur in China und ganz Ostasien. Eine wichtige Rolle spielte dabei der Staat Wu. Sein Land war Kolonialgebiet, die chinesische *frontier*, die von den Eliten des Nordens erst erschlossen werden musste: reiches, unbebautes Land, in dem nichtchinesische Völker lebten. Die Expansion von Wu, das im 3. Jahrhundert bis nach Guangzhou vordrang und Gebiete besiedelte, die vorher allenfalls besetzt waren, schuf die Voraussetzung für die dauerhafte Eingliederung des Südens in den folgenden Jahrhunderten. Die Erschließung des Südens, bis hin zu den tropischen Küstengebieten, ist die Geschichte der Vertreibung einheimischer Völker aus ihren Stammlanden (oft in die Berge, wie es noch heute auf Taiwan zu beobachten ist), ihrer Assimilierung, aber auch ihrer Bereicherung chinesischer Kultur. Diese wechselseitige Beeinflussung hat ihre Spuren hinterlassen in den diversen Dialekten, in der Architektur, der Küche, den Religionen und Bräuchen des Südens.

Die Expansion Wus ging noch weiter, weit über das chinesische Festland hinaus. Die neuen Bewohner von Wu machten sich die Schifffahrt zu eigen (eine entschieden unchinesische Kunst: nicht zufällig hat Cao Caos Heer bei den Roten Klippen eine Wasserschlacht verloren), um sich auf den Flüssen und Seen des Südens zu bewegen, aber auch, um zur

See zu fahren. Wu schickte Flotten ins Südchinesische Meer nach Taiwan, Hainan, in das Reich Funan (im heutigen Kambodscha), in den Norden zur koreanischen Halbinsel und bis in die Manjurei. 8000 Mann auf 100 Schiffen soll er einmal dorthin geschickt haben, um mit einem Mann namens Gongsun Yuan (gest. 238) Kontakt aufzunehmen, der dort in den 230er Jahren als »König von Yan« ein unabhängiges Gebiet regierte. An sich eine unbedeutende Episode – Wei besiegte Gongsun Yuans Heer schon 238 und nahm den Süden der Manjurei und den Nordwesten Koreas ein –, wenn nicht Wei im Zuge der Kampagne erstmals Verbindungen mit Japan geknüpft hätte.

Japan, damals noch eine einfache bronzezeitliche Kultur, wird zum ersten Mal in den *Aufzeichnungen der Drei Staaten* ausführlicher erwähnt. Die »Wichte« (*woren*), wie sie dort genannt werden, lebten vom Fischfang und tätowierten sich Gesichter und Körper. Es gebe dort eine Vielzahl von Fürstentümern, deren größtes, mit Namen Yamatai, von einer Königin regiert werde. Die Königin von Yamatai schickte zwischen 239 und 247 vier Gesandtschaften nach Wei; chinesische Bronzespiegel, die sie nach Japan brachten, zeugen noch heute von diesen frühen Kontakten. Sie waren der Beginn eines jahrhundertelangen Exports chinesischer Kultur, in dessen Verlauf Korea und Japan Schrift, Kleidung, Architektur, Konfuzianismus, Buddhismus und vieles mehr aus China übernahmen und der eigenen Kultur schöpferisch anverwandelten. Die Gemeinsamkeiten dieser ›ostasiatischen Kultur‹, die China, Japan und Korea teilen, verbinden die drei Länder bis heute – im Guten wie im Schlechten.

Auch Chinas Verbindungen zu den Völkern Zentralasiens intensivierten sich zur Zeit der Drei Staaten in einer Weise, die den weiteren Gang der Geschichte entscheidend beeinflussen sollte. Während sich im Süden chinesische Zuwanderer mit Thai, Yao, Yue und anderen Völkern Südostasiens vermischten, unterhielt der Norden weitläufige Kontakte, die bis nach Zentralasien reichten. Vor allem die Xiongnu, die Xianbei in der östlichen Mongolei und andere Völker aus dem zentralasiatischen Hochland kamen in engen Austausch mit Chinesen. Von diesen Völkern übernahmen die Chinesen neue Schirrmethoden für Zugtiere, den Sattel für Pferde und – eine bahnbrechende Erfindung – gusseiserne Steigbügel, die berittenen Bogenschützen Standfestigkeit gaben und die Kavallerie zu einer tödlichen Waffe machten.

Cao Caos riesige Armee – bis zu eine Million Mann soll er kommandiert haben – bestand neben Berufssoldaten zum großen Teil aus Söldnern der Xiongnu und anderer Reitervölker, die treffliche Bogenschützen hervorbrachten. Sie hatten dafür gesorgt, dass Cao Cao alle Macht in seiner Hand vereinen konnte, und waren zugleich die Voraussetzung dafür, dass seinen Nachfolgern diese Macht aus den Händen gleiten sollte.

Auch in anderer Hinsicht traf Cao Cao, der einmal als »fähiger Beamter in geordneten Zeiten und ruchloser Haudegen in chaotischen Zeiten« beschrieben wurde, richtungsweisende Entscheidungen. Ihm kam die schwierige Aufgabe zu, das von Kriegen zerrüttete, dezimierte Nordchina neu zu ordnen, brachliegende Äcker zu erschließen und entwurzelte Menschen wieder sesshaft zu machen. Dabei erwies sich Cao Cao tatsächlich als »fähiger Beamter« (eine literarische Anspielung auf den Herzog von Zhou), denn viele der Institutionen, die er und sein Sohn schufen, wurden zum Vorbild für spätere Dynastien. Zunächst baute er eine Verwaltung auf, indem er – anknüpfend an das Han-System der Empfehlungen – in allen Gegenden »Mediatoren« (*zhongzheng*) einsetzte, um geeignete Männer zu suchen und sie gemäß ihren Fähigkeiten in neun Klassen (*jiu pin*) einzuteilen. Damit stützten sich die Wei ebenso wie die Han auf lokale Eliten, die entweder selbst die Mediatoren stellten oder deren Entscheidungen lenkten. Jedenfalls war »in der obersten Klasse kein armes Haus vertreten, und in der untersten keine mächtige Familie«. Zwei Kriterien, lokale Macht und Zugang zu hohen Ämtern, definierten mithin die Oberschicht im chinesischen Mittelalter: so entstand ein amtlich anerkannter Adel, der auf lokaler Ebene durch Geburt legitimiert war, seine Privilegien in der Hauptstadt aber stets aufs neue bestätigen musste.

Eine weitere Institution der Wei spiegelt die gewandelte Sozialstruktur wider: die Agrarkolonien (*tuntian*), die Cao Cao ab 196 in vielen Gegenden Nordchinas schuf. Ähnlich wie die Grenzstationen der Han im Nordwesten vereinten diese Kollektive Soldaten und – oft zwangsweise angesiedelte – Bauern, die einerseits Verteidigungsaufgaben wahrnahmen, andererseits die wirtschaftliche Grundlage des Staates bildeten. Von einem Militär- und einem Zivilbeamten geleitet, lösten diese Agrarkolonien gleich mehrere Probleme auf einmal: sie sicherten den Unterhalt des großen Militärapparats – die Kolonien versorgten sich selbst – und ermöglichten die Erschließung brachliegenden Landes. Zudem brachten sie vagabundierendes Volk unter staatliche Kontrolle und sorgten für geregelte Steuereinnahmen – nicht durch Besteuerung von Privatbesitz, sondern durch Bewirtschaftung staatlicher Felder: der Staat agierte selbst wie die »großen Familien«. Durch diese militärischen Agrarkolonien schuf Wei die Grundlage seines Aufstiegs – aber zugleich eine Ursache seines Falls.

Reichseinheit und Teilung (280 – 5. Jahrhundert)

Die Militarisierung der Gesellschaft führte zwangsläufig dazu, dass Generäle überaus einflussreich wurden. Einer von ihnen, Sima Yi (179–251), stieg bis zum Regenten auf, und seine Familie herrschte auch nach seinem Tod de facto über den Staat Wei. Unter ihrer Führung gelang es den Wei 263, Shu-Han zu besiegen und damit Sichuan zu erobern. Wie schon beim Siegeszug der Qin fast 600 Jahre zuvor, war dies der erste Schritt für die Eroberung des Südens. Sima Yis Enkel, Sima Yan (236–290), zwang kurz darauf – so wie zuvor Cao Pi – den Wei-Kaiser zum Abdanken und machte sich 266 zum ersten Kaiser einer neuen Dynastie, der Jin. Dieser Dynastie gelang es, 280 auch Wu zu erobern und das Reich für kurze Zeit wieder zu einen.

Wie ein halbes Jahrtausend zuvor (und gut 400 Jahre später abermals) ging die Vereinigung des Reiches von Norden aus. Während die Regierungen des Nordens, kriegerisch gestärkt durch beständigen Kontakt mit den Reitervölkern der Steppe, ihre Macht auf den Ebenen des Lößlandes weithin durchsetzen konnten, war der Süden geographisch und sozial ganz anders strukturiert. Das von Bergen durchzogene, regional zergliederte Land war seit je für eine Zentralmacht viel schwieriger zu beherrschen. Statt dessen hat es die Bildung regionaler Machtzentren begünstigt, in denen Großgrundbesitzer weitgehend unabhängig von der Zentrale walten konnten. Auch wenn in den Geschichtsbüchern stets die Namen von Dynastien erscheinen: Südchina war viel weniger von einer Zentralmacht durchdrungen als der Norden. Es blieb geprägt von großen Familien mit immensem Landbesitz, die ihre Machtstellung gegen die Dynastien behaupteten und mehrfach zu deren Fall beitrugen. Eine politisch und militärisch starke Zentrale konnte sich im Süden nicht bilden.

Auch im Norden stand die Zentralmacht auf tönernen Füßen. Die Herrschaft der Jin währte nur eine Generation. Von vornherein hatte sich die Herrscherfamilie Sima mit den Mächtigen des Reiches arrangiert, hatte Pfründe und Lehen verteilt, in denen die großen Familien wie Regionalfürsten herrschten. Sie lebten in regelrechten Festungen –

über 3000 soll es allein in Guanzhong gegeben haben – mit Hunderten von Dienern und »Gästen«, besaßen Ländereien von Tausenden Hektar, zu denen oft Dutzende Dörfer, Mühlen, Manufakturen, Minen und andere Anlagen gehörten; Tausende Arbeiter bestellten ihre Felder und Zehntausende Soldaten schützten ihre Ländereien, manche schufen sogar eigene Gesetze und Bildungssysteme: wahrhafte Fürstentümer waren das, mächtige Gegenspieler der Zentralregierung.

Zwar versuchten die Jin zugleich, zentralistische Strukturen zu schaffen. Sie erließen einen umfangreichen Gesetzeskodex von 3300 Paragraphen, wandelten die Agrarkolonien der Wei in reguläre Amtsbezirke und Kreise um, und setzten eine Landreform durch. Dabei erhielt jeder erwachsene Mann 3 ½ Hektar und jede Frau 1 ½ Hektar Land zur Bewirtschaftung: ein Versuch, das Land in kleine Parzellen aufzuteilen, die den Kleinbauern ein Auskommen und dem Staat ein Einkommen sichern sowie die Besitztümer der großen Familien verkleinern sollten. Doch der Versuch misslang. Von vornherein wurde das System belastet durch hohe Steuern und die Privilegien der Beamten, die ein Vielfaches an Land erhielten. Das System scheiterte schon nach zehn Jahren, die Macht der großen Familien blieb ungebrochen. Kurz nach dem Tod des Reichseinigers Sima Yan im Jahre 290 kam es zu Machtkämpfen am Hof und einer »Rebellion der acht Könige« (*bawang zhi luan*), die das Reich an den Rand des Abgrunds brachte.

Doch nicht nur der eigene Adel rebellierte. Auch die Stämme der Xiongnu, Jie und Xianbei, Di und Qiang, die seit der Han-Zeit auf chinesischem Gebiet gesiedelt hatten, erhoben sich wieder. Schon 304 gründeten die Di in Sichuan ein eigenes Reich namens Cheng-Han: wieder einmal war Sichuan vom Reich abgefallen. Im Osten des Reiches fügten Truppen der Jie den Jin schwere Niederlagen zu. Vor allem aber erhoben sich die Xiongnu. Nachdem sie sich 48 n.Chr. unterworfen hatten und von Kaiser Guangwu in der Inneren Mongolei angesiedelt worden waren (S. 180), hatten sie ihre Weiden allmählich nach Shanxi und Hebei ausgebreitet und den Namen der Han-Herrscher, Liu, angenommen. Jetzt gingen sie einen Schritt weiter: ihr *shanyu*, Liu Yuan (gest. 310), rief eine eigene Dynastie aus, für die er keinen geringeren Namen wählte als – Han. Eine Anmaßung, meinten spätere Historiker: für sie begann damit die Zeit der »Sechzehn Staaten der Fünf Barbaren« (*Wuhu shiliuguo*), in der Xiongnu, Di, Jie, Xianbei oder Qiang bis 439 sechzehn kurzlebige Staaten auf nordchinesischem Boden errichteten. Aus Sicht der

Xiongnu aber erschien die Dynastiegründung völlig rechtens. Waren sie den Han nicht seit Jahrhunderten in »Harmonie und Verwandtschaft« verbunden (S. 145)? Trugen sie nicht den ehrwürdigen Namen Liu? Waren sie nicht tief geprägt von chinesischer Kultur? Liu Yuan jedenfalls verkündete bedenkenlos, dass er als legitimer Kaiser der Han das Erbe seiner Ahnen übernehme.

Sein Sohn, Liu Cong (gest. 318), setzte diesen Anspruch konsequent durch. 311 griff er Luoyang an, nahm den Jin-Kaiser gefangen, legte die Hauptstadt in Schutt und Asche, massakrierte Zehntausende Einwohner und plünderte die Schätze der Kaisergräber. Luoyang, die stolze Kapitale mit ihren 600000 Einwohnern, lag in Trümmern: eine ähnliche Katastrophe wie die Eroberung Roms durch die Goten ein Jahrhundert später. Als 316 zudem Chang'an den Xiongnu zum Opfer fiel, verloren die Jin auch ihre westliche Hauptstadt. Eine Ära war zu Ende. Zwar rief ein Jin-Prinz in Jiankang (Nanjing) sich zum rechtmäßigen Nachfolger auf dem Thron aus, so dass die Dynastie als »Östliche Jin« noch weitere hundert Jahre bestand. Der Norden aber war verloren; und das war nicht irgendein Teil Chinas: der Norden war China. Während die Elite der Jin in ein sumpfiges, malariaverseuchtes Exil fliehen musste, fiel ihre Heimat in die Hände von ›Barbaren‹.

Nach dem Tod von Liu Cong stürzte seine Dynastie, sie wurde gefolgt von rasch wechselnden Regimes anderer Fremdvölker. »Die Fünf Barbaren stürzten China ins Chaos« (*Wu Hu luan Hua*), so wird die traumatische Epoche beschrieben. Nordchina, von unablässigen Kriegen heimgesucht, sei völlig verwildert: Marodierende Truppen plünderten das Land, Heuschrecken fielen über die Felder her, Tiger und Wölfe fraßen die Menschen, Eltern verkauften ihre Kinder, um zu überleben, Leichen türmten sich in den Städten, die Landstraßen lagen öde und verlassen. Während sich die lokalen Eliten in ihren Festungen verschanzten, herrschten in der Hauptstadt viehische Schlächter wie Fu Sheng (334–357), Kaiser einer Dynastie »Große Qin«.

> Seine Gespielinnen tötete er, wenn sie ihm nicht zu Willen waren, und ließ ihre Leichen im Wei-Fluss treiben; seine Konkubinen ließ er vor den Palasthallen mit Knaben kopulieren; … Verurteilten ließ er die Gesichtshaut abziehen und dann zu seinem Amusement vor dem Hofstaat singen und tanzen.
> (*Jinshu* 112)

Oder die Kaiser der Späteren Zhao-Dynastie (319–351): ihr Gründer, Shi Le (319–333), der für seine grausame Kriegsführung berüchtigt war, und sein Nachfolger, Shi Hu (334–349), ein Massenmörder, Säufer und zügelloser Lüstling.

> Nachts drang er in die Häuser seiner Minister ein und vergewaltigte ihre Frauen; eine schöne Konkubine ließ er schminken, um sie dann zu köpfen und ihr Haupt auf einem Teller herumreichen zu lassen; eine anmutige buddhistische Nonne schändete er, tötete sie dann, kochte und fraß sie.
>
> (*Jinshu* 106)

Die Aussage der Historiker, die diese widerwärtigen Details rückblickend, aus der Perspektive des Einheitsreiches verzeichneten, ist klar: Während die Zivilisation nach Süden floh, herrschte im Norden Barbarei. Doch so eindeutig waren die Verhältnisse keineswegs. Die ›Barbaren‹, die den Norden einnahmen, waren keine Wilden, die auf dem Rücken von Pferden schliefen und aus den Schädeldecken ihrer Feinde tranken. Sie waren keine Fremden, sondern Teil des chinesischen Reichs, das keine Grenzen kannte, sondern nur Zonen abnehmender Durchdringung. Seit Jahrhunderten hatten sie im Norden Chinas gesiedelt, sich ethnisch mit Chinesen vermischt und die Kultur des Nordens in vielerlei Weise befruchtet. Schon der Han-Kaiser Ling (168–189) »liebte die Kleidung der Ausländer, ihre Zelte, Hocker und Sitzhaltung, ihre Speisen, Musikinstrumente und Tänze; und alle Adligen der Hauptstadt eiferten dem nach«.

In den Wirren des 3. Jahrhunderts waren viele ›Chinesen‹ nach Norden geflohen, um den Schutz ›barbarischer‹ Herrscher zu suchen. Umgekehrt war gegen Ende des Jahrhunderts mehr als die Hälfte der Bevölkerung in Guanzhong nichtchinesisch. Als Soldaten dienten diese ›Barbaren‹ der Verteidigung des Reiches, und nicht wenige von ihnen gehörten zur Elite des Landes. Liu Yuan kannte kanonische Werke wie das *Buch der Lieder* und das *Buch der Dokumente* auswendig, sein Sohn, Liu Cong, war in den Adelskreisen von Luoyang aufgewachsen; und auch andere Fürsten der ›Barbaren‹ betrachteten sich als Erben chinesischer Staaten: sie nannten ihre Dynastien Qin, Yan, Zhao oder Xia. Die lokalen Eliten des Nordens verachteten sie nicht als ›Barbaren‹, sondern arbeiteten mit ihnen zusammen. In Jahrhunderten der Kriege und Konflikte waren sich ›Chinesen‹ und ›Barbaren‹ immer ähnlicher geworden: von zwei klar konturierten Kulturen, die sauber geschieden waren, konnte keine Rede sein.

Zudem liest sich die Geschichte der südlichen Dynastien kaum zivilisierter als die des Nordens. Die Jin, die ihre Macht nie gegen die großen Familien des Südens durchsetzen konnten, wurden 420 von einem General namens Liu Yu (356–422) überworfen, der seinerseits eine Dynastie Song gründete. Doch schon der dritte Kaiser dieses Hauses wurde von seinem eigenen Sohn ermordet, welcher wiederum von seinem Bruder umgebracht wurde, der auch die meisten anderen Prinzen massakrierte. Seine Nachfolger standen ihm in nichts nach: der nächste Kaiser richtete ein Blutbad unter seinen Konkubinen, Regenten und deren Familien an, sein Nachfolger auf dem Thron – ein ungeschlachter Fettwanst, der »das Schwein« genannt wurde – rottete planmäßig die Männer seiner eigenen Familie aus. Auch die Geschichte des nächsten Herrscherhauses, der Qi, ist voller Abscheulichkeiten, und von den 26 Herrschern der vier Dynastien, die von 420 bis 589 im Süden regierten, starben nur neun einen natürlichen Tod.

Die historische Bedeutung der Zeit liegt nicht in den Schlachten, Tücken und Meuchelmorden der Herrschenden. Sie liegt in den staunenswerten kulturellen Leistungen, die oft weit entfernt vom Hof geschaffen wurden.

Die Entstehung der Kunst

Der Zusammenhang von politischem Niedergang und kulturellem Aufschwung ist oft betont worden: das Ende der Reichsideologie vermehrte die geistigen Deutungsmöglichkeiten, nachlassende staatliche Kontrolle gewährte dem künstlerischen Schaffen Freiheiten, sich zu entfalten. Ebenso wenig wie die Chunqiu- und Zhanguo-Zeit war dies eine Periode gesellschaftlichen Verfalls, sondern vielmehr eine Zeit der Verfeinerung und Intensivierung, in der neue Bereiche des sozialen Lebens erschlossen wurden. Die chinesische Gesellschaft gewann an Komplexität. Dabei dürfte es nicht zuletzt die räumliche Entgrenzung gewesen sein, der enge Kontakt mit Fremden, der die Vielfalt der Welt und ihrer Ausdrucksmöglichkeiten so evident machte. Die Infiltration Nordchinas durch die Völker der Steppe sowie die Vermischung von Chinesen und den Bewohnern des Südens veränderten die soziale Struktur und eröffneten neue Perspektiven. Am sinnfälligsten wird dies an den volks- und landeskundlichen Schriften, die in dieser Zeit entstanden. Nun wurden

»Gräser und Bäume des Südens« oder »Außergewöhnliche Dinge der südlichen Grenzgebiete« ebenso akkurat beschrieben wie die Menschen anderer Länder. Auch die Kartographie machte Fortschritte: Nachdem Zhang Heng (78–139) im 2. Jahrhundert bereits das Koordinatennetz erfunden hatte, zeichnete Pei Xiu (224–271) aus Wei, Chinas erster Geograph, den womöglich frühesten Atlas von China.

Die Welt wurde neu beschrieben. Sie wurde *anders* beschrieben. Die staatliche Orthodoxie war diskreditiert, die eine Wahrheit verloren; stattdessen entstanden allenthalben neue Lebensformen und Weltentwürfe. Die Erkenntnis, dass die Welt grundsätzlich anders beschrieben werden könne, führte zur Emanzipation der Kunst in China. Im 3. Jahrhundert entstand Kunst – Dichtung, Malerei, Kalligraphie –, die weder politisch noch religiös gebunden war, auch nicht rein ornamental wirken, sondern die Welt nach ihrer Fasson abbilden wollte.

Die Regierungsperiode Jian'an, welche die Schlacht an den Roten Klippen erlebte, war zugleich eine Blütezeit der Dichtung. Cao Cao, der Verlierer der Schlacht, war nicht nur der mächtigste Feldherr seiner Zeit, sondern auch Kalligraph, Musiker, Go-Spieler – und einer der größten Dichter. Seine Gedichte beeindrucken durch ihre konkrete Unmittelbarkeit und ihren Ausdruck persönlicher Gefühle. In dieser Dichtung wird erstmals das lyrische Ich entdeckt, Ausweis der Eigenständigkeit des Dichters:

> Mein Herz – wie schwer und ruhelos! / Mein Sehnen – einmal ostwärts heimzukehren! / Das Wasser tief, die Brückenbalken gebrochen: / Auf halbem Wege eil ich hin und her. // Verwirrt und im Zweifel verlier ich den Weg, / Die Nacht fällt herab, und kein Dach, um zu ruhn, / Marschieren, marschieren – wer weiß noch, seit wann? / Roß und Reiter hungern zusammen. // Den Sack auf der Schulter geh ich, um Reisig zu holen, / Mit der Axt hau ich Eis, um Essen zu kochen. / Gram im Herzen sing ich ein Lied, das alte, vom Ostberg, / Und Jammers Fülle überfällt mich.
>
> (Übersetzung: Peter Olbricht)

Cao Cao versammelte viele Dichter seiner Zeit um sich, deren berühmteste die »Sieben Meister der Jian'an-Zeit« sowie sein eigener Sohn, Cao Zhi (192–232), waren. Ihre Weiterentwicklung der fünfhebigen Gedichte aus der Han-Zeit wirkte stilbildend für die Dichter späterer Jahrhunderte bis hin zu den Meistern der Tang-Zeit (618–906). Die Dichtung hatte begonnen, ihr ganzes Potential auszuloten. Damit begann auch eine Reflexion auf die Literatur in all ihren Ausprägungen, mit anderen Worten: eine Literaturkritik. Keinem Geringeren als Cao Pi, dem ersten Kaiser von Wei, verdanken wir die ersten systematischen Gedanken zur Literatur, die in Teilen überliefert sind. Darin wird der Gedanke formuliert, dass »das Wichtigste an der Literatur das *qi* ist, in dessen Klarheit oder Trübung der Stil liegt: das lässt sich nicht mit Gewalt erzwingen«. Nicht moralische, politische oder religiöse Kriterien sind also das Entscheidende, sondern das *qi*, die Lebenskraft: die Literatur wird zur autonomen Sphäre, die sich ihre Regeln nicht vorschreiben lässt, sondern sie aus ihrer eigenen Natur schöpft. Dieser Gedanke ließ die Kunst im chinesischen Mittelalter zu sich selbst finden und befreite sie von äußeren Bindungen.

Niemand symbolisiert die zwanglose Selbstgenügsamkeit der Literatur besser als Tao Yuanming (365–427), Chinas größter Dichter seit Qu Yuan. Tao wurde berühmt dafür, dass er verschmähte, sich »für fünf Scheffel Reis vor einem Flegel krumm zu machen« und ein offizielles Amt anzunehmen. Stattdessen zog er sich aufs Land zurück und widmete sich, allen Zettelungen der Welt entzogen, dem Ackerbau, Schnaps und der Dichtung. Der Rückzug aus der Welt war denn auch das große Thema seiner Dichtung:

> Geflochtene Hütte, in Reichweite Menschen, / Doch nirgends Lärm von Rossen und Wägen. // Wie kannst Du so leben?, wollt ihr wohl wissen – / Wo sich weitet der Sinn, sind die Orte entlegen. // Chrysanthemen sammelnd am östlichen Zaun, / Fern, mag der Blick wohl dem Südberg begegnen. // Der Berg, Tag und Nacht schön anzuschaun, / Wenn Vögel sich sammeln und heimwärts fliegen. // In dieser Heimkehr liegt Wahrheit und Sinn, / Doch macht, sie zu suchen, um Worte verlegen.
>
> (Übersetzung: Frank Kraushaar)

Diese Verse gehören zu den berühmtesten der gesamten chinesischen Dichtung, und die Chrysantheme wurde zum Symbol des schlichten, zurückgezogenen Lebens in innerer Reinheit. Nicht minder einflussreich war ein Prosastück Tao Yuanmings, die *Aufzeichnung vom Pfirsichblütenquell* (*Taohuayuan ji*). Es beschreibt die Utopie eines Völkchens, das dem bedrückenden Regime der Qin entflohen war und seit über 500 Jahren glücklich, unabhängig und völlig abgeschnitten von der Außenwelt hinter einem Berg lebt: eine grandiose literarische Metapher für die Literatur selbst, die sich ihre eigene Welt gestaltet.

Auch die Malerei entwickelte sich seit der Zeit der Drei Staaten von

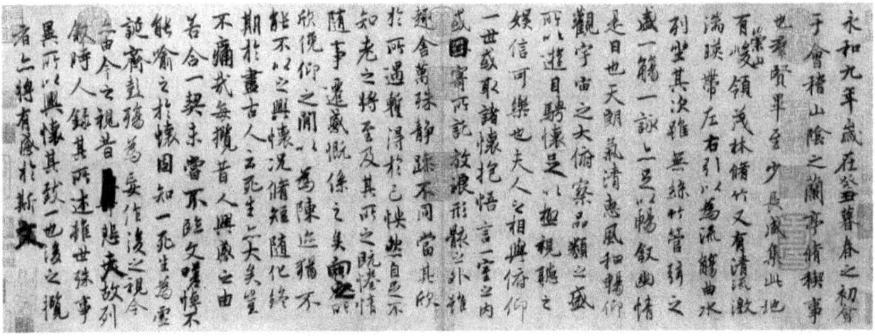

Wang Xizhis (303–365) Meisterwerk, das *Lanting ji xu*, ist nur in Kopien erhalten. Die abgebildete stammt von Feng Chengsu aus der Tang-Zeit.

einem Handwerk zu einer eigenständigen Kunst. Zwar sind von den Meistern dieser Zeit nur die Namen, nicht aber die Werke überliefert. Doch exquisite Lackmalereien von Hofszenen, Kinderspielen und historischen Motiven, wie sie 1984 im Grab eines Generals aus Wu gefunden wurden, bezeugen das künstlerische Niveau der Zeit. Ihren ersten Höhepunkt erreichte die chinesische Malerei mit dem Werk des Gu Kaizhi (344–406), dessen Darstellungen historischer Szenen und Landschaftsbilder stilbildend für ihr Genre wurden. Wie die Literatur wurde nun auch die Malerei als autonomes Feld entdeckt, als »Bewegung in Harmonie mit dem *qi*«, die ihren eigenen Regeln folgt.

Ihren charakteristischsten Ausdruck aber fand die Kunst in der Kalligraphie. Kalligraphie, die chinesische Kunst schlechthin, unterliegt denselben Regeln wie die Malerei: sie verwendet dasselbe Material – Tusche, Papier und Pinsel – und gleicht ihr in der Pinselführung. Und doch versinnbildlicht sie wie kein zweites Ausdrucksmittel die Befreiung von allen Regeln. Im Übergang von der funktional-korrekten »Kanzleischrift« (*lishu*) zu den elegant fließenden Linien der Kursivschrift (*xingshu*) und der anarchisch ungezügelten Konzeptschrift (*caoshu*) ist die Überwindung aller Konventionen durch die Kunst unmittelbar abzulesen. Gleich am Anfang hat die Kalligraphie auch ihren größten Meister hervorgebracht, Wang Xizhi (307–365), den »Weisen der Schrift«. Seine Werke, die Generationen von Kalligraphen als Vorlage gedient haben, gelten bis heute als Maß der Dinge. Sein berühmtestes Stück, das »Vorwort zur Gedichtsammlung vom Orchideenpavillon« aus dem Jahr 353, ist ein kalligraphisches Juwel und zudem ein Stimmungsbild seiner Zeit:

Gegen Ende des Frühlings trafen wir uns im Orchideen-Pavillon zu Shanyin in Kuaiji, um das Zeremoniell der Reinigung zu begehen. Alle Würdigen waren gekommen, die jungen wie die alten. Dort gab es majestätische Berge und steile Hänge, dichte Wälder und grazilen Bambus, zudem klare Bäche und rauschende Ströme, die uns allseits glitzernd umfingen. Wir ließen Becher auf dem sich schlängelnden Wasser treiben, indem einer nach dem anderen sich daneben setzte. Ganz ohne große Musikbegleitung – ein Becher, ein Lied! – drückten wir so unsere innersten Empfindungen aus. Dieser Tag – heiterer Himmel und klare Luft, es wehte ein sanfter Wind. Blickte man empor, zeigte sich die Größe des Alls, blickte man nieder, erschloss sich die Fülle der Dinge. Die schweifenden Blicke, die aufwallenden Gefühle machten das Betrachten und Lauschen zum höchsten Vergnügen – wahrlich eine Freude!

Wenn Menschen miteinander die Welt erleben, mögen sie aus ihrem Inneren schöpfen im einsamen Kämmerchen oder sich stürzen, wohin es sie gerade verschlägt, bedenkenlos und außer sich. Doch so unterschiedlich die Vorlieben, so verschieden die Gemüter – wenn sie genießen, was ihnen zukommt, für einen Moment ganz bei sich sind und freudig sich selbst genügen, dann merken sie nicht, wie das Alter sie erreicht … (*Lanting ji xu*)

Papier 紙

Als Wang Xizhi die weinseligen Verse seiner Freunde vom Orchideenpavillon niederschrieb, benutzte er dazu wohl Papier. Der Aufschwung von Dichtung, Malerei und Kalligraphie im chinesischen Mittelalter wäre kaum denkbar ohne das Papier, das ihnen als Grundlage diente. Die Tradition besagt, dass der Eunuch Cai Lun (ca. 50–121) das Papier erfunden und 105 n.Chr. offiziell am Hof vorgestellt habe. Doch die Archäologie hat uns auch hier eines Besseren belehrt. Papier, aus Hanf und anderen Pflanzenfasern hergestellt, war den Chinesen schon in vorchristlicher Zeit bekannt. Dick und grobfaserig, diente es als Verpackungsmaterial, Kleidung, Baustoff, für Taschentücher und andere Zwecke, aber nicht zum Schreiben. Vielleicht lag die Leistung Cai Luns darin, die Qualität des Papiers so verbessert zu haben, dass es sich zum Schreiben eignete. Jedenfalls setzte sich Papier ab der Späten Han-Zeit als Schriftgrund durch und verdrängte in den nächsten 200–300 Jahren Holz- und Bambustäfelchen endgültig. Erst seine glatte, weite Oberfläche ermöglichte die Entwicklung von der – im doppelten Sinne – hölzernen Kanzleischrift zu den flüchtig dahingleitenden Pinselstrichen der »Grasschrift«. Papier bot zudem erstmals die Möglichkeit, Texte mechanisch zu vervielfältigen. Durch Steinabklatsche, bei denen Papierbögen gegen gravierte Stelen gedrückt und eingefärbt wurden, machten sich schon im 2. Jahrhundert die Lernenden Kopien der kanonischen Schriften.

Papier ermöglichte eine nie dagewesene Steigerung der literarischen Produktion. Allein die kaiserliche Bibliothek der Sui (581–618) soll 370 000 Bücherrollen besessen haben (zum Vergleich: die Stiftsbibliothek von St. Gallen, eine der größten ihrer Zeit, besaß im 9. Jahrhundert etwas mehr als 400 Handschriften). Doch von all der Pracht ist kaum etwas geblieben. Da der Buchdruck, der massenhafte Vervielfältigung ermöglicht, erst rund 700 Jahre nach dem Papier erfunden wurde, zirkulierten die mittelalterlichen Texte nur in wenigen handschriftlichen Kopien. Die allermeisten von ihnen sind durch Plünderungen, Feuersbrünste, Schiffbrüche oder andere Unglücke verlorengegangen, so dass uns kaum schriftliche Primärquellen aus dieser Zeit erhalten sind. Nur wenige außergewöhnliche Funde wie die Grottenbibliothek von Dunhuang mit ihren 50 000 Manuskripten geben uns Einblicke in die Schriftkultur des chinesischen Mittelalters. Fast alle Meisterwerke der Dichtung, Malerei und Kalligraphie dieser Zeit sind verloren. Das Original von Wang Xizhis *Lanting ji xu* hat angeblich ein Tang-Kaiser mit ins Grab genommen, von Gu Kaizhis Gemälden sind nur spätere Kopien überliefert, auch Texte sind allenfalls in Abschriften – und das heißt immer: verändert – auf uns gekommen. Das Papier mag ein Segen für Maler und Kalligraphen, Dichter und Beamte gewesen sein – für die Forschung ist es ein Jammer.

Die Zeit der Dichtung und Malerei war auch die Zeit der Säufer und Sonderlinge. Ebenso, wie die Kunst sich emanzipierte, fand auch der Mensch im chinesischen Mittelalter zu sich: er entdeckte sich als Individuum. Nun wurde es möglich, soziale Normen nicht mehr bloß zu kritisieren, sondern souverän zu ignorieren. Die daoistische Ablehnung aller Regeln wurde selbst zur Regel, die Lehren des *Daode jing* zum Zeichen der Zeit: »Lasst die Weisheit fahren und verwerft die Klugheit, lasst die Menschlichkeit fahren und verwerft den Anstand!« (S. 116) Subkulturen bildeten sich heraus, in denen politisches Desengagement, Tabubrüche und Verachtung aller Konventionen sorgfältig gepflegt wurden: die »Acht Vollkommenen« (*bada*) etwa, langhaarige Exzentriker, die sich für gewöhnlich pudelnackt in ihrer Hütte einschlossen, um tagelang ohne Unterlass zu zechen. Der Suff befreite das wahre Selbst von allen weltlichen Sorgen und Zwängen.

Geradezu kultischen Status erreichten die »Sieben Würdigen vom Bambushain« (*zhulin qixian*), eine Gruppe von skurrilen Lebenskünstlern, die eigentlich aller Würden spottete. Auch wenn die Beschreibungen ihrer legendären Treffen in einem Bambuswäldchen, einer Art literarischem Salon unter freiem Himmel, fiktiv sein dürften, bieten sie eine treffliche

Die »Sieben Würdigen vom Bambushain« und Rong Qiqi; Abreibung eines Grabziegels aus Nanjing, Südliche Dynastien.

Milieuschilderung. Die »Sieben Würdigen« widmeten sich der Naturbetrachtung, Dichtung und »reinen Gesprächen« (*qingtan*), wie sie in ihrer Zeit beliebt waren: feinsinnigen philosophischen Plaudereien – die bei den »Sieben Würdigen« indes regelmäßig zu Saufgelagen ausarteten. Einer von ihnen hatte stets Weinkrug und Schaufel zur Hand, damit er jederzeit eines guten Tropfens genießen, aber auch auf der Stelle begraben werden könne, falls er tot umfiele. Ein anderer lief in seiner Hütte mit Vorliebe nackt herum, und als ein pikierter Besucher dies bemängelte, entgegnete er: »Für mich ist die Welt mein Haus, und mein Haus meine Hose – was willst du in meiner Hose?« Die »Sieben Würdigen« schufen sich ihre eigene Welt. Gerade deshalb wurden sie, die jedes Vorbild verachteten, selbst zu leuchtenden Vorbildern für spätere Jahrhunderte – so wie die Dichtung Tao Yuanmings, die Kalligraphie Wang Xizhis und die Malerei Gu Kaizhis.

Diese Vervielfältigung der Welt, ihre immer neuen Darstellungen in der Kunst und ihre verformte Wahrnehmung im Delirium, mag die Denker des 3. Jahrhunderts zu grundsätzlichem Nachdenken über das Sein angeregt haben. Wie ist das Verhältnis zwischen Begriffen und

Realitäten, zwischen Substanz und Funktion, und gibt es ein zeitloses Prinzip, das den wandelbaren Sinneserscheinungen zugrunde liegt? – Fragen, die schon im *Daode jing* und *Zhuangzi* anklingen. Es waren denn auch diese Werke, nicht die der konfuzianischen Tradition, welche die neue Philosophie maßgeblich inspiriert haben. Schon ihr Name: »Lehre vom Dunklen« (*xuanxue*), leitet sich vom *Daode jing* ab, wo es heißt: »Dunkel und nochmals dunkel: das ist das Tor zu allen Geheimnissen.«

Der Begründer dieser Schule, Wang Bi (226–249), entwickelte seine Gedanken unter anderem in einem Kommentar zum *Daode jing*. Er lehnte die Vorstellung einer grundlegenden Verschiedenheit der Dinge ab und postulierte hinter der Mannigfaltigkeit des Seins ein einheitliches Prinzip: das »Nichts« (*wu*), das Undefinierte, Formlose, das allen Formen zugrunde liegt. Der Gedanke ist bestechend. Die Einheit aller Differenzierungen muss selbst undifferenziert sein; die Grundlage aller Wahrnehmungen kann selbst nicht wahrnehmbar sein. Sie ist dunkel. Dieser Gedanke, den Wang Bi in aller Schärfe entwickelt, knüpft an das Wort des Laozi an, dass das Dao unbenennbar sei (S. 115), und an die Lehre des *Zhuangzi*, dass Sprache den Zugang zum Absoluten verstelle: denn sobald es Begriffe gibt, gibt es Abgrenzungen, und sobald es Abgrenzungen gibt, verschwindet das Absolute. Sprache liefert nur Beschreibungen, trifft aber nie das Wesen der Dinge.

Eine ganz andere Erklärung des Seins bot Guo Xiang (gest. 312), der seine Philosophie in einen Kommentar zum *Zhuangzi* kleidete. Der Grund des Seins, so Guo, liegt nicht in einem unfassbaren Prinzip, schon gar nicht im Nichts, sondern im Gegenteil: in den Dingen selbst. Nicht ein äußerer Grund macht die Dinge zu dem, was sie sind, sondern sie sind von selbst so, spontan und autonom. Das Prinzip ihres Seins liegt nicht jenseits, sondern innerhalb der Dinge, das Allgemeine ist das Individuelle.

Mit diesem Gedanken war der Geist der Zeit auf den Punkt gebracht. Er erklärte die Autonomie der Künste und den allgegenwärtigen Drang zur Individualität: wie alle Dinge, schöpft der Mensch seine Normativität aus sich selbst. Und – die Pointe des Gedankens – er erklärt die »Lehre vom Dunklen« selbst, die erste echte Philosophie Chinas, die keinem äußeren Zweck, sondern nur sich selbst verpflichtet war. Die »Lehre vom Dunklen« brachte das chinesische Denken in die Nähe einer Schule, die ihm ursprünglich fremd war, es nun aber immer nachdrücklicher bestimmte und schließlich dem gesamten chinesischen Mittelalter ihren Stempel aufdrückte: des Buddhismus.

Die fremde Religion

Im China des späten 3. und frühen 4. Jahrhunderts sorgte ein bemerkenswertes Buch für Diskussionen: der *Leitfaden von Laozis Erziehung der Barbaren* (*Laozi hua Hu jing*). Darin wird die alte Legende von Laozis Auswanderung nach Westen aufgegriffen und ergänzt: er sei nach Indien gegangen, um dort seine Lehre zu verbreiten, und habe dafür die Gestalt des Buddha angenommen. Buddha sei also eigentlich Laozi, und der Buddhismus eine Art Daoismus für Anfänger!

Diese raffinierte Polemik gegen die fremdländische Religion sagt einiges aus über die Schwierigkeiten des Buddhismus, in China Fuß zu fassen. Der historische Buddha, Siddhārta Gautama Shākyamuni, der etwa 450–370 v. Chr. in Indien lebte, hatte keinerlei Bezug zum chinesischen Denken. Er war fest verwurzelt in den religiösen Vorstellungen seiner Zeit vom ewigen Kreislauf der Wiedergeburten (*saṃsāra*) und der Lehre, dass gute oder schlechte Taten (*karman*) über das einzelne Leben hinaus vergolten würden und die Art der Wiedergeburt bestimmten. Das Schicksal aller Wesen ist nicht durch Zufälle bestimmt, sondern durch karmische Ursachen. Buddha erkannte in diesem Kreislauf des Seins jedoch keineswegs Heil, sondern nichts als Leid. Auf dieser Erkenntnis beruhen die »Vier edlen Wahrheiten«, die er predigte; sie besagen, dass (1) alles Leben Leid sei, dass (2) der Grund des Leids in den Begierden liege, dass (3) man dem Leid des Lebens durch Überwindung der Begierden entkommen könne und dazu (4) dem »Edlen achtfachen Pfad« folgen müsse: der rechten Anschauung, rechten Gesinnung, rechten Rede, rechten Tat, dem rechten Leben, rechten Streben, rechten Überdenken und rechten Sichversenken. Ein körperlich und geistig derart diszipliniertes Leben – was nichts anderes bedeutet als: ein Leben als Mönch – führe zur Erleuchtung. Wer erkennt, dass alles Sein vergänglich ist, dass die Dinge daher keine permanente Substanz haben und die Vorstellung eines beständigen »Selbst« eine Illusion ist – wer das erkennt, ist befreit von allen Begierden und bereit zum »Verlöschen« – *nirvāṇa* – und damit zur Erlösung aus dem Rad der leidvollen Wiedergeburten.

Die Lehre von der Irrealität des Seins musste auf chinesische Gelehrte morbid und nihilistisch wirken. Der Buddhismus löste das achsenzeitliche Problem der Transzendenz anders als der Konfuzianismus: nicht durch die Ordnung der Welt im Diesseits, sondern, ganz im Gegenteil, durch Streben zum Jenseits – aus chinesischer Sicht ein widersinniger

Gedanke. Das Mönchsleben, das Zölibat, der Bettel, die Tonsur und die Einäscherung der Toten: all das widersprach chinesischen Vorstellungen von Sittlichkeit sowie dem Dienst an Eltern und Ahnen zutiefst. »Die kindliche Liebe ist die Grundlage der Tugend«, lehrt das *Xiaojing* (S. 179) – wie könnte man andere Menschen ebenso lieben wie seine Verwandten, wie die Familie verlassen oder gar seinem Körper, dem Geschenk der Eltern, ein Leids tun? Selbst die Daoisten in ihrer leidenschaftlichen Verachtung sozialer Ordnung waren letztlich dem Diesseits verhaftet. Ihr Ideal des Unsterblichen erscheint geradezu bodenständig gegen die buddhistischen *arhats* (chin. *luohan*), die die Welt vollständig hinter sich ließen.

Doch der Buddhismus, der in der Späteren Han-Zeit nach China kam, hatte sich bereits vielfach gewandelt. Es waren Händler, die den Mahāyāna-Buddhismus nach China brachten: auf dem Seeweg über das heutige Sri Lanka, Vietnam und Guangzhou, wahrscheinlich auch auf einem Landweg über Burma, Yunnan und Sichuan, vor allem aber mit Kamelkarawanen aus dem Kushāna-Reich in Mittelasien über die Seidenstraßen nach Nordchina. Die Religion, die schließlich Eingang im chinesischen Volk fand, hatte eine Geschichte von mehreren Jahrhunderten und eine Reise von mehreren tausend Kilometern durch viele Kulturräume hinter sich (Karte S. 184).

Schon kurz vor der Zeitenwende war in Indien neben den früheren, asketisch-elitären Schulen, die vor allem Mönchen die Erleuchtung versprachen, die Lehre des »Großen Fahrzeugs«, Mahāyāna, entstanden. Der Mahāyāna-Buddhismus ergänzte die passiven Tugenden der frühen Schulen – Erleuchtung und Weisheit – durch aktive Tugenden: Großzügigkeit, Mitgefühl und Wohltätigkeit für andere. Sein Ideal waren nicht mehr die heiligen *arhats*, die einsam und entsagungsvoll Erleuchtung erlangen, sondern Bodhisattvas (chin. *pusa*), Wesen der Barmherzigkeit, die den Eingang in das *nirvāṇa* verschieben, um andere Wesen zu retten. Damit entstand die Vorstellung, dass karmische Verdienste nicht allein persönlich zugerechnet werden, sondern übertragbar sind. Ein ungeheuer folgenreicher Gedanke: nun galt das Heilsversprechen nicht allein Mönchen, sondern auch gläubigen Laien. Das »Große Fahrzeug« nahm prinzipiell alle Menschen auf. Jeder konnte durch gute Taten Erlösung für sich und andere erlangen, speziell auch: für seine Ahnen. Die Lehre des Mahāyāna erlaubte, den chinesischen Ahnenkult, der so unverträglich mit der Lehre von der Nichtigkeit allen Seins schien, zwanglos zu integrieren. Man stifte den Ahnen eine Buddha-Statue! Die Verehrung von Bildern und Reliquien wurde im Mahāyāna zu einem von vielen Wegen zur Erlösung:

> Wenn die Menschen gut und sanft im Herzen sind, / nach dem Verlöschen des Buddhas, / dann werden sie schließlich die Buddhaschaft verwirklichen. / Wenn sie, nachdem die Buddhas verlöscht sind, die Reliquien verehren, / Myriaden von Stūpas errichten, … / wenn sie steinerne Heiligtümer errichten, … / wenn sie inmitten einer Wildnis / Erde aufhäufen und ein Buddhaheiligtum bauen, / ja, selbst wenn Kinder im Spiel / Sand anhäufen und daraus einen Buddhastūpa machen – / dann werden alle diese Menschen / schließlich die Buddhaschaft verwirklichen.
>
> (*Lotos-Sūtra* 1.2, Übersetzung: Max Deeg)

Das *Lotos-Sūtra*, aus dem diese Verse stammen, ist die wichtigste Schrift des Mahāyāna in Ostasien, ein Text, dessen religionsgeschichtliche Bedeutung dem Neuen Testament gleichkommt. Es beschreibt eine reich bevölkerte Götterwelt und vermittelt eine Aura des Mitgefühls und der Barmherzigkeit, die dem chinesischen Denken bis dahin fremd gewesen war. So überwältigend erschien seine Botschaft, dass im Volksglauben schon das bloße Rezitieren des *Lotos-Sūtras* zur Erlösung führte.

Das buddhistische Pantheon 佛菩薩

Der Schmerbauch mit der kahlen Platte, der uns in heimischen »China-Restaurants« so breit entgegengrinst, ist nicht der historische Buddha. Es handelt sich um Maitreya, den Buddha der Zukunft, der einige Jahrtausende nach Shākyamuni auf die Welt kommen soll, um die Lehre zu erneuern. Er wurde schon im chinesischen Mittelalter weithin verehrt, damals aber noch ganz anders dargestellt: aufrecht sitzend, meditierend, asketisch und hager. Die 71 m hohe, in Stein gehauene Kolossalstatue in Leshan (Sichuan) bezeugt diese Tradition noch heute. Erst in der Song-Zeit (10.–13. Jahrhundert) wandelte sich sein Bild. Nun verkörperte er nicht mehr die Erlösung von den Leiden der Welt im Jenseits, sondern das Wohlergehen im Diesseits: Frohsinn, Zufriedenheit, wohlgenährte Prosperität.

Maitreya ist nur ein Beispiel für den Wandel, den die buddhistische Lehre durchlief und mit ihr das buddhistische Pantheon. Wenn Maitreya in der Zukunft als Buddha kommen sollte, mussten seine früheren Inkarnationen schon in der Welt sein und Gutes bewirken; und wie viele weitere mochte es außer ihm geben, die in der Unendlichkeit der Zeiten früher oder später die Buddhanatur erreichten? Die Welt musste voller Bodhisattvas sein! Dieser Gedanke führte zu einem grenzenlosen Anwachsen des Pantheons: Im *Lotos-Sūtra* predigt Buddha zu 8000 Bodhisattvas, 60 000 Göttern und spricht von »Hunderttausenden von Millionen Buddhas«. Tempel wurden »tausend Buddhas« gewidmet, Herrscher ließen Buddhafiguren in Serie produzieren, und der Buchdruck brachte die Multiplikation der Götter zur Perfektion.

Der historische Buddha, Shākyamuni, wird dabei nur selten dargestellt. Der frühe Buddhismus kannte überhaupt keine Bildnisse Buddhas – der ja ins *nirvāṇa* eingegangen war –, sondern nur Symbole: ein leerer Thron, ein reiterloses Pferd, ein Paar Fußspuren. Erst als er in Ghandāra, im Grenzgebiet des heutigen Pakistan und Afghanistan, in Kontakt mit dem Hellenismus kam, entstanden die ersten Buddha-Darstellungen: eine Goldmünze aus dem 2./3. Jahrhundert zeigt einen stehenden Buddha, versehen mit der griechischen Inschrift »BOΔΔO«, »Buddha«. Vor allem aber wurde in Stein gearbeitet: die großen, in einen Berg gehauenen Buddhastatuen von Bamiyan, die 2001 von den Taliban zerstört wurden, gehörten zu den prächtigsten Zeugnissen der Kunst von Ghandāra.

Buddha kam mit griechischem Antlitz nach China. Doch es fiel schwer, ihn, den verloschenen Gott, leibhaftig abzubilden und zu verehren. Weitaus populärer waren die Figuren von Bodhisattvas, die eben nicht ins *nirvāṇa* eingegangen waren, sondern weiter zum Wohle aller Wesen wirkten. Der beliebteste von ihnen ist zweifellos Avalokiteshvara (chin. Guanyin), der Bodhisattva des unendlichen Mitgefühls, Schutzgott gegen Schiffbruch, Feuer, Diebe und Mörder. Von Guanyin heißt es, er könne die verschiedensten Formen annehmen, um vor Leid zu schützen, und entsprechend vielfältig wird er dargestellt: mit elf Köpfen etwa, mit tausend Armen und seit der Song-Zeit meist als Frau.

Guanyin gilt als eine Manifestation des Amitābha, des Buddhas des unendlichen Lichts und Lebens, der allen Gläubigen die Wiedergeburt im Paradies des »Reinen Landes« (*jingtu*) verheißt. Meist in Meditation sitzend, oft mit Schmuck und Krone verziert dargestellt, entwickelte Amitābha sich seit dem 7. Jahrhundert zum populärsten aller Buddhas. In seinem Versprechen erreicht der Gedanke der Übertragung karmischer Verdienste seinen Höhepunkt. Es bedarf keiner rechten Lebensführung oder guten Taten, sondern allein der Glaube reicht aus zur Erlösung, ja es genügt, nur ein einziges Mal von Herzen zu sagen: »Namo Emituo *fo*«, »Ich gebe mich dem Buddha Amitābha hin«, um Eingang ins Reine Land zu erlangen. Im Mahāyāna hat sich der Buddhismus von der elitären Lehre eines Prinzensohnes zur Volksreligion entwickelt; wo ursprünglich keine Götterbilder waren, ist ein reich bevölkertes Pantheon entstanden, aus einer hochkomplexen Lehre ist eine massenwirksame Botschaft geworden, die sich in einem einzigen Satz verdichtet: »Namo Emituo *fo*«.

Unser heutiges Interesse am Buddhismus, das auf seine Ethik, Philosophie und meditative Praxis abhebt, entspricht nicht der Sicht der Chinesen im Mittelalter. Die waren von der Lehre keineswegs sonderlich beeindruckt. Ihnen ging es vielmehr um yogische Körpertechniken, Anleitungen zur Lebensverlängerung, Ekstase und andere magische Techniken. Unbelastet von philosophischen Feinheiten, dürfte sich der Buddhismus zunächst als Volksglaube etabliert haben. Buddha wurde als ein Gott – schon das eine krasse Abwandlung der indischen Lehre – wie viele andere verehrt, der Gesundheit, langes Leben, Schutz vor bösen Geistern und Wohlergehen im Jenseits versprach. Damit stand der Buddhismus von Anbeginn in enger Beziehung zum religiösen Daoismus, und für das Volk mögen sie ununterscheidbar gewesen sein: in der Ikonographie wurden der Buddha und daoistische Götter miteinander dargestellt, beim Opfer gemeinsam bedacht – warum sollten sie nicht ein und dieselben sein?

Der allmähliche Aufstieg des Buddhismus aus dem Milieu der Subkultur in die Zirkel der Elite verdankte sich wiederum den Ausländern, die ihn bereits nach China gebracht hatten. Ab der Mitte des 2. Jahrhunderts begannen mittelasiatische Übersetzer – Parther, Indoskythen, Sogdier – in Luoyang, buddhistische Texte aus dem Sanskrit oder mittelasiatischen Sprachen ins Chinesische zu übertragen. Allerdings dürfte kaum einer der »Übersetzer« beide Sprachen beherrscht haben. Vielmehr kannten einige die Ausgangssprache, andere die Zielsprache – und beide Seiten versuchten dann, sich auf eine Übersetzung zu verständigen. Dabei lieferte wieder der Daoismus entscheidende Stichworte für die Anverwandlung der fremden Lehre. Wichtige Konzepte des Buddhismus wurden zunächst durch daoistische Begriffe wiedergegeben: so wurde der *arhat* zum *zhenren*, dem daostischen Weisen, das *nirvāṇa* wurde zum *wuwei*, dem »Nichttun«, und natürlich wurde das *dharma* – die »Lehre«, d. h. die ewige Wahrheit des Buddha – zum Dao. Nur im Gewand der chinesischen Tradition konnte der Buddhismus Eingang in China finden. Seine eigenen Begriffe hätten gewirkt »wie die Fünf Farben für einen Blinden und die Fünf Töne für einen Tauben«.

Eines der frühesten Sūtren, die ins Chinesische übersetzt wurden, war bezeichnenderweise das *Vimalakīrti-Sūtra*. Kein Mönch oder asketischer Kostverächter steht im Mittelpunkt dieses Sūtras, sondern ein Laie: Vimalakīrti, angeblich Zeitgenosse des Buddha, ein reicher, einflussreicher Adliger, gestandener Familienvater und Lebemann, zugleich ein scharfer Geist und brillanter Redner, der allen *arhats* weit überlegen ist. Niemand durchschaute die Leere und Nicht-Existenz aller Dinge so klar wie er. Als ein Buddha-Schüler einst das *dharma* vor dem Volk verkündete, wies Vimalakīrti ihn wie einen Schulbuben zurecht: So könne man das *dharma* doch nicht lehren, denn

> das *dharma* kennt weder Geburt noch Verlöschen; es geht auf nichts zurück; es ist jenseits der Sinne; es kennt weder Hoch noch Tief; das *dharma* ist ewig unbewegt, fern jeder Anschauung und Handlung. Da das *dharma* so beschaffen ist, wie könnte man darüber sprechen? Vom *dharma* spricht man, indem man nichts sagt und nichts ausdrückt; und vom *dharma* hört man, indem man nichts hört und nichts aufnimmt. (*Weimojie suoshuo jing* 3)

Diese Lehre verfehlte nicht ihren Eindruck bei der chinesischen Elite. Sie legitimierte ihren Lebensstil, ermöglichte ihr, sich durch gute Werke – die Finanzierung von Tempeln, Sūtren oder Buddhastatuen – karmische Verdienste zu erwerben, und regte zu feinsinnigen Plaudereien in der Tradition der »Reinen Gespräche« an. Die Mahāyāna-Lehre von der Leere und Nichtigkeit aller Dinge schien zwanglos mit der Ansicht Wang Bis vereinbar, der das Urprinzip ebenfalls als gestaltlos und durch Sprache nicht fassbar beschrieben hatte. Vor allem aber mag die Kombination eines hierarchischen Weltbilds – die Stufen der Wiedergeburten – mit der individuellen Zurechnung karmischer Verdienste im Buddhismus den Ton der Zeit getroffen haben. Er entsprach genau der Struktur der mittelalterlichen Gesellschaft, deren hierarchische Gliederung zugleich Freiräume für Individualität bot. Entsprach das *karman* nicht dem Prinzip, das, wie Guo Xiang lehrte, in den Dingen selbst lag? Kam nicht das Leben als Mönch dem Ideal des weisen, weltflüchtigen Einsiedlers gleich? Womöglich beruhte der Erfolg des Buddhismus auf einem produktiven Missverständnis. Vielleicht verhalf ausgerechnet die Vorstellung, die der Buddhismus als größte aller Illusionen entlarvt hatte, ihm zu seinem Durchbruch in China: die Vorstellung eines substantiellen Selbst, eines Individuums.

Buddhismus und Herrschaft

Die Staaten des Südens

Es dauerte geraume Zeit, bis der Buddhismus in China gesellschaftsweit eigenständige Bedeutung erlangte. Noch im 3. und frühen 4. Jahrhundert blieben seine Lehren weitgehend unverstanden, seine Götter kaum von anderen Heilsbringern differenziert, seine Kunst war rein dekorativ. Erst im 4. Jahrhundert, nach der abermaligen Teilung des Reiches, emanzipierte sich der Buddhismus. Die Eliten, die aus dem Norden an den Yangzi geflohen waren, interessierten sich angelegentlich für buddhistische Philosophie, und zwar nicht nur als Laien. Nachdem bislang vor allem Ausländer den Klerus gebildet hatten, tauchte nun ein neuer Typ von gelehrten Mönchen chinesischer Herkunft auf, die das Denken nachhaltig beeinflussten.

Mönche wie Zhidun (314–366) und Huiyuan (334–416) waren repräsentativ für diese Gelehrten, die sich dem Buddhismus aus philosophischem Interesse zuwandten. Zhidun brachte die Mahāyāna-Lehre eines absoluten Prinzips – als Gegensatz zu den empirischen Dingen – auf den chinesischen Begriff *li*, »Muster«: ein Gedanke, der Jahrhunderte später äußerst wirksam werden sollte. Huiyuan, gründlich ausgebildet in konfuzianischer und daoistischer Literatur, soll die Amitābha-Verehrung und die Lehre von der Erlösung durch reinen Glauben begründet und damit den Buddhismus zur universalen Heilslehre erhoben haben. Die Schule vom »Reinen Land« (Jingtu), die sich auf ihn berief, sollte zur populärsten in ganz Ostasien werden.

Es war ein kultiviert-gelehrter Buddhismus, von Hof und Adel gleichermaßen gefördert, der in den Reichen des Südens florierte. Um das Jahr 400 soll es im Reich der Östlichen Jin bereits 1700 Klöster sowie 80 000 Nonnen und Mönche gegeben haben. Der Buddhismus war zu einem bedeutenden sozialen Faktor geworden und zu einer ernstzunehmenden Herausforderung für den Staat: nicht nur wegen seiner fremdländischen Herkunft und seiner potentiell subversiven Lehre, sondern als Gegenmacht, die sich staatlichem Einfluss zu entziehen drohte. »Ein Mönch verbeugt sich nicht vor einem König«, hatte Huiyuan gelehrt, denn er befinde sich jenseits der alltäglichen Existenz und habe mit den Äußerlichkeiten der Welt nichts zu schaffen. Mönche mögen den Herrscher respektieren, beugen sich aber nicht seinem weltlichen Gesetz. –

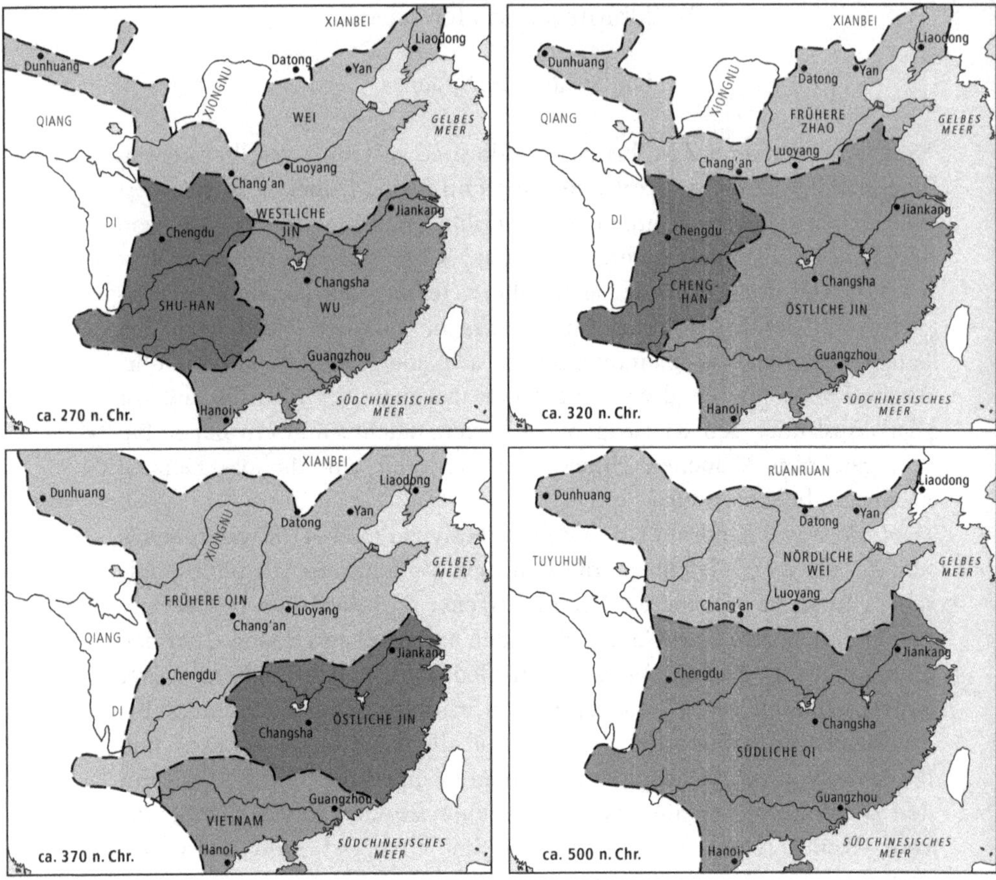

Die Staaten des Mittelalters.

Konnte ein chinesischer Kaiser auf einen solchen Affront anders als mit Gewalt reagieren? Er konnte, denn der Buddhismus selbst hielt die Lösung bereit mit dem Modell des *cakravartin* (*falun wang*), des »Königs des *dharma*-Rads«, der selbst die Lehre verbreitet und damit nicht nur zum weltlichen, sondern zum universalen Herrscher wird. Der Kaiser als Bodhisattva: das war der Geniestreich, mit dem chinesische Herrscher sich vor der Welt und zugleich vor dem buddhistischen Klerus legitimieren konnten.

Der größte religiöse Eiferer im Süden war Kaiser Wu, Gründer der

Dynastie Liang (502–557), dessen 47jährige Herrschaft die längste und stabilste der südlichen Dynastien war. Dieser hochgebildete Herrscher, Dichter und Historiker schrieb Kommentare zu daoistischen und konfuzianischen Werken, errichtete einen Konfuziustempel, führte staatliche Beamtenprüfungen ein – und erhob zugleich den Buddhismus zur »Staatsreligion«. Er selbst inszenierte sich als »Kaiserlicher Bodhisattva« (*huangdi pusa*), verfasste Kommentare zu buddhistischen Schriften, stiftete zahlreiche Stūpas, Buddhastatuen und ganze Klöster: nicht weniger als 2846 Klöster soll es unter den Liang gegeben haben. Mehrmals gab Kaiser Wu einem buddhistischen Kloster »seinen Leib hin«, um sich gegen horrende Summen – angeblich vierhundert Millionen Münzen – aus der staatlichen Kasse freikaufen zu lassen. Konfuzianische Historiker haben ihm derartige Eskapaden übel angerechnet: seine Regierung sei korrupt gewesen und habe den Staat ruiniert. Sein *karman* hingegen dürfte es gefördert haben und vor allem seine Autorität gegenüber Adel und Klerus. Kaiser Wu, der Bodhisattva auf dem Thron, legitimierte sich weder durch die Gunst der Elite noch die Weihen der Mönche, sondern durch persönliche Verdienste. Er war zugleich Patron der Lehre, Gebieter über seine Untertanen und Erlöser aller Wesen: ein universaler Herrscher und »König des *dharma*-Rads«. Am Ende jedoch blieb wenig von seiner Pracht. Die Hauptstadt der Liang wurde 549 von einem Rebellen eingenommen, Kaiser Wu verhungerte elendig in seiner Gefangenschaft, acht Jahre später war seine Dynastie am Ende.

Die Staaten des Nordens

Weitaus stärker noch als im Süden wurde der Buddhismus unter den nördlichen Dynastien gefördert. Im 5. Jahrhundert soll es in Nordchina beinahe 80 000 Kleriker in mehr als 6000 Tempeln und Klöstern gegeben haben, viele von ihnen staatlich finanziert. So war Shi Hu, dieses barbarische Scheusal, zugleich ein frommer Anhänger des Buddhismus, und auch andere Herrscher des Nordens ließen ihm Protektion angedeihen. Sie inszenierten sich als Bodhisattvas und luden – so, wie die Könige der Zhanguo-Zeit sich mit Philosophen umgeben hatten – die berühmtesten Mönche der Zeit an ihre Höfe. So begann unter der Leitung von Dao'an (312–385) in Chang'an ein gewaltiges Projekt der Katalogisierung und Übersetzung buddhistischer Schriften aus dem Sanskrit und mittelindischen Sprachen ins Chinesische. Dieses bahnbrechende Projekt wurde von Kumārajīva (343–413) fortgeführt, einem Mönch aus Kucha, der 401 an den Hof der Späteren Qin nach Chang'an kam. Kumārajīva war einer der größten Übersetzer in der Geschichte des chinesischen Buddhismus. In den elf Jahren bis zu seinem Tod soll er mit einem vielköpfigen Übersetzerteam 35 Werke in 294 Kapiteln übersetzt haben. Kumārajīvas genaue Kenntnis der philosophischen Feinheiten der Originale sowie der Nuancen der chinesischen Sprache trug wesentlich dazu bei, den Buddhismus von den *faux amis* der daoistischen Begrifflichkeit zu befreien, die seine Rezeption in China ermöglichten und zugleich behinderten. Die Übersetzungen Dao'ans, Kumārajīvas und ihrer Kollegen versetzten ein Gedankengebirge aus einer grammatikalisch grundverschiedenen Sprache, übertrugen fremdartige Namen, Vorstellungen und Metaphern ins Chinesische und erschlossen damit eine völlig neue Welt. Bis ins frühe 8. Jahrhundert waren über 2000 buddhistische Texte ins Chinesische übersetzt worden, viele von ihnen mehrfach: eines der großartigsten Unternehmen der chinesischen Kulturgeschichte.

Jetzt begaben chinesische Mönche sich auf der Suche nach buddhistischen Texten selbst bis ins Heilige Land, nach Indien. Faxian (ca. 337–422), der berühmteste dieser frühen Pilger, reiste schon 399 von Chang'an über Zentralasien nach Indien, wo er, tief beeindruckt von der ungebrochenen Lebenskraft des Buddhismus, mehr als ein Jahrzehnt verbrachte. Er besuchte die wichtigsten Orte des Buddhismus, studierte bei indischen Mönchen und kehrte schließlich, beladen mit Schriften, per Schiff über Sri Lanka nach China zurück. Faxian verdanken wir eine erste Beschreibung Indiens im 5. Jahrhundert sowie viele Übersetzungen neuer Werke aus dem Sanskrit, die dem Buddhismus in China frische Impulse verliehen. Erst die bewusste Rezeption der indischen Tradition durch Kumārajīva, Faxian und ihre Zeitgenossen ließ den Buddhismus in China eigenständige Konturen gewinnen und seine Position in der chinesischen Kultur festigen.

Diese Aneignung des Buddhismus ging ganz wesentlich von den nichtchinesischen Reichen des Nordens aus. Mag sein, dass der Buddhismus gerade den ›Barbaren‹ zupass kam, weil er ebenso wie sie nicht chinesischen Ursprungs war. Vor allem aber lag die Attraktivität des Mahāyāna-Buddhismus in seiner Universalität, die weder soziale noch zeitliche und räumliche Grenzen kennt. Das *dharma* gilt immer und überall. Es bot genau die allumfassende Legitimation, deren Herrscher bedurften, die vom Führer einer Stammesföderation zum Kaiser eines Reichs aufgestiegen waren. Die neue Religion war das Korrelat einer gewandelten Gesellschaft. So, wie mit der Entstehung einer clanübergreifenden chinesischen Gesellschaft in der Zhou-Zeit vermutlich ein neuer Begriff vom »Himmel« aufkam, ging die Übernahme des Buddhismus mit der Überwindung von Stammesstrukturen und der Notwendigkeit zur Integration neuer sozialer Gruppen einher. So, wie staatliche Institutionen die Diversität des politischen Lebens bändigten, dienten religiöse Organisationen dazu, die regionale Vielfalt der Glaubensformen zu domestizieren.

Die Geschichte der nördlichen Dynastien wird üblicherweise unter dem Schlagwort der »Sinisierung« abgehandelt: ein Begriff, der noch die Perspektive des Einheitsreiches reflektiert. Aber weder wurden die Steppenvölker plattweg zu Chinesen, noch reicht der Hinweis, dass sie ihrerseits chinesische Kultur nachhaltig beeinflusst haben: denn eine einheitliche ›chinesische‹ Kultur *gab es gar nicht.* Die chinesische Hochkultur war im Altertum als Überformung verschiedener Regionalkulturen entstanden, die auch danach ihre Eigenständigkeit weitgehend bewahrten. Diese Regionalkulturen einer Ordnung zu unterwerfen war das ewig wiederkehrende Problem aller Herrscher in China – egal, ob sie ›chinesisch‹ waren oder nicht. Stets waren es Hochkultur und Volkskultur, die sich wechselseitig beeinflussten. So besehen, kann »Sinisierung« nicht die Chinesischwerdung des Fremden bedeuten, sondern nur die gegenseitige Umformung und Bereicherung von Hochkultur und Regionalkulturen.

Die Herrschaft der Tuoba

Das prominenteste Beispiel für diesen Prozess ist das der Tuoba, einer Stammesföderation der Xianbei, deren Heimat in der Manjurei und östlichen Mongolei lag. Unter der Führung von Tuoba Gui (371–409) brachten sie im späten 4. Jahrhundert weite Teile des Nordostens unter ihre Kontrolle: im Jahr 386 fügten sie den Truppen der Späteren Yan-Dynastie eine vernichtende Niederlage zu und verlegten wenig später ihre Hauptstadt nach Pingcheng, dem heutigen Datong im Norden Shanxis. Damit war der Rubikon überschritten. Der Umzug an den Rand der Nordchinesischen Ebene war mehr als bloß ein Ortswechsel, er markierte einen Strukturwandel der Tuoba-Gesellschaft. Die Tuoba siedelten

Hunderttausende Menschen aus unterworfenen Regionen in die Gegend von Pingcheng um, wo sie Ackerbau betreiben sollten. Auch ein Teil der Tuoba selbst ging von der Viehhaltung zur Landwirtschaft über, und ihre Elite wandelte sich auf bezeichnende Weise. War Tuoba Gui noch von einer Versammlung verschiedener Stämme zum Führer gewählt worden, so entmündigte er nun die anderen Stammesführer, reduzierte sie zu Untertanen und vereinte alle Macht am Hof. Er erklärte sich zum Kaiser der Nördlichen Wei-Dynastie, die 150 Jahre über Nordchina herrschen sollte. Im Jahr 439 gelang es den Nördlichen Wei, die letzten Kleinreiche des Nordens auszulöschen: die Zeit der »Sechzehn Staaten der Fünf Barbaren« war zu Ende, das Reich der Nördlichen Wei hatte eine neue Qualität. Chinesische Historiker haben seinen Kaisern – im Gegensatz zu den anderen kurzlebigen Dynastien des Nordens – sogar das Mandat des Himmels zugestanden und sie als »rechtmäßige Linie« (*zhengtong*) anerkannt. Die Nördliche Wei gilt als ›chinesische‹ Dynastie.

Tatsächlich kooperierten die Tuoba mit chinesischen Eliten; doch dabei schufen sie zunächst ein ganz eigenes System. Sie etablierten einen zweistufigen Verwaltungsapparat mit einem »inneren Hof« aus Mitgliedern des Xianbei-Adels und einer professionellen, durch Chinesen besetzten Bürokratie. In der westlichen Vorstadt vollzogen sie weiter die Opfer an den Himmel, den Stammesgott der Tuoba. Schon bald kamen andere Götter hinzu: die Tuoba wurden zu den größten Förderern des Buddhismus, die China je gesehen hatte. Nach der Einigung Nordchinas ließen sie 3000 Mönche nach Pingcheng umsiedeln – der Anfang eines Rausches der Religiosität, in den ihr Reich im 5. und frühen 6. Jahrhundert verfiel: Klöster wurden gegründet, Tempel errichtet, Statuen geschnitzt, Inschriften gemeißelt und Berge ausgehöhlt. Unmengen von Material, Arbeitskraft und Geld wurden in religiöse Werke investiert, karrenweise brachten die Gläubigen ihr Hab und Gut in die Klöster und schütteten es vor die Füße Buddhas: sie »verschleuderten ihr Vermögen so einfach, wie man Fußstapfen hinterlässt«.

Ihren Höhepunkt erreichte die religiöse Leidenschaft bei den großen buddhistischen Festen, die alle Klassen der Bevölkerung zusammenbrachten. Selbst der Kaiser wohnte den pompösen Umzügen von Buddhastatuen bei, die durch prächtig erleuchtete, mit einem Meer von Fahnen geschmückte Straßen zogen. Schwertschlucker und Feuerspucker zeigten ihre Künste, während sich das Volk, trunken vom Weihrauch und getrieben vom unablässigen Rauschen buddhistischer Gesänge in Orgien

Grottentempel von Longmen mit der 17 m hohen Vairocana-Statue.

der Selbsthingabe hineinsteigerte. Gläubige opferten nicht nur ganze Vermögen, sondern sich selbst: durch Selbstverstümmelungen oder gar Selbstverbrennungen vor Hunderttausenden Zuschauern – rituelle Selbstmorde für die Erlösung aller Wesen.

Noch heute erinnern Stūpas für verstorbene Mönche, Hunderte von Sūtra-Übersetzungen, Zehntausende Votivinschriften und Hunderttausende von Buddha-Statuen an die religiöse Begeisterung, die unter den Nördlichen Wei entfacht wurde – Begeisterung für eine Religion, die weder bei den Tuoba noch bei den Chinesen heimisch war. Der Buddhismus war nicht regional oder ethnisch gebunden; er war eine massenwirksame Volksreligion, ja eine *Welt*religion. Nur deshalb konnte er sich in einem Vielvölkerreich durchsetzen.

Grottentempel 石窟

Auf seinem Weg von Indien nach Ostasien hat der Buddhismus eine prächtige Spur hinterlassen: Hunderte von Grottentempeln und Nischen mit Buddhastatuen, die sich entlang der Pilgerstraßen von Mittelasien bis China erstrecken. Von Bamiyan in Afghanistan über Xinjiang, Gansu und bis in die Nordchinesische Ebene, aber auch in Sichuan und Yunnan haben Gläubige die Felswände mit ihnen geheiligt. Schon 366 wurden in Dunhuang die ersten Grotten angelegt: monumentale Buddhastatuen, bis zu 33 m hoch, wurden dort in den Fels gearbeitet und Hunderte von Tempeln, mit Reliefs und großflächigen Wandmalereien von Szenen aus dem Leben Buddhas und anderen Motiven verziert. In Maijishan, im Binglin-Kloster und an anderen Orten in Gansu entstanden Hunderte weitere Grotten, bisweilen in schwindelnder Höhe in schroffe Berghänge und steile Flussufer gegraben. An entlegenen Orten gebaut, sollten solche Grotten offenbar ein weltenthobenes »Buddha-Land« darstellen, in dem Gläubige der Erlösung näherkamen.

Zu den eindrucksvollsten Zeugnissen buddhistischer Kunst zählen die Grottentempel von Yungang, etwa 16 km westlich von Datong (Shanxi), die im 5. Jahrhundert von den Wei-Herrschern gestiftet wurden. Auf einer Länge von einem Kilometer sind dort 53 Grotten und Nischen in die Sandsteinfelsen am Nordufer des Wuzhou-Flusses gehauen, die über 50 000 Buddhastatuen bergen. Kleine Figürchen sind das meist, aber auch fünf kolossale Statuen von etwa 15 m Höhe, wie es sie in China noch nie gegeben hatte. Sie sollen die fünf ersten Kaiser der Nördlichen Wei – nicht nur weltliche Herrscher, sondern Bodhisattvas – abbilden, und zwar bis ins Detail:

> Der Kaiser hatte befohlen, steinerne Statuen anzufertigen, die der Gestalt des Kaisers ähneln sollten. Als sie fertig waren, wurden auf der Stirn und unten am Fuß jeweils schwarze Steine eingefügt, entsprechend den Muttermalen, die der Kaiser oben und unten hatte. (*Weishu* 114)

Als die Wei im Jahr 494 ihre Hauptstadt nach Luoyang verlegten, begannen sie südlich der Stadt, in Longmen, nicht minder imposante Grotten anzulegen. Über 100 000 Figuren – die kleinsten wenige Zentimeter, die größte 17 m hoch – wurden dort über Jahrhunderte, bis in die Tang-Zeit, in Stein gemeißelt: in über 2000 Höhlen und Nischen finden sich zahllose Inschriften und steinerne Pagoden, die vom Longmen-Berg den Fluss Yi überblicken – ein ganzer Kosmos buddhistischer Ikonographie, der heute als Weltkulturerbe registriert ist. In ihrer Monumentalität und ins Unendliche strebenden Fülle war diese Kunst völlig neu in China. Sie passt zum spektakulären Gestus des Buddhismus, seiner ausschweifenden Literatur, seinem unendlichen Pantheon und dem gleißenden Prunk seiner Klöster. Die Grottentempel liefern ein bleibendes Zeugnis davon, wie der Buddhismus das Antlitz Chinas im Mittelalter verändert hat.

Die Umformung des Staates der Nördlichen Wei erreichte ihren Höhepunkt unter Kaiser Xiaowen (471–500), der eine Reihe radikaler Reformen erließ, um die Zentralmacht gegen den Widerstand des Tuoba-Adels durchzusetzen. Er schaffte den »Inneren Hof«, die wichtigste Institution der Xianbei-Regierung, ab und stellte vollständig auf eine nach chinesischem Muster organisierte Verwaltung um; nun wurde in der Regierung nicht mehr die Xianbei-Sprache gesprochen, sondern nur noch Chinesisch. Ein Staatskult für Konfuzius wurde eingeführt, und die jährlichen Opfer an den Himmel der Tuoba wurden ersetzt durch den chinesischen Himmelskult. Kaiser Xiaowen führte zudem ein neues System der »Gleichmäßigen Landverteilung« (*juntian*) ein, das dem der Jin (S. 202) ähnelte. Jeder erwachsene Mann erhielt knapp 3 Hektar, jede Frau 1,5 Hektar Land zur Bewirtschaftung auf Lebenszeit, zudem etwa 1 Hektar vererbbare »Maulbeerbaum-Felder« für die Gewinnung von Seide. Von diesen Ländereien war eine pro Kopf berechnete Steuer in Form von Getreide und Seide zu entrichten.

Die Landreform war eine Maßnahme zur Förderung des Ackerbaus, nicht der traditionellen Viehzucht der Steppe: eine weitere Abkehr von den Lebensweisen der Tuoba. Vor allem aber war sie ein Instrument zur Stärkung des Zentralstaats, der über alles Land verfügen, es (theoretisch) Großgrundbesitzern abnehmen und den Bauern und Beamten zuteilen sollte. Landbesitz sollte fortan mit Pflichten – Steuern und Arbeitsdiensten – gegenüber dem Staat verbunden sein. Das System der »Gleichmäßigen Landverteilung« diente dazu, die ewigen Probleme chinesischer Staatlichkeit zu lösen: lokale Machthaber zu schwächen, alle Untertanen dem direkten Zugriff des Staates zu unterwerfen und zugleich ein hohes Steueraufkommen zu sichern. Auch wenn die »Landverteilung« oft nur auf eine Bestätigung von Besitztümern hinauslief – sie wurde zu einer wichtigen Institution für alle Zentralherrscher in den nächsten drei Jahrhunderten.

Kaiser Xiaowens Reformen gingen noch weiter. Er verbot den Gebrauch der Xianbei-Sprache bei Hof ebenso wie die Kleidung der Tuoba, dekretierte, dass Tuoba-Eliten chinesische Namen annehmen und Mischehen mit Chinesen eingehen sollten, und – verwegenste aller Taten – er verlegte im Jahr 494 die Hauptstadt der Nördlichen Wei von Pingcheng, am Rande der Steppe, über 600 km südwärts nach Luoyang, ins Herz der Nordchinesischen Ebene. Kann es ein stärkeres Symbol für den Umbau des Staates geben? Mit seinen Reformen hat Kaiser Xiaowen den Tuoba-Adel, seine ärgsten Konkurrenten am Hof, systematisch entmachtet: er nahm ihnen ihre Stellung, ihre Sprache, ihren Gott, ihre Heimat. Der Preis für den Machtgewinn des Kaisers war eine Radikalreform des gesamten Staates. Nicht, dass die Nördlichen Wei durch und durch ›chinesisch‹ geworden wären. In ihrem Reich kleidete man sich »ganz nach Art der Barbaren«: »enge Ärmel, rot-grüne, kurze Jacken, hohe Stiefel und behängte Gürtel« (Shen Gua), Männer trugen Bärte und Turbane, auch Frauen zogen Stiefel an und spielten im öffentlichen Leben eine bemerkenswert aktive Rolle. Die Musik der Steppenvölker ebenso wie ihre Küche – Fleisch und Milchprodukte – erfreuten sich im Norden ungebrochener Beliebtheit, Pferde waren das bevorzugte Transportmittel. Die Kultur Nordchinas bot eine vielfarbige Mischung aus Elementen der chinesischen, mittelasiatischen und Steppenkultur.

Den deutlichsten Ausdruck dieser Mischkultur bot die neue Hauptstadt, ein Meilenstein in der Geschichte der chinesischen Stadtplanung. Die Nördlichen Wei legten auf den Ruinen des im Jahr 311 zerstörten Luoyang eine neue Stadt an, die ganz anders aussah als die alte Hauptstadt der Han und Jin. Das Luoyang der Nördlichen Wei bildete ein ummauertes Rechteck von rund 15 km², dessen Inneres streng symmetrisch gegliedert war. Nordsüd- und Ostwest-Straßen grenzten 220 ummauerte Viertel ab, in denen jeweils bestimmte ethnische oder Berufsgruppen wohnten: Luoyang war eine Stadt aus Mauern, angelegt, um die verschiedenen sozialen Gruppen, die dort zusammenkamen, wieder zu *trennen*. Es war die steingewordene Antwort auf die Probleme einer multikulturellen Gesellschaft.

Vor allem aber war Luoyang ein Zentrum des Buddhismus, geprägt von Klöstern, Pagoden, monumentalen Buddhastatuen und 1367 Tempeln, die mehr als ein Drittel seiner Fläche einnahmen. Ihre prächtigen Anlagen, weiten Hallen und üppigen Gärten boten einen überwältigenden Anblick. Kolossale Buddhastatuen aus Kupfer und Bronze – die größte fast 12 m hoch – zogen die Massen an, Paraden zu Buddhas Geburtstag am 8. Tag des 4. Monats waren ausgelassene Volksfeste, und weithin sichtbar ragten die Pagoden über die Hauptstadt des Buddhismus: die größten dürften an die 100 m hoch gewesen sein! Sie müssen ebenso überwältigend gewirkt haben wie die gothischen Kathedralen des europäischen Mittelalters. Sie symbolisierten den Triumph einer fremden Religion, die sämtliche Bereiche des chinesischen Lebens veränderte.

Um die Mitte des 6. Jahrhunderts soll es in Nordchina mehr als 30 000–40 000 Tempel und 3 Millionen Mönche und Nonnen gegeben haben, 10 % der gesamten Bevölkerung. Weitaus höher dürfte die Zahl gläubiger Laien – Prinzen und Adlige, Reiche und einfaches Volk – gewesen sein. Auch auf dem Land griff der religiöse Eifer um sich. Noch immer schlug die Magie des Buddhismus das Volk in seinen Bann; wandernde Mönche brachten als Wunderheiler, Alchimisten, Hexer, Wahrsager und Exorzisten die Abarten ihrer Religion in die Dörfer. Vor allem organisierte sich die Religiosität der Vorstädter und Landbewohner um eine Vielzahl kleiner Schreine, Stelen und andere Heiligtümer, die überall in Dörfern, entlang der Straßen und auf Märkten zu finden waren. Tausende von Inschriften verzeichnen die Spenden von Dorfbewohnern, die gemeinsam Votivstelen oder Buddhastatuen errichteten; wohltätige Vereine wurden gegründet, die sich der Pflege eines Heiligtums oder einem wohltätigen Projekt widmeten: dem Bau von Brücken, Brunnen, Friedhöfen oder der Speisung der Armen.

Solche Vereine – straffe Organisationen mit eindeutigen Zielen, klar definierten Rollenzuweisungen und Regeln der Zugehörigkeit – bereicherten die hierarchische Gesellschaftsordnung durch klassen- und geschlechterübergreifende Strukturen. Der Buddhismus schuf einen kulturellen Zusammenhang jenseits des Staates. Ebenso wie die großen buddhistischen Feste, bei denen Kaiser und Volk, Adel und Plebs sich gemein machten, brachten diese Organisationen Reiche und Arme, Mönche und Laien, Männer und Frauen zusammen. Sie hatten den Effekt, Solidarität zu schaffen. Darin dürfte die wichtigste Funktion des Buddhismus im chinesischen Mittelalter liegen: dass er nicht nur die Herrscher, sondern die Gesellschaftsordnung insgesamt legitimierte. Indem er universale Werte vermittelte, erleichterte er die Assimilation von Fremden ebenso wie die Integration verschiedener Klassen. Die Elite des chinesischen Mittelalters konnte soziale Unterschiede nicht mehr durch eine göttliche Ordnung begründen, immerhin aber durch wohltätige Unternehmen abmildern. Sie konnte die hierarchische Gesellschaft als Solidargemeinschaft darstellen: eben dafür lieferte die Mahāyāna-Lehre der Barmherzigkeit die theoretische Grundlage.

Doch im Buddhismus ging es keineswegs nur um Frömmigkeit und Barmherzigkeit, ganz so harmlos war er nie. Bei seiner Verbreitung spielten dezidiert unheilige Faktoren wie Politik und Wirtschaft eine wichtige Rolle. Mit Händlern nach China gekommen, war der Buddhismus von Anbeginn aber auch ein wirtschaftlicher Akteur, der nicht allein von Almosen lebte. Klöster betrieben Mühlen und Ölpressen, sie fungierten als Herbergen, Warenlager, sogar als Banken, die gegen Hinterlegung von Gütern Kredite vergaben. Klöster waren Großgrundbesitzer, die nicht nur staatliches Land zur Verfügung erhielten, sondern auch Äcker von Kleinbauern aufkauften und verpachteten. Ihre Güter waren unveräußerlich, ihr Land war von Steuern und die Mönche von Frondiensten befreit: all das bedeutete ungeheure Verluste für den Fiskus. Es nimmt nicht wunder, dass es schon 446–452, unter dem dritten Kaiser der Nördlichen Wei, erstmals zu Buddhistenverfolgungen kam. »Die Götter der Barbaren müssen allesamt ausgerottet werden und ihre Spuren vernichtet«, forderte ein Tuoba-Prinz, »alle Bilder und Statuen des Buddha sollen zerschlagen und die barbarischen Sūtren verbrannt und die Mönche, ob jung oder alt, allesamt hingerichtet werden.« Ganz so schlimm kam es zwar nicht, denn viele Mönche konnten sich und ihre Schätze retten, aber derartige Pogrome sollten sich wiederholen.

Nicht nur die Reichsreligion sorgte für Spannungen im Staat der Nördlichen Wei, sondern die Form des Reichs selbst. Die zunehmende Orientierung an sesshafter, ›chinesischer‹ Lebensweise, an Ackerbau, zentraler Verwaltung und zivilen Tugenden stand im krassen Gegensatz zu Mobilität und dem kriegerischen Ethos der Tuoba. Die Stämme, die den Traditionen der Steppe treu geblieben waren, sahen sich im Reich der Nördlichen Wei sozial und geographisch marginalisiert. Im Norden stationiert, um die Grenze gegen andere Steppenvölker zu verteidigen, erfüllten sie für die Nördliche Wei dieselbe Funktion wie einst die Xiongnu für die Han. Und so, wie diese die Jin gestürzt hatten, brachten die steppenverbundenen Tuoba im 6. Jahrhundert das Reich der Nördlichen Wei zu Fall. 524 kam es zu einem Aufstand der »Sechs Garnisonen« (*liuzhen*) des Nordens, der das Reich in einen zehnjährigen Bürgerkrieg stürzte. 534 eroberten Rebellentruppen die Hauptstadt Luoyang, metzelten 2000 Hofleute nieder und ersäuften Kaiser und Kaiserin im Gelben Fluss. Das Reich der Nördlichen Wei zerfiel daraufhin in zwei Teile: in Guanzhong gründete der Xianbei-General Yuwen Tai (507–556) die Westliche Wei, in der die kriegerische Tradition der Steppe fortgeführt wurde; und in der Nordchinesischen Ebene, dem bevölkerungsreichsten Teil des Landes, herrschten die sinophileren Teile der Xianbei-Elite als Östliche Wei.

Das große Zeitalter der Nördlichen Wei war vorbei. Nach knapp 20

Jahren voller Unruhen und Kriege, in denen die Westlichen Wei Sichuan und große Gebiete am Mittellauf des Yangzi eroberten, wurden beide Nachfolgedynastien ihrerseits von Usurpatoren gestürzt. Fortan regierten in Nordchina verschiedene Generalsfamilien der Wei: die Yuwen als »Nördliche Zhou« (557–581) und die Gao als »Nördliche Qi« (550–577), während im Süden die Liang (S. 221) in einer verheerenden Rebellion untergingen und schließlich von den Chen abgelöst wurden.

Während China zersplittert blieb, begann Mitte des 6. Jahrhunderts in Zentralasien der Aufstieg einer neuen Großmacht: der Türken. Wo bislang nur einzelne vermutlich turksprachige Stämme aufgetreten waren, erschien nun erstmals ein Reich in der Geschichte, dessen Elite sich »Türk« nannte. Diese Türken, aus dem Altai-Gebirge kommend, dehnten ihr Einflussgebiet 552 nach Osten über die gesamte Mongolei aus, vertrieben 565 die Mongolen aus Turkestan und beherrschten schließlich Mittel- und Zentralasien vom Kaspischen Meer bis zur Manjurei: ein weitaus größeres Gebiet als jede der Dynastien in China. Die Nördlichen Zhou konnten ihnen wenig entgegensetzen. Sie verfügten nicht mehr über professionelle Truppen wie die Wei, sondern rekrutierten Truppen lokaler Machthaber, die sie mit Ackerland ausstatteten, trainierten und zentral berufenen Generälen unterstellten.

Diese lokalen Milizen (*fubing*) wuchsen zu einer stattlichen Macht an – 200 000 Soldaten sollen es um 570 gewesen sein –, doch den Türken waren sie nicht ebenbürtig. Die Nördlichen Zhou mussten sich den Frieden an ihrer Nordgrenze fortan erkaufen: bis zu 100 000 Bahnen Seide zahlten sie den Türken jährlich und hielten Tausende von ihnen in der Hauptstadt frei. Auch wenn das türkische Großreich schon bald in einen westlichen und einen östlichen Teil zerfiel, veränderte sich die politische Ordnung der gesamten Region. Vielleicht hat die Vereinigung der Türken dazu beigetragen, dass auch in China wieder ein vereintes Reich entstand.

Herbst des Mittelalters: die Sui (581–618)

1999 wurde südwestlich von Taiyuan, Shanxi, das Grab eines gewissen Yu Hong gefunden, der 592 gestorben war. In der Grabkammer befand sich ein großer Sarkophag aus weißem Marmor, dekoriert mit Reliefs und Malereien, die über 50 Szenen des täglichen Lebens darstellen: Bankette,

Tänze, Jagden, Landpartien, häusliche Szenen, religiöse Zeremonien – nicht aus dem chinesischen, sondern ganz offenkundig aus dem mittelasiatisch-persischen Kulturkreis. Bärtige, langnasige Männer, Reitelefanten und kämpfende Löwen, Bogenschützen auf Kamelrücken, zoroastrische Feuerrituale und sogdische Tänze bieten anschauliche Zeugnisse mittelasiatischer Kultur weit im chinesischen Kernland. Doch die überraschendsten Erkenntnisse lieferte der Grabherr selbst, Yu Hong. Nach Ausweis seiner Grabstele kam er aus den »Westgebieten« Zentralasiens, diente zunächst einem Steppenvolk als Gesandter in Persien und später unter den Sui als Aufseher über persische Gemeinden in der Gegend von Taiyuan. Yu Hong kam weit aus dem Westen, mehr noch: Analysen seiner DNA ordnen ihn einer spezifisch europäischen Haplogruppe zu. Yu Hongs Verwandte mütterlicherseits lebten in Finnland, vielleicht auch in Mitteleuropa und im Nahen Osten. Auch wenn er bislang der einzige bekannte Vertreter seiner Haplogruppe ist, der so weit östlich gefunden wurde: Yu Hong mag andeuten, welche kulturelle und ethnische Diversität im Reich der Sui herrschte.

Die Kaiser der Sui selbst verkörperten diese ethnische Diversität. Sie entstammten der chinesischen Familie Yang, einer der mächtigen Generalsfamilien von Guanzhong und Gansu, die mit den Tuoba-Eliten der Nördlichen Wei und den Herrschern der Nördlichen Zhou verschwägert waren. Nachdem diese 577 ganz Nordchina unter ihre Kontrolle gebracht hatten, kam es am Hof zu Cliquenkämpfen. In deren Verlauf zwang Yang Jian (541–604), seines Zeichens Herzog von Sui, im Jahr 581 den Kaiser zum Abdanken und usurpierte den Thron. Ein Staatsstreich, wie ihn das chinesische Mittelalter so oft erlebt hatte – doch dieser sollte ungemein folgenreich sein. Die neue Dynastie Sui – ausgestattet mit den Ressourcen ganz Nordchinas sowie Sichuans (das die Westliche Wei schon 552 eingenommen hatte) und dem mächtigen Militärapparat der Nördlichen Zhou – hatte wenig Schwierigkeiten, 587 die Spätere Liang- und 589 die Chen-Dynastie im Süden Chinas zu besiegen. China war, genau 400 Jahre nach der Zerstörung der Han-Hauptstadt (S. 192), wieder ein Einheitsreich. Die Reichseinigung, so markant sie als politischer Einschnitt war, veränderte gesellschaftlich nur wenig. Auch in den Jahrhunderten zuvor hatten Nord und Süd Kontakt gepflegt. Buddhismus und religiöser Daoismus hatten die Regionen über politische Grenzen verbunden, Händler für steten Austausch von Gütern gesorgt. Lange vor der politischen Einheit hatte der Fluss von Waren und Ideen den Raum geschaffen, der China war. Die Reichseinigung bedeutete nicht das Ende des chinesischen Mittelalters. Aber mit ihr begann, um die berühmte Formel Huizingas zu benutzen, der »Herbst des Mittelalters«.

Aufbau des Zentralstaates

Die Sui scheiterten mit dem ehrgeizigen Versuch, die Gesellschaft des Mittelalters mit einem Federstrich zu ändern. Doch das Reich und die Institutionen, die sie schufen, sollten ihre kurze Herrschaft überdauern. Yang Jian, nunmehr Kaiser Wen, tat alles, was ein Reichseiniger zu tun hat. Er sicherte die Grenzen, indem er die Mauer restaurieren und nach Westen verlängern ließ, sich mit den Türken arrangierte und die Westgebiete militärisch erschloss; er sorgte für inneren Zusammenhalt, indem er die großen Familien der Nördlichen Zhou ebenso in die Regierung integrierte wie die Eliten des Südens; und er regelte die Verwaltung neu, indem er einen verschlankten Gesetzeskodex erließ, einen Zensus durchführte und die Zahl der Verwaltungseinheiten drastisch reduzierte. Seit der Han-Zeit hatte sich die Zahl der Kreise und Amtsbezirke im Reich um ein Vielfaches vermehrt: »So viele Beamte kamen auf so wenig Volk, als ob neun Hirten zehn Schafe hüteten.« Kaiser Wen schaffte die meisten dieser Einheiten ab und richtete ein System der »gleichmäßigen Landverteilung« nach Vorbild der Jin und Nördlichen Wei ein. Zwischen 589 und 606 erhöhte sich die Zahl der registrierten Haushalte von vier Millionen auf neun Millionen.

In der Zentrale schuf Kaiser Wen – bezeichnend für seine Ambitionen – neue Institutionen nach dem Vorbild der Dynastie Han. An der Spitze einer pyramidenförmigen Verwaltungsstruktur stand der Kaiser selbst: Kaiser Wen verzichtete auf das Amt eines Kanzlers und leitete, ähnlich arbeitswütig wie der Erste Kaiser der Qin, die Verwaltung eigenhändig, indem er sich auf allen Ebenen der Bürokratie einschaltete, Akten durcharbeitete und sogar persönlich die Leistung von Provinzbeamten kontrollierte. Seine Wutausbrüche und sadistischen Misshandlungen der eigenen Beamten waren berüchtigt: für Fehler oder bloße Kritik ließ er sie auspeitschen, bisweilen sogar zu Tode prügeln. Kaiser Wen ließ keinen Zweifel daran, dass er als absoluter Herrscher nicht partnerschaftlich mit seinen Beamten zusammenarbeitete, sondern weit über ihnen stand.

Unter dem Kaiser bildeten sechs Ministerien die wichtigste Ebene der Verwaltung: das Personalministerium, das Finanzministerium, das Ritenministerium, das Heeresministerium, das Justizministerium und das Ministerium für öffentliche Arbeiten. Daneben gab es noch verschiedene unabhängige Ämter sowie ein ausgefeiltes System von mächtigen Aufsichtsbehörden. Die wichtigsten von diesen waren das Zensorat, zuständig für Disziplin der Beamten, und das Inspektorat, das regelmäßig Kontrollen in Ämtern um die Hauptstadt durchführte. Dieses System bürokratischer Selbstkontrolle, das bis zum Ende des Kaiserreiches Bestand haben sollte, war bezeichnend für ein System, in dem die Untertanen keine einklagbaren Rechte besaßen. Es bildete das funktionale Äquivalent der Verwaltungsklage. Die allmächtige Bürokratie regelte nicht nur alle Belange des Reiches, sondern auch sich selbst.

Im rationalen Staat, den Kaiser Wen aufbaute, war für die alten Eliten kein Platz mehr vorgesehen. Gehörten noch unter der Nördlichen Zhou 65 % der hohen Amtsträger zur Militärelite der Xianbei, so bedurfte die neue Bürokratie anderer Männer. Ein Berater brachte es auf den Punkt: »Bei der Rekrutierung darf man sich heute nicht mehr auf erbliche Privilegien beschränken; es kommt allein darauf an, die richtigen Männer zu gewinnen.« Gemeint waren natürlich Gelehrte. Solche lud Kaiser Wen schon bald nach der Reichsgründung aus allen Teilen des Landes in die Hauptstadt und lobte Belohnungen für Kenntnisse der kanonischen Schriften aus. – Und die »schulterten ihre Bücher« und strömten in die Hauptstadt:

> Der Klang der Lehre und Lektüre füllte die Straßen: einen solch einzigartigen Aufschwung konfuzianischer Gelehrsamkeit hatte es seit den Han und Wei nicht mehr gegeben. (*Suishu* 75)

Erbliche Privilegien sollten wieder durch erworbene Qualifikationen ersetzt werden. 583 schaffte Kaiser Wen das alte System der Empfehlungen durch Mediatoren ab, das seit dem Ende der Han von lokalen Eliten dominiert wurde, und zentralisierte die Rekrutierung von Beamten. Alle Regionen mussten talentierte Kandidaten empfehlen, die sich in der Hauptstadt einer schriftlichen Prüfung ihrer strategischen Fähigkeiten, aber auch ihrer Kenntnisse der kanonischen Schriften unterziehen mussten. In diesen Prüfungen deutete sich erstmals an, was einige Jahrhunderte später zur Standardqualifikation von Beamten werden sollte. Zudem wurde eine »Ausweichregel« erlassen, nach der Beamte keine Posten in ihrer Heimat annehmen durften und zudem alle drei oder vier Jahre versetzt wurden, um Vetternwirtschaft zu vermeiden. Seitdem, berichtet eine zeitgenössische Quelle, »wurde alles innerhalb der Vier Meere einheitlich regiert, und es gab keine korrupten Beamten mehr«.

Doch Kaiser Wen war kein engherziger Konfuzianer; er erhob Anspruch auf universale Herrschaft. Daher förderte er nicht nur den Konfuzianismus, sondern erklärte gleichzeitig, er »verehre Shākyamunis eine, unteilbare Wahrheit und ehre Laozis Ideal der Einheit«. In Laozis vermeintlichem Geburtsort im heutigen Anhui ließ er eine Stele errichten, in der Hauptstadt förderte er die Gründung daoistischer Klöster. Vor allem aber gab sich Kaiser Wen – er war als Kind von einer Nonne erzogen worden – als Patron des Buddhismus. Über hundert Reliquien stiftete er für buddhistische Heiligtümer, ließ Klöster gründen und Pagoden bauen. Wie einst Kaiser Wu der Liang, inszenierte Kaiser Wen sich als »König des *dharma*-Rads«: als universaler Herrscher über alle Wesen.

Dabei bot ihm die neue Schule des Tiantai-Buddhismus, die von Zhiyi (538–597) auf dem Tiantai-Berg im heutigen Zhejiang gegründet worden war, eine ideale Legitimierung des Einheitsreiches. Zhiyi versöhnte die Vielzahl oft widersprüchlicher buddhistischer Lehren, die sich im Mittelalter herausgebildet hatten: sie seien von Buddha in verschiedenen Phasen seines Lebens und vor wechselnden Schülern vertreten worden und daher auf unterschiedlichen Ebenen alle wahr. Mehr noch: die Wahrheit liege in allen Dingen. »Ein einziger Gedanke enthält alle 3000 Welten«, und jedes Wesen, ja selbst ein Staubkorn besitze die Buddhanatur. Der alte Gedanke des Menzius, dass jeder Mensch ein »Yao oder Shun« werden könne (S. 112), erscheint hier in zugespitzter Form. Jeder Mensch kann die Erleuchtung erlangen, und zwar nicht nach unendlichen Weltzeitaltern des mühevollen Strebens, sondern hier und jetzt. Mit der Tiantai-Schule war ein grandioser Synkretismus entstanden, der alle buddhistischen Schulen versöhnte: die passende Lehre für eine Gesellschaft, die breiten Schichten Aufstiegsmöglichkeiten bot, und ein Reich, das Nord- und Südchina vereinte.

Das Zentrum des Sui-Reiches, zugleich Symbol seiner imperialen Ambitionen, war die neue Hauptstadt Daxing, die Kaiser Wen etwa an der Stelle des alten Chang'an erbauen ließ. Über 80 km^2 groß, umgeben von gewaltigen Mauern, war sie die größte Stadt, die China je gesehen hatte, das architektonische Pendant zur Ideologie des neuen Reichs. Daxing enthielt zusätzlich zum Palastbezirk auch eine ummauerte »Verwaltungsstadt«, in der alle Ministerien und Ämter angesiedelt waren: eine städtebauliche Neuheit, die bereits eine veränderte Rolle der Bürokratie ausdrückte. Den Zeitgenossen dürfte die prächtige Hauptstadt Ehrfurcht eingeflößt haben; hier baute eine Dynastie für die Ewigkeit. Doch der rückblickende Historiker vermag darin bereits die Symptome des Untergangs zu erkennen: die unerbittliche Logik des Imperiums, dessen gewaltiger Militär- und Verwaltungsapparat es zu ständigem Wachstum und rastloser Expansion zwingt – bis es unter seinem eigenen Gewicht zusammenbricht.

Städte 城市

Chinesische Kultur, wie wir sie kennen, ist vor allem Stadtkultur. Die Chinesen waren die größten Städtebauer der Weltgeschichte. Mit Ausnahme einer Phase im 19. und 20. Jahrhundert waren chinesische Städte immer weitaus größer als europäische. Auch wenn bis ins 20. Jahrhundert über 90 % der Chinesen auf dem Land lebten, wohnte die kulturschaffende Elite seit je in Städten, ja ohne Städte wäre sie nicht denkbar. Die trutzigen Mauern von Guchengzhai, Taosi oder Zhengzhou grenzten die prähistorischen Regionalkulturen Nordchinas nicht nur von nomadischen Völkern der Steppe ab; sie differenzierten auch die Regionalkulturen in sich, indem sie die Elite vom gemeinen Volk trennten. In zunehmend vertikal gegliederten Gesellschaften verkörperten ihre mühsam gestampften Lehmschichten die soziale Schichtung selbst.

Die ummauerten Metropolen Chinas entstanden nicht als Handelszentren, sondern in erster Linie als Sitz der Herrscher und ihrer Verwaltung. Das Chang'an der Han, mit seinen 250 000 Einwohnern ein wahres Rom des Ostens, hatte kein *forum* im Mittelpunkt, sondern einen Palast. Chinesische Städte waren Orte der Obrigkeit, »Mandarinensitz ohne Selbstverwaltung«, wie Max Weber es ausdrückte. Ihre Einwohner – ohne politische Mitbestimmung, Rechte oder Autonomie – waren keine Bürger. In China machte Stadtluft nicht frei. Wirkten Städte in Europa als »Laboratorien der Moderne«, in denen verschiedenste soziale Gruppen unmittelbar zusammentrafen, sich neu organisierten und eine städtische – politische – Öffentlichkeit bildeten, waren chinesische Städte darauf angelegt, genau das zu verhindern. Am sinnfälligsten wird dies in den großen Metropolen des chinesischen Mittelalters, im Luoyang der Nördlichen Wei und Chang'an der Tang. Dieser neue Städtetypus war streng geometrisch angelegt: ein rechteckiger Grundriss, gitterförmig durchzogen von Nord-Süd- und Ost-West-Straßen, die die Stadt schachbrettartig in quadratische Wohnblöcke gliederten. Die Blöcke waren ummauert, ihre Tore wurden bewacht und nachts versperrt; Polizei patroullierte nach Torschluss die leeren Straßen. Diese Städte, gebaut von Herrschern des Militäradels, waren organisiert wie Kasernen: sie besaßen keine Urbanität. Für einige Zeit, etwa vom 8. bis 13. Jahrhundert, wichen diese Städte einem offeneren, freizügigeren Typ. Die Song-Hauptstädte Kaifeng und Hangzhou durchzog ein Gewirr belebter Geschäftsstraßen und betriebsamer Kanäle, in bunten Studentenvierteln, wimmelnden Nachtmärkten und den ausschweifenden Vergnügungsvierteln der Bohème schuf sich eine urbane Gesellschaft ihre Freiräume. Doch schon mit der Herrschaft der Mongolen kehrten die strengen, dicht verbarrikadierten Städte zurück. Im Beijing der Ming und Qing erreichte die Stadtanlage ihren Höhepunkt, die Mauern hinter Mauern hinter Mauern setzt. Stadtmauern, Palastmauern, Quartiermauern, Hofmauern: Beijing war eine Stadt wie ein Zwinger, die keinerlei öffentliche Räume bot, ein steinernes Symbol der spätkaiserlichen Despotie.

Städte sind ein Abbild der Gesellschaft. Die Geschichte Chinas im 20. und 21. Jahrhundert ließe sich allein am Wandel von Stadtbildern ablesen: am Verschwinden der Mauern und der Entstehung von Parks und Plätzen, der Eroberung des Raumes durch das Volk; am Einzug moderner Verkehrsmittel, an Rikscha und Eisenbahn, die Glanz und Elend der Moderne symbolisieren; an der Entstehung von Industrievierteln und realsozialistischen Wohnsilos in den 1950er bis 1970er Jahren; an den Wolkenkratzern des neuen Jahrtausends, den Sportstadien, Opernhäusern und Museen einer neureichen Mittelschicht; an den Satellitenstädten und dezentrierten Metropolen einer Gesellschaft, die selbst weder Zentrum noch Spitze mehr hat. Etwa die Hälfte aller Chinesen lebt heute bereits in Städten: im 21. Jahrhundert ist chinesische Kultur mehr denn je Stadtkultur geworden.

Der Ruin des Reichs

Was sich unter Kaiser Wen nur eben andeutete, wurde unter seinem Nachfolger, Kaiser Yang (604–618), überdeutlich: der Versuch, die chinesische Gesellschaft von oben herab zu verändern, musste scheitern. Der zweite und letzte Kaiser der Sui wird in den Geschichtsbüchern als größenwahnsinniges Monstrum dargestellt, das aus Machtgier Vater und Bruder ermordet haben soll und das Reich durch aberwitzige Bauwerke und Feldzüge zugrunde richtete. Wie sein Vater war er ein Despot, der selbst seinen nächsten Untergebenen nicht mit Vertrauen begegnete, sondern mit Argwohn und unerbittlicher Härte. Kaiser Yang fand bei den Historikern kaum mehr Gnade als der Erste Kaiser von Qin. Selbst sein postumer Name, Yang, war eine Schmähung: er meint »anstandslos und fern dem Volk«. Dieses Urteil, unter der Herrschaft der nächsten Dynastie gefällt, ist natürlich polemisch, aber dennoch höchst bezeichnend; denn eben das muss ein Herrscher sein, der ein zentralistisches Einheitsreich regieren will: »fern dem Volk«. Das Projekt der Sui bestand genau darin, die Adelshierarchie der mittelalterlichen Gesellschaft, in der der Kaiser nur graduell von seinem Umfeld unterschieden ist, zu ersetzen. Jetzt sollte der Kaiser – wie schon unter den Qin – als absoluter Herrscher inszeniert werden, nicht mehr als Erster unter Gleichen, sondern als unerreichbare Spitze, die alle Macht in sich vereinte.

Aus dieser Perspektive betrachtet, erscheint Kaiser Yang als »zweiter Gründer des chinesischen Reichs« nach Qin shi huangdi. Unter seiner Herrschaft wurde die Reichseinheit der Sui erst vollendet. Hatte Kaiser Wen enge Verbindungen zu den großen nichtchinesischen Familien des Nordens gepflegt, orientierte sich sein Sohn stärker nach Süden. Er war zehn Jahre als Gouverneur in Yangzhou stationiert gewesen, hatte eine Prinzessin der Liang geheiratet und betrieb auch als Kaiser die Anbindung des Südens – eine Politik, die zugleich die alten Eliten des Nordwestens entmachtete. Schon unter Kaiser Wen waren Eliten des Südens in die Hauptstadt umgesiedelt worden; und die neue Verwaltung verschob die Macht vom alten Adel des Nordwestens zu einer Beamtenschaft, die keine regionale Machtbasis mehr besaß, sondern nur noch der Zentrale verpflichtet war.

Kaiser Yang verlagerte die Macht auch geographisch von Nordwesten nach Südosten. Schon im Jahr 605 – Daxing war kaum fertiggestellt – begann Kaiser Yang mit dem Bau einer zweiten Hauptstadt in Luoyang, 450 km östlich am Gelben Fluss gelegen: ein Großprojekt, das nicht allein repräsentativen Zwecken diente, sondern strategisch motiviert war. Mit der Reichseinigung war ein Problem akut geworden, das chinesische Regierungen bis ins 21. Jahrhundert beschäftigen sollte: das wirtschaftliche und demographische Ungleichgewicht zwischen Nord und Süd. Während das politische Zentrum der Sui in Nordchina lag, verschob sich der wirtschaftliche Schwerpunkt seit dem 3. Jahrhundert stetig nach Süden (vgl. S. 171 f.). Der Unterlauf des Yangzi, wiewohl noch immer dünn besiedelt, entwickelte sich im 7./8. Jahrhundert zur Kornkammer Chinas, die Anbindung des Südens wurde zur Lebensgrundlage aller künftigen Regimes im Norden.

Die Verlagerung der Hauptstadt nach Osten war eine Maßnahme, um die Zentrale näher an das Wirtschaftszentrum des Reiches zu bringen. Am schiffbaren Unterlauf des Huanghe gelegen, ließ Luoyang sich weitaus besser versorgen als Chang'an. Zudem begannen die Sui ein Bauwerk, das die Versorgung des Nordens auf Dauer sichern sollte: den Kaiserkanal. Schon ab 584 hatte Kaiser Wen mit dem Bau von Kanälen zur Versorgung der Hauptstadt begonnen; gut 25 Jahre später wurde das Großprojekt, das Nord- und Südchina verband, unter Kaiser Yang vollendet. Rund 1800 km lang und 40 m breit, erstreckte sich das Kanalsystem von Hangzhou über den Yangzi und den Huai-Fluss bis in die Nordchinesische Ebene und später bis nach Beijing. Mehr als 40 Reisepaläste standen Kaiser Yang zur Verfügung, wenn er mit seiner Flotte von 5000 Schiffen nach Yangzhou reiste. Der Kaiserkanal war ein gigantisches Bauwerk, das weltweit nicht seinesgleichen hatte. Nur die Große Mauer scheint ihm vergleichbar zu sein – hinsichtlich der Größe, aber auch des Leids, das es über das Volk brachte. Über fünf Millionen Arbeiter wurden zur Fron am Großen Kanal gezwungen, berichtet ein zeitgenössischer Beobachter, sogar Frauen wurden rekrutiert, weil die Männer nicht mehr ausreichten; wer sich versteckte, wurde mit Ausrottung der Familie bestraft. 2,5 Millionen Zwangsarbeiter, überwacht von Schlägertruppen, gruben dort ihr eigenes Grab. Es waren nicht die ersten und bei weitem nicht letzten Opfer des Zentralismus. Bis ins 20. Jahrhundert hinein sollten unzählige Chinesen in solchen Masseneinsätzen ihr Leben für die Einheit des Reiches lassen. Das Imperium fraß seine Kinder.

Wasser 水

Ebenso wie die Kulturen Ägyptens, Mesopotamiens und des Indus, war China eine potamische, von Flüssen geprägte Kultur. Huanghe und Yangzi haben die chinesische Zivilisation aufblühen lassen, aber auch ausgetrocknet oder ertränkt. Vor allem der Gelbe Fluss, »Chinas Sorge«, dessen Wasserstand ebenso unzuverlässig ist wie die Niederschläge in Nordchina, hat den Bewohnern der Lößebene Glück und Elend in reichem Maß beschert. An ihm hingen Aufstieg und Fall von Dynastien: »Als der Yi und der Luo austrockneten, gingen die Xia unter, als der He austrocknete, gingen die Shang unter«, berichtet ein alter Text.

»He« hieß der Fluss da noch, nicht »Gelber He«. Seine gelbbraune Farbe nahm er erst an, als durch Rodungen und intensiven Ackerbau der Lößboden an seinem Mittellauf erodierte und den Fluss so stark verschlammte, dass er teilweise ebenso viel Erde wie Wasser führte. »Wer einmal in den Gelben Fluss gefallen ist«, heißt es, »wird nie wieder sauber.« Im Unterlauf, wo der Huanghe kaum Zubringer hat und seine Fließgeschwindigkeit sich verlangsamt, lagert sich dieser Schlamm wieder ab und hebt das Flussbett an, was zu verheerenden Überschwemmungen führt. In den letzten 2000 Jahren ist der Huanghe rund 1600mal über die Ufer getreten, 26mal hat er seinen Kurs im Unterlauf gewechselt, wobei seine Mündung sich bisweilen um mehrere hundert Kilometer verlagerte. Eine der frühesten Mythen berichtet vom Flutenbändiger Yu, der sich im Kampf gegen die Überschwemmungen in Nordchina derart abgerackert habe, dass ihm keine Nägel mehr an den Fingern wuchsen und keine Haare mehr auf den Beinen.

Yus Arbeit steht symbolisch für die jahrtausendelangen Mühen der chinesischen Bauern, das Wasser zu kontrollieren: durch Dämme, Kanäle, Reservoire und andere hydraulische Anlagen. Vor allem ab der Zhanguo-Zeit nahmen solche Projekte an Zahl und Größe zu. Manche Anlagen dieser Zeit – das Dujiang-Wehr in Sichuan, der Zheng-Guo-Kanal in Shaanxi oder der Anfeng-Deich in Anhui – zeugen noch heute von der Leistungsfähigkeit Zhanguo-zeitlicher Ingenieure. So essentiell erscheint der Wasserbau für die chinesische Zivilisation, dass marxistische Historiker in ihm den wesentlichen Grund für die Entstehung eines Zentralstaates entdeckt haben. Großprojekte wie Kanal- und Deichbauten konnten nur von einer starken Zentralregierung organisiert werden; die »orientalische Despotie« (Karl Wittfogel) basiere vor allem auf der Notwendigkeit des Wasserbaus.

Unstrittig ist jedenfalls, dass die unzähligen Kanäle, welche die chinesische Landschaft durchziehen, maßgeblich zur Ausbreitung von Kultur in China beigetragen haben: indem sie geregelte Be- und Entwässerung von Feldern ermöglichten und zudem schiffbare Wege für den Transport von Getreide und anderen Gütern boten. Im kaiserlichen China entstand das weitaus größte Binnenschifffahrtsnetz der Welt, ein dichtes Geflecht von Flüssen und Kanälen von über 50 000 km Länge, auf dem sich die Handelsschiffe drängten. Allein die Yangzi-Flotte der Tang-Kaiser zählte 2000 Schiffe, und Marco Polo berichtet, selbst in kleinen Häfen 5000 Schiffe gezählt zu haben, »alle flott im Wasser«.

> Ihr könnt mir glauben: auf dem Quian [Yangzi] werden viel mehr und auch kostbarere und wertvollere Güter auf Frachtern befördert als auf allen christlichen Flüssen und Meeren zusammen; denn er durchfließt unglaublich viele Gebiete, und an seinen Ufern sind zahllose Städte gebaut.
> (*Il Milione* CXLVIII, Übersetzung: Else Guignard)

Diese Wasserwege, die regelmäßige Kommunikation und Güterverkehr über weite Strecken ermöglichten, haben China zusammengehalten. Vor allem der gewaltige Kaiserkanal, der seit dem 7. Jahrhundert die Hauptstädte im Norden mit den großen Reisanbaugebieten des unteren Yangzi verband, sicherte die Einheit des Reiches. Er wurde zur Lebensader der Zentralregierung.

Der Wasserbau hat seine Bedeutung bis heute nicht eingebüßt. In den letzten 50 Jahren wurden rund 250 000 km Dämme und 85 000 Reservoire angelegt, darunter spektakuläre Großprojekte wie der Sanmenxia-Damm am Gelben Fluss und der 2003 fertiggestellte »Drei-Schluchten-Staudamm« am Yangzi, der größte der Welt. Er staut das Wasser des Yangzi auf einer Strecke von 600 km und soll China jährlich mit über 18 Gigawatt Strom versorgen.

Fast ein Fünftel des Energiebedarfs wird in China heute durch Wasserkraft gedeckt. Doch die jahrtausendealten Probleme sind trotz moderner Technik, trotz Einsatz unermesslicher Arbeitskraft und rücksichtsloser Zwangsumsiedlung von vielen Millionen Menschen nicht gelöst worden. Hunderttausende Chinesen sind im 20. Jahrhundert durch Dammbrüche ums Leben gekommen. Bis heute verheeren jeden Sommer Hochwasser weite Landstriche Südchinas: 1998 starben 4000 Menschen in den Fluten des Yangzi, 2010 beraubte der Fluss wieder Millionen Bauern ihrer Existenz – und was geschieht, wenn der »Drei-Schluchten-Damm« bricht, wagt man sich nicht auszumalen.

Zugleich leidet China unter seiner knappen Wasserversorgung – mit jährlich 2300 m^3 pro Kopf nur ein Viertel des Weltdurchschnitts – und vor allem unter der ungleichen Verteilung der Vorkommen: im Norden sind es nur 750 m^3 pro Kopf. Das Problem wird durch steigenden Wasserverbrauch der Industrie und durch Verschmutzung erheblich verschärft. 2007 meldete die Regierung, dass 30 % der Fischarten im Yangzi ausgestorben seien; Chemiefabriken leiten tonnenweise Gift in Flüsse, manche sind so stark kontaminiert, dass ihr Wasser nicht einmal für die Industrie nutzbar ist; selbst das Grundwasser sinkt und ist stellenweise nicht trinkbar. Mehr als 300 Millionen Landbewohner haben keinen Zugang zu sauberem Trinkwasser, zwei Drittel der Städte leiden unter Wasserknappheit. Es mutet wie eine Ironie der Geschichte an, dass heute wieder der Kaiserkanal benutzt werden soll, um die Hauptstadt zu versorgen: nicht mit Getreide, sondern mit Wasser. Zusammen mit zwei weiteren Röhren soll er Wasser vom Yangzi in die von Dürre geplagte Nordchinesische Ebene umleiten. Die Chinesen kämpfen weiter gegen Fluten und Dürren – heute wie vor 3000 Jahren.

Neben den Großbaustellen in Luoyang und am Kaiserkanal ließ Kaiser Yang auch die Große Mauer durch über eine Million Arbeiter ausbauen und führte zahlreiche Feldzüge in alle Himmelsrichtungen, zu Land und zu See. Im Norden schlugen Truppen der Sui die Türken, im Süden besiegten sie den König von Champa in Vietnam, im Südosten erkämpften sie die Liuqiu-Inseln bei Taiwan, in den Westgebieten bezwangen sie das Volk der Tuyuhun, und im Nordosten zogen sie gegen das Königreich Koguryŏ in Korea. Doch all diese Feldzüge, mögen sie auch offiziell als Siege verbucht worden sein, waren überaus kostspielig und sicherten den Sui keine dauerhaften Eroberungen.

Vor allem der letzte wurde zu einem desaströsen Fehlschlag. Das Heer von über einer Million Soldaten, das Kaiser Yang 612–614 in mehreren Feldzügen über den Liao-Fluss geschickt hatte, um Koguryŏ zu erobern, wurde in einem Guerillakrieg völlig aufgerieben. Die Sui konnten sich nie von diesem Rückschlag erholen. Die Kosten des Korea-Feldzuges trieben den Staat fast in den Bankrott, zugleich wuchs der Widerstand im Volk gegen die permanente Mobilisierung. Schon seit Jahren wurden Bauern zwangsrekrutiert; nun zogen viele wehrfähige Männer es vor, sich selbst Arme oder Beine zu brechen, um dem Kriegsdienst zu entgehen. Als 611 auch noch die Fluten des Huanghe weite Teile Shandongs verwüsteten, brachen in vielen Teilen des Landes Aufstände aus, die nur mit Mühe niedergeschlagen werden konnten. Viele der Rebellen verbündeten sich zudem mit den Osttürken, welche die wankende Dynastie nun angriffen. Nachdem Kaiser Yang 615 nur mit knapper Not ihrem Überfall entgangen war, floh er in seine »dritte Hauptstadt« Yangzhou, fort aus dem umkämpften Norden. Während sein Land von Rebellenführern zerstückelt wurde, verbrachte er noch zwei Jahre als Kaiser a. D., bevor er 618 im Bad von einem seiner Generäle ermordet wurde. Nach nur 38 Jahren war die Sui-Dynastie am Ende.

Es waren nicht nur landlose Bauern, geschundene Zwangsarbeiter oder Marodeure, die sich gegen die Sui erhoben; die gefährlichsten Aufrührer kamen aus der eigenen Elite. Der Präsident des Ritenministeriums hatte schon 613 den Aufstand geprobt, und 617 führte der hochdekorierte General Li Yuan (566–635) seine Truppen aus Shanxi gegen die Hauptstadt. Die Sui fielen nicht etwa durch eine Revolution des unterdrückten Volkes, sondern durch den Widerstand des alten Militäradels, der für die Restauration der alten Ordnung kämpfte. Die Neueinteilung des Landes, Abschaffung der Mediatoren, zentrale Rekrutierung von Beamten, Prüfungen und die Verlagerung der Hauptstadt: all diese Reformen hatten die Macht der mittelalterlichen Eliten empfindlich beschnitten. Ihre Situation war mit jener des alten Adels vergleichbar, der unter den Qin und Han seiner Privilegien beraubt worden war. Auch sie waren die Verlierer der Umstellung von einer Adelsgesellschaft, die auf abgestufter Herrschaftsmacht beruhte, auf ein bürokratisches System, das die Macht am Hof konzentrierte. Der Kaiser, einst Erster unter Gleichen, wollte sich nun zum Herrn über die Adligen erheben und deren Einfluss mittels einer zentralisierten Bürokratie ausschalten. Er scheiterte am Widerstand ebendieser Adligen.

Einer der mächtigsten von ihnen war Li Yuan, Sohn einer Adelsfamilie aus Nordwest-China, die durch Mischehen mit der Xianbei-Aristokratie über mehrere Generationen aufgestiegen war. Die Li waren verschwägert mit den Herrscherhäusern der Nördlichen Zhou (S. 231) und Sui, und Li Yuan selbst hatte seine Macht bis 617 kontinuierlich ausgebaut. Vom persönlichen Leibwächter Kaiser Wens hatte er es zum Gouverneur und hohen Militärführer gebracht und war für seine Verdienste bei der Niederschlagung von Rebellionen zum Herzog von Tang und Heereskommandeur in Taiyuan (Shanxi) ernannt worden. Von diesem nahezu uneinnehmbaren Stützpunkt zog er 617, flankiert von berittenen Kriegern der Türken, mit mehreren zehntausend Soldaten gegen die Hauptstadt Daxing. Er nahm sie ein und bestieg dort im Jahr 618 den Thron. Wie einst die Han auf die Qin, folgte auch auf die Sui eine der strahlendsten Dynastien, die China je gesehen hatte: die Tang.

Das Weltreich der Tang (618–755)

Mark Twain hat einmal gesagt: »Geschichte wiederholt sich nicht, aber sie reimt sich.« Die Parallele zwischen den Qin und Han einerseits und den Sui und Tang andererseits ist solch ein Reim. Hier wie dort folgte auf eine lange Zeit politischer Fragmentierung die Reichseinigung; sie geschah jeweils parallel zur Bildung eines Großreichs in Zentralasien; in beiden Fällen konnten die Reichseiniger, die eine rigorose Zentralisierung betrieben, sich nur kurz an der Macht halten: ihr Versuch, den Staat mit einem gewaltigen Schlag umzuwandeln, scheiterte grausam. Sie wurden hier wie da gefolgt von einer großen, langlebigen Dynastie, die weitaus weniger zentralistisch regierte – und deren Glanz dafür umso weiter strahlte: die Han bildeten über Jahrhunderte den Bezugspunkt chinesischer Staatsdenker, die Tang wurden zum Vorbild für Staaten in ganz Ostasien. Noch im 18. Jahrhundert waren die Chinesen bei ihren Nachbarn als ›Tang-Leute‹ (*Tangren*) bekannt, unter Auslandschinesen ist diese Selbstbezeichnung noch heute anzutreffen.

Reichseinigung und Konsolidierung

Als Li Yuan im siebten Monat 617 mit seiner Armee aus Taiyuan auszog, so berichtet die Reichsgeschichte der Tang, stieß er schon bald auf erbitterten Widerstand. Ein Sui-General stellte sich ihm bei der Stadt Huo entgegen, sintflutartige Regenfälle machten jede Truppenbewegung über Wochen unmöglich, und die Vorräte wurden knapp. In dieser kritischen Situation erschien ein weißgekleideter Alter in Li Yuans Heereslager, der sprach: »Ich bin der Gesandte des Gottes vom Berg Huo und verkünde dem Kaiser der Tang: ›Im achten Monat wird der Regen aufhören, und die Straße südöstlich von Huo wird passierbar sein. Ich werde die Armee hinausführen.‹« Genau so geschah es, die Tang schlugen sich durch und eroberten schließlich die Hauptstadt.

Diese Legende bildete ein wichtiges Element in der Legitimation der Tang; denn die Li, die so viel nichtchinesisches Blut in sich trugen, beriefen sich auf die chinesischste aller Religionen: den Daoismus. Ein daoistischer Gott habe sie gefördert, mehr noch, sie seien direkte Nachfahren des göttlichen Laozi, der ebenfalls den Nachnamen Li getragen haben soll (S. 115). Die Tang-Zeit wurde zum großen Zeitalter des Daoismus. Etwa 1700 daoistische Klöster waren im Reich registriert; daoistische Texte wurden Teil von Beamtenprüfungen; das *Daode jing* wurde im kaiserlichen Auftrag ins Sanskrit übersetzt; und Laozi erhielt offiziell den postumen Ehrentitel »Höchster Kaiser des dunklen Uranfangs« – womit die Tang auch ihre eigene Linie in dunklen Ursprüngen fundierten.

Aber noch war das Reich nicht geeint. Als Li Yuan im Jahr 618 den Kaisertitel annahm – sein Tempelname war »Gaozu« – und seiner Hauptstadt den neuen Namen Chang'an, »Ewiger Friede«, gab, herrschte noch keineswegs Frieden. Die Tang waren nur eines von mehreren Rebellenregimes, die Anspruch auf das Reich der Sui erhoben. In Luoyang erklärten Anhänger der Sui einen Enkel Kaiser Yangs zum Kaiser, Henan und Hebei wurden von ehemaligen Sui-Generälen beherrscht, und am Mittellauf des Yangzi wurde eine neue Dynastie, Liang, ausgerufen. Nordchina war von annähernd zwei Jahrzehnten permanenter Mobilisierung ruiniert, Ströme von Flüchtlingen durchzogen das Land, die registrierte Bevölkerung war, verglichen mit der Sui-Zeit, auf ein Viertel geschrumpft. Es war nicht der Moment für große Reformen. Um die prekäre Herrschaft der Tang zu stabilisieren, übernahm Gaozu im wesentlichen die Institutionen der Sui: die Einteilung des Landes in Kreise und Präfekturen, die zentrale Auswahl von Beamten, den Gesetzeskodex, das System der »gleichmäßigen Landverteilung« als Basis der Besteuerung und Hunderte selbstversorgende Militärgarnisonen mit etwa 1000 Soldaten, die über das Tang-Reich verteilt waren.

In alledem machten die Tang keinen Neuanfang, sondern übernahmen die Institutionen des Mittelalters und gaben ihnen ihre letztgültige Form. Gerade das dürfte den Erfolg der Tang-Herrscher ausgemacht haben: dass sie keine radikale Umgestaltung der alten Ordnung unternahmen. Das System der Tang hat die jahrhundertelangen Entwicklungen des Mittelalters nicht be-, sondern vollendet.

Recht 法

Die chinesische Orthodoxie hat ihre stolze Tradition geschriebenen Rechts – sie begann in der Chunqiu-Zeit – stiefmütterlich behandelt: Recht wurde meist als Symptom des Niedergangs verstanden. Eine gesunde Gesellschaft, so die konfuzianische Lehre, werde durch Moral und Sittlichkeit geregelt; so komme es gar nicht zu Normverstößen, die gesetzlich geahndet werden müssten. Dabei geriet leicht aus dem Blick, dass Gesetze Normen allererst schaffen, die es vorher nicht gab; sie sind nicht das Gegenteil, sondern ein funktionales Äquivalent von Moral. Beides, Recht und Moral, wurde notwendig, als mit Entstehung einer clanübergreifenden chinesischen Gesellschaft unterschiedlichste Verhaltenserwartungen koordiniert werden mussten.

Die peinlichen »Fünf Strafen«, mit denen Abweichungen von der Norm fortan bestraft wurden, galten dem Körper: Tätowierung, Abschneiden der Nase, Abhacken der Füße, Kastration, Tod. Mit der Auflösung aristokratischer Distinktionen und dem Aufstieg neuer Gesellschaftsschichten entstand das Prinzip der Gleichheit vor dem Recht, wie es vor allem von den Legisten in Qin entwickelt wurde. Die Gesetze unterwarfen alle einer gleichermaßen verbindlichen Norm, sie galten ohne Ansehen von Person und Ort. Indem sie systematisch das Clanrecht des Adels, seine Blutrache und seine Sippenfehden beschränkten, waren sie das angemessene Instrument einer Bürokratie, nicht einer Aristokratie.

Als die chinesische Gesellschaft seit der Späten Han-Zeit wieder zunehmend hierarchische Strukturen annahm, änderte sich auch das Recht. Die Körperstrafen wurden milder – leichte Prügel, schwere Prügel, Zwangsarbeit, Exil und Tod waren nun die »Fünf Strafen« –, und das Recht differenzierte stärker nach Rang, Geschlecht und Verwandtschaft. So wurden unter den Wei Klauseln eingeführt, die Verwandten des Kaisers, verdienten Ministern, Adligen und anderen Würdigen Strafminderung für ihre Verbrechen gewährten. Zudem schlugen sich Unterschiede zwischen Mann und Frau, älteren und jüngeren Verwandten, Beamten und einfachem Volk und andere soziale Unterscheidungen im Strafmaß nieder. Auf leichte Körperverletzung standen 40 Schläge mit dem leichten Stock; war das Opfer aber ein Eltern- oder Großelternteil, so lautete die Strafe auf Tod durch Enthaupten. Durch diese »Konfuzianisierung« passte sich das allgemeine Recht der Qin der hierarchischen Gesellschaft des Mittelalters an.

Seinen Höhepunkt fand diese Entwicklung im Tang-Kodex von 624, dem ältesten vollständig überlieferten Gesetzeswerk Chinas, zugleich dem einflussreichsten in der Geschichte Ostasiens. In Japan, Korea und Vietnam wurde der Kodex übernommen, und in China galt noch ein Jahrtausend später, unter den Qing, etwa ein Drittel seiner Paragraphen unverändert. Jedes Vergehen nebst entsprechender Strafe wurde in diesen Paragraphen genau definiert:

> Gewaltsamer Raub, bei dem nichts erbeutet wurde, wird mit zwei Jahren Zwangsarbeit bestraft. Bei einer Beute im Wert von bis zu einem Fuß Seide beträgt die Strafe drei Jahre Zwangsarbeit; je zusätzliche zwei Fuß Seide erhöht sich die Strafe um eine Stufe. Wenn der Beutewert zehn Fuß Seide erreicht oder jemand verletzt wird, lautet die Strafe auf Erdrosseln; bei Raub mit Totschlag lautet die Strafe auf Köpfen. … Bei Raub an einem Verwandten vierten oder fünften Grades reduziert sich die Strafe um eine Stufe. … Bei unabsichtlichem Totschlag im Zuge eines Raubes greifen die Gesetze für Totschlag im Streit. (*Tanglü shuyi* 19)

Das Rechtssystem funktionierte geradezu mechanisch; der Richter musste nur die Tat genau feststellen, das Strafmaß folgte zwingend. Ebenso musste prinzipiell auf eine Klage eine Strafe folgen, gegebenenfalls für den Kläger selbst. (Dazu bedurfte es unbedingt eines Geständnisses, das notfalls durch – ebenfalls normierte – Folter erzwungen wurde.) Nur durch eine Strafe konnte die gesellschaftliche und kosmische Ordnung wiederhergestellt werden, die durch die Klage gestört worden war. In all ihrer Konsequenz und Schärfe diente die chinesische Gesetzgebung letztlich dazu, Rechtsstreit zu vermeiden. Sie war kein Instrument, um subjektive Rechte der Bürger – solche gab es nicht – zu sichern, sondern ein Mittel der Herrschaft.

Auch nachdem im frühen 20. Jahrhundert westliche Rechtsnormen – vor allem nach deutschem Vorbild – eingeführt wurden, änderte sich daran zunächst wenig. Das erste Zivilrecht Chinas, das 1931 in Kraft trat, wurde schon 1949 von der KP Chinas außer Kraft gesetzt. Bis 1978 diente deren Rechtssystem allein der Machtsicherung der Partei, es gab weder unabhängige Gerichte noch Rechtsanwälte. Recht war nicht einklagbar. Erst seit den 1990er Jahren macht die Gesetzgebung, vor allem im Bereich des Privatrechts, deutliche Fortschritte, seitdem gibt es juristisch qualifizierte Richter und Anwälte, auch die Rechtswissenschaft wird wieder gepflegt.

Doch von Rechtsstaatlichkeit und Rechtssicherheit ist China noch weit entfernt. Individuelle Menschenrechte sind kaum einklagbar; politische Strafprozesse und Fälle, die an den Führungsanspruch der KP Chinas rühren, bilden eine rechtliche Grauzone; und wie willkürlich und brutal auf dem Land regiert wird, lassen Berichte wie der *Zur Lage der chinesischen Bauern* (2004) erahnen. »Glaubst du wirklich daran, was Fernsehen, Radio und Zeitungen berichten«, fragt da ein Funktionär einen Dorfbewohner,

> dass in China so etwas wie Herrschaft des Rechts durchgesetzt werden soll? Sei doch nicht so naiv. … In China herrschen immer noch Menschen, und das heißt: Ich – herrsche – über – dich!
>
> (Chen Guidi/Chuntao, *Zhongguo nongmin diaocha* 3)

Ganz ähnlich beschrieben das 300 Intellektuelle kürzlich in der »Charta 08«: »Wir haben Gesetze, aber keinen Rechtsstaat; wir haben eine Verfassung, aber keine verfassungsmäßige Regierung.« Daraufhin wurde der Verfasser des Textes zu elf Jahren Haft verurteilt. Sein Name: Liu Xiaobo.

Parallel zur Konsolidierung der Macht führten die Tang weiter Feldzüge zur Eroberung des Reiches, die erst 624 abgeschlossen war. Die Kriege um die Herrschaft im Reich wurden später zu Heldensagen der Tang verklärt. Vor allem ein Sohn Li Yuans, Li Shimin (599–649), wird als Held dieser Schlachten dargestellt, als militärisches Genie, das die Rebellen vernichtend schlug, ihre Anhänger aber milde behandelte. So weit ging die Legendenbildung um Li Shimin, dass sogar die Gründung der Tang schließlich nicht seinem Vater, sondern ihm zugeschrieben wurde. Li Shimin wird von vielen als größter Kaiser der chinesischen Geschichte bewundert; seine Regierungszeit, die Zhenguan-Ära (627–649), gilt als ein Höhepunkt wohlgeordneter Staatlichkeit. Kein Schüler in China, der Li Shimin und seine tapferen Mitstreiter nicht kennt. Zwei von ihnen, Yuchi Gong und Qin Qiong, sind buchstäblich vergöttert worden: als schützende »Türgötter« sieht man sie heute noch an Eingängen zu Tempeln und Wohnhäusern.

Aufgrund seiner militärischen Erfolge gelang es Li Shimin, eine einzigartige Machtposition im Reich aufzubauen und seine Ambitionen auf den Thron durchzusetzen. Im Jahr 626 ließ er seinen Bruder, den Thronfolger, und einen zweiten Bruder in einem Hinterhalt ermorden und zwang seinen Vater, ihn selbst als Kronprinzen einzusetzen. Eine der glänzendsten Epochen chinesischer Staatlichkeit begann mit Brudermord und einem Staatsstreich. Li Shimin, Kaiser Taizong, besaß genau die Charakterzüge, die alle großen Autokraten – oder, schärfer formuliert: Despoten – der chinesischen Geschichte auszeichneten: Willensstärke und Rücksichtslosigkeit.

Die größte Gefahr, die den Tang im 7. Jahrhundert drohte, waren die Angriffe der Türken. Schon seit dem Ende der Sui waren die Ost-Türken zu einer ähnlichen Bedrohung im Norden geworden wie einst die Xiongnu für die Han. Und ebenso wie die frühen Han-Herrscher hatte Li Yuan versucht, der Gefahr durch Appeasement-Politik zu begegnen. Um den Frieden zu wahren, machte er dem Khan fürstliche Geschenke, mit anderen Worten: er zahlte den Türken Tribut. Doch auch diesmal misslang die Ruhigstellung der Reiterstämme: Die Ost-Türken unternahmen immer wieder Raubzüge auf Tang-Gebiet und bedrohten 624 sogar die Hauptstadt so akut, dass Li Yuan angeblich erwog, sie zu evakuieren. Allein Li Shimin, so berichtet seine Biographie, habe entschlossen Widerstand geleistet, sei den Türken mit einigen Dutzend Reitern entgegengetreten und habe ihren Rückzug erwirkt. 630 gelang ihm sogar, mit einer Armee von 100 000 Mann die Truppen der Türken völlig zu vernichten, ihren Khan gefangen zu nehmen und die Herrschaft der Ost-Türken zu beenden. Damit hatte sich das Blatt völlig gewendet. Die Mongolei wurde nun Teil des Tang-Reichs und Kaiser Taizong vom tributpflichtigen Vasallen zum Herrscher über die Türken. 630 nahm er offiziell den Titel des »Himmlischen Khans« der Türken an.

> Die edlen Söhne der Türken wurden Sklaven der Chinesen, ihre unschuldigen Töchter zu Dienerinnen erniedrigt. Die Adligen gaben ihre Titel für die der Chinesen auf, unterwarfen sich dem Khan der Chinesen und opferten ihm ihre Kraft und ihre Dienste für 50 Jahre. Für ihn zogen sie nach Osten und Westen zu Felde, ihm unterwarfen sie ihr Reich und ihre Traditionen.
>
> (Orkhon-Inschrift, nach Vilhelm Thomsen)

Taizong war nun Herrscher über China und die Steppe – eine einmalige Machtfülle für einen chinesischen Kaiser. Er integrierte die unterworfenen türkischen Truppen in die Milizgarnisonen – das System hatten die Tang von den Nördlichen Zhou (S. 231) übernommen –, die vor allem um Chang'an und Luoyang sowie an der Nordgrenze das Reich schützten. Und er setzte sie für eine Expansion ein, wie sie das chinesische Reich noch nicht erlebt hatte. Die Tang nutzten den Zerfall der westtürkischen Konföderation ab 634, um deren Gebiete in Zentralasien zu

Die Tang und ihre Nachbarn.

Das Reich der Tang

Westgebiete, zeitweise unter Tang-Kontrolle

Kaiserkanal

besetzen. Indem Taizong bald Stammesführer der West-Türken gegeneinander ausspielte – »die Barbaren nutzte, um die Barbaren zu kontrollieren« (*yi yi zhi yi*) –, bald mit Hilfe osttürkischer Truppen militärisch vorstieß, dehnte er die chinesische Macht weiter als je zuvor nach Westen aus. Dunhuang, Hami und Turfan fielen wieder unter direkte Verwaltung der Tang; die Oasenstaaten entlang der Taklamakan – Kucha, Khotan, Kashgar und Karashar – wurden zu Protektoraten, von denen aus die Tang sogar Gebiete jenseits des Pamir: in Samarkand, Taschkent und anderen Städten Mittelasiens, kontrollierten. Damit grenzte der Einflussbereich der Tang direkt an das persische Reich der Sassaniden. Der ganze Ostteil der Seidenstraßen wurde jetzt von den Tang kontrolliert.

Nicht überall waren die Tang-Truppen erfolgreich. Zwei Feldzüge nach Korea, die Taizong – trotz des warnenden Beispiels der Sui – in den 640ern unternahm, endeten desaströs. Zudem war den Tang im Westen mit den Tibetern ein mächtiger Gegner erwachsen. Unter ihrem ersten »religiösen König«, Songtsen Gampo (ca. 605–649), der verschiedene Stämme vereinte, wurde Tibet erstmals zu einer Großmacht. Die Macht Songtsen Gampos reichte vom Himalaya bis zum Kunlun und von Kaschmir bis nach Sichuan, an die Grenze des Tang-Reichs. Nach mehreren Überfällen auf Tang-Gebiete zwang er Taizong 635, ihm eine chinesische Prinzessin zur Frau zu geben. Dies war der Beginn jahrhundertelanger Rivalität und kriegerischer Auseinandersetzungen, die bisweilen äußerst schmerzhaft für die Tang verliefen.

Während Kaiser Taizong nach außen militärische Stärke demonstrierte, bewies er nach innen integrative Kraft. Wiewohl der Daoismus im Staatskult stets Priorität genoss, förderte Taizong auch den Buddhismus. Er ließ seiner Mutter einen prächtigen buddhistischen Tempel errichten, stiftete viele weitere, nahm persönlich an religiösen Zeremonien teil, lauschte Sūtralesungen, gab Feste für Mönche und ließ seinen Kronprinzen ein Laiengelübde ablegen. Unter Taizongs Herrschaft unternahm der Mönch Xuanzang (603–664) seine legendäre Pilgerfahrt, die den Stoff für einen der klassischen chinesischen Romane lieferte, die *Reise nach Westen* (*Xiyou ji*). Xuanzang blieb dreizehn Jahre in Indien und brachte Hunderte von Sūtren von seiner Reise mit. Seine Übersetzungen dieser Sūtren – über 1300 Buchrollen! – gehören zu den Meisterwerken der chinesischen buddhistischen Literatur, und sein detaillierter Reisebericht bildet noch heute eine Hauptquelle für die Kultur Indiens und Mittelasiens im 7. Jahrhundert.

Doch staatliche Förderung bedeutete zugleich staatliche Kontrolle des Buddhismus. Von Anbeginn waren die Tang-Kaiser bemüht, die Zahl der Ordinationen und die Macht der Klöster zu beschränken, über die Disziplin der Mönche zu wachen und Geschäfte mit Devotionalien zu unterbinden. In den nächsten Jahrzehnten folgten Eingriffe in die religiöse Praxis, mehrmals wurden Tausende von Mönchen laisiert und Klöster geschlossen.

In dem Maße, in dem der Buddhismus unterdrückt wurde, kam eine andere Schule wieder zu Ehren: der Konfuzianismus. Eine neue Konfuzianisierung des chinesischen Reiches hatte sich schon seit dem späten 5. Jahrhundert angedeutet (vgl. S. 227); nun wurde sie immer deutlicher. Schon Gaozu hatte überall im Reich Schulen gegründet und in der Hauptstadt einen Tempel für Konfuzius errichten lassen; Taizong ließ auch in Qufu und allen Provinzen und Kreisen des Reiches Konfuziustempel errichten. Tempel! Mit Altären und Statuen von Konfuzius und einigen seiner Schüler, mit Weihrauch, Zeremonien und Opfergaben: die Konfuzius-Verehrung nahm ähnlich religiöse Züge an wie die der daoistischen und buddhistischen Götter. Doch der Konfuzianismus war nie in erster Linie eine Religion, sondern eine politische Ideologie, die mit der Reichseinigung an Bedeutung gewann: die Ideologie des bürokratischen Absolutismus.

Noch war China eine Adelsgesellschaft, in der wenige große Familien die Macht unter sich ausmachten und Regierungsämter nicht durch Prüfungen, sondern vermöge erblicher Privilegien besetzt wurden. Im Gegensatz zu den Sui waren die Tang zunächst bemüht, nicht an dieser Ordnung zu rühren. So ließ Taizong 632 in offiziellen genealogischen Registern – Abbild der aristokratischen Ordnung – offiziell die Rangordnung der großen Familien dokumentieren. Anders als die prügelnden Autokraten der Sui ließ Taizong seine Berater gleichberechtigt an politischen Entscheidungen teilhaben, die er stets ausführlich mit ihnen diskutierte. In alledem herrschten die Tang viel weniger zentralistisch als die Sui.

Doch schon unter Taizong waren viele dieser Berater Beamte, eine Ausweitung des Zugangs zu Beamtenposten deutete sich an, die späterhin die Gesellschaft verändern sollte. Mitte des 7. Jahrhunderts gab es bereits über 13 000 Beamte, meist kleine, austauschbare Räder im System. Aber die größten waren illustre Persönlichkeiten, die am Hof Taizongs und seiner Nachfolger die Richtlinien der Politik bestimmten: Männer wie Wei Zheng (580–643), der dreizehn Jahre lang Kanzler war und Taizong in über 200 Throneingaben mahnte, »Menschlichkeit und Gerechtigkeit walten zu lassen«. Stellvertretend für die vielen Ratschläge Wei Zhengs mag ein einziger Satz stehen, den er Taizong ans Herz legte: »Der Herrscher ist ein Boot, das Volk ist das Wasser: es kann das Boot tragen, und es kann das Boot umstürzen.« Der Satz – ein Zitat aus dem *Xunzi* – ist keineswegs so harmlos, wie es den Anschein hat. In der Adelsgesellschaft des Mittelalters, in der auch der Kaiser nur Erster unter Gleichen war, galt eben nicht das Volk als Stütze des Herrschers, sondern der Adel. In Wei Zhengs Zitat hingegen kommt der Adel überhaupt nicht vor, der Herrscher soll nicht mit ihm kooperieren, sondern – so heißt es im *Xunzi* weiter – »das Volk lieben«, »die Gelehrten ehren« und »die Fähigen engagieren«. Hier geht es um den Übergang von einer Aristokratie zu einer Bürokratie – einen gesellschaftlichen Strukturwandel, der sich zu Xun Kuangs Zeiten ganz ähnlich vollzogen hatte und in der Reichseinigung der Qin kulminiert war.

Jetzt wurden auch die staatlichen Hochschulen in Chang'an ausgebaut, so dass Mitte des 7. Jahrhunderts Tausende von Studenten aus dem ganzen Reich nach Chang'an strömten. An neugegründeten Schulen für Recht und Kalligraphie wurden Fachbeamte im mittleren Dienst ausgebildet, am humanistischen Institut studierten Söhne der Elite die klassische Literatur: eine Kaderschmiede für hohe Beamte, die zunehmend an Bedeutung gewann. Unter Taizong wurde auch eine neue Ausgabe des konfuzianischen Kanons veranstaltet, die *Korrekten Auslegungen der Fünf kanonischen Schriften* (*Wujing zhengyi*, vollendet 653), die maßgeblich für die gesamte spätere Gelehrsamkeit wurde. Wie einst unter Kaiser Wu der Han wurde der Kanon mit den höchsten Weihen versehen – und zugleich auf ein streng fixiertes Format reduziert. Die vielen gelehrten Traditionen und Auslegungen, die sich im chinesischen Mittelalter herausgebildet hatten, wurden radikal verengt auf eine einzige verbindliche Fassung. Es ist kein Zufall, dass kurz darauf, 675, auch die Schriften des Daoismus offiziell in einem Kanon versammelt – und zugleich die daoistische Priesterschaft unter Kontrolle einer Behörde gestellt wurden. Indem sie den Diskurs beschränkten und kontrollierten, waren Kanonisierung und Kommentierung für den Zentralstaat ein Mittel, seine Macht durchzusetzen.

Nicht nur Form und Auslegung kanonischer Schriften wurden unter Taizong offiziell reglementiert, auch die Geschichtsschreibung wurde nun in einem Amt für Historiographie institutionalisiert. In dieser Behörde, 629 gegründet, kompilierten Stäbe von Beamten aufgrund amtlicher Dokumente jeweils die offizielle Geschichte der vorhergegangenen Dynastien. Kein Geringerer als Wei Zheng gab das *Buch der Sui* (*Suishu*) heraus, fünf weitere Geschichten der kleinen Dynastien nach der Han entstanden noch während der frühen Tang-Zeit: Werke von Beamten für Beamte, die das Bild der chinesischen Geschichte nachhaltig prägten.

Zugleich schuf Taizong die Grundlage für seine eigene Darstellung in der Geschichte, indem er Exzerpte von Regierungsakten (*shilu*) zusammenstellen ließ, die als Grundlage späterer Geschichtsschreibung dienen sollten. Es nimmt nicht wunder, dass diese Geschichtswerke ein überaus positives Bild Taizongs vermitteln: das des strahlenden Herrschers über ein Weltreich.

Das Weltreich

Unter Taizong begann eine hundertjährige *pax Sinica*, die zu einem einzigartigen Aufschwung des Handels und kulturellen Austauschs mit ganz Asien und sogar Europa führte. Gesandte aus Byzanz besuchten den Hof der Tang, Händler aus Persien und Assam brachten ihre Waren, Buddhisten, Manichäer und Nestorianer ihre Religionen in das Reich der Tang, das offenste, kulturell vielfältigste, das China je erlebt hat. Taizongs Reich war das Staunen der Welt.

Dunhuang 敦煌

Kein anderer Ort verkörpert die kulturelle Vielfalt des chinesischen Mittelalters stärker als Dunhuang. Im Westen des heutigen Gansu gelegen, wo die Nord- und Südrouten der Seidenstraßen zusammentrafen, bildete es den Schnittpunkt der chinesischen und der zentralasiatischen Welt. Dunhuang war für Händler und Mönche das Tor nach China. Vom 4. bis zum 11. Jahrhundert entwickelte es sich zu einem Pilgerort und bedeutenden Zentrum des Buddhismus, geprägt von zahlreichen chinesischen und nichtchinesischen Klöstern.

Schon im Jahr 366 wurden in Mogao bei Dunhuang die ersten Grottentempel angelegt. Mehr als tausend wurden es im Laufe von Jahrhunderten, knapp 500 sind heute noch erhalten, die über anderthalb Kilometer auf fünf

Ebenen in eine steile Felswand gehauen sind. Eine neunstöckige Steinpagode, die die Felswand überragt, bildet den Mittelpunkt der Anlage. Die »Grotten der Tausend Buddhas« (*Qianfo dong*), seit 1987 UNESCO-Weltkulturerbe, sind ein Schatzhaus buddhistischer Kunst mit mehr als 2000 Statuen und über 45 000 m^2 Wandmalereien, die in der trockenen Wüstenluft ihre Frische bis heute erhalten haben. Die Formen und Motive dieser Kunst bezeugen vielfältige Einflüsse: indische Szenen aus dem Leben Buddhas finden sich dort, mittelasiatische Tänzerinnen, Tang-Prinzessinnen, tibetische Göttinnen und Buddhastatuen im hellenistischen Stil.

Vor allem ein sensationeller Fund hat die Komplexität der Kultur von Dunhuang vor Augen geführt: die Entdeckung der »Bibliotheksgrotte« im Jahre 1900. In dieser kleinen, zugemauerten Nebengrotte befanden sich rund 50 000 Manuskripte aus dem 4. bis 11. Jahrhundert: buddhistische Sūtren, konfuzianische und daoistische Schriften, Essays, Verträge, Haushaltsregister, Schriftübungen, Tuschegemälde, Dichtung, aber auch zuvor unbekannte Formen umgangssprachlicher Erzählliteratur. Die »Bibliotheksgrotte« gehört – neben den Orakelknochen der Shang, den Bambustexten der Zhanguo- und Han-Zeit sowie den Akten der Ming und Qing – zu den bedeutendsten Textfunden des 20. Jahrhunderts. Die Dunhuang-Manuskripte liefern einzigartiges Primärmaterial für Religions-, Sozial- und Kulturgeschichte in einem Schmelztiegel der Kulturen. Denn neben 30 000 chinesischen Manuskripten sind auch Schriftzeugnisse auf Sogdisch, Tocharisch, Baktrisch, Parthisch, Persisch, Sanskrit, Griechisch, Syrisch, Hebräisch, Alttürkisch, Mongolisch, Uighurisch, Tibetisch und in anderen Sprachen gefunden worden. Sie bezeugen die komplizierten, ungemein fruchtbaren, aber auch problematischen Beziehungen Chinas mit dem Westen – bis heute übrigens. Denn ein Großteil der Dunhuang-Manuskripte wurde schon bald nach ihrer Entdeckung von ausländischen Forschern gekauft, geraubt und in alle Welt verbracht: Aurel Stein schaffte 7000 Rollen ins British Museum (London), Paul Pelliot sicherte sich 3500 Rollen für die Bibliothèque nationale (Paris), weitere 10 000 Rollen brachte Sergei Oldenburg nach St. Petersburg, 10 000 Rollen liegen heute in Beijing, 20 000 weitere in Kyōto, Berlin und vielen anderen Orten. Wie einst das Leben in Dunhuang selbst, so ist auch die heutige Dunhuang-Forschung zu einer internationalen Angelegenheit geworden.

Reisende kamen im Norden über die staubigen Pisten Zentralasiens in das Tang-Reich, im Süden über die See. Mit den regelmäßigen Monsunwinden – nordöstlich im Winter, südwestlich im Sommer – segelten Schiffe aus aller Herren Länder über den Indischen Ozean und das Südchinesische Meer nach China. Riesige Handelsflotten aus Indien, Ceylon,

Malaysia, Java, Arabien und Persien brachten ihre exotische Fracht in die Häfen von Guangzhou und Jiaozhou, den südlichsten Außenposten der Tang: Gewürze und Arzneien, Tropenhölzer, Elfenbein und Perlen wurden dort gegen Seide, Keramik und Sklaven gehandelt. Guangzhou, vordem eine malariaverseuchte Grenzstadt am Rande der tropischen Wildnis, wo Raubtiere und betelnusskauende Barbaren hausten, wurde zum wichtigsten Hafen der Tang. Mehr als die Hälfte seiner 200 000 Einwohner waren Ausländer: Guangzhou war Chinas Tor zur Welt.

Von Guangzhou aus ging es per Schiff über die Flüsse Chen und Gan und weiter auf dem Yangzi oder einem der großen Seen, zahllosen Flüsse und Kanäle Südchinas. Unter Segel, per Ruder oder gezogen von Treidlertruppen, fuhren Schiffe in endloser Reihe auf jedem Strom des Reiches.

> Von Sichuan und dem Tal des Han nach Fujian und Guangzhou ... bis hin an den Gelben Fluss und den Luo ... tragen Tausende, Zehntausende große Schiffe ihre Waren hin und her. Wenn sie nur für einen Augenblick stilllägen, wären 10 000 Händler bankrott. (*Jiu Tangshu* 44)

Die meisten von ihnen kamen nach Yangzhou, dem Haupthafen an der Kreuzung von Yangzi und Kaiserkanal, den beiden wichtigsten Wasserstraßen des Reiches. Yangzhou war das Venedig des Ostens, Stadt der Kanäle und Gärten, der Theater und Tavernen, eine elegante Metropole voll Betriebsamkeit und Lebensfreude. In Yangzhou saßen Bänker, Schiffsbroker und die staatlichen Salzhändler, deren Reichtum geradezu sprichwörtlich war. Hier handelten arabische und persische Kaufleute mit Edelsteinen und Sandelholz, Händler aus Sichuan brachten Damast und Teppiche, Kunsthandwerker lieferten Bronzespiegel und Seidenstoffe ins ganze Reich.

Von Yangzhou aus strömten die Waren über den Kaiserkanal oder eine der vielen Fernstraßen, die sich über 20 000 km im Tang-Reich erstreckten, in die Metropolen des Nordens: nach Kaifeng, schon damals eine Großstadt mit mehreren hunderttausend Einwohnern, und auf die großen Märkte Luoyangs, der Östlichen Hauptstadt der Tang. Schließlich aber führten alle Straßen in das Zentrum des Weltreiches, nach Chang'an.

Das Chang'an der Tang war die größte Stadt der Welt. Mindestens 600 000 Einwohner lebten innerhalb der 30 km langen Mauern, nach anderen Schätzungen sogar ein bis zwei Millionen. Viele der Einwohner waren Ausländer: Tausende Türken, die nach 630 dort angesiedelt wurden, buddhistische Mönche aus Indien, persische Priester, armenische Händler, mongolische Reiter und sogdische Kameltreiber, tibetische Prinzen, Pilger aus Japan, Gesandte aus Bali, Koreaner, Uighuren und Juden, sogar Christen vom Mittelmeer kamen in dieser Metropole zusammen. Chang'an war ein Mekka für Reisende aus aller Welt. In den Tempeln der Hauptstadt wurden Buddha, Zarathustra, Mani oder Jesus Christus verehrt; auf den Straßen turnten fremdländische Akrobaten und Jongleure (Farbabb. 6); in den Vergnügungsvierteln der Oststadt berauschten sich die Kneipengänger an exotischem Traubenwein, persischer Musik und anmutigen blonden Tänzerinnen aus Mittelasien; auf den Basaren des Westmarkts feilschten fremde Zungen um Weihrauch, Gold, Lapislazuli, Elfenbein, Löwenfelle, Pfauenfedern, Lacke, Datteln, Trauben, Zucker und die »goldenen Pfirsiche aus Samarkand«. Ganz Chang'an, sogar der Hof, gab sich lebenstrunken den Reizen der fremdländischen Exotica hin. Uighurische Haarknoten, mittelasiatische Schminke, iranische Westen und Hüte aus Leopardenfell waren der letzte Schrei; Adlige installierten an ihren Häusern Wasserfälle als Klimaanlage, deren Prinzip wahrscheinlich aus Byzanz übernommen war; und der Sohn Kaiser Taizongs ließ im Palast ein ganzes Zeltlager aus Filzjurten aufbauen, in dem er sich von türkischen Sklaven bedienen ließ.

Doch Chang'an, die Weltstadt des Ostens, war zugleich eine Stadt vom Reißbrett. Wie das Luoyang der Wei (S. 228), war sie streng rechteckig angelegt, nord-südlich ausgerichtet und durchzogen von großen Nord-Süd- und Ost-West-Straßen, die genau 108 Blöcke umgrenzten. Zentral im Norden lag die Kaiserstadt, südlich davon markierten der Westliche und der Östliche Markt eine Querachse. In ihrer akkuraten Symmetrie wies die Anlage Chang'ans über sich hinaus, sie war ein Abbild der kosmischen Ordnung auf Erden, der Mittelpunkt der Welt. Zugleich diente das Schachbrettmuster der weltlichen Ordnung, indem es soziale Kontrolle gewährte. Die Wohnblöcke von Chang'an waren streng getrennt nach Gewerben und Herkunft: es gab Judenviertel und Perserviertel, Rotlichtviertel, Schustergassen, Bettler- und Elendsviertel. All diese Quartiere waren ummauert. Wohnhäuser hatten keinen direkten Zugang zur Hauptstraße, Trommeln verkündeten abends die Schließung der Stadt- und Quartiertore. Nach der Sperrstunde war es niemandem erlaubt, sich ohne besondere Genehmigung durch die Stadt zu bewegen. Wen die berittene Polizeistreife ergriff, wurde mit 20 Stockhieben bestraft. Chang'an war bewacht und organisiert wie eine Militär-

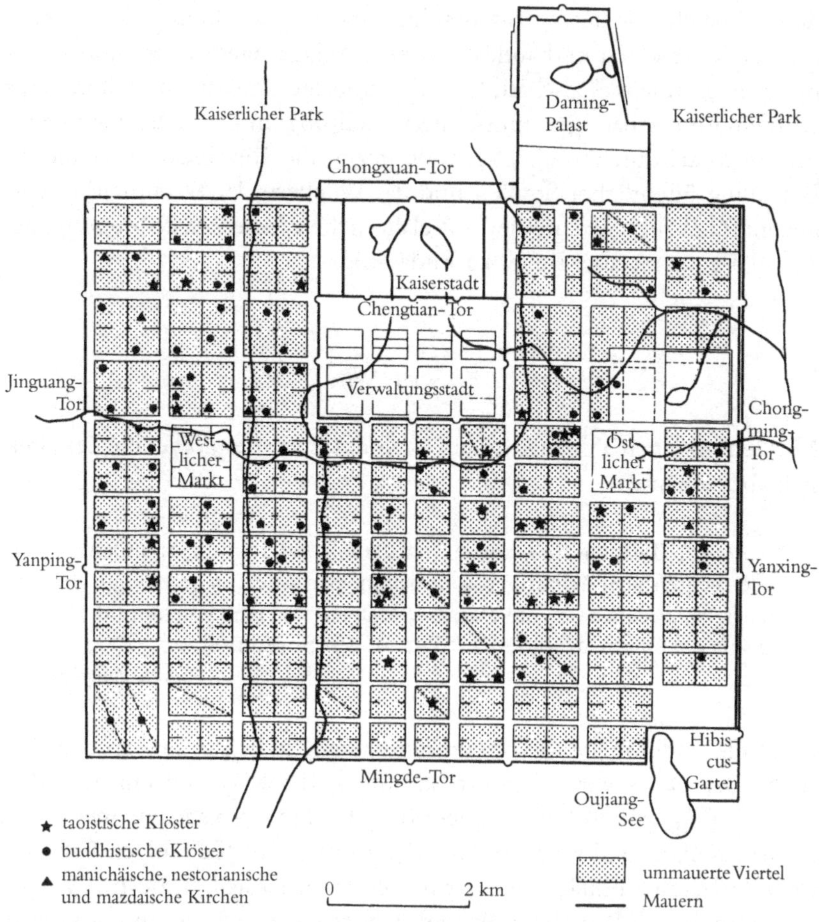

Rekonstruktion der Stadtanlage von Chang'an.

kaserne. Das bunte Volk, das aus allen Gegenden und Schichten in der Hauptstadt zusammenkam, wurde durch die Anlage der Stadt wieder rigoros getrennt. Die Marktplätze, Zentren des Austauschs, waren ummauert und kontrolliert, die fremden Händler wurden hoch besteuert und im Laufe der Tang immer strengeren Restriktionen unterworfen: dazu gehörten Kleidungsvorschriften, räumliche Segregation und das Verbot, chinesische Frauen zu heiraten und außer Landes zu nehmen.

Chang'an war – ebenso wie andere Städte der Tang – der steingewordene Versuch, Vielfalt einzuschränken und soziale Grenzen zu fixieren, die sich verschoben und auflösten. Seine Anlage spiegelt die rigide Ordnung einer Adelsgesellschaft, deren Grundlagen zusehends untergraben wurden. Immer häufiger musste die Verwaltung im Laufe der Tang gegen private Mauerdurchbrüche, Verstöße gegen die Torschlusszeiten, illegale Bebauung öffentlicher Straßen und das Wuchern der Nachtmärkte vorgehen: Rückzugsgefechte der mittelalterlichen Gesellschaftsordnung, deren Zeit langsam, aber sicher zu Ende ging.

Kaiserin Wu

Mit dem Ableben Taizongs schien auch das Ende des goldenen Zeitalters sich abzuzeichnen.

> Als sie von Taizongs Tod hörten, brachen Hunderte von Fremden, die am Hofe dienten oder Tribut gebracht hatten, erschüttert in Tränen aus. In ihrer Trauer schnitten sie sich die Haare, zerkratzten sich die Gesichter oder schnitten sich die Ohren ab, so dass ihr Blut auf den Boden troff.
>
> (*Zizhi tongjian* 197)

Auch die traditionelle Geschichtsschreibung, die sich so eng an den Personen der Herrscher orientiert, stimmt in das Klagelied ein. Die Zeit nach Taizong gilt als Schwächeperiode der Tang, gekennzeichnet durch Krisen, Willkür und Katastrophen. Zwar setzte sein Nachfolger, Gaozong (649–683), die militärische Expansion eindrucksvoll fort. Im Westen schlug er die Türken abermals und dehnte das Reich bis an die Grenze Persiens aus; im Süden unterwarf er die Thai-Reiche Champa und Zhenla; und im Osten gelang Gaozong, was weder die Sui-Kaiser noch Taizong vermocht hatten, nämlich Korea zu unterwerfen. Zwischen 655 und 668 eroberten Tang-Truppen sowohl Paekche als auch Koguryŏ, und das dritte Reich der koreanischen Halbinsel, Silla, unterwarf sich ihnen. Für einige Jahre herrschte Gaozong über das größte Reich, das China je gesehen hatte: von der persischen Grenze bis Korea, vom Dsungarischen Becken bis nach Vietnam erstreckte es sich über mehr als 5 Millionen km^2 (Karte S. 249).

Doch während die Tang den Höhepunkt ihrer Macht erklommen, verschlechterte sich die Situation an den Nord- und Westgrenzen dramatisch. Seit 665 rebellierten die West-Türken gegen Gaozong, und ab 682 begannen die Ost-Türken, die Gebiete um die Große Mauer »wie Wölfe« mit Raubzügen heimzusuchen. Schlimmer noch: Nach dem Tod Songtsen Gampos begannen die Tibeter zwischen 660 und 670 erneut, die Tang-Gebiete im Westen anzugreifen. Ihre Feldzüge gegen Kokonor, das heutige Gansu und Sichuan sowie die Oasenstädte im Tarim-Becken drohten die überaus wichtigen Handelsrouten nach Mittelasien abzuschneiden. Die Westgrenze des Reiches sollte keinen Frieden mehr finden. Zugleich wurde der Norden Chinas in den letzten Jahren Gaozongs wiederholt von Fluten, Dürren und Heuschreckenplagen heimgesucht, die zu furchtbaren Hungersnöten führten.

Aber nicht diese Katastrophen begründeten den üblen Ruf Kaiser Gaozongs, sondern seine fatale Liebe zu einer Konkubine seines Vaters, Wu Zhao (624–705). Nach Taizongs Tod war sie angeblich in ein buddhistisches Nonnenkloster gegangen, von wo Gaozong sie als Konkubine in den Palast zurückholte. Dort arbeitete sie sich mit Geschick, Intelligenz und Heimtücke in kurzer Zeit nach oben.

> Als Wu Zhao eine Tochter geboren hatte, kam die Kaiserin, das Kind zu sehen und zu liebkosen. Nachdem sie wieder fort war, erstickte Wu Zhao das Kind heimlich unter der Decke. Als dann der Kaiser kam, plauderte sie fröhlich mit ihm; doch als er die Decke zurückschlug, war das Kind tot. Entsetzt fragte er die Dienerschaft, und die sagte ihm: »Die Kaiserin war gerade hier …«
> (*Xin Tangshu* 76)

Diese und andere abgefeimte Intrigen verfehlten ihre Wirkung nicht: Gaozong setzte seine Kaiserin ab und machte im Jahr 655 Wu Zhao zur Kaiserin; ihr Sohn wurde zum Thronfolger erklärt. Kaiserin Wu Zetian – so der Name, unter dem sie bekannt ist – verlor keine Zeit, die abgesetzte Kaiserin bestialisch zu ermorden und andere Widersacher aus dem Weg zu räumen. Als Kaiser Gaozong, ohnehin von kränklicher Natur, 660 einen Schlaganfall erlitt, übernahm sie selbst die Regierung.

> Von da an wohnte sie jeder Angelegenheit, die der Kaiser behandelte, hinter einem Vorhang bei; jedes Regierungsgeschäft, ob groß, ob klein, hörte sie mit. Die größte Macht des Reiches ging vollends in die Inneren Gemächer über; über Beförderungen und Degradierungen, Leben und Tod entschied ihr Wort, während der Kaiser nur die Hände in den Schoß legte. (*Zizhi tongjian* 201)

Wu Zetian war eine charismatische Persönlichkeit. Bis zum Alter von 80 Jahren, fast ein halbes Jahrhundert lang, sollte sie als »Himmlische Kaiserin« das Reich beherrschen. Nach dem Tod Gaozongs 683 machte sie ihren Sohn zum Kaiser, setzte ihn aber – eine unmissverständliche Demonstration ihrer Macht – nach sechs Wochen wieder ab und brachte seinen Bruder auf den Thron. Als kurz darauf der Tang-Adel gegen sie rebellierte, begann sie ein Regime des Terrors, das allen Widerstand brutal unterdrückte. Ihre berüchtigte Geheimpolizei spürte überall vermeintliche Gegner auf: Verwandte der Li, Adlige, Beamte, Palastdiener, jeden konnte es treffen. Die Hälfte ihrer 46 Kanzler zwischen 684 und 693 sind eines gewaltsamen Todes gestorben. Niemand, so heißt es, der in ihre Verliese in Luoyang geworfen und der grauenhaften Folter ihrer Schergen ausgesetzt wurde, sei lebend wieder herausgekommen.

Die Parallelen zur Kaiserin Lü, die den Hof der Han ähnlich despotisch beherrschte, sind nicht zu übersehen; sie reichen bis in die abscheulichen Details der historischen Darstellung. Die offizielle Geschichtsschreibung hat stets den – gemäß orthodoxer Auslegung – illegitimen Herrschern, speziell Frauen, alle Übel der Welt angehängt. Doch ihre Brutalität und Niedertracht waren kaum charakterlich bedingt, sondern dem System geschuldet. Genau besehen, waren alle chinesischen Herrscher bis ins 20. Jahrhundert Gewaltherrscher, die »guten« wie die »schlechten«. Unter den zurückhaltenden Kaisern der frühen Han galten die Strafgesetze der Qin; Kaiser Wu der Han brachte seine Kanzler um und ließ Kritiker entmannen; der große Taizong ermordete seine Brüder, um an die Macht zu kommen. Im chinesischen Reich, das nie ein Verfassungsstaat war, weder Gewaltenteilung noch einklagbare Grundrechte kannte, gehörten Gewalt und Schrecken zum Alltag der Regierung. Gute Regierungsführung im modernen Sinne – Achtung der Menschenrechte, Beteiligung des Volkes an politischen Entscheidungen, Rechtsstaatlichkeit, Transparenz usw. – hat es in China nie gegeben.

Wu Zetians Gewaltexzesse fügen sich in eine Reihe von Maßnahmen zur Sicherung und Legitimierung ihrer Herrschaft. Dazu gehört auch die Verlagerung der Hauptstadt nach Luoyang im Jahr 683. Schon unter Gaozong war der Hof mehrmals, genötigt von Dürren und Versorgungsengpässen, nach Luoyang gezogen, näher an den Kaiserkanal und die Anbaugebiete der Nordchinesischen Ebene. Das waren keine kleinen Reisen, sondern äußerst aufwendige Unternehmen, die nicht nur den Hof in

Unkosten stürzten. Der kaiserliche Tross von mehreren tausend Menschen und Tieren brauchte 20–25 Tage für die 450 km lange Strecke: ein logistischer Gewaltakt, der alle Gegenden entlang der Strecke in Mitleidenschaft zog. Die dauerhafte Verlagerung des Hofes nach Luoyang, nahe an die Nachschublinie des Kaiserkanals, sorgte daher wirtschaftlich für erhebliche Entlastung. Doch der Umzug dürfte noch einem anderen Zweck gedient haben: denn er verlagerte das Zentrum des Reiches von Nordwesten, dem Stammland der Li und anderer großer Adelsfamilien, in die Nordchinesische Ebene. Die alte Elite wurde, ähnlich wie beim Umzug der Tuoba-Kaiser nach Luoyang, buchstäblich marginalisiert. Wu Zetian suchte eine neue Machtbasis. Sie fand sie in Luoyang und in einer neuen Führungselite: den Beamten. »Seit die Regierung von ihr ausging«, räumen selbst kritische Historiker ein, »sann sie klarsichtig auf die besten Maßnahmen, so dass die hervorragendsten Würdigen darum stritten, von ihr angestellt zu werden.«

Wu Zetian förderte das Prüfungssystem, finanzierte den Ausbau von Schulen, führte – ganz ähnlich wie jener andere Usurpator, Wang Mang – archaische Rituale und Beamtentitel ein und ließ in einem hochsymbolischen Akt die genealogischen Register Taizongs revidieren. Nicht nur, dass ihre eigene Familie nun an erster Stelle erschien, es wurden überhaupt nur solche Familien aufgeführt, die unter den Tang hohe Beamte gestellt hatten: der Machtverlust des alten Adels wurde amtlich dokumentiert. Das Beispiel der Kaiserin Wu verdeutlicht den symbiotischen Zusammenhang von absoluter Monarchie und professioneller Bürokratie, der schon ein Jahrtausend früher zu beobachten war. Um sich vom Einfluss des Adels zu befreien, war der Kaiser (oder die Kaiserin) auf Beamte angewiesen, die ihrerseits von ihm abhingen. Auch wenn Kaiserin Wu die Beamten zutiefst suspekt blieben – nur einem einzigen, dem brillanten Kanzler Di Renjie (630–700), scheint sie voll vertraut zu haben – und sie zahllose von ihnen willkürlich degradierte, war deutlich, dass es ohne sie nicht mehr ging.

Frauen 女

Im Altertum wurden Mädchen am dritten Tag nach ihrer Geburt unter das Bett gelegt, man gab ihnen eine Tonscherbe zum Spielen und meldete sie mit einem Opfer an. Sie unters Bett zu legen symbolisierte, dass sie niedrig und schwach waren und sich anderen unterzuordnen hatten; ihnen eine

> Tonscherbe zum Spielen zu geben symbolisierte, dass sie sich an harte Arbeit gewöhnen und fleißig sein sollten; sie den Ahnen mit einem Opfer anzumelden symbolisierte, dass sie die Opfer fortführen sollten. Diese sind die drei beständigen Prinzipien für Frauen und ihre verbindliche Sittenlehre.
> (*Hou Han shu* 84)

Diese »Ermahnungen für Frauen« stammen selbst von einer Frau, Ban Zhao (ca. 45–117), einer hochgebildeten Historikerin und Literatin von Rang. Sie zeigen, wie stark sich in der Han-Zeit ein Rollenbild verfestigt hatte, das die Frau dem Mann strikt unterordnete: das Pendant zur radikalen Differenzierung zwischen Untertanen und Herrscher, die sich in den Jahrhunderten zuvor herausgebildet hatte. Eine Frau hatte sich dem Vater zu fügen, dann dem Ehemann, schließlich dem Sohn. Ihr Mann konnte sie aus verschiedenen Gründen verstoßen: wenn sie unfruchtbar war, respektlos gegenüber Schwiegereltern, eifersüchtig, geschwätzig, diebisch, ehebrecherisch oder wenn sie eine schwere Krankheit hatte.

In der älteren Geschichte erscheinen Frauen entweder als *femmes fatales*, die Herrschern den Kopf verdrehten und Dynastien stürzten: die Xia, Shang und Zhou und einige andere Staaten seien durch ihren unheilvollen Einfluss ins Verderben gestürzt. Oder aber sie werden als vorbildlich gerühmt, wenn sie sich im Dienst an Männern auszeichneten. Ban Zhao beschreibt es:

> Bescheiden und respektvoll zu sein, andere voran- und sich selbst hintanzustellen, eigene Stärken nicht nennen, Schwächen nicht leugnen, Erniedrigungen und Entwürdigung zu ertragen, stets furchtsam und schüchtern zu sein: das bedeutet, sich anderen unterzuordnen. (*Hou Han shu* 84)

Nur zähneknirschend erwähnen traditionelle Historiker die vielen starken Frauen, die es in der chinesischen Geschichte gegeben hat: Königin Xuan (gest. 265 v. Chr.) etwa, die in Qin 40 Jahre die Regierung geführt hatte, die Kaiserinnen Lü und Wang der Han, Wenming (465–490) und Ling der Wei (515–520) oder Wu und Wei der Tang. Die Skandalisierung ihrer Herrschaften durch die Geschichtsschreibung hat den Effekt, sie als Ausnahmefälle erscheinen zu lassen, als Normverstöße, welche die Norm nur bekräftigen. Doch die unanfechtbare Männerherrschaft galt keineswegs zu allen Zeiten. In der Shang-Zeit konnten Frauen hohe Machtstellungen erlangen, wie die Waffen und Menschenopfer im Grab der Dame Hao andeuten (S. 56); und die berühmte Geschichte von Hua Mulan, die als Mann verkleidet zwölf Jahre lang an ihres Vaters statt in der kaiserlichen Armee kämpfte, bezeugt ein ähnlich aktives Rollenverständnis im chinesischen Mittelalter. Besonders die Frauen Nordchinas waren in dieser Zeit frei, selbstbewusst und energisch. Sie bewirtschafteten eigene Felder und führten die Familie:

> In der Stadt Ye war es üblich, dass ausschließlich Frauen die Familienangelegenheiten regelten, sie prozessierten um Recht und Unrecht, machten Aufwartungen, hielten Empfänge. Ihre Gefährte drängten sich in den Straßen, ihre Gewänder füllten die Behörden; für ihre Söhne warben sie um Ämter, für ihre Gatten führten sie Klagen. (*Yanshi jiaxun* 1.5)

Erst nach dem Untergang der mittelalterlichen Adelsgesellschaft, als es erneut zu einer radikalen Differenzierung zwischen Untertanen und Herrscher kam, wurden Frauen wieder aus dem öffentlichen Leben verbannt – und zwar mit unfassbarer Grausamkeit. Seit etwa dem 12. Jahrhundert wurden Frauen systematisch verstümmelt, indem man ihnen die Füße brach. Zuerst waren es Konkubinen, Sängerinnen und Prostituierte, doch dann »machten es alle nach, und man schämte sich, es nicht zu tun«: Mädchen wurden ab dem Alter von drei bis fünf Jahren die Zehen nach unten gebogen und umwickelt, so dass sie unter der Sohle lagen. Dann wurden die Mittelfußknochen mit einem großen Stein zerschmettert. Über Jahre wurden die Binden immer enger gezogen, so dass die gebrochenen Füße nicht wieder zusammenwuchsen. Unerbittlich ging die Qual weiter. Die Füße wurden zu blutigen, eiternden Klumpen deformiert, an denen das Fleisch faulte, und jedes neue Paar Schuhe war kleiner als das vorhergehende. Das Ideal waren drei Zoll lange »Goldlotos«-Füße (*sancun jinlian*). Selbst wenn die Schmerzen irgendwann nachließen, gehen konnten die Frauen nie mehr richtig. Und wie räsonierten Männer darüber?

> Wenn sich eine Frau wegen ihrer zu kleinen Füße nur schwer bewegen kann und sich immer an Wänden und Mauern stützen muß, so geht das ja nur sie allein an. Wenn aber die Füße wegen der Bindung der Zehen schmutzig bleiben und die anderen sich die Nase zukneifen und die Augenbrauen runzeln müssen, so geht das auch die Mitmenschen an. Und was sind die guten Seiten des kleinen Fußes? Die kleinen Füße sind so schlank, daß man sie beinahe nicht sieht, und je mehr man sie ansieht, desto mehr Rührung überkommt einen: das ist ihr Nutzen bei Tage. Sie sind so zart, als hätten sie keine Knochen, und je mehr man sie liebkost, desto lieber streichelt man sie: das ist ihr Nutzen bei Nacht.
> (Li Yu, *Die vollkommene Frau*, Übersetzung: Wolfram Eberhard)

Was auch immer an erotischen Motiven dahintergesteckt haben mag, das Füßebinden war eine diabolische Sozialtechnik, die Trennung der Geschlechter und Zementierung des Patriarchats garantierte. Der Brauch verbreitete sich im Laufe der späten Kaiserzeit im gesamten Volk. Innerhalb eines Jahrtausends wurden schätzungsweise eine Milliarde Frauen derart verkrüppelt und somit buchstäblich lahmgelegt, keusch gehalten und aus dem öffentlichen Leben entfernt.

Frauen besaßen weiterhin Zugang zu Bildung, und nicht wenige von ihnen taten sich sogar als Schriftstellerinnen hervor: eine Anthologie der Song-Dichtung nennt über 100 Dichterinnen. Sie regelten meist die häuslichen Finanzen, leiteten bisweilen Geschäfte, waren als Mütter oder Schwiegermütter Respektspersonen und hatten ihre Männer oft fest im Griff: der hochgelehrte Shen Gua (1031–1095) etwa »wurde regelmäßig von seiner Frau geschlagen, beschimpft und zu Boden gestoßen«, und viele seiner Zeitgenossen standen ähnlich unter dem Pantoffel.

Dennoch erlangten Frauen nie wieder den Status, den sie im Mittelalter besessen hatten. In einer Agrargesellschaft, in der Söhne die Eltern ernährten, Töchter aber die Familie mit der Ehe verließen, waren Mädchen unerwünscht: das Verhältnis von Männern zu Frauen betrug im 18. Jahrhundert etwa 120 zu 100. Erst im späten 19. Jahrhundert entstanden Organisationen, die sich für die Rechte der Frauen einsetzten. Die 4.-Mai-Bewegung (1919) hatte das erklärte Ziel, Frauen vom Joch der »konfuzianischen« Moral zu befreien. Die Abschaffung des Füßebindens und des Konkubinats, die Gründung von Schulen und Zeitschriften für Frauen sowie deren Integration in das Berufsleben und die städtische Öffentlichkeit trugen zur Emanzipation der Frauen in China bei. Jetzt eroberten Frauen die Straßen: als modebewusste Flaneurinnen, engagierte Demonstrantinnen – aber auch als Prostituierte in einer schnell expandierenden Sexindustrie.

Mit Gründung der VR China 1949 wurde die Gleichstellung der Frau endgültig im Gesetz verankert. Nun sollten Frauen »die Hälfte des Himmels« tragen – was allerdings vor allem harte Arbeit in Industrie und Landwirtschaft bedeutete.

Nach über einem Jahrhundert der Frauenbewegung in China erscheint die Bilanz ernüchternd. Einerseits sind heute viele Frauen in Führungspositionen etabliert, werden als Sport- oder Filmstars verehrt und prägen als Journalistinnen oder Schriftstellerinnen die öffentliche Meinung. Andererseits ist die (Zwangs-)Prostitution verbreiteter denn je, und mit den »Zweitfrauen« (*ernai*), die bei begüterten Chinesen mittlerweile zum guten Ton gehören, hat sich so etwas wie ein modernes Konkubinat herausgebildet. Vor allem auf dem Land gelten Mädchen nach wie vor als Last; das Ausmaß von selektiven Abtreibungen und Kindesmord ist erschreckend. Schon 2000 lancierte die Regierung der VR China eine Kampagne mit der Losung »Sorgt für Mädchen«. Dennoch nähert sich das Verhältnis von Jungen zu Mädchen wieder vormodernen Zeiten an: die Volkszählung von 2010/11 ergab, dass heute auf 100 neugeborene Mädchen 118 Jungen kommen. Der eklatante Männerüberschuss, der schon jetzt zu Kindesentführungen, Frauenhandel und sozialen Unruhen führt, dürfte China in den nächsten Jahrzehnten große Probleme bereiten – so lange, bis Frauen gesellschaftsweit als gleichwertige Menschen anerkannt werden.

Wu Zetians Herrschaft, so außergewöhnlich sie meist dargestellt wird, fügte sich ein in den langfristigen Wandel der Elite von einem steppeverbundenen Kriegsadel zur urbanen Bildungselite. Sie ließe sich ohne weiteres auch in eine Reihe dominanter Herrscherinnen einordnen, wäre da nicht ihr kühner Handstreich, der in der Geschichte Chinas einzigartig dasteht. Nachdem sie schon zwei ihrer Söhne auf den Thron der Tang gebracht hatte, nahm sie 690 selbst den Kaisertitel an und rief eine neue Dynastie aus, die Zhou. Eine Frau, die eine eigene Dynastie gründete, noch dazu mit diesem altehrwürdigen Namen – eine Ungeheuerlichkeit!

Doch trotz aller Häme, die konfuzianische Gelehrte über sie ausgegossen haben – sie habe »das Herz einer Echse und den Charakter einer Hyäne«, sei »Göttern und Menschen verhasst, dem Himmel und der Erde unerträglich« –, war ihre Regierung nicht schlechter als die vieler Kaiser und jedenfalls erfolgreicher als die von Wang Mang, dessen Karriere ihrer so ähnlich war. In den 15 Jahren ihrer Alleinherrschaft gelang es ihr, das Reich gegen heftige Angriffe der Tibeter, der West-Türken und der Khitan zu verteidigen, während im Inneren des Reiches Frieden und Wohlstand herrschten. Sie förderte den Buddhismus weit mehr noch als ihre Vorgänger, finanzierte die Übersetzungen des großen Pilgers Yijing (635–713), ließ zahlreiche Klöster bauen, heilige Texte in Auflagen von mehreren Zehntausenden produzieren und stiftete eine Reihe von großartigen Buddhaskulpturen in den Grotten von Longmen.

Wu Zetian nutzte den Buddhismus von Anbeginn für ihre Zwecke. Sie berief sich auf die Prophezeiung eines Sūtras, um ihre Machtergreifung zu begründen, und inszenierte sich selbst als »lebenden Buddha«. Die Lehre der Huayan-Schule, in deren Kosmologie der »Sonnen-Buddha« Vairocana im Zentrum des Universums herrscht, lieferte die Legitimation für ihren zentralen, universellen Herrschaftsanspruch. Die 17 m hohe Vairocana-Statue von Longmen, die alle anderen überragt, kann geradezu als Abbild der Kaiserin selbst verstanden werden: Wu Zetian, die göttliche Sonnenkönigin.

Für konfuzianische Gelehrte war sie des Teufels. Kaiserin Wu galt ihnen als Inbegriff eines sittenlosen, prunksüchtigen, grausamen und abergläubigen Herrschers, eines Typs, der allzu oft auch mit dem Buddhismus gemeinsame Sache machte. Für sie begannen gute Zeiten erst nach dem Abtritt Wu Zetians und dem Ende ihrer ›Dynastie‹ im Jahr 705, vor allem aber mit der Thronbesteigung Kaiser Xuanzongs im Jahr 712. Nun herrschte wieder ein Tang- Kaiser aus eigener Macht, die Dynastie sollte ihre zweite große Blütezeit erleben.

Das goldene Zeitalter

Die Regierungszeit Kaiser Xuanzongs (713–756) gilt als Renaissance der Tang und zweites goldenes Zeitalter nach der Ära Taizongs: als Zeit der Stabilität und der Prosperität, in der es »nichts Teures gab im ganzen Reich« und Händler »Tausende Meilen reisen konnten, ohne auch nur ein zollgroßes Messer zu ihrer Sicherheit zu tragen«. Hofkultur und Handel, Musik, Malerei, Dichtung und Gelehrsamkeit erlebten in dieser Zeit ihre schönste Blüte – und ihre letzte, bevor das Land wieder in Krieg und Elend versank.

Der neue Kaiser machte alles richtig. Xuanzong ließ Kanäle und Straßen instand setzen, um die Versorgung Chang'ans zu sichern; er errichtete Getreidespeicher, um Hungersnöten vorzubeugen; er ließ die Bevölkerung neu registrieren – 8,4 Millionen Haushalte waren es 740 – und schuf so die Basis für effektive Besteuerung; er hielt seinen Hof äußerst bescheiden, verbat sogar den Hofdamen ihren Schmuck; und er ging gegen Steuerhinterziehung durch buddhistische Klöster vor, indem er Neugründungen und Erweiterungen strikt einschränkte und mehr als 30 000 Mönche und Nonnen wieder laisierte. Zugleich förderte Xuanzong die Gelehrsamkeit. 738 gründete er die Hanlin-Akademie, eine Art *brain trust* des Kaisers, die im späten Kaiserreich zum Olymp der chinesischen Gelehrsamkeit und Hort der konfuzianischen Orthodoxie wurde.

Nicht, dass Xuanzong ein ›Konfuzianer‹ war. Er umgab sich vor allem mit Meistern des Daoismus und des Tantrischen Buddhismus, die ihm mit Regentänzen, Heilkünsten, Meditation und esoterischen Körpertechniken zu Diensten waren. Er erhob das *Daode jing* zum wichtigsten kanonischen Werk überhaupt, verfügte, dass jeder Haushalt eine Kopie davon besitzen müsse, und ließ in jeder Präfektur Tempel für Laozi errichten. Aber er erhob 739 auch Konfuzius, den »ersten Lehrer«, zum König; seine 72 Schüler erhielten Adelstitel, und ihre Statuen wurden neben der des Meisters religiös verehrt. Die Beamtenprüfungen nahmen weiter an Bedeutung zu, wenn auch keineswegs nur konfuzianische Schriften geprüft wurden; vielmehr gab es Prüfungen zur Dichtung, zu daoistischen Werken, Mathematik und Geschichte. Aber unverkennbar bildeten Akademie und Prüfungswesen wichtige Faktoren zur Überwindung der erblichen Aristokratie durch eine Bürokratie.

Die Pracht seines Hofes ließ Xuanzong als eine der schillerndsten Herrschergestalten überhaupt in die Geschichte eingehen. Unter ihm erreichte die Liebe zu Exotica ihren Höhepunkt. Wir lesen von Weintrauben, Datteln, Safran, Lotos, Pistazien und anderen Köstlichkeiten, die den Speisezettel der Tang bereicherten, von Pfauen, Papageien, Straußen, Löwen, Giraffen und Elefanten in den kaiserlichen Parks und Gehegen – und vor allem von Pferden. Die Tang waren heillose Pferdenarren; ihre riesigen Weiden – 700 000 Pferde sollen dort gegrast haben – versorgten nicht nur das Militär, sondern auch den Hof mit Dressur- und Polopferden. Polo, ursprünglich aus Persien oder Tibet, wurde zum Lieblingssport der Tang. Zahlreiche Skulpturen und Bilder zeugen von seiner Beliebtheit bei Hof und Adel, und eine Inschrift berichtet von einem »Länderspiel« Tang gegen Tibet, bei dem Kaiser Xuanzong – damals noch Kronprinz – persönlich mitgemischt hat. Natürlich ließen die Tibeter ihn gewinnen:

> Xuanzong galoppierte wie ein Wirbelwind und schnell wie der Blitz in alle Richtungen, so dass ihm keiner zuvorkommen konnte. Die Tibeter kamen dagegen gar nicht zur Entfaltung, und ihr Tor füllte sich mit Bällen.
>
> (*Fengshi wenjian ji* 6, Übersetzung: Volker Klöpsch)

Xuanzong war nicht nur ein wackerer Sportsmann, sondern auch talentierter Dichter, Kalligraph, Musiker und ein großer Patron der Künste. 30 000 Künstler soll er unterhalten haben, und zwar nicht für höfisch-strenge Vorträge, sondern für aufregende Shows aus dem fernen Westen: Musiker aus Kucha und Taschkent, sogdische Sängerinnen und »wirbelnde« Tänzerinnen aus Samarkand, aber auch Schlangenbeschwörer, Seiltänzer, Marionettenspieler, Feuerschlucker, Zwerge und andere Unterhaltungskünstler aus Mittelasien und Indien. Xuanzongs »Ensemble vom Pfirsichgarten«, 300 handverlesene Musiker und Sänger, war ebenso berühmt wie die hundert »tanzenden Pferde«, die alljährlich zu seinem Geburtstag eine Galavorstellung gaben.

Der Kaiser als Mäzen der Künste: nicht zufällig entstand dieser Typus gegen Ende des chinesischen Mittelalters. In den Jahrhunderten zuvor hatte sich die Kunst als Kunst herausgebildet, das heißt: als autonome

Sphäre, die ihre eigene Perspektive auf die Welt vertrat (S. 205f.). Kunst konnte die Welt anders darstellen – deshalb war sie potentiell subversiv und musste gebändigt werden. So, wie die Tang die Religionen durch staatliche Förderung zugleich kontrollierten und den gelehrten Diskurs durch Kanonisierung einschränkten, domestizierten sie die Kunst, indem sie sie unter ihre Fittiche nahmen.

Schon Taizong besaß eine bedeutende Kunstsammlung, deren Prunkstücke mehr als 2000 Kalligraphien von Wang Xizhi gewesen sein sollen. Damit etablierte er Wang Xizhi endgültig als »Weisen der Schrift« – und zwar auf Kosten anderer Kalligraphen wie etwa Wang Xizhis Sohn, Wang Xianzhi, dessen Stil er vehement kritisierte: von seinen Werken blieb kaum etwas erhalten. Xuanzong erweiterte die kaiserliche Sammlung um viele Werke von bildenden Künstlern, die er an seinem Hof versammelte. Den größten Meister der Wandmalerei, Wu Daozi (ca. 680–750), machte er zu seinem Hofmaler, von Han Gan (ca. 706–783) ließ er sich mit Pferdebildern versorgen. Vor allem aber scharte Xuanzong die Künstler des Wortes um sich, die Dichter.

Die Tang-Zeit war das goldene Zeitalter der chinesischen Lyrik; wer an die Tang denkt, denkt an Dichtung. Mehr als 50000 Gedichte von über 2000 Dichtern sind uns aus diesen drei Jahrhunderten überliefert. Die hellsten Sterne in dieser Galaxie von Dichtern wirkten unter Xuanzong: Meng Haoran (689–740), Wang Wei (701–761), vor allem aber der weinselige Li Bo (701–762), der »Unsterbliche der Dichtung«, und Du Fu (712–770), der gedankenschwere »Weise der Dichtung«. In ihnen kulminierten sowohl die lyrische Tradition, die auf die Meister der *Jian'an*-Zeit und Tao Yuanming zurückging, als auch die komplexe Kultur des Mittelalters, voll daoistischen Witzes, kosmopolitischer Lebensfreude und buddhistischer Melancholie.

Ihre Gedichte werden bewundert wegen ihrer formvollendeten Sprachkunst; geliebt werden sie, weil sie ein Gefühl der Zeit in Worte fassen, das uns Heutigen nur allzu vertraut ist: das »Unbehagen in der Kultur«. Li Bo, dieser sensible Ästhet, rastlose Wanderer, maßlose Trinker und Schwerenöter, der entrückte Daoist und verträumte Romantiker, von unbändiger Schaffenskraft besessen, der alle Regeln beherrschte und sie ebenso souverän missachtete, verkörperte dieses Gefühl wie kein zweiter.

Die Lebenden sind Fremde im Vorübergehn, / Die Toten sind Schon-Wieder-Heimgekehrte. / Die Welt ist nur ein großes Rasthaus an der Straße, /

Wo Alles klagt, das aller Zeiten Staub versehrte. / Im Mond zermahlt der Hase eitel Medizin, / Vom Fusangbaum blieben nur Reisiggerten. / Die bleichen Knochen schweigen einsam-still, / Was weiß die Kiefer, immergrün, von Frühlingszärte? / Von Früher bis Später fragt nur ein Seufzen danach, / Wozu man sich um Ruhm und Reichtum scherte! (Übersetzung: Frank Kraushaar)

Die Tang-Dichtung war eine Reaktion auf die Unbeständigkeit der Welt. Die Kürze des Lebens, die Vergänglichkeit des Augenblicks, die Einsamkeit in der Gegenwart sind ihre Leitmotive. Li Bos nostalgische Erinnerungen, seine sentimentalen Naturbetrachtungen und das ständig wiederkehrende Motiv des Mondes drücken die Sehnsucht nach Beständigkeit im Wandel aus.

In lauter Blumen ein ganzer Krug Schnaps. / Allein schenkt ich ein, sonst niemand mit mir. / Einladend heb ich den Becher zum Mond: / Als Paar mit dem Schatten drei waren wir. / Der Mond zunächst ließ sich aufs Trinken nicht ein. / Der Schatten blieb schrittweise hinter mir her. / Doch flugs war der Mond mit dem Schatten gut Freund, / So hatten wir Spaß wie's zum Frühling gehört: / Ich sang und der Vollmond lief aus der Bahn, / Ich sprang und der Schatten verstolperte mehr. / Bis zur Zeit des Erwachens gemeinsam vergnügt – / Ernüchtert sich jeder vom andern abkehrt. / Auf ewig verbunden und reglos zu treiben / Ist uns nur bestimmt, fern, im Sternenmeer!

(Übersetzung: Frank Kraushaar)

Der Wein mag einen Fluchtweg bieten aus dem Leiden am Leben; doch die Flucht bleibt illusorisch. Hinter dem rauschhaften Genuss des Augenblicks, den Li Bo so oft besingt, hinter aller Geselligkeit wartet die Einsamkeit und Fremdheit in der Welt. Li Bo, der wahrscheinlich im türkischen Kulturkreis aufwuchs, bevor er ins Tang-Reich kam, blieb zeitlebens ein Wanderer zwischen den Welten, ein »Fremder im Vorübergehn«. Einsam und fern der Heimat, hatte er nur den Wein und den Mond als treue Begleiter. Noch heute kennt jedes Schulkind in China diese Zeilen:

Vor dem Bett des hellen Mondes Glanz, / Oder Bodenfrost, kaum erst erkannt? / Steigend trifft der Blick den hellen Mond / Sinkend sucht er nach dem Heimatland. (Übersetzung: Frank Kraushaar)

Wenn die mittelalterliche Kunst der Entdeckung des Individuums entsprang, so mündete sie in die Erkenntnis seiner Nichtigkeit und Einsamkeit in der Welt. Die Flüchtigkeit sozialer Kontakte sowie die Wehmut angesichts von Abschied und Trennung sind ein überaus häufiges Thema der Tang-Dichtung:

> Die Menschen leben hin und sehn einander kaum, / Orion und Venus gleich, getrennte Pfade wandelnd. / Wann kehrt ein Abend wie der heut'ge einmal wieder, / Da du und ich derselben Lampe Schein genießen? // Wie lange währt die Jugend, Manneskraft wie lange? / Schon sind sie beide hin, und Haar und Bart ergraut! / Die Hälfte unsrer Freunde weilt im Schattenreiche: / Denk' ich daran, packt heißer Schreck mein Eingeweide! … // Doch spurlos bleibt des süßen Weines Wirkung: / Bewegt ist mir das Herz von alter Freundschaft Treue. / Schon morgen liegen, ach, Gebirge zwischen uns: / Das ist der Gang der Welt – ein ewig flutend Meer!
>
> (Du Fu, Übersetzung: Wilhelm Grube)

Vielleicht ist es gerade dieses melancholische Gefühl von Entwurzelung, vom Verlust sozialer Bindungen und fragloser Zugehörigkeiten, das die Tang-Dichtung noch heute so zeitgemäß erscheinen lässt. Ebenso wie Li Bo, fühlte auch Du Fu sich als Fremder, wo immer er war. Seine Gedichte drücken ein Gefühl aus, das wir Modernen nur allzu gut kennen:

> Ich bin der Stromer zwischen den großen Strömen, / Ich bin der Irrwanderer der Sehnsucht, / Ich bin der unnütze Dichter, einsam, verloren in kranker Welt, / Ich bin ferne der Heimat die einzige Wolke am blauen Himmel, / Ich bin allein der Mond die lange Nacht, / Ich bin der Fremde, der zu sterben heim will … (Nachdichtung von Albert Ehrenstein)

Die »kranke Welt« war eine Gesellschaft im Umbruch, in der alle Verhältnisse sich wandelten. Das Gefühl der Heimatlosigkeit und Entfremdung, das die großen Tang-Dichter so deutlich empfanden, war der Ausdruck eines tiefgreifenden sozialen Wandels. Die Elite der Tang war mobil, aktiv, urban; sie ersetzte die wohltemperierte Nestwärme der »Heimat« durch die hitzige Betriebsamkeit der Stadt – oder ihre kühle Distanz. Man traf sich zum Handel oder zum Wein – und ging dann wieder seiner eigenen Wege. Die Einsamkeit des Menschen entsprach der zunehmenden Differenzierung der Lebensformen in der Tang-Zeit. In der Geborgenheit von Familie und Heimatdorf ließ sich nicht verharren, und auch die festen Kreise der Adelsgesellschaft lösten sich zusehends auf. Wo aber weder Familie noch Stand Bezugsgruppen bilden, in denen der Mensch vollständig aufgehen kann, da ist er zur Heimatlosigkeit verdammt. Das eigene Individuum bildet den letzten Rückzugspunkt, an dem der Mensch ganz bei sich sein kann – überall sonst ist er fremd.

Konnte Li Bo, der mondsüchtige Fremdling auf Erden, auf andere Weise sterben? Als er sich sturzbetrunken aus einem Boot lehnte, um das Spiegelbild des Mondes auf dem Wasser zu umarmen, fiel er in den Fluss und ertrank. Und gab es ein passenderes Ende für Wu Daozi, den »Heiligen der Malerei«? Nachdem er sein letztes Bild für den Kaiser vollendet hatte, eine großartige Berglandschaft, legte er den Pinsel ab, trat in seine eigene Landschaft hinein – und verschwand für immer.

Die Nichtigkeit des Individuums, die Vergänglichkeit des Augenblicks, die Illusion allen Seins: das sind auch Grundgedanken des Buddhismus. Sie erreichten ihre volle Ausformung im Chan-Buddhismus (besser bekannt unter seinem japanischen Namen: Zen), der im 7. und 8. Jahrhundert zur einflussreichsten Schule aufstieg. Die Geschichte vom Chan-Patriarchen Bodhidharma (ca. 480–520), der schon im 6. Jahrhundert Kaiser Wu der Liang belehrte, diesen aber wieder verließ, ist eine Legende. Aber sie mag verdeutlichen, dass der Chan-Buddhismus stets vom Widerstand gegen die Verweltlichung der Religion und das buddhistische Establishment geprägt war. Die Erlösung, das hatte schon der ältere Buddhismus gelehrt, lag gerade in der Erkenntnis der Nichtigkeit der Welt. Der Chan-Buddhismus sucht diese Erleuchtung nicht im Studium von Sūtren, im gemeinsamen Gebet oder in der Verehrung von Statuen. Er sucht sie nicht im Tun, sondern im Nichttun, nämlich in einsamer Meditation. Durch stundenlanges Stillsitzen, das alle Gedanken zur Ruhe kommen lässt, erreicht der Adept einen Zustand regloser Versenkung, der gleichwohl hellwach ist, eine nüchterne Trunkenheit, in der er die Dinge voller Klarheit sieht und dabei distanziert und unbeteiligt bleibt.

> Der höchste Weg ist gar nicht schwer, / Nur mag er nicht das Wählen, Klauben. / Erst wenn du nicht mehr liebst und hasst, / Wird er sich zeigen, strahlend hell. … / Willst du, dass er sich offenbare, / Verharre nicht beim Für und Wider: / Im Streit des Für und Wider liegt / Die ganze Krankheit unsres Geistes. (Zeng Can, Übersetzung: Günther Debon)

Wer in der Meditation alle Gegensätze, alles Streben und Denken hinter sich lässt, erkennt vor allem eines: sich selbst. Denn die Buddha-Natur, so der zentrale Gedanke des Chan, liegt in uns selbst. Die Lehre ist paradox:

der Mensch trägt alles in sich und ist doch nichts; die Buddha-Natur ist universell und doch leer. Die grundlegende Paradoxie der Welt lässt sich ebenso wenig in Worte fassen wie das Dao des *Laozi* (S. 115). Die Chan-Meister drückten sie stattdessen durch scharfsinnig-unsinnige Sentenzen aus, mit denen sie ihre Schüler verblüfften: »Was ist Buddha? – Drei Pfund Flachs.« »Wie klingt das Klatschen einer Hand?« »Hat ein Hund Buddha-Natur oder nicht? – Mu.« Wer diese Paradoxe begreift, hat die Erleuchtung erlangt.

Tee 茶

Es geht die Legende, dass Bodhidharma, der erste Patriarch der Chan-Schule in China, nachdem er jahrelang ununterbrochen gewacht und gebetet hatte, endlich von Müdigkeit übermannt wurde und eine ganz Nacht hindurch schlief. Als er erwachte, wurde er so zornig über seine trägen Augenlider, dass er sie abschnitt und zu Boden warf. – Und siehe da, wo sie hinfielen, wuchs ein Strauch, aus dessen Blättern sich ein äußerst anregendes Getränk kochen ließ, das die Müdigkeit vertrieb.

Tatsächlich wurde der Teestrauch, *Camellia sinensis*, schon viel früher angebaut, erst in Sichuan, seit der Han-Zeit dann auch weiter östlich in China. Doch zunächst wurden seine Blätter nicht zum Getränk, sondern zu Arznei verarbeitet, zu Salbe etwa, die äußerlich angewendet wurde. Etwa im 4./5. Jahrhundert kam der Tee unter den Eliten Südchinas auch als Getränk auf: mit Ingwer, Orangenschalen, Pfefferminz und Zwiebeln gekocht zu einem Konkokt, das wenig mit unserem Tee gemein hatte. Im Norden hingegen wurde die neue Sitte belächelt, hier trank man vorzugsweise Milch. Weite Verbreitung erlangte der Tee erst in der Tang-Zeit. Von wandernden Chan-Mönchen, die seine stimulierende Wirkung bei der Meditation schätzten, wurde die Sitte nach Norden gebracht, wo auch Literaten die Vorzüge der »flüssigen Jade« entdeckten.

> Tee! / Duftende Blätter, zarte Triebe, / Sehnsucht der Dichter, der Mönche Liebe, / Gemahlen wie weiße Jade, gesponnen wie rote Seide, / Im Kessel kochen gelbe Blüten, im Becher wirbeln Pulverblumen, / Er lädt, des Nachts den Mondschein zu begleiten, bei Dämmerung den Morgentau zu schaun, / Spült fort die Erschöpfung der Alten und Jungen, die er bis in den Rausch, / doch zum Unmaß nie triebe. (Yuan Zhen)

Im 8. Jahrhundert wurde Tee zum Modegetränk der Tang-Elite, die einen regelrechten Kult um ihn betrieb. Die Teeläden Chang'ans florierten, Tee wurde zum begehrten Exportprodukt, er diente als Tributgeschenk und Ersatzwährung, und die Steuern auf den Teehandel wurden zu einer lukrativen Einnahmequelle für den Staat. Lu Yu (733–804) verfasste einen einflussreichen *Tee-Leitfaden* (*Chajing*), in dem er den Ursprung des Tees, seine Verarbeitung, das erforderliche Zubehör und die Zubereitung – man nehme Quellwasser aus den Bergen, nicht Brunnenwasser, und etwas Salz – akribisch beschrieb. In der Tang-Zeit wurden die unfermentierten Teeblätter zu »Ziegeln« gepresst, die dann mit einer Reibe wieder pulverisiert und gekocht wurden. In der Song-Zeit, als sich der Teegenuss über die Elite hinaus verbreitete, wurde Teepulver in heißem Wasser mit einem Rührbesen geschlagen (diese Zubereitung hat sich in der japanischen Teezeremonie erhalten). Erst seit der Ming-Zeit wurden Teeblätter gebrüht.

In dieser Form wurde Tee zum chinesischen Nationalgetränk und Exportschlager für den europäischen Markt. Im 18. Jahrhundert explodierten die Teeimporte der englischen East India Company förmlich, Teehäuser verdrängten Kaffeehäuser in Europa. Chinesischer Tee wurde zu einem bedeutenden Faktor im sozialen Leben Europas – und in der Politik. An Protesten gegen die Teesteuer – der »Boston Tea Party« von 1773 – entzündete sich die Amerikanische Revolution; und das enorme Handelsdefizit, das England durch Teeimporte akkumulierte, führte indirekt zum Opiumkrieg von 1840 und zur Erniedrigung Chinas durch den Imperialismus der Westmächte. Der Tee hat nicht nur Geschichte, er hat auch Geschichte gemacht.

Der Zerfall der Tang

Das goldene Zeitalter Xuanzongs kam plötzlich an ein Ende, als der Kaiser 745, mit 60 Jahren, in jünglingshafter Liebe zu der bildhübschen, üppigen Dame Yang (719–756) entbrannte. Natürlich war eine Frau im Spiel, als diese große Dynastie an den Rand des Abgrunds geriet: der Topos scheint in der traditionellen Geschichtsschreibung unvermeidlich. Doch unter den vielen Damen, denen ähnliches Unheil angehängt wird, ragt die Yang heraus. Ihre Schönheit ist sprichwörtlich, ihre tragische Geschichte unzählige Male erzählt und besungen worden. Ursprünglich eine Konkubine von Xuanzongs Sohn, wurde sie vom alternden Kaiser in seinen eigenen Harem geholt und zur »Teuren Konkubine Yang«, Yang Guifei, erhoben. Der Kaiser erfüllte ihr jeden Wunsch. 700 Handwerker sollen ständig damit beschäftigt gewesen sein, nur für Yang Guifei Brokate und Stickereien herzustellen, Hunderte weitere stellten Skulpturen und anderen Zierat für sie her. Xuanzong unterstützte den sogdisch-türkischen General An Lushan (703–757), dem Yang Guifei gewogen war, und beförderte ihren Cousin, Yang Guozhong (gest. 756), zum Kanzler. Doch zwischen ebendiesen beiden Männern kam es zu einem Machtkampf, der An Lushan schließlich zur offenen Rebellion trieb. 755 nahm er mit seinem übermächtigen Heer die Hauptstadt ein, und Kaiser Xuanzong musste nach Sichuan fliehen. Auf der Flucht zwangen ihn seine Höflinge, zuerst den unseligen Yang Guozhong hinrichten und dann auch seine geliebte Yang Guifei schmählich erdrosseln zu lassen. Xuanzong hatte alles verloren: seine Hauptstadt, seine Liebe, und wenig später, als er von seinem Sohn zum Abdanken gezwungen wurde, auch seinen Thron. Er starb im Exil, ein gebrochener Mann.

Natürlich begann das Unglück nicht mit Yang Guifei, auch nicht am Hof, ja vielleicht überhaupt nicht einmal bei den Tang. Denn in der Mitte des 8. Jahrhunderts hatte sich die Staatenwelt Ostasiens grundlegend verändert. Die Tang waren nicht mehr das einzige Reich, sondern sahen sich umgeben von einer Reihe großer, ebenbürtiger Staaten: im Südwesten, im heutigen Yunnan, war in den 730ern das Königreich Nanzhao mit der Hauptstadt Dali entstanden; im Westen, an der Grenze des heutigen Sichuan und Gansu, lag das aggressive Königreich Tibet; im Norden bildeten die Türken und später die Uighuren mächtige Staaten; auf der koreanischen Halbinsel hatte sich 719 mit Bohai ein hochkultivierter, bürokratisch regierter Nachbarstaat gebildet; etwas weiter südlich lag das alte Königreich Silla; und jenseits der Ostchinesischen See erlebte das japanische Kaiserreich seine klassische Zeit (Karte S. 249).

Auf der politischen Landkarte Ostasiens war das Tang-Reich nur noch ein Staat unter vielen. Die Ausbreitung chinesischer Kultur in den Jahrhunderten zuvor dürfte wesentlich zu diesen Staatsgründungen beigetragen haben, die meist dem chinesischen Modell folgten. Einmal etabliert, waren jedoch viele der neuen Staaten nicht willens, sich der chinesischen Weltordnung als »Tributstaaten« zu fügen, sondern sie forderten diese Ordnung heraus. Im 8. Jahrhundert begannen vor allem die Staaten im Norden und Westen, vielleicht genötigt vom unwirtlichen Klima, das um diese Zeit merklich kälter und trockener wurde, den Tang schwer zuzusetzen. Schon im frühen 8. Jahrhundert war die Expansion der Tang auf erbitterten Widerstand der Nachbarn an allen Seiten gestoßen; seit den 720ern fielen die Tibeter regelmäßig in die Grenzgebiete ein; im Norden forderten die Türken die Tang jahrzehntelang heraus, bis sie 744 von den Uighuren besiegt wurden; und in den Waldgebieten der Manjurei bildete die Stammeskonföderation der Khitan eine stete Gefahr.

Angesichts der ständigen Raubzüge der Türken, Tibeter und Khitan erwies sich das Milizsystem der Tang als völlig ungeeignet, um die Grenzen zu sichern. Xuanzong reagierte darauf, indem er an der West- und Nordgrenze des Reiches neun Militärgouverneure stationierte, die jeweils über Truppen von mehreren zehntausend Soldaten verfügten. Seit 737 waren dies nicht mehr Milizen, sondern durchweg Berufssoldaten. Der Frieden der Xuanzong-Zeit wurde teuer bezahlt. Das Verteidigungssystem war nicht nur äußerst kostspielig – zwischen 714 und 755 versechsfachte sich der Verteidigungsetat –, sondern barg zudem das Risiko, zu viel Macht in den Händen der Militärgouverneure zu konzentrieren. Dies war die Kehrseite der Prachtentfaltung: die Tang hatten ihr Reich so weit ausgedehnt, dass sie es von der Zentrale aus nicht mehr kontrollieren konnten.

In den 750er Jahren brach das fragile Imperium auseinander. Es begann an seinem äußersten Punkt und gegen einen Feind, der neu war in der chinesischen Welt: die Araber. Das Kalifat hatte schon 652 die Sassaniden geschlagen, Persien eingenommen und seine Macht bis nach Mittelasien ausgedehnt. Ein Jahrhundert später, 751, traf das Heer der Abbassiden am Talas-Fluss im heutigen Kirgistan – mehr als 4000 km von Chang'an! – auf Truppen der Tang und fügte ihnen eine schwere Niederlage zu. Die Schlacht vom Talas-Fluss gilt als eine der entscheidenden Schlachten der Weltgeschichte. Durch ihren Sieg etablierten die Araber sich fest in Mittelasien und verdrängten den Buddhismus durch den Islam, der die Region noch heute prägt. Den Tang mag der Verlust von Taschkent und Samarkand, weit im Westen, jenseits des Pamir, wenig bedeutet haben; doch das Reich begann nun an allen Enden zu bröckeln. Im selben Jahr, 751, wurde eine Tang-Armee von 80 000 in Yunnan fast vollständig aufgerieben, und das Reich Nanzhao verbündete sich mit den Tibetern. Der Todesstoß für die Dynastie aber war der Aufstand des An Lushan. Dieser türkisch-sogdische General – sein eigentlicher Name war Rokhshan – war durch die Unterstützung Yang Guifeis zum mächtigsten Heeresführer im Reich geworden. Er kontrollierte drei Provinzen im Nordosten des Reiches und hatte ein Heer aus chinesischen Soldaten, aber auch Türken, Khitan und anderen Söldnern aufgebaut, das ihm treu ergeben war. Als Yang Guozhong versuchte, seine Position am Hof zu schwächen, zog er 755 mit einem Heer von 150 000 Soldaten gegen die Hauptstädte. Binnen eines Monats nahmen seine Truppen Luoyang ein; sechs Monate später fiel auch Chang'an, der

Kaiser Xuanzongs Flucht nach Sichuan; anonym, nach einem Rollbild der Tang-Zeit.

Kaiser floh nach Sichuan, und das Drama um Yang Guifei nahm seinen Lauf.

Die Rebellion legte das Reich in Trümmer. Nicht nur in Nordchina hinterließ sie eine Spur von Tod und Zerstörung, auch in anderen Teilen des Reiches brach die Ordnung zusammen. Nachdem die Tang ihre Truppen aus dem Süden und dem Nordwesten abgezogen hatten, um die Rebellen zu bekämpfen, verloren sie die Kontrolle über große Gebiete. Entlang des Yangzi und in Zhejiang brachen Rebellionen aus; Nanzhao besetzte Teile Sichuans; das Gebiet von Guangzhou wurde von einheimischen Truppen erobert, die Stadt selber von Piraten geplündert. Vor allem aber fielen die Tang-Gebiete in Zentralasien in die Hände der Uighuren und Tibeter: für ein Jahrtausend gingen sie dem chinesischen Reich verloren. Erst im 18. Jahrhundert wurden diese Gebiete von einer nichtchinesischen Dynastie, den Qing, erobert und in ihr Reich eingegliedert. Zwar wurden Chang'an und Luoyang schon 757 zurückerobert und die Rebellen 763 mit Hilfe der Uighuren endgültig besiegt – aber um welchen Preis! Die uighurischen Truppen plünderten und brandschatzten anschließend beide Städte und brachten Zehntausende Zivilisten um. Als 763 auch noch die Tibeter kurzzeitig Chang'an besetzten, den Kaiser abermals vertrieben und einen Marionettenkaiser einsetzten, wurde die ganze Ohnmacht der Tang deutlich.

Das Reich lag in Scherben. Der große Kaiser Xuanzong war im Exil gestorben, die kaiserlichen Gestüte in Gansu waren verloren, die Handelswege nach Westen blockiert und die stolzen Hauptstädte geschändet. Die Fremden, einst farbenprächtige Symbole des Weltreichs, waren nun zur düsteren Bedrohung geworden. Die Tibeter besetzten Gansu und blieben eine ständige Gefahr für Chang'an, und die Uighuren hausten in der Hauptstadt wie herrische Besatzer: sie randalierten, mordeten, raubten Kinder und verprügelten Beamte. Das ganze Land war in Auflösung und Chaos; große Gebiete in Nordchina waren entvölkert. Millionen von Bauern hatten ihre gesamte Habe verloren, marodierten in Banden durchs Land oder wurden Pächter bei großen Landbesitzern, die Zahl der registrierten Haushalte ging von neun auf zwei Millionen zurück. Erstmals lebten nun mehr Chinesen im Süden als im Norden. Damit wurden die Steuerlisten der Tang Makulatur, das System der »gleichmäßigen Landverteilung« brach völlig zusammen. Das goldene Zeitalter der Tang war vorbei; was blieb, waren Schmerz und sentimentale Erinnerung.

> Das Land kaputt – die Landschaft blieb. / Der Wall im Frühling unter Gras und Büschen. / Die Zeit gefühlt wie Tränen, Blüten fallen. / Die Trennung schmerzt, dass Vögel scheu entwischen. / Seit Monaten die Lagerfeuer brennen. / Ein Brief der Heimat: für zehntausend Groschen! / Weiß und zerrauft von Gram das Haar und lichter – / Die Nadel hält sich einfach nicht dazwischen. (Du Fu, Übersetzung: Frank Kraushaar)

Der Beginn der Neuzeit (755–1270) Wirtschaftliche Revolution und die Erfindung der Kultur

Die Zeit vom 8. bis 12. Jahrhundert war die Wasserscheide in den 2200 Jahren des chinesischen Kaiserreichs und einer der markantesten Wendepunkte der Geschichte Chinas überhaupt. Mit Auflösung der mittelalterlichen Adelsgesellschaft vergrößerte sich, ähnlich wie in der Zhanguo-Zeit, die Distanz zwischen Staat und Gesellschaft, Zentrum und Peripherie: eine Differenzierung, die in den bürokratischen Absolutismus der späten Kaiserzeit münden sollte. Zugleich boten sich, beschleunigt durch revolutionäre Entwicklungen der Wirtschaft, Aufstiegsmöglichkeiten für Händler, Militärs und Gelehrte, die zwischen zunehmend autonomen Regionen und der Zentrale vermittelten. Sie definierten sich nicht mehr über Herkunft, sondern über Kultur: ein Distinktionsmerkmal, das unkultivierte Unterschichten und Fremdvölker ausschloss, ihnen aber zugleich Eintrittsoptionen offenhielt. Ab der Song-Zeit wurde die Sozialisation der Elite in Form von Beamtenprüfungen institutionalisiert.

Die politische Geschichte der Zeit ist unerquicklich: die Tang verloren ihre Macht an mächtige Generäle, China zersplitterte daraufhin in »Fünf Dynastien« im Norden und »Zehn Staaten« im Süden (907–960), wurde durch die Song (960–1279) geeint, ohne dass die Macht lokaler Eliten jedoch gebrochen wurde, und bald darauf wieder durch altaische Eroberer zerteilt. Aber unter der Oberfläche dieser Ereignisse vollzog sich ein sozialer Wandel, der das Auf und Ab der Herrschaften nebensächlich erscheinen lässt. Er führte China in die Neuzeit.

Die Zersplitterung des Reichs und regionale Eigenständigkeit ermöglichten rasante Fortschritte in Wirtschaft und Technik: eine frühneuzeitliche Wirtschaftsrevolution, deren Bedeutung nur vergleichbar ist mit der »Rituellen Revolution« im 9. Jahrhundert v. Chr. Während mit dieser die Herausbildung einer stratifizierten Gesellschaft begann, leitete jene die Auflösung dieser Gesellschaftsstruktur ein. Beide »Revolutionen« bedeuteten keinen plötzlichen Umbruch, aber ihre langfristigen Folgen waren dramatisch: die eine führte zum Aufstieg des Kaiserreichs, die andere zu dessen Fall.

Die frühneuzeitliche Wirtschaftsrevolution ergriff alle Bereiche des Lebens. In der Landwirtschaft wurden neue Sorten und Anbaumethoden eingeführt, die Bevölkerung wuchs sprunghaft an, Städte wuchsen in ungekanntem Ausmaß, Wissenschaft und Technik erlebten einen mächtigen Aufschwung, der Buchdruck förderte die Verbreitung von Wissen, große Manufakturen und regionale Spezialisierung entstanden, Geldwirtschaft und diversifizierte Märkte breiteten sich aus, Transportwege zu Land und zu Wasser wurden ausgebaut, China eroberte die Meere und stieg zur größten Seemacht der Welt auf.

Die Song-Zeit ist als »chinesische Renaissance« bezeichnet worden. In China entstand eine mobile, merkantile, urbane, fast möchte man sagen: moderne Gesellschaft, die wenig gemein hatte mit der Tang-zeitlichen im 8. Jahrhundert. Die mittelalterliche Hierarchie der großen Adelsfamilien – ein späterer Gelehrter hat sie sogar mit dem indischen Kastenwesen verglichen – löste sich auf. Schritt für Schritt wurde bei der Besetzung hoher Ämter das Erbrecht verdrängt von der Qualifikation durch persönliche Fähigkeiten. Neben literarisch gebildeten Beamten stiegen Händler und Militärs in Schlüsselpositionen auf.

Ein kompliziertes Verhältnis zwischen Regionalisierung und Zentralisierung bildete sich in dieser Zeit heraus. Zunehmende lokale Autonomie führte zugleich zu größerem Koordinationsbedarf zwischen den Regionen: für große Bewässerungsprojekte, überregionale Handelswege, Verteidigung nach außen und Sicherheit im Inneren konnte nur der Staat sorgen. Dieser wiederum brauchte effektive Mechanismen, um die dynamische Gesellschaft zu kontrollieren: die Lösung bot eine Bürokratie mit dem Kaiser an der Spitze und Gelehrten an den Hebeln der Macht, die ihren Status durch Literatenprüfungen erworben hatten. Bildung wurde zum neuen Adelsprädikat, zivile Tugenden triumphierten über militärische, Moral wurde zum integrierenden Element der Elite.

Fortan prägten Literatenbeamte Politik und Kultur im chinesischen Reich. In ihnen vereinten sich die Gegensätze von Regionalismus und Zentralismus, die die Song-Zeit so ambivalent erscheinen lassen: als »Mandarine« wirkten sie in offiziellen Regierungsämtern, als »Gentry« in der Lokalpolitik ihrer Heimat. Wenn die Song-Zeit der Renaissance glich, so waren die Literatenbeamten die Humanisten: feingeistige Gelehrte, die sich um Orientierung, Ordnung und Erklärung ihrer kompliziert gewordenen Welt bemühten. Sie reagierten auf die radikalen Umbrüche ihrer Zeit, indem sie »Rückkehr zum Altertum« und zum ursprünglichen Konfuzianismus forderten – den sie dennoch mit der »Lehre vom Rechten Weg« völlig neu formulierten.

Die Literaten der Song haben uns weitaus reichere und detailliertere Quellen hinterlassen als frühere Epochen: Geschichtswerke, Dokumentensammlungen und große Enzyklopädien, aber auch Lokalbeschreibungen, Sudelbücher, Gedichtsammlungen und Werkausgaben von rund 750 Autoren sind aus dieser Zeit auf uns gekommen. Mehr noch: fast die gesamte ältere Literatur ist nur in Ausgaben der Song erhalten, denn erst der Buchdruck verlieh der Überlieferung genug Stabilität, um den Lauf der Zeit zu überstehen.

Die Philosophie der Song, ihre Literatur und ihre Kunst sollten die chinesische – sowie koreanische und japanische – Kultur viele Jahrhunderte lang prägen. Das Prüfungssystem wurde bis in die späte Kaiserzeit fortgeführt, der Neukonfuzianismus wurde und blieb bis ins 20. Jahrhundert die orthodoxe Lehre, und die Literatenbeamten wahrten ihre Führungsposition bis zum Fall der letzten Dynastie.

Aufschwung von Wirtschaft und Handel, neue Formen sozialer Integration, bessere Technologien und eine effektive Verwaltung verliehen dem Reich weitaus größeren Zusammenhalt als zuvor. Nie wieder sollte China so dauerhaft zerfallen wie im Mittelalter. Zugleich bedeutete Chinas »Wendung nach innen« den Verlust der Weltoffenheit, der noch das Mittelalter geprägt hatte; aristokratischer Kosmopolitismus wurde ersetzt durch gelehrten Kulturalismus. Die Fremden waren schon für die späte Tang keine Bereicherung mehr, sondern eine Bedrohung, das einst so weltoffene Reich ergriff eine patriotische, geradezu chauvinistische Stimmung. Die Besinnung auf ›chinesische‹ Kultur ging mit zunehmender Unduldsamkeit gegen alles Fremde einher. Die massiven Buddhistenverfolgungen von 842–845, die Tausende von Klöstern und Hunderttausende Kleriker trafen, bedeuteten das Ende einer Epoche. In der Song-Zeit verschwand die Weltreligion des Buddhismus hinter der ›chinesischen‹ Lehre des Neukonfuzianismus.

So stark die Song nach innen waren, so schwach waren sie nach außen. Als Khitan, Tanguten und Jurchen Teile Nordchinas besetzten und die Song bedrohten, antworteten diese nicht militärisch, sondern diplomatisch: sie schlossen Verträge und lieferten Tribute. Der Preis, den sie für diese friedliche Koexistenz schließlich zahlten, war ihr eigenes Land. 1126 eroberten die Jurchen ganz Nordchina, die Song mussten sich nach Hangzhou zurückziehen, bis die Mongolen 1279 schließlich auch den Süden und damit ganz China eroberten. Die Paradoxie der Song: sie waren eine der strahlendsten Dynastien, zugleich eine der machtlosesten; sie griffen aus übers Weltmeer und entwickelten zugleich einen engherzigen Patriotismus; mit ihnen kam das chinesische Reich zur Reife – und fiel sogleich, eine pralle Frucht, in die Hände von Eroberern aus der Steppe.

Zeittafel

763	Tibeter besetzen Chang'an; Ende des An-Lushan-Aufstands
780	Steuerreform: Einführung der Doppelsteuer auf Besitz und Boden
ab 820	Zunehmende Macht der Eunuchen
842–845	Buddhistenverfolgungen
875–884	Rebellion des Huang Chao
907	Ende der Tang-Dynastie
907–960	Fünf Dynastien: Spätere Liang (907–922) Spätere Tang (923–936) Spätere Jin (936–947) Spätere Han (947–951) Spätere Zhou (951–960)
916	Gründung der Khitan (seit 946: Liao)
960	Zhao Kuangyin gründet die Song
979	Die Song vereinen China
1005	Vertrag von Shanyuan zwischen Song und Liao
1038	Gründung der Xixia (ab 1040: Überfälle auf Song)
1043–45	Reformen des Fan Zhongyan
1069–74	Reformen des Wang Anshi
1115	Gründung der Jin-Dynastie
1126	Die Jin erobern Kaifeng, Kaiser Huizong wird gefangen genommen
ab 1127	Südliche Song
1141/42	Friedenspolitik Qin Guis, Ermordung Yue Feis
1153	Die Jin machen Zhongdu (Beijing) zur Hauptstadt
1206	Tschinggis Khan vereint die Mongolen
1227	Die Mongolen erobern die Xixia; Tod Tschinggis Khans
1234	Die Mongolen erobern die Jin

Die späte Tang (755–906)

Am 24. August 1981 stürzte die historische Pagode des Famen-Klosters, 120 km westlich von Xi'an infolge eines Erdbebens ein. In der Späteren Han-Zeit gegründet, hatte dieses Kloster unter den Tang seine Glanzzeit erlebt. Berühmt war es vor allem wegen einer hochheiligen Reliquie, die es verwahrte: eines Fingerknochens des historischen Buddha Shākyamuni. Die Kaiser der Tang begaben sich höchstselbst zu Opferzeremonien in das Famen-Kloster oder ließen die Schätze des Klosters in ihren Palast bringen, um sie zu verehren. Die Grabungsarbeiten in den Trümmern der Pagode brachten 1987 eine archäologische Sensation zutage. Im Tang-zeitlichen Fundament der Pagode befand sich eine geheime Reliquienkammer, deren Schätze seit über 1000 Jahren unentdeckt geblieben waren. Über 100 goldene und silberne Objekte wurden dort gefunden, rund 400 Perlen und Edelsteine, prächtige Holzschnitzereien, reich verzierte Bodhisattva-Statuen – und ein in Brokat und Sandelholz verwahrter Knochen. Die Reliquienkammer ist eine der bedeutendsten Entdeckungen der Tang-Archäologie. Sie führt Pracht und Reichtum einer Religion vor Augen, die in der Tang-Zeit ihren Höhepunkt erreichte. Zugleich erinnert sie an die gewaltsame Zerstörung des Buddhismus in ebendieser Zeit. An ihrem heiligen Buddhaknochen hatte sich in der Tang-Zeit eine chauvinistisch-antibuddhistische Reaktion entzündet. Die eingestürzte Pagode versinnbildlicht das Ende des buddhistischen Zeitalters in China, mehr noch: den Zerfall der alten Gesellschaft, das Ende des Mittelalters.

Auch wenn die Tang nach der Rebellion des An Lushan noch 150 Jahre dahinsiechten, war ihr Reich nicht mehr dasselbe, ja: es war nicht mehr ihr Reich. Das vom Krieg gezeichnete Land war mehr als je zuvor vom Militär geprägt. Generäle regierten ganze Provinzen wie Landesfürsten und entzogen sie der zentralen Kontrolle. Vor allem die Provinzgouverneure im Nordosten ernannten eigenmächtig Beamte und führten keine Steuern an die Zentrale ab: mindestens ein Viertel der Bevölkerung entging dem Fiskus auf diese Weise. Die Tang hatten sämtliche Getreidevorräte und ihren Staatsschatz in der Rebellion eingebüßt. Zudem hatten die Truppen An Lushans den Kaiserkanal besetzt und damit die Lebensader des Hofes abgeschnitten, die sie mit dem Wirtschaftszentrum des Südens verband. Die Dynastie stand vor dem Bankrott.

In dieser verzweifelten Lage griff der Hof zum letzten Mittel. Er verkaufte Titel: Ordinationen für buddhistische und daoistische Priester, Prüfungszertifikate – jeweils 100 000 Kupfermünzen –, Verwaltungsposten, Ehrenposten, sogar Adelstitel. Durch den Titel- und Ämterverkauf kamen immer mehr Händler in hohe Positionen: sie gehörten zu den wenigen, die sich den Preis für käufliche Ämter leisten konnten.

Eine noch einschneidendere Maßnahme war die Steuerreform von 780, die den radikalen Bruch mit dem hergebrachten System bedeutete. Mit dem Zusammenbruch der »gleichmäßigen Landverteilung« war auch die damit verbundene Kopfsteuer (S. 227) untauglich geworden. Sie wurde ersetzt durch eine Doppelsteuer auf Vermögen und bebautes Land, die nicht mehr in Naturalien, sondern primär in Geld berechnet wurde. Das neue Steuersystem war so erfolgreich, dass es 800 Jahre Bestand haben sollte. Zusammen mit dem äußerst lukrativen Monopol auf Salzhandel sicherte es die Finanzen der Dynastie und verhalf ihr zum Überleben.

Die Rationalisierung der Welt

Der Wiederaufschwung unter Kaiser Dezong (779–805) kann nicht darüber hinwegtäuschen, dass das Reich nicht mehr das gleiche war. Alle grundlegenden Institutionen der alten Adelsgesellschaft waren abgeschafft: das jahrhundertealte Milizsystem der Grenzverteidigung, das System der »gleichmäßigen Landverteilung« und die alten Kopfsteuern. Wieder entstanden privater Grundbesitz und große Landgüter, während die Situation der Kleinbauern immer prekärer wurde. Die größten Schriftsteller der Zeit haben das Elend der Bauern eindringlich beschrieben. Liu Zongyuan (773–819) illustrierte es in der Erzählung vom Schlangenfänger Jiang, der täglich sein Leben beim Fangen von Giftschlangen riskierte, um der Steuer zu entgehen; und Han Yu (768–824), sein kongenialer Zeitgenosse, berichtete, dass er als Präfekt in Yuanzhou (im heutigen Jiangxi) 731 Menschen vorfand, die in Leibeigenschaft gehalten wurden.

> Manchen hatten Fluten oder Dürren ihre Ernte vernichtet, manche hatten sich privat oder öffentlich verschuldet, so dass sie sich selbst als Pfand hingaben. Das ist allmählich zur Sitte geworden. Auch wenn die Bezeichnung anders ist, unterscheidet sich das nicht von Sklaverei: mit Peitschen und Stöcken werden sie zur Arbeit getrieben, bis der Tod ihnen Ruhe gewährt. Das wider-

spricht den Gesetzen und untergräbt die Verwaltungsordnung. Wenn es schon im kleinen Yuanzhou mehr als 700 solcher Menschen gibt, ist ihre Zahl im ganzen Reich sicher nicht gering. (*Han Changli wenji* 8)

Schuldsklaverei war die Schattenseite einer zunehmend liberalisierten und monetarisierten Wirtschaft und einer Gesellschaft, die rationaler und ökonomischer wurde. Nicht mehr Würde und Ansehen des einzelnen Menschen zählten, sondern anonyme Mittel wie Geld und Macht. Während reiche Händler hoch aufstiegen, sanken arme Schuldner immer tiefer.

Nichts verdeutlicht die Auflösung der aristokratischen Hierarchien besser als die Tatsache, dass selbst ihre höchste Instanz, der Himmel, jetzt ihre Unantastbarkeit verlor. Liu Zongyuan formulierte das in seiner »Abhandlung über den Himmel« (»Tianshuo«) geradezu lästerlich, indem er dem Himmel die Fähigkeit zum Eingreifen in der Welt absprach:

> Wenn die Menschen von Krankheit, Erniedrigung, Hunger oder Kälte geplagt werden, blicken sie hoch und rufen zum Himmel: »Die dem Volk schaden, gedeihen, und die dem Volk helfen, verkümmern«, oder sie rufen: »Warum hast du es zu diesem extremen Unheil kommen lassen?« Die so reden, verstehen allesamt den Himmel nicht. … Die Verdienstvollen schaffen von sich aus Verdienste, die Übeltäter tun von sich aus Übel. Zu hoffen, dass der Himmel sie belohne oder bestrafe, ist ganz verkehrt; zu flehen oder fluchen in der Hoffnung, dass er barmherzig und menschlich sei, ist noch verkehrter.
> (*Liu Zongyuan ji* 16)

Ein Zeitgenosse, Liu Yuxi (772–842), brachte diese Einsicht auf die prägnante Formel: »In der Kraft des Himmels liegt es, die Zehntausend Dinge hervorzubringen; in der Kraft des Menschen liegt es, sie zu verwalten.« Aus diesem »Deismus« spricht eine neue Rationalität, die sich in der gesamten Weltanschauung auswirkte. Die spekulativen »Apokryphen« der Han-Zeit (S. 157) wurden unterdrückt; in der Astronomie setzte sich die Einsicht durch, dass die Gestirne sich nicht auf Sphären bewegten, sondern im leeren Raum; Finsternisse wurden erklär- und berechenbar; und im Astronomischen Amt waren Beamte damit beschäftigt, die himmlischen Erscheinungen bürokratisch zu verwalten.

Die Bürokratie war der Inbegriff der neuen Rationalität. Jetzt wurde auch die formale Rekrutierung von Beamten durch das Prüfungssystem immer wichtiger. Nach dem Zusammenbruch der »Gleichmäßigen

Landverteilung« brauchte der Tang-Staat ein anderes Mittel, um die Elite zu kontrollieren. Waren Regierungsämter vordem mit vom Staat verliehenen Ländereien verbunden gewesen, so wurden sie jetzt zunehmend an vom Staat verliehene Titel geknüpft. Absolventen des Prüfungssystems erhielten zentrale Stellungen; die Gelehrten der Hanlin-Akademie gewannen immer mehr Gewicht in der Regierung; und hohe Beamte konnten ihrerseits Protégés fördern. In vielerlei Hinsicht glich dieser soziale Wandel jenem der Zhanguo-Zeit, in der ebenfalls eine adlige Elite verdrängt wurde von aufbegehrenden Schichten, die neue Formen und Ideale vertraten.

Zu diesen neuen Formen gehörte eine enorme Steigerung der literarischen Produktion. In der Tang-Zeit wurde mehr geschrieben und gelesen als je zuvor in der chinesischen Geschichte. Nicht nur die Gedichte der Tang-Zeit, auch die Essays zählen zu den Klassikern ihres Genres; Literaten produzierten eine beträchtliche Briefliteratur; die Gattung der Novelle blühte auf; umgangssprachliche Formen der Literatur entstanden – alles schrieb und las, »jeder Dreikäsehoch schämte sich, wenn er nichts über Literatur zu sagen hatte«. Nun wurden Auszüge und Materialsammlungen notwendig, die Schneisen in das Dickicht der Literatur schlugen: Anthologien klassischer Literatur und Enzyklopädien, Wegweiser durch das unübersichtlich gewordene Wissen.

Mit dem Aufstieg der Gelehrsamkeit wurde, wie schon zu Konfuzius' Zeiten, die Rolle des Lehrers immer wichtiger. Han Yu, der Dichterfürst des 8. Jahrhunderts, hat dem Lehrer einen berühmten Essay gewidmet: »Die Lernenden des Altertums hatten stets einen Lehrer«, stellt er fest, und zwar – ein subversiver Gedanke – »egal ob angesehen oder schäbig, alt oder jung: wo das Dao ist, da ist der Lehrer.« Auf den rechten Weg, das Dao, kam es an, nicht auf den Rang: der Lehrer unterlief die Distinktionen der hierarchischen Gesellschaft. Er begleitete den Aufstieg einer Elite, die sich nicht über angeborene, sondern erworbene Qualitäten definierte.

Im 8. Jahrhundert waren es vor allem gefallene Adlige, die den Diskurs der neuen Gesellschaft prägten: Angehörige großer Clans aus dem Nordwesten, die in den Süden geflohen waren und so ihren Status verloren hatten. Diese Männer, die sich durch Gelehrsamkeit für Verwaltungsposten qualifizieren mussten, waren *self-made men*. Mit ihrem Aufstieg verband sich die Wertschätzung von Individualität, Privatsphäre und Eigentum. Viele Gelehrte der Tang legten sich Landsitze mit herrlichen Gärten an: Nutzgärten bisweilen, oft aber kunstvoll gestaltete Ziergärten, idyllische Rückzugsgebiete für Mußestunden, Feste oder Lektüre – und allemal individuell gestalteter Privatbesitz. Auch die Literatur wurde zunehmend zum Distinktionsmerkmal. Der Konventionsbruch gehörte zum guten Ton, nicht die Perfektion einer Form, sondern die Abweichung davon zeichnete den Schriftsteller aus, Stil wurde persönlich zugerechnet, nur das Individuelle galt als authentisch, Eigenart und Skurrilität gerieten zu Qualitätsmerkmalen. Auch in der Liebe wurde der Konventionsbruch stilisiert, indem sie als individuelle Entscheidung beschrieben wurde. Der Topos des talentierten Jünglings, der sich Hals über Kopf in eine schöne Frau verliebt (und sie oft nach kurzer Affäre wieder fallenlässt), bevölkert die Literatur der späten Tang.

> Letzthin, bei der Zusammenkunft [mit der schönen Cui Yingying], konnte ich kaum an mich halten. Dieser Tage bin ich herumgelaufen, ohne zu wissen, wo ich war, und habe gegessen, ohne zu wissen, ob ich satt war. Ich fürchte, ich werde keinen Tag mehr überstehen. Wenn ich sie über eine Vermittlerin heirate, dann würde das Hin und Her der Gaben und der Formalitäten mehr als drei Monate dauern – dann kann man mich in einem Laden für getrockneten Fisch abholen … (Yuan Zhen, *Yingying zhuan*)

Aus dem Misstrauen gegen alle Konventionen entstand ein kritischer Geist, wie es ihn seit der Zhanguo-Zeit nicht mehr gegeben hatte. Literaten »gefielen sich darin, Themen der politischen Ökonomie zu diskutieren«, über Geschichte zu räsonieren und selbst den konfuzianischen Kanon der historischen Kritik zu unterziehen. Liu Zongyuan schrieb ein Traktat »Wider das *Guoyu*«, Dan Zhu (725–770) verwarf sämtliche Kommentare zum *Chunqiu*, da sie der Lehre des Konfuzius nicht gerecht würden, seine Schüler zweifelten die Autorschaft des *Zuozhuan* an. Mit der Literarisierung des Konfuzianismus geriet seine Kanonisierung in das Visier der Kritik, und mit der Wertschätzung individueller Authentizität wurde diese auch von den Schriften eingefordert.

Doch Individualität und Kritik allein reichten als sinnstiftende Elemente einer neuen Elite nicht aus. Die Literaten, die sich nicht auf edle Abstammung berufen konnten, brauchten eine solidere Legitimation. Die Lösung bot eine ›erfundene Tradition‹, die weit hinter die Genealogien des Adels zurückging. Die entwurzelten Eliten des 8. Jahrhunderts suchten ihre Ursprünge im Klassischen Altertum, wo sie die unverfälschten Anfänge chinesischer Kultur erkannten: »das Dao, und zwar keineswegs das sogenannte Dao des Laozi und des Buddhismus«. Han Yu beschrieb in seinem Essay »Ergründung des Dao« eine illustre Überlieferungslinie:

> Yao hat es dem Shun überliefert, Shun dem Yu und Yu dem Tang, Tang überlieferte es den Königen Wen und Wu sowie dem Herzog von Zhou, der überlieferte es Konfuzius, und Konfuzius dem Menzius. Seit Menzius gestorben ist, wurde es nicht weiter überliefert. (*Han Changli wenji* 1)

Indem Han Yu und seine Zeitgenossen dieses Dao »wiederentdeckten«, stellten sie sich als Hüter der wahren Lehre in eine Linie hochmögender Persönlichkeiten (was nicht heißt, dass sie deren Lehre ungebrochen übernahmen). Damit erfanden sie nicht nur eine Tradition, sondern noch viel mehr: sie erfanden die ›chinesische Kultur‹. Klarer als je zuvor wird in den Schriften der Zeit diese Kultur als Kultur – das Wort dafür war *wen* – beschrieben, das heißt in Unterscheidung von anderen Kulturen. Das rechte Dao war nicht das des Laozi und vor allem nicht das der Buddhisten.

Die Entdeckung der Kulturbegriffs war keineswegs eine Bereicherung, ganz im Gegenteil: er diente der neuen Elite als Distinktionsbegriff, mit dessen Hilfe sich ab- und ausgrenzen ließ. Der Rückgriff auf die Kultur des Altertums wandte sich gegen alles, was die kosmopolitische Aristokratie des Mittelalters ausgemacht hatte: gegen militärische Tugenden (*wu*, das Gegenteil war wiederum: *wen*), gegen den barock-ausschweifenden Literaturstil der Adelsgesellschaft, der durch das Ideal des »Alten Stils« (*guwen*) ersetzt wurde. Der »Alte Stil« sollte sich an der klassischen Sprache der Zhanguo-Zeit orientieren, schlicht und unverblümt auf ein Thema fokussieren und dabei eine moralische Aussage enthalten. »Literatur«, so brachte es Zhou Dunyi 200 Jahre später auf den Punkt, »ist das Vehikel des Dao«, sie soll sich nicht verkünsteln, sondern klare Prinzipien ausdrücken.

Vor allem wandte der neue Kulturbegriff sich gegen alles Fremde. Der Buddhismus, der die Kultur des Mittelalters so unermesslich bereichert hatte, erschien Han Yu nun als »ein bloßer Barbarenkult, seit der Späteren Han-Zeit in China eingedrungen, den es im Altertum niemals gegeben hat«. Die ganze Wucht dieses Fremdenhasses schleuderte Han Yu dem Kaiser Xianzong (806–820) in einer Throneingabe entgegen, als dieser 819 den Buddhaknochen des Famen-Klosters im Palast empfangen wollte. Han Yu wusste, was eine solche Zeremonie bedeutete. Die Reliquie würde in einem Triumphzug durch Chang'an getragen werden, vorbei an goldenen Weihrauchpagoden, Musikern und hysterischen Massen, die den Buddhaknochen mit Gold und Seide überhäuften, sich in Ekstase Arme abhackten oder Finger abbissen, um ihm Ehre zu erweisen. Dann würde er im Inneren des Palastes in ein vorgewärmtes Bett gelegt, mit Matten aus Drachenschuppen und Phönixfedern umgeben und vom Kaiser beweihräuchert werden. Schließlich würde er, begleitet von einem ähnlichen Pandämonium, in den Tempeln der Stadt ausgestellt. Gegen diesen Kult wandte sich Han Yu in aller Schärfe:

> Buddha war ein Barbar, der die chinesische Sprache nicht beherrschte und sich anders kleidete. Er führte nicht die vorbildlichen Worte der früheren Könige im Mund und folgte nicht deren vorbildlichen Taten, kannte weder den Anstand zwischen Fürst und Untertan noch die Gefühle zwischen Vater und Sohn. Angenommen, er lebte noch und käme als Gesandter seines Landes in die Hauptstadt, so würden Eure Majestät ihm wohl nicht mehr als eine Audienz, ein Bankett und eine Garnitur Kleidung als Geschenk gewähren und ihn dann wieder an die Grenze eskortieren lassen, auf dass er das Volk nicht verwirre. Wie könntet Ihr dann, da er lange tot ist, seine verwesten Knochen und verrotteten Überreste in Eure Paläste hereinlassen?! (*Han Changli wenji* 8)

Han Yu handelte sich für das anmaßende Schreiben eine Verbannung in den Süden ein; doch es war ein Zeichen der Zeit und Menetekel für die Katastrophe, die eine Generation später folgen sollte. Mit dem Zerfall der Adelsordnung hatten die Tang auch ihre Weltoffenheit eingebüßt. Die Adelsgesellschaft differenzierte zwischen Klassen, nicht zwischen Völkern oder Kulturen. Die neue Gesellschaft weichte die Klassengrenzen auf und verhärtete stattdessen die Unterscheidung zwischen ›Chinesen‹ und ›Barbaren‹. Charakteristisch für diese Wendung ist ein Büchlein, das in dieser Zeit entstand (wiewohl es vorgibt, viel älter zu sein): der *Leitfaden der Treue* (*Zhongjing*). Das Werk knüpft an den *Leitfaden der kindlichen Liebe* (S. 178) an und stellt die Treue als Voraussetzung der kindlichen Liebe dar: »Will der Edle kindliche Liebe praktizieren, muss er mit der Treue beginnen.« Dennoch meint »Treue« etwas ganz anderes als kindliche Liebe: nicht die Bindung an die Familie, sondern die bedingungslose Unterwerfung unter den Herrscher. Treue bedeutet,

> sich ohne Rücksicht auf die eigene Person für den Herrscher aufzuopfern, ohne Rücksicht auf die eigene Familie für die Dynastie zu sterben, ernste

> Miene und aufrechte Worte zu machen und in schwierigen Zeiten den Märtyrertod zu sterben. (*Zhongjing* 3)

Noch in der frühen Tang-Zeit wäre das wohl undenkbar gewesen: ein weltoffenes Reich kennt keine Märtyrer. Erst in einer Gesellschaft, die sich immer stärker gegen die Außenwelt abgrenzte und nach innen kehrte, wurde es denkbar, das eigene Leben an das der Dynastie zu knüpfen. »Kindliche Liebe« war das Ideal einer Gesellschaft, die von Adelsfamilien geprägt war. »Treue« wurde zur Leittugend einer Gesellschaft, die den Staat über die Familie stellte, und zur Parole des Regierungssystems, das ihr entsprach: des bürokratischen Zentralismus.

Zerfall der staatlichen Ordnung

Im 9. Jahrhundert brach das Staatensystem Ostasiens aus bislang ungeklärten Gründen zusammen. Das Königreich Tibet zerfiel, als 841 König Langdarma ermordet wurde; zur gleichen Zeit, 840, zerbrach das große Reich der Uighuren im Norden; einige Jahrzehnte später wurde das koreanische Reich Silla in Bürgerkriegen zerrissen; Bohai ging bald darauf unter; das Königreich Nanzhao zerbrach; im fernen Japan löste sich die Zentralmacht auf; und in China gingen die Tang unter.

Nicht nur die politischen Mächte Ostasiens fielen in diesen Jahren, auch die größte geistige Macht, der Buddhismus, wurde – zumindest in China – zerstört. Am 14. November 842 erließ Kaiser Wuzong (840–846), ein glühender Anhänger des Daoismus, ein Edikt, dass

> alle buddhistischen Mönche und Nonnen im Reich, die Alchimie, Hexerei oder Beschwörungen praktizieren, sich Steuereintreibern entziehen, die von Prügelstrafen, Tätowierungen oder Zwangsarbeit gezeichnet sind, die ausschweifend leben, sich Frauen halten oder die Grundsätze des Buddhismus missachten, allesamt ihrer Ämter enthoben würden. Ihr sämtliches Geld, Vorräte, Getreide, Ländereien, Anwesen und Gärten soll von der Regierung konfisziert werden. Wer unwillens ist, sich von seinem Vermögen zu trennen, und stattdessen zum Laien werden möchte, der soll die Doppelsteuer entrichten und Arbeitsdienste ableisten. (Ennin, *Nittō guhō junrei gyōki*)

Was folgte, war die bislang größte Buddhistenverfolgung der chinesischen Geschichte. Bis 845 wurden landesweit 4600 Klöster geschlossen,

40 000 Tempel zerstört, 260 000 Nonnen und Mönche laisiert oder ermordet, 150 000 Sklaven befreit und in die staatlichen Steuerlisten aufgenommen. Nur 49 Klöster mit insgesamt 800 Mönchen verblieben im ganzen Reich: ein Schlag, von dem sich der Buddhismus nie vollständig erholte.

Zwar wurden schon unter dem nächsten Kaiser viele Klöster wieder aufgebaut – manche erlangten erneut beträchtlichen Wohlstand –, und wenige Jahrzehnte später wurde auch der berüchtigte Buddhaknochen wieder mit Pomp im Palast empfangen. Dennoch erlangte der Buddhismus nie wieder die Bedeutung, die er im Mittelalter gehabt hatte. Er verlor viel von seiner intellektuellen Strahlkraft, brachte keine formativen Denker mehr hervor und wurde von einer neuen Form des Konfuzianismus überschattet. Lediglich die Chan- und die volkstümliche Jingtu-Schule überstanden die Verfolgungen halbwegs unbeschadet. Sie wurden die Erben des buddhistischen Zeitalters, die einzigen Schulen, die nach dem 9. Jahrhundert noch Wirkung entfalteten. Doch auch sie büßten ihre politische Unabhängigkeit ein, denn Mönche wurden seit der Song-Zeit prinzipiell vom Staat ordiniert. Das Privileg, sich vor dem Herrscher nicht verbeugen zu müssen (S. 219), sollten buddhistische Mönche nie wieder erlangen.

Das große Zeitalter des chinesischen Buddhismus endete zur gleichen Zeit, als auch in Indien der Buddhismus verschwand und Zentralasien muslimisch wurde. Es kamen keine Impulse mehr von außen, den Buddhismus in China zu beleben.

Auch wenn wirtschaftliche Faktoren – Steuerflucht und der immense Reichtum der Klöster – im Vordergrund der Buddhistenverfolgungen standen, lagen die Gründe doch tiefer. Mit dem Zerfall der umliegenden Staaten und der Blockade der Seidenstraße war China wieder auf sich selbst verwiesen. Die chinesische Gesellschaft begann wieder, in Zentrum und Peripherie zu zerfallen mit einem Kaiser an der Spitze, der weit über allen thronte. Die Zeiten, in denen Kaiser als *primus inter pares* regierten, gingen zu Ende, ebenso die der Bodhisattva-Herrscher. Vorbei auch die Zeit der großen Pilger, die in der Fremde nach Erleuchtung suchten.

Gerade dadurch, dass die Tang ihre Nachbarstaaten als ebenbürtig anerkennen mussten, dürfte das Bedürfnis entstanden sein, sich von ihnen abzugrenzen. Jetzt griff der patriotische Diskurs der ›chinesischen‹ Kultur und des »Alten Stils« um sich, Ausländer und ihre Lehren fielen in Ungnade. Auch manichäische Priester, Nestorianer und Zoroastrianer wurden unter Wuzong verfolgt. Ihre politische Macht hatten die Tang schon 755 verloren; nun erlosch auch der Glanz ihrer kosmopolitischen Zivilisation.

Japan und China 日漢

Die Kultur der Tang ist in China längst verschwunden; doch ihr Erbe lebt weiter in Japan, wo es ein Jahrtausend lang fester Bestandteil des höfischen Lebens blieb und noch heute sorgsam gepflegt wird. Japan hatte schon seit dem 3. Jahrhundert über Korea Kontakt zu China, im 5./6. Jahrhundert übernahm es die chinesische Schrift und den Buddhismus. Vor allem aber während der Sui- und Tang-Zeit wurde chinesische Kultur in Japan geradezu systematisch übernommen. Dies geschah nicht zufällig in einer Zeit, in der einzelne Fürsten versuchten, die Alleinherrschaft über die Yamato-Clans zu erlangen. Prinz Shōtoku (574–622) übernahm nicht nur künstlerische und architektonische Formen – der Hōryū-Tempel bei Nara ist bis heute das feinste Zeugnis dafür – aus China, sondern vor allem Elemente des Regierungssystems. Er etablierte eine bürokratische Verwaltung, nannte sich »Himmelssohn«, beschnitt die Macht der großen Clans und soll eine konfuzianisch inspirierte »Verfassung« erlassen haben, in der es heißt:

> 1. Die Harmonie sei das Wertvollste, Widerstandslosigkeit das Vorbild! … 2. Verehrt aufrichtig die drei Juwelen: Buddha, das Dharma und die Mönchsgemeinde! … 3. Den Befehlen des Herrschers ist unbedingt zu gehorchen! Der Fürst sei der Himmel, die Untertanen seien die Erde!
>
> (*Jūshichi jō kenpō*)

Prinz Shōtokus Nachfolger trieben die Reformen nach chinesischem Muster weiter, indem sie die Macht des Kaisers weiter stärkten, den Gesetzeskodex der Tang übernahmen, eine Bodenreform durchführten, das Land in Distrikte einteilten und die Verwaltung zentralisierten. Es waren nicht schöngeistige Literatur, Philosophie oder künstlerische Raffinesse, die an der chinesischen Kultur beeindruckten, sondern ihr Potential zur Durchsetzung einer zentralisierten Herrschaft. Auch der Buddhismus, den Mönche wie Kūkai (774–835), Saichō (767–822), Ennin (794–864) und viele andere in der Folgezeit aus China übermittelten, diente dem Tennō zur Stärkung der Zentralmacht.

In der Nara- (710–784) und Heian-Zeit (794–1185) wurden chinesische Ideen und Kulturgüter zur Grundlage der höfischen Kultur in Japan. Die Hauptstadt Heian-kyō (Kyōto) wurde nach dem Vorbild Chang'ans gebaut, Pagoden und Skulpturen wurden im chinesischen Stil geschaffen, der chinesische Kalender und einige seiner Feiertage eingeführt, und 817 verfügte der Saga-Tennō, dass »zu den Zeremonien des Reichs Männer und Frauen sich alle im Stil der Tang zu kleiden haben«. Die Elite kleidete sich in Tang-Kimonos, richtete sich chinesisch ein, übte sich im chinesischen *weiqi* (jap. *go*)-Spiel (es gab sogar »Länderspiele« mit den Tang), lernte begeistert das Fußballspiel des Tang-Hofes, pflegte chinesische Kalligraphie, aß Tang-Süßigkeiten, benutzte chinesisches Geschirr, unterhielt sich bei Musik und Tänzen der Tang, las chinesische Literatur, übernahm ihre Formen der Dichtung und Geschichtsschreibung. Auch die japanische Sprache, nicht nur die Schrift, wurde durch Fremdwörter und Redewendungen aus dem Chinesischen tief geprägt.

Wie so oft, wurden die Konvertiten sorgfältigere Hüter der Kultur als ihre Schöpfer, erwies sich die Peripherie als konservativer denn das Zentrum. Zwar übernahmen die Japaner chinesische Kulturgüter nicht in Bausch und Bogen, sondern passten sie den eigenen Bedürfnissen an. Doch während die Kultur des Mittelalters in China umgewandelt und fortentwickelt wurde, bemühten sich die Japaner um die Bewahrung ihrer alten Form. Ihre Tempel nach Tang-Vorbildern stehen noch, Tatami-Matten, in China längst verschwunden, liegen noch heute in den meisten japanischen Häusern, das höfische Fußballspiel der Tang wird als *kemari* in Shintō-Schreinen betrieben, Kimonos sind zum japanischen Kleidungsstück schlechthin geworden, und der Wortschatz der japanischen Sprache besteht noch immer fast zur Hälfte aus chinesischen Fremdwörtern. Die Teezeremonie der Song-Zeit, in China längst durch andere Formen ersetzt, wird in Japan als Kulturgut gepflegt; der Zen-Buddhismus erreichte in Japan seine feinste Ausprägung; japanische Klöster und Bibliotheken hüten Schätze der chinesischen Kultur – Manuskripte, Bilder, Skulpturen –, die in China längst Kriegen, Revolutionen und Naturkatastrophen zum Opfer gefallen – oder aber von Japanern geraubt worden sind. Die japanische Wertschätzung der chinesischen Kultur hat auch die Barbarei des 20. Jahrhunderts überstanden. In Japan leuchtet, wie das Licht eines längst verloschenen Sterns, noch heute ein Abglanz des alten China.

Die Tang-Kaiser igelten sich in einer Abwehrstellung ein, deren Fronten sich immer enger um sie zusammenzogen. Sie verlagerten die politische Macht zunächst auf ihren persönlichen Beraterstab in der Hanlin-Akademie und dann noch weiter ins Innere des Palastes, zu den Eunuchen. Seit dem Tod Xuanzongs war deren Einfluss beständig gewachsen, Dezong übertrug ihnen sogar das Kommando über seine Armee, und im 9. Jahrhundert dominierten sie den Hof ärger als unter den Han. Eunuchen ermordeten sowohl Kaiser Xianzong als auch Kaiser Jingzong (824–826) und brachten die meisten späteren Kaiser auf den Thron. Die Tang-Kaiser waren zu Marionetten ihrer Diener geworden.

Während der Hof sich in Cliquenkämpfen zerfleischte, brachen im Reich Aufstände aus. Nach mehreren Hungersnöten kam es zu Unruhen im Huai-Gebiet, die sich in den 850ern ins Yangzi-Tal und nach Süden ausbreiteten – eine äußerst gefährliche Entwicklung für die Tang, denn sie bedrohte den Kaiserkanal, die Lebensader der Hauptstadt. Die Katastrophe trat ein, als die Kanalverbindung 868 nach einer Meuterei kaiserlicher Truppen abgeschnitten wurde, es zu einer schrecklichen Dürre in Henan kam und Aufstände ausbrachen, denen die Tang machtlos gegenüberstanden. Der größte von ihnen, geführt von einem gewissen Huang Chao (gest. 884), gab der morbiden Dynastie den Todesstoß. Von Shandong und Henan ausgehend, breitete er sich zwischen 875 und 884 über fast das ganze Reich aus. Die Rebellen verwüsteten Hangzhou und legten 879 die Handelsstadt Guangzhou in Schutt und Asche. 120 000 Moslems, Christen und Juden wurden in Guangzhou massakriert: Chinas Tor zur Welt war zerstört.

Kurz darauf, 880/81, eroberten die Truppen Huang Chaos die beiden Hauptstädte, Luoyang und Chang'an, die sie plünderten und völlig zerstörten. Abermals, wie schon 756, floh der Kaiser nach Sichuan, und wieder wurde der Aufstand mit Hilfe türkischer Truppen niedergeschlagen; doch diesmal gab es keine Rückkehr für die Tang. Chang'an lag in Ruinen. Die stolze Hauptstadt der Qin und Han, Sui und Tang sollte nie wieder zum Sitz einer chinesischen Dynastie werden. Auch Luoyang, die einst so prächtige Stadt der 1367 Tempel, diente nur noch wenige Jahrzehnte als Sitz kurzlebiger Dynastien. Die großen Kapitalen am Mittellauf des Gelben Flusses wurden zum Hinterland. Das Zentrum der chinesischen Welt verlagerte sich indessen nach Osten, und zwar nicht von ungefähr: denn dort bildete sich auch das neue Machtzentrum Ostasiens. Nicht die Völker des Nordwestens sollten China in den nächsten Jahrhunderten in Atem halten, sondern die der Mongolei und Manjurei.

Die glorreiche Dynastie Tang war untergegangen. Auch wenn ihre Kaiser noch rund 25 Jahre lang ein Marionettendasein fristeten, war die Macht vollends an einige Dutzend Kriegsherren übergegangen, die das Reich unter sich aufteilten. Es war fast eine Formalität, als 903 einer dieser Generäle, Zhu Wen, ein ehemaliger Waffenbruder Huang Chaos, den Kaiser in seine »Obhut« nahm und 907 eine eigene Dynastie gründete. Wieder zerfiel China in verschiedene Herrschaftsbereiche. Doch der Zerfall bedeutete keine Rückkehr zur mittelalterlichen Welt zwischen

Han und Sui. Das Mittelalter war endgültig vorüber. Die chinesische Gesellschaft war längst in einem radikalen Wandel begriffen, der sie in den folgenden Jahrhunderten in eine neue Zeit bringen sollte.

Die frühneuzeitliche Wirtschaftsrevolution

1954 verkündete das Palastmuseum in Beijing den Ankauf eines Gemäldes aus dem 12. Jahrhundert, das lange als verschollen galt: Zhang Zeduans (1085–1145) »Qingming shanghe tu«. Die über 5 m lange Querrolle zeigt ein weites Panorama, von einem einsamen Weidenwäldchen entlang eines Flusses, vorbei an strohgedeckten Bauernhütten, durch vorstädtische Geschäftsviertel bis in eine ummauerte Stadt, wahrscheinlich die Song-Hauptstadt Kaifeng (Farbabb. 7). Man kann dieses Gemälde lesen wie ein Buch, es Stück für Stück entrollend, die Szene von den stillen Flussauen bis in die betriebsame Vorstadt verfolgend. Dort sieht man Bauern mit Ochsenkarren auf dem Weg zum Markt, schwerbeladene Dschunken, fahrende Händler, Gaukler und Geschichtenerzähler, Fuhrleute, Wahrsager, Würdenträger hoch zu Ross, Kamelkarawanen, den belebten Markt auf einer Bogenbrücke, Restaurants, Ladenzeilen, Handwerksbetriebe und immer wieder die Saufbrüder in den Schänken der Stadt. Zhang Zeduans Gemälde zeigt das pralle Leben der Song-Zeit in großartiger Detailfülle – Szenen eines neuen China: geschäftig, hedonistisch, urban. Die Stadt war nicht mehr durchmauert und überwacht wie das Chang'an der Tang; ihre emsige Betriebsamkeit schwappte ungehemmt auf die Landstraße über, keine Barrieren begrenzten die öffentlichen Räume, keine Sperrstunden schränkten den Kommerz ein. Die chinesische Gesellschaft, die noch unter den frühen Tang so streng geordnet und gehegt war, sprengte in der Song-Zeit alle Grenzen.

Die Landwirtschaft

Der Wandel begann in der Landwirtschaft – wie in Europa übrigens, wo sich zwischen dem 11. und 13. Jahrhundert unter Einfluss eines klimatischen Optimums die Ackerbauzone vom Mittelmeer nach Norden verlagerte. Der schwere Pflug, die Dreifelderwirtschaft, Wasser- und Windmühlen, Hufeisen und neue Schirrmethoden, der Einsatz von Pferden als

Zugtiere ermöglichten eine Produktionssteigerung, die zu Diversifizierung der Landwirtschaft, Aufblühen des Handels, Städtebildung und einer Verdreifachung der europäischen Bevölkerung führte.

Ein ganz ähnlicher Prozess fand in China statt, wo von 700 bis 1200 ebenso warmes, trockenes Klima herrschte wie in Europa. Doch in China trugen nicht schwerer Pflug und Kummetgeschirr – die gab es längst (S. 199) – die Entwicklung, sondern Dämme, Schleusen und Wasserpumpen; und das wirtschaftliche Zentrum verlagerte sich nicht nach Norden, sondern nach Süden. Sinkende Grenzerträge der Landwirtschaft im dichtbesiedelten Norden führten zu verstärkter Migration in den noch immer wenig erschlossenen Süden. Vor allem im Yangzi-Delta und in Fujian wurden Techniken des Nassfeldbaus perfektioniert, die prägend für die Landwirtschaft des nächsten Jahrtausends wurden. Durch Dämme wurde dem Meer Neuland abgetrotzt und gegen Fluten geschützt; Pumpen hielten das Wasser auf den Feldern in Bewegung und ermöglichten die Erschließung von Berghängen durch Reisterrassen.

Von Menschenkraft betriebene Wasserpumpe; Holzschnitt aus dem *Tiangong kaiwu*, 16. Jh.

Die Böden wurden vor der Aussaat gründlich vorbereitet und gedüngt: vor allem mit Jauche und menschlichen Exkrementen, die in Kübeln gesammelt und gewinnbringend verkauft wurden. Neue, schneller reifende Reissorten wie der Champa-Reis aus Vietnam wurden eingeführt; durch Umbetten der Sprösslinge in mühsamer Handarbeit verkürzte sich die Keimzeit weiter, so dass zwei, in manchen Regionen sogar drei Ernten im Jahr möglich wurden. All dies führte zu einer enormen Steigerung landwirtschaftlicher Erträge. Die Reisfelder des Südens konnten von der gleichen Ackerfläche viermal so viele Menschen ernähren wie die Hirsefelder des Nordens – bei zwei oder drei Ernten noch wesentlich mehr. »Mit der Ernte von Suzhou und Changzhou«, hieß es, »ist das ganz Reich versorgt.«

Der Staat, dem die ergiebigen Ernten die Kassen füllten, förderte gezielt die Durchsetzung neuer Techniken. Er regte durch Kredite und Steuerermäßigungen die Einführung fortschrittlicher Anbaumethoden an, koordinierte den Bau von Bewässerungsanlagen und ließ technisches Wissen weithin verbreiten. Der Hof druckte im 10. Jahrhundert nicht nur große Enzyklopädien wie das *Taiping yulan*, das in 1000 Kapiteln Herrschaftswissen für den Kaiser versammelte, und politische Handbücher wie das *Cefu yuangui*, das in ebenso vielen Kapiteln historische Texte zur Regierungsführung zusammenstellte, sondern auch offizielle Handbücher zur Landwirtschaft: detaillierte, bebilderte Anleitungen zum Bau von Pumpen, Dämmen usw. Bücher wurden zum Verbreitungsmedium neuer Technologien: damit entfaltete der Buchdruck – selbst eine neue Technik, die einige Jahrhunderte zuvor erfunden worden war – erstmals breite soziale Wirkung.

Buchdruck 印刷

Der Buchdruck ist eine der folgenreichsten Erfindungen der Weltgeschichte. Ähnlich revolutionär wirkten sich nur die Entwicklung der Sprache selbst und die Erfindung der Schrift (und wohl auch: die Entwicklung der elektronischen Medien) auf das Zusammenleben der Menschen aus. Doch wie bei der Schrift, dauerte es lange Zeit, bis die Effekte des Buchdrucks gesellschaftsweit spürbar wurden. Bezeichnenderweise liegen die Ursprünge dieser epochemachenden Erfindung im Dunkeln. Erste Experimente mit dem Blockdruck sind schon im 6. Jahrhundert zu erkennen, womöglich wurde er schon von Kaiserin Wu ausgiebig genutzt. Jedenfalls kam der Bedarf nach gedruckten Texten im 7. Jahrhundert in buddhistischen Kreisen auf. So, wie Mantras endlos wiederholt und Buddhastatuen in Massen reproduziert wurden, um Heil anzusammeln, versprach auch die Vervielfältigung heiliger Texte gutes *karman*. Nicht zufällig ist das älteste gedruckte Buch, das vollständig erhalten ist, ein Exemplar des *Diamant-Sūtras* von 868: eine 5,30 m lange, 27 cm breite Rolle, die heute im British Museum liegt.

Im 10. Jahrhundert erfuhr die Buchdruckkunst eine bedeutende Ausweitung. Zwischen 932 und 953 wurde der konfuzianische Kanon – elf Werke in 130 Bänden – erstmals gedruckt, kurz darauf auch die buddhistischen und daoistischen Kanones. Auch Kalender, Literaturausgaben und volkstümliche Drucke entstanden in dieser Zeit, bisweilen in Auflagen von mehreren hunderttausend. Meist wurden jedoch aus technischen Gründen kleinere Auflagen von 10–50 Exemplaren produziert. Obwohl der Druck mit beweglichen Lettern schon im 11. Jahrhundert bekannt war, blieb die Blockdrucktechnik stets dominant. Dabei wurden nicht einzelne Lettern gesetzt, sondern ganze Seiten in die hölzerne Druckplatte geschnitzt. Durch Auflegen des Papiers auf die geschwärzte Platte konnten davon, ohne Einsatz einer Presse, Abzüge gemacht werden.

So wurde eine Art *print on demand* mit kleinen Auflagen möglich, bei der die Druckplatten einfach bis zur nächsten Auflage aufbewahrt wurden. Auf diese Weise wurden in der Song-Zeit feine, hochwertige Bücher gedruckt: Enzyklopädien, Geschichtswerke, Lokalbeschreibungen, Sudelbücher (*biji*) und vieles mehr, doch in so geringen Auflagen, dass sie heute kostbare Raritäten sind. Gedruckte Bücher blieben trotz aller technischen Reife noch ein halbes Jahrtausend lang teuer und selten. Nach wie vor wurden die weitaus meisten Texte von Hand geschrieben und kopiert.

Erst im 16./17. Jahrhundert – rund ein Jahrtausend nach seiner Erfindung – erreichte der Buchdruck so weite Verbreitung, dass er die von Handschriften übertraf. Billigeres Papier und ökonomischere Herstellungsmethoden ermöglichten die Massenproduktion von Büchern. Jetzt entstand ein florierender Buchmarkt, kommerzielle Verleger etablierten sich, selbst das einfache Volk begann zu lesen. Mit dieser »Leserevolution« erzielte der Buchdruck seine volle soziale Wirkung: die literarische Produktion explodierte geradezu, neue Genres wie der Roman und andere Volksliteratur kamen auf. Die »Verschriftlichung des Lebens« veränderte nicht nur den Umgang mit Texten, sondern das Denken selbst. Der Buchdruck führte stärker als je zuvor abweichende Meinungen vor Augen, und bislang ungekannte Möglichkeiten des Textvergleichs regten zur Kritik an: überliefertes Wissen wurde systematisch in Frage gestellt, neue Standards für Wahrheit wurden erhoben, das Wissen vermehrte sich (und wurde durch Zensur wieder eingeschränkt), wissenschaftliche und politische Kritik stellten orthodoxe Lehren in Frage. Buchdruck wirkt subversiv. Er war ein entscheidender Faktor im gesellschaftlichen Wandel der späten Kaiserzeit: Studiengesellschaften, Bibliotheken und Zeitungen trugen wesentlich zur Entstehung einer Öffentlichkeit, zur Modernisierung Chinas und zu seiner Neuerfindung als Nation bei. Die genauen Zusammenhänge sind noch wenig erforscht, doch eines lässt sich mit Gewissheit sagen: ohne den Buchdruck gäbe es das moderne China nicht.

Die Ertragssteigerung des Reisanbaus führte zu einem sprunghaften Bevölkerungswachstum. Von der Han-Zeit, als der erste überlieferte Zensus durchgeführt wurde, bis zur Tang-Zeit lag die chinesische Bevölkerung recht konstant bei etwa 50–60 Millionen; in der Song-Zeit stieg sie auf über 100 Millionen, gut 80 % davon in Südchina. Mit der Bevölkerung wuchs auch der Bedarf an Nahrungsmitteln, und so begann eine Wachstumsspirale, die das Antlitz Chinas verändern sollte. Wo die Produktion nicht weiter gesteigert werden konnte, musste mehr Land erschlossen werden: mit Dämmen wurde es dem Meer abgerungen, durch Terrassen auf den Berghängen gewonnen, und immer weiter stießen die Reisbauern in den Süden vor.

Der Prozess, in dem die Chinesen das Land durchdrangen, beschleunigte sich. Während das Yangzi-Gebiet bereits in der Tang-Zeit erschlossen worden war, lebten in Fujian noch wilde, »dämonische« Menschen, die in Höhlen und auf Booten hausten und in fremden Zungen sprachen. In den folgenden vier Jahrhunderten wurden auch die fruchtbaren Küstengebiete des Südens erobert. Immer mehr Land wurde gebraucht, um die wachsende Bevölkerung zu versorgen – und zwar mit Reis, der bei gleicher Anbaufläche mindestens viermal so viel Kalorien lieferte wie Weizen und sage und schreibe zwanzigmal so viel wie die Viehzucht. Während im Mittelalter Bauern in vielen Teilen Chinas noch Weidewirtschaft betrieben, wurde diese in der späten Kaiserzeit von intensiver Landwirtschaft völlig verdrängt: fortan wurde jeder Zoll Bodens für den Reisanbau benötigt. Die landwirtschaftliche Revolution bewirkte langfristig, dass die Chinesen zu einem fast vollständig vegetarischen Volk wurden.

Der Handel

Im 8. Jahrhundert waren die meisten chinesischen Bauern Selbstversorger, die ihre eigene Nahrung anbauten und allenfalls Salz dazukauften. Das änderte sich, als gesicherte Grundversorgung und unerschöpfliche Verfügbarkeit von Arbeitskräften die Abkehr von der Subsistenzwirtschaft ermöglichten. Jetzt kam es zu einer nie dagewesenen Spezialisierung der ländlichen Produktion. Bauern konnten sich auf Seidengewinnung, Teeanbau, Forstwirtschaft, Fischzucht, Obstplantagen oder Handwerk verlegen (Farbabb. 8). Manche Produktionszweige nahmen nun geradezu industriemäßige Dimensionen an. Das Porzellanhandwerk produzierte in Tausenden Brennereien Millionen von Gefäßen für den Kaiserhof und den Weltmarkt. Der Schiffbau stellte seit dem 11. Jahrhundert alle Welt in den Schatten. Hatten die Tang noch über arabische

Dhaus gestaunt, bauten die Song selbst die größten und besten Schiffe der Welt. Die Kohle- und Eisenindustrie war die weltweit größte vor der industriellen Revolution. Nachdem die Wälder Nordchinas abgeholzt waren, feuerte Kohle die Hochöfen der Song, in denen jährlich bis zu 125 000 Tonnen Roheisen hergestellt wurden (zum Vergleich: in England wurden um 1780, 700 Jahre später, nur etwa 20 000 Tonnen produziert): Material für die Schwerter und Pfeilspitzen der Armee, für Kettenbrücken, Öfen und Werkzeuge.

Zunehmende regionale Spezialisierung führte zwangsläufig zu überregionaler Interdependenz; je autonomer einzelne Gebiete wirtschafteten, desto größer wurde ihre strukturelle Abhängigkeit von anderen. Die steigende Produktion von Industrie- und Handelsgütern führte zur Bildung zahlloser regionaler und überregionaler Märkte. Drei große Wirtschaftszonen bildeten sich heraus, die exakt den Makroregionen Chinas entsprachen: Nordchina um Kaifeng, der Yangzi-Unterlauf um den Tai-See und Sichuan um Chengdu. Doch auch zwischen diesen Regionen fand reger Fernhandel statt: über ein dichtes Straßennetz, welches das Reich überspannte, und vor allem über das Wasser. Da der Zugang zu den Handelsstraßen im Nordwesten versperrt war, wandten sich die Song dem Meer zu. Jetzt kam der Kompass, einst für die Geomantik erfunden (S. 169), auch zum Einsatz in der Navigation: Symbol für neue Mobilität und einen bislang unerhörten Trieb in die Ferne. An den Küsten zwischen Guangzhou und Tianjin entstanden vielbefahrene Wasserstraßen, Hochseedschunken von mehr als 1000 Tonnen überquerten den Indischen Ozean. Keramikfunde in Südostasien, Indien, Persien, auf der Arabischen Halbinsel und in Ostafrika belegen ein weites Handelsnetz zwischen Guangzhou und Basra, Malakka und Mogadischu, auf denen chinesische Güter verschifft wurden.

Ebenso bedeutend waren die Fortschritte der Binnenschifffahrt. Im 10. Jahrhundert war die Kanalschleuse erfunden worden, mit der Höhenunterschiede problemlos bewältigt und das Kanalnetz stark ausgebaut werden konnte. Im China der Song-Zeit entstand das weitaus größte, verkehrsreichste System von Wasserstraßen der Welt, über 50 000 km, auf denen Hunderttausende Schiffe Waren aus dem ganzen Reich auf die großen Märkte brachten: Orangen und Litschis, Holz, Öle, Arzneien, Salz, Papier, Seide, Hanf, Tee, Gewürze und vieles mehr wurden in Städten der Song angeboten. Der Staat nutzte auch diese Entwicklung, indem er den Handel mit Steuern und Abgaben belegte. Schon im 11. Jahrhundert gab es landesweit ca. 2000 Zollstationen, die den Mehrwert des Binnenhandels abschöpften, und die Profite des Seehandels machten einen Großteil der staatlichen Einnahmen aus. Durch Handelszölle wurden die Song reicher als jede Dynastie vor ihnen.

Seefahrt 航海

Lin Moniang, so geht die Legende, war ein armes Fischermädchen, das im 10. Jahrhundert in Meizhou, Fujian, lebte. Schon als Kind mit übernatürlichen Fähigkeiten begabt, habe sie stundenlang in Trance verharrt und ihren Geist über die Meere wandern lassen. So soll sie Fischerboote vor der Küste beschützt und ihren Vater und Bruder aus einem schrecklichen Taifun gerettet haben. Nach ihrem Tod wurde sie als Mazu, Göttin der Meere und Schutzpatronin der Seefahrer, angebetet, erst in ihrem Heimatort, dann weiter entlang der Küste und schließlich im gesamten pazifischen Raum. Chinesische Kaiser gewährten ihr den Titel »Himmlische Hofdame« (Tianfei), gar »Himmlische Kaiserin« (Tianhou). Heute wird Mazu in ca. 5000 Tempeln zwischen Shanghai und Luzon, Kuala Lumpur und Nagasaki, bis hin zur Westküste Amerikas verehrt.

Der Mazu-Kult folgte den chinesischen Seefahrern, die just zu Lebzeiten Lin Moniangs begannen, die Weltmeere zu erobern. Nach der Zerstörung Guangzhous im 9. Jahrhundert waren die arabischen Dhaus aus den Häfen Südchinas verschwunden. An ihre Stelle traten die chinesischen »Dschunken« (von der malaiischen Aussprache, »djung«, des chinesischen Worts für Schiff: »chuan«). Diese Segelschiffe mit hochgezogenem Heck, flacher Spantform, wenig Tiefgang und ohne Kiel wurden in der Song-Zeit perfektioniert, so dass sie allen zeitgenössischen Schiffen weit überlegen waren.

> Sie sind aus Fichtenholz. Sie haben ein Deck. Darauf gibt es – auf den meisten Schiffen – sechzig Kabinen, wo ein Kaufmann sich bequem aufhalten kann. Die Schiffe sind mit einem Steuerruder und vier Masten ausgerüstet; oft sind zwei zusätzliche Masten vorhanden, die nach Bedarf eingesetzt werden. Es gibt noch andere, größere Schiffe, die haben im Laderaum dreizehn Trennwände aus starken, festgefügten Brettern. Diese Einrichtung ist sehr nützlich, falls der Rumpf irgendwo beschädigt wird. … Da die Zwischenwände dermaßen solide und dicht sind, rinnt das Wasser nie von einem Abteil ins andere. … Die Schiffe benötigen eine Mannschaft von zweihundert Matrosen. Viele Frachter können mit fünftausend, andere sogar mit sechstausend Körben Pfeffer beladen werden.
>
> (*Il Milione* CLIX, Übersetzung: Else Guignard)

Was Marco Polo da beschrieb, dürfte seinen Landsleuten schier unglaublich erschienen sein. Die Hochseedschunken waren weitaus größer als alle europäischen Schiffe, sie setzten den Kompass ein, und ihre Ausstattung übertraf alles, was im damaligen Schiffbau bekannt war. Sie hatten breite Seitenschwerter, die herabgelassen werden konnten, um Abdrift zu verhindern, und mannsgroße Heckruder, die sich über Seilzüge oder Ketten in der Höhe verstellen ließen. Solche Ruder, die in Europa erst im 15. Jahrhundert eingeführt wurden, machten stabile Kurse auf hoher See überhaupt erst möglich. Auch die Schotten, die bei einem Leck verhinderten, dass das gesamte Schiff geflutet wurde und sank, waren in Europa bis ins 18. Jahrhundert völlig unbekannt.

Die chinesische Takelung war zeitgenössischen westlichen Schiffen weit überlegen. Während diese im Mittelalter nur einmastig waren, konnten auf den kräftigen Spanten der Dschunken, die für die Schotten benötigt wurden, mehrere Masten aufgestellt werden. Eine bahnbrechende Neuerung waren zudem die chinesischen Luggersegel: robuste, mit Bambuslatten durchsetzte Leinwände, die – im Gegensatz zum europäischen Rahsegel – nicht quer, sondern entlang der Kiellinie ausgerichtet waren. Auf diese Weise wurde es möglich, nicht nur vor dem Wind, sondern bis zu etwa 40° am Wind zu segeln. Damit wurden die Schiffe weitgehend unabhängig von den Monsunen, sie gewannen an Geschwindigkeit und Flexibilität.

Diese Schiffe beherrschten vom 10. bis zum 14. Jahrhundert, lange bevor die Europäer aufbrachen, die Neue Welt zu erobern, den Indischen Ozean und den Westpazifik. Die Mongolen segelten mit 4400 chinesischen Schiffen gegen Japan, die Marine der Ming zählte rund 6500 Schiffe. 400 Jahre lang war China die größte Seemacht der Welt. Sie erreichte ihren Höhepunkt in sieben spektakulären Fahrten, welche der Ming-Admiral Zheng He (ca. 1371–1435) zwischen 1405 und 1433 unternahm. Diese Flotten waren die größten, die die Welt je gesehen hatte: die erste soll fast 300 Schiffe mit 28 000 Mann Besatzung gezählt haben, darunter kolossale Neunmaster von angeblich 120 m Länge, 50 m Breite und 15 000 Tonnen Wasserverdrängung. Auch wenn diese Zahlen übertrieben sind – realistischer erscheinen Fünfmaster von 60 m Länge –, waren Zheng Hes Schiffe mehr als doppelt so groß wie portugiesische Karavellen ein Jahrhundert später. Sie erreichten Vietnam, Sumatra, Java, Ceylon, den Persischen Golf, Dschidda und die Küste von Ostafrika; sie wären auch in der Lage gewesen, Afrika zu umrunden und Europa zu entdecken.

Doch der Höhepunkt der chinesischen Seefahrt war zugleich ihr Endpunkt. Nach 1433 schickten die Ming ihre Flotten nie wieder aus, verboten auch jegliche private Seefahrt und reduzierten China zu einer reinen Landmacht. Wenige Jahrzehnte später übernahmen die Europäer die Herrschaft auf den Weltmeeren, und Chinas einstige Größe geriet in Vergessenheit. Im

19. Jahrhundert unternahmen die Qing verzweifelte Anstrengungen, europäische Kriegsschiffe nachzubauen, und scheiterten kläglich.

Seitdem sucht China den Anschluss im internationalen Schiffbau. Heute investiert die Volksrepublik Milliarden, um eine moderne Hochseeflotte auszurüsten (und wieder ist Afrika das Ziel), seit 2011 hat sie auch einen Flugzeugträger. In der Handelsschifffahrt sind die Chinesen bereits zu einer Weltmacht geworden, vielleicht werden sie es auch mit der Marine. Doch so modern die chinesische Schifffahrt geworden ist, eins hat sich selbst nach tausend Jahren nicht geändert: auch im 21. Jahrhundert wacht Mazu über die Sicherheit chinesischer Matrosen.

Städte

Die Wirtschaft band Chinas Regionen zusammen, stärker als je zuvor. Agrarsteuern und Handelszölle bescherten dem Staat üppige Einnahmen, mit denen er eine effektive Verwaltung finanzieren konnte; die neuen Verkehrsadern machten die Verwaltung schneller und Truppen mobiler. Doch es waren nicht allein Beamte und Generäle, die den Zusammenhalt des Reichs garantierten. Es waren auch die vielen »kleinen« Leute, die auf dem »Qingming shanghe tu« (Farbabb. 7) so anschaulich dargestellt werden: die Treidler und Bootsleute, Eseltreiber, Karawanenführer und Lastenträger auf den Straßen, die Kaufleute, Gelehrten, Schausteller und Arbeiter, die in der Stadt am Fluss zusammenkamen. Die Song hatten nicht nur die weltweit produktivste, differenzierteste Wirtschaft, sie waren auch die am stärksten urbanisierte Gesellschaft ihrer Zeit. Kaifeng, im 11. Jahrhundert mit einer Million Einwohnern die größte Stadt der Welt, sowie Hangzhou und Suzhou, die im 13. Jahrhundert mindestens ebenso groß waren, sind nur die prominentesten Beispiele. Im 12. und 13. Jahrhundert dürften etwa 10 % der Bevölkerung Chinas in Städten gewohnt haben: eine außerordentlich hohe Urbanisierungsrate in der vormodernen Welt.

Aber waren die Song *vor*modern? Städte gelten als »Laboratorien der Moderne«. Sie sind der Ort, an dem die verschiedensten Menschen – Gelehrte und Händler, Bauern und Beamte, Chinesen und Fremde – so unmittelbar zusammentreffen, dass neue Formen des Miteinanders entstehen. Genau das lässt sich in den offenen Städten der Song-Zeit beobachten, die nicht mehr angelegt waren, zu kontrollieren und zu trennen, sondern der Mobilität und Interaktion keine Schranken auferlegten.

72 große Weinhäuser (mit einer Lizenz zum Brennen) gab es in Kaifeng und unzählige kleine Kneipen, in denen Menschen aller Schichten zusammenkamen:

> Ferner betreten gemeine Leute das Weinhaus. Entdecken sie junge Herren beim Weintrinken, machen sie sich heran und bieten unterwürfig ihre Dienste an. Sie erledigen Einkäufe, besorgen Sängerinnen, übermitteln Geldbeträge, Waren und dergleichen mehr. Man nennt sie Gelegenheitskerle. Dann gibt es solche, die sich heranmachen und heißes Wasser bringen, Wein nachschenken und Lieder singen oder Dinge wie Süßigkeiten und Räucherwerk anbieten. Wenn die Gäste aufbrechen, erhalten sie ein Trinkgeld. Sie werden Dienstweiber genannt. Ferner gibt es Artistinnen der untersten Schicht. Ungebeten treten sie an die Tafeln der Gäste und singen Lieder, bis sie mit einigen Münzen oder sonstigen Kleinigkeiten fortgeschickt werden. Sie heißen Stechgäste oder Tafelschmarotzer. Ferner gibt es solche, die Heilmittel, Obst, Rettiche und ähnliches verkaufen. Ohne zu fragen, ob ein Weingast kaufen will oder nicht, verteilen sie [ihre Ware] unter die sitzenden Gäste. Danach erhalten sie Geld. Sie heißen Allerlei-Streuer.
>
> (Meng Yuanlao, *Donjing menghua lu* 2, Übersetzung: Brigitte Kölla)

In den Kneipen und Bordellen der Stadt, in Tempeln und Gärten, auf Märkten und Straßen entstanden neue Ideen, Empfindlichkeiten und Ausdrucksweisen, neue Formen des Austauschs und des Genusses. Ein städtisches Proletariat bildete sich ebenso wie eine urbane Oberschicht: gelehrt und gedankenvoll, zugleich maßlos und neurotisch; tiefe Denker und elegante Ästheten, Bohémiens und Pfahlbürger, berechnende Kaufleute und hemmungslose Lustmenschen, die sich alkoholischen und sexuellen Exzessen hingaben. Es war eine vielfach gebrochene, faszinierende Gesellschaft – auch deshalb, weil sie unserer eigenen so ähnlich war.

Die Song und ihre Nachbarn

Die dramatischen sozialen Veränderungen des 8. bis 12. Jahrhunderts bildeten die Folie für ein Kapitel der chinesischen Geschichte, das auf den ersten Blick vertraut erscheint: China zerfiel am Ende der Tang für rund 70 Jahre in »Fünf Dynastien«, die sich in der Nordchinesischen Ebene in rascher Folge abwechselten: die Spätere Liang, Spätere Tang, Spätere Jin, Spätere Han und Spätere Zhou. Klangvolle chinesische Namen allesamt, aber nur zwei dieser Herrscherhäuser – die Liang und die Zhou – waren wirklich chinesisch. Die anderen waren türkisch: Fremdherrschaften, wie sie Nordchina schon in den Jahrhunderten zuvor so oft erlebt hatte. Noch in anderer Hinsicht täuscht die Aufzählung der »Fünf Dynastien,« denn sie herrschten keineswegs über alle Gebiete, die einst den Tang gehörten. Wieder war der Süden vom Norden abgefallen. Vietnam wand sich ab 939 endgültig aus dem Griff der chinesischen Vorherrschaft, und das Königreich Dali (Nanzhao) hatte große Teile Yunnans fest besetzt. Zudem konkurrierten in Südchina zehn Staaten miteinander: mitnichten kleine Duodezfürstentümer, sondern ansehnliche Großstaaten, deren Herrscher sich »König« oder »Kaiser« nannten. Der Staat Wu-Yue etwa, der von 907 bis 978 in Hangzhou regierte, war dauerhafter, reicher und kultivierter als alle Staaten des Nordens. Seine Keramik in »Geheimfarbe« erlangte Weltruhm, und seine buddhistischen Bronzen fanden in ganz Ostasien Verbreitung. Am Hof der Südlichen Tang-Dynastie in Nanjing (937–976) herrschte mit Li Yu ein hochkultivierter Kaiser, unter dem Dichtung und Genremalerei gepflegt wurden. Der Staat Shu in Sichuan war berühmt für seine Buchdruckerkunst, seine Malerei und eine neue literarische Form, die dort entstand: die Lieddichtung (*ci*). Während die kunstvoll reglementierte Lyrik das Signum der aristokratischen Tang war, blühte nun die freiere, volkstümliche Dichtung auf, die deutlich von mittelasiatischen Weisen inspiriert war: in Kneipen und Freudenhäusern sprudelten nun die Quellen von Liedern, alles begann zu singen. Auch die Gelehrten nahmen sich der Lieddichtung an: schon im 10. Jahrhundert entstand die *Sammlung unter Blüten* (*Huajian ji*), und in der Song-Zeit erreichte das Genre seinen Höhepunkt.

Doch trotz ihrer kulturellen Leistungen galten die Staaten des Südens in den Augen traditioneller chinesischer Historiker nicht als legitime Dynastien. In der Song-Zeit hat sich die Vorstellung verfestigt, dass es nur eine »rechtmäßige Linie« (*zhengtong*) geben könne, eine Abfolge von Dynastien, die das Mandat des Himmels weitertrügen.

> Von Yao und Shun, über die Xia, Shang, Zhou, Qin, Han, dann riss sie ab. Die Jin erhielten sie, dann riss sie wieder ab; die Sui und Tang erhielten sie wieder, dann riss sie wieder ab … (*Jushi ji* 16)

… bis die Song sie wieder erhielten, so ließe sich ergänzen, denn natürlich war es ein Historiker der Song-Zeit, der dies schrieb: Ouyang Xiu

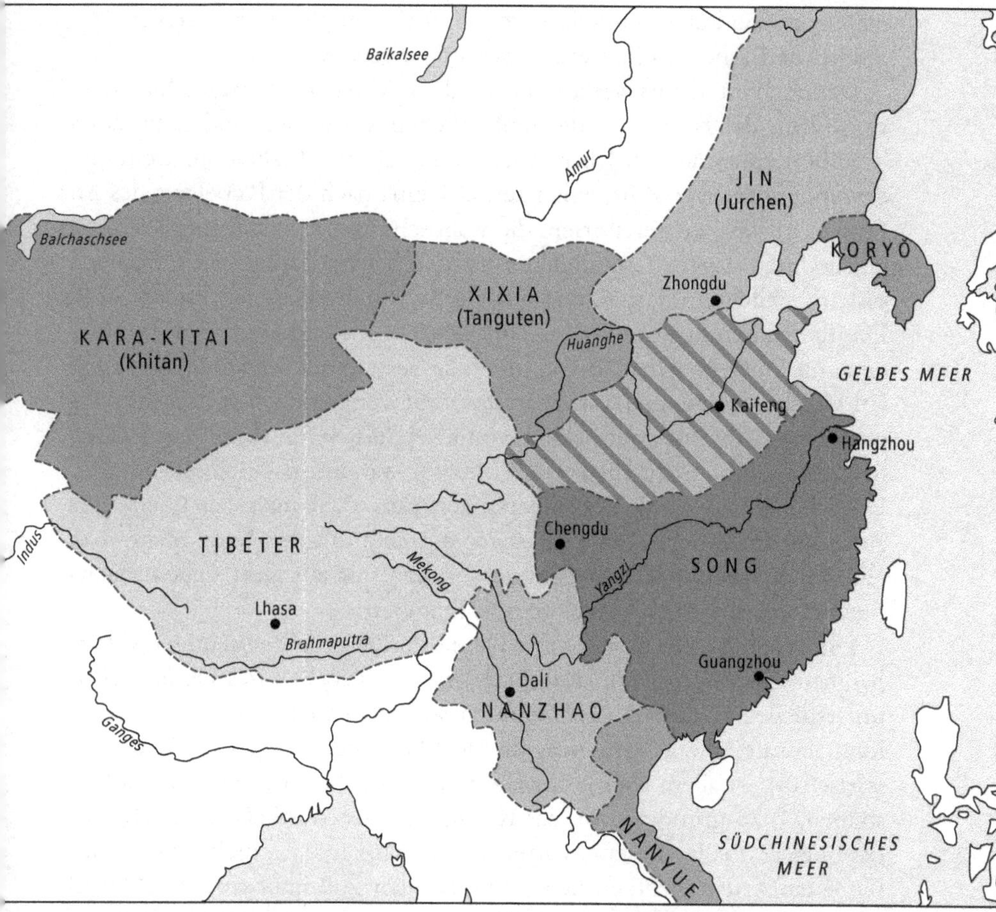

Die Song und ihre Nachbarn.

Song-Reich bis 1127 — SONG Song-Reich ab 1127

(1007–1072), eine der überragenden Persönlichkeiten des 11. Jahrhunderts. Ouyang Xiu verfasste auch eine *Geschichte der Fünf Dynastien*, in der er – der Titel sagt alles – nur die fünf Staaten des Nordens als legitim anerkannte. Es konnte nur einen Kaiser im Reich geben, so wie es nur eine Sonne am Himmel gibt: die Idee ist so alt wie das Reich selbst, aber jetzt wurde sie in aller Schärfe ausformuliert. Die Fiktion von der »rechtmäßigen« politischen Linie ergänzte die Erfindung einer kulturellen Tradition: die Einheit Chinas war zum Dogma geworden.

Dennoch ist nichts verkehrter als diese Vorstellung. Bezeichnenderweise kam die Rede von der einheitlichen kulturellen und politischen Tradition genau in den Jahrhunderten auf, als die Realität am weitesten davon entfernt war. Zum einen zerfiel China nach der Rebellion des An Lushan in separate Territorien, die politisch, wirtschaftlich und kulturell eigenständig waren. Zum anderen hatte sich schon um 750 ein Staatensystem gebildet, in dem China nur ein Staat unter gleichen war (S. 274). Die Tang sahen sich gezwungen, mit den Türken und Uighuren im Norden, mit Tibet, Nanzhao, Bohai und Silla Verträge zu schließen, und zwar auf gleichberechtigter Basis. Spätestens seit dem Friedensvertrag mit Tibet 821 – in ihm ist ausdrücklich von zwei Staaten die Rede – war deutlich, dass China nicht mehr das Zentrum war, um das sich alles drehte. Die Ebenbürtigkeit der Nachbarstaaten war nicht mehr zu übersehen. Auch am Ende der »Fünf Dynastien« entstand mit den Song nicht etwa ein Reich, das die Welt bedeutete, sondern nur ein Staat neben mächtigen Nachbarn: Türken, Khitan und Tanguten.

Die Tanguten, ein tibetisches Volk aus der Gegend des heutigen Qinghai, hatten die Tang beim Kampf gegen die Rebellen des Huang Chao unterstützt. Für ihre Dienste wurden sie mit dem Gebiet von Xia belohnt, etwa dem heutigen Ningxia. Dort betrieben sie Land- und Weidewirtschaft, vor allem aber kontrollierten sie den Handel über die Seidenstraßen. 1038 gründeten sie das Königreich der Westlichen Xia (Xixia), das über 200 Jahre Bestand hatte: erst die Mongolen – nicht die Chinesen – eroberten es. Noch heute zeugen über 200 imposante Grabhügel bei Yinchuan, Inschriften und Wandmalereien von diesem langlebigen Reich.

Weitaus mächtiger noch waren die nordöstlichen Nachbarn der Song, die Khitan. Ursprünglich Xianbei-Stämme aus der heutigen Manjurei, die Pferde- und Schafzucht betrieben, Wild jagten und Hirse anbauten, wurden sie nach dem Ende der Tang zu einer Großmacht. 907 wurde ihr Führer Abaoji (872–926) zum Khan einer Stammesföderation gewählt, 916 nahm er den Kaisertitel an und wählte den Dynastienamen »Khitan«. Damit war ein imperialer Anspruch verbunden, den Abaojis Söhne in den folgenden Jahrzehnten erfüllten. Die Khitan dehnten ihre Herrschaft über die gesamte Mongolei aus, und sie zielten auf China: 938 annektierte Abaojis zweiter Sohn, Kaiser Taizong, 16 Präfekturen in Nordchina,

947 eroberte er Kaifeng und nahm den Kaiser der Späteren Jin-Dynastie gefangen. Die Khitan waren Herren über ganz Nordost-China geworden. Im selben Jahr, 947, nahmen sie den Dynastienamen »Liao« (nach dem Hauptfluss ihrer Heimat) an und gründeten eine zweite, »Südliche Hauptstadt« im heutigen Beijing. Damit wurde zum ersten Mal die Stadt zur Kapitale, die später als »Nördliche Hauptstadt« mehr als ein halbes Jahrtausend Sitz chinesischer Kaiser sein sollte – oder besser: Kaiser über China, denn die meisten von ihnen waren keine Chinesen, sondern Khitan, Jurchen, Mongolen und Manjuren. Beijing, ganz am Rande Chinas, an der Grenze zur Manjurei und zur Steppe gelegen, ist als chinesische Hauptstadt denkbar abseitig gelegen: es ist eine Kreation der altaischen Herrscher.

Die Khitan, nicht die Song, waren bis 1125 *die* Großmacht Ostasiens (als Kara-Kitai in Mittelasien sogar noch bis 1218). Ihr Reich war weitaus mächtiger und strahlkräftiger als das der Song, ja ihr Name wurde zum Synonym für China schlechthin: als »Cathay« war es den Europäern der Renaissance bekannt, und noch heute heißt China auf Russisch »Kitai«. Es waren keineswegs rohe Barbaren, die China ihren Namen gaben, sondern Träger einer Hochkultur, die der chinesischen ebenbürtig war. Die Khitan entwickelten eine komplexe Schrift, bauten große Städte und schufen eine zweiteilige Administration, die zum Vorbild für spätere altaische Reiche wurde. Dabei unterschieden sie zwischen einer »nördlichen« Verwaltung, die für die viehzüchtenden Khitan zuständig war, und der »südlichen« Verwaltung für die sesshaften, Ackerbau betreibenden Untertanen in den chinesischen Präfekturen: diese war nach Vorbild der Tang organisiert, jene orientierte sich an nomadischen Lebens- und Wirtschaftsweisen. Noch die Tuoba waren daran gescheitert, traditionelle Stammesstrukturen zentralstaatlicher Organisation unterzuordnen (S. 230); die Khitan lösten das Problem, indem sie beide nebeneinander bestehen ließen. Dieses System sollte wesentlich dazu beitragen, dass es auch anderen Steppenvölkern gelingen sollte, China nicht nur zu erobern, sondern auch zu regieren.

Noch heute erinnern großartige Holz- und Ziegelbauten wie die 67 m hohe hölzerne Pagode bei Datong oder die »weißen Pagoden« von Hohhot und Qingzhou an die kunstvolle Architektur der Khitan. In ihrem Inneren sind wertvolle Schriften und Reliquien gefunden worden. Zudem haben Archäologen in Kaisergräbern der Liao atemberaubende Schätze zutage gefördert: silberne und goldene Totenmasken, Kronen, prächtiges Zaumzeug, goldene Gürtelschnallen, Schmuck aus Jade und Bernstein sowie große Wandmalereien. Sie zeugen von der Pracht eines Reiches, das mehr als 200 Jahre lang das größte in Ostasien war.

Die Gründung der Song

Wie schon zur Zeit der Qin/Han und Sui/Tang, ging auch die Reichseinigung der Song mit der Bildung starker Mächte im Norden einher. Bezeichnenderweise wurde die Dynastie von einem General gegründet, der gegen die Khitan kämpfte, Zhao Kuangyin (927–976). Er zwang den Kaiser der Späteren Zhou 960 zum Abdanken und bestieg, von seinen Truppen gedrängt (und angeblich, nachdem er es dreimal ausgeschlagen hatte), selbst den Thron. Zhao Kuangyin – Kaiser Taizu – nannte seine Dynastie »Song« (nach der Präfektur, in der er Militärgouverneur gewesen war) und machte Kaifeng, die prosperierende Großstadt am Bian-Fluss, rund 200 km östlich von Luoyang, zur Hauptstadt.

Das Muster ist bekannt. Aber dieses sollte das letzte Mal sein, dass eine Dynastie durch einen Staatsstreich fiel. Mit den Song änderte sich das chinesische Regierungssystem in einer Weise, dass niemand mehr genügend Macht vereinen konnte, um den Thron zu usurpieren. Die Song schufen keinen aristokratischen, sondern einen bürokratischen Staat. Kaiser Taizu soll das Fundament dafür »mit dem Weinbecher« gegossen haben: 961 lud er seine Generäle zu einem Bankett ein, machte sie betrunken und nahm ihnen daraufhin das Versprechen ab, ihr Kommando aufzugeben und – mit großzügigen Abfindungen versorgt – in Rente zu gehen. Ein Vorgang von ungeheurer Tragweite: das Militär wurde von der zivilen Verwaltung getrennt und dieser unterstellt. Fortan galt, dass man »aus guten Menschen keine Soldaten macht, so wie man aus gutem Eisen keine Nägel macht«.

Damit war ein chronisches Problem der Zentralregierung gelöst, die seit je mit der Eigenständigkeit der Generäle zu kämpfen hatte. Seit der Rebellion von An Lushan hatten sie große Teile des Reiches kontrolliert; und nach der Rebellion von Huang Chao etablierten sie eigenmächtige Regimes, aus denen die »Fünf Dynastien« hervorgingen. Zugleich war Kaiser Taizus Coup, wie die Unterdrückung des Buddhismus ein Jahrhundert zuvor, ein Schlag gegen die Fremden: denn viele Militärs (nicht nur An Lushan) waren Angehörige der Steppenvölker. Er war ein Schritt in der großen Bewegung von der Aristokratie zur Bürokratie, von militärischen zu zivilen Werten, vom Buddhismus zum Konfuzianismus, von Offenheit zu Geschlossenheit, von einer multikulturellen zu einer patriotischen Gesellschaft.

Die Entmachtung der Kommandeure hatte mitnichten eine Verkleinerung des Heeres zur Folge, ganz im Gegenteil: Taizu hatte in den 970er Jahren 378 000 Mann unter Waffen, unter seinem Nachfolger, Kaiser Taizong (976–997), wuchs die Armee auf 660 000 Mann, im frühen 11. Jahrhundert sollen es 912 000 gewesen sein. Mit dieser Streitmacht gelang es den Song, innerhalb von wenigen Jahren fast ganz China zu einen. Wiederum führte der Weg über Sichuan, das 965 erobert wurde; von dort aus drangen die Song 971 in die südlichen Küstengebiete vor, besiegten 978 Wu-Yue am Yangzi-Delta und 979 schließlich den kleinen Staat der »Nördlichen Han« im heutigen Shanxi.

Allein die 16 Präfekturen in Nordchina, die von den Khitan besetzt waren, konnten die Song nie zurückerobern. 986 erlitten sie unter Kaiser Taizong eine so desaströse Niederlage gegen die Khitan, dass sich jeder weitere Vorstoß verbot. Die Song mussten sich auf ein Gebiet von rund 3 Millionen km^2 beschränken – ein weitaus kleineres Reich als das der Tang. Doch selbst diese Zahl ist irreführend, denn das gesamte Gebiet südlich des Yangzi war nach wie vor nur punktuell, entlang der Küsten und Flüsse besiedelt; im Gebiet des heutigen Hunan herrschten bis Ende des 11. Jahrhunderts autonome Stämme der Man, und der gesamte Südwesten (heute Guizhou und Yunnan) war noch gar nicht erschlossen.

Während den Song von Süden kaum Gefahr drohte, mussten sie den Frieden im Norden durch Verträge sichern. 1005 schlossen die Song in Shanyuan, nahe Kaifeng, den ersten Vertrag mit den Liao, in dem sie sich zu jährlichen »Beiträgen« von 200 000 Ballen Seide und 100 000 Unzen Silber verpflichteten; 1042 folgte ein weiterer Vertrag mit den Liao, 1044 ein ähnlicher mit dem Xixia-Reich der Tanguten. Trotz der Größe des Heeres – die Schwächung des Militärs führte zwangsläufig zu militärischer Schwäche.

Die Vollendung des Beamtenstaates

Paradoxerweise dürfte gerade die Schwäche des Militärs eine Stärkung des Reichs und seinen Zusammenhalt im Inneren bewirkt haben. Denn die Song hatten sich den Frieden zu günstigen Konditionen erkauft: die Tribute an die Liao machten anfangs weniger als 2 % und selbst am Ende des 11. Jahrhunderts nicht mehr als 5 % des Staatsbudgets aus. Indessen wuchs die Bevölkerung des Landes, der Binnenhandel florierte, und die Steuereinnahmen stiegen: Mitte des 11. Jahrhunderts wurden 20mal so viele Steuern eingenommen wie im 8. Jahrhundert. All das erlaubte den Song, die Zentralmacht zu sichern und eine stabile Regierung aufzubauen. Die gewandelte Gesellschaft stellte somit die Mittel für den rationalen Beamtenstaat bereit, der China bis ins 20. Jahrhundert prägen sollte. Sie war zugleich auch der Grund, weshalb dieser Staat notwendig wurde: gerade die neugewonnene Vielfalt und die Steigerung von Handlungsmöglichkeiten erforderten bessere Koordination und Kontrolle. Schon die Mohisten hatten den Ursprung des Staates in sozialer Diversität verortet (S. 110). Je größer nun Mobilität und Kreativität der Gesellschaft, desto eiserner musste der Staat sie in den Griff nehmen. Seine Instrumente waren ein als absolut stilisierter Kaiser und eine professionelle Bürokratie.

Die Verwaltung gliederte sich in drei Stränge: Militärverwaltung, Zensorat und Zivilverwaltung. An der Spitze der Zivilverwaltung standen zwei Kanzler (*zaixiang*), die eng mit dem Kaiser zusammenarbeiteten. Ihnen unterstanden die traditionellen sechs Ministerien. Dort wurden Throneingaben und Erlasse weitergeleitet sowie der Schriftverkehr mit den Lokalbehörden in den 26 Provinzen, 300 Präfekturen und 1230 Kreisen geregelt. Etwa 12 000 Beamte waren in diesem komplexen System beschäftigt, davon alleine zwei Drittel in der Hauptstadt: ein Indiz für die hochgradige Zentralisierung des Song-Staates.

Die Beamten bildeten den Kern einer neuen gesellschaftlichen Elite, die nicht mehr auf erblichen Rechten beruhte, sondern auf persönlicher Leistung. Die Song-Beamten waren gebildet, selbstbewusst und wohlbezahlt: neben einem monatlichen Gehalt in Bargeld erhielten sie üppige Getreiderationen, Seide, Wein, Salz und andere Güter. Zudem waren Beamte von Steuern und Arbeitsdiensten befreit, sie genossen rechtliche Privilegien und durften 54 Tage im Jahr Urlaub nehmen.

Die Beamten – Europäer nannten sie später »Mandarine« – waren die eigentlichen Herren im Reich. Sie waren Professoren, Priester, Juristen und Staatsmänner zugleich. Ausgestattet mit unanfechtbarer Deutungs- und Definitionshoheit, trafen sie alle wichtigen Entscheidungen und lieferten zugleich die guten Gründe dafür. Zwar konnten sie dem Kaiser, anders als die adligen Militärs des Mittelalters, keineswegs auf Augenhöhe gegenübertreten oder gleichberechtigt mit ihm diskutieren. Sie mussten ihre Anliegen in schriftlichen Eingaben und auf Knien vorbringen. Doch trotz aller formalen Unterwürfigkeit – der Kaiser hatte auf die Beamten zu hören. Er musste ihre Kritik tolerieren und sich ihren Regeln unterwerfen. Unmissverständlich schrieben sie ihm ins Stammbuch:

> Jedes einzelne Wort, jede Handlung des Herrschers wird von den Geschichtsbeamten vermerkt. Wenn Ihr, Eure Majestät, es an Tugend mangeln lasst, wird es nicht nur dem Volk zum Nachteil gereichen, sondern, in den historischen Akten vermerkt, zum Spott von 10 000 Generationen werden. Daher solltet Ihr früh aufstehen, spät zu Bett gehen und darauf achten, Euch zu kultivieren; Ihr solltet mit Anstand die Aufgaben erledigen und der Sitte gemäß Eure Sinne regeln. Auch das geringste Gute muss getan werden; auch das geringste Übel muss vermieden werden. (*Xu Zizhi tongjian changbian* 357)

Eine Laufbahn im Staatsdienst wurde nun zu einer äußerst attraktiven, ja zur einzig respektablen Karriere in der chinesischen Gesellschaft, und sie blieb es bis ins 20. Jahrhundert. Auch wenn in der Song-Zeit weiterhin viele Männer (Frauen blieben ausgeschlossen) durch Empfehlungen auf Verwaltungsposten kamen, wurden die Prüfungen zum Königsweg der Beamtenkarriere. Während unter den Tang nur rund 10 % der Beamten durch Prüfungen qualifiziert waren, besaßen Mitte des 11. Jahrhunderts 57 % der Beamten akademische Titel. Jetzt wurden regionale Quoten eingeführt, um die Zahl der Absolventen zu begrenzen. Nur 1,5 % der Kandidaten durchliefen alle drei Stufen des Systems und bestanden auch die Palastprüfung, deren Vorsitz der Kaiser selbst innehatte: ein hochsymbolischer Akt, der die persönliche Bindung der angehenden Beamten an den Kaiser bekräftigte.

Prüfungen 科舉

Nichts hat die Elite des späten Kaiserreichs so nachhaltig geformt wie das Prüfungssystem. Im frühen 7. Jahrhundert unter den Sui und Tang eingeführt, blieb seine Bedeutung für die Rekrutierung von Beamten zunächst marginal. Bis ins 8. Jahrhundert gab es kaum eine Handvoll von Kandidaten in jeder Präfektur, während die meisten Posten weiterhin über Empfehlungen vergeben wurden. Daoismus gehörte damals noch ebenso zum Prüfungsstoff wie Recht, Mathematik, Kalligraphie, Astronomie; in den höchsten Prüfungen waren nicht nur Klassiker-Kenntnisse, sondern auch literarisches und speziell lyrisches Talent gefragt. Erst im 11./12. Jahrhundert, als das Prüfungssystem immer dominanter wurde, engte sich ihr Themenspektrum auf den konfuzianischen Kanon ein, der mitsamt Kommentaren auswendig zu lernen war.

Überall im Land wurden staatliche und private Schulen gegründet, in denen Kinder von 7 bis 13 Jahren die Anfangsgründe der Schrift, etwa 20 Zeichen pro Tag, sowie die Texte der konfuzianischen Tradition lernten. Sie begannen mit Fibeln wie dem *Tausend-Zeichen-Text* (*Qianzi wen*) und dem *Drei-Zeichen-Kanon* (*Sanzi jing*), der Grundsätze der konfuzianischen Lehre in dreihebigen Versen zusammenfasst. Gleich am Anfang formuliert er das Lebensprogramm der Kandidaten:

> Im Anfang sind die Menschen Von Natur aus gut; / Durch die Natur sich nahe, Durch Übung sich entfernt; / Werden sie nicht belehrt, Verirrt sich die Natur; / Drum liegt der Weg der Lehre In Achtsamkeit und Ehrfurcht. (*Sanzi jing* 1)

Im Lehrplan folgten dann meist das *Xiaojing* und das *Lunyu*, zwei kürzere Texte, bevor es die übrigen kanonischen Schriften des Konfuzianismus sowie Geschichtswerke und Lyrik galt. Die talentiertesten Schüler konnten ihre Studien in staatlichen Hochschulen – die angesehenste war die Kaiserliche Hochschule in der Hauptstadt – fortsetzen, die direkt auf die Prüfungen vorbereiteten. Denn alles Wissen nützte wenig, wenn die Studenten die Beamtenprüfungen nicht bestanden. Diese waren in der späten Kaiserzeit in drei Stufen gegliedert. Wer – nach einigen qualifizierenden Prüfungen – die unterste Prüfung auf lokaler Ebene bestand, wurde zum *shengyuan*: ein achtbarer Titel, mit dem man zur Gentry gehörte, aber kein Amt bekam. Die nächsthöheren Prüfungen auf Provinzebene führten zum *juren*-Titel, der für niedrige Ämter qualifizierte. Erst den Absolventen der Reichsprüfung in der Hauptstadt, die den Titel *jinshi* erwarben, standen die Tore für hohe Beamtenposten offen.

Die Prüfungen, die alle drei Jahre auf großen, ummauerten Prüfungsgeländen stattfanden, waren streng geregelt. Kandidaten mussten sich ausweisen und einer Leibesvisite unterziehen (auch ihnen waren Spickzettel, sogar ganze Spickhemden, »Ärmelausgaben« kanonischer Texte und andere unerlaubte Hilfsmittel nicht fremd), bevor sie ihre Einzelzellen betraten. Dort mussten sie dreimal drei Tage lang vor allem Fragen zu den *Vier Büchern* und einer kanonischen Schrift bearbeiten, bei denen jeweils ein Zitat gegeben wurde, das in einem kurzen Aufsatz zu kontextualisieren, zu kommentieren und zu diskutieren war. Weitere Aufgaben zu Verwaltungsfragen, juristischen und politischen Themen kamen hinzu, waren aber für das Bestehen nicht ausschlaggebend.

Bei alledem ging es nicht um Kreativität, sondern um Kenntnisse der orthodoxen Auslegungen und formale Korrektheit. Seit dem späten 15. Jahrhundert mussten Prüfungsfragen in Form eines »Achtgliedrigen Aufsatzes« (*bagu wen*) beantwortet werden: eine strikte Vorgabe, durch die Prüfungen weniger zu intellektuellen als zu formalen Hürden wurden. Der »Achtgliedrige Aufsatz« ist zum Inbegriff eines geisttötenden Systems geworden, das »mehr Schaden angerichtet hat als Bücherverbrennung und Mord an Gelehrten«, wie Yan Yuan (1635–1704) es ausdrückte: »seit Jahrhunderten hat es uns in alte Papiere gezwängt, Kraft und Gesinnung erschöpft und schwache, kranke nutzlose Menschen hervorgebracht«.

Trotz aller Kosten, Strapazen und Zumutungen und trotz der verschwindend geringen Aussicht auf Erfolg nahmen Abermillionen von jungen Männern die jahrelangen Mühen auf sich: »Der Schall ihrer Lektüre war überall zu hören.« Mitte des 19. Jahrhunderts stellten sich jeweils zwei Millionen Kandidaten der untersten Prüfung, die nur 1,5 % bestanden. Auf den nächsten Stufen wurde es nicht leichter, und nur einem von 6000 Kandidaten gelang es, den höchsten Titel zu erhalten. Das Durchschnittsalter der *jinshi*-Absolventen lag bei etwa Mitte dreißig, sie hatten rund drei Jahrzehnte auf das Studium verwendet. Für viele wurden die Prüfungen sogar zur Lebensaufgabe.

> Eine Prüfung folgt auf die andere; im Handumdrehen ist der Mensch alt geworden und kann uns keinen Schaden mehr anrichten: darin erfüllt sich der Wunsch des ersten Ming-Kaisers. Die Absicht dahinter ist, die Talente des Reichs zugrunde zu richten, nicht, sie zu fördern.
>
> (Feng Guifen, *Jiao Bin lu kangyi* 31)

Kein Wunder, dass schon Kaiser Taizong der Tang angesichts der Prüfungskandidaten in der Hauptstadt ausgerufen hatte, er habe jetzt »alle Talente und Helden des Reiches im Sack«. Die Beamtenprüfungen waren nicht nur ein ausgefeiltes System ideologischer Indoktrination, sondern auch ein probates Mittel, die Elite ruhigzustellen. Als sie 1905 abgeschafft wurden, fiel kurze Zeit später auch das Reich.

Die Gentrygesellschaft

Die neue Elite war nicht hereditär geschlossen, sondern offen: mit dem Prüfungssystem sollte prinzipiell jeder die Möglichkeit erhalten, zur herrschenden Elite aufzusteigen. Nur wenige Gruppen – Kriminelle und »Niederes Volk«, Mönche, auch Händler – waren von den Prüfungen ausgeschlossen. Zudem wurden umfangreiche Vorkehrungen getroffen, um Chancengleichheit zu gewährleisten: zwei Gutachter mussten die Arbeiten unabhängig beurteilen, die Namen der Kandidaten wurden unkenntlich gemacht, schließlich wurden die Arbeiten sogar von Schreibern kopiert, so dass Prüflinge nicht an ihrer Handschrift zu erkennen waren.

Dennoch schufen die Beamtenprüfungen keineswegs gleiche Chancen für alle, sondern allenfalls innerhalb einer Elite. Nur sie konnte es sich leisten, ihre Söhne von der Arbeit freizustellen, ihnen jahrzehntelange Ausbildung, kostspielige Reisen und alle weiteren Ausgaben zu finanzieren. Die Teilnahme an den Prüfungen war keine individuelle Entscheidung, sondern meist ein koordiniertes Familienunternehmen. Reiche Clans investierten gezielt in die Karriere ihrer Söhne, indem sie Hauslehrer beschäftigten oder sogar eigene Schulen betrieben. Trotz der vielzitierten Erfolgsgeschichten von bettelarmen Studenten, die ihre ersten Zeichen mit Stöcken in den Staub kritzelten, Reisig klaubten, um sich zu ernähren, und »im Licht von Glühwürmchen studierten« – die meisten Absolventen des Prüfungssystems hatten zumindest entfernte Verwandte, die einen Titel besaßen. Wohlhabende Familien, die keinen Beamten vorzuweisen hatten – Händler etwa –, investierten in das Prüfungssystem, indem sie Titelträger mit ihren Töchtern verheirateten (nicht immer mit einwandfreien Mitteln: bisweilen ließen sie erfolgreiche Kandidaten direkt nach Ergebnisverkündung gewaltsam entführen, um ihnen nachdrücklich die Hand ihrer Tochter anzutragen).

Zwar war die bestandene Prüfung keineswegs eine Garantie für ein Amt. Doch auch ohne offiziellen Posten gehörten die Titelträger – weniger als 0,1 % der Bevölkerung – und ihre Familien zur Elite. Dieser neue »Adel des Pinsels«, dessen Macht sich auf Titel *und* Vermögen – meist Landbesitz – gründete, wird in Anlehnung an die englische Geschichte oft »Gentry« genannt. Die Mitglieder dieser Gentry bestimmten Politik und Kultur seit der Song-Zeit: als Beamte in der Zentrale und außer Amt in ihrer Heimatregion.

Die Macht der Gentry stand im umgekehrten Verhältnis zur Ohnmacht des Staates. Denn die Song und ihre Nachfolger verfügten bei weitem nicht über ausreichende Mittel, ihr Reich administrativ zu durchdringen. Schon die Zahlen machen das deutlich: von 12 000 zivilen Beamten, die es im 12. Jahrhundert gab, waren nur 4000 außerhalb der Hauptstadt postiert; von diesen wiederum hatten die meisten Aufsichtsfunktionen innerhalb der Administration inne. Lediglich die Magistrate, einer in jedem der 1230 Kreise, erfüllten direkte Verwaltungsaufgaben: ein Beamter auf durchschnittlich 2400 km^2 und 80 000 Menschen! Und wie waren diese Beamten für ihre Aufgabe gerüstet? Sie hatten für die Prüfungen »10 000 Rollen Bücher gelesen, aber keinen einzigen Paragraphen der Gesetze«, wie Su Dongpo einmal schrieb – und nun sollten sie Recht sprechen. Mehr noch: Beamte durften, um Vetternwirtschaft zu vermeiden, grundsätzlich nicht in ihrer Heimatprovinz wirken, und sie wurden im Durchschnitt alle drei Jahre auf einen neuen Posten versetzt. Einsam und in fremden Landen, waren die Magistrate dringend auf die informelle Zusammenarbeit mit der lokalen Gentry angewiesen, um ihre Aufgaben zu erfüllen.

Die Gentry bildete die entscheidende Verbindung zwischen Staat und Untertanen auf Kreisebene. Sie besaß die Ortskenntnisse, die für effektive Lokalverwaltung notwendig waren, und die Ausdauer, um langfristige Projekte durchzuführen. Während Magistraten hauptsächlich daran lag, in ihrer begrenzten Amtszeit Frieden und regelmäßige Steuereinnahmen zu sichern, konnte sich die Gentry für den Bau von Schulen, Brücken, Deichen, Kanälen und Speichern sowie die Organisation lokaler Ordnungskräfte einsetzen, von denen ihr Heimatkreis auf lange Sicht profitieren würde. Dass auch die Gentry selbst weidlich davon profitierte, liegt auf der Hand.

An den Mechanismen der Gentry-Gesellschaft wird einmal mehr das Dilemma deutlich, an dem alle Regimes des chinesischen Kaiserreichs laborierten. Einerseits war der Staat zu schwach, um das Reich zentral zu regieren, und daher stets auf die Mitarbeit lokaler Eliten angewiesen; andererseits bildeten diese lokalen Eliten stets eine gefährliche Gegenmacht, die den Zentralstaat schwächen oder gar stürzen konnte. Staat und lokale Eliten waren Partner in der Ausbeutung wirtschaftlicher Ressourcen, aber Konkurrenten in ihrer Verteilung. So bildete sich im 10./11. Jahrhundert außerhalb staatlicher Reichweite eine Form der Grundherrschaft heraus, die fast feudalistische Züge annahm.

> Die Felder der Bauern gingen an die Reichen, die riesige Anwesen besitzen, deren Felder sich in ununterbrochener Folge erstrecken. Sie heuern umherziehendes Volk an, um die Felder zu bebauen. Mit Peitschen und Stöcken treiben sie sie zur Arbeit und behandeln sie wie Sklaven. Müßig sitzen sie da, beobachten alles und geben Befehle, während ihre Untergebenen für sie im Sommer Unkraut jäten und im Herbst ernten. (*Su Xun ji* 5)

Die Grundherren besaßen nicht nur das Land, sondern auch die Bauern, die es bearbeiteten. Wer Land kaufte, erwarb die Menschen darauf zugleich und konnte ihnen Frondienste, Abgaben und andere Pflichten auferlegen. Diese Leibeigenen, ebenso wie ihre Söhne und Töchter, waren dem Grundherrn rechtlich und fiskalisch unterstellt, nicht dem Staat: eine Art der Abhängigkeit, die sich kaum von Sklaverei unterschied. Es wirkt fast hilflos, wenn Kaiser Renzong 1027 in einem Erlass verfügte, dass Pächter künftig auch ohne Genehmigung ihrer Grundherrn das Land verlassen dürften – sie hätten aber erst die gesamte Ernte einzuholen und ihrem Grundherrn Mitteilung zu machen. Ob das Dekret befolgt wurde, ist zweifelhaft. Allemal war es die Gentry, die auf dem Land herrschte. Die Behörden hatten sich mit ihr zu arrangieren.

Die Kultur der Gentry

Spätere Beobachter hat weniger die politische Macht der Gentry beeindruckt als ihre verfeinerte Kultur: ihre humanistische Universalität und feingeistige Literatur, ihre Denkfreiheit, Staatsklugkeit und elegante Lebensart haben auch im Westen wesentlich zur Faszination für chinesische Kultur beigetragen.

Die Persönlichkeiten, denen die Zeit ihren Glanz und Reichtum verdankt, waren nicht etwa Spezialisten eines Metiers, sondern Amateure im besten Sinne: vielseitige Alleskönner, die es in jedem Fach zur Meisterschaft brachten. Die Song-Zeit hat einen ganzen Sternenhimmel solcher Universalgenies hervorgebracht: Feldherren, Maler, Beamte, Dichter, Historiker, Gelehrte, Kalligraphen und Kunstsammler – oft vereint in einer Person.

Niemand repräsentiert den universalen Gelehrten der Zeit besser als Ouyang Xiu. Der Verfasser zweier großer Geschichtswerke schrieb auch zarte Gedichte und zählt zu den brillantesten Prosaschriftstellern seiner Zeit; er gab der Literatenmalerei wichtige Impulse, seine Kalligraphien sind noch heute vorbildlich; er war Kunstsammler und geschmackvoller Connaisseur, betrieb antiquarische sowie bibliographische Studien, scharfsinnige Literaturkritik und besaß eine erlesene Buchsammlung von 10 000 Rollen. Ouyang Xiu war ein großer Staatsmann, bewundert für seinen Mut zu Kritik und Reform; er beeinflusste Generationen von Literaten durch seine Förderung des »Alten Stils« in der Literatur; und er war Hauptprüfer der legendären Prüfung von 1057, in der Su Dongpo, Su Che, Zhang Zai, Cheng Yi, Cheng Hao und Zeng Gong saßen, die zu den hervorragendsten Köpfen der Song rechnen.

Su Dongpo (1037–1101) ragte unter ihnen als das größte Talent seiner Zeit heraus, dessen überbordendes Genie sich auf alle Bereiche erstreckte. Ein überaus kreativer, sprachgewaltiger Dichter, geschliffener Rhetoriker und Meister des politischen Essays, beherrschte er alle Disziplinen des Pinsels gleichermaßen. Seine distinkte Kalligraphie, feine Malerei und stilsicheren Urteile machten ihn zu einem führenden Künstler der Zeit. Mehr als 3000 Stücke von Su Dongpo sind überliefert: Briefe, Gedichte, Essays, sogar Kochrezepte. Bleibenden Ruhm hat sich Su Dongpo auch als umsichtiger Magistrat von Hangzhou erworben. Noch heute trägt der Damm über den Westsee seinen Namen, ein Denkmal erinnert an seine Verdienste.

Die frühe Song-Zeit umweht eine Aura von Genialität, wie es sie nie zuvor und nie danach gegeben hat. Dennoch erscheinen uns ihre Helden nicht als entrückte Säulenheilige, sondern in all ihrer lebendigen Menschlichkeit: schrullig, widersprüchlich und verschroben. Die Literaten der Song, die ihre Stellung nicht durch Herkunft, sondern durch individuelle Fähigkeiten erworben hatten, waren kernige Persönlichkeiten. Ouyang Xiu, dieser Arbiter des guten Geschmacks, war zugleich ein Partylöwe und Schürzenjäger; Wang Anshi (1021–1086), der große Staatsmann, lief so verlottert und schmutzstarrend herum, dass seine Kollegen ihn einmal im Monat zwangen, zu baden und frische Kleider anzulegen; und Su Dongpo, dieser unerreichte Meister der schönen Künste, hatte ein derart loses Lästermaul, dass er sich mehrere Verbannungen einhandelte.

Eines Tages, als Su Dongpo Wang Anshi besuchte, der damals Reichskanzler und der mächtigste Mann seiner Zeit war, sah er ein angefangenes Gedicht zum »Lobpreis der Chrysantheme« auf dessen Schreibtisch liegen:

> Letzte Nacht trug der Westwind Kälte in meinen Garten. / Jetzt bedecken Blütenblätter golden den Boden.

Wohl wissend, dass Chrysanthemen ihre Blätter nicht verlieren, ergänzte Su Dongpo das Gedicht keck:

Herbstblüten lassen nicht wie die im Frühling die Blütenblätter fallen. / O Dichter! Denke auch bei Versen an die Wirklichkeit!

(Übersetzung: Hans Stumpfeldt)

Wenig später wurde Su Dongpo in das ferne Örtchen Huangzhou (nicht zu verwechseln mit Hangzhou) am Yangzi versetzt, was einer Verbannung gleichkam. Und siehe da, als er in Huangzhou ankam, wurde er gewahr, dass in diesem Krähwinkel die Chrysanthemen tatsächlich im Herbst ihre Blätter verloren – und verstand die subtile Rache Wang Anshis.

Gewiss, die Anekdote ist erfunden. Dennoch sagt dieser geistreiche Austausch von Bosheiten viel aus über die Gentry der Song und ihre komplexen Charaktere: hochgebildet, gedankenreich und geschmackvoll, zugleich schalkhaft und bei aller Ernsthaftigkeit ihres Schaffens nie so versteift, dass sie nicht selbstironisch darauf hinabblicken konnten. So dichtete Su Dongpo, als ihm, wieder einmal in Verbannung, ein Sohn geboren wurde:

Zu Klugheit und Verständigkeit werden Kinder stets erzogen, / Doch mich haben Klugheit und Verstand ein Leben lang betrogen; / Ich wünsche dir, mein Kind, mein Sohn, bleib nur recht dumm und plump, / Dann bringst du's ohne Leid und Not als Kanzler ganz nach oben.

(»Xi er«, *Su Dongpo quanji*, *xuji* 2)

Su Dongpos belesenen Zeitgenossen dürfte die feine Pointe dieser Verse nicht entgangen sein: denn auch Konfuzius hatte seine Schüler einst »dumm« und »plump« genannt (S. 91) – und doch wurden sie zu den »berühmtesten und angesehensten Männern des Reiches«.

Die Literaten der Song waren Meister der Zurückhaltung, der subtilen Andeutungen und feinen Schattierungen. Während die temperamentvollen Eliten der Tang kräftige Farben und scharfe Kontraste liebten, erbauten die Song sich an Nuancen und Halbtönen. Statt der bunten, lebhaften Keramikfiguren der Tang brachten sie zarte, monochrome Porzellanschalen hervor; anstelle von Pferden malten sie Vögel und Blumen; statt Wein tranken sie Tee; und Sport trieben sie gar nicht mehr. Sie waren empfindsam, verfeinert, urban.

Selbst die monumentale Landschaftsmalerei der Song bezeugt nicht etwa unverdorbene Naturverbundenheit, sondern Urbanität: sie bildet das vielfach gebrochene Naturverhältnis des Stadtmenschen ab, der die Natur aus souveräner Distanz betrachtet und zum Fluchtpunkt seiner

Ein Gentry-Bankett in luxuriösem Ambiente, mit erlesenen Speisen und Musik von Kurtisanen; Ausschnitt aus einem Rollbild von Gu Hongzhong (937–978).

Sehnsüchte macht. Die monochromen Darstellungen nebelverhüllter Berge, karger Wälder und stiller Flüsse, in denen sich die Spuren menschlichen Lebens verflüchtigen, entsprangen keineswegs der Ehrfurcht vor einer übermächtigen Natur. Denn während die Song-Maler sich in ihren Ateliers idealisierte Landschaften nach ihrem Geschmack gestalteten, wurden draußen Wälder abgeholzt, Sümpfe trockengelegt und Berge terrassiert. Die Song beherrschten die Natur und machten sie sich untertan. Die Natur verlor ihren Schrecken: erst dadurch wurde es möglich, sie verklärend darzustellen.

Während die Landschaftsmalerei an der kaiserlichen Akademie ihren Höhepunkt erreichte, pflegten Literaten wie Su Dongpo oder sein Zeitgenosse Mi Fei (1051–1107) einen Stil, der sich sorgfältig von der höfischen Tradition abgrenzte. Ihnen ging es nicht um realistische Abbildung eines Gegenstands: »Wer bei der Malerei an Ähnlichkeit denkt«, so Su Dongpo, »verdient, als ein Kind angesehen zu werden.« Diese »Literatenmalerei« (*wenren hua*) »lieh« sich die Formen der Gegenstände nur, um »Gedanken zu beschreiben« (*xieyi*). Das wahre Wesen der Malerei lag jenseits der Formen: in Ausdruckskraft, Individualität, Extravaganz der Pinselführung, in der sich die Persönlichkeit des Künstlers spiegelte. Mi Fei wurde wegen seiner überspannten Techniken »verrückt« genannt. Tatsächlich zeigen sich in seiner klecksenden Ablehnung künstlerischer Regeln die ersten Anzeichen einer Entwicklung, die – Jahrhunderte später – alle Konventionen zermalmen würde. Die Literatenmaler waren die Vorboten der Moderne.

Porzellan 瓷器

»In China gibt es einen ganz feinen Ton, aus dem Vasen hergestellt werden, die so lichtdurchlässig sind wie Glasflaschen«, schrieb der arabische Kaufmann Suleimann im 9. Jahrhundert, »obwohl diese Vasen aus Ton sind, sieht man von außen das Wasser in ihnen.« Chinesisches Porzellan erregte jahrhundertelang das Staunen der Welt. Nirgendwo anders gelang es, solche exquisiten »muschelähnlichen«, reich glasierten Tassen und Vasen herzustellen, hauchzart und doch bruchfester als gewöhnliche Keramik. Auf den Philippinen wurde chinesisches Porzellan wegen seines glockenartigen Klangs in Regenkulten verwendet; türkische Sultane aßen von nichts anderem, da sie glaubten, Porzellan verfärbe sich bei Berührung mit Gift; und Herrscher von Ostafrika bis Potsdam schmückten ihre Salons mit Porzellantellern.

Das Geheimnis der Porzellanherstellung lag in der Verwendung von Kaolin (*gaoling tu*), einem besonders reinen Ton, der mit Feldspat vermischt und bei einer Temperatur von über 1300 °C gebrannt wurde. Mit einer Glasur überzogen, verglast der Ton und wird transparent. In China dürfte dieses Verfahren schon im Mittelalter bekannt gewesen sein, in der Tang-Zeit wurden elegante buntglasierte Schüsseln und Vasen hergestellt, und unter den Song erreichte die Porzellankunst ihre Reife. Die klassisch-schlichten, monochromen Tassen und Schalen, die einen Dekor nur andeuten, das hauchdünne weiße Ru-Porzellan, die bläulich schimmernde Qingbai-Ware und das graugrüne Seladon markieren den Höhepunkt der chinesischen Keramikherstellung.

Seit 1004 stellten die Manufakturen von Jingdezhen (im heutigen Jiangxi) Porzellan für den Kaiserhof her, zunehmend aber auch für den Export. Zwischen dem 9. und dem 14. Jahrhundert wurden aus den Häfen Südchinas Millionen von Porzellangefäßen nach Japan, Südostasien, Indien und bis in den Persischen Golf verschifft. Zwischen Basra und der südchinesischen Küste erstreckten sich die »Porzellanrouten«, auf denen die großen chinesischen Hochseedschunken das begehrte Gut in den Westen brachten. Vor allem die weiß-blaue Ware, seit der Ming-Zeit geradezu industriemäßig hergestellt, war ein Exportschlager, den seit dem 17. Jahrhundert auch die Holländer nach Europa schifften.

Dennoch blieb die Herstellung des Porzellans noch lange das Geheimnis der Chinesen. Zwar experimentierten die Medici schon im 16. Jahrhundert mit weicherem, kälter gebranntem Porzellan, und in Delft wurden seit Mitte des 17. Jahrhunderts die berühmten blau-weißen Fayencen produziert, doch das waren nur dürftige Imitationen des Originals. Um 1683 scheint in England erstmals Hartporzellan hergestellt worden zu sein. Doch erst als es Johann Friedrich Böttger, einem gescheiterten Alchimisten am Hof Augusts des Starken, 1708 gelang, echtes Porzellan – »sehr schön weiß und durchscheinend« – aus Kaolin herzustellen, begann in Europa die Serienproduktion. 1710 wurde die Meißner Porzellanmanufaktur gegründet: mehr als ein Jahrtausend nach seiner Erfindung hatte Europa ein weiteres Produkt Chinas erfolgreich kopiert.

Der neue Konfuzianismus

Ein Leitmotiv der gesamten chinesischen Geistesgeschichte, ein Denkschema, das sich stets in Zeiten intellektueller Gärung in philosophischen Systemen niederschlug, ist die Kompensation: die allzu menschliche Neigung, die verstörende Inkohärenz der Welt durch einheitliche Weltbilder auszugleichen. Als die verwandtschaftliche Ordnung des Altertums zerbrach, entstanden Ursprungsmythen und Genealogien; den Dissonanzen der Chunqiu-zeitlichen Gesellschaft stellte Konfuzius seine Harmonielehre entgegen; die Zerwürfnisse der Kämpfenden Staaten brachten die Idee des Universismus hervor (S. 120); und die entwurzelten Eliten der späten Tang erfanden sich eine einheitliche kulturelle Tradition.

Die Suche nach Kontinuität und »durchgängigen« Linien charakterisiert die gesamte Umbruchszeit vom 8. bis 12. Jahrhundert. Du You (735–812), der größte Gelehrte des 8./9. Jahrhunderts, schrieb mit den *Durchgängigen Statuten* (*Tongdian*) die Geschichte amtlicher Institutionen seit frühesten Zeiten, denen im 12. und 13. Jahrhundert weitere »durchgängige« Enzyklopädien folgten; und Sima Guang (1019–1086), der umfassendste Historiker seit Sima Qian, beschrieb im *Durchgängigen Spiegel zur Stützung der Ordnung* (*Zizhi tongjian*) die Geschichte Chinas von der Zhanguo-Zeit bis zum Beginn der Song ungeachtet aller Dynastiewechsel als stetiges Kontinuum. Allemal dienten diese Darstellungen dazu, die Brüche und Widersprüche der Welt zu kompensieren: die Erfahrung der Diskontinuität durch Beschreibung von Kontinuität, die empirische Vielfalt durch theoretische Einheit.

Am deutlichsten wird dies an dem großartigen Gedankengebäude der Song-Zeit, der »Lehre vom Rechten Weg« (*daoxue*), in der westlichen Literatur meist »Neukonfuzianismus« genannt. Die Lehre vom Rechten Weg war jedoch keineswegs eine Erneuerung des ›Konfuzianismus‹ der Han-Zeit, sondern eine gänzlich neue Philosophie, die sich kritisch von der alten Lehre absetzte. Vehementer noch als ihre Vorgänger in der Tang-Zeit (S. 286) unterzogen Song-Gelehrte den Kanon, der seit gut

1000 Jahren maßgeblich war, der philologischen Kritik und lehnten seine Authentizität in Teilen ab.

Umso beflissener bemühten sich die Denker des Neukonfuzianismus darum, sich in eine noch ältere Tradition zu stellen. Sie fanden sie in Han Yus Lehre vom »Alten Stil« und der Überlieferung des Dao: »In den 1500 Jahren seit Konfuzius ist das Dao der Alten, verdorben durch Yang Zhu, Mozi, Han Fei, Zhuangzi, Laozi und schließlich Buddha, in Vergessenheit geraten«, schrieb Shi Jie (1005–1045). Die letzten 1200 Jahre mit den großen Dynastien Han und Tang, dem Buddhismus und all ihren kulturellen Leistungen seien ein Irrweg gewesen; nun sollte wieder an das unverdorbene Dao des Altertums angeknüpft werden. Tradition entstand dort, wo die Tradition verloren war.

Die Sehnsucht nach Tradition, d. h. Einheit in der Zeit, war nur ein Aspekt des Gedankens, der die gesamte Zeit beherrschte: des Willens zur Einheit. Das Zeitalter, in dem soziale Gegensätze in allen Bereichen – zwischen Eliten und Volk, Mann und Frau, Stadt und Land, Chinesen und ›Barbaren‹ – am schärfsten hervortraten, in dem der Buchdruck die Vielfalt des Wissens deutlicher als zuvor vor Augen führte: dieses Zeitalter war zugleich durchdrungen vom Gedanken der Einheit. Seinen klassischen Ausdruck fand er in einer kleinen Schrift des Zhou Dunyis (1017–1073), »Erklärung zum Abbild des Höchsten Endes« (*Taiji tushuo*), der Gründungsurkunde des Neukonfuzianismus:

> Endlos und doch höchstes Ende. Bewegt sich das höchste Ende, bringt es das Yang hervor; erreicht die Bewegung ihr Ende, kommt es zur Ruhe; in Ruhe bringt es das Yin hervor; erreicht die Ruhe ihr Ende, folgt wieder Bewegung. Einmal Bewegung, einmal Ruhe, so bilden sie gegenseitig ihre Wurzel; ein Teil Yin, ein Teil Yang, so richten sich die beiden Gegensätze auf. … Die fünf Wandelphasen sind eins in Yin und Yang; Yin und Yang sind eins im höchsten Ende; das höchste Ende ist im Grunde endlos.

In diesem ›konfuzianischen‹ Text verbindet Zhou Dunyi die Lehren von Yin und Yang sowie den Fünf Wandelphasen mit daoistischen und buddhistischen Begriffen: »endlos« bezeichnet im *Daode jing* den unverdorbenen Naturzustand und im Buddhismus den Zustand des *nirvāṇa*; und das »höchste Ende« bezeichnet im kanonischen *Buch der Wandlungen* den undifferenzierten Urzustand der Welt, in dem alle Gegensätze eins sind. Ebendies ist der Grundgedanke Zhou Dunyis und des gesamten Neukonfuzianismus: die *Einheit der Gegensätze*. Die fünf Wandelphasen, Yin und Yang, Natur und Mensch sind eins, ja der ganze Kosmos bildet eine Einheit mit dem Menschen. Am innigsten hat Zhang Zai (1020–1077) diese Allverbundenheit in seiner berühmten »Westinschrift« (*Ximing*) beschrieben, die zu einer Art Glaubensbekenntnis des Neukonfuzianismus wurde:

> Den Himmel nenne ich Vater, die Erde nenne ich Mutter; und ich in meiner Winzigkeit bin ihnen im Innersten verbunden. So sind die Grenzen von Himmel und Erde mein Körper, und ihre Leitlinien sind mein Wesen. Die Menschen sind meine Geschwister, die Dinge meine Gefährten.
>
> (*Zhengmeng* 17)

Wie schon der ›Konfuzianismus‹ der Han-Zeit, ist auch der Neukonfuzianismus ein Synkretismus, der mehrere Stränge der chinesischen Geistesgeschichte vereint: den alten Gedanken des Dao als Weltprinzip (S. 115), die Vorstellung von der »Vereinigung von Himmel und Menschen« (S. 158), aber auch die buddhistische Lehre, dass alle Dinge der Buddhanatur teilhaftig seien (S. 235) und somit die Gegensätze vereinten. »Nicht ein Ding unter dem Himmel, das nicht ich wäre«, schreibt Zhang Zai: das All ist im Einen und das Eine im All enthalten.

Doch wie überträgt sich das Eine in die Vielfalt der Dinge? Es blieb zwei Neffen Zhang Zais, zugleich Schülern Zhou Dunyis, vorbehalten, eine überzeugende Lösung für dieses Problem zu finden: Cheng Hao (1032–1085) und Cheng Yi (1033–1107). Jedes Ding, so die Brüder Cheng, gehorche einem spezifischen »Muster«, dem *li*.

> Alle Dinge haben ihr Muster. Das, wodurch das Feuer heiß, das Wasser kalt und das Verhältnis zwischen Herrscher und Untertan, Vater und Sohn geregelt ist: das sind ebendiese Muster. … Ein Ding existiert, weil sein Muster existiert. (*Er Cheng ji*, *Yishu* 19)

Mit ihrer Lehre vom *li* nahmen die Brüder Cheng einen Begriff auf, den 700 Jahre früher bereits der Mönch Zhidun als Ordnungsprinzip der Welt benannt hatte (S. 219); doch sie wandelten ihn auf bezeichnende Weise ab. Das »Muster« war kein einheitliches, transzendentes Prinzip, sondern individuell für jedes Ding, seine Stimme, die es in Einklang mit der kosmischen Symphonie brachte. So »laufen die Zehntausend Muster in einem einzigen Muster zusammen«, dem »himmlischen Muster« (*tianli*) oder einfach: dem Dao. Der Himmel, dem schon Liu

Zongyuan einen richtenden Willen abgesprochen hatte (S. 284), wurde in der »Lehre vom Dao« vollends depersonalisiert. Er war zum »Muster« geworden, rationalisiert und damit dem Verstand zugänglich.

Bei allem Einfluss des Buddhismus auf den Neukonfuzianismus – spöttische Zungen reden gar von »Neo-Buddhismus« – ist die »Lehre vom Rechten Weg« doch entschieden konfuzianisch. Ihre »Muster« sind nicht transzendent, sondern immanent; ihr Kosmos ist keine Illusion, sondern Realität; und die Einsicht in den universalen Zusammenhang ist für sie nicht Schlüssel zum »Verlöschen« und Weg aus der Welt, sondern Anleitung zum Handeln *in* der Welt.

> Konfuzianer, selbst wenn sie ins Übersinnliche geraten, zielen doch immer darauf, die Welt zu ordnen. Buddhisten, selbst wenn sie alle Zukunft retten, zielen doch immer darauf, die Welt zu verlassen. (*Xiangshan quanji* 2)

Die Neukonfuzianer leiteten aus der Kosmologie eine Ethik ab. Damit grenzten sie sich gegen den Buddhismus ab – aber auch gegen die Staatsprüfungen, die kein moralisches Handeln verlangten, sondern braves Studium. Für Zhou Dunyi, Zhang Zai und viele ihrer Zeitgenossen erschöpfte sich konfuzianische Gelehrsamkeit eben nicht in sturem Auswendiglernen und Prüfungen. Überhaupt sei es keine akademische Disziplin, sondern eine »Lebensweise«: wahre Bildung ende nicht in einer Beamtenkarriere, Weise würden keine Steuereintreiber oder Dorfrichter. Die Neukonfuzianer wehrten sich gegen ein Prüfungssystem, das lediglich seichte Dutzendgelehrte produzierte und nur mehr der Selbsterhaltung von Gentry und Bürokratie diente. Der bereits genannte Shi Jie brachte es bissig auf den Punkt: drei Irrlehren gebe es, schrieb er, »den Buddhismus, den Daoismus und die Staatsprüfungen«.

Die frühen Neukonfuzianer verstanden sich als Gemeinschaft von Puristen, die sich sorgfältig vom bürokratischen Lehrbetrieb distanzierte. Viele ihrer besten Köpfe machten bewusst keine Beamtenkarriere, sondern blieben Privatgelehrte und Lehrer, typischerweise in privaten Akademien. Allein Hu Yuan (993–1059), der einflussreichste dieser frühen Lehrer, soll in zwanzig Jahren mehrere tausend Männer unterrichtet haben – und zwar ganz anders als in staatlichen Schulen. Nicht Prüfungsvorbereitung stand dort im Mittelpunkt, sondern der »Weg der Weisen«: die Prinzipien (*ti*), ihre praktische Anwendung (*yong*) und ihr literarischer Ausdruck (*wen*).

> Das Verhältnis von Fürst und Untertan sowie Vater und Sohn, Menschlichkeit und Anstand, Sitten und Musik, die im Laufe der Zeit unwandelbar bleiben, sind die Prinzipien. Die kanonischen *Lieder* und *Dokumente*, die historischen, philosophischen und literarischen Werke, die der Nachwelt zum Vorbild gereichen, sind ihr literarischer Ausdruck. Die Fähigkeit, sie im Reich einzusetzen, das Volk zu bereichern und sie der kaiserlichen Ordnung zuzuführen, ist ihre praktische Anwendung. (*Song Yuan xue'an* 1)

Zu dieser »praktischen Anwendung« zählten denn auch Fächer wie Wirtschaft, Kriegskunst, Mathematik, Recht und Astronomie. Hu Yuan und andere mögen sich aus dem öffentlichen Leben zurückgezogen haben, doch im Kern ihrer Lehre war politisches Engagement angelegt. Wer das »Muster« der Welt erkannt hatte, musste es den nicht drängen, dieses Muster in der Gesellschaft zu realisieren? Trotz aller Morallehren waren auch Neukonfuzianer nicht so harmlos zu glauben, die Welt lasse sich allein durch die Überzeugung von Menschen verändern; vielmehr zielten ihre größten Bemühungen auf die Umformung von staatlichen Organisationen. Sie zielten auf institutionelle Reformen.

Reformen und ihr Scheitern

Trotz aller rückwärts gewandten Rhetorik waren die Neukonfuzianer keineswegs Konservative. Die Aneignung antiken Bildungsgutes hat in der chinesischen Geschichte stets der Rechtfertigung von Neuerungen gegolten; schon Wang Mang hatte die *Riten der Zhou* benutzt, um Reformen zu gestalten (S. 167); und auch hinter dem dekorativen Schlagwort von der »Rückkehr zum Altertum« steckte der Wille, etwas schlechthin Neues zu schaffen.

Der erste, der mit diesen Bemühungen ernst machte, war Fan Zhongyan (989–1052). Fan, eine der schillerndsten Persönlichkeiten des 11. Jahrhunderts, gab dem sozialen Bewusstsein der Zeit seinen klassischen Ausdruck, als er die vorbildliche »Gesinnung der Alten« beschrieb:

> Sie ergötzten sich nicht an Dingen und bemitleideten sich nicht selbst; weilten sie in hohen Hallen, so sorgten sie sich um das Volk, saßen sie an fernen Ufern, so sorgten sie sich um den Herrscher. Doch wenn man sich sowohl im Dienst sorgt als auch in der Zurückgezogenheit – wann freut man sich dann? Man muss wohl sagen: Sorge dich, bevor alle Welt sich sorgt, und freue dich, nachdem alle Welt sich freut! (»Yueyang lou ji«)

Fan war Sorgen gewohnt. Als Halbwaise unter ärmlichen Umständen aufgewachsen, hatte er das Prüfungssystem absolviert und war als Beamter dreimal wegen Kritik am Kaiser degradiert worden, bevor er es 1043 schließlich bis zum Vizekanzler des Kaisers Renzong (1022–1063) brachte. Mit Fan Zhongyan war zum ersten Mal ein Mann aus derart einfachen Verhältnissen auf eine derart hohe Position gekommen, und zwar zu einem kritischen Zeitpunkt.

Seit 1040 wurden die Song von Angriffen der Tanguten geplagt, und 1042 mussten sie in einem Vertrag mit den Liao ihre Tributzahlungen erhöhen. Vor allem die enormen Kosten des stehenden Heeres waren erdrückend. Auf über eine Million Mann war es mittlerweile angewachsen: »eine Millionen Soldaten, die in über hundert Jahren niemals eine Schlacht geschlagen haben und sich stattdessen satt essen, müßig dasitzen und sich amüsieren«, wie ein zynischer Zeitgenosse vermerkte. Diese Ausgaben stürzten die Song in empfindliche Finanznöte. Verwaltungsangestellte wurden oft nicht mehr bezahlt und mussten sich durch Korruption am Volk schadlos halten. Als 1043, nach dem Krieg gegen die Tanguten, eine empfindliche Teuerung den Reispreis auf das Fünffache ansteigen ließ, spitzte sich die Krise zu. Die Schwächen der Song-Politik wurden nun offenbar, und auch Kaiser Renzong erkannte die Notwendigkeit, das System im Kern zu reformieren. In dieser Situation legte Fan Zhongyan, mit dem unbelasteten Idealismus eines Newcomers ausgestattet, ein einschneidendes Reformprogramm vor, das den gesamten Beamtenapparat umbauen sollte.

Er forderte die Gründung eines landesweiten staatlichen Schulsystems, um – nach dem Vorbild privater Akademien – würdige Talente auszubilden – und zwar nicht nur in kanonischen Schriften, sondern auch in praktischen und ethischen Lehren. Denn, so Fans nächster Vorschlag, in den Beamtenprüfungen sollten nicht allein literarische Fähigkeiten, sondern auch der Charakter der Kandidaten bewertet werden. Auch in der Beamtenkarriere sollten Moral und Leistung die wichtigsten Kriterien sein: das Privileg hoher Beamter, ihre Ämter zu vererben, wollte Fan Zhongyan einschränken, und das Prinzip der Seniorität durch Leistungskriterien ergänzen. In beiden Fällen sollten Empfehlungen für Beförderungen notwendig sein. Zugleich wollte Fan die Gehälter für Provinzbeamte erhöhen, um Korruption und Unterschleif zu verhindern. Er sah zudem vor, die Landwirtschaft durch staatliche Wasserbauprojekte zu fördern und die Zahl der Landkreise zu verringern, um die Belastung der

Bauern durch Fronarbeiten zu senken. Die Landesverteidigung sollte durch ein Milizsystem gesichert werden, wie es unter den Tang existiert hatte, die Autorität des Kaisers gestärkt und Missachtung seiner Edikte streng bestraft werden.

Jeden dieser Reformvorschläge rechtfertigte Fan Zhongyan durch einen Verweis auf das Altertum oder eine kanonische Schrift. Noch immer waren Reformen nur im eigentlichen Wortsinn zu rechtfertigen: nicht als Schaffung von Neuem, sondern als Wiederherstellung eines früheren Zustands. So, wie die Neukonfuzianer sich der »ursprünglichen« Lehre zuwandten, versuchte Fan mit seinen Reformen, zu den Wurzeln des Beamtenstaates zurückzukehren: zu einem System, das nicht von anonymen Routinen und schmalbrüstigen Bücherwürmern beherrscht wurde, sondern von integren, tugendhaften Männern der Tat, beseelt vom Ideal konfuzianischer Sittlichkeit und (buddhistischer) Sorge um das Wohl des Volkes. Dieser hehre Gedanke beflügelte eine ganze Generation idealistischer Beamter, unter ihnen auch der große Ouyang Xiu, die Fan Zhongyans Reformen unterstützten. In dem Maße, in dem die Routinen des bürokratischen Staates sich wie Mehltau über das politische Leben legten, gewann das Thema »Reform« an Bedeutung: nicht etwa, um das System abzuschaffen, sondern um es weiter am Laufen zu halten.

Doch Fans Reformen scheiterten am vehementen Widerstand von Karrierebeamten, die ihre Position gefährdet sahen. Sie warfen der Gruppe um Fan Zhongyan vor, durch Einführung von moralischen Kriterien und Empfehlungen Kriecherei, Schranzentum und Cliquenwirtschaft zu fördern. Ja, sie bezichtigten die Reformer, selbst eine »Clique« (*dang*) zu bilden, was im höchsten Maß verwerflich sei. Damit wurde ein altes Thema aufgegriffen (S. 178), das die politische Diskussion noch bis ans Ende der Kaiserzeit beschäftigen sollte: die Rolle des Lobbyismus.

Während in der Adelsgesellschaft die großen Familien für Binnendifferenzierung der Elite sorgten, übernahmen im Beamtenstaat Gruppierungen Gleichgesinnter diese Funktion. Doch die Bildung solcher »Cliquen« – *dang* war ein Kampfbegriff, der stets auf andere gemünzt war – blieb suspekt. Der zentralisierte Einheitsstaat war gerade darauf ausgerichtet, konkurrierende Machtzentren auszuschalten. Seine ungeschriebene Verfassung erforderte zentrale Entscheidungen, nicht dezentrale Meinungsbildung, einheitliche Ideologie, nicht das freie Spiel der Meinungen. Das Regierungssystem des chinesischen Kaiserreichs war nie »demokratisch«: institutionalisierte Interessenvertretung war nicht vorgesehen, die Bildung von Parteien (in Europa die Voraussetzung für geordneten Machtwechsel, also für Demokratie) wurde geächtet – und zwar von anderen Parteien.

Dieses Schicksal ereilte auch den mutigsten, zugleich umstrittensten Reformer der Song-Zeit, Wang Anshi (1021–1086). Wang kam, wie Fan Zhongyan, aus dem Süden des Song-Reiches; er war einer der Brillantesten jener aufstrebenden Klasse von Literaten, die sich für den Umbau des Systems einsetzten. Denn nach dem Scheitern Fan Zhongyans hatten sich die Probleme des Staates verschärft.

Als Wang 1069 unter Kaiser Shenzong (1067–1085) zum Kanzler wurde, verschlangen die Verteidigungsausgaben bereits über 80 % der Staatseinnahmen. Zugleich brachten die großen Gutshöfe mit ihren Pächtern den Staat um ein Gutteil seiner Steuern. Die Song hatten seit Jahrzehnten versucht, dem steigenden Geldbedarf zu begegnen, indem sie mehr und mehr Kupfermünzen gossen. Waren es unter den Tang noch 100 000–200 000 Schnüre (an denen jeweils 1000 Münzen aufgefädelt waren) pro Jahr, so stieg die Zahl im 11. Jahrhundert auf mehr als eine Million Schnüre, 1080 waren es sogar sechs Millionen. Song-Münzen kursierten nicht nur in China, sondern auch in Japan, Korea, Südostasien. So bildete sich eine Art ostasiatische »Währungsunion«, die maßgeblich zum wirtschaftlichen Wachstum in allen beteiligten Ländern beitrug. Dabei fiel jedoch der Kupferanteil der Münzen immer weiter, so dass sie beständig an Wert verloren.

Es war nur folgerichtig, dass Wang Anshi die Finanzpolitik ins Zentrum seiner großangelegten Reform stellte. Er gründete eine Finanzkontrollbehörde, die zentral über die Staatsfinanzen entschied: ein wichtiges Instrument, um »den Staat zu bereichern und das Militär zu stärken«. Die Devise klingt nicht zufällig legistisch (S. 123); tatsächlich wollte Wang die Staatsfinanzen weniger durch konfuzianische Sparsamkeit kurieren als durch staatliche Steuerung der Wirtschaft. Er schuf zunächst ein System staatlicher Darlehen für Bauern, günstig zu 20 % verzinst, um sie vor Wucherern zu schützen, die nicht selten 100 % Zinsen verlangten. Zudem versuchte er, die Landnutzung zentral zu registrieren und Steuern neu festzusetzen, um die Lasten gerechter zu verteilen. Mit diesem Geld sollte der Staat in Zeiten des Überflusses Getreide zu niedrigen Preisen aufkaufen, das er in Krisenzeiten wieder günstig verkaufen konnte. Der Staat sollte zum aktiven Wirtschaftsteilnehmer werden – auch das ein Motiv legistisch orientierter Politik.

Wang Anshi richtete Nachbarschaftsverbände (*baojia*) ein, in denen das Volk in Gruppen zu 10, 50 und 500 Familien organisiert wurde. In Kriegszeiten sollten sie das Land verteidigen, in Friedenszeiten die innere Sicherheit garantieren. Wie unter den Qin, diente die Organisation zur Überwachung des Volkes nach dem Prinzip gegenseitiger Verantwortung – aber auch zur Auflösung lokaler Machtstrukturen. Schließlich reformierte Wang Anshi auch das Prüfungssystem, indem er Sachfächer wie Recht, Geographie, Militärwesen und Geschichte gegenüber den kanonischen Texten aufwertete. Wang wollte qualifizierte Fachbeamte ausbilden, und er wollte sie sowie ihr Verwaltungspersonal gut bezahlen, um der weitverbreiteten Korruption vorzubauen.

Das gigantische Reformprogramm – Wang rechtfertigte es durch beste konfuzianische Tradition: *Mengzi* und die *Riten der Zhou* – war einerseits dazu angetan, die Not der Bauern zu lindern und die Verwaltung zu verbessern. Andererseits dienten die Reformen dazu, den Zentralstaat gegenüber der Peripherie zu stärken. Steuerreform und Registrierung des Bodens stärkten die fiskalische Kontrolle in den Provinzen; der Ausbau der Lokalverwaltung schwächte den Einfluss der Gentry; die Nachbarschaftsverbände durchkreuzten Clanstrukturen; staatliche Kredite und Getreideverkäufe störten die Machenschaften lokaler Geschäftsleute; und die Reform des Prüfungswesens gefährdete die Pfründe etablierter Gentryfamilien. Mit Wang Anshis Reformen sagte der Zentralstaat den peripheren Machthabern den Kampf an – und verlor.

Die Reformen stießen von Anbeginn auf heftigen Widerstand. In vielen Provinzen wurden die staatlichen Vorgaben schlichtweg nicht in die Tat umgesetzt, und in der Zentrale opponierten die namhaftesten Gelehrten dagegen. Keine Geringeren als Sima Guang, Cheng Yi und Su Dongpo führten diese Opposition an, ja sogar der Altreformer Ouyang Xiu wandte sich gegen Wang Anshi. Sie warfen ihm vor, sich zu viel Macht anzumaßen, mit seiner Wirtschaftspolitik Profitstreben und Egoismus zu fördern, in unangemessener Weise in das Leben der Menschen einzugreifen und durch die Vereinheitlichung von Standards regionale Besonderheiten zu missachten.

Wie schon in früheren Debatten, zielten solche Argumente weniger auf das Gemeinwohl als auf das Machtinteresse politischer Gruppen. Denn den Neukonfuzianern ging es keineswegs um friedliche Harmonie, sondern um eine gesellschaftliche Ordnung, in der die Oberschicht alle vertrat. Wer die Privilegien dieser Oberschicht in Frage stellte, musste schärfsten Widerstand gewärtigen. Wang Anshi wurde 1074 von seinen Gegnern am Hof – bezeichnenderweise gehörten auch die Kaiserinwitwe und Eunuchen dazu – so heftig angegriffen, dass er aufgab. Zermürbt und desillusioniert, »eine Leiche im Amt«, bat er den Kaiser um seine Entlassung. Er war gescheitert an der Zähigkeit etablierter Interessengruppen, der Gentry.

Der Verlust des Nordens

Seit dem Rücktritt Wang Anshis fand die Politik der Song keinen stabilen Kurs mehr. Kaiser Shenzong hielt an den Reformen fest, rieb sich aber in katastrophalen Feldzügen gegen die Tanguten auf.

Als er 1085 gestorben war, wurde der konservative Sima Guang zum Kanzler und machte die Reformen Wangs allesamt rückgängig. Doch es stellte sich heraus, dass auch die Gegner der Reformen sich keineswegs einig waren, und so kam es zu jahrelangen Fraktionskämpfen und einem Hin und Her zwischen Reform und Reaktion.

Niemand symbolisiert das steuerlos dahintreibende Staatsschiff der Song besser als der Kaiser selbst: Huizong, der von 1100 bis 1126 die Song regierte. Er war einer der kultiviertesten Herrscher, die China je besessen hat: ein Dichter, Künstler und Connaisseur, ein Träumer auf dem Thron. Huizong widmete sich mit Hingabe den Künsten. Fast 6400 Bilder von über 200 Malern umfasste seine Gemäldesammlung, er selbst war ein begnadeter Maler und Kalligraph. Seine Gemälde von Blumen und Vögeln waren Höhepunkte des Genres, seine unverwechselbaren feingliedrigen Schriftzeichen wurden stilbildend. Huizong sammelte auch antike Jadeschnitzereien und Bronzen. Unter der Devise der »Rückkehr zum Altertum« war das antiquarische Interesse an den Ritualgefäßen der Shang und Zhou (Farbabb. 9) erwacht. Nicht nur als Dekoration oder Insignien der Macht wurden sie interessant, sondern auch wegen ihrer Inschriften, die jetzt eifrig studiert wurden. Kataloge aus dem 11. und 12. Jahrhundert verzeichnen Hunderte antike Bronzen nebst Inschriften: die ersten Früchte der chinesischen Epigraphik.

Kaiser Huizongs Hingabe an Kunst und Kultur entsprach ganz dem Lebensstil der gelehrten Elite. Sein Beitrag zur Institutionengeschichte lag in der großzügigen Förderung der kaiserlichen Kunstakademie; und statt in das Militär investierte Huizong Unsummen in seinen Lustgarten

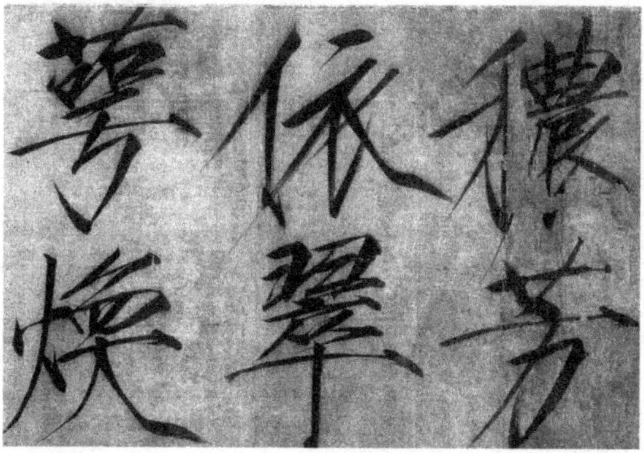

Kalligraphie Kaiser Huizongs, dessen preziöser Stil »Feingliedriges Gold« genannt wurde.

in Kaifeng: eine gigantische Berglandschaft von 5,5 km Umfang mit Bambushainen, Wasserfällen, exotischen Pflanzen, romantischen Brücken und Pavillons. Für dieses künstliche Paradies der Unsterblichen ließ er mit ungeheurem Aufwand Pflanzen und Zierfelsen aus allen Teilen des Reiches beschaffen. Einige dieser Felsen waren so groß, dass »Deiche durchbrochen, Brücken zerstört und Stadtmauern durchstoßen werden mussten«, um sie nach Kaifeng zu bringen – ein Unternehmen, das Tausende Arbeiter beschäftigte und Millionen kostete.

Im übrigen pflegte Kaiser Huizong, ein Anhänger des Daoismus, seine eigene Variante des »Nichttuns«. Die Niederungen der Politik überließ er weitgehend den »sechs Schurken« um den Kanzler Cai Jing (1046–1126): korrupten, inkompetenten Raffzähnen, denen die Geschichtsschreibung die Schuld an der Katastrophe zuschreibt, die den Hof bald ereilte. Denn nordöstlich des Song-Reichs war im frühen 12. Jahrhundert eine neue Großmacht entstanden, die dem schönen Hofleben binnen kurzem ein Ende bereiten sollte: die Jurchen.

Die Jurchen (chin. Ruzhen) waren tungusische Stämme aus den Wäldern der Manjurei, nördlich des Liao-Reichs: Jäger und Fischer, die in Erdlöchern und Blockhütten wohnten, ihre Haare in lange Zöpfe gebunden trugen und als wüste Trunkenbolde galten.

> Diese Leute sind kühn und furchtlos, betrügerisch, habgierig und brutal … Sie lieben den Schnaps und töten gern. … Wenn sie betrunken sind, müssen sie mit Stricken gebunden werden, bis sie wieder nüchtern sind, damit sie niemanden umbringen. (*Da Jin guozhi* 39)

Die Liao, denen sie tributpflichtig waren, sollen sie wie primitive Barbaren behandelt, ihre Führer verhöhnt und ihre Frauen geschändet haben. Doch 1113 gelang es dem Führer des Wanyan-Stammes, Aguda (1068–1123), eine große Zahl der Jurchen-Stämme zu einer Konföderation gegen die ungeliebten Oberherren zu vereinen. Eine solche Machtbildung hatte schon früher Unheil für chinesische Reiche bedeutet. Doch in diesem Fall erschienen die Jurchen als willkommene Verbündete, denn ihre Aggression richtete sich zunächst gegen die Liao. 1115/16 eroberten sie die Manjurei und das Stammland der Khitan am Liao-Fluss; jetzt nahmen die Jurchen den stolzen Dynastienamen Jin, »die Goldene«, an.

Huizong und sein Hof sahen die Gelegenheit gekommen, sich endlich der Khitan entledigen zu können, die seit je ein Stachel im Fleisch der Song waren. Sie schlossen 1120 ein Bündnis mit den Jin, um gemeinsam die Liao anzugreifen – eine fatale Fehlentscheidung. Zwar gelang es, die Khitan im Nordosten auszulöschen: 1123 fiel die »Südliche Hauptstadt« der Liao, das heutige Beijing, und 1125 waren die Liao endgültig besiegt. Doch damit war den Song nur ein viel gefährlicherer Gegner entstanden.

Die schwer gepanzerten Reitertruppen der Jin besetzten nun den Nordosten der Nordchinesischen Ebene. Schon 1123 hatten sie Tributzahlungen von den Song gefordert; 1125 begannen sie einen offenen Krieg, überschritten 1126 den Huanghe und eroberten nach einer schrecklichen Belagerung Kaifeng. Sie nahmen Huizong – er war kurz zuvor als Kaiser zurückgetreten – und seinen Nachfolger sowie 3000 Leute seines Hofstaates gefangen, plünderten die Hauptstadt und verschleppten die Song-Kaiser unter erniedrigenden Umständen in die Manjurei. Das Reich der Song war zerbrochen. Wieder wurde Nordchina von Krieg und Elend heimgesucht. Die Truppen der Song wurden zersprengt, Bauern verloren ihr Land und schlossen sich zu plündernden Banditenbanden zusammen, Familien wurden zerrissen, Flüchtlingsströme ergossen sich in den Süden, das Land verfiel in Barbarei:

> Während der Invasion der Jin waren die Provinzen Shandong, Jingxi und Huainan sechs, sieben Jahre lang völlig verwildert. Ein Scheffel Reis kostete mehrere zehntausend Münzen, und auch dafür war nichts zu kriegen. Räuber und Rebellen, Regierungstruppen und das Volk begannen, sich gegenseitig zu fressen. Menschenfleisch war billiger als Hunde- oder Schweinefleisch: ein schönes, fettes Exemplar kostete nicht mehr als 15 000 Münzen. Man trocknete die Körper im Ganzen und machte Dörrfleisch aus ihnen.
>
> (Zhuang Jiyu, *Jilei bian* 2)

Das gespaltene Reich

Eine der Touristenattraktionen im heutigen Hangzhou ist der Tempel des Yue Fei (1103–1141) aus dem 13. Jahrhundert. Yue Fei, ein General der Song, wurde nach seinem Tod wie ein Gott verehrt; nur Guan Yu dürfte ihn an Ansehen noch übertreffen. Eine prächtige Statue, fünf Meter hoch, zeigt Yue Fei im vollen militärischen Wichs, dahinter verkündet eine Tafel: »Bringt unsere Flüsse und Berge zurück«. Doch man sieht noch weitere, weniger prächtige Figuren in diesem Tempel: die von Qin Gui (1090–1155), einst Kanzler der Song und Zeitgenosse Yue Feis, und seiner Frau. Die beiden knien hinter Gittern, die Hände auf den Rücken gebunden und sehen arg mitgenommen aus. Sie tragen die Spuren zahlloser Besucher, die sie angespuckt, geschlagen und bepöbelt haben: Qin Gui, der Verräter des Vaterlands.

Historische Gestalten des 12. Jahrhundertes sind das, die noch heute die Gemüter erhitzen! Das Beispiel zeigt, wie präsent und wirkmächtig die Geschichte in China ist. Es verdeutlicht zudem ein wiederkehrendes Problem der späten Kaiserzeit: die Alternative von Krieg oder Frieden mit den nördlichen Nachbarn, und die Lösung, die meist bevorzugt wurde: die Friedenspolitik. Im Interessenkonflikt zwischen militärischer und ziviler Verwaltung setzte sich allemal die Zivilverwaltung durch.

Während die Jurchen nach 1127 ganz Nordchina besetzten, gelang es einem Song-Prinzen, mit seinen Getreuen – 20 000 Beamten, Zehntausenden Verwaltungsangestellten und 400 000 Soldaten – ins 800 km entfernte Lin'an, das heutige Hangzhou, zu fliehen, wo er sich zum Kaiser ausrufen ließ. Im sumpfigen, von Flüssen, Seen und Reisfeldern durchzogenen Gebiet südlich des Yangzi gelegen, bot die Stadt hinreichenden Schutz vor den Reitertruppen der Jurchen. Hangzhou sollte ein »vorübergehender Sitz« (*xingzai*) des Hofes sein – tatsächlich blieb es 150 Jahre lang Hauptstadt der Dynastie, die von Historikern »Südliche Song« genannt wird.

Die Jurchen aber blieben eine ständige Bedrohung. Den Südlichen Song, die militärisch weit unterlegen waren, blieb wenig übrig, als eine defensive Politik zu betreiben. Kaiser Gaozong (1127–1162), ohnehin mit zweifelhafter Legitimität ausgestattet, ging es zunächst darum, seine eigene Position zu sichern: eine Zentralregierung zu etablieren, Beamte zu rekrutieren und eine neue Armee aufzubauen – unter anderem dadurch, dass er marodierende Räuberbanden als reguläre Truppen engagierte. Schließlich schloss er 1141 einen Friedensvertrag mit den Jurchen, ausgehandelt vom Kanzler Qin Gui, und zwar zu höchst unvorteilhaften Bedingungen. Die Grenze zwischen beiden Staaten wurde auf Höhe des Huai-Flusses festgelegt, zudem verpflichteten sich die Song, jährlich 250 000 Unzen Silber und 250 000 Ballen Seide an die Jin zu liefern. Diese Abgaben wurden nun ungeschminkt »Tribut« genannt, schlimmer noch: der Song-Kaiser musste sich als »Untertan« des »hohen Staats« der Jin bezeichnen – die Song waren zu Vasallen der Jurchen geworden.

Dieses erniedrigende Diktat stieß am Hof auf heftigen Widerstand. Der prominenteste Gegner der Friedenspolitik war niemand anders als Yue Fei, ein hochdekorierter General, der mehrere erfolgreiche Feldzüge gegen die Jin unternommen hatte. Doch er wurde abgesetzt, inhaftiert und schließlich – vermutlich auf Betreiben Qin Guis – im Gefängnis ermordet. Schon zwanzig Jahre später wurde Yue Fei rehabilitiert; die Tradition hat ihn zum patriotischen Helden verklärt, Qin Gui hingegen zum Hochverräter.

Die Wendung ist durchaus erstaunlich: denn in den Schlachten zwischen Jin und Song kämpften stets Chinesen gegen Chinesen. So bestand die Jin-Armee, die 1159 einen Angriff auf die Song lancierte, aus 120 000 Jurchen – sie bildeten die Kavallerie – sowie 150 000 chinesischen Infanteristen und 30 000 chinesischen Marinesoldaten. Chinesische Schmiede produzierten bereitwillig Waffen für die Jurchen, chinesische Werften lieferten ihnen Kriegsschiffe, und den Bauern der Nordchinesischen Ebene dürfte es gleichgültig gewesen sein, wessen Kriegskassen sie durch ihre Abgaben füllten. Das Reich der Jin war ebenso ›chinesisch‹ – und das kann immer nur heißen: heterogen – wie das der Südlichen Song, und die Schlachten des 12. Jahrhunderts ließen sich ohne weiteres als innerchinesischer Bürgerkrieg verstehen. Dennoch wurden sie zum ›patriotischen‹ Abwehrkampf der Song gegen die ›Barbaren‹ stilisiert. Auch wenn von ›Nationalismus‹ noch keine Rede sein kann – dieser Infekt blieb späteren Jahrhunderten vorbehalten –, zeigt sich hier ein ausgeprägter Patriotismus. Die Gesinnung, die in der späten Tang-Zeit aufgekeimt war (S. 280), bildete sich in der Song-Zeit voll aus. »Himmel und Erde legen die Positionen fest«, formulierte Sima Guang,

> und der Weise richtet sich danach, um Riten zu bestimmen und Gesetze zu schaffen. Was innen Mann und Frau, sind außen Herrscher und Untertan. Die Frau folgt dem Mann ein Leben lang, ohne ihn zu wechseln; der Untertan

dient dem Herrscher bis in den Tod, ohne ihm untreu zu werden. Das ist das oberste Prinzip menschlicher Beziehungen. Nichts ist schlimmer, als das zu missachten. (*Zizhi tongjian* 291)

In einer Gesellschaft, in der soziale Mobilität zunahm und die Grenzen zwischen den Klassen sich aufweichten, wurden andere Abgrenzungen nötig: zwischen Innen und Außen, Mann und Frau, Eigenem und Fremdem. Die hierarchische Weltordnung, die sich im öffentlichen Leben immer differenzierter gestaltete, wurde an den Grenzen der Öffentlichkeit umso klarer betont. Jetzt wurden Frauen vollends in den häuslichen Bereich verbannt, sie wurden zur Keuschheit erzogen und durch Füßebinden gewaltsam in ihrer Bewegungsfreiheit beschränkt. Der männliche Chauvinismus entwickelte sich parallel zum Patriotismus, der die Song unversöhnlich von den Jin trennte. Diese patriotische Gesinnung wurde noch verstärkt durch den Verlust des Nordens: die Heimat war verlorengegangen – was blieb, war das Vaterland.

Das Reich der Jin

Für die Song-Elite war der Verlust des Nordens ein traumatisches Erlebnis. Von ihrer Heimat blieben nur melancholische Erinnerungen an eine goldene Ära, in der

lange höchster Friede herrschte, Menschen und Tiere gediehen, Kinder mit offenem Haar sich in Musik und Tanz übten, weißhaarige Alte keine Waffen kannten und die Jahreszeiten in schöner Folge jede ihre eigenen Reize boten. (*Dongjing menghua lu*, Vorwort)

Doch was war aus dieser Idylle geworden! Der Bericht des Gesandten Fan Chengda (1126–1193), der 1170 die alte Hauptstadt bereist hatte, gibt ein bedrückendes Zeugnis:

Ich kam am Östlichen Kaiserpark vorbei, dem Yichun-Garten: nichts als zerfallene Mauern und wucherndes Unkraut. Zwei Meilen weiter kam ich in die Östliche Hauptstadt [Kaifeng], welche die Jin zur »Südlichen Hauptstadt« gemacht haben. … Unter dem Volk herrscht Hunger und Elend; die Neustadt liegt fast vollständig in Trümmern oder wurde sogar zu Feldern umgepflügt. … Keine Tempelanlage, die nicht zertrümmert und zerstört ist. Auch das Volk

> hat längst barbarische Sitten angenommen, seine Haltung und Vorlieben haben sich völlig verändert. Am schlimmsten ist ihre Kleidung, deren Stil vollständig barbarisch ist. (*Lanpei lu*)

Ob Fan Chengda nicht wusste, dass diese ›barbarische‹ Kleidung in Nordchina jahrhundertelang hochmodisch war? Tatsächlich scheinen die Jin ihren Untertanen nur in einer Hinsicht die Mode diktiert zu haben: sie mussten ihre Haare nach Art der Jurchen in einem langen Zopf tragen. Im übrigen trugen die Einwohner des Nordens weiter ›chinesische‹ Kleidung, und zwar auch die Jurchen: ihnen musste der Kaiser schließlich per Erlass verbieten, sich chinesisch zu kleiden oder chinesische Namen zu führen. Auch sonst war das Leben in Nordchina keineswegs so elend, wie Fan Chengda es darstellt, sondern es ging weiter wie zuvor. Die Jurchen, die als Minderheit von etwa vier Millionen über ein Volk von rund 50 Millionen – fast so viel wie im gesamten Tang-Reich – herrschten, taten gut daran, in den eroberten Gebieten alles beim alten zu lassen und es so zu verwalten wie die Song. Die einzigen, für die sich das Leben spürbar änderte, dürften die Jurchen selbst gewesen sein, die nun zunehmend urban wurden.

Die Jurchen waren einst ein egalitärer Stammesverband ohne Namen und Führer, in dem Entscheidungen in gemeinschaftlichen Beratungen gefällt wurden:

> Es gab keine Unterscheidung zwischen hohen und niedrigen Rängen. Bei wichtigen Staatsangelegenheiten begaben sich alle aufs freie Land, setzten sich im Kreis nieder und berieten, indem sie Linien in Asche zogen. Dabei machte der Niedrigste den Anfang. … Nach Feldzügen gab es stets eine große Versammlung, in der verdienstvolle Krieger, je nach Größe ihrer Verdienste, mit Gold belohnt wurden. Das wurde der Menge gezeigt, und wenn die es für zu gering befand, wurde es vermehrt. (Tao Zongyi, *Shuofu* 25)

Jetzt errichteten die Jin mehrere Hauptstädte: Huining, die »Höchste Hauptstadt«, und Liaoyang, die »Östliche Hauptstadt«, in der Manjurei, Kaifeng, die »Südliche Hauptstadt«, sowie die »Mittlere Hauptstadt« Zhongdu, das heutige Beijing, wo sie seit 1153 residierten. Dort wurden Paläste im chinesischen Stil gebaut, Vorläufer der »Verbotenen Stadt«, und die alte Stammesorganisation weitgehend in eine bürokratische Verwaltung nach Vorbild der Song umgewandelt. Die Versammlungen wurden ersetzt durch die klassischen Sechs Ministerien (S. 233 f.), die den verschiedenen Ebenen der Provinzverwaltung vorstanden. Beamte wurden durch Prüfungen rekrutiert – wobei ethnische Jurchen durch Erbrecht privilegiert waren – und schrieben ihre Dokumente auf Chinesisch. So dominant wurde die chinesische Sprache am Hof, dass Kaiser Shizong (1161–1189) erhebliche Anstrengungen unternehmen musste, um die Jurchen-Sprache wieder zu stärken; doch auch die Einrichtung einer Sprachschule scheint am Niedergang der Jurchen-Sprache in der Verwaltung nichts geändert zu haben.

Zwar war für die Jurchen-Sprache 1119 eine eigene Schrift geschaffen worden, doch die darin geschriebene Literatur bestand zum größten Teil aus Übersetzungen chinesischer Bücher: historischer Werke, konfuzianischer Klassiker wie dem *Lunyu*, *Mengzi* und dem *Xiaojing*, aber auch des *Daode jing*. Chinesische Literatur wurde eifrig gepflegt. Die Gelehrten der Jin fühlten sich als Erben von Literaten der Nördlichen Song wie Su Dongpo, Sima Guang und Ouyang Xiu: mehr als 5500 Gedichte von fast 400 Autoren sind aus der kurzen Jin-Zeit überliefert. Vor allem aber blühte die umgangssprachliche Volks- und Unterhaltungsliteratur auf. Burlesken (*yuanben*) mit Tanz und Musik sowie romantische, oft satirische »Balladen« (*zhugongdiao*), in denen erzählerische Passagen mit Folgen von Musikstücken abwechseln, wurden äußerst beliebt: Unterhaltung, die auf ein dezidiert urbanes Publikum abzielte.

In religiösen Fragen waren die Jin ausgesprochen weitherzig. Der Buddhismus, und zwar speziell die Schulen des Chan und Jingtu, die unter den Nördlichen Song bestimmend waren, wurde von Staats wegen gefördert; in Kaifeng bildete sich eine aktive jüdische Gemeinde, die sich 1163 eine Synagoge baute; und auch die chinesischste aller Religionen, der Daoismus, kam unter ihrer Herrschaft wieder zu Ehren. Die neue Schule des Quanzhen-Daoismus, die neben dem *Daode jing* auch das konfuzianische *Xiaojing* und das buddhistische *Herz-Sūtra* (*Panruo xinjing*) synkretistisch integrierte, versprach durch meditative und asketische Techniken die Rückkehr zur ursprünglichen himmlischen Reinheit.

Die Lehre des Quanzhen-Daoismus entsprach dem Geist der Zeit. Die Jin, einst ›Barbaren‹ aus den manjurischen Wäldern, verstanden sich zunehmend als Bewahrer einer ›ursprünglichen‹ chinesischen Tradition. Sie, nicht das Regime im Süden, seien die rechtmäßigen Nachfolger der Dynastie Song: das sahen nicht nur die Jurchen so, sondern auch chinesische Literaten, die den Untergang der Jin nach 120 Jahren als Ende der Kultur beklagten:

Der Sechziger-Zyklus hat sich zweimal gedreht, heute hat er geendet; / Vergebens nehme ich meine alternden Tränen und netze den Himmel von Wu. (Yuan Haowen, »Jiawu chuye«)

Sklaven 奴婢

Wenn es nach marxistischen Historikern geht, war China im Altertum eine »Sklavenhaltergesellschaft«, bevor die Zeit des »Feudalismus« begann. Tatsächlich gab es schon im Alten China Kriegsgefangene und in die Sklaverei verkaufte oder entführte Menschen, die auf den staatlichen Großbaustellen schufteten und in Haushalten der Elite Dienst leisteten. Nie aber beruhte die Produktionsweise der chinesischen Gesellschaft grundlegend auf Sklaverei. Manche Berichte deuten sogar an, dass vor allem Hausklaven sich nicht eben unterwürfig verhielten. Als einer von ihnen sich weigerte, einen Dienst zu tun, der ihm nicht vertraglich vorgeschrieben war, musste sein Herr ihm haarklein diktieren:

> Hat das Haus Gäste bekommen, soll er mit dem Weinkrug in der Hand den Wein einschenken; er soll Wasser schöpfen und das Abendessen bereiten, die Becher säubern und die Tische ordentlich herrichten; er soll im Garten Zwiebeln holen, das Gemüse putzen und das Fleisch schneiden, das Fleisch hacken und die Knollen schälen, die Fische kochen, die Schildkröten rösten und Tee aufbrühen, und wenn dann das Essen vorüber ist, muss er alle Reste aufräumen und aufbewahren. Sind dann alle Türen geschlossen, hat er die Schweine zu füttern und die Hunde auszuführen, ohne mit den Nachbarn in Streit zu geraten.
>
> (Wang Bao, »Tongyue«, Übersetzung: Hans Stumpfeldt)

Wie auch immer solche Satiren zu verstehen sind: Sklaverei spielte im Alten China weder wirtschaftlich noch politisch eine entscheidende Rolle, eine »Sklavenhaltergesellschaft« war das wohl kaum.

Im Mittelalter vermehrte sich das Sklaventum vor allem in der Landwirtschaft, aber auch städtische Haushalte hatten oft Hunderte Sklaven. Sklavinnen aus Südchina etwa galten in den feinen Kreisen Chang'ans als prestigeträchtige Exotica. Allgemein aber waren Sklaven »Niederes Volk« (*jianmin*), ja eigentlich nicht einmal so viel: »Sklaven und Niedere Menschen entsprechen vor dem Gesetz Vieh und Gütern«, heißt es ausdrücklich im Tang-Kodex. Meist hatten sie nur Ruf-, aber keine Familiennamen, durften keine Freien heiraten und konnten verkauft oder verpfändet werden wie Tiere. Wenn sie eine Verfehlung begingen, brandmarkten ihre Herren sie im Gesicht oder schlugen sie tot. In der Yuan-Zeit war eine Art staatliches Fundbüro (*lanyi jian*) für abhandengekommene Gegenstände zuständig – und für entlaufene Sklaven.

Unter den Jurchen und Mongolen nahm die Zahl der Sklaven – chinesische Kriegsgefangene und Kriminelle – deutlich zu, und noch in der Qing-Zeit blühte der Sklavenhandel:

> In Sichuan sind die Mädchen notorisch billig. In der Provinzhauptstadt gibt es viele Sklavenhändler, die ihre Geschäfte in eigens dafür eröffneten Teehäusern betreiben. Ein Kaufwilliger braucht sich nur dort hinzusetzen und zwei Schalen Tee zu bestellen: eine trinkt er selbst, die zweite stellt er zur Seite. Die Menschenhändler erkennen daran, dass er jemanden kaufen will, setzen sich zu ihm und fragen, welches Alter sie haben soll. Dann nehmen sie ihn mit, um die Mädchen anzusehen. Wenn er seine Wahl getroffen hat, wird sofort der Preis ausgehandelt und bezahlt. Der Kunde braucht dann nur seine Adresse anzugeben, und das Mädchen wird ihm ins Haus geliefert. Im allgemeinen ist ein Mädchen zwischen sieben und acht Jahren für acht bis zehn Münzschnüre zu haben; eine Jungfrau von sechzehn, siebzehn Jahren kostet nicht mehr als 40–50; und wenn sie schon einmal verheiratet war, nicht mehr als 20. (Wu Woyao, *Ershi nian mudu zhi guai xianzhuang* 80)

Das waren Abscheulichkeiten der alten Gesellschaft. Folgt man der marxistischen Theorie, müsste die Sklaverei im Sozialismus lange überwunden sein. Doch sogar Staatsmedien melden heute unzählige Fälle von Menschenraub. Bis zu 70 000 Kinder werden jedes Jahr entführt und verkauft: in Zwangsehen, in die Prostitution oder zur Zwangsarbeit. Wanderarbeiter werden von Baustellen entführt und in fernen Provinzen mit Peitschen und vorgehaltener Waffe zur Arbeit in illegalen Kohlegruben oder Ziegeleien gezwungen. Tausende Menschen werden auf diese Weise – oft unter aktiver Mitarbeit lokaler Behörden – als Sklaven privater »Unternehmer« gehalten. Die Zahl der staatlichen Sklaven geht sogar in die Millionen: die Zwangsarbeiter nämlich, die bis heute in Arbeitslagern zu Akkordarbeit für die wirtschaftliche Produktion gezwungen werden. Wesentliches hat sich nicht geändert gegenüber der »Sklavenhaltergesellschaft« von einst. Auch im »Sozialismus chinesischer Prägung« gibt es Menschen, die nicht mehr wert sind als Vieh oder Güter.

Die Südliche Song

Spätestens mit dem Vertrag von 1141 war den Song klar, dass sie die Gebiete im Norden auf lange Zeit verloren hatten und dass Hangzhou vom »vorübergehenden Sitz« (*xingzai*) zur dauerhaften Hauptstadt werden würde. Hangzhou, einst Zentrum des Staates Wu-Yue (S. 304), glich in keiner Weise den alten Hauptstädten der Nordchinesischen Ebene: es war keine weitläufige, nach kosmischem Plan angelegte Stadt, sondern eng, unsymmetrisch und verstopft. Nur eine einzige Hauptstraße führte durch Hangzhou – und die war lange nicht einmal gepflastert, so dass die Beamten oft durch Matsch zum Palast waten mussten. In seinen schmalen Gassen, die dicht mit mehrstöckigen Holzhäusern bebaut waren, griffen Feuersbrünste mit verheerender Geschwindigkeit um sich.

Dennoch wurde aus dieser Provinzstadt bald eine prächtige Metropole, »bei weitem die glanzvollste Stadt der Welt«, wie Marco Polo schwärmte. Zwischen dem Qiantang-Fluss und dem malerischen Westsee gelegen, war Hangzhou ein wahres Venedig des Ostens: eine Stadt der Kanäle und Brücken, der reichen Kaufleute, »engelgleichen« Frauen und »voll von schönen Gebäuden«.

> Die Stadt hat noch mehr Annehmlichkeiten: es gibt über dreitausend öffentliche, warme Bäder. Mit Vergnügen gehen die Leute etliche Male im Monat hin, denn sie haben ein starkes Reinlichkeitsbedürfnis. Groß und prächtig wie nirgends auf Erden sind diese Bäder. Stellt euch vor: hundert Männer oder hundert Frauen können bequem zur gleichen Zeit miteinander baden. … In Quinsai [*xingzai:* Hangzhou] steht der Palast jenes Königs, der einst über ganz Mangi [Südchina] herrschte. Auf dem weiten Erdenrund gibt es kein vergleichbar edles Gebäude. Seine Schönheit ist nicht in Worte zu fassen …
>
> (*Il Milione* CLIII, übersetzt von Else Guignard)

Marco Polos Staunen – und seine Übertreibungen – sind verständlich angesichts der Größe und Ballung Hangzhous: 1170 hatte die Stadt etwa eine halbe Million Einwohner, 1270 drängten sich dort auf 20 km^2 rund eine Million Menschen, eine Bevölkerungsdichte von 50 000 Menschen pro km^2.

Hangzhou war eine Stadt, die niemals schlief: die Schlachtereien wurden ab drei Uhr aktiv, um Märkte mit Frischfleisch zu versorgen; ab vier Uhr verkündeten Mönche in den Straßen das Wetter; kaiserliche Audienzen begannen um sechs Uhr; und auf den unzähligen Kanälen begannen sich die Boote zu stauen, die Reis, Gemüse, Holz und andere Güter in die nimmersatte Stadt brachten. Bald darauf öffneten die großen Lebensmittelmärkte ihre Pforten, und unzählige kleine Läden begannen ihr emsiges Treiben; Nachtmärkte, Weinhäuser und Amüsierlokale versorgten die lebenshungrigen Einwohner Hangzhous bis tief in die Nacht.

Die Händler und Handwerker der Song waren alle in Gilden und

Zünften organisiert. Juweliere, Antiquitätenhändler, Krabbenpuler, Klebstoffmacher, Messerschärfer, Schuster, Ärzte, Wahrsager, sogar Bettler, Diebe und Betrüger: alle hatten sie ihren Berufsverband, der die Zulassung überwachte, Niederlassungen regelte, für ehrbare Geschäftspraktiken sorgte, Preise und Qualität der Waren verbürgte. Die Gilden und Zünfte vermittelten bei Konflikten, regulierten die Konkurrenz, vergaben Kredite und vertraten ihre Mitglieder gegenüber dem Staat.

Wenn die Song an der Schwelle zur Moderne standen, so wird diese Schwelle exakt von den Berufsverbänden verkörpert: denn sie markieren den Übergang zur Moderne und bilden zugleich die Barriere, die diesen Übergang erschwert. Gilden und Zünfte waren einerseits das Resultat einer entfesselten Wirtschaft, andererseits hatten sie die Funktion, ebendieser Wirtschaft neue Fesseln anzulegen. In einer Zeit ständiger Innovation unterwarfen sie Produktion und Verteilung verbindlichen Regeln und verordneten Routinen, die den Drang zum Neuen hemmten. Gilden und Zünfte waren die Antwort auf das Problem zunehmender ökonomischer Komplexität, ebenso wie der bürokratische Staat die Lösung für das Problem gesamtgesellschaftlicher Komplexität war. Tatsächlich war der Staat ein wichtiger wirtschaftlicher Akteur, der den Markt durch Steuern und Monopole auf wichtige Konsumgüter kontrollierte: auf Salz und Eisen, aber auch Tee, Essig und Kohle. Die Verwaltung dieser Monopole – damit schließt sich der Kreis – wurde nicht selten an Gilden vergeben.

Auch die Armee war ein wichtiger Wirtschaftsfaktor. Sie betrieb allein in Hangzhou knapp zwanzig Schnapsläden sowie zahlreiche Kneipen und Bordelle. Das waren äußerst lukrative Gewerbe, denn die Hangzhouer schienen ständig zu feiern und zu zechen: beim Laternenfest, wenn der Westsee im Licht Tausender Laternen erstrahlte und das Volk sich drei Tage lang sinnlos betrank; während der Bootskämpfe im Frühjahr, von denen niemand nüchtern nach Hause ging; oder bei zahlreichen anderen Festen, die gefeiert wurden, wie sie fielen. Die Hangzhouer waren notorisch unzüchtig. Frauen hielten sich Liebhaber und »Nebenmänner«, bisweilen sogar Mönche, unter den Männern war Päderastie weit verbreitet, und Prostituierte gab es für jeden Geschmack und Geldbeutel: von den berühmten Singmädchen, deren Freier ihnen luxuriöse Anwesen errichteten, über die Kurtisanen in den Studentenkneipen bis zu den abgerissenen Dirnen, die auf Märkten oder unter Brücken »ihr Lachen verkauften«.

Die Prostituierten bildeten einen Querschnitt der Stadtgesellschaft, in der es sagenhaft reiche Einwohner gab, die palastartige Anlagen bewohnten, sich private Milizen und ganze Hofstaaten – Diener, Konkubinen, Köche, Musiker, Gärtner, Unterhalter – hielten, einfache Angestellte, Handwerker und kleine Unternehmer, aber auch Scharen von armen Schluckern: Tagelöhnern, Taschendieben, Obdachlosen und Bettlern, die von der Hand in den Mund lebten. In Hangzhou entstand ein regelrechtes städtisches Proletariat: Tausende Menschen in bitterer Armut, die unter Brücken hausten, ihre Kinder aussetzten, weil sie sie nicht ernähren konnten, und winters auf den Straßen der Hauptstadt verhungerten oder erfroren.

Der Song-Staat tat viel, um diesen Armen zu helfen. Er gründete Waisenhäuser – 20 000 Kinder wurden dort jährlich betreut – und Altersheime, betrieb Krankenhäuser und öffentliche Friedhöfe, sorgte für Armenspeisung und richtete in Notzeiten Behelfsunterkünfte in Booten oder Militärbaracken ein. In der Song-Zeit bildete sich erstmals so etwas wie ein Wohlfahrtsstaat heraus, der für den Ausgleich zumindest des ärgsten sozialen Elends sorgte. Die buddhistische Tradition der Nächstenliebe dürfte dabei ein wichtiges Vorbild gewesen sein; vor allem aber waren es die gesellschaftlichen und politischen Entwicklungen, die staatliche Fürsorge notwendig machten.

Die Bevölkerungsexplosion, die mit der frühneuzeitlichen Wirtschaftsrevolution einherging, hatte auch ein unerträgliches Ausmaß an Elend hervorgebracht. Je mehr sich die Song aber nach außen, gegen die Jin, abgrenzten, desto weniger konnten sie sich Differenzen im Inneren leisten: sie brauchten öffentliche Wohlfahrt. Auch dies war ein moderner Zug des Song-Staates. Ähnlich den heutigen Nationalstaaten, musste er eine Solidargemeinschaft suggerieren, die Voraussetzung für eine gemeinsame Abgrenzung nach außen war.

Speisen 飲食

»Das Essen ist dem Volk der Himmel«, lautet ein chinesisches Sprichwort; ein anderes: »Nur beim Essen vergisst man seine Sorgen«. Kaum ein zweites Thema hat die Chinesen so intensiv beschäftigt wie das Essen – diente es doch seit jeher nicht nur zu Ernährung und Genuss, sondern auch zur sozialen Distinktion. Neolithische Eliten sicherten sich Ansehen und Solidarität durch Festgelage, die Shang und Zhou präsentierten ihren Ahnen üppige Trank- und Speiseopfer, die Mächtigen des Altertums wurden »Fleischesser« genannt, und in den Fürstengräbern der Han-Zeit sind Küchen- und Bankettszenen ein überaus häufiges Motiv.

Diese Gräber waren oft mit komplettem Tafelgeschirr ausgestattet: Bronzeschüsseln, Lackschalen, Stäbchen und üppigen Speisen, die auf niedrigen Tischen angerichtet waren. Allein das Grab der Markgräfin von Dai in Mawangdui (S. 148) enthielt über hundert gefüllte Speisegefäße sowie »Speisekarten« auf Bambustäfelchen. Neben den Grundnahrungsmitteln Reis, Weizen, Gerste und Hirse aßen die Han vielerlei Gemüse – Sojabohnen, Bambussprossen, Lotoswurzeln, Zwiebeln, Ingwer, Taro, Linsen, Melonen, rote Bohnen u. a. – sowie verschiedene Fleisch- und Fischsorten, meist in einer Art Ragout zubereitet und gewürzt mit Sojasoße, Salz, Zucker, Honig, Essig, Ingwer u. a. Dazu gab es allerlei Früchte: Birnen, Jujuben, Pflaumen, Orangen, Kakis und Melonen – im Bauch der Markgräfin von Dai wurden mehrere hundert Melonenkerne gefunden.

Seit alters wurde in China eine Art Starkbier – ähnlich dem japanischen Sake – aus Hirse oder Reis gebraut, im 2. Jahrhundert n.Chr. kam auch Traubenwein aus Mittelasien in das Han-Reich; ab etwa dem 7. Jahrhundert destillierten die Chinesen auch Weinbrand: der »Wein«, der die Dichter der Tang so berauschte, war wohl in der Regel hochprozentiger Schnaps. Aus der Song-Zeit sind über fünfzig Sorten Reiswein bekannt, die – warm und gewürzt – zu jedem Essen getrunken wurden.

Die Tafelfreuden erreichten in der Song-Zeit einen Höhepunkt. Die chinesische Küche war im Mittelalter durch vielerlei Importe aus dem Westen – Trauben, Pfirsiche, Spinat, Kohlrabi, Pistazien, Oliven, Pfeffer, Rohrzucker und vieles mehr – bereichert worden. Auch Milchprodukte gehörten dazu; erst ab der Südlichen Song galten sie als ›barbarisch‹ und verschwanden allmählich vom Speisezettel – so gründlich, dass bis heute viele Chinesen keine Milch vertragen. Stattdessen wurde Fisch äußerst beliebt, der in Suppen und gerne auch roh gegessen wurde, als *sushi*, zubereitet mit Reis, Essig und Öl. Auch Tofu erscheint in der Song-Zeit auf der chinesischen Speisekarte: ursprünglich in daoistischen und buddhistischen Kreisen kreiert, wurde es bald zu einem beliebten Ersatz für Fleisch.

Hunderte von Gerichten sind aus der Song-Zeit bekannt, die von der Vielfalt der chinesischen Küche zeugen; aber nicht alle würden wir heute goutieren. Zu den Spezialitäten des Südostens gehörten Schnecken und Frösche, in Guangzhou aß man Schlangensuppe, Heuschrecken und Ratten; auf Hainan auch Insekten – Fliegen, Schnaken, Würmer – in Bambus gekocht. Die Menschen in Hangzhou, berichtet Marco Polo, »essen jede Sorte Fleisch, solches von Hunden und von unreinen Tieren und von manchem Tier, wovon kein Christ um nichts in der Welt einen Bissen nähme«. Auch Fleisch einer anderen Sorte wurde in Hangzhou nicht verschmäht – Menschenfleisch:

Das Fleisch alter Männer nannte man »gut durchgebraten«, das hübscher junger Frauen »Hammels Neid«, das kleiner Kinder »Knochenkompott«, und allgemein sprach man von »zweibeinigen Hammeln«.

(Zhuang Jiyu, *Jilei bian* 2)

Kannibalismus, von dem in der chinesischen Geschichte nicht selten berichtet wird, ist meist aus der Not geboren. Überhaupt ist der kreative Reichtum der chinesischen Küche zu einem Gutteil aus der Armut erwachsen. Das einfache Volk, das ständig mit Unterversorgung zu kämpfen hatte, verwertete alle Arten essbarer Pflanzen, Insekten und Tiere nebst ihren Innereien. Der Unterschied zu den lukullischen Tafeln der Eliten könnte größer nicht sein: eine Schale Reis mit etwas Lauch, Kohl und eine dünne Suppe bildeten die tägliche Kost der Bauern – oft gab es noch weniger. Immer wieder wurde China von schrecklichen Hungersnöten heimgesucht, von denen grauenhafte Szenen berichtet werden: von Bauern, die ihr Saatgut verzehren, ausgemergelten Gestalten, die Spinnen, Würmer und Baumrinde essen, in Pferdeäpfeln nach unverdauten Maiskörnern wühlen, von Menschen, die, vor Hunger rasend, sich gegenseitig fressen, und Eltern, die ihre Kinder austauschen, um sie zu schlachten. 1959–1961 verhungerten in China 30–40 Millionen Menschen, 1975–1977 forderte die nächste Hungersnot ungezählte Opfer.

»Nur beim Essen vergisst man seine Sorgen«: Mechanisierung der Landwirtschaft, die Einführung neuen Saatguts, industrielle Stallhaltung und der Import von Lebensmitteln in den letzten Jahrzehnten haben viel dazu beigetragen, die Versorgung des chinesischen Volkes zu sichern. Über 500 Millionen Tonnen Getreide werden in China jährlich produziert, etwa 800 Millionen Schweine und acht Milliarden Hühner. Die Tische biegen sich wie nie zuvor. Doch die industrielle Produktion von Lebensmitteln bringt andere Probleme mit sich: mit Melamin versetztes Babymilchpulver, pestizidverseuchtes Gemüse, Industrieöl, das als Speiseöl verkauft wird, mit Hormonen vollgepumpte Fische, gepanschte und mit unerlaubten Chemikalien kontaminierte Lebensmittel. Der Titel des Buchs, das über diese Skandale berichtete, fragt sarkastisch: »Welches Essen ist denn dem Volk der Himmel?«

Chinas Wendung nach innen

In dem Maße, in dem die Welt der Südlichen Song geschrumpft war, besannen sich die Menschen auf das Eigene, das ihnen geblieben war. China »wandte sich nach innen«, wie ein Historiker es ausgedrückt hat. Die gebildete Elite zog sich stärker als zuvor aus der Politik zurück und widmete sich häuslichen, privaten, alltäglichen Dingen. Gelehrte gaben ihre

»Gesammelten Werke« heraus und schrieben mit großem Eifer »Pinselnotizen« (*biji*): Sudelbücher mit Aufzeichnungen von Beobachtungen, Anekdoten, Bonmots, Lesenotizen und vielem mehr, das »man nicht behalten, aber auch nicht wegwerfen mag«. Sie begannen zudem, intensiver als je zuvor das Erbe ihrer Heimat zu pflegen. Das Genre der Lokalmonographien (*difang zhi*), das in der Song-Zeit seine maßgebliche Ausformung fand, zeugt von diesem Rückzug ins Lokale. Allenthalben wurden in der Song-Zeit Werke über Geographie, Geschichte, Institutionen, Sehenswürdigkeiten, Produkte und Sitten von Kreisen, Präfekturen oder Städten herausgegeben: »Selbst die entlegensten Winkel und kleinsten Käffer hatten immer solche Aufzeichnungen.« Rund 600 solcher Lokalmonographien entstanden in der Song-Zeit, sage und schreibe 8000 in der gesamten späten Kaiserzeit; sie gehören zu den reichhaltigsten historischen Quellen dieser Periode.

Schon Fan Zhongyan, Sima Guang und andere Gelehrte der Nördlichen Song hatten sich rege für ihre Verwandtschaft und ihre Heimat engagiert. Sie verfassten »Hausregeln«, die das Zusammenleben der Clanmitglieder regelten, richteten Familienstiftungen ein, um den Besitz des Clans ungeteilt zu wahren, legten »Wohltätigkeitsfelder« für die ärmeren Verwandten an, gründeten lokale Schulen und soziale Einrichtungen. Auch in diesem Sinne war die Song-Gentry patriotisch: dass sie Gemeinsinn entwickelte und sich tätig für das Gemeinwohl einsetzte.

Doch der Rückzug ins Lokale und Private hatte ursprünglich keineswegs idealistische Gründe, sondern ganz handfeste: es gab nicht genügend Stellen für Titelträger. Unter den Südlichen Song nahmen mehr Kandidaten als je zuvor an den Beamtenprüfungen teil. Die meisten scheiterten an den verzweifelt schlechten Quoten; und selbst die Erfolgreichen hatten wenig Hoffnung auf einen Beamtenposten, weil die Zahl der Absolventen die der verfügbaren Stellen bei weitem überstieg. Waren im 11. Jahrhundert noch die meisten Posten an Titelträger vergeben worden, hatte sich das Verhältnis jetzt wieder zugunsten erblicher Privilegien verschoben.

Dennoch investierten unter den Südlichen Song mehr Menschen als je zuvor in Bildung, denn allein die Teilnahme an den Prüfungen versprach Elite-Status. Wenn Prüflinge in ihre Heimat zurückkehrten, standen sie als Mitglieder der Gentry in hohem Ansehen und konnten auf vielfältige Weise lokale Wirtschaft und Politik bestimmen. So wurde aus der zentralen, bürokratischen Elite der Nord-Song allmählich eine lokale, gelehrte Elite.

Auf diese Weise drang der Neukonfuzianismus – einst die Lehre einer kleinen Avantgarde – in immer breitere Kreise der Gesellschaft ein. Die Ideen der Vordenker aus der Nördlichen Song wurden im Süden von verschiedenen Gruppen weiterentwickelt und verbreitet: etwa von der um Zhu Xi (1130–1200) in Fujian, der um Lü Zuqian (1137–1181) in Zhejiang oder der um Lu Jiuyuan (1139–1193) in Jiangxi. Der neue soziale Kontext führte zu einem bezeichnenden Wandel im Neukonfuzianismus. Denn bei aller Verschiedenheit der Schulen lässt sich ein gemeinsames Anliegen feststellen: die moralische Kultivierung des Menschen. Auch das war ein Ausdruck der neuen Innerlichkeit in der Südlichen Song: statt politischen Engagements rückte nun die Sorge um das Individuum in den Mittelpunkt. Nicht mehr institutionelle Reform, sondern moralische Erziehung sollte die Grundlage für gedeihliches Zusammenleben, einen geordneten Staat und kosmische Harmonie bilden.

Die klassische Begründung für diesen Zusammenhang formulierte Zhu Xi, der große Vollender der neukonfuzianischen Philosophie. Wie schon die Cheng-Brüder sah Zhu Xi die Einheit aller Dinge im »Muster« (*li*) verbürgt – allerdings nicht in dem Sinne, dass die Dinge Zerfallsprodukte einer ursprünglichen Einheit sind und in ihrer Verschiedenheit harmonieren, sondern grundsätzlicher: »Die Dinge haben jeweils ihre Muster, doch letztendlich bilden sie ein einziges Muster.« Das eine Muster wirkt in allen Dingen gleichermaßen: damit rückte Zhu Xi in die Nähe von buddhistischen Lehren, wie sie Zhidun oder Zhiyi formuliert hatten. Doch Zhu Xis »Lehre vom Muster« (*lixue*) verfolgte ein anderes Ziel als der Buddhismus, nämlich die Erziehung des Menschen zum Handeln in der Welt.

Wenn alle Dinge dasselbe Muster durchwirkt, so der Gedanke, dann gilt es vor allem, dieses Muster zu erkennen und im Einklang damit zu handeln. Wie erkennt man nun das Muster? Zhu Xis Antwort lautet: in den Dingen. Wer das Muster in den Dingen erkennt, versteht auch die Prinzipien der Moral. Die Erziehung des Menschen beginnt also mit der Untersuchung der Dinge, sie schreitet voran in der Selbstkultivierung und findet ihren Höhepunkt in der Ordnung der Welt. Diesen Gedankengang fand Zhu Xi bereits in einem Kapitel der *Aufzeichnungen der Riten* (S. 92) formuliert, dem »Großen Lernen« (»Daxue«):

> Wer im Altertum seine helle Tugend im Reich erstrahlen lassen wollte, ordnete erst sein Land; wer sein Land ordnen wollte, regelte erst seine Familie; wer seine Familie regeln wollte, kultivierte erst seine eigene Person; wer seine eigene Person kultivieren wollte, korrigierte erst seine Gesinnung; wer seine Gesinnung korrigieren wollte, machte erst seine Vorstellungen klar; wer seine Vorstellungen klar machen wollte, vollendete erst sein Wissen. Die Vollendung des Wissens liegt in der Untersuchung der Dinge. Werden die Dinge untersucht, wird das Wissen vollendet; ist das Wissen vollendet, werden die Vorstellungen klar; sind die Vorstellungen klar, wird die Gesinnung korrekt; ist die Gesinnung korrekt, wird die eigene Person kultiviert; ist die eigene Person kultiviert, wird die Familie geregelt; ist die Familie geregelt, wird das Land geordnet; ist das Land geordnet, kommt das Reich zum Frieden. Vom Himmelssohn bis hin zum einfachen Volk gilt dasselbe: für alle bildet die Kultivierung der eigenen Person die Grundlage.

Nicht der Staat, sondern das Individuum bildet die Grundlage dieser Lehre. Das »Daxue« wurde bald zu einem Schlüsseltext der chinesischen Tradition, die »Kultivierung der eigenen Person« und die »Untersuchung der Dinge« wurden zu zentralen Losungen des Neukonfuzianismus.

Zhu Xi verstand unter der »Untersuchung der Dinge« weniger systematische Naturbeobachtung als das Grübeln über Büchern. In innehaltender, fast meditativer Lektüre sollten Lernende die Texte nicht nur auswendig lernen, sondern ihrer geradezu innewerden:

> Die Worte der Weisen muss man sich oft vor Augen führen, sie im Munde wenden und im Herzen bewegen. … Beim Lesen erkennt man das Dao und das Muster keinesfalls auf einen Blick! Es ist wie mit der Medizin: wenn man sie nur einmal nimmt, wird man schwerlich genesen. Man muss sie wieder und wieder zu sich nehmen, und erst nach vielen Malen wird sich ihre Wirkung entfalten. (»Dushu fa« 1, *Zhuzi yulei* 10)

Es war denn auch kein umfangreicher Lektürekanon, den Zhu Xi seinen Schülern verschrieb, ganz im Gegenteil. Aus dem monumentalen Kanon, der in der Song-Zeit auf 13 Werke (zuzüglich Kommentare) angeschwollen war, wählte er vier kurze Schriften aus: *Lunyu*, *Mengzi*, das oben zitierte »Daxue« und das »Zhongyong«, ein weiteres Kapitel aus den *Aufzeichnungen der Riten*. Die inhaltliche Verkürzung des Kanons entsprach der sozialen Ausweitung des Konfuzianismus. Den *Vier Büchern* (*Sishu*) sollte bis ins 20. Jahrhundert eine herausragende Bedeutung zukommen, die alle anderen kanonischen Schriften in den Schatten stellte.

Zu Zhu Xis Lebzeiten wies allerdings noch nichts darauf hin. Sein Zeitgenosse Lu Jiuyuan lehnte Zhu Xis Lehre ab, da er in der »Untersuchung der Dinge« nur Buchgelehrsamkeit und schalen Empirismus sah. Das »Muster«, das den Kosmos durchwirke, sei schon vollständig im menschlichen Geist (*xin*) enthalten, ja »der Geist *ist* das Muster« – alle äußerliche Gelehrsamkeit sei also überflüssig. Auch dem Hof erschien die »Lehre vom Rechten Weg« irrig, geradezu subversiv. Zhu Xi wurde als »Haupt rebellischer Untertanen« oder als »Anführer der Heterodoxie« geschmäht, Ende des 12. Jahrhunderts wurde seine Lehre offiziell verboten, ihre Anhänger aus der Hauptstadt verbannt. Erst ein gutes Jahrzehnt nach Zhu Xis Tod änderte sich die politische Lage am Hof: seine Kommentare zu *Lunyu* und *Mengzi* wurden für die Kaiserliche Hochschule übernommen. 1241 wurde die »Lehre vom Rechten Weg« sogar zur staatlichen Orthodoxie; Zhou Dunyi, Zhang Zai, die Brüder Cheng und Zhu Xi erhielten Ehrentafeln im Konfuziustempel. Dieser Umschwung dürfte weniger akademische als politische Gründe gehabt haben, sogar außenpolitische. Denn gegen Mitte des 13. Jahrhunderts zeichnete sich eine neue Herausforderung für chinesische Staatlichkeit und Kultur ab: die Mongolen.

Der Mongolensturm

Während die Song in Südchina ihre Gärtchen bestellten, bahnten sich weit im Norden Ereignisse an, die nicht nur China, sondern den gesamten eurasischen Kontinent verändern sollten. Dort lebten die Mongolen, Stämme von Hirtennomaden, die einst als Verbündete der Khitan in Erscheinung getreten waren, dann aber von den Jurchen vertrieben wurden. In der Mongolei erlebten die Mongolen dann, in einer klimatisch milden, hochproduktiven Periode, ein starkes Bevölkerungswachstum. Doch dann kam es zu einer plötzlichen Abkühlung im 13. Jahrhundert, die ihre Existenz in der mongolischen Steppe offenbar gefährdete. Mag sein, dass dieser klimatische Einbruch die Mongolen zu dem urgewaltigen Ausbruch trieb, der ganz Eurasien erschütterte.

1206 gelang es nun einem mongolischen Stammesführer namens Temüjin (ca. 1162–1227), durch Feldzüge sowie geschickte Heirats- und Bündnispolitik die Herrschaft über alle mongolischen Stämme zu erlangen: er wurde zum »Tschinggis Khan«, Herrscher über alle Mongolen.

Idealporträt Tschinggis Khans, 14. Jh.; Tusche und Farben auf Seide.

Tschinggis Khan, ein militärisches Genie und einer der größten Feldherren aller Zeiten, ist berüchtigt für seine Grausamkeit. Doch er war keineswegs ein Wilder, im Gegenteil: das erste, was Tschinggis Khan den Mongolen beibrachte, waren Ordnung und Disziplin. Er brachte ihnen den *Staat.* Seine radikale Umformung der mongolischen Stämme glich den Staatenbildungen der Uighuren, Perser, Araber und Chinesen in vielerlei Hinsicht. Sie basierte auf einem gottgleichen Herrscher, Tschinggis Khan, der seine Macht vom Himmel (*tengri*) erhielt (nicht nur das Konzept des Himmelsmandats, sogar das – ursprünglich türkische – Wort für »Himmel« ist dem chinesischen offenbar verwandt). Mit dieser Legitimation verband sich – wie auch im chinesischen Reich – der Anspruch auf Weltherrschaft. Der Himmel hatte Tschinggis Khan nicht die Regierung über einen Stamm oder ein Land verliehen, sondern über ein Weltreich. Sein Staat war ganz darauf angelegt, dieses Weltreich zu schaffen.

Der Khan war umgeben von einer Leibgarde, 10 000 Mann stark, die zugleich Aufgaben einer zentralen Verwaltung und der Justiz wahrnahm. Erstmals wurde, basierend auf der uighurischen, eine mongolische Schrift geschaffen, die der Verwaltung diente. Das Volk wurde in »Zehntausendschaften« registriert, die gleichzeitig Grundlage des Heeres waren. Die Stammesverbände wurden zu einer straff organisierten Militärgesellschaft, in der alle Mongolinnen und Mongolen zum Aufbau des gewaltigen Heeres von über 100 000 Mann beitrugen.

Schwer gepanzerte Reiter waren das, mit zwei bis drei kräftigen Bögen und mehreren äußerst belastbaren Pferden ausgestattet, die sie bei langen Ritten wechselten. Die Kriegskunst dieser Reiter war legendär:

> Was ihr Reiten und Schießen anbetrifft, so bindet man die Kinder schon in der frühesten Jugend auf ein Brett und macht dies am Pferd fest. So reiten sie mit der Mutter auf demselben Pferd aus und ein. Mit drei Jahren bindet man sie mit einem Strick am Sattel fest. … Mit vier, fünf Jahren tragen sie einen kleinen Bogen mit kurzen Pfeilen unter dem Arm, und wenn sie erwachsen sind, betreiben sie alle vier Jahreszeiten hindurch die Feldjagd. … Schnell wie ein Wirbelwind sind sie da, und wuchtig wie ein Berg drücken sie auf den Feind. Sie wenden sich im Sattel nach links und drehen sich nach rechts wie Vögel im Flug. Daher vermögen sie, während sie sich nach links umschauen, sogleich auch schon nach rechts zu schießen; sie schießen also durchaus nicht nur nach rückwärts.
>
> (Peng Daya, *Heida shilüe*, Übersetzung: Peter Olbricht)

Diese Krieger wurden zum Schrecken der Welt. Der »Mongolensturm« fegte über fast den gesamten eurasischen Kontinent, von Korea bis tief nach Mitteleuropa, von Sibirien bis an den persischen Golf. Zuerst überfielen Tschinggis Khans Horden das Jin-Reich. Wer sich ihnen unterwarf, wurde zum Verbündeten, wer Widerstand leistete, wurde gnadenlos massakriert: 1212/13 legten die Mongolen Dutzende Städte in Schutt und Asche, verwüsteten das Ackerland und metzelten die Bevölkerung Mann für Mann nieder. 1215 eroberten sie Beijing, plünderten und brandschatzten es: einen ganzen Monat lang soll die Stadt in Flammen gestanden haben.

Die Jin flohen aus ihrer Heimat in die Nordchinesische Ebene, nach Kaifeng, wohin die Mongolen sie zunächst nicht verfolgten. Tschinggis Khan zog sich bald wieder aus Nordchina zurück und wandte sich nach Mittelasien. 1218 eroberte er Kara-Khitai, das große Reich der Khitan zwischen dem Altai und dem Amu Darja: das Land der Seidenstraße mit den reichen Städten Buchara und Samarkand wurde mongolisch. Von dort aus stießen die Mongolen in atemberaubend schnellen Feldzügen – ihre Reiter legten mehr als 100 km am Tag zurück – weiter nach Vorderasien: im Norden drangen sie bis in das heutige Georgien vor, im Süden verwüsteten sie das Choresmische Reich im Gebiet des heutigen Afghanistan und Iran in einer Weise, die selbst christliche Chronisten dauerte:

> Eine immense Horde dieser verächtlichen Rasse Satans, der Tartaren, brach aus ihren bergigen Gebieten hervor und bahnte ihren Weg durch scheinbar unpassierbare Felsmassen. Sie schnellten vor, wie Dämonen, die aus dem Tartarus ausbrachen (daher werden sie Tartaren genannt, gleichsam Einwohner des Tartarus). Sie überrannten das Land, bedeckten die Erde wie Heuschrecken und brachten furchtbare Zerstörung über die östlichen Länder, Feuer und Mord begleiteten ihren Weg. Sie trampelten durch das Land der Sarazenen, schleiften Städte, verbrannten Wälder, rissen Burgen ab, entwurzelten Rebstöcke, zerstörten Gärten, massakrierten Bürger und Bauern ... (Matthäus von Paris)

Tschinggis Khan herrschte von der Manjurei bis zum Kaspischen Meer, als er sich 1226 wieder in Richtung China wandte und das Reich der Xixia angriff. Es war sein letzter Feldzug: Tschinggis Khan starb 1227, kurz bevor seine Truppen die Hauptstadt der Xixia eroberten.

Doch sein Tod tat dem Schwung der mongolischen Eroberungszüge keinen Abbruch. Tschinggis Khan hatte seine Nachfolge wohl geregelt und das Riesenreich unter seinen vier Söhnen aufgeteilt. Ögödei (1229–1241), der ihm als Großkhan folgte, erhielt das gesamte Stammland der Mongolen mitsamt Nordchina. Die anderen Söhne erhielten das Gebiet der »Goldenen Horde« von Ob und Irtysch; Tschaghatai, das die zentral- und mittelasiatischen Gebiete zwischen Dunhuang und dem Amu Darja umfasste; und das Ilkhanat lag in Persien. Von dort aus setzten sie die Expansion der Mongolen fort. Das Ilkhanat dehnte sich bis zum Persischen Golf und an das Schwarze Meer aus; die Goldene Horde eroberte Russland und wurde nach ihrem Sieg in Liegnitz (1241) nur durch den Tod des Großkhans daran gehindert, das deutsche Reich zu überrennen.

Seuchen 瘟疫

Im Sommer 1346 wurde die Genuesische Hafenstadt Kaffa auf der Krim von den Truppen der Goldenen Horde belagert. Als die Mongolen den hartnäckigen Widerstand trotz Bombardements nicht brechen konnten, griffen sie zu einem neuen Mittel. Sie begannen, nicht Steine, sondern Pestleichen in die Stadt zu katapultieren. Von Panik ergriffen, retteten sich die Genueser auf ihre Schiffe und segelten gen Heimat – und mit ihnen der Schwarze Tod. 1347 erreichte die Pest Messina, 1348 Genua, und im selben Jahr trat sie ihren grauenhaften Zug durch Europa an, wo sie etwa 30 Millionen Menschen hinweggraffte, ein Drittel der gesamten Bevölkerung.

Seuchen, diese Geißeln der Menschheit, haben ihre düsteren Schatten auch über die Geschichte Chinas geworfen. Scheinbar unberechenbar, konnten sie überall und jederzeit ausbrechen, Dörfer und Städte auslöschen oder ganze Landstriche entvölkern.

> Wenn der Himmel die Seuche bringt, steht man morgens auf, um abends zu sterben. Binnen einer Nacht sterben ganze Häuser aus, das Volk flieht in Panik, ganze Städte sind leergefegt. (*Shanxi tongzhi*)

Doch Epidemien fallen nicht einfach vom Himmel; sie folgen den Spuren der Zivilisation. Die Nassreisfelder Südchinas, mit menschlichem Kot gedüngt, waren nicht nur Brutstätten der gefürchteten Malaria, sondern auch für Seuchen. In den städtischen Ballungsräumen des 12. und 13. Jahrhunderts mit ihren offenen Abwasserkanälen entfalteten Epidemien verheerende Wirkungen. Pocken, Grippe, Typhus und andere Massenkrankheiten brachen im Rhythmus von wenigen Jahren aus. 1232 sollen allein in Kaifeng fast eine Million Menschen einer Seuche zum Opfer gefallen sein. Betriebsame Handelswege taten das Ihre, indem sie nicht nur Waren, sondern auch Bakterien verbreiteten. Im 14. Jahrhundert wanderte die Pest von Asien nach Europa, ab dem 16. Jahrhundert revanchierten sich die Europäer, indem sie Scharlach, Cholera, Diphtherie und Syphilis nach China trugen.

Die tückische Rolle von Epidemien in der chinesischen Geschichte ist noch kaum erforscht. Sie wirkten vor allem in Kriegszeiten verheerend, wenn Soldaten und Flüchtlingsströme ihre Erreger durch das Land trugen. Dann gewährten auch schamanistische Rituale, Gebete und heilkräftige Amulette, wie sie im Volk verbreitet waren, keinen Schutz. In den Wirren am Ende der Ming-Zeit starben mehr als 10 Millionen Menschen in Nordchina an der Pest: sie versetzte der Dynastie den Todesstoß. Die letzte große Pest-Epidemie – sie forderte etwa 12 Millionen Opfer – brach Mitte des 19. Jahrhunderts im kriegsgeschüttelten Reich der Qing aus und verbreitete sich über Asien. Und während in den 1940er Jahren Welt- und Bürgerkrieg in China herrschten, suchte zugleich die schlimmste Syphilis-Epidemie der Menschheitsgeschichte das Land heim.

Zwar scheinen die großen Seuchen der Vormoderne – Pest, Cholera, Lepra, Pocken, Syphilis – heute kontrollierbar. Aber die Moderne schafft sich ihre eigenen Epidemien, und China hat seinen Anteil daran. Als in Südchina 2003 erst SARS und dann die Vogelgrippe ausbrachen, blieb die befürchtete Katastrophe aus. Dafür traf sie die Provinz Henan umso härter. Dort hatten sich in den 1990ern vermutlich mehr als hunderttausend bitterarme Bauern bei kommerziell betriebenen Blutspenden mit dem HI-Virus infiziert. Ganze

Dörfer wurden in den nächsten Jahren von AIDS dahingerafft, während Bluthändler und Behörden die humanitäre Katastrophe vertuschten. Auch die Seuchen des 21. Jahrhunderts sind vom Menschen gemacht.

Ögödei setzte von seiner neuen Hauptstadt Karakorum aus die Angriffe auf die Jin fort, die nun in Kaifeng residierten. 1233 drang er mit drei Heeren gegen die Stadt vor und zwang den Jin-Kaiser zur Flucht. Die Song, die nicht aus der Geschichte gelernt hatten, meinten die Gunst der Stunde zu nutzen, indem sie abermals – wie einst mit den Jurchen gegen die Khitan – ein Bündnis mit den Feinden ihrer Feinde schlossen. Gemeinsam mit den Mongolen schlugen sie die verbliebenen Truppen der Jin, deren letzter Kaiser sich 1234 das Leben nahm. Nordchina war von den Jurchen befreit; doch an ihre Stelle trat ein weitaus mächtigerer Feind, der die Song selbst vernichten und ein halbes Jahrtausend lang zur Geißel Chinas werden sollte.

Ögödei, der seine letzten Jahre der Jagd und dem Schnaps widmete, verstarb 1241 nach einem Saufgelage. Doch seine Nachfolger – vor allem Möngke (1251–1259) und Khubilai (1259–1290) – setzten die Mission Tschinggis Khans in China fort. 1253 besetzten sie das Königreich Nanzhao in Dali, 1258/59 eroberten sie Sichuan, und nur der Tod Möngkes und der anschließende Nachfolgestreit gaben den Song eine letzte Atempause. Erst 1268 begann der neue Großkhan, Khubilai, die Großoffensive gegen die Song.

Südchina mit seinem heißen, feuchten Klima, den Sümpfen und Wasserläufen war für die mongolischen Reiter nicht ohne weiteres zu überrollen, zumal die Song erbitterten Widerstand leisteten. Allein die Stadt Xiangyang, die eine strategische Schlüsselstellung am Han-Fluss einnahm, wurde fünf Jahre lang belagert, bevor sie fiel. Khubilai Khan musste für diesen Feldzug alle Register ziehen. Er ließ eine Flotte bauen, die seinen Truppen Wasserhoheit garantierte, und er setzte alle Mittel der Belagerungstechnik ein: Pfeile, große Katapulte, die Steine von 75 kg Gewicht schleuderten, Tränen- und Giftgas und vor allem Feuerwaffen.

Das Schießpulver, eine Mischung aus Salpeter, Schwefel und Kohlenstoff, war in China etwa im 9. Jahrhundert erfunden und dann für den militärischen Einsatz weiterentwickelt worden. Im 13. Jahrhundert verfügten sowohl die Chinesen als auch die Mongolen über furchterregende Waffen: Brandbomben, Flammenwerfer, die brennende Flüssigkeiten verspritzten, Brandpfeile, Donnerschlagbomben, die Pferde scheu machten, Leuchtgeschosse, Splittergranaten mit Mänteln aus Gusseisen und verheerender Sprengkraft, Tretminen aus Bambus, gefüllt mit Bleikugeln, Raketen, »Feuerlanzen«, die Menschen blendeten oder verstümmelten, Gewehre und sogar Kanonen aus Gusseisen – Waffen, die erst Jahrhunderte später in Europa bekannt wurden.

Es war ein ausgesprochen moderner Krieg, den sich die Song mit den Mongolen lieferten. Die Chinesen wurden mit ihren eigenen Waffen geschlagen: von eisernen Pfeilspitzen, die die Mongolen aus Nordchina bezogen, sowie Artillerie und einer Marine, die von den Mongolen in Perfektion – und mit Hilfe chinesischer Handwerker – nachgebaut wurde. 1273 fiel Xiangyang, 1276 ergab sich der Hof in Hangzhou, 1278 wurde Guangzhou besetzt, und 1279 wurden die übrigen Kämpfer der Song in einer blutigen Seeschlacht vor Guangzhou geschlagen. Der letzte Song-Kaiser, ein Kind, das von unbeugsamen Loyalisten eingesetzt worden war, ertrank im Südchinesischen Meer, mit ihm stürzten sich zahllose seiner Anhänger heroisch in den Tod.

Auch das war ein Erbe der Song-Zeit: sie hatte Patrioten hervorgebracht, Loyalisten und nun auch Märtyrer, die für ihre Dynastie in den Tod gingen. Die Gelehrten der späten Tang-Zeit hatten das Prinzip der »Treue« nur gelehrt (S. 288); die Männer der Song machten ernst damit. Zum berühmtesten Märtyrer wurde Wen Tianxiang (1236–1283), ein hoher Beamter und General der Song. Nachdem er in die Gefangenschaft der Mongolen geraten war, verweigerte er ihnen hartnäckig den Dienst, obwohl Khubilai Khan ihm den höchsten Posten im Reich angeboten haben soll:

> »Wenn du mir so dienst, wie du den Song gedient hast, mache ich dich zum Kanzler.« Doch Wen Tianxiang sprach: »Ich war unter den Song Prüfungsbester und Kanzler, doch die Song sind untergegangen. Nun kann ich nicht mehr leben, sondern nur noch sterben. Ich wünsche mir nur noch eins: den Tod.« (Hu Guang, »Wen Tianxiang congrong jiuyi«)

Der Wunsch wurde ihm gewährt. Als Wen Tianxiang starb, war die Dynastie Song bereits untergegangen. 1279, genau 1500 Jahre nach der Reichsgründung durch die Qin, war das chinesische Reich erstmals vollständig von einem Volk der Steppe erobert worden.

Die Späte Kaiserzeit (1271–1793)
Soziale Mobilität und staatliche Despotie

War China im ersten Jahrtausend n. Chr. vom Buddhismus durchdrungen worden, so prägte der Einfluss altaischer Völker das zweite Jahrtausend: er macht ein Gutteil dessen aus, was wir mit dem »traditionellen China« verbinden.

Die Mongolen, die China 1271–1368 beherrschten, waren keine Wilden, die das Land vergewaltigten. Sie besaßen eine Schrift, bauten Städte, schufen Kunst, Literatur und waren Anhänger einer Weltreligion, des Buddhismus. Die Mongolen regierten ein Weltreich, in dem China nur einen Teil ausmachte. Das strenge Regiment des Yuan-Khanats, das vor allem die Südchinesen unterjochte, entsprang den Erfordernissen dieses Weltreichs. Die Yuan zwangen eine hochdiversifizierte Gesellschaft, in der die ständische Ordnung sich aufzulösen drohte, in eine umso rigidere Hierarchie, die soziale Gruppen geradezu kastenartig separierte. Die scharfe Kontrolle über die Gesellschaft verstärkte Tendenzen, die sich schon unter den Song herausgebildet hatten und in der späten Kaiserzeit voll ausprägten.

Die Dynastien Ming (1368–1644) und Qing (1636–1912) markieren einen Höhepunkt in der Geschichte des chinesischen Reichs. Aus einem von Kriegen verheerten Land wurde im 18. Jahrhundert das wohlhabendste Reich der Welt, dessen Hauptstadt, Beijing, die größte Stadt ihrer Zeit war. Beide Dynastien pflegten ›konfuzianische‹ Werte, förderten die traditionelle Gelehrsamkeit durch große Publikationsprojekte und brachten die Institutionen des bürokratischen Absolutismus zur vollen Reife. Ihre »aufgeklärten Despoten« auf dem Thron wurden auch in Europa zum Vorbild der Philosophen. Die Ming, die zwar nur über ein relativ kleines Gebiet von etwa vier Millionen km^2 herrschten, werden rückblickend als letzte ›chinesische‹ Dynastie gefeiert. Doch paradoxerweise waren es die manjurischen Qing, die mit ihrem riesigen Vielvölkerreich dem Begriff »China« eine neue Bedeutung verliehen: ihr Reich, das auch die Manjurei, die Mongolei, Xinjiang, Taiwan und zwischenzeitlich auch Tibet umfasste, wurde zum Vorbild für die nationalen Ambitionen des 20. Jahrhunderts – und Grund für alle Probleme, die damit einhergehen. Das Selbstverständnis des modernen China ist ein Erbe seines ›altaischen Jahrtausends‹.

Viele Probleme des Systems lassen sich bereits in der Glanzzeit des 14.–18. Jahrhunderts ausmachen. Denn die autokratischen Gründerkaiser – Hongwu und Yongle sowie Kangxi, Yongzheng und Qianlong –, die ihren Willen in der Regierung durchsetzten, blieben die Ausnahme. Schwächere Kaiser verloren die Macht schnell an inoffizielle Gremien, Eunuchen und die Provinzen. Die Despotie der Ming und Qing war letztlich ein gescheiterter Versuch, totalitär zu herrschen, die Zentralisierung eine vergebliche Anstrengung, um zentrifugale Kräfte zu bändigen.

Die Forcierung alter Ordnungsmuster zeigt nur, wie fraglich diese geworden waren: denn unterhalb der institutionellen Ebene wandelte sich die chinesische Gesellschaft in der Späten Kaiserzeit grundlegend. Eine kommerzielle Revolution führte zwischen dem 16. und 18. Jahrhundert zu Diversifikation der Produktion, Belebung von Märkten, Ausweitung des Handels, Monetarisierung, Urbanisierung und rasantem Bevölkerungswachstum: schon um 1500 hatte das Ming-Reich 155 Millionen Einwohner, am Ende der Ming waren es über 250 Millionen, um 1800 schließlich 350 Millionen.

Kommerzialisierung und Bevölkerungsexplosion veränderten auch das kulturelle Leben und führten zu einer wahrhaften medialen Revolution. Ab dem 16./17. Jahrhundert wurden mehr Bücher für ein größeres Publikum als je zuvor gedruckt: Romane, Theaterstücke und andere Volksliteratur bewirkten eine Leserevolution, die nicht nur städtisches Leben, sondern die chinesische Kultur im ganzen veränderte. Individuelle Ausdrucksformen entwickelten sich in Kunst, Literatur und Privatleben. Die Philosophie gab der Emanzipation des Individuums durch die Lehre vom menschlichen Geist Ausdruck, der den ganzen Kosmos umfasse.

In alledem – Wirtschaft, Kunst, Gelehrsamkeit und Privatleben – entwickelte die chinesische Gesellschaft autonome Bereiche, die sich zunehmend der zentralen Kontrolle entzogen: die idealisierte Ordnung der »Vier Stände« drohte sich aufzulösen. Die Prügelautokratie des ersten Ming-Kaisers, das Verbot der Seefahrt, die Einengung der Beamtenprüfungen im Achtgliedrigen Aufsatz und die literarische Inquisition des Qianlong-Kaisers waren Bemühungen, diesen anomischen Tendenzen entgegenzuwirken: letzte Anstrengungen, eine unbändige Gesellschaft zu kontrollieren, die der alten Ordnung nicht mehr entsprach.

Nicht zuletzt die mediale Revolution bewirkte, dass die Zahl unserer Quellen seit der Ming-Zeit sprunghaft ansteigt. Gedruckte Bücher sind –

im Gegensatz zu früheren Zeiten – in großer Zahl erhalten, aber auch Manuskripte: gelehrte Werke, Volksliteratur, Gedichte, Tagebücher, Reiseberichte, Lokalmonographien, Gesetze, Verwaltungsschriften – in der Qing-Zeit auch auf Manjurisch – und erstmals die »wahrhaften Aufzeichnungen« (*shilu*, S. 154) des Hofes in Hunderten von Bänden. Auch europäische Quellen liefern in dieser Zeit erstmals umfangreiche Informationen aus dem chinesischen Reich: die Jesuiten haben in langen Briefen aus China berichtet, Händler und diplomatische Gesandtschaften hielten ihre Eindrücke in Reiseberichten fest.

Der Kontakt mit den Europäern war bis ins 18. Jahrhundert nur eine Fußnote der chinesischen Geschichte. Dennoch verdeutlicht er, dass die Späte Kaiserzeit nicht nur einen Höhepunkt, sondern auch einen entscheidenden Wendepunkt in der Geschichte Chinas markiert. Im frühen 15. Jahrhundert war China die größte Seemacht der Welt, die Flotten des Zheng He hätten Europa ›entdecken‹ können – stattdessen machte sich Ende des Jahrhunderts ein Genuesischer Abenteurer im Dienst der spanischen Krone auf, um ›Indien‹ (d. h. Asien) zu entdecken. Im 18. Jahrhundert erreichte das Qing-Reich seine größte Ausdehnung, Tribute kamen aus aller Welt – doch kurz darauf zerfiel es an allen Enden. Im 18. Jahrhundert war China das Staunen der Welt – danach wurde es zum »Kranken Mann Asiens«. Auch wenn es noch ein Jahrhundert weiter bestand: das chinesische Kaiserreich kam um 1800 an sein Ende. Fortan war es nicht mehr in der Lage, eine überkomplex gewordene Gesellschaft mit traditionellen Mitteln zusammenzuhalten.

Zeittafel

1271	Khubilai Khan gründet die Yuan-Dynastie in Dadu (Beijing)
1276/79	Die Mongolen erobern Hangzhou / Ende der Song
1313	Wiedereinführung der Beamtenprüfungen
1351–66	Aufstand der »Roten Turbane«
1368	Zhu Yuanzhang erobert Dadu und gründet die Ming
1368–98	Regierungsperiode Hongwu
1402–24	Usurpation des Zhu Di: Regierungsperiode Yongle
1405–33	Seereisen Zheng Hes
1408	Vollendung des *Yongle dadian*
1420	Beijing wird zur Hauptstadt
1449	Tumu-Vorfall: die Mongolen nehmen den Kaiser gefangen

1508	Wang Yangmings »Erleuchtung«: Grundlegung seiner Philosophie
1549	»Japanische Piraten« fallen in Zhejiang ein
1557	Portugiesen siedeln in Macao
1592, 1597	Hideyoshi fällt in Korea ein
1601	Matteo Ricci kommt nach Beijing
1616	Nurhaci gründet die »Spätere Jin«
1636	Hong Taiji gründet die Dynastie Qing
1644	Li Zicheng besetzt Beijing, Tod des letzten Ming-Kaisers, die Manjuren erobern Beijing
1662–1722	Regierungsperiode Kangxi
1673–81	Aufstand der drei Feudalfürsten
1683	Die Qing erobern Taiwan
1689	Vertrag von Nertschinsk
1720	Feldzug nach Tibet
1723–35	Regierungsperiode Yongzheng
1735–96	Regierungsperiode Qianlong
1759	Sieg über die Dsungaren
1773–82	Kompilation des *Siku quanshu*
1793	Macartney-Mission

China im Mongolenreich

Auf dem Ordos-Plateau, in der Ortschaft Ejin Horo, Innere Mongolei, wurde 1956 das Mausoleum Khans errichtet: ein breiter Bau mit drei achteckigen Sälen, deren Dächer an Jurten erinnern. Im Inneren stehen drei Zelte für Tschinggis Khan und seine Frau Börte sowie weitere Nebenfrauen; Wandgemälde zeigen Szenen aus seinem Leben, Bögen, Zaumzeug, eine Standarte und andere Reliquien werden ausgestellt, im Zentrum thront eine marmorne Statue Tschinggis Khans.

Natürlich ist nichts von alledem authentisch. Niemand weiß, wo Tschinggis Khans wirkliches Grab liegt, die Mongolen meinen: jedenfalls nicht in China. Die Chinesen aber verehren in der Gedenkstätte weniger den Gründer des Mongolischen Weltreichs als vielmehr einen chinesischen Kaiser. »Möge die reine Seele des Herrschers und Heiligen Tschinggis, des Recken und Helden der chinesischen Nationalitäten, ewig leben!«, steht auf einer Votivfahne. Tschinggis Khan wird in der Volksrepubik China allen Ernstes als Reichseiniger und als Chinese angesehen.

Historisch sprach zunächst nichts für eine solche Verklärung. Als die Mongolen in Nordchina einfielen, hinterließen sie eine Spur von Tod und Verwüstung. Am Vorabend ihrer Invasion lebten über 100 Millionen Menschen in China, 1290 waren es weniger als 60 Millionen. In der Yuan-Zeit wurde die Bevölkerung Chinas stärker dezimiert als je zuvor in seiner Geschichte. Anfangs sollen die Mongolen erwogen haben, China geradewegs in eine Viehweide zu verwandeln: »Was nützen uns die Han-Leute? Wir sollten sie allesamt töten, dann Gras und Bäume wachsen lassen, um aus dem Land eine Weidefläche zu machen«, schlugen Berater Tschinggis Khans vor. Es war ein Khitan, Yelü Chucai (1189–1243), der die Durchführung dieses Plans verhinderte. Bei der Eroberung Beijings gefangen genommen, hatte er tiefen Eindruck auf Tschinggis Khan gemacht und war zu dessen Berater aufgestiegen. Nun riet er ihm:

> Angesichts der Größe des Reiches und all seiner Reichtümer könnten wir alles bekommen, was wir brauchen. … Durch Bodensteuern, Handelssteuern, Erträge von Alkohol, Essig, Salz, Eisen, Bergen und Seen könnten wir 500 000 Unzen Silber, 80 000 Ballen Seide und mehr als 400 000 Scheffel Getreide erhalten. (*Xu Zizhi tongjian* 165)

Yelü Chucais Argument überzeugte den Khan. Fortan wurden Steuern auf Landwirtschaft und Handel festgelegt, die das Staatssäckel der Mongolen füllten. Die alte Weisheit des Lu Jia, dass man China zwar auf dem Pferderücken erobern, aber nicht regieren könne (S. 139), hatte sich aufs neue bewährt. Dabei ging es nicht um die Überlegenheit ›chinesischer‹ Kultur, der sich Eroberer anzupassen hätten, sondern um die Staatsräson: gut ist, was »den Staat bereichert und das Militär stärkt«, das hatten schon die Legisten gelehrt (S. 123). Auch der Staat der Mongolen konnte am meisten profitieren, indem er die Reichtümer des Landes nicht in impulsiven Raubzügen plünderte, sondern systematisch, und das heißt: bürokratisch ausbeutete.

Unter Khubilai Khan wurde ein Regierungssystem ausgebaut, das wesentliche Institutionen der Tang, Song, Liao und Jin übernahm: eine Zentralkanzlei, die klassischen Sechs Ministerien, die Einteilung des Landes in Provinzen, festgelegte Kopf- und Bodensteuern sowie Staatsmonopole, ein Übersetzerbüro und ein Amt für Geschichte. Khubilai blieb kein Steppenwolf wie sein Großvater, sondern regierte über China wie ein chinesischer Kaiser. Er gab seiner Dynastie 1271 einen chinesischen Namen, den er aus dem *Buch der Wandlungen* nahm: Da Yuan, »Großer

Uranfang«, und verlegte seine Hauptstadt von Karakorum über 1500 km in das Gebiet des heutigen Beijing. Dort baute er auf den Ruinen der alten Jin-Hauptstadt eine neue »Stadt des Khans«, Khan-baliq (Marco Polo schrieb: Cambaluc), chinesisch Dadu.

Dadu folgte dem Vorbild früherer chinesischer Hauptstädte: es war rechteckig angelegt, durchzogen von Nord-Süd- und Ost-West-Straßen, mit einer Kaiserstadt im Zentrum, Gebäuden für Ministerien und die Hanlin-Akademie, einem kaiserlichen Ahnentempel, einem Altar des Erdgottes, sogar einem Konfuziustempel.

Einerseits gab sich Khubilai Khan also ganz ›chinesisch‹. Andererseits ist nicht zu übersehen, dass die Yuan eben keine Chinesen, sondern Mongolen waren. Viele Herrscher und Würdenträger wohnten in der Kaiserstadt nicht in Palästen, sondern in Jurten; sie trugen ihre traditionelle Kleidung, feierten mongolische Feste, pflegten schamanistische Rituale und gingen ausgiebig auf die Jagd. Vor allem Khubilai war ein großer Jäger vor dem Herrn. Marco Polo berichtet, dass der Khan abgerichtete Leoparden, Luchse und Löwen für die Jagd einsetzte, zudem fünfhundert Falken und eine riesige Meute von Jagdhunden:

> Zu Beginn der kaiserlichen Jagd formieren sich die zehntausend Jäger mit ihren gut zweitausend Hunden des einen Bruders [Khubilais] zur Linken des Großkhans und jene des andern Bruders zu seiner Rechten. Sie rücken alle in einer Reihe vor und bilden eine Frontlinie, so lang wie eine Tagereise. Kein einziges Wildtier kann ihnen entfliehen.
>
> (*Il Milione* XCIII, Übersetzung: Else Guignard)

Zudem zogen sich die Khane der Yuan jedes Jahr im Sommer mit großem Gefolge für vier Monate in die Mongolei zurück. Dort, 300 km nördlich von Dadu, lag ihre zweite Hauptstadt, die sie als Sommerresidenz nutzten: Shangdu, das sagenumwobene »Xanadu« von Samuel Taylor Coleridge. Shangdu lag weit außerhalb Chinas. Es war nicht die Residenz einer chinesischen Dynastie, sondern eines mongolischen Khanats, dessen Herrschaftsgebiet weit über China hinausging. Auch Korea hatten die Mongolen erobert, sie schickten Flotten nach Java und versuchten sogar zweimal, 1274 und 1281, mit 140 000 Soldaten auf über 4000 Schiffen Japan zu erobern. Obwohl beide Flotten vor Kyūshū von Taifunen – die Japaner nannten sie *kamikaze*: »Götterwinde« – zerstört wurden, tat es der Macht der Mongolen keinen Abbruch. Mit rund 14 Millionen km^2 dürfte das Yuan-Khanat mehr als dreimal so groß gewesen

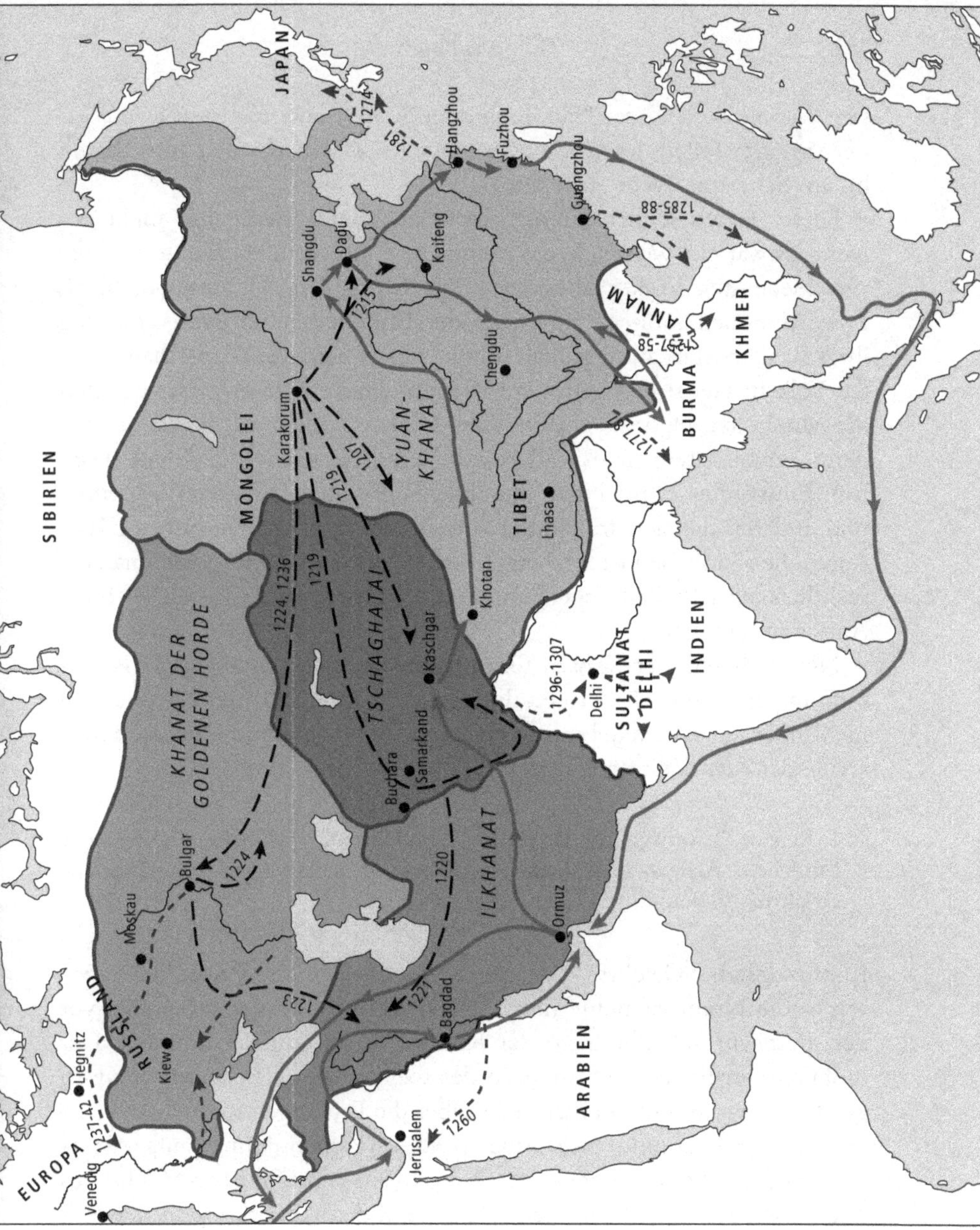

Das Mongolenreich.

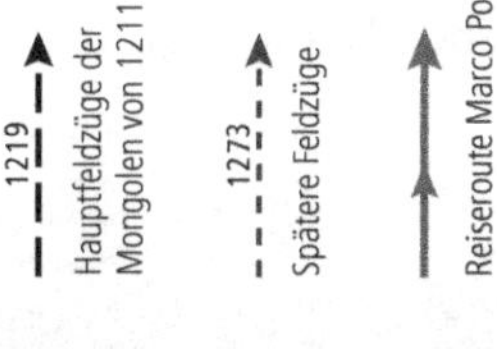

sein wie die Reiche der Han, Tang oder Song – und doch war es nur einer von vier Teilen des größten Reichs aller Zeiten, das sich vom Pazifik bis ans Schwarze Meer erstreckte.

Dieses Reich schlicht »mongolisch« zu nennen wird ihm nicht gerecht. Es war ein Weltreich, das zahlreiche Kulturen überspannte und die verschiedensten Völker integrierte. Die Mongolen, die kaum mehr als zwei Millionen zählten, waren bei der Eroberung und der Regierung ihres Reiches stets auf regionale Eliten angewiesen. Im Yuan-Khanat war das Volk in vier streng getrennte Klassen eingeteilt: die oberste bildeten die Mongolen selbst; die zweite ihre Vasallen: Türken, Moslems und andere Zentralasiaten; die dritte Klasse bildeten die »Han-Menschen« (*Hanren*): Einwohner Nordchinas, einschließlich Khitan, Koreaner, Tanguten und anderer, die sich früh unterworfen hatten; in der untersten Klasse waren die »Südlichen Menschen« (*Nanren*), die Einwohner Südchinas, die rechtlich benachteiligt waren und kaum Möglichkeiten hatten, in hohe Ämter zu kommen.

Neben diesen vier Klassen führten die Mongolen eine soziale Rangordnung ein, die nach Berufen differenzierte. Eine vielzitierte – wiewohl nicht über jeden Zweifel erhabene – Quelle beschreibt die soziale Hierarchie der Yuan-Zeit wie folgt:

> 1. Beamte, 2. Verwaltungsangestellte, 3. buddhistische Mönche, 4. daoistische Mönche, 5. Ärzte, 6. Handwerker, 7. Jäger, 8. einfaches Volk, 9. konfuzianische Gelehrte, 10. Bettler. (*Tiehan xinshi*)

Konfuzianische Gelehrte, vordem die angesehensten Persönlichkeiten, waren die Nummer neun, hinter Prostituierten und gerade einmal vor den Bettlern! Schärfer hätte der Kontrast nicht ausfallen können. Der mobilen Gesellschaft der Song, in der sozialer Mobilität kaum Grenzen gesetzt waren und theoretisch jeder über die Prüfungen in höchste Ränge aufsteigen konnte, war eine rigide Klassenordnung aufgezwungen worden. Die Mongolen setzten die Beamtenprüfungen zunächst aus und verwehrten den Gelehrten weitgehend die Mitwirkung in der Regierung.

Statt ihrer beschäftigte die Verwaltung der Yuan vor allem Mongolen, Khitan, Uighuren, Perser, Tibeter und sogar zahlreiche Europäer. Der berühmteste von ihnen war Marco Polo (ca. 1254–1324): ein venezianischer Kaufmann, der 1271–95, ausgestattet mit einem mongolischen

Pass, von Venedig nach Asien reiste und 16 Jahre im Yuan-Reich blieb. Marco Polo gibt in seinem Reisebericht an, er sei als offizieller Gesandter Khubilai Khans eingesetzt worden.

Doch Marco Polo war keineswegs der erste Europäer am Hof der Yuan. Die Römisch-katholische Kirche, die in Ostasien Verbündete gegen den Islam suchte, schickte im 13. Jahrhundert eine Reihe von Franziskanermönchen in das Yuan-Reich. Die Reise von Europa nach China war selten so ungefährlich und zügig zu bewältigen wie in der Zeit der *Pax Mongolica*, als die gesamte eurasische Steppe von den Mongolen kontrolliert wurde. Missionare wie Johannes von Plano Carpini (ca. 1185–1252) und Wilhelm von Rubruk (ca. 1220–1270) kamen nach Karakorum, später auch nach Dadu, wo sie die frohe Botschaft auf Türkisch und Mongolisch predigten. Sie wurden zu den ersten ›Chinakennern‹, die Berichte über das Land ins mittelalterliche Europa lieferten. Missionarisch aber blieben sie weitgehend erfolglos, auch wenn Papst Clemens V. – kuriose Fußnote der Geschichte – Dadu 1307 zum Erzbistum ernannte.

Die Franziskaner waren am Hof der Yuan nur eine unter vielen religiösen Gruppen: während die Mongolen traditionell dem Schamanismus anhingen, erlangten Daoisten schon unter Tschinggis Khan hohes Ansehen am Hof, und das nestorianische Christentum fand Anhänger sogar in der Familie des Khans. Auch Juden und Moslems praktizierten ihren Glauben im Mongolenreich. Am einflussreichsten aber war der tibetische Lamaismus; er wurde geradezu zur Staatsreligion der Yuan.

Schon 1247 hatte der Abt der mächtigen Sa-skya-Sekte die Oberhoheit der Mongolen über Tibet anerkannt – und wurde im Gegenzug von ihnen zum Regenten über Tibet ernannt. Mit diesem politischen Schachzug begann ein mongolisch-tibetisches Verhältnis, in dem der Khan zum Schutzherrn der Sa-skya wurde und deren Lamas zugleich religiöse Lehrmeister des Khans. Von den vielen Lamas am Hof der Yuan war Phags-pa (1235–1280) der berühmteste: als »Kaiserlicher Lehrer« Khubilai Khans sicherte er die Macht der Sa-skya in Tibet und festigte die Stellung des Lamaismus als Staatsreligion im Yuan-Khanat. Die Bekehrung der Mongolen zum Buddhismus war vor allem ein politisches Meisterstück.

Tibet བོད་

Kaum eine Weltgegend erscheint derart mit Mythen, Lügen und Täuschungen vernebelt wie Tibet. Es ist als paradiesisches Shangri-la verklärt und als feudalistische Hölle verflucht, als Reich esoterischer Weisheit und als Pfuhl schwarzer Magie beschrieben worden, seine Menschen werden von manchen als friedliebende Buddhisten, von anderen als aggressive Separatisten deklariert – und es lässt sich nicht einmal behaupten, die Wahrheit liege in der Mitte.

Historisch gesehen ist das tibetische Hochland – es erstreckt sich über 2,2 Millionen km^2 zwischen Kunlun und Himalaya – das Siedlungsgebiet verstreuter Stämme von Hirtennomaden. Das änderte sich im 7. Jahrhundert, als Songtsen Gampo (S. 250) diese Stämme unter seiner Führung vereinte und begann, einen Staat aufzubauen. Er gründete eine Hauptstadt in Lhasa, ließ eine tibetische Schrift erschaffen, soll den Buddhismus eingeführt und einen Gesetzeskodex erlassen haben und begann militärisch nach Westen, Norden und Osten zu expandieren. Um ihn zu befrieden, gab ihm Kaiser Taizong 635 die Tang-Prinzessin Wencheng zur Frau. Die neuere chinesische Geschichtsschreibung hat dieses Ereignis als Vertiefung einer verwandtschaftlichen Beziehung und Beginn der Kultivierung Tibets durch China gedeutet.

Doch Songtsen Gampo war zugleich auch mit einer nepalesischen Prinzessin verheiratet. Die beiden Frauen symbolisieren die verschiedenen Einflüsse, die in dem Reich zwischen Kaschmir und Sichuan zusammenkamen: die tibetische Sprache ist der chinesischen verwandt, doch die tibetische Schrift wurde aus einer indischen entwickelt; chinesischer Buddhismus kam schon früh nach Tibet, doch die wichtigeren religiösen Impulse kamen aus Indien.

Tibet behauptete seine Eigenständigkeit zwischen den beiden großen Kulturkreisen. Schon 821 schloss es als unabhängiges Land einen Friedensvertrag mit den Tang – eine Stele mit dem Text steht noch immer in Lhasa –, und auch unter den großen Dynastien blieb Tibet autonom. Es war der Buddhismus, der Tibet eng mit seinen großen Nachbarn verband: denn er war nie einfach eine Religion, sondern immer Staatsreligion, die politische Funktionen erfüllte. Nach innen wirkte der Buddhismus integrativ, indem er regionale Götter seinem Pantheon unterordnete; nach außen schuf er Bindungen mit mächtigen Schutzherren. Ein besonderer Coup gelang 1578, als der Khan der Mongolen dem Abt der Gelugpa-Sekte (der »Gelbmützen«) den Titel »Dalai Lama« verlieh, seine Herrschaft in Tibet militärisch unterstützte – und dafür sorgte, dass seine Wiedergeburt in der Familie des Khans erfolgte. Von Anbeginn war das Amt des Dalai Lamas nicht nur mit religiösen, sondern auch mit politischen Ansprüchen verbunden.

Die Verschränkung von Religion und Politik kennzeichnete auch die Beziehungen Tibets zur manjurischen Qing-Dynastie. Die Manjuren, für deren Weltreich Tibet von strategischer Bedeutung im Kampf gegen die Mongolen war, gaben sich nicht nur als militärische, sondern auch als religiöse Schutzherren Tibets. Innenpolitisch aber blieb Tibet eigenständig. Die moderne Frage, ob Tibet ›ein Teil Chinas‹ sei, spielte unter den Qing keine Rolle. Aus der Perspektive eines Weltreichs, das keine Grenzen kannte, sondern nur Zonen abnehmenden Einflusses, konnte Zugehörigkeit nie als Problem erscheinen. Erst als die moderne Idee des Nationalstaats mit klaren Grenzen und eindeutigen Zuordnungen in China Einzug hielt, gewann die Frage an Brisanz. Die Tibeter gaben ihre Antwort, indem sie sich 1912, gleich nach dem Ende der Qing, für unabhängig erklärten und es bis 1951 auch blieben.

Mit der Besetzung Tibets durch die Volksbefreiungsarmee 1951 und der Niederschlagung des Aufstands von 1956–59 hat die kommunistische Regierung ihre eigene Antwort gegeben, die lautet: Tibet sei ein unveräußerlicher Teil der Volksrepublik China, die Tibeter eine »nationale Minderheit«, die seit je zu China gehört habe. Seither steht Wort gegen Wort, Meinung gegen Meinung. Während die chinesische Regierung die »friedliche Befreiung« Tibets verkündete, berichtete der Dalai Lama, Tibeter seien »erschossen, zu Tode geprügelt, gekreuzigt, lebendig verbrannt, ertränkt, verstümmelt, ausgehungert, erdrosselt, aufgehängt, verbrüht, lebendig begraben, zerstückelt, enthauptet« worden.

Tibet wurde administrativ aufgeteilt zwischen Gansu, Qinghai, Sichuan, Yunnan und dem 1,2 Millionen km^2 großen »Autonomen Gebiet Tibet«. Doch die Tibeter beklagen viel mehr einen gravierenden Mangel an Autonomie und ungeheuerliche Unterdrückung der Religionsfreiheit: Klöster und Tempel wurden – teils mit Bomben – zerstört, von 6259 Kultstätten sollen nur 13 die Kulturrevolution überstanden haben. Während der Potala heute touristisch erschlossen und in Sichuan ein fröhlich-kitschiges Shangri-la inszeniert wird, werden weiterhin tibetische Mönche verhaftet, gefoltert und ermordet. Während chinesische Behörden Fortschritt und Modernisierung in Tibet rühmen, zeihen Tibeter sie der Zwangskollektivierung von Hirten und Bauern sowie der massenhaften Ansiedlung von Chinesen: die Tibeter fühlen sich als Minderheit im eigenen Land, politisch bevormundet und wirtschaftlich unterprivilegiert.

Wiederholte Aufstände – 1969–1972, 1987–1989, zuletzt 2008 – und ihre gewaltsame Unterdrückung zeugen davon, dass die Tibet-Frage noch lange nicht gelöst ist. Im Gegenteil: der Ton der Debatte ist schärfer geworden. Der 14. Dalai Lama, der seit 1959 im indischen Exil ist, spricht von »kulturellem Genozid«, die chinesische Regierung von »Separatismus« und »Terrorismus«. Bei alledem sind wirklich verlässliche Informationen kaum zu bekommen, beide Seiten verschleiern Tatsachen. Denn bei aller Sympathie, die dem Dalai Lama weltweit zuteil wird, sollte eines nicht übersehen werden: auch er hat, wie seine früheren Inkarnationen, nicht nur ein religiöses, sondern auch ein machtpolitisches Interesse an Tibet. Beide, China und der Dalai Lama, wollen über ein vereintes Tibet herrschen – doch genau damit haben die Probleme des Landes begonnen, das einst Siedlungsgebiet verstreuter Stämme von Hirtennomaden war.

Im Vielvölkerreich der Mongolen war China nur ein Teil, wenn auch ein wichtiger: es bildete, wie Yelü Chucai es prophezeit hatte, seine wirtschaftliche Basis. Vor allem war die Zentralregierung auf Geld- und Getreidelieferungen aus dem landwirtschaftlich hochentwickelten, noch immer stark urbanisierten Südchina angewiesen, die 80 % der Steuereinnahmen ausmachten.

Um die Hauptstadt auf einem sichereren Weg zu versorgen, ließ Khubilai Khan den Kaiserkanal 1289 vom Huai-Fluss über die Berge von Shandong bis nach Dadu verlängern: eine technische Meisterleistung, die auf 1000 km Länge große Höhenunterschiede überwand, aber auch ein enorm aufwendiges Projekt. Drei Millionen Arbeiter wurden dabei eingesetzt, die Kosten für Bau und Wartung waren astronomisch. Der Kanal, der die Einkünfte der Zentrale sichern sollte, brachte sie stattdessen in große finanzielle Nöte.

Ebenso wie der Kaiserkanal war auch das Nachrichtensystem der Yuan eine logistische Meisterleistung. Das Kuriersystem der Mongolen war schneller und effizienter als alle, die das chinesische Reich je gehabt hatte.

> Für alle Hauptprovinzstraßen gilt dasselbe: im Abstand von fünfundzwanzig oder auch dreißig Meilen befindet sich eine Station, wo für kaiserliche Abgesandte zwischen dreihundert und vierhundert Pferde gewartet werden und wo sie selbst fürstlich übernachten und sich verpflegen können. … Mehr als zweihunderttausend Pferde werden auf den Stationen gehalten, stets einsatzbereit für die Durchreisenden. Wohl eingerichtete und reich ausgestattete Häuser gibt es mehr als zehntausend. … Berittene Eilboten werden eingesetzt, sobald irgendwo ein Aufstand ausbricht oder ein Statthalter sich auflehnt oder falls sonst etwas Dringendes dem Kaiser zu melden ist. … Sie bandagieren ihre Körper, binden ihren Kopf ein, und dann reiten sie los in gestrecktem Galopp und reiten und reiten über fünfundzwanzig Meilen bis zum ersten Posten, dort erhalten sie zwei frisch gesattelte Pferde. Unverzüglich schwingen sie sich auf die Gäule und rennen los – von Ausruhen keine Spur –, holen aus den Tieren heraus, was sie vermögen, und setzen nicht ab bis zum nächsten Posten. Dort finden sie wieder startbereite Tiere, sie werfen sich in die Sättel und jagen davon. Und so bis zum Abend. Um dem Kaiser die neuesten Nach-

richten zu melden, legen berittene Eilboten zweihundertfünfzig Meilen am Tag zurück, und sollte es besonders dringend sein, sogar dreihundert Meilen.

(*Il Milione* XCIX, Übersetzung: Else Guignard)

Weder Kanal noch Kuriersystem waren dazu angelegt, das Leben des Volkes zu verbessern. Sie waren Instrumente der Herrschaft in einem System, das Chinas Schätze möglichst effizient abschöpfen sollte. Schon 1239 hatte Ögödei die Eintreibung der Steuern einem muslimischen Händler übertragen, der versprochen hatte, das Maximum aus dem Volk herauszupressen. Khubilai Khan beauftragte dann zwei Piraten, Zhu Qing und Zhang Xuan, damit, Getreidesteuern auf dem Seeweg in den Norden zu verschiffen. Die beiden wurden zu den reichsten und einflussreichsten Männern Südchinas: Symbole der Ausbeutung der Chinesen durch private Unternehmer in Diensten der Yuan.

Doch ganz so einfach war das Bild nicht. Schon 1313 führten die Mongolen das Prüfungssystem wieder ein und damit die Beteiligung chinesischer Gelehrter an der Regierung. Auch wenn der Anteil der Prüfungsabsolventen in hohen Ämtern sehr gering blieb, setzten die Yuan eine folgenreiche Neuerung durch: sie erhoben die Lehre des Zhu Xi in den Rang der Orthodoxie und basierten die Prüfungen auf seinen Kommentaren (und denen anderer Neukonfuzianer) zu den *Vier Büchern* und den *Fünf Kanonischen Schriften* (S. 162 f.). Damit schufen sie ein Curriculum, das beinahe 600 Jahre Bestand haben sollte.

Vor allem aber waren die Mongolen auf die Mitarbeit der lokalen Gentry in der Regierung angewiesen. Ebenso wenig wie frühere Regimes waren sie in der Lage, China wirklich zentralistisch zu regieren. Sie hüteten sich daher, den Besitzstand der Gentry anzutasten: die Großgrundbesitzer Südchinas wurden von den Yuan nicht geschröpft, sondern prosperierten unter ihrer Herrschaft. Genau besehen, hatte sich für sie nicht viel geändert. Schon in der Süd-Song waren die Aussichten auf Beamtenposten verschwindend gering gewesen; schon damals hatte sich die Elite Südchinas auf ihre Besitztümer zurückgezogen und Gesellschaft auf lokaler Ebene geprägt. Ohne die lokale Gentry ließ sich China nicht regieren – auch nicht, als es Teil des mongolischen Weltreichs war.

Befreit von den Bürden der Amtspflicht, widmeten sich viele Literaten den schönen Künsten: der Malerei, Kalligraphie und Dichtung. Maler wie Huang Gongwang (1269–1354) und Ni Zan (ca. 1306–1374) führten die Literatenmalerei der Song fort. Ihre schlichten, ungeküns-

Ni Zan, »Phönixbaum, Bambus und Ziersteine«; Tusche auf Papier. Das Bild zieren zudem zwei Gedichte sowie die Siegel seiner Besitzer.

telten Landschaftsbilder bezeugen weder bewussten Gestaltungswillen noch Kunstfertigkeit; sie sind reizlos, geradezu fad – und gerade das macht ihre besondere Qualität aus. Denn nicht in der gekonnten Darstellung der äußeren Erscheinung liege das höchste Ziel der Malerei, lehrte Huang Gongwang, sondern im Erfassen des inneren »Musters« der Dinge. Ni Zan malte Bambus nicht, um ihn realistisch abzubilden, sondern um »den ungestümen Gefühlen in seiner Brust Ausdruck zu geben«. Als er einmal darauf angesprochen wurde, dass ein Bambus, den er gemalt hatte, so gar nicht wie Bambus aussehe, lachte er: »Mag sein, aber dieser *völlige* Mangel an Ähnlichkeit ist doch schwer zu erreichen; das gelingt nicht jedem.«

Zugleich führte der Ausschluss der chinesischen Elite aus den Spitzen der Gesellschaft, der schon in der Song-Zeit begonnen hatte, zu einer größeren sozialen Öffnung nach unten. So erreichte das Drama, aus einer Tradition des Volkstheaters, der Puppenspieler und Geschichtenerzähler erwachsen, im engen Kontakt von Literaten und einfachem Volk in der Yuan-Zeit seine klassische Gestalt. Die 171 Stücke, die uns überliefert sind, stellen historische Stoffe wie die Heldentaten des Zhuge Liang, Xuanzangs Reise nach Indien oder die Tragödie der Yang Guifei dar, aber auch Kriminalstücke und Liebesgeschichten wie das *Westzimmer* (*Xixiang ji*) sind darunter, dessen Kombination von lyrischer Gestimmtheit und Romantik in allen Volksschichten beliebt war.

Im Westzimmer sitz ich, den Mond zu erwarten, / Halb öffne die Tür ich dem Winde entgegen. / Auf der Mauer die Blumenschatten bewegen / Sich schaukelnd, als stiege ein Freund in den Garten.

(Nachdichtung von Vincenz Hundhausen)

Kein grimmiger Mongolensturm, sondern eine liebliche Frühlingsbrise durchweht diese Verse. Ungestört von der bedrückenden Fremdherrschaft entwickelten sich chinesische Kunst und Kultur weiter, brachten neue Ausdrucksformen hervor und schufen eine Synthese von Hoch- und Volkskultur, die charakteristisch für das späte Kaiserreich sein sollte.

Der Untergang der Yuan

Die Yuan gingen, wie sie gekommen waren, begleitet von Krieg und Zerstörung. Die Symptome des Untergangs waren unschwer zu erkennen: ungleich verteilte Steuern – Südchina trug 80 % der Last –, eine ausbeuterische Verwaltung, maßlose Bauprojekte und kostspielige Feldzüge strapazierten das System. Hinzu kamen verheerende Naturkatastrophen, die es endgültig aus dem Gleichgewicht brachten: 1289 und 1324 änderte der Huanghe seinen Lauf, verwüstete ganze Landstriche und raubte Hunderttausenden ihre Lebensgrundlage. Ein klimatischer Einbruch brachte im frühen 14. Jahrhundert zudem 36 extrem kalte Jahre, die Chroniken berichten alljährlich von Missernten und Hungersnöten.

1338 hagelte es in Xingzhou Körner groß wie Pferdeköpfe, die kleinsten noch immer so groß wie Küken: es wurden sehr viele Tiere getötet. … 1341 gab es starke Taifune in Guangxi und Leizhou, die große Flutwellen brachten, Bäume entwurzelten und die Ernte zerstörten. … 1343 fraßen Heuschrecken in Wuzhou die Ernte. … 1344 brachen in vier Bezirken Pestepidemien aus. … 1358 herrschte in der Hauptstadt großer Hunger, die Menschen fraßen einander. … 1359 herrschte wieder großer Hunger, für einen Barren Silber bekam man nur acht Scheffel Reis. … (*Yuanshi* 51)

Pest, Fluten, Stürme, Teuerung und Heuschrecken: was im 14. Jahrhundert über China hereinbrach, hätte wohl ausgereicht, um mehrere Dynastien zu stürzen. Auch die Mongolen, die einst selbst wie eine Naturgewalt über China gekommen waren, konnten dem Unheil nichts mehr entgegensetzen. Khubilai Khans Nachfolger waren schwache Herrscher, die im Mongolenreich nicht mehr als Großkhane angesehen wurden und auch das Yuan-Khanat nicht mehr zentral kontrollieren konnten. Die Pest hatte die Seidenstraßen verseucht, so dass der Handel mit dem Westen versiegte, und zahlreiche Aufstände, die nun im Reich ausbrachen, schnitten der Hauptstadt ihre Versorgung über den Kaiserkanal ab. Das Mongolenheer, das in den langen Friedensjahren an Schlagkraft verloren hatte, konnte der Lage nicht mehr Herr werden. Das Land brach völlig auseinander, jahrzehntelang herrschte ein heilloses Chaos, wie es selbst für die chinesische Geschichte außergewöhnlich war.

Zwangsarbeiter rebellierten, Banditenheere plünderten Städte, chiliastisch-messianische Sekten wuchsen zu gewaltigen Bewegungen an, die ganze Provinzen beherrschten. Die Anhänger der »Lehre des Weißen Lotos« (*Bailian jiao*), die die Ankunft des Buddha Maitreya und das Heranbrechen einer neuen Zeit verkündeten, bildeten die stärkste dieser Gruppen. Als »Rote Turbane« trugen sie die Rebellion durch das Land, ihre Führer erklärten sich für unabhängig und gründeten eigene ›Dynastien‹: am Mittellauf des Yangzi etablierte sich eine Han-Dynastie, in Sichuan eine Xia-Dynastie, in Anhui verkündete ein Rebellenführer die Neugründung der Song – drei von rund einem Dutzend Regimes, die zwischen 1351 und 1368 in Nord- und Südchina entstanden.

In diesem Milieu, geprägt von landlosen Bauern, ehemaligen Zwangsarbeitern und anderen zerrütteten Existenzen, erlebte mancher Strolch einen kometenhaften Aufstieg. Doch einer ragte unter allen heraus: Zhu Yuanzhang (1328–1398). Zhu war der bettelarme Sohn eines Landarbeiters aus Nord-Anhui. Als er 16 war, wurde seine Heimat von einer Hungersnot heimgesucht, dann von einer Heuschreckenplage und schließlich von der Pest, die auch seine Eltern hinwegraffte. Zhu, der sich keinen Sarg leisten konnte, verscharrte sie auf einem Acker, schor sich den Kopf und ging als Bettelmönch in ein buddhistisches Kloster. 1352 legte er die Mönchskutte wieder ab und schloss sich den Truppen der Roten Turbane an.

Dort machte er eine erstaunliche Karriere als Heerführer: 1356 gelang es ihm, Nanjing einzunehmen und als Machtbasis auszubauen; nachdem er 1363 in einer Seeschlacht auf dem Boyang-See den Herrscher der »Han-Dynastie« und 1367 den Staat Wu im Yangzi-Delta besiegt hatte, wurde Zhu zum Herrn über ganz Südchina. Bei alledem soll sich sein Heer hochanständig betragen haben: »Wir Krieger verstehen keine Schriften«, wird einer seiner Heerführer zitiert, »wir verstehen nur drei

Dinge: keine Menschen zu töten, keine Frauen zu schänden und keine Häuser zu brandschatzen.« Als Zhu Yuanzhang 1368 schließlich gegen Dadu marschierte, traf er kaum noch auf Widerstand. Der Kaiser der Yuan, Toghon temür (1333–1370), hatte sich bei Nacht und Nebel mit 60 000 Gefolgsleuten davongemacht und war in die Mongolei geflohen.

Die Mongolen waren aus China verschwunden wie ein böser Traum. Zhu Yuanzhang benannte die Hauptstadt um in Beiping, »der Norden ist befriedet«, und rief eine neue Dynastie aus. Er nannte sie »Ming«, die »Helle« – ein bedeutungsschwangerer Name, der auf Vorstellungen des Manichäismus und des Maitreya-Kults anspielt: er verkündete den Anbruch einer neuen Zeit.

Die Ming

Im Süden von Nanjing, am Ufer des Qinhuai-Flusses bei der alten Stadtmauer, liegt der Konfuziustempel. In der Song-Zeit gegründet, diente er im späten Kaiserreich als Opferstätte, Schule und Prüfungsgelände. Hier wurden die Provinzprüfungen von Jiangsu und Anhui sowie die Reichsprüfungen abgehalten. »Prüfungshof von Jiangnan« steht auf dem roten Torbogen, hinter dem sich einst in langen Reihen, wie Bienenwaben, mehr als zehntausend Einzelzellen drängten: etwa 2 m^2 große, nach vorne offene Verschläge mit einer hölzernen Bank, die auch als Bett genutzt werden konnte, und einem hochklappbaren Tisch. Alles andere mussten die Kandidaten selbst mitbringen: Schreibutensilien, Kerzen, Decken, Proviant, vielleicht einen tragbaren Kohleofen, und Ölpapier, um sich vor den Unbilden des Wetters zu schützen. Latrinen befanden sich am Ende der Reihen. Vor den Zellen standen Wasserkrüge zum Kochen, aber auch um Brände zu löschen, die nicht selten in den Zellen ausbrachen. Vor dem Gelände sorgte – damals wie heute – ein buntes Vergnügungsviertel für Ablenkung vom Ungemach des Prüfungswesens.

Nanjing war im späten 14. Jahrhundert das Zentrum des chinesischen Reichs geworden: die Lage der Hauptstadt südlich des Yangzi ebenso wie der imposante Prüfungshof symbolisierten die Ablösung der Mongolenherrschaft durch eine Dynastie, die sich ganz chinesisch gab. Zhu Yuanzhang war es innerhalb weniger Jahrzehnte gelungen, das Reich zu erobern. Nachdem er 1368 Beijing eingenommen hatte, verfolgten seine Truppen die Mongolen bis weit in die mongolische Steppe, brannten ihre Hauptstadt Karakorum nieder und nahmen Zehntausende gefangen. 1371 besiegte Zhu Yuanzhang die Dynastie Xia in Sichuan, 1382 auch das letzte unabhängige Regime in Yunnan. Er wurde Herrscher über ein Reich, das fortan als chinesisches Kernland gelten sollte: die »15 Provinzen« von Beijing bis Yunnan und Shanxi (mit dem heutigen Gansu) bis Fujian.

Der despotische Staat

Hongwu, »Große Militärmacht«, war die treffende Regierungsdevise, unter der Zhu Yuanzhang regierte, und mit diesem Namen wird er auch selbst bezeichnet. Die Kaiser der Ming (und nach ihnen die der Qing) wechselten ihre Regierungsdevise nicht mehr, wie frühere Herrscher, etwa in Verbindung mit Naturereignissen, sondern blieben jeweils bei einer einzigen. Man mag das als Anzeichen zunehmender Rationalität verstehen – der ominösen Natur kam weniger Bedeutung zu –, vielleicht auch als Ausdruck kaiserlicher Selbstherrlichkeit, die sich in ihrer Politik durch nichts mehr beirren ließ.

Die Herrscher der Späten Kaiserzeit werden oft als Autokraten, gar als Despoten bezeichnet, die eine »Zwingherrschaft« mit totalitärem Anspruch ausübten. Vor allem Kaiser Hongwu wird mit dem Klischee der »Orientalischen Despotie« (Wittfogel) verbunden: der abstoßend hässliche, pockennarbige Prolet auf dem Thron, der selbstherrlich, cholerisch und mit unmenschlicher Grausamkeit regiert haben soll. Zunächst übernahm er das System der Yuan: Behörden, Amtstitel, Verwaltungseinheiten, sogar ein Teil des Personals, sorgte jedoch von Anbeginn dafür, dass potentielle Konkurrenten entmachtet wurden. Für kaiserliche Prinzen und verdiente Beamte erließ er strenge Disziplinarregeln; Eunuchen verbot er jede Einmischung in die Politik, nicht einmal lesen durften sie lernen; und die reguläre Bürokratie enthauptete er regelrecht: 1380 bezichtigte er seinen Kanzler des Hochverrats, ließ ihn sowie 45 000 seiner Verwandten und Anhänger umbringen und löste die Staatskanzlei auf. Der Kanzler – das Amt, das 1700 Jahre lang, seit den Qin, die Spitze der Verwaltung gebildet hatte, das Männer wie Li Si, Wei Zheng und Wang Anshi innehatten – wurde abgeschafft. Wer seine Wiedereinführung vorschlug, sollte mit dem Tod bestraft werden. Der Kaiser selbst wollte nun die Politik bestimmen: Dutzende, Hunderte von Akten wälzte er täglich, um die

Kontrolle über alle Vorgänge zu behalten. Die Beamten hielt er auf Distanz: sie hatten vor ihm niederzuknien und allerlei andere Schikanen zu ertragen.

Zwischen 1376 und 1395 ließ Hongwu vier »Säuberungswellen« über Beamte, Gelehrte, Offiziere, Studenten, Landbesitzer und andere ergehen, denen ca. 100 000 Menschen zum Opfer fielen: Angeklagte, ihre Verwandten, jeder, der mit ihnen zu tun hatte. Beamte wurden nicht nur erbärmlich bezahlt, ihnen drohten für Amtsvergehen brutale Prügelstrafen, die – besonders erniedrigend – Eunuchen mit Bambusstöcken austeilten. Hongwu funktionierte seine Leibgarde zu einer Geheimpolizei um, die ein eigenes Gefängnis betrieb, willkürlich verhaften und foltern konnte. Unter seiner Herrschaft wurde Magistraten für Verfehlungen die gesamte Haut abgezogen und, mit Stroh ausgestopft, vor ihren Amtsgebäuden aufgehängt; eine neue Prügel-Technik wurde entwickelt, welche den Körper äußerlich nicht verletzte, aber innerlich aufquellen ließ wie Gelee – bis zum qualvollen Tod.

Ebenso wie der Beamtenschaft zwang Hongwu auch dem Volk seinen Willen auf. »Einfach seien die Gesetze, auf dass die Menschen sie leicht verstehen«, lautete seine Maxime. Er sorgte dafür, dass alle Untertanen seine Anweisungen zur Kenntnis nahmen: auf Eisentafeln wurden sie der Elite vorgehalten, in Dorfschulen, bei offiziellen Trinkgelagen und durch öffentliche Lesungen dem Volk wieder und wieder eingebleut. Die Essenz der Verhaltensregeln, Hongwus »Sechs Unterweisungen«, wurden auch im letzten Winkel des Reichs bekannt gemacht:

> Es erging ein Befehl an das Volk im Reich, dass in jedem Dorf und jeder Gemeinde eine Holzglocke aufzuhängen sei. Ein Alter oder Blinder solle dann ausgewählt werden, der jeden Monat sechsmal mit der Holzglocke durch die Straßen geht und ruft: »Seid ehrfurchtsvoll und gehorsam gegen die Eltern! Seid respektvoll gegen Ältere und ehrerbietig gegen Höherstehende! Wahrt Harmonie und Eintracht im Heimatort! Unterweist eure Kinder und Enkel! Ein jeder sei zufrieden mit seinem Gewerbe! Tut nichts, was man nicht tun sollte!« (*Ming shilu*, Taizu 255)

Bei diesen gut konfuzianischen Unterweisungen – die »Holzglocke« erinnert an Konfuzius selbst (S. 90) – ging es weder um wohlanständige Sitten noch um Weltweisheit. Sie bildeten, wie schon frühere Formen des ›Konfuzianismus‹, die Ideologie des bürokratischen Absolutismus. »Unterweist eure Kinder und Enkel«: mit diesem Gebot begann die Erziehung zum Untertanen, der »respektvoll gegen Ältere und ehrerbietig gegen Höherstehende« zu sein hatte. »Wahrt Harmonie und Eintracht im Heimatort«: das Gebot zielte auf Stillstellung des Volkes. Kein Untertan hatte sich ohne offizielle Genehmigung weiter als eine halbe Tagesreise – etwa 12 km – von zu Hause zu entfernen. Unter den Ming wurden »Harmonie und Eintracht im Heimatort« durch ein scharfes Kontrollsystem (*lijia* bzw. *baojia*; vgl. S. 329) durchgesetzt, in dem benachbarte Familien in Gruppen zu 10 und 100 aufgeteilt wurden. Diese Gruppen, in denen das bewährte Prinzip gegenseitiger Verantwortlichkeit galt, bildeten die Basis polizeilicher Überwachung, die Grundlage der Besteuerung und den Bezugsrahmen staatlicher Indoktrination.

»Ein jeder sei zufrieden mit seinem Gewerbe«: das war das Gebot einer Gesellschaft, in der jeder Haushalt – ähnlich wie unter den Yuan – einer erblichen Klasse zugeordnet war, die geradezu Kastencharakter hatte. Es gab zivile, militärische und Handwerkerhaushalte, Berufswechsel wurden ähnlich hart bestraft wie illegale Fernreisen. Die Ming wollten ihre Gesellschaft genau so stabilisieren, wie es einst der Verfasser des *Daode jing* (S. 116) empfohlen hatte: durch räumliche und soziale Immobilität.

Verstärkt wurde diese Ordnung durch ein System von Luxusgesetzen, die den zulässigen Aufwand bei Bauten, Begräbnissen, Kleidung, Zaumzeug usw. streng regelten.

> Das gemeine Volk darf seine Kopftücher nicht mit Gold oder Jade, Achat, Korallen, Bernstein schmücken; auf ihren Kappen dürfen sie keine Spitzen tragen und sie nur mit Kristallen oder Dufthölzern schmücken. … Bauern dürfen dünne Seidengaze, Taft und Leinen tragen, Händler nur Taft und Leinen. … Dem gemeinen Volk ist streng verboten, geschmückte Stiefel zu tragen, sie dürfen nur lederne Schäfte tragen. … Händlern, Gesinde, Sängerinnen und Unterhaltern sowie niederem Volk ist es verboten, Zobelfell zu tragen.
>
> (*Mingshi* 67)

Auch solche Verordnungen dienten nicht der Ökonomie, sondern der Festigung sozialer Hierarchien, und zwar ganz im Sinne der klassischen »Vier Stände«: Gelehrte, Bauern, Handwerker und Händler. Die Ming wussten wohl, dass mit der Auflösung der sozialen Hierarchie der Staat selbst in Gefahr war. All ihre Bemühungen zur Zementierung der hierarchischen Ordnung – Strafen, Indoktrinierung, Luxusgesetze – verdeutlichen, wie real diese Gefahr schon in der frühen Ming-Zeit erschien. Vor allem die Händler waren es, die Niedrigsten in der idealisierten Ordnung, die das ständische Gefüge zu unterminieren drohten. Sie wurden durch Luxusgesetze und durch dirigistische Wirtschaftspolitik in die Schranken gewiesen: durch staatliche Monopole, Preiskontrollen, Einschränkungen der Mobilität und vor allem durch die Geldpolitik. Hongwu versuchte, die Zirkulation von Silber, dem Hauptzahlungsmittel des Handels, drastisch zu beschränken und den Gebrauch von Papiergeld zu verordnen.

Statt des Handels förderten die Ming die Landwirtschaft mit allen Mitteln. »Zur Zeit der frühen Könige«, verkündete schon Kaiser Hongwu,

> gab es auf dem Land keinen Menschen, der nicht ackerte, und in den Haushalten keine Frau, die nicht Seide spann: Fluten oder Dürren bereiteten den Menschen keine Sorgen, Hunger und Kälte ereilten sie nicht. … Bei der Versorgung mit Nahrung kommt es darauf an, Handel zu unterbinden, und bei der Versorgung mit Kleidung darauf, Überflüssiges auszumerzen.
>
> (*Ming shilu*, Taizu 175)

Kleinbauern wurden durch Steuernachlässe, flächendeckende Wasserbauprojekte und staatliche Unterstützung in Notzeiten gefördert. Die Bauern sollten, ganz im Sinne der physiokratischen Lehren des Konfuzianismus, die Basis des Staates bilden, konkret: seine fiskalische Grundlage. Neue Kataster und eine Volkszählung dienten der Festlegung von Agrarsteuern, die noch immer nach dem 780 geschaffenen System erhoben wurden (S. 283). Die Agrarsteuern sollten die alleinige Grundlage der Staatsfinanzen bilden, und zwar auf ewig: Hongwu verbot, die von ihm festgeschriebenen Steuersätze jemals zu ändern.

Die Ming betrieben diese Politik ebenso radikal wie konsequent: nicht nur der Binnenhandel wurde eingeschränkt, auch der Außenhandel wurde verboten. Außenkontakte sollten nur mehr über den Staat laufen, Außenhandel allein als Tribut legal sein. Schon unter den Yuan war zunächst privater, dann auch amtlicher Seehandel unter Strafe gestellt worden; die Ming verschärften dieses Verbot mehrfach zwischen 1370 und 1450, bis schließlich »kein Zoll Beplankung mehr auf dem Meer« war. Chinas »Wende nach innen«, die im 12. Jahrhundert begonnen hatte, wurde nun vollendet. Der territoriale Abschluss ging einher mit einer sozialen Schließung, die politische und wirtschaftliche Handlungsoptionen drastisch einschränkte und sie dem Primat des Staates unterwarf.

Auch dem Geistesleben verordneten die Ming eine Vereinheitlichung, die jedweden Pluralismus beenden sollte. Schon kurz nach seiner Machtübernahme verkündete Kaiser Hongwu, er werde »die Erziehung erstrahlen lassen, indem er die Prinzipien der früheren Weisen anwendet«, nämlich die konfuzianischen in der Auslegung durch Zhu Xi. Er förderte den Konfuziuskult im ganzen Land, verordnete den konfuzianischen Kanon als alleinige Pflichtlektüre in allen Schulen und führte 1384 eine Prüfungsordnung ein, die ausschließlich auf Kenntnisse der *Vier Bücher* und der *Fünf Kanonischen Schriften* abstellte.

Dieses stark reduzierte Curriculum war zuerst unter den Mongolen eingeführt worden (S. 367); nun wurde es zum Eckpfeiler im Erziehungssystem des späten Kaiserreichs. Selbst in seinen höchsten Weihen sollte dieses System nie zu intellektueller Freiheit oder gar Weisheit führen. Vielmehr sollte es den Geist einschränken, indem es »Lernende dazu brachte, nichts außer den *Fünf Kanonischen Schriften* und den Büchern von Konfuzius und Menzius zu lesen« (Gao Panlong). Selbst dieses reduzierte Pensum wurde noch weiter eingeschränkt, indem auch seine Interpretation vorgegeben wurde. Allein die Kommentare der Schule Zhu Xis – in einer großen *Summa* offiziell zusammengestellt – waren maßgeblich, und den widerspenstigen *Mengzi* ließ Kaiser Hongwu kurzerhand zensieren: 85 Passagen, die Widerstand gegen die Staatsgewalt legitimierten, wurden aus dem Text getilgt.

Das Prüfungssystem sollte keine Intellektuellen für den Staatsdienst rekrutieren, sondern biedere Denkbürokraten. Die Prüfungen selbst wurden ab dem späten 15. Jahrhundert auf eine Art höheres Formular-Ausfüllen reduziert, als der »Achtgliedrige Aufsatz« als Formvorgabe verbindlich wurde: fortan spielten formale Kriterien eine größere Rolle als inhaltliche. Echte Gelehrsamkeit wurde durch diese »Literatenprüfungen« nie gefördert, schon gar nicht kritische Nachdenklichkeit, im Gegenteil:

> Seit Einführung des Achtgliedrigen Aufsatzes ist die klassische Gelehrsamkeit vernachlässigt worden, seit Erscheinen der *Summa* ist die kanonische Exegese in Vergessenheit geraten. (Gu Yanwu, *Rizhi lu* 18)

Solche Kritik klingt ganz ähnlich wie die Orthodoxie-Schelte der Han-Gelehrten (S. 185 f.). Das Prüfungssystem war ein Mechanismus zur Marginalisierung von Kritikern und »Querdenkern«. Es bewirkte nicht etwa eine Verbindung von Politik und Gelehrsamkeit, sondern deren *Trennung*. Viele Gelehrte hielten sich in der Ming-Zeit aus der Regierung fern, unterrichteten in privaten Akademien oder organisierten sich in Zirkeln, die abseits der staatlichen Politik wirkten – und das, obwohl jedem, der sich dem Staatsdienst entzog, die Todesstrafe wegen »Widerstands gegen den Hof« drohte.

Viele Aspekte von Hongwus Politik – die Geringschätzung des Handels, die Einschüchterung der Beamten, das bäurische Wirtschaftsgebaren – sind auf seine proletarische Herkunft zurückgeführt worden. Doch sie sind keineswegs tumbes Machwerk eines Dorfflegels, sondern Elemente eines ausgeklügelten Kontroll- und Unterdrückungssystems. Der Staat, den Hongwu schuf, übte die drangvollste Zwingherrschaft aus, die China bislang erlebt hatte.

Die Pracht Yongles

23 km östlich von Nanjing, auf dem Yang-Berg, stehen drei Teile eines steinernen Monuments von gigantischen Ausmaßen: ein Podest, 17 m hoch, 30 m breit und 12 m tief, mit einem Gewicht von 16 250 Tonnen; eine Tafel von 51 m Höhe, 14 m Breite und 5 m Tiefe, Gewicht: 8977 Tonnen; und ein Kapitell von 10 m Höhe, 22 m Breite und 10 m Tiefe, Gewicht: 6118 Tonnen. Die Steinblöcke sollten, aufeinandergetürmt zu einer Stele von 78 m Höhe, eine Gedenkinschrift für den ersten Ming-Kaiser tragen. Der dritte Kaiser der Ming hatte das Projekt 1405 in Auftrag gegeben, vollendet wurde es nie.

Die Ruinen vom Yang-Berg symbolisieren die überragende Rolle des charismatischen Gründerkaisers, der einen langen Schatten auf die gesamte Dynastie Ming warf. Sie symbolisieren gleichermaßen die Unvollkommenheit seines Erbes und den Größenwahn seiner Nachfolger, die sich dessen bemächtigten.

Ausgerechnet Hongwus Letzter Wille wurde als erstes missachtet. Denn als er 1398, im Alter von 69 Jahren, verstarb, übertrug er seine Nachfolge nicht etwa einem seiner 26 Söhne, sondern einem Enkel:

> 31 Jahre lang habe ich dem Mandat des Himmels entsprochen, habe mich gesorgt und abgemüht und keinen Tag gerastet in dem Bestreben, dem Volk zu nützen. Ich bin aus einfachen Verhältnissen gekommen und war nie so breit gebildet wie die Alten; ich liebte das Gute und hasste das Schlechte, ohne weit hinauszustreben. Nun hat mich die Natur zu sich gerufen, was gibt es da zu trauern? Mein kaiserlicher Enkel, Yunwen, ist gütig, helle, respektvoll und

> freundlich: ihm gehört die Liebe des Reiches, er soll den Thron besteigen. Sämtliche Beamten mögen ihn einmütig bei der Regierung unterstützen, um meinem Volk Frieden zu bringen. (*Mingshi* 3)

Doch es kam anders. Schon kurz nach Zhu Yunwens Thronbesteigung brach ein Konflikt mit anderen Prinzen aus, der in einen blutigen Nachfolgekrieg ausartete. Der Onkel des jungen Kaisers, Zhu Di (1360–1424), der als »Prinz von Yan« in der Gegend von Beijing stationiert war, probte 1399 den Aufstand. Er marschierte mit einem mächtigen Heer gegen Nanjing, stürzte 1402 den Kaiser und machte sich selbst zum Herrscher mit der Regierungsdevise Yongle: »Ewige Freude«.

Der Yongle-Kaiser war ein Usurpator. Vielleicht versuchte er gerade deshalb, sich mit bedeutenden Unternehmungen einen großen Namen zu machen. Kurz nach seiner Machtergreifung beschloss er, die Hauptstadt von Nanjing nach Beijing zu verlegen: vom Ort seiner Schandtat hin zu seiner Machtbasis. Das war eine äußerst folgenreiche Entscheidung. Nanjing war kein »vorübergehender Sitz« wie einst Hangzhou, sondern eine prächtige Metropole im fruchtbaren Yangzi-Tal, mit mehr als einer Million Einwohnern wahrscheinlich die größte Stadt der Welt. Eine fast 40 km lange Stadtmauer umschloss alles, was zu einer Hauptstadt gehört: einen Kaiserpalast, den großen Prüfungshof, Staatsaltäre, Behörden, Getreidespeicher, eine kaiserliche Hochschule, Tempel und Militärkasernen. All das musste nun über 1000 km weiter nördlich noch einmal errichtet werden, am Rand der Steppe, wo Sandstürme tobten und sibirische Winde pfiffen.

Beijing 北京

2003 feierte Beijing seinen 850. Geburtstag als chinesische Hauptstadt mit großem Pomp: Denkmäler wurden enthüllt, Reden gehalten, Ausstellungen eröffnet, um an die große Geschichte der Stadt zu erinnern. Dabei begann Beijing gar nicht als chinesische Hauptstadt, sondern es waren die Jurchen, die dort 1153 eine ihrer Residenzen errichteten (wie bereits die Khitan ein Jahrhundert zuvor). Ihnen folgten die Mongolen, die dort 1271 ihre »Stadt des Khans« gründeten, und erst 150 Jahre später zog in Beijing erstmals ein chinesischer Kaiser ein. Nicht nur ihre Lage am Rand der Steppe bezeugt die altaische Prägung der Stadt, sondern auch ihre Bewohner, ihre Küche, die Namen ihrer Gassen – *hutong* kommt vom mongolischen *qutung*, etwa: »Pferdetränke« – und die ungleichmäßige Anlage, die daher rührt, dass Beijing unter den Manjuren in eine »Tartarenstadt« im Norden und eine »Chinesenstadt« im Süden geteilt war. Beijing trägt die Spuren von Chinas »altaischem Jahrtausend«.

Ungeachtet seiner Randlage galt Beijing jahrhundertelang als Mittelpunkt der Welt, ja des Kosmos. In seiner Mitte lag die ummauerte Kaiserstadt, innerhalb derer die »purpurne« – in Analogie zur Farbe des Polarsterns im Zentrum des Firmaments – »Verbotene Stadt« (*Zijin cheng*) lag, die Residenz der Kaiser und ihrer Tausenden Eunuchen und Palastfrauen. Die Verbotene Stadt ist die großartigste Anlage, die aus der Kaiserzeit erhalten ist: eine Stadt in der Stadt, rund 1000 × 800 m groß, mit angeblich über 9000 Räumen und allem, was der Hof braucht: Wohnquartiere, Audienzhallen, Küchen, Magazine, Ställe, Werkstätten, Bibliotheken, Gärten, Flüsse. Die »Halle der Höchsten Harmonie« (*Taihe dian*), in der die Kaiser Audienz hielten, markierte die *axis mundi*.

Das alte Beijing war eine Stadt der Tempel – 2500 waren es in der Ming- und Qing-Zeit – und Gärten, mit luxuriösen Residenzen der kaiserlichen Prinzen (*wangfu*) und herrlichen Gartenpalästen: dem Yuanming yuan im Norden und dem Yihe yuan im Nordwesten sowie dem großen Park um den Himmelstempel im Süden. Aber es war auch eine Stadt der Mauern, Wachtürme und des Militärs: bis zu 300 000 Soldaten waren in Stadt und Umland stationiert. Beijing war der steingewordene Ausdruck kaiserlicher Pracht und Macht.

All das änderte sich im 20. Jahrhundert. Nach dem Sturz der Qing wurden die Mauern der Kaiserstadt geschleift, öffentliche Plätze entstanden: der kaiserliche Tempel des Ackerbaus wurde 1914 zum Central Park (ab 1928 Sun-Yat-sen-Park), der Sommerpalast wurde geöffnet und die Verbotene Stadt 1925 zum Museum umgewandelt. Das Volk nahm den Stadtraum in Besitz. Jetzt wurden eine Kanalisation angelegt, elektrische Straßenbeleuchtung und Telegrafenmasten installiert, Straßen wurden gepflastert und eine Eisenbahnlinie bis vor das Südtor der alten Kaiserstadt geführt. Wo einst Maultiere, Kamele, Pferde und Sänften das Straßenbild prägten, zeugten jetzt Fahrräder, Autos und Rikschas – 60 000 Kulis sollen in den 1920ern durch die Stadt gehastet sein – vom Glanz und Elend einer neuen Zeit.

Jetzt kam der Tourismus nach Beijing, die ersten Reiseführer beschrieben die Wunder der »Alten Hauptstadt« – von denen schon bald nicht mehr viel übrig bleiben sollte. Nach Welt- und Bürgerkrieg wurde Beijing von der sozialistischen Moderne heimgesucht. Im Zuge einer brachialen Industrialisierung wurde die Stadtmauer vollständig abgerissen, im Stadtzentrum wurde der monströse Tian'anmen-Platz für Paraden und Aufmärsche angelegt, Prachtstraßen wurden auf Kosten von Wohnvierteln gebaut, Hochhäuser und Fabriken mitten in der Stadt angesiedelt. Eine zweite Welle der Zerstörung ereilte Beijing mit der Kulturrevolution, in der unzählige Baumonumente, Tempel und Denkmäler zerschlagen wurden. Schließlich mussten seit Beginn der Reformpolitik 1978 auch die letzten alten *hutong*-Viertel den Schnellstraßen und Konsumtempeln der Moderne weichen (Farbabb. 17).

Vom alten Beijing ist kaum etwas übriggeblieben. Allein das Tian'anmen, das »Tor, durch das der Himmel Frieden schafft« (manjurisch: Abkai elhe obure duka), im Süden der Verbotenen Stadt, bewahrt noch seine alte Majestät. Einst das architektonische Sinnbild kaiserlicher Macht – von dort wurden Edikte verlesen und die Inthronisation neuer Kaiser verkündet –, wurde es zum Abbild des sozialen Wandels im 20. Jahrhundert. 1919 demonstrierten dort Studenten gegen den Versailler Vertrag, 1976 legten sie dort Kränze für Zhou Enlai nieder, 1989 demonstrierten sie für bessere Lebensbedingungen und Mitbestimmung. Doch immer wieder sah das Tian'anmen auch Demonstrationen staatlicher Macht: Massenparaden während der Kulturrevolution, den Bau des Mausoleums für Mao Zedong und das Massaker an Demonstranten im Juni 1989. Das Tian'anmen ist das zentrale politische Symbol Chinas – im Guten wie im Schlechten.

Der Aufwand war enorm: von der Hauptstadt der Mongolen war nur noch wenig erhalten, fast die gesamte Stadt musste neu erbaut werden. Zehntausend Haushalte wurden nach Beijing verlegt, rund 300 000 Soldaten im Umland stationiert, 100 000 Handwerker und eine Million Arbeiter wurden für den Bau der Hauptstadt rekrutiert, Holz wurde aus Sichuan, Marmor aus Yunnan herbeigeschafft, eine 19 km lange Stadtmauer wurde aufgetürmt und Hunderte Kilometer des Kaiserkanals wieder ausgebaggert, um die Getreideversorgung zu sichern. Siebzehn Jahre dauerte der Bau. 1420 wurde Beijing, das bislang nur Sitz altaischer Herrscher gewesen war, erstmals zur Hauptstadt einer chinesischen Dynastie.

Doch was heißt ›chinesisch‹? So, wie die Tang – ihre Hauptstadt lag nicht zufällig am Ende der Seidenstraße – von zentral- und mittelasiatischer Kultur geprägt waren, so nachhaltig wirkte der Einfluss der Mongolen auf die Dynastie Ming. Viele Institutionen der Yuan blieben bestehen, und Tausende von Mongolen – Wachen, Eunuchen, Haremsdamen – bevölkerten den Hof der Ming. Manches deutet darauf hin, dass der Yongle-Kaiser selbst der Sohn einer mongolischen Konkubine war. Vor allem aber waren die Mongolen als Bedrohung präsent: denn mit der Vertreibung aus Beijing war das Yuan-Khanat keineswegs am Ende. Die Nachfolger des Toghon temür regierten weiter als Khane der Yuan. Wenn sie auch nicht planten, China wieder zu erobern, führten sie

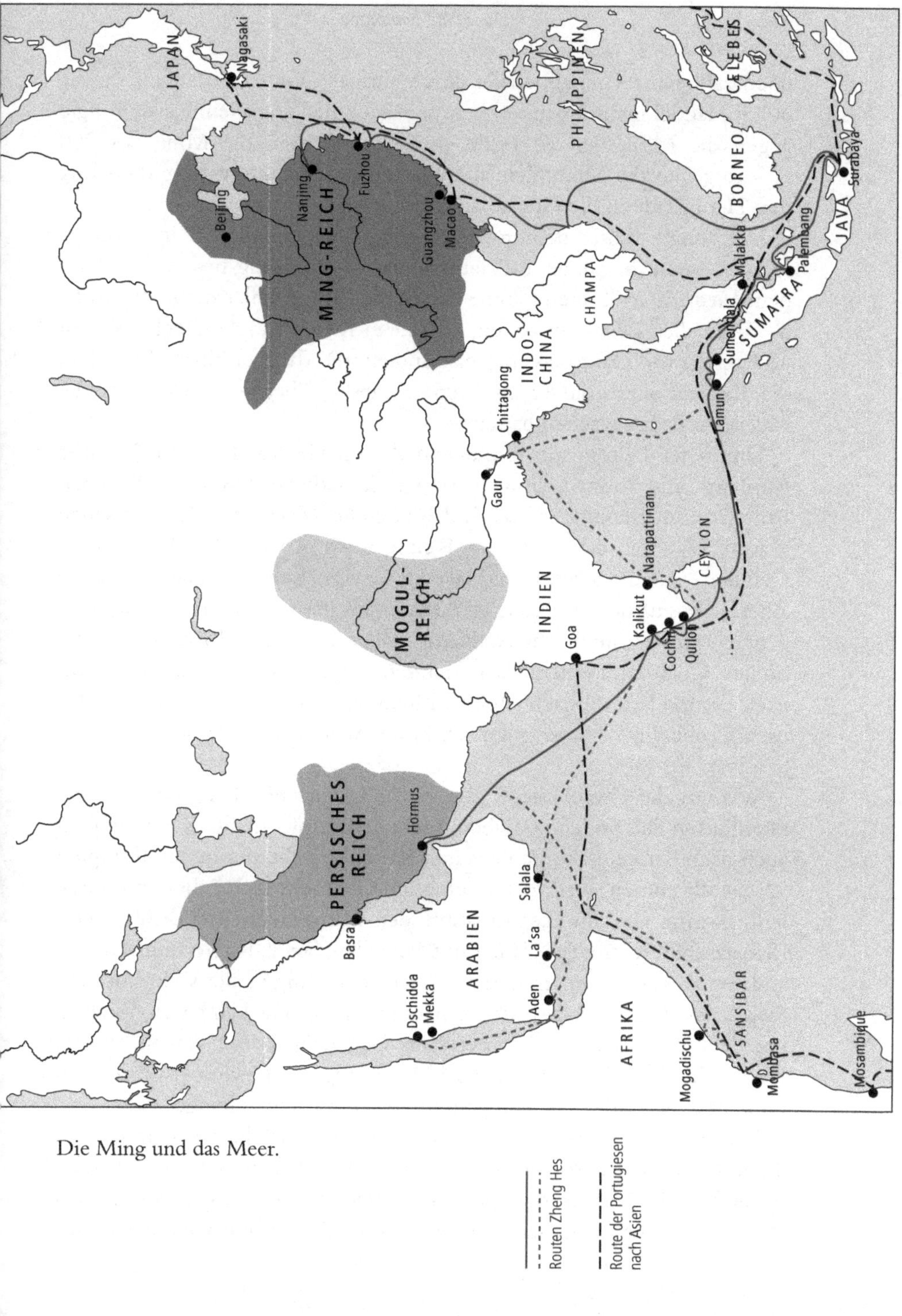

Die Ming und das Meer.

doch zahlreiche Grenzüberfälle durch, um sich Güter zu rauben, die sie durch Handel nicht erwerben konnten. Sechsmal zog allein Kaiser Yongle gegen die Mongolen zu Felde, insgesamt führten die Ming fast 200 Kriege gegen die Mongolen: auch das dürfte erklären, warum die Ming ihre Hauptstadt an die Grenze zur Mongolei verlegten.

Der Yongle-Kaiser demonstrierte seine Macht nicht nur im Norden, sondern auch im Süden: in Vietnam, das er kurzzeitig besetzte, und auf dem Meer. 50 Millionen Bäume hatten die Ming gepflanzt, um die größte Flotte aller Zeiten zu bauen, und allein Kaiser Yongle schickte sie auf 48 Fahrten nach Südostasien, Japan, Indien und darüber hinaus. Vor allem die Expeditionen, die er ab 1405 aussandte, übertrafen alles, was die Meere bis dahin gesehen hatten.

Unter der Leitung des Eunuchen Zheng He (ca. 1371–1435), eines Moslems aus Yunnan, gingen riesige kaiserliche Flotten auf sieben Fahrten von Nanjing in das Südchinesische Meer und den Indischen Ozean. Während die ersten drei Reisen noch in weitgehend bekannten Gefilden – Champa, Sumatra, Malakka, Ceylon, Kalikut – blieben, segelte Zheng He auf den nächsten vier weiter, als je eine kaiserliche Flotte es gebracht hatte: durch das Arabische Meer bis nach Hormus am Persischen Golf, dann entlang der Arabischen Halbinsel ins Rote Meer bis nach Dschidda (und nach Mekka: Zheng He wurde angeblich zum Hadschi), schließlich entlang der Ostküste Afrikas nach Mogadischu und Sansibar.

Was war der Zweck dieser gigantischen Fahrten? Zheng He habe Piratenflotten im Südchinesischen Meer bekämpft, heißt es, womöglich auch nach dem entthronten zweiten Kaiser gesucht, der in den Kämpfen 1402 entkommen war. Doch es ging um viel mehr als Räuber und Rivalen: es ging um die Legitimation der Ming-Herrschaft. Zheng Hes »Schatzschiffe«, schwer beladen mit Porzellan, Seide, Kupfermünzen und anderen Kostbarkeiten, trugen den Glanz der Ming in alle Welt. Mit dem Siegel des Kaisers ausgestattet, ernannte Zheng He Länder zu Vasallen, beschenkte sie reich und forderte im Gegenzug Tribut von ihnen ein. Und wehe dem, der sich weigerte! Der König von Ceylon etwa, der sich renitent gab, wurde gefangen genommen und nach China gebracht.

Die meisten Herrscher weigerten sich nicht. Mehr als dreißig neue Tributländer sollen Yongles Flotten gewonnen haben. Sie alle schickten Gesandte oder kamen sogar persönlich, wie die Könige von Brunei und Borneo. Vor allem aber sandten sie gebührenden Tribut: Weihrauch, Öle,

Juwelen, Heilkräuter und exotische Tiere gelangten auf diese Weise an den Ming-Hof, darunter Strauße, Antilopen, Zebras und – besonders aufsehenerregend – zwei Giraffen. Zheng He steigerte das Prestige der Ming (und sein eigenes: er wird noch heute in manchen Orten Südostasiens als Gott verehrt), wohin er kam, und genau das war seine vornehmste Aufgabe. Die Ming definierten sich als Imperium, und als solches kannten sie keine Grenzen. Die imperiale Logik gebot, die hierarchische Ordnung nicht nur durch Prachtentfaltung am Kaiserhof darzustellen, sondern sie buchstäblich in die ganze Welt zu projizieren. Solches Prestigestreben liegt nicht in persönlicher Eitelkeit oder Größenwahn eines Herrschers begründet, sondern im System selbst.

Tribut 貢

Das »Reich der Mitte« verstand sich seit seiner Gründung als Zentrum der Welt, dem sich alles unterzuordnen hatte. Das kanonische *Buch der Dokumente* lieferte dazu die theoretische Begründung, indem es eine pyramidenförmige Weltordnung entwarf: um den Kaiserhof als Spitze und Zentrum definierte es, in absteigender Rangfolge, fünf »Zonen der Unterwerfung«. Schon in frühester Zeit soll Yu, der legendäre Gründer der Xia-Dynastie, Tribute aus den umliegenden Regionen erhalten haben: von der Ostküste etwa »Salz, Hanf, Blei und Kiefernholz«, aus dem Huai-Gebiet »dreierlei Metalle, Edelsteine, Bambus, Elfenbein, Häute, Federn, Felle« usw.

Das Verhältnis der umliegenden Länder zum chinesischen Reich war nie als gleichrangig denkbar. Jene waren ›Barbaren‹, die sich zu unterwerfen und Tribut zu liefern hatten. Trotz mancher Erschütterungen – man denke an die Han, die den Xiongnu Abgaben zahlen mussten, die Fremdherrschaften im Mittelalter und die Song, die gleich drei ›Barbarenvölkern‹ tributpflichtig waren – überdauerte dieses Weltbild bis in die späte Kaiserzeit.

Das Tributsystem galt nicht nur für Nachbarländer, es kannte keine Grenzen: Gesandte eines jeden Landes, die ihre Unterwürfigkeit am Hof bezeugten, wurden als Tributgeber registriert und im Gegenzug mit reichen Geschenken und klangvollen Titeln bedacht. So erhielt der König eines obskuren Staates auf Sumatra im 8. Jahrhundert von den Tang

> eine Staatsrobe verliehen sowie den Titel eines Großen Heeresführers der Garden zur Linken, eine lilafarbene Robe und einen Gürtel mit goldenen Intarsien. (*Quan Tangwen* 22)

Auch der erste Ming-Kaiser ließ nach seiner Machtergreifung allen bekannten Fürsten Asiens seine Herrschaft verkünden und teilte mit, dass er sie alle »gleichermaßen gütig betrachten« werde. Akribisch notierten die Geschichtsschreiber sodann die Tributmissionen, die den Glanz der Dynastie bezeugten. Champa, Annam, Java, Siam, Japan, Kambodscha und andere wurden verbucht – aber auch das: »Die Tributgesandtschaft aus Koryŏ kam zweimal. Daraufhin erging der Erlass, dass sie künftig nur einmal in drei Jahren zu kommen habe.« Die Ming sahen sich bemüßigt, übereifrige Tributmissionen zu unterbinden! Alles andere als erniedrigende Opfergänge, waren solche Missionen nämlich äußerst attraktiv. Die Gesandtschaften wurden ab der Grenze auf Staatskosten befördert, in Regierungsherbergen untergebracht und opulent verköstigt: eine 44köpfige Gruppe aus Isfahan etwa erhielt im 15. Jahrhundert täglich ein Schaf, acht Gänse, zehn Hühner, dreißig Krüge Wein sowie Reis, Gemüse, Früchte und Gebäck. In der Hauptstadt, in der die Gesandten bis zu zwei Monate verbleiben durften, erwarteten sie dann eine Audienz, Bankette und Gegengeschenke von Tee, Seide oder Silber. Derart reich beschenkt, reisten sie ebenso bequem zurück, wie sie gekommen waren. Es nimmt nicht wunder, dass die Tributmissionen immer größer wurden und häufiger kamen als vereinbart. Zunehmend mischten sich Händler und anderes Volk mit gefälschten Papieren unter die Gesandten. Chinesen lernten Tibetisch, schoren sich den Kopf und verkleideten sich als Mönche; andere gaben sich gar, ausgestattet mit billigen »Lokalprodukten«, als Gesandte völlig fiktiver Länder aus. Ein steter Strom von dubiosen Tributbringern musste an der Grenze abgefertigt werden. Der Aufwand für das System wurde immer größer, sehr zur Unbill der zuständigen Beamten. Als Turfan 1490 wieder einmal Tiger dargebracht hatte, die mit Pomp empfangen wurden, beschwerten sich einige:

> Wir sollten sie nicht über die Maßen hofieren, sonst nehmen die Barbaren das Reich der Mitte nicht ernst. … Diese Tiger und andere Bestien fressen täglich zwei Schafe, im Jahr also 720 Stück. Außerdem braucht es 50 Soldaten, um sie zu bewachen: das alles sind ungeheure Kosten. Wir sollten diese Bestien nicht mehr füttern, sondern sie einfach krepieren lassen.
>
> (*Mingshi* 168)

Solche Einwände fanden kaum je Gehör. Es ging beim Tributsystem nicht um Kosten-Nutzen-Analysen. Die Rentabilität des Systems spielte keine Rolle, im Gegenteil: der Aufwand des Kaiserhofes musste deutlich höher sein als die Erträge. Es ging um die Demonstration der eigenen Pracht, um Prestigegewinn und die Festigung von Hierarchien. Lukrativ war das System nur für die Tributgeber: indem sie die Überlegenheit des chinesischen Reiches formal anerkannten, sicherten sie sich gute Geschäfte.

Das Tributsystem galt auch für die Europäer. Als die Engländer ab dem späten 18. Jahrhundert Gesandtschaften in das Reich der Qing sandten, behandelten diese sie selbstverständlich als Tributmissionen und erwarteten die entsprechenden Unterwürfigkeitsgesten. Die Engländer weigerten sich, und so begann eine schmerzhafte Auseinandersetzung, die zu den Opiumkriegen führte, zur partiellen Kolonialisierung Chinas und zum Zusammenbruch des alten Weltbilds. China musste einsehen, dass es nicht mehr das »Reich der Mitte« war, um das sich alles drehte, sondern ein Staat unter Gleichberechtigten: in dieser Weltordnung hatte das Tributsystem keinen Platz mehr.

Die mittlere Ming

Nach der überwältigenden Machtdemonstration der Kaiser Hongwu und Yongle änderte sich der Charakter des Ming-Regimes radikal. Der »Großen Militärmacht« folgte eine kleinlaute Defensive, die expansive Flottenpolitik wurde ersetzt durch einen Rückzug nach innen, die Nachfolger der autokratischen Gründerkaiser waren verwöhnte Weichlinge.

Schon ein Jahrzehnt nach dem Tod des Yongle-Kaisers wurde die Seefahrt eingestellt – plötzlich, vollständig und unwiderruflich. 1433 war Zheng He ein letztes Mal auf große Fahrt bis nach Afrika gegangen, danach wurde die kaiserliche Marine abgewrackt. Die Matrosen wurden entlassen, Seekarten samt Logbüchern verbrannt, und die großartige Flotte wurde aufs Trockene gelegt, wo sie langsam verrottete. Das Zeitalter der chinesischen Seefahrt ging abrupt zu Ende, und es blieb kaum eine Spur übrig von ihrer einstigen Größe. Die Kosten der Seefahrten waren prohibitiv. Zudem mussten die Ming sich im 15. Jahrhundert weniger um die Länder im Süden sorgen als vielmehr um ihre Nachbarn im Norden: die Mongolen, die weiterhin eine permanente Bedrohung waren. Vor allem die westmongolischen Stämme der Oiraten waren unter ihrem Führer Esen (1440–1452) zu einer Großmacht aufgestiegen, die ein riesiges Gebiet zwischen Ostturkestan und dem heutigen Datong, rund 300 km westlich von Beijing, beherrschte. Wie ernst diese Bedrohung war, wurde im Jahr 1449 klar, als die größte denkbare Katastrophe über die Ming hereinbrach. Die Oiraten fügten den Ming-Truppen westlich von Beijing eine vernichtende Niederlage zu: 50000 Soldaten wurden getötet, die Kommandeure fielen allesamt, und der Kaiser selbst, der seine Truppen geführt hatte, wurde gefangen und in die Mongolei verschleppt. Nur durch eine unfeine List konnten die Ming sich den Forderungen der Mongolen entziehen: indem die Kaiserinwitwe einen neuen Kaiser einsetzte und den alten zum »Kaiser im Ruhestand« ernannte.

Auch wenn die unmittelbare Gefahr damit gebannt war (und der gefangene Kaiser später zurückkehren durfte) – das Trauma blieb. Fortan wagte kaum ein Ming-Kaiser mehr, die Hauptstadt zu verlassen. Die Himmelssöhne verschanzten sich hinter ihren Palastmauern, mehr noch: sie begannen, steinerne Mauern an der Nordgrenze des Reichs zu bauen. Etwa ab 1470 entstand die Große Mauer, wie wir sie heute kennen: ein monumentaler Schutzwall, der das Ming-Reich von der Manjurei, entlang der Grenze zur Mongolei bis weit in den Westen abschirmen sollte. Sie wurde zum Symbol eines verschlossenen China, das sich nach innen gewandt und vom Rest der Welt abgeschottet hatte.

Vorbei war die Zeit der expansiven Autokraten am Ming-Hof. Die sechs Kaiser, die im 15. Jahrhundert auf Yongle folgten, waren zumeist mediokre Gestalten, die dem Staat wenig neue Impulse gaben. Der bemerkenswerteste unter ihnen, Kaiser Xuanzong (1426–1436), wurde bezeichnenderweise vor allem berühmt als der begnadetste Maler auf dem Thron seit Huizong. Er war ein großzügiger Förderer der Künste, der exquisites blau-weißes Porzellan und andere Luxusgüter produzieren ließ, ansonsten ein Lebemann und Schwerenöter. Regelmäßig schickte er seine Eunuchen aus, um Jungfrauen für seinen Hof zu rekrutieren, und als er starb, hinterließ er Tausende Gespielinnen.

In alledem legte Kaiser Xuanzong immerhin beachtliche Energie an den Tag – was man von seinen Nachfolgern nicht durchweg behaupten konnte. Wiewohl nominell an der Spitze der Verwaltung, saß keiner von ihnen so emsig wie Hongwu über den Akten. Die Ming-Kaiser überließen das Tagesgeschäft zunehmend einem informellen Kreis von Beratern. Schon in den 1420er Jahren war daraus eine ständige Einrichtung geworden: ein »Kabinett« (*neige*), zwischen Kaiser und reguläre Bürokratie geschaltet, das nunmehr die höchste Instanz der Verwaltung bildete.

Der Mechanismus, der hierbei deutlich wird, ist höchst aufschlussreich. Zunächst hatte der Gründerkaiser versucht, sich bürokratischer Kontrolle zu entziehen, indem er das Kanzleramt abschaffte. Doch schon bald wurde ein neues, inoffizielles Organ notwendig, um den Kaiser zu entlasten: ein persönlicher Stab, der – unter Umgehung der regulären Verwaltung – in engem Kontakt mit dem Kaiser regierte. Im Laufe der Zeit beherrschte jedoch auch dieser Stab, der den gesamten Schriftverkehr regelte, Entscheidungen vorformulierte und die Verbindung zur Außenwelt bildete, die Kaiser vollkommen. Wieder waren die Kaiser in der Hand der Bürokratie, die sie politisch leitete und in ein strenges Zeremoniell zwang: ihnen Reichsopfer, Staatszeremonien und unerträglich langweilige Morgenaudienzen abverlangte. Von Autokratie oder gar Despotie waren diese Kaiser weit entfernt.

Die Ming-Kaiser leisteten dem System trotzig Widerstand. Entweder sie vertrauten sich Eunuchen an, die seit der Yongle-Zeit – man denke an Zheng He – erheblich an Macht gewonnen hatten, und übertrugen ihnen, wie Kaiser Wanli (1572–1620), die Amtsgeschäfte. Damit schufen sie eine weitere inoffizielle Instanz, die ihnen selbst noch näher war als das Kabinett: das Zentrum der Politik wurde gleichsam in die kaiserlichen Schlafgemächer verlegt. Oder aber die Kaiser streikten: so wie Zhengde (1506–21), ein notorischer Schürzenjäger, der sich aus den Amtsgebäuden in sein »Leopardenhaus«, ein Harem im orientalischen Stil, zurückzog und sich mit Konkubinen, Eunuchen und lamaistischen Magiern vergnügte, oder wie Jiajing (1521–1566), der die Regierungsgeschäfte ignorierte, die Hofaudienz abschaffte und sich mit Zauberern und Alchimisten umgab.

Die Beamten, Hüter des Systems, ließen es an Kritik nicht mangeln. Der berühmteste von ihnen, Hai Rui (1514–1587), schrieb dem Jiajing-Kaiser einst eine schonungslose Kritik, woraufhin dieser seinen Dienern wutentbrannt befahl:

> »Lauft und nehmt ihn fest! Lasst ihn nicht entkommen!« Doch der Eunuch Huang Jin entgegnete: »Dieser Mann war schon immer verrückt. Als er hörte, dass sein Schreiben dem Kaiser vorgebracht würde, war ihm klar, dass er für seine Renitenz sterben muss. Er hat schon einen Sarg gekauft, sich von Frau und Kindern verabschiedet und wartet jetzt im Hof auf seine Strafe.«
>
> (*Mingshi* 226)

Der Kaiser sah seine Fehler ein und vergab ihm (was allerdings nicht verhinderte, dass Hai Rui kurz darauf dennoch entlassen wurde). Wer heute die Gräber der Ming-Kaiser bei Beijing besucht, passiert zunächst majestätische »Seelenwege« (*shendao*), die von steinernen Beamtenfiguren gesäumt sind. Damals wie heute wachten diese Beamten über die Monarchen und kontrollierten alles, was zu und von ihnen ging. Nicht die Kaiser haben das Ming-Reich regiert, sondern immer die Beamten.

Der Geist der Zeit

Der Denker, der dem Geist der Ming-Zeit seinen treffendsten Ausdruck verlieh, war Wang Yangming (1472–1529). Ein Absolvent der Reichsprüfung, in der orthodoxen Lehre erzogen, fiel er 1506 am Hof in Ungnade und wurde nach Longchang, im heutigen Guizhou, versetzt, ein Urwaldnest am Rande des Reiches. Dort, fern der Heimat und umgeben von fremden Stämmen, soll ihm die Erleuchtung gekommen sein: nicht in der »Untersuchung der Dinge« finde der Mensch das Muster des Kosmos, wie Zhu Xi gelehrt hatte, sondern einzig und allein in sich selbst. Hatte nicht schon Lu Jiuyuan (S. 348) gesagt, »der Geist *ist* das Muster«?! Im menschlichen Geist ist der Kosmos bereits enthalten, er durchwirkt und verbindet alles. Als Wang Yangming einst mit einem Freund spazieren ging, zeigte dieser auf die blühenden Bäume am Hang und fragte:

> »Wenn es in der Welt kein Ding außerhalb des Geistes gibt, wie ist es dann mit diesen Blüten, die tief in den Bergen von selbst erblühen und verwelken – was haben die mit unserem Geist zu tun?« Der Meister sprach: »Bevor du diese Blumen je gesehen hast, waren sie mit deinem Geist in Stille vereint. Als du diese Blumen sahst, da offenbarten sich dir sofort ihre Farben: daran erkennst du, dass sie nicht außerhalb deines Geistes existieren.« (*Chuanxi lu* 3)

Bei »Stille« (*ji*) denkt jeder Buddhist an das *nirvāṇa*; und auch der Gedanke, dass die Welt im Geist vereint sei, erinnert an die Tiantai-Lehre, dass jedes Staubkorn die Buddhanatur besitze (S. 235). Wang Yangmings »Erleuchtung« kann ihre buddhistischen Einflüsse nicht leugnen. Aber ihr expliziter Bezugspunkt war ein ganz konfuzianischer, nämlich die Lehre des Menzius vom »intuitiven Wissen« (S. 113), das jedem Menschen eigne. Das ist die Pointe von Wang Yangmings Philosophie:

> Im Bewusstsein von recht und unrecht braucht man nicht zu überlegen, um zu erkennen, und nicht zu lernen, um zu können: darum heißt es »intuitives Wissen« … Das Muster außerhalb des Bewusstseins zu suchen: dadurch entzweit man Wissen und Handeln; das Muster in unserem Geist zu suchen: das ist die Lehre der Weisen, in der Wissen und Handeln vereint sind. (*Chuanxi lu* 2)

Der Mensch braucht nicht von der Außenwelt zu lernen, denn er trägt alles Wissen schon in sich; deshalb lässt sich das Wissen auch nicht »vollenden«, wie Zhu Xi es wollte, denn es ist immer schon vollkommen. Er habe einmal sieben Tage und Nächte das Muster des Bambus »untersucht«, soll Wang Yangming sich mokiert haben, ohne dass sich sein Wissen dadurch »vollendet« hätte. Auch braucht der Mensch sich nicht mehr eigens zu kultivieren, denn »Wissen und Handeln sind eins«, wie Wang Yangming lehrte: das richtige Wissen gehe unfehlbar einher mit richtigem Handeln.

Wenn Zhu Xi ein Rationalist war, der auf den Verstand und die Sinnesorgane setzte, war Wang Yangming ein *Mystiker*, geleitet vom intuitiven Empfinden. Es ist kein Zufall, dass Wang seine »Erleuchtung« im zivilisationsfernen Guizhou hatte: die Lösung aus allen Bindungen war grundlegend für seine Philosophie. So, wie Wang Yangming im Exil auf sich gestellt war, findet der Mensch die Wahrheit nicht in der Umwelt, sondern einzig und allein in sich selbst. Es bedarf keiner Bücher oder kanonischen Schriften und keines weisen Herrschers, um ihn zu leiten – ein subversiver Gedanke.

Wang Yangming traf den Geist der Zeit: einer Zeit, in der sich soziale Gefüge aufzulösen begannen und Menschen aus ihren gewohnten Bezügen gerissen wurden. Landlose Flüchtlinge wurden zu Banditen, und »die Standesunterschiede zwischen Gelehrten, Bauern, Arbeitern und Händlern verschwimmen«, wie ein Zeitgenosse klagte. Die traditionellen »Vier Stände«, von den ersten Ming-Kaisern zum ewiggültigen Ordnungsmodell erklärt, lösten sich auf. Der Staat reagierte auf die drohende soziale Revolution durch Involution: nämlich die Verstärkung bewährter Ordnungsmuster. Im 16. Jahrhundert propagierten die Ming einen regelrechten konfuzianischen Fundamentalismus, indem sie die Fünf Beziehungen (S. 112), kindliche Liebe – die alten Idealbiographien (S. 179 f.) kamen jetzt zu neuen Ehren – und weibliche Treue sowie die dreijährige Trauerpflicht für verstorbene Eltern gesellschaftsweit als Richtlinien verordneten.

Die Abwehrreaktion indiziert den Infekt. Das soziale Umfeld bot keine stabilen Ordnungsmuster mehr, zunehmend war der Mensch auf sich selbst verwiesen, um sie zu suchen. Indem sie diese Erfahrung auf den Begriff brachte, wurde Wangs Philosophie überaus einflussreich im Ming-Reich (und sogar in Japan) – und zwar nicht nur bei der Elite, sondern auch im Volk. Denn das »Muster« des Kosmos war im Geist eines jeden Menschen enthalten: Wang Yangmings Philosophie entsprach einer Gesellschaft, in der traditionelle Hierarchien unterwandert, staatliche Einflüsse schwächer und prägende Einflüsse aus dem Volk immer bestimmender wurden.

Eine Gesellschaft sprengt ihre Fesseln: die späte Ming

Die chinesische Gesellschaft wandelte sich im 15. und 16. Jahrhundert mit einer Dynamik, die das politische System völlig unvorbereitet traf. Nach zwei Jahrhunderten des Stillstands fand die frühneuzeitliche Wirtschaftsrevolution jetzt ihre Fortsetzung in einer kommerziellen Revolution. Die Kräfte, die der Ming-Staat so ängstlich unterdrücken wollte, brachen sich nun wieder Bahn.

Zunächst wuchs die Bevölkerung, nachdem sie sich in der Yuan-Zeit drastisch dezimiert hatte, stärker als je zuvor. Der lange Frieden, die Förderung der Landwirtschaft und andere Faktoren führten dazu, dass die Einwohnerzahl des Ming-Reichs um das Jahr 1500 auf 155 Millionen angestiegen war. Mit dem Bevölkerungswachstum ging eine soziale Differenzierung einher, die alle Kategorien der Gründerkaiser sprengte.

Wang Yangming hatte die Auflösung der Ming-Ordnung selbst erlebt, als er 1517 nach Guangxi versetzt wurde, um dort Räuberbanden zu bekämpfen: Menschen, die aus dem sozialen Raster gefallen, aus ihrer Heimat geflohen und zu »Gesetzlosen« geworden waren. Andere waren aufs Meer geflüchtet. Die repressive Handelspolitik und das Seeverbot der Ming nahmen vielen Händlern die Lebensgrundlage. Sie wurden zu Schmugglern und »Piraten«. Offizielle Quellen berichten von »japanischen Piraten« (*wokou*), die ab den 1550ern die Küsten heimgesucht haben und plündernd sogar weit ins Inland vorgedrungen seien. Doch ganz so einfach waren die Verhältnisse nicht, wie ein Zeitgenosse feststellte. Nicht die »Piraten« verstießen gegen Gesetze, sondern die Gesetze brachten die Verstöße erst hervor: »Piraten sind mit Kaufleuten identisch«, stellte ein Zeitgenosse fest, »sind Handelsgeschäfte erlaubt, werden die Piraten zu Kaufleuten; ist der Handel verboten, dann werden die Kaufleute zu Piraten« (Tang Shu).

Am illegalen Handel dürfte nicht zuletzt die Gentry maßgeblich beteiligt gewesen sein: sie tolerierte ihn, profitierte davon – und wenn nicht, meldete sie »Piraterie«. So wurden Gelehrte zu Händlern und Händler zu Räubern. Die Hierarchie der »Vier Stände« wurde immer mehr aufgeweicht. Auch Bauern blieben schon lange nicht mehr bei ihrer Scholle. Während sich die Provinz Huguang, das heutige Hunan und Hubei, zum neuen Zentrum der Landwirtschaft entwickelte, entstand im Yangzi-Delta eine lebhafte Textilindustrie. Suzhou, das Zentrum der Seidenherstellung, begann die Produktion gegen Ende des 15. Jahrhunderts auf das Umland auszulagern, so dass »alle Dörfler in der Nähe von Städten sich voll und ganz der Herstellung von Seide widmeten«. Haushalte begannen, sich auf einzelne Arbeitsschritte zu spezialisieren, Lohnarbeit verbreitete sich.

Etwas weiter östlich, zwischen Jiading und Songjiang, lag das Zentrum der Baumwollindustrie. Baumwolle, seit dem 10. Jahrhundert in China bekannt, wurde ab dem 15. Jahrhundert im großen Stil angebaut und verarbeitet. Ab 1433 zahlte Songjiang einen Teil seiner Steuern in Baumwolle, gegen Ende des Jahrhunderts wurde sie zum wichtigsten Handelsgut der Region, mit deren Herstellung fast alle Bauern beschäftigt waren. Songjiang, so hieß es im frühen 16. Jahrhundert, kleidete das Reich ein.

> Alte Frauen aus den Dörfern tragen frühmorgens ihr Garn auf den Markt, tauschen es gegen Rohbaumwolle und kehren damit heim. Am nächsten Morgen verlassen sie ihr Dorf wieder mit Garn, und so geht es ohne Pause. Die Weber fertigen etwa einen Ballen am Tag, manche arbeiten die Nacht hindurch, ohne zu schlafen. (*Songjiang fuzhi* 4)

So wurden aus Bauern Handwerker. In den Dörfern, Marktflecken und Städten Südchinas entstanden Manufakturen jeder Art, es bildeten sich hochspezialisierte Produktionszentren heraus: in Songjiang, Jiading und Nanjing für Baumwolle, in Suzhou und Hangzhou für Seide, in Wuhu (Anhui) für Färberei, in Yanshan (Jiangxi) für Papier, in Jingdezhen für Porzellan, in Foshan (Guangdong) für Eisen usw. Die verbauerte Gesellschaft des Hongwu-Kaisers sprengte ihre Fesseln.

Suzhou 蘇州

1759, anlässlich einer Südreise des Kaisers Qianlong, fertigte der Hofmaler Xu Yang (aktiv ca. 1750–1776) ein über 12 m langes Rollbild von »Suzhous üppiger Blüte« (»Gusu fanhua tu«) an. Das Gemälde ist ein Lobpreis auf das Wohlleben unter Qianlongs weiser Herrschaft, und keine Stadt symbolisierte das besser als Suzhou. Mitten im klimatisch milden, fruchtbaren Reisanbaugebiet des Yangzi-Deltas gelegen, östlich des Tai-Sees und direkt am Kaiserkanal, war Suzhou ein Handelszentrum und idyllischer Rückzugsort für Gelehrte: »eine glanzvolle Stadt« der »vermögenden Kaufherren« und »bedeutenden Philosophen«, wie Marco Polo berichtete, in der es »Seide in Überfülle« und – maßlos übertrieben – »gut sechstausend steinerne Brücken« gab. »Niemand wüsste zu sagen, wie viele Menschen da wohnen, so riesig ist ihre Zahl.«

Schon im 6. Jahrhundert v.Chr. soll es eine Stadt an diesem Ort gegeben haben: Suzhou ist fast so alt wie Rom und gilt vielen als Chinas »ewige Stadt«. Doch ihr Aufstieg war langsam und schmerzhaft: lange im Schatten von Hangzhou, verwüstet von Eroberungen – allein 1130 sollen die Jurchen die Stadt fünf Tage und Nächte gebrandschatzt haben – und erdrückt von Steuern, wurde Suzhou erst im 16. Jahrhundert zur blühenden Handelsmetropole, in der »alle Güter des Reichs zusammenkamen«.

Im 18. Jahrhundert war es mit 500 000 Einwohnern eine der größten und reichsten Städte der Welt. Xu Yangs Bild zeigt ein betriebsames Gewimmel von 4800 Menschen und 400 Booten, die sich durch ein Gewirr von Straßen und Kanälen bewegen, vorbei an Brücken, Tempeln, Teehäusern, Schulen, Stadtvillen, Gärten, Schaubühnen und zahllosen Geschäften: Webereien, Tuchhandlungen, Färbereien, Getreidehändlern, Tabakläden, Banken, Apotheken, Schlachtern, Restaurants, Juwelieren, Möbel- und Modegeschäften. Suzhou war ein Umschlagplatz für Reis und Textilien: Heimat feinster Seide und Zentrum der südchinesischen Baumwollverarbeitung. »Das Klappern von 10 000 Webern« erfüllte die halbe Stadt, 20 000 Färber arbeiteten vor den Toren, Händler verschifften die Ware über die zahllosen Kanäle Suzhous in das Reich.

Xu Yangs Panorama beginnt im Westen vor der Stadt, am Nordufer des Tai-Sees, und bewegt sich nach Osten, vorbei am Berg Xu, wo einst Wu Zixu sein Leben ließ, und dem 180 m hohen Lingyan-Berg, in dem eine Grotte an die bildhübsche Xi Shi erinnert (S. 86). Es zeigt das Örtchen Mudu, wo im 5. Jahrhundert v.Chr. König Fuchai von Wu einen Palast baute, den Konfuziustempel, den einst Fan Zhongyan errichtete, den Shantang-Kanal, den der Dichter Bo Juyi (772–846) ausheben ließ, und den Tigerhügel (Huqiu), an dessen Fuß König Helü von Wu begraben wurde. Überall hat die Geschichte in Suzhou ihre Spuren hinterlassen: in der 76 m hohen Pagode des Bao'en-Klosters, die der Legende nach auf Sun Quan zurückgehen soll, oder im Hanshan-Kloster, dem Zhang Ji (8. Jahrhundert) ein unsterbliches Gedicht gewidmet hat:

> Der Mond versinkt im Krähenschrein, wo Frost den Himmel füllt. / Der Fischer Feuer, Ahornreihn, traurigem Schlaf gesellt. / Fern Gusus Mauern und allein, vom Kloster Kalter Berg, / Um Mitternacht das Läuten, einsam, fremden Schiffern gilt. (»Fengqiao yebo«, Übersetzung: Frank Kraushaar)

Wie kein zweiter Ort hat Suzhou Künstler und Gelehrte inspiriert. Literaten haben der Stadt Hunderte von Gedichten gewidmet, Maler und Kalligraphen machten sie zu ihrem Zentrum. Bücher aus Suzhou wurden überall im Reich gelesen, neue Frisuren, Moden und Accessoires aus Suzhou wurden sogar am Hof imitiert, und die anmutige Kun-Oper galt im 18. Jahrhundert als die vornehmste ihrer Art. Vor allem aber haben die privaten Gärten, die Mönche und Gelehrte sich anlegten, Suzhou berühmt gemacht. Die Ästhetik dieser Gärten mit ihrer raffinierten Kombination von Blumen, Bäumen, Zierfelsen, Teichen und Pavillons – dreidimensionale Landschaftsmalereien – hat Suzhou den Ruf eines Paradieses auf Erden eingebracht: »Was oben die Himmelshalle ist, sind hienieden Suzhou und Hangzhou«, lautet ein chinesisches Sprichwort. Suzhou galt ein Jahrtausend lang als Inbegriff eleganter Urbanität, Zentrum chinesischer Hochkultur und Heimat des Schönen.

1862 legten die Taiping-Rebellen Suzhou in Schutt und Asche, die Stadt verlor mehr als die Hälfte ihrer Einwohner. Von diesem Schlag sollte sie sich nicht mehr erholen. Suzhou blieb fortan im Schatten Shanghais, das von den Taiping verschont geblieben und zum Zentrum der chinesischen Modernisierung geworden war. Auch Suzhou wurde bald von der Moderne eingeholt: 1896 wurde die erste mit Makadam belegte Straße gebaut, auf der Pferdekutschen und Rikschas fuhren, 1898 wurden Telefone eingeführt, 1906 erhielt Suzhou Eisenbahnanschluss, die Stadtmauer wurde schrittweise abgerissen, elektrische Straßenbeleuchtung und immer mehr westliche Fassaden prägten das Stadtbild.

Mit dem Einbruch der Moderne wurden die Monumente des alten Suzhou zu Relikten einer vergangenen Zeit, die jetzt zu nationalen Gedenkstätten stilisiert wurden. Das Hanshan-Kloster wurde mit großem Aufwand neugebaut, im Konfuziustempel wurde die Flagge der Republik gehisst, Gärten, Gräber, Pagoden und andere »Spuren des Altertums« (*guji*) wurden sorgsam gepflegt oder nachgebaut.

Heute ist Suzhou eine aufstrebende Boomtown mit mehr als sechs Millionen Einwohnern und großen Industrieparks, die mehr ausländische Investitionen anziehen als Shanghai. Spektakuläre Bauten wie das »Suzhou International Expo Center«, I. M. Peis Suzhou-Museum oder Paul Andreus »Science and Cultural Arts Center« weisen Suzhou als internationale Metropole des 21. Jahrhunderts aus. Dazwischen finden sich noch immer kleine Kanäle und idyllische Gärten, Tempel und Pagoden, ausgeschildert und aufgeputzt für Busladungen von Touristen; das Ufer des Tai-Sees, mit dem Xu Yangs Rollbild beginnt, ist mittlerweile zum »Nationalen Tourismus- und Urlaubsgebiet« ernannt worden. Das alte Suzhou lebt nicht mehr, und es ist auch nicht ganz tot. Es ist ein Gedächtnisort geworden.

Das spezialisierte Handwerk Südchinas stimulierte den Kommerz. Zwischen einzelne Produktionsschritte schalteten sich Zwischenhändler ein,

Großhändler profitierten auf den Regionalmärkten, und Handelsfirmen verschoben Güter zwischen Beijing und Guangzhou, Shandong und Sichuan. Mit Ochsengespannen, Schubkarren, Lastenträgern und vor allem auf Schiffen wurden Waren durch das Reich befördert, so dass es »niemanden gab, der nicht bekam, was er wollte«. Besonders die Kaufleute von Huizhou, im Süden Anhuis, waren bekannt für ihre Umtriebigkeit: Papier, Tusche, Lacke, Tee, Salz, Reis, Baumwolle, Holz, Seide – sie handelten mit allem. »Wer in Huizhou geboren ist«, hieß es, »wird mit 13, 14 Jahren ins Leben geworfen«, um Geschäfte zu machen. Zehntausende von handschriftlichen Dokumenten, die in den 1950er Jahren gefunden wurden, zeugen vom Leben und Wirtschaften dieser großen Kaufmannsfamilien in der späten Kaiserzeit; ihre stolzen, weiß getünchten Häuser und steinernen Torbögen gehören heute zum Weltkulturerbe.

Der Beginn des Welthandels

Aus der verordneten Subsistenzwirtschaft der frühen Ming waren pulsierende Handelsnetze erwachsen, in denen marxistisch inspirierte Historiker die »Knospen des Kapitalismus« in China verortet haben. Der Hongwu-Kaiser hatte das Krämerwesen geradezu verteufelt; jetzt untergrub der Kommerz sein System gründlich. Doch – Ironie der Geschichte – gerade dadurch wurde seine Dynastie gerettet. Denn die Ming befanden sich im 15. Jahrhundert in höchsten finanziellen Nöten: das Tributsystem brachte nur Verluste, die Agrarsteuern, die auf den Sätzen und Katastern des 14. Jahrhunderts beruhten, konnten die Staatsausgaben schon lange nicht mehr decken, und die Papierwährung musste nach einer galoppierenden Inflation abgeschafft werden. Der Staat war wieder auf Metallgeld angewiesen, und zwar speziell auf Silber. Silber wurde zum Medium des Handels, schon im frühen 15. Jahrhundert wurden Steuern und Arbeitsdienste teilweise in Silber verrechnet. Doch das Metall war in China stets knapp, die staatlichen Minen produzierten bei weitem nicht genug, um den Bedürfnissen des Reichs gerecht zu werden.

Erst der Seehandel, dieses verpönteste aller Geschäfte, die »Piraterie«, brachte die Rettung. Trotz aller Risiken betrieben Kaufleute in Südchina im frühen 16. Jahrhundert illegalen Handel mit Japan und den Philippinen. Porzellan, Seide, Baumwolle, Edelsteine, Möbel und Metalle wurden aus Fujian und Guangdong nach Manila und Nagasaki verschifft, im Ge-

Matteo Ricci, Adam Schall von Bell und Ferdinand Verbiest,
die drei prominentesten Jesuiten am Hof von Beijing.

genzug floss vor allem Silber ins Ming-Reich. Diese Silbereinfuhr vergrößerte sich noch einmal sprunghaft, als neue, bislang unbekannte »Piraten« in den Meeren vor Chinas Küste auftauchten und Handel begehrten: die Europäer.

Zuerst kamen die Portugiesen. 1497 hatte Vasco da Gama das Kap der guten Hoffnung umsegelt und den Seeweg nach Indien gefunden. 90 Jahre nach Zheng He gelangte er nach Kalikut – und damit begann eine neue Weltordnung. 1511 eroberten die Portugiesen Malakka, ein Tributland der Ming, 1517 erschienen sie erstmals in Guangzhou und erhielten 1557 das Recht, sich in Macao niederzulassen. Sie sollten fast 450 Jahre bleiben.

Folgenreicher noch war die spanische Eroberung der Philippinen in den 1570ern. Damit begann ein reger Dreieckshandel, bei dem spanische Händler Silber aus Peru und Mexiko nach Manila schifften, um damit für chinesische Seide, Porzellan und Tee zu zahlen – und zwar in gewaltigen Mengen. Eine einzige spanische Galeone, so schätzt man, trug mehr Silber, als die Ming in einem Jahr abbauten. Die Spanier versorgten die chinesische Wirtschaft mit dem Geld, das sie zum Wachstum benötigte; im Gegenzug lieferten die Chinesen alles, was die Europäer brauchten. Chinesische Seide, dem spanischen Geschmack angepasst, beherrschte den Weltmarkt, und die Porzellanproduktion stellte sich schnell auf die Bedürfnisse des Auslands ein. In Jingdezhen wurden Schälchen für die japanische Küche ebenso kunstvoll gefertigt wie Teller und Schalen mit europäischen Fürstenwappen: Porzellan mit ›barbarischem‹ Dekor, das in Europa wiederum als ›orientalisch‹ wahrgenommen wurde.

Societas Iesu 耶穌會

Im Nordwesten der Beijinger Innenstadt, auf dem Gelände der Parteihochschule, stehen in einem kleinen Park 63 übermannshohe Grabsteine. Sie erinnern an Priester des Jesuitenordens, die unter den Ming und Qing in der Hauptstadt gewirkt haben. Vor allem drei Grabmale, die in einem separaten Gehege stehen, fallen ins Auge: die von Matteo Ricci (1552–1610), Adam Schall von Bell (1592–1666) und Ferdinand Verbiest (1623–1688).

Schon 1582, wenige Jahrzehnte nach Gründung der Societas Iesu (1540), kam Matteo Ricci nach Macao. Er blieb fast 30 Jahre in China und lernte nicht nur, fließend chinesisch zu sprechen, sondern erschloss sich auch die klassische Literatur. Ricci hatte erkannt, dass es geschickter war, sich einheimischen Sitten anzupassen, als den Chinesen mit dem Christentum auch westliche Gebräuche zu verordnen, und dass der Weg über die Elite mehr Erfolg versprach als die Missionierung des einfachen Volks. Tatsächlich fand er Eingang in Literatenkreise, durfte 1583 Macao verlassen und bis nach Nanjing reisen. 1601 erwirkte Ricci sogar – höchste aller Ehren – die Erlaubnis, nach Beijing zu fahren. Er durfte in der Hauptstadt bleiben, gründete dort eine Kirche und bekehrte drei hochrangige Beamte zum Christentum, bevor er 1610 in Beijing starb. Matteo Ricci war eine beeindruckende Persönlichkeit. Allerdings war es weniger seine Religion, die den Chinesen imponierte, sondern seine wissenschaftlich-technische Bildung: seine mathematischen Kenntnisse, die Uhren, die er dem Hof schenkte, seine chinesische Euklid-Übersetzung, seine »Karte der 10 000 Länder«, die den chinesischen Gelehrten die Welt jenseits der Meere vor Augen führte.

Vor allem in der Astronomie zeigten sich die Jesuiten den muslimischen und chinesischen Experten am Hof weit überlegen. Diese Fähigkeiten, nicht das Evangelium, sicherten ihnen die Gunst der Kaiser. Das gilt namentlich für den Kölner Adam Schall von Bell, der ab 1630 als Hofastronom in Beijing wirkte, zuständig für die Festlegung des Kalenders und die Berechnung von Finsternissen – und zwar unter den Ming ebenso wie unter den Qing. Sein Nachfolger, der Belgier Ferdinand Verbiest, baute einen Gerätesatz für das Astronomische Amt, der noch heute in Beijing zu besichtigen ist.

Diese Jesuiten hatten wichtige Positionen in der Hauptstadt inne und genossen außerordentliche Wertschätzung bei den Kaisern. Adam Schall soll sich prächtig mit Kaiser Shunzhi verstanden haben, der ihn angeblich oft in seiner Kirche besuchte; Kaiser Kangxi ließ sich von Jesuiten in europäischer Musik unterrichten – er versuchte sogar, selbst zu komponieren – und beauftragte sie mit der kartographischen Erfassung des Reiches, Giuseppe Castiglione (1688–1766) und andere standen als Hofmaler in hohem Ansehen, Verbiest baute Kanonen für die Qing-Armee, und bei den Verhandlungen mit dem zaristischen Russland fungierten Jesuiten als Übersetzer.

Doch sosehr die Jesuiten als Gelehrte, Wissenschaftler und Künstler geschätzt waren, so entzückend ihre mechanischen Geräte wirkten, so erfolglos waren sie als Missionare. Auch wenn infolge des »Toleranzedikts« Kaiser Kangxis (1692) Missionare jeder Couleur – Russen, Franzosen, Dominikaner, Franziskaner, Lazaristen – nach China kamen, gab es Ende des 17. Jahrhunderts in dem Reich von 400 Millionen lediglich 300 000 Christen. Kein Kaiser konvertierte je zum Christentum, lediglich der 16. Sohn Kangxis wurde getauft (auf den Namen »Paulus«), blieb aber zugleich beim manjurischen Schamanismus.

Die Situation der Jesuiten als Priester blieb stets prekär. Adam Schall wurde nach dem Tod seines Gönners, Shunzhi, sogar zum Tode verurteilt (aber wieder begnadigt), weil er ein Prinzengrab nicht richtig angelegt haben soll. Zur gleichen Zeit zwang in Europa die katholische Kirche Galileo, seine Bestätigung des kopernikanischen Weltbildes zu widerrufen: die Verbindung von Wissenschaft und Religion, die für die Jesuiten so fruchtbar war, wurde zugunsten eines orthodox verstandenen Christentums aufgelöst. Nach einem jahrzehntelangen »Ritenstreit« erklärte Papst Clemens XI. zudem 1704 die chinesischen Gebräuche – Ahnenkult, Verehrung des Konfuzius und der kanonischen Werke – für unvereinbar mit dem christlichen Glauben und verbot das tolerante Vorgehen der Jesuiten. Kaiser Kangxi reagierte, indem er alle Missionare, die das päpstliche Gebot befolgten, nach Macao auswies, und 1724 verbot Kaiser Yongzheng jegliche Missionarstätigkeit in China.

Die jesuitische Mission in China war gescheitert; sie blieb nicht mehr als eine Fußnote in der chinesischen Geschichte. Weitaus folgenreicher war sie für Europas Verständnis von China. Die Jesuiten berichteten in »erbaulichen und merkwürdigen Briefen« von Kultur und Geschichte Chinas, sie schickten Bücher nach Europa, schrieben Wörterbücher, Grammatiken und landeskundliche Beschreibungen. Sie wirkten damit stark auf Philosophen wie Leibniz oder die Enzyklopädisten und entfachten im Europa der Aufklärung eine wahre China-Begeisterung. Die Jesuiten legten die Grundlagen für die europäische Sinologie.

Der Überseehandel war außerordentlich lukrativ. Er trug wesentlich zum Wachstum der chinesischen Wirtschaft im 16. und 17. Jahrhundert bei. Nun reagierte auch der Staat: 1567 wurde das Seehandelsverbot aufgehoben, kurz darauf das Steuersystem, das seit 800 Jahren im Prinzip unverändert gegolten hatte, grundlegend reformiert. 1581 führte der Minister Zhang Juzheng (1525–1582) eine Einheitssteuer ein, die Boden- und Vermögenssteuern sowie Arbeitsdienste in einer jährlichen Zahlung zusammenfasste, die in Silber zu leisten war. Die Silberunze (*liang* oder *tael*: etwa 37 Gramm) blieb bis ins 20. Jahrhundert die Standard-Währungseinheit in China.

Die Auswirkungen des Welthandels auf die Gesellschaft der Ming gingen noch weiter. Nicht nur Silber, sondern noch andere ertragreiche Produkte kamen nach China: Mais, Tabak, die Erdnuss und die Süßkartoffel. Diese Pflanzen der Neuen Welt bereicherten die chinesische Landwirtschaft und trugen dazu bei, dass sich das Bevölkerungswachstum der Ming-Zeit ungebremst fortsetzte. Aus den 155 Millionen um 1500 wurden bis zum Ende der Ming über 250 Millionen Menschen. Der Bevölkerungsdruck machte die Reiseverbote des Hongwu-Kaisers zunichte: Millionen trieb es auf der Suche nach Land und Arbeit jetzt nach Süden und Südwesten, die wenigsten mit offizieller Erlaubnis. Im 16. Jahrhundert war der Bewegungsdrang des Volkes nicht mehr einzuschränken: Händler durchkreuzten das Land in allen Richtungen, Gelehrte unternahmen regelrechte touristische Reisen nach Suzhou, Nanjing und an andere berühmte Orte, Pilger – darunter viele Frauen – durchwanderten das halbe Reich zu heiligen Stätten. Der berühmteste dieser Reisenden, Xu Xiake (1587–1641), hinterließ detaillierte Aufzeichnungen zu Geographie, Flora und Fauna von 16 Provinzen, die er – meist zu Fuß – durchmessen hatte: ein Höhepunkt chinesischer Reiseliteratur. Die Mobilität setzte sich über alle Schranken hinweg: jetzt wurden nicht nur regionale Grenzen überschritten und Standesunterschiede aufgehoben, auch kulturelle Distinktionen fielen. Wo sich zuvor eine gepflegte Hochkultur sorgfältig von der pöbelhaften Menge abgehoben hatte, entstand eine Volkskultur, die die gesamte Gesellschaft prägte.

Die mediale Revolution

Maßgeblich für die Verbreitung der Volkskultur war der Buchdruck, der sich im 16./17. Jahrhundert, fast ein Jahrtausend nach seiner Erfindung, gesellschaftsweit durchsetzte. Bis dahin waren in China, trotz vieler bemerkenswerter Publikationen, weitaus mehr Texte handschriftlich und mündlich überliefert worden als im Druck. Erst jetzt machten billigeres

Papier (der Handel), effizientere Schnitztechniken (das Handwerk) und andere Faktoren Bücher so billig, dass ein Markt für sie entstehen konnte. Oder besser: erst jetzt war eine Gesellschaft entstanden, die einen Buchmarkt brauchte. Vorlagen für Prüfungsaufsätze fanden reißenden Absatz, ebenso Enzyklopädien, vereinfachte Klassikerausgaben, Reiseführer, erotische Drucke und moralisierende Geschichten. Der wirtschaftlichen und kommerziellen folgte eine *mediale* Revolution: eine »Verschriftlichung des Lebens«, die China grundlegend verändern sollte.

Jetzt begann auch das einfache Volk so breit zu lesen, dass sich der Buchmarkt nach ihm richtete. Mehr und mehr Werke wurden nicht in der elitären Literatursprache (S. 107) geschrieben, sondern in einer Schriftsprache, die der gesprochenen Sprache recht nahestand. Illustrierte Werke wurden in großen Auflagen gedruckt, Erbauungsliteratur, Singspieltexte, Novellen, Romane und andere Volksliteratur fanden in den Städten ein breites Publikum. Literaten wie Feng Menglong (1574–1646) stellten Anthologien von Witzen, Volkserzählungen und -liedern zusammen – Stücke, in denen es nicht eben zimperlich zuging:

> Wenn du mit den kleinen Mädchen hurst, hure nicht mit einem lebenden Totengerippe / Lieber leg ein bisschen Geld drauf, damit du eine wohlgenährte kriegst. / Wie wenn du im 6. Monat aus dem kühlen Keller Fleisch bekommst, so macht das umso mehr Vergnügen / Und im Winter ist ihr ganzer Körper eine weiche, warme Matratze.
>
> (*Shange*, Übersetzung: Cornelia Töpelmann)

Solche Literatur hat wenig mit dem feinsinnigen Diskurs der Oberschicht gemein. Doch mit dem Anwachsen der gelehrten Elite in der Ming-Zeit schienen sich auch deren Sitten zu ändern. In einem Roman mit dem sprechenden Titel *Die Gebetsmatte aus Fleisch* (*Rou putuan*) beschrieb Li Yu (1610–1680) ein Gelehrtenleben, das mit Prüderie wenig zu schaffen hatte. Da präsentiert ein Student seinem Freund, einem gerissenen Räuber, das Ergebnis seiner Bemühungen:

> »Werter Freund, du hast dich lange Zeit nicht mehr blicken lassen und in deine vier Wände verkrochen. Ich nehme an, das lange Stillsitzen wird deinem Studium sehr förderlich gewesen sein.« »Ach, Studium! Damit steht's soso. Wichtiger ist mir der Fortschritt, den ich währenddessen in der *fangshu* ›Kammertechnik‹ gemacht habe. Der ist beträchtlich.« … Dann löste er den Hosenbund, ließ die Hose zu Boden gleiten und brachte unter dem Hemd,

> auf beide flachen Hände gelegt, sein Werkzeug zum Vorschein. Wie er so stand und das neue Werkzeug zur Schau hielt, bot er den Anblick eines persischen Hausierers, der seinen Bauchladen vor sich hinhält. Der andere, der es zunächst aus einigem Abstand gewahrte, dachte bei sich: ›Eines Esels Schlauch hat er sich vor den Leib gebunden, um mich zu täuschen – wo mag er das Ding bloß aufgetrieben haben?‹ (*Rou putuan* 7, Übertragung: Franz Kuhn)

Es stellte sich heraus, dass der junge Student sich einen Hundepenis hatte implantieren lassen, dessen nimmermüde Einsätze im folgenden anschaulich beschrieben werden. Das *Rou putuan* ist bei all seiner Frivolität nicht untypisch für die chinesische Romanliteratur, die in der Ming-Zeit entstand. Aber auch zu einem zarteren, zugleich stärkeren und leidenschaftlicheren Gefühl war die Literatur fähig: zur Liebe.

> Niemand weiß, woher die Liebe kommt, doch einmal da, ist sie so tief, dass die Lebenden durch sie sterben können und die Toten durch sie ins Leben kommen. (Tang Xianzu, *Mudan ting*, Vorwort)

Die Aufweichung festgefügter sozialer Bindungen ermöglichte es, Liebe zunehmend individuell und autonom wahrzunehmen, abgekoppelt von familiären und sozialen Bindungen. Tang Xianzu (1550–1616) hat diesem Gefühl 1598 – zur selben Zeit wie *Romeo und Julia* – in der Oper *Päonienpavillon* seinen ergreifendsten Ausdruck gegeben. Wie bei Shakespeare trotzen die Liebenden allen gesellschaftlichen Konventionen, sogar dem Tod, um sich zu vereinen. Während die Welt um sie versinkt, schafft die Liebe ihnen eine eigene Welt, die nur sie, die Liebenden, teilen.

> Ich löse die Bänder, der Gürtel fällt, / das Hemd sinkt auf den schimmernden Rain. / Wir haben nur uns und vergessen die Welt / und wiegen uns sanft in das Glück hinein. (*Mudan ting*, Übersetzung: Hans Stumpfeldt)

Die Liebe schuf eine Traumwelt. Tatsächlich treffen sich die Liebenden im *Päonienpavillon* zum ersten Mal im Traum. »Aber ist die Liebe im Traum unbedingt unecht? Gibt es nicht genügend Menschen, die im Traum leben?« Der Traum ist ein Leitmotiv bei Tang Xianzu, dessen Hauptwerke auch die »Vier Träume« genannt wurden. Der Buchdruck, der die Leser mit so vielen Fakten versorgte, hatte zugleich den Blick für Fiktionen geschärft: dadurch ermöglichte er einen neuen, bewusst gestaltenden Umgang mit imaginierter Realität. »Wenn Fiktion Realität wird,

wird Realität auch Fiktion; wo Nichts zum Sein wird, kehrt sich das Sein zum Nichts«, heißt es im Qing-zeitlichen Roman *Traum der Roten Kammer*: ein Sinnspruch für die Literatur selbst, die mit dem ständigen Überqueren der Grenze von Realität und Fiktion spielt.

Den Höhepunkt der Ming-zeitlichen Romanliteratur bilden die »vier großen wundersamen Bücher« (*si da qishu*): die *Reise nach Westen* (*Xiyou ji*), die *Räuber vom Liangshan Moor* (*Shuihu zhuan*), die *Erzählung der Drei Staaten* (*Sanguo yanyi*) und *Pflaumenblüten in goldener Vase* (*Jin Ping Mei*). Während die ersten drei historische Stoffe – die Reisen des Mönches Xuanzang, das Räuberwesen am Ende der Nördlichen Song und die Geschichte der Drei Staaten – romanhaft ausspinnen, ist der vierte ein saftiger Sittenroman. Er erzählt das ausschweifende Leben des Song-zeitlichen Seidenhändlers Ximen Qing, der seine Macht durch Verbrechen und ruchlose Intrigen vergrößert, während er ständig in sexuellen und alkoholischen Exzessen schwelgt. Selbst zu einem Beamtenposten brachte er es ganz problemlos: er schickte einfach einen Diener zu dem berüchtigten Kanzler Cai Jing (S. 331) in die Hauptstadt.

> Lai Bao machte einen Kotau und reichte ihm mit der einen Hand seine Besuchskarte, mit der anderen ein in Nankingseide eingeschlagenes Silberpäckchen im Gewicht von dreißig Unzen. »Mein Herr lässt Euch grüßen«, sagte er, »und bittet Euch in Ermangelung einer würdigeren Gabe, diese belanglose Kleinigkeit als Zeichen seiner freundschaftlichen Gesinnung nicht zu verschmähen.« »Eigentlich dürfte ich Euer Geschenk nicht annehmen, doch ich möchte Euch nicht kränken« … »Euer Herr hat mir wiederholt Aufmerksamkeiten erwiesen. Ich weiß nicht recht, wie ich mich erkenntlich zeigen soll. – Besitzt er eigentlich Beamtenrang?« »Unser Herr ist einfacher Bürger ohne jeden Rang.« »So. Ich habe zufällig dank kaiserlicher Huld einige Blanko-Bestallungen zur Hand. Ich könnte Euren Herrn zum stellvertretenden Kreisrichter ernennen, um die Vakanz auszufüllen, die durch Versetzung des Richters He entstanden ist. Was meint Ihr?« Lai Bao schlug mit der Stirn auf den Boden. »Für die Gnade solcher Erhöhung würde mein Herr dem alten Gebieter Dank zollen, bis ihm die Greisenjahre sein Haar weiß pudern und seinen Leib in Trümmer schlagen.« (*Jin Ping Mei* 30, Übertragung: Franz Kuhn)

Auch wenn die Erzählung in der Song-Zeit spielt – sie karikiert offenkundig Zustände im Ming-Reich. Der satirische Ton, der das *Jin Ping Mei* durchzieht, ist bezeichnend für die Gestimmtheit der späten Ming-Zeit. Vieles lag im Argen im Staat der Ming: die Elite wird als dekadent, korrupt und nichtsnutzig beschrieben. Das war, historisch gesehen, nichts

Neues. Doch der Buchdruck sorgte dafür, dass Nachrichten von diesen Missständen sich schneller und weiter verbreiteten als je zuvor. Volkstümliche Romane nahmen die Sittenlosigkeit der Gelehrten aufs Korn, Gelehrte schrieben ihrerseits scharfzüngige Streitschriften zu politischen Themen – und ließen sie drucken. Die mobile, kommerzialisierte, literarisierte Gesellschaft des 17. Jahrhunderts war dem antiquierten Regime der Ming längst entwachsen; der Niedergang der Dynastie wurde zu einem öffentlichen Ereignis.

Alte Probleme und neue Feinde: das Ende der Ming

Das erste Jahrzehnt der Wanli-Periode (1572–1620) gilt als Zeit des Friedens, der Prosperität und der guten Regierung. Unter der strengen Führung des Ministers Zhang Juzheng, eines der größten Staatsmänner der Ming, erlebte die Dynastie eine Zeit des Friedens, die Staatskassen waren prall gefüllt, und die Verwaltung funktionierte. Doch bald verschlechterte sich die Lage. Der Wanli-Kaiser scherte sich nicht um die Regierung, hielt 25 Jahre lang keine Morgenaudienz, verweigerte selbst hohen Beamten den Empfang und ließ freiwerdende Posten auf Dauer unbesetzt. Wanli bestrafte nicht einmal seine Kritiker, sondern ignorierte sie einfach. Von seinem Enkel, der 1621–1627 unter der Devise Tianqi regierte, ist nicht viel Besseres zu berichten: »Er kam nicht dazu, schreiben zu lernen«, heißt es, und verbrachte seine Zeit hauptsächlich mit Tischlerarbeiten.

Mangels starker Führung verfiel der Hof in Cliquenkämpfe: zwischen 1621 und 1644 wechselte die Führung in den Sechs Ministerien 116 Male; und während die Beamten sich befehdeten, konzentrierte die Macht sich immer mehr in den Händen von Eunuchen. Vom Hongwu-Kaiser noch rigoros aus der Politik ausgeschlossen, hatte schon Yongle sie als Admirale eingesetzt, und seit der Ära Zhengtong (1436–1449), klagt ein Historiker, hätten sie in allen Behörden ihre Finger im Spiel gehabt. Dabei seien sie immer mächtiger und anmaßender geworden:

> Wenn zur Yongle-Zeit Eunuchen in die Fünf Militärämter oder die Sechs Ministerien geschickt wurden, hielten sie von den dortigen Beamten einen Respektabstand und verneigten sich; wenn sie einem verdienten Beamten oder Prinzen begegneten, stiegen sie vom Pferd und standen zur Seite. Heute hin-

> gegen bevormunden sie die Militär- oder Ministerialbeamten, als seien es Angestellte, verdiente Beamte und Prinzen, die ihnen begegnen, weichen vor ihnen zurück und nennen sie »Väterchen«; und sogar hohe Beamte machen Kotau vor ihnen. (Zhao Yi, *Nianer shi zhaji* 35)

Mindestens 10 000 Eunuchen gab es am Hof der Ming, von denen manche die Politik geradezu diktatorisch bestimmt und sich unermesslich bereichert haben sollen. Liu Jin (ca. 1452–1510), der sechs Jahre lang die Staatsfinanzen kontrolliert hatte, raffte ein Vermögen von »80 großen Jadegürteln, 2,5 Millionen Unzen Gold, mehr als 50 Millionen Unzen Silber und unzähligen weiteren Kostbarkeiten« zusammen. Unter Kaiser Wanli wurden Eunuchen als Geldeintreiber im ganzen Land eingesetzt, was ihnen fast grenzenlose Einnahmequellen bescherte: Wei Zhongxian (1568–1627), der berüchtigtste von allen, häufte Schätze an, die jene des Kaisers weit übertrafen.

Korruption 賄賂

Korruption war endemisch in der gesamten Verwaltung des chinesischen Kaiserreichs, vom hohen Minister bis zum letzten Büttel im Kreisamt. Überall wurde erpresst, veruntreut und bestochen: bei Prüfungen und der Vergabe von Ämtern, bei öffentlichen Arbeiten, im Salzhandel, bei der Steuer und der Strafverfolgung, bei jedem Behördengang. Dieses scheinbar unausrottbare Übel lag keineswegs in der ›chinesischen‹ Mentalität begründet; es war kennzeichnend für *alle* vorindustriellen Gesellschaften. Der selbstlose, ehrliche und – eine wichtige Voraussetzung – gut bezahlte Beamte ist eine Erscheinung der Moderne. In vormodernen Gesellschaften ging man in den Staatsdienst, um sich zu bereichern.

Ein Magistrat verdiente im 16. Jahrhundert etwa 27 Unzen Silber im Jahr, gerade einmal doppelt so viel wie ein Tagelöhner. Von diesem Betrag musste er nicht nur seine Familie ernähren, sondern auch alle anderen Ausgaben bestreiten, denn es gab keine Trennung öffentlicher und privater Kassen. Das fing mit dem Amtsantritt an:

> Um die Reisekosten zu Wasser und zu Lande, Ausgaben für Maultiere, Pferde und Träger zu entrichten, muss er entweder seine Besitztümer aufgeben oder sich verschulden. Seine Entschädigung sind dann entweder staatliche Gelder oder das Vermögen des Volkes. Am Amtssitz angekommen, beherrscht er weder die lokale Sprache, noch ist er mit den Gebräuchen vertraut. So hat er keine Möglichkeit, Fälle von Missbrauch zu untersuchen

und keine Handhabe, Gerichtsverhandlungen anzuhören. Er kommt nicht umhin, sich auf treulose Amtsdiener zu verlassen, die ihm gleichsam Augen und Ohren sind. So gehen die Dinge wieder ihren korrupten Gang ...

(Feng Guifen, *Jiao Bin lu kangyi* 3)

Auch für die »treulosen Amtsdiener«, die ein Magistrat in seinem Amt brauchte, musste er selbst sorgen: für 20–30 persönliche Sekretäre, Dutzende Schreiber sowie Hunderte Boten. Den Beamten blieb wenig übrig, als sich an ihren Untertanen schadlos zu halten, von denen sie diverse »Zusatzabgaben« einforderten – Einnahmen, die in der Regel zwanzigmal so hoch waren wie ihr Gehalt. Nicht, dass die Magistrate davon ihre Amtsdiener entlohnten. Auch ohne Gehälter gab es nie einen Mangel an Bewerbern für diese Posten, viele zahlten sogar, um einen solchen zu erhalten: eine Investition in die Möglichkeit zur Korruption.

Die Kataloge mit illegalen Zusatzabgaben, welche die Amtsdiener erhoben, sind eindrucksvoll. Für Schriftverkehr wurden Anmeldegebühren, Bearbeitungsgelder, Papier- und Pinselgebühren, Kerzengebühren, Stempelgelder und mehr erhoben; beim Zahlen von Steuern wurden unter anderem Schwund-Zuschläge, Umrechnungsgebühren, Transportkosten und Quittungsgebühren fällig; bei Rechtsfällen kassierten die Polizisten Sohlengelder, Verpflegungskosten und andere Einsatzgebühren für alle Beteiligten – wenn sie nicht ohnehin mit Kriminellen gemeinsame Sache machten und Schweigegelder kassierten. Keine Amtshandlung ohne Schmiergelder.

Diese Art von Korruption war so verbreitet, dass sie – abgesehen von krassen Fällen – meist billigend in Kauf genommen wurde. Sie war im System selbst angelegt, ohne sie konnte die Verwaltung nicht funktionieren.

Keine chinesische Dynastie verfügte über die finanziellen Mittel, um eine ausreichend große Beamtenschaft angemessen zu bezahlen. Selbst am Ende der Kaiserzeit, als das Volk auf 450 Millionen Menschen angewachsen war, gab es im Reich nur 20 000 Beamte (zum Vergleich: in Deutschland sind es etwa zwei Millionen). Wo aber formale Organisation nicht hinreicht, treten informelle Lösungen: wir nennen sie Korruption. Sie sollte weniger als Ausdruck moralischer Verkommenheit verstanden werden denn als effektives und weithin akzeptiertes Mittel, um Ordnung aufrechtzuerhalten, die der Staat allein nicht gewährleisten konnte.

Auch die Regimes des 20. Jahrhunderts – die Kriegsherren und die GMD unter Chiang Kai-shek – waren notorisch korrupt, und trotz energischer Kampagnen ist es auch der KP China nicht gelungen, der Korruption Herr zu werden. Die außerordentlichen Abgaben auf dem Land sind auch heute »zahlreich wie die Haare eines Ochsen« – sage und schreibe 269 zählte eine Studie kürzlich, darunter:

Fonds für Aktivitätszentren der Parteimitglieder … Abgaben für Dienstreisen und Verköstigung von Kadern, … Beihilfen für Parteizellensekretäre, Dorfkomiteevorsitzende und Buchhalter, Kompanieführer der Volksmiliz, … Forst- und Deichhüter, Zeitungsboten und Hygienepersonal, … Abgaben für Bau und Umbau von Schulen, … Zeitungs- und Büchergeld, … Planungsgebühren für den Wohnungsbau, … Gebühren für die Quarantäne von Saatgut, … für die Vernichtung von Ratten … 14 verschiedene Gebühren für die Beglaubigung einer Ehe, … »Gesinnungsgebühren« …

(Chen Guidi/Chuntao, *Zhongguo nongmin diaocha* 5)

Auch in den Städten haben seit den 1980er Jahren zahllose Skandale die Öffentlichkeit erschüttert: Bürgermeister und Provinzgouverneure missbrauchen ihre Ämter, hohe Parteimitglieder bereichern sich hemmungslos, Richter sind bestechlich, Industriemagnaten betreiben Insiderhandel, Bauunternehmen schmieren Politiker, die gesamte nationale Fußballliga ist durch und durch korrupt. »50 Milliarden Dollar öffentlicher Gelder seien zwischen den Jahren 1978 und 2003 von korrupten Funktionären ins Ausland geschafft worden«, berichtete die Presse kürzlich – und das sind die offiziellen Zahlen.

Die kommunistische Partei hat einen regelrechten »Krieg gegen Korruption« ausgerufen und führt dabei vor allem moralische Argumente ins Feld. Doch um Moral geht es dabei nicht, sondern um Machterhaltung: Korruption, früher wie heute, ist vor allem ein Zeichen für den Kontrollverlust der Zentralregierung – und dafür, dass es auch ohne sie geht.

Jede Zeit erzählt Geschichte nach ihrem eigenen Weltbild. Die traditionelle chinesische Geschichtsschreibung, stets am Wirken der großen Männer orientiert, hat die Grabenkämpfe am Hof und den skrupellosen Wei Zhongxian für den Fall der Ming verantwortlich gemacht. Die moderne Wissenschaft bietet eine andere, nicht weniger charakteristische Erklärung an: die Finanzen seien schuld gewesen. Den Ming, gebunden an die knauserigen Vorgaben ihres Gründers, war es nie gelungen, die Reichtümer des Landes ausreichend abzuschöpfen. Trotz Handelszöllen und Steuerreform zog der Staat Ende des 16. Jahrhunderts von seinen mehr als 200 Millionen Untertanen nur 37 Millionen Unzen Silber ein. Der Löwenanteil davon floss in den Unterhalt der kaiserlichen Familie und in die Armee, die dennoch hoffnungslos unterbezahlt blieb. Im 16. Jahrhundert erhielten manche Einheiten jahrelang keinen Sold, Soldaten desertierten scharenweise, so dass viele Garnisonen nur mit einem Bruchteil ihrer nominellen Truppen besetzt waren.

In den 1590ern musste die Dynastie dann mehrere kostspielige Feldzüge unternehmen, die sie finanziell weiter strapazierten. Vor allem als der japanische Feldherr Toyotomi Hideyoshi (1537–1598) 1592 und 1597 in Chosŏn einmarschierte, sandten die Ming starke Truppen zur Hilfe: es war einer der letzten Einsätze für einen Tributstaat, zugleich ein Menetekel für spätere Konflikte. Die Weltordnung der Ming begann zu zerfallen.

Noch während die Ming in Korea kämpften, formierte sich unmittelbar nördlich des Chosŏn-Reichs, in den großen Waldgebieten der Manjurei, bereits ein neuer Gegner. Dort lebten tungusische Stämme, Jäger und Schweinezüchter, die sich als Nachkommen der Jurchen verstanden. Diese »Ost-Tartaren«, wie man sie in Europa nannte

> sind harte Leute und fressen Roß- und Cameel-Fleisch, oder was sie haben können; sie jagen mit Hunden und Geyern, und pflegen unter freyen Himmel bey ihren Pferden zu schlaffen. Sie sehen weiß aus, reden nicht viel, sind ernsthafft und bedachtsam, und werden von Jugend auf in Waffen, nehmlich in Pfeil und Bogen geübet. (Zedlers *Universal-Lexicon*, Bd. 42)

Ihre Stämme hatten den Ming seit dem 15. Jahrhundert Tribute – vor allem Pelze und Ginseng – geliefert. Doch im späten 16. Jahrhundert begannen sie, nach Süden vorzudringen. Vielleicht hatte das extrem kalte Klima dieser Jahre – Meteorologen sprechen von einer »kleinen Eiszeit« – ihre Lebensgrundlage bedroht. Während die Ming-Truppen in Korea gebunden waren, gelang es dem Führer des Aisin-Gioro-Clans, Nurhaci (1559–1626), die Stämme der Jurchen durch Krieg und Diplomatie zu vereinen. Nurhaci gründete – wie einst Aguda und Temüjin – eine altaische Stammesföderation, die er unter vier (später wurden es acht) »Bannern« organisierte: militärischen Einheiten, denen auch die Familien der Soldaten angehörten.

Nurhaci stellte sich bewusst in die Reihe seiner illustren Vorläufer, als er 1616 drei hochsymbolische Handlungen unternahm. Zum ersten gründete er ein Reich, das er »Aisin«, das »Goldene«, nannte: der gleiche Name, den die Jurchen-Dynastie geführt hatte (chinesische Quellen nennen Nurhacis Reich denn auch »Spätere Jin«); zum zweiten nahm er den Titel »Khan« an und wies sich damit als Nachfolger Tschinggis Khans aus; zum dritten verkündete er die chinesische Regierungsdevise *tianming*, »Himmelsmandat«. Ein dreifacher Anspruch drückt sich in diesen

Namen aus: Nurhaci wollte Herrscher über die Jurchen sein, über die Mongolen – und über die Chinesen. 1618 erklärte er den Ming unverblümt den Krieg:

> Unsere Ahnen haben niemals auch nur einen Grashalm oder einen Zoll Bodens an den Grenzen der Ming verletzt, und dennoch haben die Ming ohne Grund einen Grenzstreit begonnen und unsere Ahnen geschädigt. … Sie haben dem Willen des Himmels getrotzt, Recht und Unrecht pervertiert und willkürliche Entscheidungen getroffen: … deshalb ziehen wir gegen sie zu Felde. (*Donghua lu* 1)

Die »drei himmlischen Jungfern«, deren jüngste von einem Pfirsich, den eine Elster ihr gebracht hatte, schwanger ward und den Ahnherrn der Manjuren gebar.

Nurhaci besetzte in den folgenden Jahren das Gebiet von Liaodong, östlich der Großen Mauer, machte 1625 Mukden (das heutige Shenyang) zu seiner neuen Hauptstadt und dehnte sein Herrschaftsgebiet bis an die Grenze des Ming-Reichs aus. Mit dem Vorstoß nach Westen wurden neben Mongolen auch viele Chinesen zu Untertanen der Manjuren, der Charakter ihrer Herrschaft begann sich zu wandeln.

Dieser Wandel wurde deutlich nach Nurhacis Tod, als sein achter Sohn, Hong Taiji (1626–1643) das Werk unter neuen Namen fortsetzte. 1632 fügte er den Tschakhar-Mongolen unter dem Großkhan Ligdan (1592–1635) eine entscheidende Niederlage zu und erhielt daraufhin ihre Herrscherinsignien, darunter angeblich das Reichssiegel der Yuan.

1635 führte er den Namen »Manju« für sein Volk ein, 1636 taufte er die Dynastie um auf den Namen »Daicing«. Die Namen gehen weder auf chinesische noch auf Jurchen-Traditionen zurück; sie dürften vielmehr mongolisch sein: »Daicing« mag vom mongolischen Wort *daicin*, »kriegerisch, heldenhaft« abgeleitet sein; und »Manju« ist ein geläufiger mongolischer Männername, eine Kurzform für den Namen des Bodhisattvas Mañjuśrī.

In seinem doppelten Bezug drückt der Name »Manju« nicht nur den Anspruch auf das politische Erbe der Mongolen aus, sondern auch auf ihre religiöse Bindung an Tibet. Die Khane der Mongolen hatten sich als Reinkarnationen von Bodhisattvas inszeniert, und die Manjuren sollten es ihnen nachtun:

> Mañjuśrī, der Retter aller Lebewesen, der Buddha der Weisheit, hatte menschliche Gestalt angenommen und den goldenen Thron des furchtlosen Löwen bestiegen. Und er war kein anderer als der heilige Kaiser Kangxi Mañjuśrī, welcher der ganzen Welt beistand und allüberall Freude verbreitete, denn er war wahrhaft Mañjuśrī in seinem körperlichen Wesen …
>
> (*Kanjur*, Index, Übersetzung: nach David M. Farquhar)

Die Manjuren knüpften an die Strategie der Mongolen an, die Herrschaft der Gelbmützen in Tibet zu unterstützen und zugleich ihre eigene Macht religiös zu legitimieren. Ihr Vorbild war kein geringeres als das Weltreich der Mongolen.

Das Ende der Ming

1636 fielen Hong Taijis Truppen in Korea ein, eroberten Seoul und zwangen den König von Chosŏn zu einem erniedrigenden Kotau: er musste niederknien und neunmal hörbar den Kopf auf den Boden schlagen, bis seine Stirn ein einziger blutiger Klumpen war. In den folgenden Jahren drangen die Manjuren auch ins Ming-Reich ein, bedrohten Beijing, plünderten und brandschatzten zahllose Orte in Nordchina. Allein 1643 machte ein General eine Beute von zwei Millionen Unzen Silber, 12 000 Unzen Gold, 369 000 Gefangenen und 321 000 Stück Vieh.

Die Ming konnten diesen Raubzügen wenig entgegensetzen. Die Staatskassen waren leer, Silberimporte aus dem Außenhandel rückläufig, und die Steuereinnahmen sanken. Die »kleine Eiszeit« und eine Reihe von Naturkatastrophen hatten zu so schlechten Ernten geführt, dass viele Bauern ihre Steuern nicht mehr entrichten konnten. Hunderte Landkreise akkumulierten hohe Steuerrückstände, viele stellten die Zahlungen ganz ein. Bauern verarmten, Bettler und Hungerleider durchzogen das Land, Kannibalismus grassierte, Banditen verbreiteten Angst und Schrecken. In mehreren Regionen brachen verheerende Epidemien aus, die ganze Landstriche und Städte veröden ließen, so dass »sich auf den Straßen kaum noch menschliches Leben regte und einzig das Summen der Fliegen zu hören war«.

Inmitten dieser apokalyptischen Zustände scharte ein gewisser Li Zicheng (ca. 1605–1645) in Shaanxi eine Rebellenarmee von 200 000 Mann um sich, mit der er weite Teile Chinas durchzog. Er eroberte Xi'an, verwüstete Kaifeng und marschierte 1644 in Beijing ein, wo die Ming-Truppen – sie waren seit fünf Monaten nicht bezahlt worden – ihm kaum Widerstand leisteten. In einer dramatischen Szene floh der letzte Kaiser der Ming in der Nacht auf den Hügel nördlich der Verbotenen Stadt und erhängte sich. Vorher soll er seinen Letzten Willen mit Blut an die Wand seines Palastes geschrieben haben: »Lieber sollen die Banditen meinen Leichnam vierteilen, als auch nur einem einzigen aus meinem Volk ein Leids zu tun!«

Sein Wunsch wurde nicht erfüllt. Li Zichengs Truppen wüteten fürchterlich in der Hauptstadt, mordeten die Beamten der Ming, plünderten Privathäuser und steigerten sich einige Wochen lang in einen regelrechten Blutrausch, bis sie wieder vertrieben wurden – allerdings nicht von den Ming, sondern von den Manjuren. Der Ming-General Wu Sangui (1612–1678), der an der Grenze zur Manjurei stationiert war, stand 1644 vor der Alternative, sich den Rebellen zu unterwerfen oder mit den Manjuren zu verbünden. Er wählte letzteres, schor sich den Kopf und bat den Führer der Manju-Truppen, Dorgon (1612–1650), um Hilfe. Wieder einmal, wie schon zweimal in der Song-Zeit, entschieden sich die Chinesen, den Teufel mit dem Beelzebub auszutreiben. Nachdem Dorgons Truppen Beijing erobert hatten, blieben sie dort – und zwar für 268 Jahre. Beijing wurde zur neuen Hauptstadt der Daicing-Dynastie, nun besser bekannt unter ihrem chinesischen Namen: Qing. Die Manjuren wurden zu Chinas neuen Herren.

Die Qing

Kopf oder Zopf: die Eroberung des Reichs

Am 8. Juni 1645, die Manjuren hatten Beijing eingenommen, erließ der minderjährige Kaiser Shunzhi (1643–1661) das erste Edikt an seine neuen Untertanen:

> Innerhalb von zehn Tagen nach Eingang dieses Schreibens haben alle Einwohner der Hauptstadt und deren Umgebung sowie der übrigen Provinzen ihre Haare zu scheren. Wer diesem Befehl folgt, gehört zu unserem Volk; wer zögert oder zweifelt, wird wie ein aufsässiger Bandit behandelt und schwer bestraft werden. Wer sich dem Befehl entzieht, an seinem Haar hängt oder spitzfindig dagegen argumentiert, wird nicht leicht davonkommen.
>
> (*Qing shilu*, Shizu 17)

Der vielzitierte »Chinesenzopf« ist eigentlich altaisch. Unter den Ming trugen die Chinesen die Haare lang, in einem Knoten auf dem Hinterkopf befestigt. Erst die Manjuren – wie früher bereits die Jurchen und Mongolen – verordneten den Chinesen, sich die vordere Hälfte des Kopfes zu scheren und das verbleibende Haar auf dem Hinterkopf zu einem Zopf zu flechten. Der Zopf war ein Zeichen absoluter Unterwerfung unter die neuen Herrscher: indem sie sich die Haare schoren, die sie von den Eltern erhalten hatten, mussten die Untertanen der Qing ihre Familienbindung symbolisch dem Staat opfern. Die unerbittliche Alternative lautete: »Verlier deine Haare, oder verlier deinen Kopf«. Viele Chinesen entschieden sich tatsächlich für letzteres, wie etwa die Einwohner von Shaoxing:

> Die Manjuren nahmen die Stadt ohne Widerstand ein und hätten es ebenso mit allen anderen Städten der Provinz Zhejiang machen können. Doch als sie per Edikt verkündeten, dass alle ihr Haar schneiden sollten, nahmen Soldaten und Bürger ihre Waffen und kämpften verzweifelter für ihr Haar als für König und Reich. Sie schlugen die Tartaren aus der Stadt, trieben sie zum Fluss Qiantang und zwangen sie, den Fluss zu überqueren, wobei sie viele von ihnen töteten. (Martino Martini, *De bello Tartarico historia*)

Auf ähnliche Weise leisteten viele Städte den Eroberern Widerstand. Das Datum, das üblicherweise als Beginn der Qing-Dynastie genannt wird, 1644, ist doppelt irreführend. Erstens war die Dynastie bereits 1636 gegründet worden, zweitens besetzten die Manjuren 1644 lediglich die Hauptstadt, aber noch lange nicht das Reich. Ihre Truppen brauchten 40 Tage, um Beijing zu besetzen, aber 40 Jahre, um ganz China zu erobern. Viele Angehörige des Herrscherhauses waren aus Beijing geflohen, in ganz China saßen noch Rebellen, Loyalisten und Prinzen der Ming, die weiter gegen die Manjuren kämpften.

Vor allem die reichen Städte am Unterlauf des Yangzi, in denen sich viele Kaufleute verschanzt hatten, konnten erst nach langen Belagerungen eingenommen werden. Jiading ergab sich den Qing-Truppen erst, nachdem diese drei furchtbare Massaker unter der Bevölkerung angerichtet hatten. Der Widerstand Jiangyins brach erst nach Monaten unter dem Feuer schwerer Kanonen zusammen, und die Qing metzelten die gesamte Bevölkerung von 170 000 Menschen nieder. Am schlimmsten aber traf es Yangzhou, die prächtige Handelsstadt am Kaiserkanal. Die Qing-Truppen hatten die Stadt nach einwöchiger Belagerung gestürmt. Was folgte, ist als das Massaker von Yangzhou in die Geschichte eingegangen: zehn Tage lang ließen die Truppen ihrer Wut freien Lauf, plünderten, vergewaltigten, brandschatzten und mordeten.

> Wie Vieh wurden wir zu Dutzenden durch die Straßen getrieben. Wer auch nur ein wenig innehielt, wurde geprügelt oder auf der Stelle getötet. Die Frauen waren an den Hälsen zusammengekettet, aufgereiht wie eine Perlenschnur. Sie stolperten mit jedem Schritt und waren über und über mit Matsch bespritzt. Überall lagen Kinder am Boden, manche von Pferdehufen zertrampelt, manche von Menschen zertreten. Blut und Gedärm verschmierten den Boden, Weinen und Klagen füllten die Ebene. Wir kamen an einem Graben und einem Teich vorbei, in denen Haufen von Leichen gestapelt lagen, die Gliedmaßen in wildem Durcheinander. Das Blut färbte das Wasser grün-rot und stand bis an den Rand der Deiche. (Wang Xiuchu, *Yangzhou shiri ji*)

800 000 Menschen sollen in Yangzhou getötet worden sein: auch wenn das sicher übertrieben ist, wurden die »Zehn Tage von Yangzhou« später zum Symbol für die Grausamkeit der Fremdherrscher. Die Greuel von Jiading, Jiangyin und Yangzhou zeigen zudem, wo der Widerstand gegen ihre Herrschaft am stärksten war: nicht in der Hauptstadt, sondern in der Provinz, nicht im Norden, sondern im Süden. Auch die Prinzen der Zhu, die als »Südliche Ming« noch einige Jahre an ihrem Mandat festhielten, flüchteten immer weiter nach Süden: zunächst in die alte Hauptstadt, Nanjing, dann nach Fujian, Guangzhou und schließlich bis nach Burma,

wo 1662 der letzte Kronprätendent von den Truppen Wu Sanguis hingerichtet wurde.

Ebenjener Wu Sangui, der sich als erster mit den Manjuren verbündet hatte und für seine Dienste mit einem großen Lehen in Südchina belohnt worden war, hätte die junge Dynastie fast wieder gestürzt. 1673, als Kaiser Kangxi seine Macht beschränken wollte, schnitt er seinen Zopf ab und rebellierte zusammen mit zwei anderen Kriegsherren selbst gegen die Qing. Der »Aufstand der drei Feudalfürsten« (*sanfan zhi luan*), der den gesamten Süden Chinas, von Yunnan bis Zhejiang, erfasste, brachte die Qing an den Rand des Untergangs. Erst 1681 wurde er mit Mühe niedergeschlagen. Doch auch damit war noch nicht ganz China erobert. Ein letzter Loyalist der Ming, Zheng Chenggong (bekannt als »Koxinga«, 1624–1662), hatte sich mit 25 000 Kämpfern nach Taiwan zurückgezogen, von wo aus er den Widerstand gegen die Qing fortsetzte. 1683 gelang es den Manjuren, auch diese letzten Truppen der Ming zu besiegen. Damit war endlich ganz China befriedet – und fast nebenbei wurde Taiwan erstmals in das chinesische Reich eingegliedert.

Aber war das Reich der Qing chinesisch? Der erhebliche Widerstand gegen die Manjuren dürfte nicht nur auf die erniedrigende Zopf-Verordnung zurückzuführen sein. Auch die Ideale des Patriotismus und des Märtyrertums, die sich in der Tang- und Song-Zeit entwickelt hatten (S. 354), entfalteten ihre Wirkung stärker als je zuvor. Jetzt erfuhr die patriotische Gesinnung durch Gelehrte wie Wang Fuzhi (1619–1692) eine weitere Zuspitzung, indem sie nicht mehr primär kulturell, sondern ethnisch definiert wurde. »Die Barbaren sind nicht von unserer Rasse«, schrieb Wang ausdrücklich, und er spezifizierte:

> Barbaren und Chinesen sind in verschiedenen Regionen entstanden. Da die Regionen verschieden sind, ist auch ihre Substanz anders. Wegen der unterschiedlichen Substanz sind auch die Handlungsweisen anders. Andere Handlungsweisen bedingen Unterschiede in der Erkenntnis und im Tun.
>
> (*Du Tongjian lun* 14, Übersetzung: Ernstjoachim Vierheller)

In seinem *Gelben Buch* (*Huangshu*) führte Wang Fuzhi die »Rasse« der ›Chinesen‹ (Huaxia) auf keinen Geringeren als den Gelben Kaiser zurück. An seinem Vorbild habe sich chinesische Staatlichkeit zu orientieren:

> Der Herrscher, der sich am Altertum orientiert und die natürliche Ordnung befolgt, gründet sich auf das Herrschaftsgebiet des Gelben Kaisers, verankert

> die reine Substanz im chinesischen Raum, wehrt die schädlichen Einwirkungen der unreinen Substanz und fremden Rassen ab, unterstützt und fördert das Chinesentum, um alle darin ruhenden Kräfte auszuschöpfen. Das ist die wahre Idee der Herrschaft.
>
> (*Huangshu*, Nachwort, Übersetzung: Ernstjoachim Vierheller)

Zum ersten Mal wurde hier in aller Deutlichkeit die Idee des Nationalismus formuliert. An die Stelle der chinesischen Kultur setzt Wang Fuzhi die chinesische Nation, an die Stelle des universalistischen Reichs die des Nationalstaats. Während Wang Fuzhi innerhalb der Nation noch auf der sekundären Unterscheidung zwischen »Elite« und »niederem« Volk beharrt, forderte sein Zeitgenosse, Huang Zongxi (1610–1695), nachdrücklich die Vertretung des ganzen Volkes durch die Regierung:

> Wenn unsereiner ein Amt antritt, dann tut er es für das Reich, nicht für den Fürsten, für sämtliche Menschen, nicht für eine Familie. Da wir unser Augenmerk auf das Reich und sämtliche Menschen richten, werden wir nichts tun, was diesem Prinzip widerspricht, selbst wenn der Fürst uns explizit dazu drängt: wir würden nicht folgen. (*Mingyi daifang lu* 3)

Die Implikationen dieser Denkbewegung sind radikal. Sie richten sich nicht nur gegen Fremdherrschaft, sondern gegen das monarchische Regierungssystem schlechthin. Den Anlass zu solchen Gedanken, die in einigen Köpfen der Zeit zu dämmern begannen, lieferte die Invasion der Manjuren. Doch die Ursache lag tiefer: nicht in der Abgrenzung nach außen, sondern in der Integration nach innen. Sie lag in der schleichenden Auflösung der ständischen Gesellschaft, die in der Tang-Zeit begonnen hatte und in der späten Ming-Zeit unübersehbar wurde. In dem Maße, in dem die rigide Abgrenzung zwischen den »Vier Ständen« an Plausibilität verlor, wurde es denkbar, eine neue Gemeinschaft zu beschreiben: eine schichtenübergreifende »Nation«. Deren Einheit konnte allerdings nicht mehr mit ›Kultur‹ begründet werden, denn diese war ein Distinktionsmerkmal der Eliten. Die Lösung lag in der Erfindung der ›Rasse‹ als einigendes Band. Eine ethnisch definierte Nation, der alle ›Chinesen‹ angehörten, musste sich dann umso schärfer von anderen ›Rassen‹ abgrenzen. Wang Fuzhis und Huang Zongxis Theorien reagierten daher nicht nur auf die Invasion der Manjuren, sondern auf den fortschreitenden Zerfall der hierarchischen Gesellschaftsordnung.

Doch Wang Fuzhi und Huang Zongxi waren ihrer Zeit voraus. Noch war die alte Ordnung nicht verschwunden, und so setzte der Gedanke des Nationalstaats sich im 17. Jahrhundert nicht durch. Die Manjuren boten ein anderes Modell an, das sich zuerst für die Khitan, später auch für die Jurchen und Mongolen bewährt hatte: das Vielvölkerreich. Von Anbeginn hatten die Manjuren nicht nur die Ming ins Visier genommen, sondern vor allem die Mongolen; und während die Eroberung Chinas 40 Jahre dauerte, hielten die Mongolen die Qing ein Jahrhundert lang in Atem. Erst als sie unterworfen waren, war das Reich vollendet.

Vor allem drei großen Qing-Kaisern kommt das Verdienst zu, dieses Vielvölkerreich aufgebaut und stabilisiert zu haben. Sie sind, wie alle Kaiser seit den Ming, unter den Namen ihrer Regierungsdevisen bekannt: Kangxi (1662–1722), Yongzheng (1723–1735) und Qianlong (1735–1796). Nachdem Kaiser Shunzhi 1661 an den Pocken gestorben war, kam der energische Kangxi auf den Thron. Unter seiner Führung wurde Südchina erobert; doch die Grenzen im Norden und Westen stellten Kangxi vor größere Probleme. Zwar waren die Tsakhar-Mongolen im Gebiet der heutigen Inneren Mongolei bereits früh unterworfen worden. Doch weiter nordwestlich, im Gebiet der heutigen Republik Mongolei, saßen die Khalkha-Mongolen, und dahinter, in der Dsungarei, die Stämme der Oiraten, nach ihrer Heimat auch Dsungaren genannt. Und noch ein Spieler war auf der ostasiatischen Bühne aufgetaucht: die Russen. Das Reich der Romanows war im späten 16. Jahrhundert nach Sibirien vorgestoßen, bis an die Gebiete der Mongolen und die nördliche Manjurei.

Nach einigen Scharmützeln schlossen die Qing 1689 in Nertschinsk einen Vertrag mit den Russen, der den Grenzverlauf zwischen den beiden Reichen regelte: »Das Land südlich der steinigen Xing'an-Berge … gehört zu China (Zhongguo)«, heißt es da, und »um freundschaftliche Beziehungen mit China aufrechtzuerhalten, wird Russland keine neuen Konflikte beginnen.« Dies war das erste Abkommen mit einem westlichen Staat in der Geschichte Chinas. Die Sicherung der Nordgrenze war überaus wichtig für die Qing, da von Westen zugleich eine andere Gefahr drohte. Die Dsungaren waren unter der Führung von Galdan (ca. 1632–1697) zu einer militärischen Macht aufgestiegen. Sie hatten die Oasenstädte des Tarimbeckens in ihre Gewalt gebracht, kontrollierten die Handelsstraßen nach Westen und überfielen 1688 die Khalkha-Mongolen vor den Toren des Qing-Reichs.

Als die angegriffenen Mongolen Schutz von den Manjuren erbaten, führte Kaiser Kangxi – teilweise persönlich – mehrere Feldzüge gegen die Dsungaren, bis Galdan in den Tod getrieben war. Triumphierend berichtete der Kaiser 1697 von der Front:

> Es ist kein einziger mongolischer Staat geblieben, der sich nicht unserer Herrschaft unterworfen hätte und zum Anschluss gekommen wäre. Nun lasse man wegen der Absendung des Kopfes von Galdan zur Hauptstadt die … manjurischen und chinesischen Großwürdenträger und Beamten sich versammeln … Ich freue mich unbändig und nehme einen Pinsel, aber ich kann kein Wort schreiben.
>
> (*Gongzhong dang Kangxi chao zouzhe* 8, Übersetzung: Jaqa Čimeddorǰi)

Doch die Freude war verfrüht, die Gefahr der Dsungaren noch nicht gebannt. 1717 griffen sie ein strategisch ungemein wichtiges Gebiet an: Tibet. Nicht seine Lage machte Tibets Bedeutung aus, sondern seine Religion. Alle Mongolen hingen dem Lamaismus an. Wer sich als Patron der tibetischen Lamas etablierte, durfte auf ihre Gefolgschaft rechnen. Ebendiese Position hatten die Qing-Kaiser beansprucht, die sich selbst als Bodhisattvas darstellten und die tibetischen Lamas in ihren Residenzen hofierten. Der Überfall der Dsungaren auf Tibet zielte genau auf diese Machtstellung. Der Kaiser reagierte entschlossen:

> Im 59. Jahr der Ära Kangxi [1720] unternahm das Heer einen Straffeldzug nach Westen und tötete den Kronprätendenten von Tibet. Das Land von Tibet wurde dem Dalai Lama übergeben. Pho-lha-nas, einem alten Minister der Mongolen, und weiteren vier Männern wurde die Verwaltung überlassen.
>
> (*Qingshi gao* 80)

Tibet stand mithin wieder unter der Regierung des Dalai Lama, der den Qing wohlgesinnt war, die zivile Verwaltung besorgten fünf tibetische Fürsten. Tibet blieb politisch unabhängig. Kaiser Yongzheng zog die Truppen 1723 wieder ab und ersetzte sie durch eine kleine Garnison, geleitet durch zwei beratende Beamte (manj. *ambasa*). Die Qing hielten sich aus der Verwaltung Tibets heraus, festigten jedoch ihren Status als Beschützer des Dalai Lama.

Kangxis Nachfolger, Yongzheng und Qianlong, führten den Krieg gegen die Dsungaren fort. Erst 1759 konnten sie in einer großen Offensive unter Kaiser Qianlong endgültig besiegt werden: genau 500 Jahre nach der Thronbesteigung Khubilai Khans war die Bedrohung durch die Mongolen ein für allemal gebannt. Dieser Sieg – Kaiser Qianlong ließ ihn in Gedichten, Inschriften, Dokumentationen und Schlachtengemälden verewigen – war der größte Triumph der Qing. Er führte die Dynastie auf den Gipfel ihrer Macht und das Reich zu seiner größten Ausdehnung. Ganz Ostturkestan: die Dsungarei und das Tarimbecken sowie die Mongolei standen nun unter der Herrschaft der Manjuren. Mit rund 10 Millionen km² war das Reich der Qing mehr als doppelt so groß wie das der Ming. Es war ein Vielvölkerstaat und Weltreich – und zugleich eine der größten Kolonialmächte der Weltgeschichte.

Manjurisch

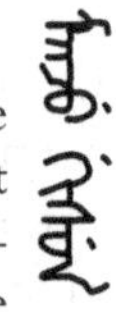

Das Vielvölkerreich der Qing hatte mehrere Amtssprachen. Offizielle Dokumente konnten auf Chinesisch, Mongolisch und Tibetisch verfasst werden (Farbabb. 12), sogar Uighurisch und Sanskrit wurden in bestimmten Kontexten gebraucht, aber Manjurisch war die wichtigste, die »Staatssprache« (*guoyu*) der Qing. Manjurisch, schrieb Georg v. d. Gabelentz (1840–1893) in seiner *Chinesischen Grammatik* von 1881, habe »uns Europäern den Weg der sinologischen Forschung gebahnt; und noch heute sollte Niemand, der Chinesisch treiben will, die Erlernung der Mandschusprache vernachlässigen«.

Das mag zunächst überraschen. Manjurisch gehört zur altaischen Sprachfamilie, ist also den Turksprachen und dem Mongolischen, nicht aber dem Chinesischen typologisch verwandt. Als agglutinierende Sprache, bei der die Wortstämme durch Anhängen von Suffixen grammatikalisch (hinsichtlich Wortart, Kasus, Numerus, Genus verbi usw.) bestimmt werden, ist es in seinen grammatikalischen Kategorien viel eindeutiger als das Chinesische, welches keine Morphologie (mehr) besitzt. Dieser Umstand und seine einfache, von der mongolischen abgeleitete Schrift machten das Manjurische für Europäer leicht zugänglich.

Die Jesuiten, die bis ins 18. Jahrhundert am Hof der Qing-Kaiser wirkten, beherrschten es denn auch weitaus besser als das Chinesische. 1668 schrieb Ferdinand Verbiest (1623–1688) eine manjurische Grammatik, die *Elementa linguae tartaricae*, 1696 publizierte Jean-François Gerbillon (1654–1707) ein manjurisch-lateinisches Wörterbuch – lange, bevor es vergleichbare Hilfsmittel für das Chinesische gab. Das meiste, was die Jesuiten aus China berichteten, beruhte vor allem auf manjurischem Material. Auch Joseph de Mailla (1669–1748) benutzte für seine 13bändige *Histoire générale de la Chine* die manjurische Übersetzung eines Werks von Zhu Xi.

Auch an europäischen Universitäten ging die Manjuristik der Sinologie zur Hand oder gar voraus. 1814 wurde am Collège de France ein Lehrstuhl für »Langues et littératures chinoises tartares et manchoues« eingerichtet (der erste

Inhaber war Abel-Rémusat); 1828 publizierte Julius v. Klaproth (1783–1835) eine *Chrestomathie mandchou*; 1832 legte Hans Conon v. d. Gabelentz (1807–1874) seine *Élémens de la grammaire mandchoue* vor, später auch die *Vier Bücher* sowie *Shijing* und *Shujing* in manjurischer Übersetzung; ab 1838 lehrte Wilhelm Schott (1807–1889) als Professor für ostasiatische Sprachen in Berlin u. a. die »Anfangsgründe der Mandju-Sprache«.

Zu der Zeit war das Manjurische in China allerdings kaum noch gebräuchlich. Als Kaiser Kangxi 1708 ein manjurisches Wörterbuch erstellen ließ, beklagte der Herausgeber, die Manjuren begönnen, ihre Sprache zu vergessen. Zu vielen Vokabeln mussten Greise und Bewohner peripherer Regionen befragt werden: das Manjurische begann als lebendige Sprache zu veralten und marginalisiert zu werden. Obwohl Manjurisch als Verwaltungssprache für Beamte obligatorisch blieb, mehrten sich die Klagen über seinen Verfall im 18. Jahrhundert. Beamte lernten es wie eine Fremdsprache in Schulen, und die Mehrzahl der Bannerleute verstand die Schrift nicht mehr. Kaiser Qianlong erließ mehrere Edikte zur Pflege der manjurischen Sprache, in der er statt der häufigen Sinizismen neugeprägte manjurische Wörter verordnete: man solle einen Speicher nicht *ku* nennen, sondern *namûn*, ein Buch nicht *shu*, sondern *bithe*, und ein Vorwort nicht *hioi*, sondern *šutucin*.

Doch selbst ein 48bändiges Wörterbuch, das *Manju gisun-i buleku bithe* von 1771, konnte die Verdrängung des Manjurischen durch das Chinesische nicht aufhalten. Im 19. Jahrhundert diagnostizierten westliche Beobachter den Tod der Sprache im Kerngebiet des Qing-Reichs. Nur noch in einigen Randgebieten wurde es gesprochen: in der Manjurei sowie unter einigen mongolischen und tungusischen Stämmen, wo bis in die 1930er noch manjurische Zeitungen publiziert wurden. Ein einziger manjurischer Dialekt ist bis heute lebendig geblieben: das »Neumanjurische« der Sibe-Manjuren im Ili-Gebiet, wo es noch etwa 20 000 Sprecher gibt und eine eigenständige manjurische Literatur gepflegt wird. Das traditionelle Manjurische aber, wiewohl seit den 1960ern wieder akademisch gepflegt, ist heute fast gänzlich ausgestorben: die UNESCO meldete 2004 weniger als 20 Sprecher, alle über 60 Jahre alt. Einst Hauptsprache eines Weltreichs, wird das Manjurische im 21. Jahrhundert dem Sprachtod erliegen.

Die Verwaltung des Reichs

So eindrucksvoll die militärischen Eroberungen der Qing waren – ihr politischer Erfolg gründete weniger darin, dass sie viele Völker und Regionen vereinten, sondern darin, dass sie sie wieder trennten. Von Anbeginn unterschieden die Manjuren sorgfältig zwischen verschiedenen Bevölkerungsgruppen. Innerhalb der Truppen gab es separate manjurische, mongolische und chinesische Banner, und die Bannerleute waren insgesamt klar von der Zivilbevölkerung getrennt. Sie unterstanden eigenen Gesetzen, durften keine Eheverbindungen eingehen und wurden in Beijing (und anderen Städten) sogar durch Mauern getrennt: die »Tartarenstadt« im Norden war dem Hof, kaiserlichen Prinzen und Bannerleuten vorbehalten, während die übrigen Einwohner in der »Chinesenstadt« im Süden wohnten. Etwa 250 km nordöstlich von Beijing, in Jehol (heute: Chengde), ließen die Qing zudem einen prächtigen Sommerpalast anlegen, in dem die Kaiser Kangxi, Qianlong und Daoguang mitsamt ihrem Hofstaat – bis zu 3000 Leuten – jedes Jahr die Sommermonate verbrachten. Diese Aufenthalte galten nicht nur der Abkühlung, sondern vor allem Treffen mit zentralasiatischen Adligen und Würdenträgern: uighurischen Stammesführern sowie Mongolenfürsten, mit denen die Qing-Kaiser im Jagdgebiet von Muran große Herbstjagden veranstalteten; tibetischen Lamas, denen sie in Jehol acht lamaistische Tempel errichteten, darunter originalgetreue Nachbauten des Potala-Palastes von Lhasa und des Klosters Tashilhunpo in Shigatse: die Sitze des Dalai Lama und des Panchen Lama (Farbabb. 11). Wenn Beijing die chinesische Hauptstadt der Qing war, so bildete Jehol das zentralasiatische Zentrum eines Vielvölkerreichs, das weit über China hinausging.

In verschiedenen Regionen dieses Reichs wurde unterschiedlich regiert und Recht gesprochen. Schon 1637 hatten die Qing ein Ministerium für zentralasiatische Angelegenheiten (*lifan yuan*) gegründet, das die Beziehungen zu Mongolen, Tibetern, Russen und den Völkern Ostturkestans regelte. Für die Mongolen galten spezielle Gesetze, die weitgehend mongolisches Stammesrecht bewahrten, für Moslems die Scharia. Die Manjurei, durch ein Einwanderungsverbot und eine Palisade isoliert, unterstand rein militärischer Verwaltung, die Völker des Südwestens wurden durch »lokale Führer« (*tusi*) verwaltet, und die Chinesen des Ming-Reichs wurden nach dem System der Ming regiert.

Die Manjuren übernahmen den Regierungsapparat der Ming fast unverändert. Sie entmachteten jedoch die Eunuchen und besetzten alle wichtigen Ämter doppelt, mit einem Manjuren und einem Chinesen. Ansonsten ließen sie viele Ming-Beamte in ihren Positionen und rekrutierten Beamte ab 1645 wieder durch Prüfungen.

Vor allem die drei großen Kaiser Kangxi, Yongzheng und Qianlong verliehen dem System, mit dem die Ming gescheitert waren, neues Le-

Kaiser Kangxi, Idealporträt in der Pose eines chinesischen Literaten (a); Idealporträt als Mongolen-Khan (b).

ben. Tatkräftige, leistungsfähige Herrscher waren das, regelrechte *workaholics*, die um fünf Uhr morgens aufstanden, das Morgengebet in einem Tempel verrichteten und danach Audienzen hielten, Throneingaben bearbeiteten und sich mit ihren Beratern trafen. Ab dem späten 17. Jahrhundert entwickelten sie ein System von »Palasteingaben« (*zouzhe*), die ohne Umwege über die Bürokratie direkt an die Kaiser gingen. Auf diese Weise konnten sie tatsächlich autokratisch regieren. Kangxi bearbeitete bis zu 500 Dokumente am Tag; Yongzheng schrieb seitenlange Kommentare zu Throneingaben; und ob Qianlongs Energie konnten seine Beamten nur staunen:

> Etwa zehn von uns [Beamten] wechselten sich alle fünf, sechs Tage mit der Frühschicht ab, und schon das empfanden wir als anstrengend. Aber der Kaiser tat das jeden Tag! Und das waren normale Zeiten ohne besondere Ereignisse. Während der Kämpfe in den Westgebieten aber, wenn eine Feldpost kam, las der Kaiser sie sogar um Mitternacht persönlich durch, berief seinen Staatsrat ein und gab ihm strategische Anweisungen, hundert oder tausend Worte lang. Zu der Zeit schrieb ich die Vorlagen, und vom ersten Entwurf bis zur Reinschrift – ein Vorgang, der ein, zwei Stunden dauerte – saß der Kaiser mit übergeworfenen Kleidern da und wartete. (Zhao Yi, *Yanbao zaji* 1)

Bei alledem waren die drei Kaiser alles andere als Stubenhocker. Dutzende Male reisten sie nach Norden zu den Gräbern ihrer Ahnen, zur Jagd oder in ihre Sommerresidenz nach Jehol; Kangxi und Qianlong unternahmen zudem jeweils sechs große Inspektionsreisen in den Süden: rund 150 Reisepaläste standen ihnen im ganzen Land zur Verfügung. Nur wenige Kaiser in der chinesischen Geschichte – vielleicht der Erste Kaiser von Qin, Kaiser Wu der Han und Taizong der Tang – waren ähnlich tüchtig und erfolgreich. In diese Reihe der größten chinesischen Herrscher gehören auch Kangxi, Yongzheng und Qianlong; die 135 Jahre ihrer Herrschaft waren die Blütezeit der Qing.

Tatsächlich, ›chinesische Herrscher‹: so darf man die Manjuren mit Fug bezeichnen. Denn während sie sich in Jehol als zentralasiatische Herrscher gerierten, gaben sie sich in Beijing chinesischer als die Chinesen. Schon unter Kaiser Shunzhi wurde der Nachkomme des Konfuzius in der 65. Generation geadelt, Kangxi reiste mehrmals nach Qufu und vollzog im Konfuziustempel einen Kotau. In Kangxis Namen ergingen zudem 1670 die »Heiligen Unterweisungen«, die – ähnlich wie die »Sechs Unterweisungen« des Ming-Gründers (S. 373) – die konfuzianische Moral in sechzehn bündigen Maximen zusammenfassten:

> Haltet fest an kindlicher Pietät und Bruderliebe, auf dass die menschlichen Beziehungen geachtet werden! Bleibt eurer Verwandtschaft treu, auf dass Eintracht und Einvernehmen deutlich werden! Seid harmonisch in Dorf und Gemeinschaft, auf dass Streit und Händel ruhen! Achtet auf Ackerbau und Seidengewinnung, auf dass Kleidung und Speisen zureichen! Haltet auf Sparsamkeit und Mäßigung, auf dass die Güter geschont werden! Fördert die Schulen, auf dass die Sitten der Gelehrten korrekt seien! Verwerft abweichende Grundsätze, auf dass die rechte Lehre geehrt werde! Doziert Gesetze und Verordnungen, auf dass die Dummen gewarnt seien! Erklärt Riten und Höflichkeit, auf dass die Sitten gestärkt werden! Kümmert euch um euer angestammtes Gewerbe, auf dass der Sinn des Volkes fest sei! Erzieht die Kinder und Jüngeren, auf dass Fehlverhalten verhindert werde! Unterbindet falsche Anschuldigungen, auf dass die Rechten und Guten bewahrt werden! Hütet euch davor, Flüchtlingen Unterkunft zu bieten, auf dass ihr nicht zu Komplizen werdet! Zahlt eure Steuern vollständig, auf dass ihr Zwangseintreibungen vermeidet! Schließt euch in Nachbarschaftsverbänden zusammen, auf dass Räubern und Banditen Einhalt geboten werde! Lasst ab von Hass und Feindseligkeit, auf dass Leib und Leben geachtet werden! (*Shengyu guangxun*)

»Seid artige Untertanen, auf dass der Staat gedeihe«, so ließen sich diese Regeln zusammenfassen. Dieser popularisierte ›Konfuzianismus‹ wurde in der Qing-Zeit, verschiedentlich erweitert und kommentiert, unablässig unter das Volk gebracht: in Form von regelmäßigen Vorträgen – oft im lokalen Dialekt gehalten – bei Dorfversammlungen, in kommentierten und illustrierten Drucken, sogar in Liedform. Das Wort für diese Art der systematischen Indoktrinierung war schon in der Qing-Zeit dasselbe wie heute: *xuanchuan*, »Propaganda«.

Doch nicht nur das Volk nahm der Staat der Qing in seine väterliche Obhut, auch und vor allem die gelehrte Elite wollten die Kaiser für sich gewinnen. Zu diesem Ende wurden die tartarischen Krieger selbst zu konfuzianischen Gelehrten. Schon unter Shunzhi wurden regelmäßige Lektüresitzungen abgehalten, bei denen die Kaiser unter Anleitung chinesischer Gelehrter den konfuzianischen Kanon Zeichen für Zeichen studierten. Kangxi soll auch auf Reisen nie seine Studien unterbrochen, sondern beharrlich über den Schriften gebrütet haben, bis er den Kanon beherrschte.

Kangxi förderte die Gelehrsamkeit mehr als jeder Kaiser in den knapp 2000 Jahren vor ihm. Er ließ eine spezielle Prüfung abhalten, um die besten Köpfe des Reiches zu gewinnen, und sponserte eine Reihe von Großpublikationen: die *Geschichte der Ming* (*Mingshi*) in 332 Kapiteln, die *Vollständigen Tang-Gedichte* (*Quan Tangshi*) mit fast 5000 Stücken, eine Anthologie von Literatur im Alten Stil (*Guwen yuanjian*), ein großes Reimwörterbuch (*Peiwen yunfu*), das den Wortschatz der chinesischen Literatur in 106 Reimgruppen ordnete, eine monumentale Enzyklopädie, das *Gujin tushu jicheng* in 10 000 Kapiteln, und nicht zuletzt das *Kangxi-Wörterbuch*, das knapp 50 000 Schriftzeichen enthält. Diese Bücher gehörten bis ins 20. Jahrhundert zu den Standardwerken der Sinologie; in Kangxis Zeit dienten sie dazu, die Gelehrten in staatlichen Projekten einzubinden und zu kontrollieren. Indem Kangxi Standardwerke der chinesischen Tradition finanzierte, trug er wesentlich zur Legitimierung der Manju-Herrschaft über China bei.

Über China: denn genau dieses Wort – *Dulimbai gurun*, chin.: *Zhongguo* – benutzten die Manjuren jetzt, um ihr Reich zu bezeichnen. Die Ming hatten so ihr Reich genannt, dessen Grenze die Große Mauer bildete, und noch im 19. Jahrhundert reservierten manche Gelehrte den Begriff *Zhongguo* für das chinesische Kernland ohne Zentralasien:

> Die siebzehn Provinzen [der Ming] sowie die drei östlichen Provinzen [der Manjurei] bilden China. Westlich von China sind die Moslem-Gebiete, südlich davon liegt Tibet, und im Osten Koryŏ, im Norden Russland: überall dort bebauen die Menschen den Boden, und die Staaten haben ummauerte Städte. Nur südlich und nördlich der Wüste Gobi, im Gebiet der Dsungaren und in Qinghai leben die Menschen ohne Stadtmauern oder Paläste und bauen kein Getreide an, sondern ziehen in Jurten umher und folgen dem Wasser und Weideland. (Wei Yuan, *Shengwu ji* 3)

Im diplomatischen Verkehr weiteten die Manjuren den Begriff deutlich aus. Schon im Vertrag von Nertschinsk (S. 414) war von »China« die Rede gewesen, und im 18. Jahrhundert wurde der Begriff immer geläufiger. Die Qing-Herrscher nannten sich »Kaiser von China« – und damit nahm dieser Begriff eine neue Bedeutung an. Gemeint war nicht mehr das ethnisch oder kulturell definierte Reich des Han-Volkes, sondern ein viel größeres:

> Die Rede davon, dass »der Schutz bei den Vier Barbaren liege«, dass »lose Zügel nicht reißen« und dass, »wo das Land nicht zum Acker, auch das Volk nicht zu Untertanen gemacht werden kann«, beschreibt das China der Han, Tang, Song und Ming – nicht das China unserer erhabenen Qing.
> (*Huangchao wenxian tongkao* 284)

Nach diesem Verständnis gehörten auch Zentralasien und die Manjurei zu ›China‹. Mongolen, Manjuren, Tibeter und die muslimischen Völker Ostturkestans waren zu ›Chinesen‹ geworden, ihre Sprachen zu ›chinesischen‹. »Der große Staat der Qing *ist* China, wie es seit den Zeiten von Yao bestanden hat«, schrieb der Literat Gong Zizhen (1792–1841) im 19. Jahrhundert: so wurde aus dem einstigen »Staat der Mitte« ein Vielvölkerstaat – ein Gedanke, dessen ganze Sprengkraft sich erst im 20. Jahrhundert zeigen sollte.

Auch Kaiser Qianlong förderte die Kultur, und zwar nicht nur die chinesische, in einer Reihe aufwendiger Publikationen. Qianlong ließ ein 48bändiges Wörterbuch des Manjurischen herausgeben, und er finanzierte die Übersetzung des tibetischen buddhistischen Kanons, des *Kanjur*, ins Manjurische (1773–80): ein Werk von fast 2500 Bänden, das nur fünfmal in phantastischer Qualität gedruckt wurde, ein Höhepunkt der chinesischen Buchdruckkunst. Qianlongs berühmtestes Projekt aber ist die Bibliothek chinesischer Literatur, die er von 1773 bis 1782 zusammenstellen ließ, die größte Buchreihe, die es je gegeben hat. Für die *Vollständigen Schriften in Vier Abteilungen* (*Siku quanshu*) – gemeint sind (1) kanonische Schriften, (2) Geschichtswerke, (3) philosophische Werke und (4) literarische Sammlungen – wurden rund 11 000 Werke bibliographisch erfasst, mehr als 3400 wurden in das *Siku quanshu* aufgenommen.

Die Sammlung war so groß, dass nur sieben handschriftliche Kopien davon angefertigt wurden. Aber sie war keineswegs »vollständig«. Im Gegenteil: das Projekt – Hunderte Gelehrte waren damit beschäftigt – definierte ein Korpus maßgeblicher Werke, indem es den Großteil der Literatur *ausschloss* (mit anhaltendem Erfolg: wenn Sinologen sich heute auf die praktische elektronische Version des *Siku quanshu* verlassen, ignorieren sie einen beträchtlichen Teil der Überlieferung). Wie jede Kanonisierung diente es der Einschränkung des Diskurses. Das geschah durch Auswahl von Titeln, aber auch durch massive Zensur. Nicht nur, dass zweideutige Stellen – in denen es etwa um ›Barbaren‹ ging – zensiert wurden, mit dem *Siku quanshu*-Projekt war eine regelrechte literarische Inquisition verbunden. Alle Werke, die Loyalität zur Ming oder antimanjurische Ressentiments ausdrückten – und wenn sie nur die Tabunamen der Qing-Kaiser enthielten –, wurden dabei vernichtet. Rund 3000 Titel fielen dem Autodafé zum Opfer, Zehntausende Druckblöcke und über 150 000 Bände wurden in Beijing verbrannt. Autoren, Herausgeber und Buchhändler wurden hingerichtet, Beamte, die sich nicht enthusiastisch genug an der Verfolgung beteiligten, wurden selbst Ziel der Inquisition. Das größte Monument der chinesischen Literatur ist zugleich ein Mahnmal wider staatliche Kontrolle und Willkür, der sie stets unterlag.

Der Aufstieg kritischer Gelehrsamkeit

Nicht zufällig war die Zensur in der Ära Qianlong strenger denn je. Im 18. Jahrhundert ereichte die chinesische Gelehrsamkeit einen neuen Höhepunkt – nicht die orthodoxe Lehre oder spekulative Philosophie, sondern eine Philologie, die keines von beiden sein wollte. »Die Fakten prüfen, um das Rechte anzustreben« (*shishi qiushi*), war das Motto dieser Gelehrten, und »nicht an vorgefassten Meinungen festzuhalten«. Schon Qing-Gelehrte des 17. Jahrhunderts wie Huang Zongxi hatten die Lehre des Wang Yangming heftig kritisiert, der alle Einsicht aus sich selbst schöpfen wollte: »Die Ming-Leute nahmen nicht die Sechs Kanonischen

Schriften als Basis, sondern verschnürten die Bücher, ohne sie zu lesen.« Huangs Zeitgenosse Gu Yanwu (1613–1682) ging noch weiter, indem er den Untergang der Ming direkt mit diesem Denken in Verbindung brachte:

> Dass Liu Yuan und Shi Le [S. 202–204] China ins Chaos stürzten, hatte seinen Ursprung in den »reinen Gesprächen« [S. 211]: das weiß jedermann. Aber wer erkennt, dass die heutigen »reinen Gespräche« noch schlimmer sind als die früheren?! … Nachdem leeres Gerede von der »Erleuchtung des Geistes« und dem »Erblicken der Natur« die substantielle Gelehrsamkeit ersetzt hatte, die auf Selbstkultivierung und die Ordnung der Menschen zielt, erschlafften die Staatsdiener, und die Aufgaben lagen brach, die Wehrkraft ging verloren, und die umliegenden Länder rebellierten, das Land unserer Götter stürzte, und seine Tempel verfielen zu Ruinen. (*Rizhi lu* 7)

Nur »substantielle« (*shixue*) oder »kritische Gelehrsamkeit« (*kaozheng xue*) versprach Abhilfe. Gemeint ist die Umstellung von deduktivem auf induktives Denken, das von dem Prinzip ausgeht, nicht mehr von Prinzipien auszugehen. Aussagen sollten nicht aufgrund von Autorität gelten, sondern einzig und allein kraft der Belege, die dafür angeführt werden. »Was für Kanonische Schriften? Was für Geschichtswerke? Was für Kommentare?«, rief ein *kaozheng*-Gelehrter, Yan Ruoju (1636–1704), aus:

> Für mich zählt allein die Echtheit, sonst nichts. Wenn die Kanonischen Schriften echt sind und die Geschichtswerke und Kommentare gefälscht, dann mag man diese mit jenen korrigieren; wenn aber die Geschichtswerke und Kommentare echt sind und die Kanonischen Schriften gefälscht, sollte man dann nicht letztere mit ersteren korrigieren? (*Shangshu guwen shuzheng* 2)

Yan Ruoju wies denn auch nach, dass große Teile des kanonischen *Buchs der Dokumente* (*Shujing*) schlicht Fälschungen sind – eines der spektakulärsten Ergebnisse der kritischen Gelehrsamkeit. Gu Yanwu, Yan Ruoju und ihre Kollegen rückten dem konfuzianischen Kanon mit allen Mitteln der Philologie zu Leibe: sie betrieben Paläographie, um Schriftzeichen zu korrigieren, und historische Phonologie, um alte Lautungen festzustellen, studierten die Glossen und Kommentare der Han-Zeit, um dem ursprünglichen Sinn näherzukommen. Die Epigraphik – das Studium alter Inschriften – wurde nun zu einer wichtigen Disziplin, vor allem aber die Textkritik: der akribische Vergleich verschiedener Überlieferungen mit dem Ziel, die ursprüngliche Lesung des Textes festzustellen. Die Paradedisziplin der *kaozheng*-Gelehrten war zugleich paradigmatisch für ihr gesamtes Unternehmen. Im Zentrum stand allemal der Vergleich: die Kollation verschiedener Textzeugen, der Abgleich von Quellen, der Vergleich von Zeichenformen – der Kanon als ganzer wurde vergleichbar gemacht und damit seiner unantastbaren Stellung enthoben. »Die Sechs Kanonischen Schriften sind alle Geschichte«, so lautet ein berühmtes Wort von Zhang Xuecheng (1738–1801): sie können keine zeitlose Gültigkeit mehr beanspruchen, sondern sind historisiert, und das heißt: relativiert.

Ablehnung von Autoritäten und kritische Forschung, sogar Zweifel an kanonischen Schriften hatte es schon früher gegeben; aber in ihrer Gründlichkeit, Breite und Konsequenz kam die Qing-Gelehrsamkeit einer Revolution gleich. Sie war die Folge der medialen Revolution des 16./17. Jahrhunderts. Mit Durchsetzung des Buchdrucks standen der Forschung weitaus mehr Bücher zur Verfügung als früher, und dadurch änderte sich der Umgang mit Texten fundamental. Jetzt ging es nicht mehr an, »die Bücher zu verschnüren, ohne sie zu lesen«. Auch die intensive, auf Memorierung gleichbleibender Inhalte gerichtete Wiederholungslektüre, wie Zhu Xi einst empfohlen hatte (S. 347), war nicht mehr gefragt, sondern extensive Lektüre verschiedener Texte.

Gedruckte Bücher regen zum Vergleich an, indem sie die Vielfalt des Wissens vor Augen führen – und auch dessen Widersprüche. Ja, diese werden jetzt besonders interessant. Man braucht nichts mehr ungeprüft hinzunehmen, die Autorität eines Sprechers oder Autors kann nicht mehr beeindrucken, sondern die Sache selbst muss überzeugen. Jetzt kann man von Aussagen verlangen, dass sie durch Quellen belegt – »substantiiert« – seien, wenn sie Anspruch auf Geltung erheben. Es geht nicht mehr darum, Wissen zu bewahren – das Problem ist mit dem Buchdruck gelöst – oder zu systematisieren, sondern darum, es zu prüfen, zu erweitern, zu ersetzen. Erst der Buchdruck ermöglicht wirklich *neues* Wissen, und genau darum ging es den *kaozheng*-Gelehrten: »Von klein auf habe ich Bücher studiert und meine Lesefrüchte notiert«, schrieb Gu Yanwu, »aber was die Alten vor mir schon erfasst hatten, das habe ich wieder gestrichen.«

Das Projekt stand im diametralen Gegensatz zu einem Prüfungswesen, das nur mehr stereotype Wiedergabe der Orthodoxie verlangte. Viele dieser Gelehrten schlugen denn auch keine Beamtenkarriere ein, sondern wirkten als Berater oder Lehrer an lokalen Akademien. In diesen akademischen Biotopen entstand im 18. Jahrhundert erstmals so etwas wie eine *scientific community*, deren Mitglieder die Wissenschaft zum Beruf machten: vergrübelte Philologen, die hochspezialisierten Fragen nachgingen und Probleme lösten, die man ohne sie gar nicht gehabt hätte.

Dennoch wurden genau diese Sonderlinge der Dynastie zum Problem. Indem die Wissenschaft begann, sich als autonomes Feld zu differenzieren, unterlief sie die hierarchische Gesellschaftsordnung. Wo keine Autoritäten anerkannt wurden, entwickelte sich ein kritisches Potential, das sich nur allzu schnell gegen den Staat wenden konnte. Die Entlarvung von Teilen des *Shujing* als Fälschung traf auch die staatliche Orthodoxie ins Mark, die sich genau auf diese Schriften stützte. Die *kaozheng*-Gelehrten mussten eingebunden werden: es nimmt daher nicht wunder, dass im *Siku quanshu*-Projekt über 300 von ihnen beschäftigt wurden. Der größte Aufschwung unabhängiger Gelehrsamkeit, den China bis dahin erlebt hatte, ging einher mit der größten Anstrengung, sie wieder zu domestizieren.

Ähnlich erging es den Künsten, die ihr schöpferisches – und das heißt immer: subversives – Potential in der Qing-Zeit voll entwickelten. So, wie die *kaozheng*-Gelehrten die Überlieferung kritisch revidierten und nach neuem Wissen suchten, lösten sich Maler von der Tradition und experimentierten mit neuen Ausdrucksformen. Schon in der späten Ming-Zeit hatten Maler wie Dong Qichang (1555–1636) und der »verrückte« Xu Wei (1521–1593) mit expressionistischen Kompositionen »die Form verworfen und sich am Schemenhaften erfreut«. Ihnen folgten Maler wie Zhu Da (1626–1705) mit seinen subtil verzerrten Landschaften, Shitao (1641–1720), der eine Landschaft in »10 000 Tuscheflecken« darstellte, Gao Qipei (1660–1734), der mit Handballen und Fingernägeln malte, oder die »Acht Sonderlinge von Yangzhou« (Yangzhou *baguai*), die verspielte Entstellungen klassischer Vorlagen für einen städtischen Kunstmarkt produzierten. Allemal ging es um Spontaneität, Abweichungen vom Muster, kreative Neuerungen.

Doch während die Kunst die Fesseln der Konventionen sprengte, schlossen die Qing-Kaiser sie umso fester in ihre Arme. Kangxi und Yongzheng waren passionierte Kalligraphen, die zudem große Ateliers für Hofmalerei einrichteten. Doch der größte Patron der Künste unter den Qing-Kaisern, ja vielleicht in der gesamten chinesischen Geschichte, war Qianlong. Unter seiner Ägide wuchs die kaiserliche Kunstsammlung zu gigantischen Ausmaßen an. Qianlong kaufte überall im Reich private Kunstsammlungen – Malereien, Kalligraphien, Jadeschnitzereien, Bronzegefäße, Spiegel, Porzellan und viele andere Kleinodien – auf und gab zahllose weitere Kunstwerke in den kaiserlichen Ateliers und Werkstätten in Auftrag. Diese Werke inspizierte er während ihrer Verfertigung persönlich und verlieh ihnen sein Gütesiegel. Auf diese Weise drückte Qianlong der Kunst buchstäblich seinen Stempel auf. Er gestaltete nicht nur die kaiserliche Sammlung, sondern prägte den Geschmack seiner Zeit und schuf einen Kanon der Kunst, festgehalten in prächtigen Katalogen seiner Sammlung, der lange Zeit maßgeblich blieb.

Qianlong war ein Connaisseur und Kunstliebhaber, der selbst Tausende von Kalligraphien und Malereien sowie sage und schreibe 40 000 Gedichte geschaffen hat. Doch als Herrscher eines autoritären Systems diente ihm – wie Taizong der Tang, Huizong der Song und anderen vor ihm – die Patronage als System zur Kontrolle der Kunst. Qianlong definierte den Kanon, setzte Maßstäbe für Schönheit und entschied über guten Geschmack. Während er klassische und konservative Malerei sammelte, ignorierte er die Werke von Ming-Loyalisten und die der »Acht Sonderlinge von Yangzhou«. So, wie Qianlong die Gelehrten unter seine fürsorgliche Aufsicht stellte, wahrte er auch in der Kunst die Diskurshoheit, indem er sie förderte.

Der letzte Glanz des Kaiserreichs

Die Zeit von Kangxi bis Qianlong, 1662–1796, markiert den Höhepunkt der Qing-Dynastie, vielleicht den Höhepunkt des chinesischen Kaiserreichs überhaupt. Nie war das Reich stärker, größer und selbstbewusster als in diesen 135 Jahren. Die Qing waren Herrscher der Mongolen und Chinesen, Schutzpatrone der tibetischen Lamas; sie hatten die muslimischen Völker Ostturkestans unterworfen, Taiwan erobert, die Miao im Südwesten aus ihrem Stammland vertrieben und die heutigen Provinzen Yunnan und Guizhou dem Reich einverleibt.

Das Qing-Reich genoss Frieden und Wohlstand. Die Eroberung des Ming-Reichs hatte vor allem in Südchina zur Auflösung großer Latifundien und der Herausbildung freier Kleinbauern geführt. Zudem hatten die Manjuren von Anbeginn hart gegen Steuerhinterziehung durchgegriffen – 1661 wurden allein im Yangzi-Delta über 13 000 Delinquenten erfasst: praktisch die gesamte Gentry – und dafür gesorgt, dass die Staatskassen regelmäßig gefüllt wurden.

Kaiser Kangxi konnte es sich leisten, die Agrarsteuern 1681 auf einen sehr niedrigen Satz zu senken – und ihre Erhöhung 1712 auf ewig zu verbieten. Sein Nachfolger, Yongzheng, hat mit einer Steuerreform die Bauern weiter entlastet und zugleich die Einkünfte der Beamten erhöht. Dennoch flossen die Staatseinnahmen weiter reichlich. Mitte des 18. Jahrhunderts – warmes Klima sorgte für reiche Ernten – nahm der Staat jährlich offiziell 44 Millionen Unzen Silber ein und gab etwa 35 Millionen aus: bis in die 1780er Jahre verfügte die Staatskasse über einen jährlichen Überschuss von rund 10 Millionen Unzen.

Während der Staat im Geld schwamm, genoss die Elite der Qing ein Leben in Wohlstand und Muße. Die großen Familien, denen mitsamt Nebenfrauen, Konkubinen und Personal bisweilen Hunderte Personen angehörten, bildeten eigene, in sich geschlossene Welten. Das großartigste literarische Werk der Zeit, der Roman *Traum der Roten Kammer* (*Honglou meng*), ist zugleich das beste Zeugnis dieser Gesellschaft. Sein Autor, Cao Xueqin (1715–1764), stammte aus einer manjurischen Familie mit engen Verbindungen zum Kaiserhaus. Das süße Leben war ihm sattsam bekannt. Seine Erzählung vom Wohlleben und vom Niedergang der Familie Jia dürfte eigene Erfahrung widerspiegeln. »Je wohler es einem geht, desto mehr ist man um sein Wohl besorgt. Je mehr eine mit Liebe verwöhnt ist, desto mehr verlangt sie nach Liebe«: diese Einsicht stellt Cao Xueqin der Beschreibung einer vergnüglichen Landpartie voran.

> Am Vormittag des Ersten setzte sich dann der lange Zug der Sänften und Kutschen in Bewegung. … Es war ein endloser Zug, die Spitze war schon längst außer Sicht, als die letzten Teilnehmerinnen immer noch einstiegen und sich um die Plätze stritten. Das war ein Gedrängel und Geschubse, ein Geschnatter und Gekicher! »Nein, der Platz ist besetzt!« hieß es hier, »zerdrücke nicht die guten Kleider meiner Herrin!« hieß es dort, »ruiniere mir nicht meine Frisur!« tönte es hier, »setze dich nicht auf meinen Fächer!« zeterte es dort. Geschäftig eilte der Haushofmeister hin und her und mahnte zu Ordnung und gutem Verhalten auf der Straße. Den Zug entlang aber hatten Aufseher und Läufer alle Hände voll zu tun, um die Straße freizuhalten und das gaffende Volk zurückzudrängen. (*Honglou meng* 29, Übertragung: Franz Kuhn)

Letztlich hat das »gaffende Volk« das Luxusleben der Qing-Elite erst möglich gemacht. Das Bevölkerungswachstum, das seit der Ming unver-

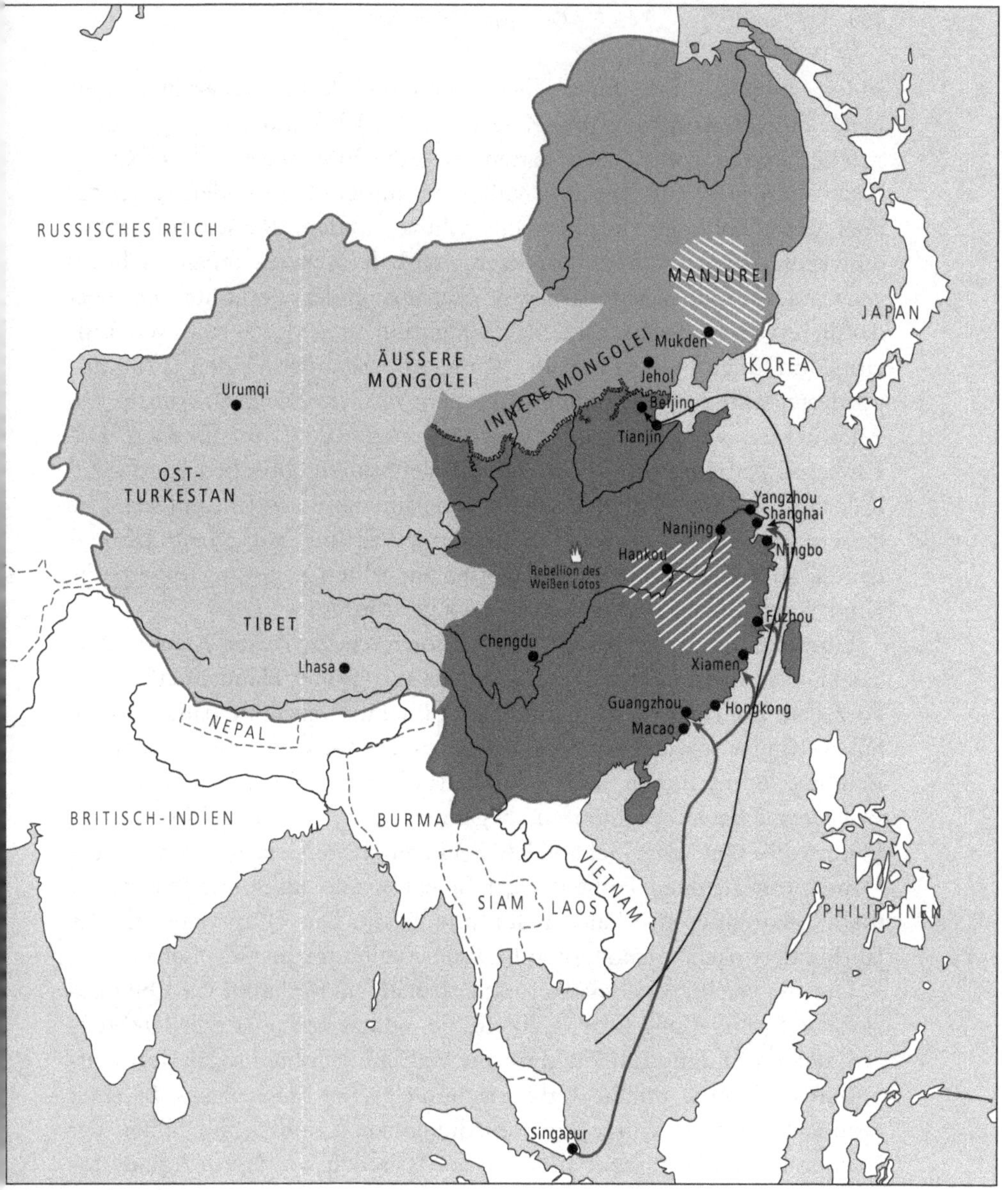

Das Qing-Reich.

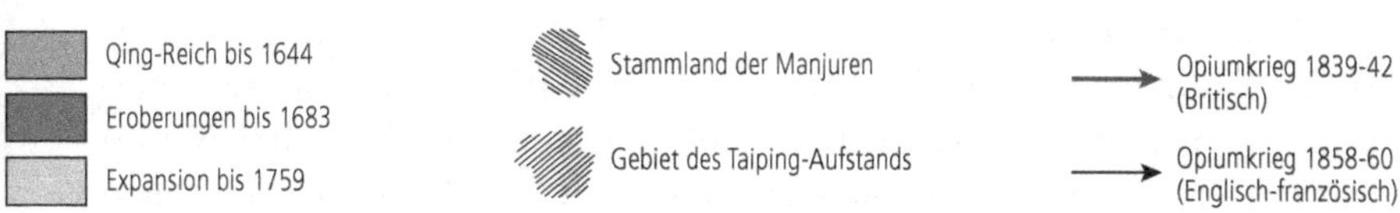

ändert anhielt, sorgte für reiche Ernten und hohe Steuereinnahmen. Nachdem die Aufstände und Kriege des 17. Jahrhunderts einige Landstriche fast völlig entvölkert hatten, stieg die Einwohnerzahl des Qing-Reichs um 1700 auf rund 275 Millionen und ein Jahrhundert später auf über 350 Millionen. Jetzt begann China zu dem Riesenreich anzuschwellen, das es heute ist. Gleichzeitig sank der Lebensstandard nicht etwa, sondern – ein vormodernes Wirtschaftswunder – erhöhte sich sogar deutlich. Die landwirtschaftliche Produktion stieg durch massiven Einsatz von Dünger aus Baumwoll-, Raps- und Sojarückständen (1750 importierte China jährlich drei Millionen Tonnen Dünger), Anbau von Feldfrüchten aus der Neuen Welt und regionale Diversifikation. Die Chinesen verbrauchten im 18. Jahrhundert durchschnittlich rund 2000 Kalorien pro Tag – so viel wie die Engländer im 19. Jahrhundert. Die bessere Ernährung steigerte die Lebenserwartung auf 34–39 Jahre – deutlich über den europäischen Werten zur selben Zeit –, verringerte die Kindersterblichkeit und vor allem die Kindstötung.

Überregionaler und Überseehandel florierten. Zwischen Xiamen, Nagasaki, Manila und Batavia entstand jetzt ein großes Handelsnetz. Seide, Porzellan, Zucker und Tee wurden aus Südchina verschifft, dafür wurden Silber, Kupfer sowie Zimt, Pfeffer und andere Gewürze aus Südostasien, Baumwolle aus Indien, Reis aus Thailand importiert. Die Bauern, die von dem Handel profitierten, begannen jetzt, ihre Hanfkittel gegen Baumwoll- und sogar Seidenkleider einzutauschen, sie möblierten ihre Häuser mit Bänken, Truhen, sogar Spiegeln und konsumierten immer mehr Luxusgüter wie Zucker, Tee und Tabak. Die Qing waren im 18. Jahrhundert nach vormodernen Maßstäben eine reiche Gesellschaft.

Um die wachsende Bevölkerung aufzufangen, förderten die Qing gezielt die Erschließung neuer Gebiete. Sie reduzierten oder erließen Steuern, stellten Saatgut und Zugtiere zur Verfügung, lobten sogar Beamtenposten als Prämie für die Urbarmachung großer Flächen aus. In einer großen Kampagne wurde die Besiedlung von Liaoning, im Süden der Manjurei, betrieben; mehr als 100 000 Menschen wurden in Agrarkolonien nach Ostturkestan umgesiedelt; und überall unterstützten die Qing die Landwirtschaft durch Wasserbauprojekte.

Mit der Bevölkerungsexplosion im 18. Jahrhundert begann das chinesische Volk, auch die Gebiete im Südwesten flächendeckend zu besiedeln. Abermillionen von Siedlern strömten von der Küste den Yangzi aufwärts nach Westen: »Hunan und Hubei füllten Sichuan auf, Jiangxi füllte Hunan und Hubei auf.« Vor allem Sichuan, dessen Bevölkerung in den Kriegen des 17. Jahrhunderts dramatisch reduziert worden war, füllte sich mit Siedlern aus dem Osten (der Effekt dieser späten Siedlungswelle ist noch heute zu hören: denn in Sichuan wird kein südchinesischer Dialekt, sondern Mandarin gesprochen). Aber auch südlich davon, nach Yunnan und Guizhou, ergoss sich der Strom der Siedler. Wo noch in der Ming-Zeit »tief in den Bergen, inmitten üppiger Pflanzenwelt, die Yao, Zhuang, Lolo und Bo in Löchern und Höhlen hausten«, wurden jetzt Wälder gerodet und Felder abgesteckt, Kupfer und andere Metalle abgebaut. Der Südwesten wurde chinesisch, seine einheimischen Bewohner wurden zu »nationalen Minderheiten«, wie sie heute genannt werden, erniedrigt.

Auslandschinesen 華僑

Die gesamte Geschichte Chinas ließe sich als Abfolge von Migrationsbewegungen beschreiben. Von Bevölkerungsdruck, Kriegen und Naturkatastrophen getrieben, haben die Menschen Ostasiens sich vielfach durchmischt, neu geordnet und dabei schließlich auch den letzten Winkel des Kontinents besiedelt. Wo das Land endete, setzten sich diese Migrationswellen schon seit der Song- und Yuan-Zeit übers Meer fort: Flüchtlinge segelten nach Südostasien, Rebellen zogen sich nach Taiwan zurück, Händler etablierten sich auf Sumatra und den Philippinen.

In der Qing-Zeit nahm die Emigration neue Dimensionen an. Chinas Bevölkerung wuchs im 19. Jahrhundert auf über 400 Millionen, Kriege und Hungersnöte zerrütteten das Land. Massen von Flüchtlingen strömten jetzt in die Manjurei, nach Vietnam und Burma, aber auch übers Meer nach Taiwan und Indonesien. Dort gelang es vielen, sich erfolgreich als Bauern, Fischer oder Händler zu etablieren. Aber auch jenseits des Pazifiks, in Mittelamerika, der Karibik und Kalifornien, boten sich jetzt neue Möglichkeiten: nach der Abschaffung des Sklavenhandels im frühen 19. Jahrhundert war dort ein großer Bedarf an neuen Arbeitskräften entstanden. Mehr als zwei Millionen verarmter Bauern und Fischer, meist aus der Gegend um Guangzhou, traten zwischen 1850 und 1875 die große Überfahrt an: gelockt vom kalifornischen Goldrausch, gedungen von dubiosen Agenten oder regelrecht »shanghait« und wie Sklaven verschifft. Als »Kulis« wurden sie unter menschenunwürdigen Bedingungen in den Silberminen und Guanogruben Perus, beim Eisenbahnbau in den USA, auf Baumwollfeldern und den Zuckerrohrplantagen Kubas eingesetzt: schon Zeitgenossen haben darin ein Verbrechen gegen die Menschlichkeit erkannt.

Die meisten der Emigranten – fast ausschließlich Männer, die ihre Frauen zurückließen – waren ausgezogen, um als Gastarbeiter Geld zu verdienen und bald wieder zu ihren Familien zurückzukehren. Doch viele blieben in der Fremde, eröffneten Gemischtwarenläden, Restaurants oder Wäschereien. In San Francisco, Vancouver, Chicago, später New York, Amsterdam, Hamburg, London, Paris und vielen anderen Städten entstanden Chinatowns, in denen chinesische Emigranten – oft in drangvoller Enge – wohnten und ihre Geschäfte betrieben. Absonderliche Biotope müssen das in den Augen der Einheimischen gewesen sein, in denen schwarze Scharen bezopfter Männer auf den Straßen wuselten, lauthals auf Kantonesisch zeterten, herzhaft ausspuckten und übelriechende Gerichte hinunterschlangen. »Chinatown«, das verband sich mit Opiumhöhlen, Geheimgesellschaften, sexueller Perversion und Bandenkriegen: wie in einem Brennglas bündelten diese Enklaven westliche Missverständnisse und Stereotype hinsichtlich der Chinesen.

Doch trotz aller Schwierigkeiten und Anfeindungen, die Chinesen im Ausland zu gewärtigen hatten – viele von ihnen blieben, wurden reich und stiegen zu einflussreichen Bürgern ihrer neuen Heimat auf. Das Geld, das sie nach Hause schickten, wurde zu einem wichtigen wirtschaftlichen und politischen Faktor in China. Die Auslandschinesen trugen durch ihre finanzielle Unterstützung Sun Yat-sens nicht unwesentlich zur chinesischen Revolution bei. In einer fremden Welt, in der sie ungeachtet ihrer regionalen Herkunft pauschal als *Chinamen* behandelt wurden, waren viele von ihnen glühende Nationalisten geworden.

Nach dem Ende des Zweiten Weltkriegs wurde die Situation komplizierter. In China waren die Kommunisten an der Macht, zugleich entstanden durch die Entkolonisierung in Südostasien eigenständige Nationalstaaten, in denen Chinesen nicht wohlgelitten waren. Der Kalte Krieg zwang die Auslandschinesen dazu, Stellung zu beziehen. Viele entschieden sich gegen Beijing und integrierten sich stärker als zuvor in ihrer neuen Heimat. Mit der Öffnungspolitik ab 1978 änderte sich die Lage wieder, als große Mengen von Chinesen – Studenten, Wissenschaftler, Geschäftsleute – nach Nordamerika, Südostasien, Australien und Europa migrierten. 30–40 Millionen Auslandschinesen gibt es heute, die meisten davon in Südostasien. Die chinesische Diaspora ist heterogener geworden, aber auch selbstbewusster, sie findet wieder stärkere Bindungen an ihre Heimat – und umgekehrt: China ist heute enger denn je mit der Welt verflochten. Die chinesische Kultur beschränkt sich längst nicht mehr auf das chinesische Festland, sondern erstreckt sich auf »Greater China«: auf Hongkong, Taiwan, Singapur und die Auslandschinesen in aller Welt.

Die chinesische Gesellschaft war im 18. Jahrhundert mobiler als je zuvor. Siedler zogen in Neuland, Gelehrte reisten von Prüfung zu Prüfung, Beamte dienten weit von der Heimat, landhungrige Bauern verließen ihre

Scholle, Händler durchstreiften das Land auf der Suche nach neuen Möglichkeiten. Arbeiter und Handwerker zogen in die Städte, wo sie in landmannschaftlich organisierten Herbergen (*huiguan*) unterkamen, die jetzt in allen Städten entstanden.

Das 18. Jahrhundert erreichte einen Grad der Urbanisierung, wie es ihn seit der Song-Zeit nicht mehr gegeben hatte (S. 302f.). Beijing war bis ca. 1800 die größte Stadt der Welt; Yangzhou und Suzhou waren prächtige Handelszentren; mit Chengdu, Xi'an, Fuzhou sowie den aufstrebenden Metropolen des 19. Jahrhunderts, Shanghai, Guangzhou und Hankou (heute: Wuhan), bildeten sich regionale Ballungszentren, umgeben von zahllosen kleineren Städten und Marktflecken. Urbane Kultur, geprägt durch Handwerk, Kommerz, Schriftlichkeit, Mobilität und Öffentlichkeit, wirkte über Stadtmauern hinaus auf die ganze Gesellschaft. Im 16. Jahrhundert, erinnerte sich ein Händler aus Huizhou, konnten Menschen ihr ganzes Leben im Heimatdorf verbringen – »heute lacht man über Leute, die ihre Türen verschließen und nicht herumkommen, und hält sie für unkultiviert«.

Urbanität und Mobilität veränderten auch die Rolle der Frauen. In Abwesenheit der Männer regelten sie die häuslichen Finanzen, vergaben Kredite, engagierten sich im Geschäft, unterrichteten ihre Söhne, griffen immer häufiger auch zum Pinsel und taten es den Männern gleich. Die Entdeckung der individuellen Liebe eröffnete – wo sie nicht durch arrangierte Frühehen verhindert wurde – die Möglichkeit, Frauen als gleichwertige Ehepartner anzusehen. »Yuns Neigungen stimmten mit den meinen überein«, schreibt Shen Fu (geb. 1763) in seinen *Sechs Aufzeichnungen über ein unstetes Leben* von seiner Frau. Literatur- und Kunstgenuss teilt er mit ihr, seufzend:

> Schade, dass du eine Frau bist und im verborgenen sitzen musst! Wenn man Frauen in Männer verwandeln könnte, würden wir zusammen die berühmten Berge und die großen Sehenswürdigkeiten besuchen. Das ganze Land würden wir durchstreifen. Müsste das nicht ein Vergnügen sein?
>
> (*Fusheng liuji* 1, Übersetzung: Rainer Schwarz)

Nicht nur ihre gebundenen Füße hinderten die Frauen daran, das Land zu »durchstreifen«, auch der Staat tat sein Möglichstes, um sie im Haus zu halten. Bemüht um Wahrung der sozialen Ordnung, propagierten die Qing im 18. Jahrhundert weithin das Ideal der »keuschen Witwen« (*jiefu*).

Um die Wiederverheiratung junger Witwen zu unterbinden, ehrte der Staat Familien von Frauen, die im Alter von unter 30 Jahren ihren Mann verloren und ihm bis 50 die Treue gehalten hatten. Allein in den reichen Provinzen am Unterlauf des Yangzi erhielten wohl gegen 10 000 Familien solche Auszeichnungen. Noch heute erinnern dort Schreine und steinerne Ehrenbögen für »keusche Witwen« an diesen Kult: Zeugnisse eines konfuzianischen Fundamentalismus, der gerade dann aufkam, als die hierarchische Gesellschaftsordnung sich aufzulösen begann. Nur deshalb mussten keusche Witwen geehrt werden, weil so viele Frauen begannen, Keuschheit und Unterordnung abzuschütteln.

China und Europa

Im 18. Jahrhundert strahlte der Glanz des chinesischen Kaiserreichs bis nach Europa. Missionare hatten für einen steten Fluss reizender Informationen aus China gesorgt, die nicht nur allgemeine Begeisterung für Chinoiserien – Porzellan, Pavillons, Schattenspiele, Tee – erregten, sondern auch die größten Denker in ihren Bann zogen: die besondere »Weisheit der Sineser« und ihre »ganz besondere Klugheit in Verwaltung des Staats« wurden »von jedermann in Bewunderung gezogen«. In China würden

> so wohl Käyserliche und Königliche Prinzen, als auch anderer vornehmer und geringer Leute Kinder von der zartesten Jugend an zu wohlanständigen Sitten angewiesen, die Erwachsenen aber in der Erkenntniß des Guten und Bösen gestärket ... dahero hat man sich nicht zu wundern, daß ihr Staat nach dem Ausspruch, welchen Plato gethan hat, glükseelig gewesen seye, da Weltweise herrscheten, und die Könige Weltweise waren.
>
> (Christian Wolff, »Rede von der Sittenlehre der Chineser«)

Für Immanuel Kant war China »das kultivierteste Reich der Welt«; Voltaire hielt der katholischen Kirche die überlegene Sittlichkeit der Chinesen vor; Quesnay lobte die chinesische Philosophie über die griechische; und Leibniz schrieb, den Chinesen gebühre der »Goldene Apfel« für »Vortrefflichkeit der Völker«. Ihr Herrscher sei weise und wissensdurstig, das einfache Volk »liebenswürdig und respektvoll«, und vor allem: gelehrte Mandarine führen die Regierung. China, das Land der Philosophenkönige – ein faszinierender Gedanke für die Aufklärer des 18. Jahrhunderts. »Kennt ihr China, das Vaterland der geflügelten Drachen und der porzellanenen Teekannen?«, schrieb Heinrich Heine später in milder Ironie:

> Das ganze Land ist ein Raritätenkabinett, umgeben von einer unmenschlich langen Mauer und hunderttausend tartarischen Schildwachen. Aber die Vögel und Gedanken der europäischen Gelehrten fliegen darüber, und wenn sie sich dort sattsam umgesehen und wieder heimkehren, erzählen sie uns die köstlichsten Dinge von dem kuriosen Land und kuriosen Volke.
>
> (*Die Romantische Schule* III)

Die Begeisterung für China verdankte sich vor allem der Ferne des Reichs von Europa (die Reise dorthin dauerte mehr als ein Jahr!). Dieser Abstand bedingte manche verklärende Brechung des Chinabilds, und er sorgte dafür, dass China aus sicherer Distanz bewundert werden konnte. Ohne das Risiko einer allzu realitätsnahen Berührung konnte China stets als das schlechthin Andere stilisiert werden: als diametraler Gegenentwurf zu Europa, im Guten wie im Schlechten. Eine besondere Blüte der Chinarezeption entstand im Anschluss an Montesquieus *Lettres persanes*: fiktive Briefe chinesischer Beobachter, in denen europäische Zustände auf die Schippe genommen wurden. Friedrich der Große publizierte 1760 die satirische *Relation de Phiphihu, émissaire de l'empereur de la Chine en Europe*, Jacob Gallois nahm 1835 in seinem *L'espion chinois à Hambourg* die Hamburger aufs Korn:

> Schlecht und recht, und ohne dass man viel davon merkt, wird Hamburg von einem Senat regiert. Er besteht aus 28 Mandarinen, so dass auf jeden der 28. Teil einer an sich schon winzigen Machtbefugnis kommt. … Ihre Tracht gibt ihnen einen vollendet chinesischen Anstrich. Der Zufall ließ mich einige von ihnen sehen, und ich muss gestehen, sie erschienen mir wie durch einen Zauber in Bewegung gesetzte Porzellanfiguren. – Man versichert mir, dass sie bei den Senatssitzungen in ihrer grotesken Verkleidung selber nur mit Mühe ein Lachen unterdrücken können.
>
> (*Der chinesische Spion in Hamburg*, Übersetzung: Lange/Pomfrett)

Das Chinabild hinter diesen Zeilen ist unschwer zu erkennen. China als possierliches Land der Porzellanfiguren, als Reich der Philosophen, Land des Lächelns oder als orientalische Despotie: immer hat Europa sein Bild von China als Kontrast zu eigenen Verhältnissen entworfen – so wie China seit je in den ›Barbaren‹ das Negativbild der eigenen Kultur erkannt hat. Die Geschichte der europäisch-chinesischen Beziehungen ist eine Geschichte gegenseitiger Missverständnisse.

Wie grundsätzlich das gegenseitige Missverständnis zwischen Europa und China war, zeigte sich in aller Deutlichkeit, als am Ende des 18. Jahrhunderts beide Welten erstmals politisch aufeinandertrafen. Mittlerweile segelten nicht mehr allein Portugiesen, Spanier und Holländer vor Chinas Küsten. Auch die Engländer waren seit dem 17. Jahrhundert in den Gewürzhandel im Indischen Ozean eingestiegen. Die halbstaatliche East India Company sowie private Händler hatten ihre Aktivitäten schnell bis nach Südostasien und China ausgeweitet; und nachdem die Engländer im Siebenjährigen Krieg (1756–1763) Kalkutta und Bengalen von den Franzosen gewonnen hatten, betrieben sie einen schwunghaften Dreieckshandel zwischen England, Indien und China. Baumwolle aus Indien sowie englische Wolle, Stoffe und Metalle wurden nach China verschifft, dafür importierten die Engländer Porzellan, Seide, Rhabarber, Lacke, Gewürzrinde und vor allem: Tee.

Im späten 17. Jahrhundert war Tee als exotisches Getränk mit medizinischer Wirkung in geringen Mengen eingeführt worden, doch im 18. Jahrhundert gewann er enorm an Popularität und wurde schließlich zum unentbehrlichen Teil des englischen Alltags. Jetzt stiegen die Importe exponentiell an: hatten sie im 17. Jahrhundert noch bei 200 Pfund pro Jahr gelegen, wuchsen sie im frühen 18. Jahrhundert auf 400 000 Pfund und erreichten im 19. Jahrhundert 28 Millionen Pfund. Nicht ohne Grund waren viele Chinesen überzeugt, dass Engländer ohne Tee (und, für die Verdauung, Rhabarber) überhaupt nicht leben könnten! Als indische Baumwolle nicht mehr ausreichte, um diese Importe auszugleichen, ging die East India Company dazu über, Tee mit Silber aus der Neuen Welt zu bezahlen. Jährlich flossen auf diese Weise 10 Millionen Silberdollar nach China: ein äußerst lukratives Geschäft für chinesische Händler.

Für die Engländer waren die Bedingungen indes weniger vorteilhaft. Die Qing verbuchten den Handel mit England als Tribut, das heißt als Privileg, das sie den ›Barbaren‹ gewährten und jederzeit wieder einschränken konnten. Hohe Zölle und schikanöse »Zusatzabgaben« für lokale Beamte verdarben den Engländern die Profite, ab 1759 wurden ihnen zudem alle Häfen bis auf Guangzhou verboten. Dort hatten sie sich einem strengen Reglement zu unterwerfen. Handel durfte nur über lizenzierte chinesische Firmen, die sogenannten *hong* (chin. *yanghang*), ab-

Europäische Darstellung des Konfuzius: der Weise vor der Bibliothek kanonischer Literatur und den Ahnentafeln seiner Schüler; aus *Confucius Sinarum philosophus*, 1687.

gewickelt werden, die damit hübsche Gewinne machten: ihre Inhaber dürften im frühen 19. Jahrhundert zu den reichsten Männern der Welt gezählt haben. Zudem war der Handel auf eine Saison – etwa Oktober bis Januar – begrenzt, die Ausländer durften sich in Guangzhou nur in bestimmten Gebieten bewegen, sie durften nicht Chinesisch lernen, ihren Frauen war der Aufenthalt dort überhaupt nicht gestattet, und sie unterstanden chinesischem Recht – bis hin zur Todesstrafe durch Strangulation.

Angesichts dieser Unannehmlichkeiten und immer ungünstigerer *terms of trade* beschloss die britische Regierung schließlich, eine diplomatische Gesandtschaft nach Beijing zu schicken. George Macartney (1737–1806), ein distinguierter irischer Adliger, der als Diplomat bereits in Russland und Indien gewesen war, wurde 1792 mit dieser Mission betraut. Er sollte ein Abkommen mit dem Kaiser von China schließen, um britische Handelsrechte auszuweiten und regelmäßige diplomatische Kontakte mit den Qing zu etablieren.

Im August 1793 kam Macartneys Flotte, schwer beladen mit Uhren, astronomischen Instrumenten, Glas- und Silberwaren, Teppichen und sogar – eine kleine Perfidie – Wedgwood-Porzellanvasen für den Kaiser, in Tianjin an. Von dort wurde die Mission, wie es das Protokoll für Tributgesandtschaften vorsah, nach Beijing und Jehol geleitet, wo Kaiser Qianlong den Sommer verbrachte. Der Kaiser, milde und altersweise, war durchaus erfreut über die »rothaarigen« Besucher aus der Ferne und widmete ihnen sogar ein Gedicht:

> Die Portugiesen kamen einst und sandten uns Tribut, / Die Engländer erscheinen jetzt, erweisen uns die Ehre. / Die größten aller Reisenden kamen dagegen kurz: / Der Ahnen Ruhm und Tugenden reichen über die Meere. / Vom Aussehn ganz gewöhnlich, sind sie im Herzen treu, / Ihren Nippes schätz' ich wenig, hat er auch seinen Wert. / Ich heiß' sie, arm bestückt, willkommen, entlass' sie reich beladen, / Lass Gnade walten, zeige Größe, dass unsre Pracht sich mehre. (*Qianlong yuzhi shi* 5, 84)

Während Macartney vermeinte, »König Salomo in all seiner Pracht« begegnet zu sein, war für Kaiser Qianlong die englische Gesandtschaft eine Tributmission wie andere, die er zur selben Zeit empfing: sie waren ihm willkommen, hatten ihm Respekt zu zollen – und dann wieder zu gehen. Macartney hatte den Kaiser schon dadurch irritiert, dass er den obligatorischen Kotau (dreimaliges Niederknien mit neunmaligem Aufschlagen des Kopfes) verweigerte. Stattdessen ging er nur mit einem Knie auf den Boden, wie er es vor seinem eigenen König tat. Hatte Qianlong das noch zugebilligt, so müssen ihm die Forderungen der Engländer bei einer zweiten Audienz unverschämt erschienen sein: sie wollten allen Ernstes in Beijing eine Handelsvertretung einrichten! Kaiser Qianlong beantwortete diese Anmaßung mit einem Edikt an König George III., das Weltgeschichte geschrieben hat:

> Du, mein König, lebst weit jenseits der Meere. Da dein Herz sich zur Läuterung neigte, hast du eigens Gesandte übers Meer geschickt, die an meinen

Hof gekommen sind, deine Throneingabe respektvoll überbracht, mir unterwürfig 10 000 Jahre gewünscht und zugleich lokale Gaben dargebracht haben. … In Anerkennung deiner aufrichtigen Opfer aus der Ferne habe ich die zuständigen Beamten veranlasst, sie zu akzeptieren. Tatsächlich aber sind Ruhm und Tugend unserer himmlischen Dynastie in sämtliche Länder gedrungen, so dass alle Arten kostbarer Güter von deren Herrschern zu Land und Wasser gebracht werden. Es gibt nichts, was wir nicht besäßen: davon konnten sich deine Gesandten persönlich überzeugen. Doch wir legen absolut keinen Wert auf ausgefallene Kuriositäten und haben keine Verwendung für die Erzeugnisse deines Landes. Des Königs Gesuch aber, einen Vertreter in unsere Hauptstadt zu schicken, läuft der Ordnung unserer Dynastie zuwider und würde auch eurem Land keinen Gewinn bringen. All das habe ich klar dargelegt und eure Tributgesandten angewiesen, in Frieden in die Heimat zurückzukehren. Du, mein König, solltest meine Ansichten verinnerlichen, künftig noch mehr Respekt und Aufrichtigkeit aufbringen und stets Unterwürfigkeit bezeigen, um Frieden und Glück für dein Land zu bewahren.

(»Fengtian chengyun huangdi chiyu Yingjili guowang«)

In Jehol waren mit den Qing und England – erstmals in der Geschichte Chinas – zwei Imperien aufeinandergetroffen: zwei Großstaaten, die die Welt bedeuteten, deren Ordnung universelle Geltung beanspruchte. Diese Ordnungen waren nicht miteinander vereinbar. Während einst das römische und das chinesische Reich noch ohne direkten Kontakt, jedes in seiner Welt, nebeneinander bestehen konnten, hatte die Hochseeschifffahrt die Welt schrumpfen lassen. Jetzt bot sie nicht mehr genügend Raum für zwei Reiche. Ein Konflikt war unvermeidlich.

Das lange 19. Jahrhundert (1793–1911)
Funktionale Differenzierung und die Erfindung der Nation

In der späten Qing-Zeit erlebte die chinesische Gesellschaft den radikalsten Strukturwandel seit der »Rituellen Revolution« (S. 68): mit dieser war eine stratifizierte Gesellschaft entstanden, die sich in den folgenden drei Jahrtausenden vielfach umformte, aber in ihrer Grundstruktur erhalten blieb. Jetzt löste sie sich auf und wurde ersetzt durch eine moderne, funktional differenzierte Gesellschaft. Traditionelle Ordnungsmuster wichen offeneren Formen der Partizipation, ausländische Einflüsse beschleunigten die Emanzipation von Wissenschaft, Technik, Militär und Wirtschaft, Zeitungen wurden zum Medium einer neuen Öffentlichkeit, in den offenen Küstenstädten bildete sich eine urbane Gesellschaft, der soziale Ungleichheit zunehmend zum Problem wurde. Dieses Problem konnte nicht mehr durch Involution gelöst werden, sondern nur durch Revolution: China musste ein Nationalstaat mit einer republikanischen Verfassung werden.

Auf dem Höhepunkt ihrer Macht wurden die Qing von verdrängten Problemen eingeholt: Bevölkerungsdruck führte zu großen Aufständen, die der nahezu bankrotte, von Korruption geschwächte Staatsapparat kaum mehr niederschlagen konnte. Militärische Macht ging zunehmend an regionale Milizen und Provinzgouverneure über, während politisches Mitspracherecht auf Interessengruppen außerhalb der Regierung ausgeweitet wurde.

Diese neuen Akteure spielten eine wichtige Rolle beim Konflikt mit den Engländern, die ihr »Recht auf freien Handel« mit Opium in China mit Militärgewalt durchsetzten. Zweimal, 1840 und 1856, griffen sie China mit modernen Kanonenbooten an und zwangen die hoffnungslos unterlegenen Qing zur Öffnung von Küstenstädten für den Handel. Dieser Überfall der westlichen Moderne, so schockartig er kam, fiel in China auf wohlbereiteten Grund. Die Auflösung der ständischen Gesellschaft, Verbreitung des Buchdrucks, kritische Gelehrsamkeit und eine neue Öffentlichkeit hatten China schon lange an die Schwelle der Moderne gebracht. Westliche Lehren, die sich jetzt durch Reisen, Zeitungen und direkte Interaktion in Städten wie Shanghai verbreiteten, wurden zum Katalysator dieser Moderne.

Zu den zahlreichen chinesischen Quellen der Zeit – Hoftagebücher, »Wahrhafte Aufzeichnungen«, Akten aus allen Bereichen der Verwaltung, Druckerzeugnisse, aber auch ungezählte Manuskripte, die in chinesischen Bibliotheken ihrer Entdeckung harren – treten jetzt auch viele Berichte westlicher Beobachter, diplomatische Protokolle, Zeitungen, Briefe, Tagebücher und die frühesten Photographien. Sie geben detaillierte Informationen zu neuen Formen des chinesisch-westlichen Miteinanders, das sich regional ganz unterschiedlich entwickelte.

Während die Qing-Regierung, seit 1861 unter der Führung der Kaiserinwitwe Cixi, bemüht war, westliche Technik zu »Selbststärkung« und Erhaltung der Dynastie zu nutzen, war es den Eliten des Südens darum zu tun, ihr Land zu retten. Nicht Regierungstruppen, sondern Provinzgouverneure, ausgestattet mit westlicher Technik und Taktik, schlugen die verheerenden Aufstände der Taiping, Nian, Moslems und anderer in der Mitte des 19. Jahrhunderts nieder. Sie trugen auch die Hauptlast der Kriege gegen Frankreich (1884/85) und Japan (1894/95), welche die militärische Schwäche Chinas schonungslos offenbarten. In den nächsten Jahren wurde China fast kolonial zwischen Japan, Russland und den Westmächten aufgeteilt.

Spätestens jetzt wurde deutlich, dass technisch-militärische »Selbststärkung« nicht die Lösung für Chinas Schwäche bot. Die Probleme saßen tiefer: in einer Gesellschaft, die als zunehmend fragmentiert und haltlos empfunden wurde. Weder die hierarchische Ordnung noch das kaiserliche Regierungssystem oder die konfuzianische Ideologie entsprachen dieser neuen Gesellschaft. Was China brauchte, waren Freiheit, Gleichheit, Brüderlichkeit: nur das Selbstverständnis als Nation, organisiert in einem Nationalstaat, konnte Zusammenhalt im Inneren und Stärke nach außen bewirken, die China so dringend brauchte.

Während manche Intellektuelle an der Reform von Staat und Gesellschaft innerhalb des bestehenden Systems laborierten, bekämpften andere das System selbst. Revolutionäre wie Sun Yat-sen probten immer wieder Aufstände, bis 1911 – fast wie durch Zufall – ein Aufstand in Wuhan tatsächlich zur Revolution führte: der letzte Qing-Kaiser dankte ab, und das chinesische Kaiserreich fiel zusammen wie ein Kartenhaus.

Zeittafel

1793	Hong Liangjis *Zhiping lun*
1796–1804	Aufstand des »Weißen Lotos«
1840–42	Erster Opiumkrieg: Vertrag von Nanjing
1842	Wei Yuans *Haiguo tuzhi* vollendet
1850–64	Taiping-Rebellion
1856–58	Zweiter Opiumkrieg: Vertrag von Tianjin
1860	Die Westmächte besetzen Beijing; Zerstörung des Yuanming yuan
1861	Cixi übernimmt die Regierung
1862–75	Regierungsperiode Tongzhi, Beginn der Selbststärkungsbewegung
1875	Sühnemission nach Europa
1884/85	Sino-französischer Krieg; Xinjiang und Taiwan werden Provinzen
1894/95	Sino-japanischer Krieg: Vertrag von Shimonoseki, Taiwan von Japan besetzt
1898	»Wettlauf um Konzessionen«; Hundert-Tage-Reform
1900	Boxer-Aufstand, alliierte Truppen besetzen Beijing
1905	Abschaffung des Prüfungssystems; Gründung des »Schwurbunds«
1908	Tod Cixis und des Guangxu-Kaisers
1911	Aufstand von Wuhan

Symptome des Niedergangs

1793, im selben Jahr, in dem Kaiser Qianlong so selbstbewusst die Größe seines Reiches rühmte, wies ein Gelehrter namens Hong Liangji (1748–1809) auf einen anderen, beunruhigenden Aspekt dieser Größe hin.

> Seit über hundert Jahren herrschen Ordnung und Frieden, das kann man wohl lang nennen. Doch die Bevölkerung ist im Vergleich zur Zeit vor 30 Jahren um das Fünffache gewachsen, im Vergleich zur Zeit vor 60 Jahren um das Zehnfache, im Vergleich zur Zeit vor hundert oder mehr Jahren um nicht weniger als das Zwanzigfache. … Doch der Boden hat sich nur verdoppelt, allenfalls verdrei- oder verfünffacht; die Bevölkerung hingegen hat sich verzehn- oder verzwanzigfacht. Daher gibt es stets zu wenig Felder und Wohnraum, aber stets zu viel Volk. Wenn dann noch raffgierige Familien hinzukommen, in denen ein einziger Mensch den Wohnraum von Hunderten

einnimmt, ein Haushalt die Felder von Hunderten beansprucht – wen wundert's, dass angesichts von Wind und Wetter, Hunger und Kälte die Menschen allenthalben fallen und sterben?! (*Zhiping lun*)

Ausweitung der Ackerfläche und Kalorienzufuhr durch die Feldfrüchte der Neuen Welt hatten das chinesische Volk bis 1800 auf mindestens 350 Millionen Menschen anwachsen lassen. Hatte das Bevölkerungswachstum bislang Chinas Reichtum verbürgt, wurde es nun – Hong Liangji erkannte diesen Zusammenhang fünf Jahre vor Malthus' demographischen Studien – zur Gefahr für die chinesische Gesellschaft. Die Grenzen der Expansion für den Ackerbau waren erreicht: in der 2. Hälfte des 18. Jahrhunderts fiel die anteilige Landfläche um fast 50 %, auf weniger als 0,2 Hektar pro Kopf. Die Grenzerträge der Landwirtschaft nahmen ab, so dass mit wachsender Bevölkerung der Lebensstandard nicht mehr stieg, sondern sank. Bauern »lebten in strohgedeckten Hütten, ungeschützt vor Wind und Regen, aßen nichts als grobe Körner, versetzt mit Spreu und Schalen«. Die Ressourcenverknappung bei gleichbleibender – durch Kriege und Korruption sogar steigender – Steuerlast schuf ein großes Reservoir an jungen Männern, denen sich keine angemessene Perspektive bot: denen weder Land noch Frauen zur Verfügung standen, um eigenständige Haushalte zu gründen.

Dieses Pulverfass explodierte, als Kaiser Qianlong 1796, nach 60jähriger Herrschaft, vom Thron abtrat (er wollte die Regierungszeit seines Großvaters, der ebenso lang auf dem Thron war, nicht übertreffen). Noch im selben Jahr brach im Grenzgebiet von Sichuan, Hubei und Shaanxi, einer dichtbevölkerten Region, die von Steuereintreibern erbarmungslos geschröpft worden war, eine Rebellion aus. Wie am Ende der Yuan-Zeit, zogen die Rebellen im Namen des »Weißen Lotos« jahrelang durch das Land und führten einen Guerillakrieg gegen die Qing. Nur unter größten Anstrengungen, durch Versorgungssperren und die Bildung von lokalen Milizen, konnte Kaiser Jiaqing (1796–1820) den Aufstand 1804 niederschlagen. Doch noch 1813 spürte er dessen Nachwirkungen, als eine Splittergruppe des »Weißen Lotos« bis in die Verbotene Stadt vordrang und ihn um ein Haar getötet hätte.

Die Schwäche der Qing-Regierung, die durch den Aufstand so schonungslos offenbart wurde, war nicht neu. Schon als Qianlong 1793 den Engländern beschied, er besitze alles zur Genüge, stand ein manjurischer Bannermann bei ihm, der es besser wusste: Heshen (1750–1799). Ursprünglich ein einfacher Gardist, war er dem Kaiser 1775 durch sein gewinnendes Äußeres aufgefallen und fortan mit Ehren überhäuft worden. Qianlong hatte Heshen in höchste Ämter befördert, gewährte ihm volles Vertrauen und überließ ihm alle Macht am Hof. Doch Heshen war nicht nur intelligent und ehrgeizig, sondern auch korrupt und maßlos habgierig. Mit Hilfe eines landesweiten Netzes von Komplizen veruntreute er schier unglaubliche Summen. Als sein Vermögen nach Qianlongs Tod beschlagnahmt wurde, gehörten ihm ein halbes Dutzend Residenzen mit Hunderten von Räumen, über 100 000 Hektar Ländereien, zahllose Schmuckstücke und Antiquitäten aus dem Kaiserpalast, zehn Pfandhäuser und ein Vermögen von 800 Millionen Unzen Silber – mehr als das Zehnfache des Staatsetats.

Auch nachdem Heshen entmachtet war, hatte der Staat unter den Folgen seines ungeheuerlichen Korruptionsnetzwerks zu leiden. Jahrelang hatte es im Kampf gegen den »Weißen Lotos« Gelder unterschlagen, so dass allein dieser Krieg die Qing 120 Millionen Silberunzen kostete, weit mehr, als die Staatsreserven hergaben. Die Qing mussten Salzhändler um Geld angehen und Beamtengehälter kürzen, um ihre Truppen zu finanzieren – woraufhin sich die Beamten wiederum durch Zusatzabgaben am Volk schadlos hielten: Korruption führte zu mehr Korruption.

Letztlich war auch die grassierende Bestechung eine Folge des Bevölkerungswachstums. Denn während immer mehr Männer das Prüfungssystem durchliefen und einen akademischen Titel erlangten, blieb die Zahl der verfügbaren Beamtenposten weitgehend unverändert: in der mittleren Qing-Zeit gab es für rund eine Million akademische Titelträger nur 20 000 Stellen. Das System produzierte weitaus mehr Literaten, als es absorbieren konnte. Sofern diese Männer sich nicht in Akademien zurückzogen (S. 425 f.), verdingten sie sich als Angestellte in lokalen Behörden. Die Zahl dieser bürokratischen Parasiten stieg im 18. Jahrhundert sprunghaft an, und mit ihr die Korruption auf allen Ebenen. Geradezu symbolisch war der Fall der Kanalverwaltung, die über die Lieferung von 400 000 Tonnen Tributreis wachte, die jährlich auf Tausenden Booten über den 1800 km langen Kaiserkanal nach Beijing verschifft wurden. Ein gewaltiger bürokratischer Apparat war das, und ebenso gewaltig war die Korruption: so, wie die Gelder zur Instandhaltung des Kanals in unzähligen Taschen versickerten, versandete der Kanal selbst. 1826 mussten die Tributflotten sogar kurzfristig auf See ausweichen – so lange, bis sich die Profitinteressen der Kanalverwaltung wieder durchgesetzt hatten.

Das Muster ist bekannt (S. 178): je schwächer die offizielle Verwaltung, desto stärker wurden informelle Strukturen; im unpersönlichen System wurden persönliche Bindungen immer wichtiger. Klientensysteme zwischen Lehrern und Schülern, in landsmannschaftlichen Bünden und »Dichterzirkeln« von Gleichgesinnten boten jetzt Handlungsoptionen und Aufstiegschancen, die den Dienstweg umgingen. Auf diese Weise bildeten sich informelle *pressure groups*, welche die Politik auf unterschiedlichste Weise beeinflussten. Nicht mehr allein hohe Beamte und Berater diskutierten allgemein verbindliche Entscheidungen, sondern die Gentry im weiteren Sinne nahm daran teil.

Proteste von niederen Würdenträgern hatte es schon früher gegeben; aber jetzt entstand erstmals die Vorstellung einer öffentlichen Meinung (*gonglun*), der zunehmend mehr Gewicht in der Politik zukam. Auch China erlebte einen »Strukturwandel der Öffentlichkeit«. Hatte »öffentlich« (*gong*) bislang so viel bedeutet wie »gerecht, unparteilich«, und zwar mit Blick auf Ratschlüsse des Hofes, so meinte der Begriff jetzt »die Allgemeinheit betreffend«. Das aber bedeutete, dass die »öffentliche Meinung« sich zu einer Gegenmacht entwickeln konnte, die in Opposition zum Hof trat.

Ihren deutlichsten Ausdruck fand diese öffentliche Meinung im *Huangchao jingshi wenbian*, einer Sammlung von über 2000 politischen Schriften, die 1826 von He Changling (1785–1848) und Wei Yuan (1794–1856) zusammengestellt wurde. In 120 Kapiteln versammelten sie Throneingaben, amtliche Berichte, aber auch Vorschläge von dazu nicht berufenen Personen zu allen Bereichen der Lokal- und Reichspolitik. »Bei Schriften für die Praxis soll man nicht zwischen hohen und niederen Autoren diskriminieren«, heißt es da im Vorwort: die öffentliche Meinung sollte die hierarchische Ordnung unterlaufen.

Bezeichnenderweise wurde diese Sammlung – im Gegensatz zu regulärem Behördenschriftgut – gedruckt: sie sollte öffentlich wirken. Seitdem ließ sich die öffentliche Meinung nicht mehr ignorieren. Neun Fortsetzungen des *Huangchao jingshi wenbian* wurden bis zum Ende der Qing-Zeit publiziert: sie dokumentieren, wie sich das Schwergewicht der politischen Meinungsbildung vom Zentrum auf die Peripherie verlagerte, wie die öffentliche Meinung zum heimlichen Souverän wurde und die politische Hierarchie sich zu einer Heterarchie wandelte, in der viele mitredeten. Die Monarchie wurde von der neuen Öffentlichkeit ausgehöhlt, lange bevor westliche Kanonenboote und revolutionäre Anschläge sie stürzten.

Die Opiumkriege

Ein Thema, das die öffentliche Meinung beschäftigte wie kaum ein zweites, waren die Finanzen. Die großen Publikationsprojekte des 18. Jahrhunderts, die kaiserliche Kunstsammlung, prunkvolle Reisen und kostspielige Kriege hatten die Staatskassen vollständig erschöpft. Die Qing standen am Rande des Bankrotts: der Staat musste Beamtengehälter kürzen, Soldaten konnten nicht mehr bezahlt, Bannerleute nicht mehr versorgt werden.

Auch der Außenhandel, der im 18. Jahrhundert so lukrativ gewesen war, konnte die Finanznot des Staates nicht lindern, im Gegenteil: die *terms of trade* hatten sich grundlegend geändert. Als die East India Company nicht mehr genügend Silber aus Amerika – dort verdarben Revolution und Unabhängigkeitsbewegungen das Geschäft – aufbringen konnte, um für ihre steigenden Teeimporte zu bezahlen, war sie auf ein anderes Zahlungsmittel verfallen: Opium. Bengalisches Opium, angebaut von der East India Company und über Zwischenhändler wie William Jardine und James Matheson vertrieben, fand in China reißenden Absatz. Während alle anderen englischen Produkte »lediglich als Spielzeug dienen, auf das man auch verzichten kann« (Lin Zexu), schuf das Opium sich eine dringende Nachfrage. Der Handel – oder besser: Schmuggel, denn Kaiser Yongzheng hatte den Import schon 1729 verboten – mit der Droge stieg ab den 1770ern stetig an. Ende des Jahrhunderts belief er sich auf jährlich 4000–5000 Kisten à 63,5 kg, ab 1820 wuchs die Menge sprunghaft an, und nachdem England 1834 das Monopol der East India Company aufgehoben und den Handel mit China freigegeben hatte, erreichte der Umsatz 40 000 Kisten: zweieinhalb Millionen kg reines Rauschgift pro Jahr. Entlang der gesamten Südküste Chinas wurde das Opium von englischen Schiffen heimlich auf »schnelle Krabben« – schwerbewaffnete, flinke Ruderboote – verladen, an Land gerudert und über wohlorganisierte Netzwerke in die inneren Provinzen transportiert.

Hatten die hohen Teeimporte den Engländern zuvor ein großes Handelsdefizit beschert, änderte sich die Handelsbilanz durch das Opium

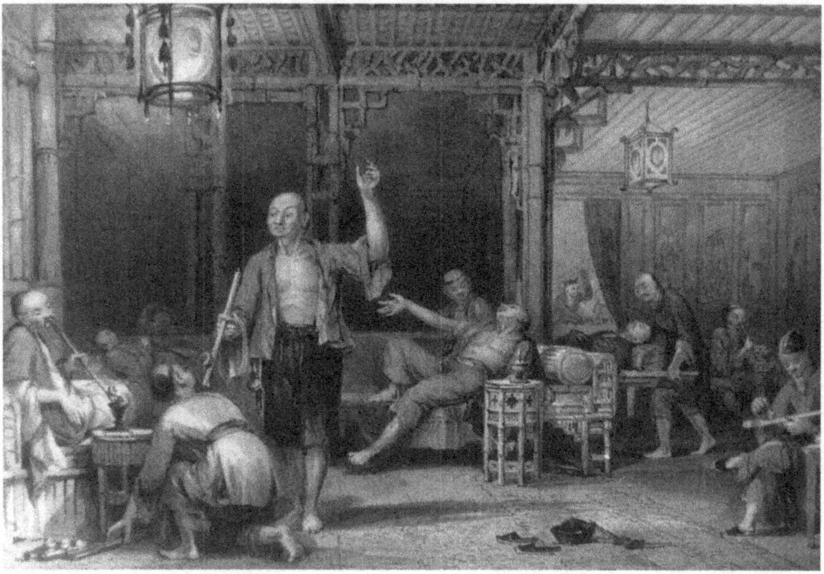

Eine »Opiumhöhle«, Stahlstich nach einer Zeichnung von Thomas Allom, 1843.

grundlegend. Ab ca. 1825 floss mehr Silber aus China hinaus, als hereinkam: allein 1831–33 waren es 10 Millionen Unzen. Der Abfluss von Silber wirkte sich verheerend auf die chinesische Wirtschaft aus. Durch die Knappheit stieg der Silberpreis drastisch, umgekehrt verlor das Kupfergeld, die Währung des Kleinhandels und der Gehälter, empfindlich an Wert. Nominell lag der Umtauschkurs für eine Unze Silber bei 1000 Kupfermünzen, doch schon 1820 stieg er auf 2000–3000 Münzen. Arbeiter und Soldaten, deren Gehälter in Kupfermünzen ausgezahlt wurden, litten unter der Inflation, Bauern, die ihr Kupfergeld für den Fiskus in Silber umtauschen mussten, konnten ihre Steuern nicht mehr aufbringen und mussten sich verschulden.

Opium 鴉片

»Von Opium hatte man in früheren Zeiten kaum gehört«, notiert ein pharmakologisches Kompendium von 1596,

> erst in jüngerer Zeit wird der Saft der Mohnblume verwendet: … Man behandelt damit Diarrhoe und Aftervorfälle, es vermag auch die Manneskraft

> zu hemmen. Das Volk verwendet es bei den »Schlafzimmerkünsten«. In der Hauptstadt wird es in Form von »Unsterblichkeitspillen« verkauft, von denen es heißt, sie heilten alle Krankheiten: das ist alles bloß schlüpfrige Scharlatanerie. (*Bencao gangmu* 23)

Opium, ursprünglich im Vorderen Orient heimisch, wurde wohl schon in der Tang-Zeit von Arabern und Türken in China eingeführt. Es galt als Arznei und Aphrodisiakum. Im 17. Jahrhundert kam Opium mit den Holländern nach Taiwan und mit den Portugiesen nach Macao. Jetzt wurden seine »schnapsartigen Dämpfe« – mit Tabak, der kurz zuvor eingeführt worden war – auch geraucht, zunächst verdünnt als »Madak«, ab den 1770ern auch in reiner Form. So wurde Opium von einer Arznei zu einer Droge, zum »Allheilmittel für alles menschliche Leid« und »Geheimnis des Glücks«, wie ein Kenner schwärmte.

> Denn es schien mir, als stünde ich entfernt und abseits vom Aufruhr des Lebens; als sei aller Trubel, alles Fiebern und Streiten aufgehoben; eine gnädige Rast von den heimlichen Bürden des Herzens; ein Sabbat der Ruhe; eine Erholung von menschlicher Plage. Hier war die Hoffnung, die auf den Pfaden des Lebens blüht, versöhnt mit dem Frieden des Grabes; der Verstand, wie der Himmel, unermüdlich bewegt, doch alle Ängste selig gestillt; ein Friede, nicht aus Trägheit geboren, sondern entstanden aus mächtigen und ebenbürtigen Gegensätzen: endlose Tätigkeit und endlose Muße.
> (Thomas De Quincey, *Confessions of an English Opium-Eater* II)

Die Erfahrung, die Thomas De Quincey beschreibt, haben Hunderte Millionen Chinesen gemacht – De Quinceys Landsleute lieferten ihnen den Stoff dafür in wachsenden Mengen. Die East India Company weitete den Schmuggel von Opium im 18. Jahrhundert systematisch aus, und als sie 1813 ihr Monopol verlor, wuchs der Schmuggel explosionsartig an. Im gesamten 19. Jahrhundert blieb Opium der Hauptexport des Westens nach China. Chinesen aus allen Schichten verfielen der Droge: gelangweilte Eliten rauchten zum Zeitvertreib, Arbeiter entspannten in Opiumhöhlen von der Last des Alltags, Mohnbauern wurden süchtig, einsame Konkubinen flüchteten sich darein, Studenten nahmen es vor ihren Prüfungen, Eunuchen verkauften es im Kaiserpalast, Väter gaben es ihren Söhnen, damit sie dem Glücksspiel fernblieben, und unter den Beamten waren »wenige, die es nicht rauchten«. Schätzungsweise 10 % aller Chinesen sollen im 19. Jahrhundert Opium geraucht haben, davon 3–5 % exzessiv. Rund 15 Millionen Abhängige gab es am Ende des Jahrhunderts, die von der Droge langsam ausgezehrt und in den Tod getrieben wurden.

Opium wurde zu einem wichtigen Wirtschaftsfaktor. Viele Bauern bauten auf guten Böden Mohn statt Reis an, der Binnenhandel mit der Droge übertraf Ende des 19. Jahrhunderts sogar den mit Reis und Salz. Schmuggler, Groß- und Einzelhändler, Schieber und Beamte verdienten daran; Opium wurde als Zahlungsmittel benutzt, das Händler, Studenten und Beamte auf Reisen mit sich führten. Als 1853 eine Transitsteuer zur Finanzierung lokaler Truppen eingeführt wurde, wurde hauptsächlich Opium besteuert: allein in Yunnan erbrachte sie 200 000–300 000 Unzen Silber pro Jahr. 1858 wurden Opiumimporte faktisch legalisiert, 1879 erreichten sie ihren Höchststand mit 87 000 Kisten pro Jahr – bevor der einheimische Anbau diese Importe zunehmend ersetzte.

1906 begannen die Qing im Zuge ihrer Reformen eine große Kampagne gegen das Opium, die schließlich dazu führte, dass England seine Exporte 1917 einstellte. Doch mittlerweile konnte der Markt ganz aus einheimischer Produktion versorgt werden. Die Republikzeit wurde zum traurigen Höhepunkt des Drogenhandels in China. Mit dem Verbot von Opium ging das Geschäft in die Hände von kriminellen Organisationen über, die auch mit wesentlich giftigeren Derivaten – Morphin und Heroin – handelten. Und nicht nur das organisierte Verbrechen finanzierte sich durch Opium: auch die Nationale Volkspartei profitierte davon, Kriegsherren bezahlten ihre Armeen mit den Erlösen aus Opiumverkäufen, die Japaner finanzierten ihre Kriegsmaschine durch systematischen Drogenschmuggel, und die Kommunistische Partei erzielte in Yan'an durch Opiumhandel reiche Gewinne. Erst 1950, als die KPCh selbst zur Regierungspartei geworden war, ließ sie verkünden:

> Seit über hundert Jahren sind die Imperialisten in unser Land eingedrungen, haben mit Gewalt Opium eingeführt und unserem Land geschadet. Unter den reaktionären Regimes der feudalistischen Bürokratie und der Kriegsherren mit ihren liederlichen, schamlosen und verkommenen Lebensweisen wurde Opium nicht nur nicht unterdrückt, sondern auch noch forciert angebaut. Besonders während der Invasion des japanischen Imperialismus wurde die Vergiftung des chinesischen Volkes planmäßig durchgeführt, unzählige Menschenleben und Besitztümer wurden zerstört. Jetzt, da das ganze Volk befreit ist, erlassen wir zum Schutz der Volksgesundheit und zur Steigerung der Produktion ein Gesetz zum strengen Verbot von Opium und anderen Drogen.
>
> (»Zhengwu yuan guanyu yanjin yapian de yandu tongling«, 24.2.1950)

Tatsächlich gelang es dem neuen Regime, die Droge mit all ihren verheerenden Wirkungen in China auszurotten – bis auf weiteres.

Leere Staatskassen, eine Inflation, die den Bauern ihre Lebensgrundlage raubte, Beamte, die an der Opiumpfeife hingen, und ganze Truppenkontingente, die durch die Droge kampfunfähig geworden waren: die Situation drohte in den 1820er/30er Jahren gefährlich zu werden. Eine Flut von Throneingaben ergoss sich an den Kaiserhof, in denen die verschiedensten Vorschläge zur Finanzpolitik, vor allem aber zur Lösung des Opiumproblems gemacht wurden. Sie reichten von der Legalisierung und Besteuerung der Droge über die Einführung von Papiergeld, um die ausländischen Händler billig abzufertigen, bis hin zum strikten Einfuhrverbot und der Todesstrafe für Opiummissbrauch.

Schließlich setzte sich die harte Linie durch, die vor allem durch konservative Kreise in Beijinger »Dichterzirkeln« propagiert wurde. Kaiser Daoguang (1820–1850) erließ drakonische Gesetze gegen den Drogenhandel: Schmuggler sollten geköpft und ihre Schädel zur Warnung auf Spießen an der Küste ausgestellt werden, ihren Komplizen drohte der Tod durch Erdrosseln. 1837 wurden die »schnellen Krabben« der Schmuggler zerstört, 1838 waren bereits 2000 Opiumhändler und -raucher verhaftet, täglich fanden Hinrichtungen statt. 1839 schickte Daoguang zudem einen ausgemachten *hardliner*, Lin Zexu (1785–1850), als kaiserlichen Gesandten nach Guangzhou, um das Opiumverbot durchzusetzen.

Lin griff kompromisslos durch. Im Sommer 1839 ließ er 350 Ausländer festhalten, zerstörte Tausende Opiumpfeifen, konfiszierte mehr als 20 000 Kisten Opium und ließ es vernichten. Daraufhin verfasste er einen Brief an die englische Königin Victoria, in dem er die Ungeheuerlichkeit des Opiumschmuggels deutlich beschrieb.

> Wo, bitte, ist Euer Gewissen? Ich habe gehört, dass in Eurem Land der Opiumkonsum streng verboten ist: Ihr wisst also genau, wie schädlich es für die Menschen ist. Wenn Ihr solchen Schaden in Eurem Land nicht zulasst, solltet Ihr ihn doch wohl nicht auf andere Länder übertragen, schon gar nicht auf China! … Angenommen, es kämen Ausländer nach England, um Opium zu verkaufen und die Menschen zum Konsum zu verführen: das würdet Ihr, ehrenwerte Königin, sicher tief verabscheuen und energisch unterbinden. Ich habe gehört, dass Ihr, ehrenwerte Königin, ein gütiges und großzügiges Herz habt: sicher wollt Ihr nicht »anderen zufügen, was Ihr selbst Euch nicht wünscht«. (*Lin Wenzhong gong zhengshu* 5)

Trotz des Verweises auf die »Goldene Regel«, die der westlichen und konfuzianischen Ethik (S. 94) gemein ist – Lin Zexus Appell war zum Scheitern verurteilt. Das europäische Chinabild hatte sich im 19. Jahrhundert gründlich gewandelt, das Reich der Qing hatte seine moralische Vorbildfunktion eingebüßt. Hatten einst Missionare vom »kultiviertesten Reich der Welt« geschwärmt, so berichteten jetzt Händler von Verkommenheit und Despotie. Sie überzeugten damit sogar die Philosophen. Es entbehrt nicht der Ironie, dass Johann Gottfried Herder schon 50 Jahre zuvor ganz ähnliche Kritik wie Lin Zexu vorgetragen hatte – allerdings auf die »Sinesen« gemünzt:

> Taumelnd von Tatarischem Stolz verachten sie den Kaufmann, der sein Land verläßt, und wechseln betrügliche Waare gegen das was ihnen das sicherste dünket: sie nehmen sein Silber und geben ihm dafür Millionen Pfunde entkräftenden Thees zum Verderben Europa's.
>
> (*Ideen zur Philosophie der Geschichte der Menschheit* 3)

In seiner »Absonderung« und »Verhinderung jedes Fremden« erschien China den hinausstrebenden Europäern wie »eine balsamirte Mumie, mit Hieroglyphen bemahlt und mit Seide umwunden« (Herder); die chinesische Schrift, einst als Thesaurus tiefer Weisheit bewundert, wurde lediglich als primitive Form des Schreibens angesehen; der Buchdruck, der für Bacon noch »den Zustand der ganzen Welt verändert« hatte, wurde als Stereotypie der Schrift entlarvt, die zur »Stereotypie des Geistes« führe; kurz, China erschien, wie Ranke es ausdrückte, als Land »des ewigen Stillstands«.

Noch immer, wie im 18. Jahrhundert, wurde China als das emphatisch Andere stilisiert, allerdings nicht mehr als leuchtendes Vorbild, sondern als düsteres Negativ eigener Verhältnisse. Nur deshalb erschien China als rückständig, weil Europa vom eigenen »Fortschritt« geblendet war; nur deshalb als moralisch verkommen, weil Europa der Moral keine integrative Kraft mehr beimaß. Stattdessen hatten sich ganz andere Werte durchgesetzt: in der Wirtschaft der Glaube an die wohltätige Kraft des Markts und das »Recht auf freien Handel«, das Adam Smith 1776 verkündet hatte, in der Politik die Idee vom Nationalstaat und Nationalismus.

Wie diese Überzeugungen wirkten, zeigte sich, als der Handelskommissar in China, Charles Elliot, sowie William Jardine und andere Händler die englische Regierung zu energischer Reaktion auf Lin Zexus Übergriffe drängten. Zwar hatte die Opposition im Unterhaus empört gegen einen schändlichen Krieg zum Schutz von »infamem Schmuggelverkehr« protestiert; doch entscheidend war der Appell an

> ein Land, das weder Niederlage noch Unterwerfung oder Schande kennt; ein Land, das solche Wiedergutmachung für die Vergehen an seinen Kindern erlangt hat, dass allen, die davon hörten, die Ohren klangen; ... ein Land, das nie entartet ist, seit der Herr gelobt hat, den Namen »Engländer« so hochangesehen zu machen wie der des Römischen Bürgers es je gewesen ist.
>
> (Thomas Babington Macauley)

»Right or wrong, my country!« In der englischen Gesellschaft waren ökonomische Interessen, politische Ambitionen und nationaler Stolz nicht mehr durch Moral zu vermitteln: eben das machte sie modern. Eben deshalb musste Lin Zexus altväterischer Appell ins Leere laufen. Schon bevor der erste Schuss gefallen war, zeigte sich die Überlegenheit der Engländer in diesem Konflikt: denn mit dem Nationalismus besaßen sie eine weitaus schlagkräftigere Ideologie als China. Die Qing, für die es um den Preis und die schädlichen Auswirkungen des Opiums ging, hatten in ihrer Entscheidung gezaudert; im Namen von Ehre und Nationalstolz aber konnte es weder Zweifel noch Zögern geben.

Im Juni 1840 erreichte eine britische Kriegsflotte von 48 Schiffen mit 4000 Soldaten, darunter erstmals vier gepanzerte Dampfschiffe, die chinesische Küste. Nachdem Seeblockaden und erste Verhandlungen kein Ergebnis gebracht hatten, gingen die Briten zum Angriff über. Es war ein ungleicher Krieg, in dem die Chinesen mit hölzernen Sampans gegen gepanzerte Kanonenboote kämpften, mit Lanzen und Schwertern gegen moderne Artillerie, mit Bauernmilizen gegen Berufssoldaten (Karte S. 429).

Nach schweren Gefechten in Guangzhou, bei denen die Engländer die Stadt besetzten, fuhren ihre Kriegsschiffe die Küste hinauf: sie eroberten Xiamen, Ningbo, die Insel Zhoushan, schließlich auch Shanghai und Zhenjiang. Damit hatten die Briten den Verkehr auf dem Kaiserkanal abgeschnitten, der Lebensader der Hauptstadt, und sie drangen noch weiter den Yangzi aufwärts, bis nach Nanjing. Als sie im August 1842 zum Angriff auf die alte Kaiserstadt rüsteten, hissten die Qing-Truppen die weiße Fahne.

Im Opiumkrieg erlitten die Qing ihre erste große Niederlage. Im Friedensvertrag von Nanjing diktierten die Engländer ihnen schwere Auflagen. Dazu gehörten:

- Reparationen in Höhe von 21 Millionen Silberdollar
- Festlegung der Handelszölle auf durchschnittlich 5 %
- Abtretung der Insel Hongkong an England
- Akkreditierung englischer Diplomaten in China, die den Qing-Beamten protokollarisch gleichgestellt wurden
- Öffnung der Häfen Guangzhou, Xiamen, Fuzhou, Ningbo und Shanghai für den Handel.

In einem ergänzenden Vertrag wurden den Engländern zudem Exterritorialität – das Recht auf eigene Gerichtsbarkeit in China – sowie eine »Meistbegünstigungsklausel« zugestanden, der zufolge alle Rechte, welche die Qing anderen Nationen gewährten, automatisch auch auf England übertragen wurden. Mehr noch: Frankreich und die USA sicherten sich 1844 in ganz ähnlichen Verträgen die gleichen Rechte wie England. Im Vertrag von Nanjing und den Folgeverträgen gaben die Qing ihre staatliche Souveränität in wichtigen Punkten auf: sie verloren politische Kontrolle über bestimmte Gebiete, Rechtshoheit über Ausländer und die Freiheit, eigene Handelszölle festzulegen. Diese »Ungleichen Verträge«, wie sie später genannt wurden, leiteten ein neues, traumatisches Kapitel der chinesischen Geschichte ein.

Der (erste) Opiumkrieg galt lange als *das* Schlüsselerlebnis der modernen Geschichte Chinas. Westliche Historiker des 20. Jahrhunderts haben darin die Wasserscheide zwischen »traditionalem« und »modernem« China erkannt, auch chinesische – vor allem marxistische – Historiker ließen ihre »moderne Geschichte« mit dem Jahr 1840 beginnen. Auch wenn die chinesische Gesellschaft in mancher Hinsicht schon viel früher moderne Züge ausgeprägt hatte – im Opiumkrieg wurde sie schonungslos mit den Konsequenzen der Moderne konfrontiert: mit der Durchschlagskraft ihrer Waffen, aber auch mit der kühlen Logik ihrer Ökonomie und der moralfreien Ideologie des Nationalismus. Der Opiumkrieg war das erste moderne Verbrechen, das der Westen an China verübte.

Doch für die Regierung in Beijing war Guangzhou weit entfernt. Die Qing bemühten sich keineswegs darum, die Barbaren, die dort unten weiter Opium verkauften, zu »kontrollieren« oder gar »anzugreifen«. Der streitlustige Lin Zexu war in Guangzhou durch einen manjurischen Beamten ersetzt worden, der die Engländer nicht bekriegen, sondern »besänftigen« sollte. Die Qing hatten in den 1840ern genügend andere Probleme: Überbevölkerung, Inflation, Korruption, Naturkatastrophen – Dürren, Fluten und eine verheerende Kursänderung des Gelben Flusses

1852–1854 – sowie eine Serie von Aufständen, welche die gesamte Ordnung hinwegzufegen drohten.

Mit der Niederschlagung des »Weißen Lotos« war das demographische Problem der Qing keineswegs gelöst, im Gegenteil: die Bevölkerung Chinas war Mitte des Jahrhunderts auf 430 Millionen angewachsen, ohne dass die Produktivität des Landes entsprechend anstieg. Immer größer wurde die Schar der landlosen Bauernsöhne, arbeitslosen Kanalarbeiter, Deserteure und Banditen, die das Reich ohne Hoffnung auf eine Zukunft durchstreiften. Vor allem in peripheren Regionen nahm der Druck zu: in Sichuan, das im 18. Jahrhundert große Migrantenströme aufgenommen hatte, in Jiangxi, das von »Gästen« (*Hakka* oder *Kejia*) aus Guangdong überschwemmt wurde, in Zhejiang und Fujian, wo »Hüttenvolk« die Berge in Beschlag nahm, in der Manjurei, in die jetzt immer mehr Chinesen illegal einwanderten, oder in Hunan, wo zahllose Siedler in Konflikt mit autochthonen Völkern gerieten. An allen Enden des Reichs brachen Aufstände aus: 1817–1821 rebellierten Miao-Stämme im Südwesten des Reichs; 1820–1828 erhoben sich Muslime im Nordwesten; Tibeter, Mongolen, Lolo und Yao rebellierten gegen die Besiedlung und Besteuerung ihres Landes. Das Weltreich der Qing drohte an seinen Grenzen zu zerfallen, und der Staat hatte nicht mehr die Mittel, um es zusammenzuhalten.

Seit 1840 spitzte sich die Situation auch in den Vertragshäfen Südchinas, wo chinesische Migranten, einheimische Völker und Europäer unmittelbar aufeinandertrafen, gefährlich zu. Dort begannen ausländische Industrieunternehmen – Schiffswerften, Stahlfabriken und Papiermühlen – seit den 1840ern, das traditionelle Handwerk zu verdrängen, der Außenhandel raubte Bauern und Arbeitern ihr Auskommen. Ein gewisser Hong Xiuquan (1814–1864), Sohn einer armen Hakka-Familie, gab sich – er hatte nach einer verfehlten Literatenprüfung einen Nervenzusammenbruch erlitten – für den Jüngeren Bruder Jesu aus. Er gründete eine »Gesellschaft zur Verehrung Gottes« (Bai Shangdi hui) mit christlich inspirierten Zeremonien und einer radikal egalitären Ideologie, die sich gegen alle Lehren der konfuzianischen Gesellschaft wandte. Hong Xiuquan predigte eine Art agrarischen Kommunismus, in dem Landbesitz abgeschafft und der Boden kollektiv bebaut würde, in dem die Geschlechter gleichgestellt, Füßebinden und Konkubinat ebenso verboten wären wie Opium, Alkohol und Glücksspiel, kurz: ein »Himmlisches Reich des höchsten Friedens« (Taiping tianguo).

Manche Historiker haben die christlichen Elemente der Taiping-Lehre betont, andere haben sie als Vorläufer der sozialistischen Revolution identifiziert. Wahrscheinlich war es den Zehntausenden Anhängern Hong Xiuquans – Bauern, arbeitslose Bootsleute, Hafenarbeiter, Piraten und Angehörige marginalisierter Völker wie der Miao, Yao und Hakka – herzlich egal. Diese entwurzelten Habenichtse brauchten nur eine ideologische Rechtfertigung, irgendeine, um sich gewaltsam zu erheben. 1850 schnitten sie sich die Zöpfe ab und begannen eine Rebellion, die sich von Guangxi schnell über den Süden des Reiches ausbreitete. Ganze Dörfer schlossen sich den Truppen an, so dass die Taiping, wie sie jetzt genannt wurden, bald zu einem Heer von einer Million Mann angewachsen waren. Nach einem mörderischen Zug durch den Süden eroberten sie 1853 Nanjing und machten es zu ihrer »Himmlischen Hauptstadt«. Die Taiping-Rebellion war der größte und blutigste Bürgerkrieg der Weltgeschichte. Er forderte 20–30 Millionen Todesopfer, und die Truppen der Qing waren völlig außerstande, ihn niederzuschlagen. Zwar scheiterte ein Feldzug in den Norden, doch praktisch das gesamte Reich südlich des Yangzi war in den Händen der Taiping.

Allein der Taiping-Aufstand hätte die Qing fast gestürzt, doch er war bei weitem nicht der einzige. 1853–68 rebellierten die »Nian«, eine heterogene Gruppe von Bauern, Schmugglern und Deserteuren in Ostchina; zwischen 1854 und 1873 erhoben sich verschiedene Moslem-Gruppen in Guizhou und Yunnan und riefen ein »Königreich Dali« aus; 1867 gründete der Tadschike Yakub Beg im Nordwesten ein islamisches Gottesreich, das die Qing erst 1878 unter großen Opfern – manche Quellen sprechen von 10 Millionen Toten – stürzen konnten. Seit den 1850ern war Tibet faktisch unabhängig, 16 der 18 Provinzen des Reichs rebellierten gegen die Herrschaft der Qing, ganze Landstriche wurden verwüstet, die Bevölkerung dezimierte sich von 430 Millionen auf rund 350 Millionen. Das Qing-Reich begann sich aufzulösen.

Dass es dennoch bestehen blieb, verdankten die Qing ausgerechnet den Europäern – jenen ›Barbaren‹, die ihnen selbst ein Stachel im Fleisch waren. Denn auch nach dem Vertrag von Nanjing waren die Probleme mit den Engländern keineswegs beigelegt. Einerseits begegneten die Kantonesen den Ausländern äußerst feindlich, provozierten wiederholt Zusammenstöße und schufen eine xenophob geladene Atmosphäre. Andererseits konnten auch die Engländer mit den Verhältnissen nicht zufrieden sein, denn der China-Handel entwickelte sich keineswegs so wie erhofft.

1854 beliefen sich die Importe aus China – vor allem Tee und Seide – auf das Neunfache der Exporte: eine Handelsbilanz, mit der die Briten ihre kostspieligen Kolonien in Indien, Singapur und Hongkong kaum finanzieren konnten. Nur mit Opium konnte der *cash flow* verbessert werden – und um den Opiumverkauf zu steigern, bedurfte es wieder einmal eines Kriegs. Die Engländer nutzten 1856 einen geringfügigen Vorfall – chinesische Polizei verhaftete Schmuggler an Bord des chinesisch-englischen Schiffs »Arrow« und holte dabei angeblich die englische Flagge herunter –, um China erneut mit Krieg zu überziehen. Die »Beleidigung der Flagge« reichte als Vorwand, um »die ganz Macht Englands gegen das Leben wehrloser Menschen zu richten«, wie Gladstone im Parlament klagte. Nachdem Guangzhou bombardiert worden war, sandte Palmerston abermals eine Flotte gegen China, der sich diesmal auch die Franzosen – sie nahmen den Mord an einem Missionar als Anlass – anschlossen.

Die Alliierten segelten von Guangzhou direkt in den Golf von Bohai, stürmten die Festung von Dagu und besetzten Tianjin. Erneut mussten die Qing vor der überwältigenden Übermacht westlicher Kanonenboote kapitulieren, wieder waren sie gezwungen, sich einem erniedrigenden Friedensdiktat zu beugen. Im Vertrag von Tianjin, der 1858 ausgehandelt wurde, mussten die Unterhändler der Qing die Akkreditierung von Gesandten in Beijing hinnehmen, zudem die Öffnung zehn weiterer Häfen für den Handel, Reisefreiheit für Ausländer – speziell für Missionare – in China, niedrige Handelszölle, hohe Reparationen für England und Frankreich sowie die Legalisierung von Opium.

Die Europäer setzten den »freien Handel mit Gift« (Karl Marx) mit Waffengewalt durch – und zwar mit unerbittlicher Konsequenz. Als sich Kaiser Xianfeng weigerte, den Vertrag von Tianjin zu ratifizieren, schickten die Alliierten eine Streitmacht von 18 000 Soldaten gegen Beijing. Diese Armee fügte den Qing-Truppen schwere Niederlagen zu, besetzte schließlich im Oktober 1860 – der Kaiser war zuvor nach Jehol geflohen – die Hauptstadt. Was dann geschah, ging als einer der barbarischsten Akte in die Geschichte der chinesisch-europäischen Beziehungen ein. Nachdem französische Truppen den Sommerpalast (Yuanming yuan) nordöstlich von Beijing geplündert hatten, machten sich englische Truppen auf Befehl von Lord Elgin daran, die 150 Hektar große Anlage, ein Abbild des Weltreichs, mit ihren prächtigen Gärten, Hügeln, Pavillons, Wasserspielen, ihren Palästen und Tempeln in Schutt und Asche zu legen. Ein »Weltwunder« wurde zerstört, wie Victor Hugo 1861 klagte:

> Alles, was die Einbildungskraft eines fast außermenschlichen Volkes hervorbringen konnte, war da. … Bauen Sie einen Traum aus Marmor, Jade, Bronze und Porzellan, täfeln Sie ihn mit Zedernholz, beschichten ihn mit Juwelen, hüllen ihn in Seide, machen Sie ihn hier zum Heiligtum, da zum Harem, dort zur Burg, bringen Sie Götter hinein und Monster, glasieren, emaillieren, vergolden und bemalen Sie ihn, lassen sie von Architekten, die zugleich Dichter sind, die 1001 Träume aus 1001 Nächten bauen, fügen Sie Gärten hinzu, Becken, Fontänen von Wasser und Gischt, Schwäne, Ibisse und Pfauen – kurz, stellen Sie sich einen schillernden Hort der menschlichen Phantasie in Form von Tempeln und Palästen vor: das war dieses Monument. … Dieses Wunder ist verschwunden. Eines Tages sind zwei Banditen in den Sommerpalast eingedrungen. Der eine hat geplündert, der andere gebrandschatzt. … Wir Europäer sind zivilisiert, für uns sind die Chinesen Barbaren: voilà, das hat die Zivilisation der Barbarei angetan. (»Lettre au capitaine Butler«)

Nur Ruinen der Paläste, die einst Jesuiten dort errichtet hatten, erinnern heute an den Yuanming yuan. Der Sommerpalast war vielleicht das letzte Monument jenes »kultiviertesten Reichs der Welt«, das die europäische Phantasie so beflügelt hatte. Als Symbol der Staatsmacht hatte es Untertanen und Tributgesandte beeindruckt. Indem sie dieses Symbol zerstörten, trafen die Engländer die Qing-Dynastie ins Mark.

Der Bruder des Xianfeng-Kaisers, Prinz Gong (1833–1898), der mit den Ausländern verhandelte, musste den Vertrag von Tianjin wohl oder übel ratifizieren. Nicht nur England, Frankreich und die USA profitierten von dem Vertrag, auch Russland nutzte die Gelegenheit, um Meistbegünstigung zu erhalten und seine Ansprüche in China geltend zu machen. Schon 1851 hatten die Russen sich Handelsrechte im Ili-Gebiet gesichert, jetzt erzwangen sie die Öffnung von Ulan Bator (Mongolei) und vor allem die Abtretung der Gebiete nördlich des Amur und östlich des Ussuri: die Grenzen gelten noch heute.

Der zweite Opiumkrieg, der bis nach Beijing getragen wurde, erschütterte die Qing viel nachhaltiger als der erste, der lediglich im fernen Süden ausgefochten wurde. Jetzt erst wurde weithin eine »Umwälzung, wie es sie seit 3000 Jahren nicht gegeben hat«, erkannt: China sah sich mit fremden Mächten konfrontiert, die nicht mehr als exotisch oder ›barbarisch‹ abgetan werden konnten. Sie mussten – auch das macht das spezifisch Moderne an dieser Erfahrung aus – in ihrem Eigenwert anerkannt werden. China musste sich mit ihnen arrangieren, und zwar indem es sich selbst änderte.

Shanghai 上海

Wo heute die höchsten Wolkenkratzer Chinas aus einer pulsierenden 19-Millionen-Metropole hervorragen, war noch vor rund 1000 Jahren – nichts. Erst in der Tang-Zeit entstand in diesem Gebiet durch die Ablagerungen des Yangzi festes Land, und im 10. Jahrhundert wird dort zum ersten Mal eine »Anlegestelle am Oberen Hai-Fluss«, »Shanghai pu«, erwähnt (auch einen »Unteren Hai«, Xiahai, gab es). Der Ort war schon damals günstig gelegen, nahe der Yangzi-Mündung und am Kreuzweg zweier Handelswege. 1267 wurde Shanghai zum Marktflecken, 1292 zur Kreisstadt, 1554 erhielt es sogar eine Stadtmauer: die Stadt prosperierte durch Handel und die Baumwollindustrie.

Doch eigentlich begann die Geschichte Shanghais erst 1840, als England im Vertrag von Nanjing die Öffnung der Stadt erzwang. Jetzt wuchsen neben der ummauerten »Chinesenstadt« am Huangpu Konzessionsgebiete der Engländer, Franzosen und Amerikaner. Villen, Theater, Hotels und eine Pferderennbahn entstanden auf dem Schwemmland am Huangpu, direkt am Flussufer bauten die Engländer Banken, Hotels, ein Konsulat und repräsentative Niederlassungen ihrer Handelshäuser, die Deutschen setzten später mit dem Club Concordia ein architektonisches Wahrzeichen. Der »Bund« (*waitan*), die Prachtstraße am Flussufer, wurde zu einer der ersten Adressen weltweit. Seine neoklassizistischen und Art-déco-Fassaden wurden zum Wahrzeichen Shanghais, einer Stadt, die wie keine zweite das Mit- und Nebeneinander von Chinesen und Ausländern verkörpert.

1854 wurde in Shanghai ein Seezollamt unter britischer Leitung eingerichtet, das sich zu einer wichtigen Einnahmequelle für den Qing-Staat entwickelte. Als die Taiping in Jiangsu wüteten, fanden zahlreiche Flüchtlinge in den Ausländervierteln Schutz: sie verteidigten die Stadt 1861/62 gemeinsam mit den Ausländern gegen die Rebellen. Zugleich entstanden in Shanghai eine Sprachenschule, Übersetzerbüros und ausländische Druckereien. Englische Zeitungen brachten Nachrichten aus dem Ausland an chinesische Leser, und im 1864 gegründeten Jiangnan-Arsenal wurden unter chinesischer Mitarbeit westliche Waffen hergestellt. Während die Zentrale in Beijing noch mit einer Umstellung der Außenpolitik haderte, hatte die neue Ära in Shanghai längst begonnen.

Shanghai war von Anbeginn Chinas Laboratorium der Moderne: eine kosmopolitische Stadt, in der Menschen jeder Couleur – Chinesen, Engländer, Franzosen, Japaner und Russen – zusammentrafen und neue Formen des Miteinanders fanden. (Oder des Nebeneinanders: auch wenn es das berüchtigte Schild »Chinesen und Hunde verboten« nicht gegeben hat, war Chinesen der Eintritt in die Parks am Bund bis 1928 verboten.) Schon 1900 lebten 100 000 Ausländer in Shanghai; in den 1930ern kamen Tausende von Juden hinzu, die auf der Flucht vor dem Faschismus in »Klein-Wien« nördlich des Suzhou-Flusses Aufnahme fanden.

Neben Baumwollfabriken und Schiffswerften entstanden große Verlage wie die Commercial Press (Shangwu yinshu guan) und die ersten Universitäten: St. John's, die Fudan und die Shanghai-Universität. In der Fuzhou-Straße standen internationale Buchläden neben Bars, Teehäusern und Bordellen. Shanghai galt in den 1920er und 1930er Jahren als »Paris des Ostens«, die Stadt der Cafés, Nachtclubs, Wolkenkratzer und Neonlichter. Für Besucher vom Land war die Stadt ein atemberaubender Moloch:

> Himmel! was da alles an spukhaften Erscheinungen mit beklemmender Geschwindigkeit auf ihn zu und an ihm vorüber sauste! Diese wolkenhohen, tausendäugigen Hausungetüme, die ihn schier zu zerquetschen und unter sich zu begraben drohten! Diese in schnurgerader, endloser Reihe auf ihn zujagenden Pfähle und Masten mit den großen und kleinen Lichtern an den Spitzen! Diese nicht abreißende Kette von dunklen schemenhaften Wesen, die mit tierischen Grunzlauten auf ihn zu und an ihm vorüber fauchten und ihn dabei bösartig aus zwei riesengroßen runden Augen anglotzten, die so grell und tückisch funkelten, dass sein menschliches Auge sich schmerzhaft geblendet abwenden musste!
>
> (Mao Dun, *Shanghai im Zwielicht*, Übertragung: Franz Kuhn)

Shanghai war die Stadt der Arbeiter, Intellektuellen und Unternehmer, Stadt der Reichen und Schönen – aber auch der Bettler, Mörder und Drogenhändler. Während die *jeunesse dorée* ihre Freizeit in den eleganten Cafés der Avenue Joffre verbrachte und Gangsterbosse mit Prostitution, Drogenhandel und Glücksspiel Millionen verdienten, fristeten andere ihr Leben in engen Hinterhöfen, zerfallenen Strohhütten oder auf Booten. Schätzungsweise 20 000–30 000 Tote fand die Stadtreinigung alljährlich auf den Straßen Shanghais.

Diese explosive Mischung ließ Shanghai immer wieder zur Bühne historischer Ereignisse werden: 1921 wurde dort die Kommunistische Partei Chinas gegründet, 1925 entzündete sich in Shanghai eine landesweite Protestwelle, 1927 erlebte die Stadt das Massaker an Arbeitern und Kommunisten, 1932 und 1937 erlitt die Stadt den Terror der japanischen Kriegsmaschine. Danach waren die goldenen Zeiten vorbei. Nach der »Befreiung« durch die KPCh wurde Shanghai – Inbegriff bourgeoiser Dekadenz – von einer Konsumstadt zur Produktionsstadt umgewandelt, in der Textilien, Werkzeug und Arzneimittel nach Plan produziert wurden. Während Millionen Arbeiter nach Shanghai umgesiedelt wurden – die Einwohnerzahl stieg zwischen 1949 und 1960 von 4,5 auf 6,4 Millionen (1960) – und die Stadt fast 90 % ihrer Erträge an die Zentrale abliefern musste, verfiel die Infrastruktur zusehends, der verfügbare Wohnraum sank auf 3,5 m^2 pro Einwohner. Die glitzernde Weltstadt von einst war ein grauer Industriemoloch geworden.

Erst in den 1980ern wurde die Stadtplanung in Shanghai wieder aufgenommen, und ab den 1990ern erlebte Shanghai einen kometenhaften Aufstieg, der das Gesicht der Stadt verändert hat. Aus sechs Millionen Einwohnern sind 19 Millionen geworden; wo einst auf kleinen, kurvigen Straßen Fahrräder und Fußgänger wimmelten, schneiden jetzt Schnellstraßen geradewegs durch die Stadt; wo früher nur Fähren schipperten, queren jetzt Hochbrücken und Autotunnel den Huangpu; ein gutes Dutzend U-Bahn-Linien ist in 25 Jahren entstanden; wo hundert Jahre lang Wohnquartiere mit zweigeschossigen Hofhäusern (*lilong*) standen, prangen nunmehr die Apartmentkomplexe von *gated communities*; wo einst klapprige Busse fuhren, schwebt jetzt der Transrapid; gegenüber vom Bund, wo vormals nur Baracken und Lagerhäuser standen, ragen heute über 400 m hohe Wolkenkratzer in den Himmel; und wo vorher nur Sumpf und Reisfelder waren, wachsen jetzt Satellitenstädte für Hunderttausende.

Wieder scheint eine neue Ära der chinesischen Geschichte mit dem Aufstieg Shanghais zu beginnen. Wieder ist Shanghai Chinas Laboratorium der (zweiten) Moderne, in dem sich atemberaubende Erfolge mit beklagenswerten Opfern – zerstörten Bauten und entwurzelten Menschen – verbinden. 2010 veranstaltete Shanghai die Weltausstellung unter dem Motto »Better city, better life« (Farbabb. 18). Ob Shanghai das Versprechen einhalten kann, wird eng mit der Zukunft des ganzen Landes zusammenhängen.

Rebellion und Selbststärkung

1861 lag die Qing-Dynastie am Boden. Die Westmächte hatten China militärisch gedemütigt und die Hauptstadt geschändet, der Kaiser hatte sich nach Jehol, jenseits der Großen Mauer, verkrochen, die »Südliche Hauptstadt«, Nanjing, war in der Hand der Taiping-Rebellen, und in Beijing hatte gerade – größter anzunehmender Unfall – eine Frau die Macht usurpiert. Nach dem Tod des Xianfeng-Kaisers (1861) war der sechsjährige Sohn einer Konkubine unter der Regierungsdevise »Vollkommene Ordnung« (Yooningga dasan, chin. Tongzhi) als Nachfolger eingesetzt worden. Doch die Ordnung wurde bald gestört, als die besagte Konkubine, zusammen mit Prinz Gong und anderen, einen Staatsstreich verübte und selbst »hinter einem Vorhang« die Regierung übernahm. Ihr Name: Cixi (1835–1908). Sie sollte zur mächtigsten Frau der chinesischen Geschichte werden und die Politik der Qing bis 1908 bestimmen.

Historiker haben Cixi vieles angelastet: halsstarrigen Konservatismus, perfide Hofintrigen, sogar den Niedergang der Qing. Doch zunächst gelang es ihr, die Dynastie, die am Abgrund stand, an der Macht zu halten. Ja, die Qing erstarkten derart, dass die Ära Tongzhi (1862–1875) als »Restauration« (*zhongxing*) bezeichnet wird, als zweiter Frühling einer Dynastie, wie ihn etwa die Han nach Wang Mang und die Tang nach An Lushan erlebt hatten. Allerdings markierte die Tongzhi-Restauration weniger die Wiederherstellung der alten als den Aufbruch zu einer neuen Ordnung. Die Qing hatten zu ihrem Erstaunen festgestellt, dass

> die Barbaren sich nach dem Austausch der Verträge aus Tianjin zurückzogen und gruppenweise nach Süden segelten. Zudem berufen sich alle ihre Forderungen auf die Verträge. Offensichtlich wollen die Barbaren nicht unser Land und Volk. … Das ist anders als in früheren Dynastien.
>
> (*Chouban Yiwu shimo, Xianfeng* 17.18)

Jetzt setzte sich in der Regierung die Erkenntnis durch, dass die Westländer durch geschickte Diplomatie zu bändigen waren: damit begann eine neue Phase der Beschwichtigungspolitik. Erstmals in der Geschichte wurde eine Art Außenamt (*zongli yamen*) eingerichtet, geleitet von Prinz Gong, der bereits die Verhandlungen von 1860 geführt hatte. Damit war die Außenpolitik aus dem Ritenministerium und dem Kontext des Tributsystems ausgegliedert: ein erster Schritt zur modernen Außenpolitik. Zudem wurden in Beijing, Shanghai, Guangzhou und Fuzhou Sprachschulen gegründet, an denen westliche Sprachen und Wissenschaften unterrichtet wurden. Werke wie Henry Wheatons *Elements of International Law* wurden in chinesischer Übersetzung studiert – und auf diplomatischer Ebene erfolgreich angewendet.

Mehr noch: 1866 fuhr eine erste inoffizielle Reisegruppe nach England; 1868 reiste eine Gesandtschaft unter Leitung des Amerikaners Anson Burlingame in die USA; 1872 schickten die Qing Studenten zum Auslandsstudium nach Amerika; wenige Jahre später akkreditierten sie diplomatische Vertreter in London, Paris und Washington. Umgekehrt errichteten europäische Städte – allein die deutschen Hansestädte hatten elf Konsulate – und Staaten in den 1860ern und 1870ern zahlreiche Vertretungen in China.

Angesichts dieser Hinwendung zum Westen haben Ausländer nach 1860 eine »Periode der Unterwürfigkeit« diagnostiziert, in der China sich dem Westen willfährig ergab. Chinesen sprachen von »Überseeischen Geschäften« (*yangwu*), aber auch von »Selbststärkung« (*ziqiang*) – aber die hatte wenig mit Untertänigkeit zu tun. Schon Wei Yuan hatte empfohlen, »die Techniken der Barbaren zu lernen und so die Barbaren zu kontrollieren«, und eben darum ging es den Qing. Der hohe Beamte Zhang Zhidong (1837–1909) brachte diese Politik später auf eine bündige Formel: »chinesische Lehren für die Prinzipien, westliche Lehren für die praktische Anwendung« (*zhongxue wei ti, xixue wei yong*). »Prinzipien« und »praktische Anwendung«: wie in der Song-Zeit, meinte dieses die angewandten Wissenschaften, jenes aber das unwandelbare »Verhältnis von Fürst und Untertan sowie Vater und Sohn« (S. 325).

Bei aller Öffnung für Neues durfte die gesamtgesellschaftliche Ordnung nicht angetastet werden: während die Qing westliche Bücher übersetzen ließen, verschärften sie die Zensur gegen »häretische Lehren und Überlieferungen von Außergewöhnlichem«, die »den Sitten und dem Gemüt des Volkes schaden«. Mehr als 250 Titel volkstümlicher Literatur kamen jetzt auf den Index, darunter Meisterwerke wie die *Reise nach Westen*, die *Räuber vom Liangshan Moor*, der *Traum der Roten Kammer* und der *Päonienpavillon*. Nicht zufällig gerieten genau die Bücher, in denen sich der Strukturwandel der hierarchischen Gesellschaft seit der Ming-Zeit ausdrückte (S. 398 ff.), ins Visier der Zensoren. Den Qing ging es darum, ebendiese Gesellschaftsordnung zu bewahren, und das heißt: die Basis ihrer Macht zu sichern.

Dieses konservative Programm wurde keineswegs von allen getragen. Wie stark die politische Landschaft des Qing-Reichs bereits fragmentiert war, zeigt die Weise, wie »Selbststärkung« im Süden des Reiches interpretiert wurde. Dort entwickelten andere Akteure in einer ganz unterschiedlichen Umgebung ihre eigenen Ziele. In Städten wie Shanghai standen chinesische Gelehrte in unmittelbarem Kontakt mit Europäern und Amerikanern. Zudem hatte die Ausweitung des chinesischen Buchmarkts seit dem 16./17. Jahrhundert die besten Voraussetzungen für die Vermittlung westlicher Lehren geschaffen:

> Bücher werden zu billigen Preisen in einem beinahe unbegrenzten Ausmaß vervielfältigt; und jeder Bauer und Bettler verfügt über ein allgemeines, seinen Möglichkeiten entsprechendes Wissensreservoir. Es wäre nicht übertrieben zu behaupten, dass es im Vergleich zu vielen anderen Ländern der Welt in China mehr Bücher und Menschen gibt, die sie lesen können.
>
> (Walter Medhurst, *China*, Übersetzung: Sabine Dabringhaus)

Zwischen 1843 und 1863 publizierte die »London Missionary Society Press« (Mohai shuguan) in Shanghai zahlreiche Übersetzungen westlicher Werke, im Übersetzungsamt des Jiangnan-Arsenals wurden zwischen 1868 und 1879 143 westliche Werke übertragen, und die »Society for the Diffusion of Christian and General Knowledge Among the Chinese« (Guangxue hui, 1887–1956) publizierte allein zwischen 1887 und 1911 461 Titel. Zeitungen: zwischen 1840 und 1890 gründeten Ausländer – großteils Missionare – annähernd 170 chinesische oder westlichsprachige Zeitungen, die Nachrichten zu Wirtschaft, Politik, Religion, Literatur, Geschichte, Philosophie, Wissenschaft, Kunst und Technik des Westens publizierten. Blätter wie die Wochenzeitung *Chinese Globe Magazine* (*Wanguo gongbao*, 1868–1907) oder das *Shanghai Journal* (*Shenbao*, 1872–1949) erzielten Auflagen von mehreren tausend, sogar mehreren zehntausend Exemplaren.

Eine »öffentliche Meinung« kannte man bereits in China. Hier aber zeigte sich ihre ganze, durch die Druckerpresse vervielfachte Reichweite und ihr Potential, die Politik zu demokratisieren. Jetzt begannen chinesische Gelehrte, das politische System der USA schätzen zu lernen: »Die Staatsorgane sind der öffentlichen Meinung anvertraut, … es ist ein wahres Wunder«, schwärmte der Geograph Xu Jiyu (1795–1873); und Feng Guifen (1809–1874) schlug vor, da »die öffentliche Meinung einer Prüfung allemal überlegen« sei, die Beamtenprüfungen allesamt abzuschaffen und durch *Wahlen* zu ersetzen. Er hatte

> in einem Buch der Barbaren gesehen, dass in Amerika das Land von einem Präsidenten regiert wird. Das Amt wird an einen Würdigen übertragen, nicht an den Sohn, und zwar vom Volk. Jeder wirft den Namen desjenigen, den er wählt, in eine Urne; dann stellt man fest, wer die meisten Stimmen hat, und setzt ihn ein. (*Jiao Bin lu kangyi* 1)

Auch wenn solche Vorschläge lange nur in kleinen Kreisen zirkulierten – sie zeigen, auf welch wohlbereiteten Boden westliche Lehren bei chinesischen Eliten fielen. Die sozialen Veränderungen des 17.–19. Jahrhunderts – mediale Revolution, Auflösung von Hierarchien, kritische Gelehrsamkeit, Urbanität, Herausbildung einer Öffentlichkeit, ein sich wandelndes Frauenbild – waren die Voraussetzung für den unerhörten Einfluss westlicher Ideen ab der Mitte des 19. Jahrhunderts. Sie wurden zum Katalysator einer Entwicklung, die schon lange im Schwange war: der Herausbildung einer chinesischen Moderne.

In dieser Interpretation der »Selbststärkung« ging es nicht um den Erhalt der Dynastie, sondern um die Rettung des Landes. »Wie könnten dies Veränderungen sein, die allein unsere Dynastie Qing betreffen?«, schrieb der Generalgouverneur Zeng Guofan (1811–1872), »nein, es sind ernste Veränderungen, die unsere gesamte Zivilisation in ihren Ursprüngen betreffen.« Seine Folgerung: »Beschützt unsere Berge und Flüsse!« Die Formulierung erinnert vielleicht nicht zufällig an Yue Fei (S. 333), jenen unbeugsamen Patrioten, der gegen die Jurchen gekämpft hatte – die Vorfahren der Manjuren. Ganz offensichtlich verfolgten die hohen Provinzbeamten der Qing nicht dieselben Ziele wie die Dynastie.

Zunächst aber mussten Zeng Guofan und seine Kollegen andere Feinde bekämpfen: die Taiping, die den Süden des Reichs jahrelang in Schach hielten. Da die Regierungstruppen der Qing den Rebellen nichts entgegenzusetzen hatten, begannen Provinzgouverneure wie Zeng Guofan, Li Hongzhang (1823–1911) und Zuo Zongtang (1812–1885), eigene Milizarmeen aufzubauen – und zwar mit Hilfe der Ausländer. Schon 1861 eröffnete Zeng Guofan in Anqing am Yangzi eine moderne Waffenfabrik, 1864 gründete Li Hongzhang das Jiangnan-Arsenal in Shanghai, wo Remington-Hinterlader kopiert und Geschütze nach dem Vorbild englischer Armstrong-Kanonen gegossen wurden.

Shanghai war das Zentrum der »Selbststärkung«: dort kam ein Großteil der südchinesischen Elite, geflohen vor den Taiping, in unmittelbaren Kontakt mit den Ausländern. Von dort aus kämpften sie gemeinsam mit westlichen Waffen gegen die Taiping.

> Etwa tausend ausländische Soldaten feuerten gleichzeitig aus westlichen Gewehren und Kanonen. Wo immer diese Armee auftauchte, zerstreute sich der Feind vor ihr wie Spreu im Wind. Westliche Kanonen sind ein wahres Wunder. (*Li Wenzhong gong chidu* 1, Übersetzung: Jing Chunxiao)

Li Hongzhang, der so schwärmte, leitete die von Ausländern – Frederick Townsend Ward und Charles Gordon – befehligte »Ever Victorious Army«. Sie trug wesentlich zur Niederschlagung des Aufstandes bei. 1864 fiel Nanjing, die Taiping wurden vollständig vernichtet, und ihre verheerende Rebellion kam nach 14 Jahren an ihr Ende. Ein von westlichen Ideen getragener Feind wurde mit westlichen Waffen geschlagen: so etwa hatte man sich ›Selbststärkung‹ vorzustellen.

Bei alledem spielte die Zentralregierung kaum eine Rolle: nicht aus Beijing kamen die Impulse zur Selbststärkung, sondern aus Shanghai; nicht der Kaiser leitete sie, sondern Provinzgouverneure; und nicht die Bannertruppen der Qing kämpften und schlugen die Taiping, sondern

Inspektion einer amerikanischen Gatling-Kanone im Arsenal von Nanjing.

Milizen aus Südchina. Die Machtverschiebung von der Zentrale zur Peripherie, die sich schon zu Beginn des Jahrhunderts angedeutet hatte, wurde jetzt unübersehbar. In der Folgezeit ging die moderne Aufrüstung auf Ebene der Provinzen mit verstärkter Kraft weiter: 1868 lief im Jiangnan-Arsenal der erste 600-Tonnen-Dampfer vom Stapel; 1866 wurde in Fuzhou eine Werft gegründet, die unter französischer Mitarbeit bis 1874 16 Dampfschiffe produzierte; zwischen 1865 und 1870 entstanden weitere Waffenfabriken in Nanjing, Tianjin und sogar in Lanzhou (Gansu). Auch Industrieunternehmen wie die »China Merchants' Steam Navigation Company« (1872), die Kaiping-Kohlenmine bei Tianjin (1876) oder die Shanghaier Baumwollmühle (1878) wurden jetzt unter Führung von Provinzbeamten gegründet. Zugleich wurden ausländische Waffen gekauft, um chinesische Truppen aufzurüsten, und chinesische Gesandte reisten – geradezu als Spione – in den Westen, um Material und Informationen zu beschaffen: mehr als 150 Reisetagebücher, die zwischen 1866 und 1900 entstanden, zeugen von ihren Beobachtungen.

All das sind beachtliche Erfolge der »Selbststärkung« – allerdings nur auf den ersten Blick. Denn während Provinzgouverneure die Rüstungs- und Industrialisierungsprojekte – auch, um ihre regionalen Truppen zu stärken – energisch vorantrieben, hemmte die Zentralregierung ihren Tatendrang systematisch. Sie versagte oft die Finanzierung und besteuerte Industriebetriebe so hoch, dass sie oft Konkurs anmelden mussten oder in ausländischen Besitz übergingen.

Auch die technisch-industrielle Entwicklung machte keineswegs so gute Fortschritte, wie die eindrucksvollen Projekte vermuten lassen. Der Bau von Eisenbahnen etwa stieß auf vehementen Widerstand, da Schienen das *fengshui*, die geomantische Qualität des Landes, störten; die Informationen, die Gesandte aus dem Ausland brachten, waren meist veraltet oder ungenau; die »Übersetzungen« westlicher Werke – typischerweise von Ausländern vorformuliert und, wie einst buddhistische Schriften (S. 217), von Chinesen lediglich lektoriert – repräsentierten kaum je den aktuellen Stand der Technik und hatten zudem keinen Einfluss auf die Produktion von Waffen; die Waffen selbst blieben harmlos: die kleinen Holzdampfer, die in Shanghai und Fuzhou gebaut wurden, waren träge Nussschalen im Vergleich zu den eisengepanzerten 10 000-Tonnen-Turmschiffen der Engländer; und für die importierten Waffensysteme fehlte es meist an geschultem Personal, um sie zu bedienen.

Auch in der Außenpolitik wich der Optimismus des Neubeginns bald der Ernüchterung. 1871 besetzten russische Truppen das Ili-Gebiet; im selben Jahr fiel Japan unter einem Vorwand in Taiwan ein und verlangte Reparationen von den Qing; 1874 mussten die Qing zusehen, wie der Süden ihres »Tributstaats« Vietnam, Cochinchina, an Frankreich ging; 1875 wurden sie zu einer »Sühnemission« nach Europa gezwungen, nachdem der britische Prokonsul Margary in Yunnan von Milizen ermordet worden war: bezeichnenderweise ist aus dieser erniedrigenden Mission die erste diplomatische Vertretung der Qing in Europa entstanden.

Die Außenpolitik der Qing stand vor einem Scherbenhaufen. Das Tributsystem war nur noch Makulatur, und die Westmächte, inklusive Russland, nutzten jede Gelegenheit zu immer unverschämteren Forderungen, denen sich die Qing nicht widersetzen konnten. Die Versuche der Regierung unter Cixi, ihr Reich zusammenzuhalten, muten fast wie Akte der Verzweiflung an: 1884 bzw. 1887 verlieh sie Xinjiang und Taiwan, um sie formal an sich zu binden, Provinzstatus (Tibet war längst außer Reichweite), und 1884 erklärte sie Frankreich wegen des Konflikts um Vietnam den Krieg. Damit waren Friedenspolitik und »Selbststärkung« eines Vierteljahrhunderts mit einem Schlag zunichtegemacht. In einer Seeschlacht vor Fujian zerstörten die Franzosen innerhalb einer Stunde elf der modernsten chinesischen Kriegsschiffe; danach schossen sie die Schiffswerft von Fuzhou, das Vorzeigeobjekt der chinesischen Rüstungsindustrie, in Schutt und Asche.

Mit dieser vernichtenden Niederlage waren die Hoffnungen auf »Selbststärkung« an einen Tiefpunkt gelangt. Doch es kam noch schlimmer. Den Gnadenstoß empfingen die Modernisierer der Qing nicht von den Industriemächten des Westens, sondern von Japan. Kein Stich von allen schmerzte so wie der. Japan, Chinas kleiner Nachbar und Musterschüler seit über tausend Jahren (S. 291), ein nomineller Tributstaat der Qing, hatte die Chinesen in kürzester Zeit überflügelt. Mit der technisch-militärischen Überlegenheit des Westens konfrontiert, hatten die Japaner seit 1868 unter dem Meiji-Kaiser ein ehrgeiziges Reformprogramm begonnen, das weit über die »Selbststärkung« der Qing hinausging. Dazu gehörten die Zentralisierung der Macht beim Kaiser, Abschaffung der Kriegerklasse (*samurai*), stattdessen Einführung der Wehrpflicht, administrative Neuaufteilung des Landes, allgemeine Schulpflicht, Förderung neuer Anbaumethoden in der Landwirtschaft und vor allem der Aufbau einer modernen Industrie. Ab 1872 wurden Eisenbahnlinien gebaut, ein Telegraphennetz verband die großen Städte, moderne Banken wurden gegründet, westliche Techniken in allen Produktionszweigen eingeführt. Japan war im späten 19. Jahrhundert auf dem besten Weg, eine Industrienation zu werden.

Das neue Selbstbewusstsein Japans zeigte sich schon 1870, als es einen Vertrag mit den Qing schloss, in dem sich beide Seiten als – gleichberechtigte – souveräne Staaten anerkannten: ein Novum in der chinesischen Geschichte. Doch die Tusche auf dem Vertrag war kaum getrocknet, da griff Japan Taiwan an (1871) und besetzte die Inseln des Königreichs Liuqiu (1874), das die Qing als Tributstaat ansahen. Der kritischste Streitpunkt zwischen den Qing und Japan aber war die koreanische Halbinsel. Chosŏn war für China seit Jahrhunderten ein wichtiger Tributstaat und Puffer gegen Japan. Schon die Ming hatten militärisch eingegriffen, als japanische Armeen in Korea einmarschierten (S. 406), und ebenso sahen die Qing sich dort als Schutzmacht an. Chosŏn, der einzige ostasiatische Staat, der sich dem Westen noch nicht geöffnet hatte, war in den 1870er Jahren strategisch wichtiger denn je: Franzosen und Amerikaner hatten mehrmals vergeblich versucht, sich militärisch Zugang nach Korea zu erzwingen, auch Russland blickte begehrlich auf die Halbinsel.

Doch nicht die Westmächte erzwangen die Öffnung Koreas, sondern Japan. 1875 hatte es, die Schwäche der Qing nutzend, Korea angegriffen und zur Öffnung dreier Häfen sowie zum Austausch von Gesandten verpflichtet. Damit wurde Korea zum Spielball – nicht zwischen westlichen, sondern zwischen asiatischen Mächten. China lieferte Chosŏn moderne Gewehre und stationierte Truppen unter Führung Yuan Shikais (1859–1916) in Korea. Yuan, ein ehrgeiziger junger Offizier, beherrschte fortan Militär, Politik und Handel, er war fast ein Jahrzehnt lang der mächtigste Mann in Korea.

Schließlich kam es zum unausweichlichen Konflikt mit Japan. Den Anlass lieferte 1894 die Rebellion von Anhängern der quasi-religiösen »Östlichen Lehre« (*tonghak*), zu deren Niederschlagung die koreanische Regierung chinesische Hilfe anforderte. Doch zugleich schickte auch Japan Truppen nach Korea – und bald wurde deutlich, dass es nicht um die Rebellion ging (die schnell beendet wurde), sondern um die Vorherrschaft in Korea. Der Kampf war erschreckend schnell entschieden: Li Hongzhangs Armee wurde im September 1894 bei Pyongyang vernichtend geschlagen; im Gelben Meer fügten die kleinen, aber hochmodernen japanischen Kriegsschiffe Lis Flotte gleichzeitig schwere Verluste zu; und als die Japaner im Februar 1895 die chinesische Flotte im Hafen von Weihaiwei (Shandong) zerstörten, kapitulierten die chinesischen Truppen.

Die Kriege gegen Frankreich und Japan legten alle Schwächen der chinesischen »Selbststärkung« schonungslos bloß. Die selbstproduzierten Waffen waren keineswegs auf dem neuesten Stand der Technik, und auf die Lieferungen des Auslands war im Krisenfall kein Verlass. Schon im Konflikt mit Frankreich hatten die Deutschen die Auslieferung von zwei Panzerkorvetten verzögert. Als diese Schiffe 1894 endlich zum Einsatz kamen, fehlte es an taktisch und technisch geschultem Personal, sie zu führen: der Admiral des chinesischen Flaggschiffs fiel beim Abfeuern der ersten Salve von der Kommandobrücke, zwei Schiffe kollidierten, ein weiteres lief auf Grund. Vor allem aber machte sich die Erosion der Zentralmacht schmerzhaft bemerkbar. Von den vier chinesischen Flotten, die keinem zentralen Kommando unterstanden, kam nur eine gegen die Japaner zum Einsatz – eine Flotte, die nicht Beijing, sondern Li Hongzhang aufgebaut hatte. Cixi hatte indes mit Geldern, die für die Marine bestimmt waren, von 1884 bis 1895 ihren Sommerpalast in Beijing bauen lassen: das marmorne Vergnügungsboot, das dort in einem künstlichen See liegt, bietet noch heute ein groteskes Zeugnis dieser Politik.

Die Folgen für die Qing waren desaströs. In Shimonoseki, im Südwesten der japanischen Hauptinsel Honshu, musste Li Hongzhang ein Friedensdiktat unterschreiben (Farbabb. 14), das den Qing Reparationen in unerhörter Höhe von 200 Millionen Silberunzen aufbürdete, die »Unabhängigkeit« – de facto: die japanische Besetzung – Koreas festschrieb, Taiwan sowie Liaodong in der südlichen Manjurei Japan zusprach und den Japanern das Recht gab, Industrieanlagen in China aufzubauen. Auch wenn die Japaner auf Druck der Westmächte auf die Besetzung Liaodongs verzichteten – die Niederlage gegen Japan hatte aller Welt die Schwäche der Qing vor Augen geführt. China war der »kranke Mann von Asien« geworden.

Um die Reparationen zu bezahlen, waren die Qing gezwungen, im Ausland Kredite aufzunehmen, für die sie im Gegenzug die Einnahmen aus Seezoll und Salzsteuer verpfänden und Rechte für Industrie und Bergbau gewähren mussten. Die Westmächte, die allesamt »Meistbegünstigung« genossen, begannen nun, Kohleminen, Eisenhütten und Fabriken in China aufzubauen: nicht, um das Land industriell zu fördern, sondern um es auszubeuten. Dazu legten sie im großen Stile Eisenbahnlinien an: Frankreich baute eine Bahn von Yunnan nach Indochina; Russland verlängerte die Transsibirische Eisenbahn über 2500 km bis in die südliche Manjurei; Deutschland verlegte Gleise in Shandong; Belgien finanzierte die lange Bahnstrecke von Beijing nach Wuhan. Die »eisernen Straßen« wurden zum Symbol der Modernisierung Chinas, aber auch seiner kolonialen Unterwerfung durch das Ausland.

Damit waren die Schleusen geöffnet für eine regelrechte koloniale Invasion Chinas. 1898 begann ein »Wettlauf um Konzessionen«, in dem die europäischen Großmächte miteinander wetteiferten, Teile des morbiden Reichs an sich zu raffen. Allen voran das Deutsche Reich, das die »Verpachtung« von Jiaozhou in Shandong für 99 Jahre erpresste; unter den gleichen Konditionen sicherten sich 1898 die Russen Port Arthur und Dairen (Liaodong), die Engländer Weihaiwei (Shandong) und die New Territories gegenüber von Hongkong, die Franzosen die Bucht von Guangzhou, gegenüber von Hainan. Um diese Stützpunkte entstanden ausländische »Einflusssphären«, in denen die Besatzer wirtschaftlich und militärisch nach Gutdünken walteten: Japan in Taiwan und Fujian, Russland in Liaodong, Deutschland in Shandong, England am Unterlauf des

Yangzi, Frankreich im Südwesten. Das einst so stolze Reich der Qing sah sich »aufgeschnitten wie eine Melone«: kolonial zerteilt und ausgebeutet von ›Barbaren‹ aus Ost und West.

Hongkong 香港

»Eine öde Insel mit kaum einem Haus darauf« nannte Lord Palmerston Hongkong 1841. Etwa 5000–6000 Einwohner lebten auf der Insel östlich des Perlflussdeltas, zudem 2000 Fischer auf Booten. Das Eiland sollte eine erstaunliche Entwicklung erleben. 1842, im Vertrag von Nanjing, mussten die Qing Hongkong »für immer« den Engländern überlassen; 1860 kam im Vertrag von Tianjin die gegenüberliegende Halbinsel Kowloon hinzu, 1898 zwangen die Engländer die Qing auch noch, ihnen die weitläufigen »New Territories« nördlich von Kowloon sowie 230 weitere Inseln für 99 Jahre zu verpachten. Damit war Hongkong auf eine Größe von über 1000 km^2 angewachsen, und auch die Bevölkerung wuchs rasch: 1861 waren es 120 000, Ende des Jahrhunderts bereits 300 000 Menschen.

Von Anbeginn war Hongkong ein Refugium für Flüchtlinge aus Südchina: Hunderttausende flohen vor den Taiping-Rebellen, den Unruhen am Ende der Qing, der japanischen Invasion 1937 und vor den Kommunisten nach Hongkong. Die Mischung aus europäischen Kolonialherren und Händlern, Abenteurern, chinesischen Geschäftsleuten, Banditen, Flüchtlingen und Habenichtsen hat die westliche Phantasie beflügelt. *Die Welt von Suzie Wong* (Richard Mason), die sich mit den Bars und Bordellen von Wanchai, Sampans im Hafen, Tempeln, eleganten Restaurants und Slumsiedlungen verband, wurde zum Inbegriff »orientalischer« Verlockungen.

Chinesische Flüchtlinge, großteils aus Shanghai, brachten Technologie, Kapital und billige Arbeit nach Hongkong. Sie machten, nachdem das »Paris des Ostens« von Japanern besetzt worden war, Hongkong zur »Perle des Ostens«. Als internationaler Freihafen wurde es zur wichtigsten Drehscheibe für den Handel mit China und, als dieser Handel in den 1950er und 1960er Jahren versiegte, auch zu einem Zentrum für Banken, Werften und Leichtindustrie, das hohe Investitionen aus dem Ausland anlockte. Hongkong wurde zu einem der asiatischen »Tigerstaaten«, die es zu enormem Reichtum brachten. Schon in den 1990er Jahren lag das Bruttosozialprodukt bei über 30 000 Dollar pro Kopf, Hongkonger Großunternehmer wie Li Ka-shing (geb. 1928) gehören zu den reichsten Menschen der Welt.

Doch Hongkong hatte auch seine Schattenseiten. Fabrikarbeiter schufteten für Hungerlöhne, Hunderttausende lebten in elenden Slums an Berghängen, in selbstgezimmerten Hütten auf Hochhausdächern, in Schlafkäfigen oder als *boat people* auf dem Wasser. Ein besonders krasser Fall war die »ummauerte

Stadt« in Kowloon, eine Exklave unter chinesischer Jurisdiktion, faktisch aber Niemandsland, das zum Schlupfloch für Mörder, Diebe, Prostituierte, Drogenabhängige und allerlei Gesindel wurde. Ein Gewirr von Kleinstwohnungen mit abenteuerlichen sanitären Bedingungen wucherte in den Wohnblöcken der »ummauerten Stadt«: bis zu 50 000 Menschen wohnten dort auf 0,026 km², die höchste Bevölkerungsdichte der Welt. Nicht die Polizei kontrollierte dieses Labyrinth, sondern die organisierte Kriminalität. 1987 wurde die »ummauerte Stadt« abgerissen.

Auch wenn Hongkong einiges gegen die Wohnungsnot (in den 1950ern begann es das größte Programm für sozialen Wohnungsbau weltweit) und für seine Unterprivilegierten getan hat – politische Mitbestimmung hat England seinen Einwohnern nie gewährt. Die Kolonie wurde regiert von einem Gouverneur, ernannt durch die Königin, und zwei Kammern, deren Mitglieder ebenfalls nicht gewählt, sondern vom Gouverneur eingesetzt wurden. England hat »asiatische Werte« – wirtschaftliche Entwicklung unter dirigistischer Regierung – in Hongkong durchgesetzt. Erst nach 1984, als feststand, dass Hongkong 1997 wieder an China zurückgehen würde, begannen die Engländer, sehr zur Missbilligung der chinesischen Führung, hastige Demokratisierungsversuche, ohne Erfolg. Als China die Souveränität über Hongkong 1997 erhielt, war die Stadt politisch handzahm und wirtschaftlich eine Goldgrube: die KPCh konnte guten Gewissens zusichern, dass sie Hongkongs Autonomie für weitere 50 Jahre nicht antasten werde.

Reform und Revolution

China als ›Gesellschaft‹ und ›Nation‹

Herbst 1898, im Yutai-Teehaus zu Beijing. Hier treffen sich Menschen aller Schichten, um bei einer Schale Tee und Nudeln über neue Opern-Arien, Grillenkämpfe oder die beste Zubereitung von Opium zu plaudern. Ein Stammgast klagt über die Macht der Ausländer, ein anderer hingegen »lebt von den Ausländern, macht mit ihnen Geschäfte, glaubt an ihre Religion und spricht ihre Sprachen«. Ein pockennarbiger Mädchenhändler – »ausländische Uhr, ausländische Jacke und Hose, Mantel aus ausländischer Seide« – kauft einer Bäuerin ihre Tochter für zehn Silberunzen ab. Ein Wahrsager bietet seine Dienste an, findet aber kein Interesse. Der Eigentümer des Teehauses plant, Fabriken zu bauen, denn »nur so kann man die ausländischen Waren draußen halten und das Reich retten«. Manjurische Bannerleute schimpfen über die Pläne der

Reformer, ihre Renten zu streichen, ein anderer Gast prophezeit den Untergang der Qing. Der Wirt mahnt, lieber nicht über politische Angelegenheiten zu sprechen.

Die Szene aus Lao Shes (1899–1966) Theaterstück *Das Teehaus* (*Chaguan*, 1957) bietet eine Miniatur der chinesischen Gesellschaft im ausgehenden 19. Jahrhundert. In den Jahrzehnten nach den Opiumkriegen hatte sich die Oberschicht radikal verändert: durch Titel- und Ämterverkauf war die Gentry heterogener geworden; in den vielen Kriegen waren Macht und Ansehen der Militärs gestiegen; Techniker, Übersetzer und andere Experten für westliche Zivilisation kamen in einflussreiche Positionen; Kaufleute, Bankiers und offizielle Mittelsmänner im Außenhandel häuften gewaltige Vermögen an und vertraten immer selbstbewusster eigene Werte: Händler galten nicht mehr als Bodensatz der »Vier Stände«, sondern als »diejenigen, welche die Richtschnur der Vier Stände vorgaben«; in den Städten entstand eine »freischwebende Intelligenz«, eine Schicht von unabhängigen Intellektuellen: Publizisten, Übersetzern, kritischen Gelehrten, aber auch Anwälten, Ärzten und professionellen Politikern. Diese neuen urbanen Oberschichten unterschieden sich grundlegend von den alten Eliten. Händler trimmten ihre Söhne nicht für die Beamtenprüfungen, sondern ließen sie Ökonomie studieren; Literaten wurden zu Unternehmern; Mitarbeiter ausländischer Firmen trugen westliche Anzüge, übten sich im *lawn tennis* und radebrechten Pidgin-Englisch; Intellektuelle lasen englische Zeitungen, diskutierten internationale Angelegenheiten und betrieben politische Agitation.

Chinas technisch-militärische »Selbststärkung« war gescheitert – doch die gesellschaftliche Modernisierung war im Hintergrund unbeirrt fortgeschritten. Der Wandel von der stratifizierten Gesellschaft der »Vier Stände« hin zu einer funktional differenzierten Gesellschaft, in der Politik, Wirtschaft, Wissenschaft, Kunst und andere Lebensbereiche ihren eigenen Logiken folgten, war nun nicht mehr zu übersehen. Die idealisierte Einheit der Welt im Sinne eines hierarchisch geordneten, theoretisch widerspruchsfreien Kosmos war verloren. Es gebe keine »Einheit der Gesinnung« mehr, so wurde oft geklagt; stattdessen erschienen allenthalben Differenzen und Gegensätze:

> Herrscher und Minister sind getrennt, hohe und niedere Minister sind getrennt, Beamte und Würdenträger sind getrennt, Würdenträger und Titelträger sind getrennt, Titelträger und das Volk sind getrennt, und auch innerhalb

der Beamtenschaft, der Würdenträger, Titelträger und des Volkes entstehen überall wechselseitige Trennungen. (Tan Sitong, »Tongqing«)

Diese »Trennungen« – oder, soziologisch gesprochen: Differenzierung – wurden jetzt als Hauptproblem der chinesischen Gesellschaft ausgemacht. »Was dem Volk unseres Landes am meisten fehlt«, ging die Klage, »das ist vor allem der Gemeinsinn.« Das ist die Diagnose der Moderne: aus einer Welt, in der »innerhalb der Vier Meere« einst »alle Brüder« waren (S. 70 f.), war die »Weltherrschaft der Unbrüderlichkeit« (Max Weber) erwachsen.

Erstmals erkannten sich die Chinesen als Gesellschaft, das heißt als spannungsgeladene, widersprüchliche Einheit von Verschiedenem. Mit dem Begriff der Gesellschaft wurde soziale Ungleichheit mehr als je zuvor als Problem sichtbar, das bedeutete: sie war keine quasi-natürliche Notwendigkeit, sondern konnte, ja musste behandelt werden und war prinzipiell lösbar. Aus dieser grundlegenden Erkenntnis erklären sich sowohl die tiefe Verunsicherung und der Defätismus, die China in den nächsten Jahrzehnten prägten, als auch der grenzenlose Optimismus und das Vertrauen in die Gestaltbarkeit der Welt und den Fortschritt zum Besseren.

Vor allem Intellektuelle aus Südchina – Kang Youwei (1858–1927), Tan Sitong (1865–1898) und Liang Qichao (1873–1929) waren die brillantesten unter ihnen – erkannten, dass es kein Zurück zur alten Ordnung gab, in der »chinesische Lehren für die Prinzipien« standen. Die Zukunft erschien offen, sie konnte und musste durch Reformen gestaltet werden. Damit erhielt das alte Problem der sozialen Ordnung eine neue Dringlichkeit – es wurde zum Projekt der Moderne. Dieser Gedanke wurde noch bekräftigt durch die Werke des großen Übersetzers Yan Fu (1853–1921), der Werke wie Thomas Huxleys *Evolution and Ethics* (1895) und Herbert Spencers *Study of Sociology* (1898) ins Chinesische übersetzte. Unter dem Eindruck des Sozialdarwinismus, der das »survival of the fittest« auf menschliche Gesellschaften übertrug, wurden jetzt Modelle eines neuen Gesellschaftssystems entworfen.

Kang Youwei etwa beschrieb gesellschaftliche Evolution, ein altes Konzept aus den *Aufzeichnungen der Riten* (S. 92) aufgreifend, als Fortschritt aus einer Zeit des Chaos (*juluan*) und der Autokratie über eine Epoche des »bescheidenen Wohlstands« (*xiaokang*) mit einer konstitutionellen Monarchie bis hin zu einer Ära der »Großen Einheit« (*datong*): einer radikal egalitären, basisdemokratischen Gesellschaft ohne Staat, Ämter, Privatbesitz oder Familien, mit Arbeit und sozialer Fürsorge für alle. Tan Sitong wiederum verlieh dem alten Konzept der »Menschlichkeit« eine neue Interpretation:

> Menschlichkeit heißt zuallererst »Verbundenheit« … »Verbundenheit« äußert sich in Gleichstellung … Gleichstellung ist ein Ausdruck für die vollkommene Einheit. Wo Einheit ist, ist Verbundenheit, wo Verbundenheit ist, ist Menschlichkeit. (*Renxue*, »Jieshuo«)

»Gleichstellung« und »vollkommene Einheit«: in dem Sinne hatte Konfuzius den Begriff »Menschlichkeit« nie verstanden. Was einst als Leittugend einer stratifizierten Gesellschaftsordnung galt, sollte jetzt die Auflösung dieser Ordnung kennzeichnen. Nicht mehr nur innerhalb der Elite wirkte die »Verbundenheit«, sondern unter allen; nicht mehr dem Fürsten galt die Treue, sondern der Volksgemeinschaft insgesamt.

Der Gedanke wirkte elektrisierend: wenn das chinesische Volk nur zusammenstünde, könnte es Berge versetzen, mit Gemeinschaft und dem Willen zur Reform, so Liang Qichao, »lässt sich selbst ein hunderttausendjähriges Reich regieren«. Allenthalben wurden nun »Studiengesellschaften« gegründet, Vereine, in denen bildungsbeflissene Bürger jenseits etablierter Hierarchien zusammenkamen. Oft waren ihnen – auch das eine Neuheit – öffentliche Bibliotheken angeschlossen, um die neuen Gedanken zu propagieren. Zeitungen, mit beweglichen Lettern gedruckt und oft kostenlos verteilt, wurden jetzt zum wichtigsten Medium der Reformer: allein die von Liang Qichao gegründete *Shiwu bao* erzielte eine Auflage von bis zu 17 000 Exemplaren, landesweit wurden über 100 Zeitungen publiziert.

1894 rief Kang Youwei die erste Bewegung gegen das Füßebinden ins Leben, und in Shanghai wurde eine Studiengesellschaft für Frauen (*Nü xuehui*) gegründet. Sie betrieb eine Frauenschule, publizierte eine Frauenzeitung, engagierte sich für Bildung, politische Rechte und Gleichstellung von Frauen. In Hunan gründeten Tan Sitong und andere die »Studiengesellschaft des Südens« (*Nan xuehui*), die sich für »Demokratie«, »Gleichheit« und politische Reformen auf Provinzebene einsetzte. Doch die große Stunde der Reformer schlug 1898, als der »Wettlauf um Konzessionen« seinen Höhepunkt erreichte.

Kaiser Guangxu (1875–1908), seit 1889 volljährig, war aus dem Schatten seiner Tante Cixi herausgetreten und regierte eigenmächtig. Er interessierte sich seit einiger Zeit für westliche Lehren, hatte sogar etwas Englisch gelernt, und gewährte jetzt – gegen jedes Protokoll – dem jungen Visionär Kang Youwei eine Reihe von Audienzen. Dabei breitete Kang ein Reformprogramm vor ihm aus, das an Radikalität allenfalls mit dem des Shang Yang (S. 125) zu vergleichen ist. Dazu gehörten:

– Reform von Prüfungssystem und Gesetzgebung
– Schaffung moderner Behörden anstelle der Sechs Ministerien
– Aufbau lokaler Selbstverwaltung
– Einsetzung eines Parlaments
– Entwurf einer Verfassung, die Gewaltenteilung zwischen Exekutive, Legislative und Jurisdiktion vorsah.

Was Kang vorschlug, war nicht weniger als die Abschaffung des kaiserlichen Regierungssystems und die Schaffung einer konstitutionellen Monarchie. Die Überraschung war: der Kaiser willigte ein. In den 103 Tagen vom 11.6. bis zum 21.9.1898 erließ er mehr als 40 Edikte mit Reformmaßnahmen.

Zum Erziehungswesen:

– Abschaffung des »Achtgliedrigen Aufsatzes« zugunsten einer Prüfung in politischer Ökonomie
– Gründung einer Universität in Beijing und moderner Schulen in den Provinzen sowie einer Schule für Auslandschinesen
– Entsendung von Studenten nach Japan.

Zur Wirtschaft:

– Förderung von Landwirtschaft und Bergbau
– Förderung des Eisenbahnbaus
– Belohnung von Erfindungen.

Zur Verwaltung:

– Abschaffung überflüssiger Ämter
– Beförderung von Reformern in Schlüsselpositionen
– Vereinfachung administrativer Verfahren
– Reform des Rechtssystems
– offizielle Reisediplomatie
– Verabschiedung eines staatlichen Budgets.

Die »100-Tage-Reform«, wie sie später genannt wurde, ging lange nicht so weit, wie Kang Youwei vorgesehen hatte. Von Parlamentarismus, lokaler Selbstverwaltung, Gewaltenteilung oder gar einer Verfassung war bei alledem nicht die Rede. Ob die 100-Tage-Reform die Geschichte verändert hätte, lässt sich nur vermuten, denn – ihr Name sagt es bereits – sie endete, noch bevor sie richtig beginnen konnte. Konservative Beamte, die von vornherein vehement opponiert hatten, hinterbrachten der Kaiserinwitwe Cixi, dass sie entmachtet werden sollte, woraufhin diese hart durchgriff: sie ließ den Kaiser unter Hausarrest setzen, alle Reformen annullieren und eine Reihe von Reformführern hinrichten. Tan Sitong wurde zum Märtyrer der Reformen, Kang Youwei und Liang Qichao entkamen mit knapper Not nach Japan.

Die »Revolution von oben« war gescheitert: nicht wegen einer böswilligen Frau an der Spitze des Staates, sondern weil sich einmal mehr die Interessen der herrschenden Beamten durchgesetzt hatten, die vom bestehenden System profitierten. Doch der Wandel war nicht aufzuhalten. Nach 1898 begannen die Ereignisse sich zu überschlagen. Die chinesische Geschichte beschleunigte sich wie nie zuvor: was gerade noch Utopie war, wurde jetzt Realität, aus der Avantgarde von gestern wurden die Konservativen von heute, Reformen wurden überrollt von der Revolution.

Nicht von ungefähr floh die Speerspitze der Reform 1898 nach Japan: zum Erzfeind, der China 1895 so gedemütigt hatte – aber auch zur neuen Großmacht Asiens, die den Chinesen Respekt abnötigte und sogar als Vorbild diente. Japan hatte viele Reformen, die in Beijing 1898 gescheitert waren, schon lange vollzogen: es hatte eine moderne Industrie, eine hochgerüstete, disziplinierte Armee, seit 1889 sogar eine Verfassung. Als Kang und Liang in Japan ankamen, lebten schon einige Dutzend chinesische Studenten dort, und es kamen immer mehr: 1906 waren es bereits 13000, darunter Frauen, Kinder, ganze Familien. He Xiangning (1879–1972), später eine prominente Revolutionärin, verkaufte ihre Aussteuer, um ihre Studien in Japan zu finanzieren; und Qiu Jin (1875–1907), eine der frühesten chinesischen Frauenrechtlerinnen, verließ mit 24 Jahren Mann und Kinder, um nach Japan zu fahren:

> Sonne und Mond sind ohne Glanz, dunkel ist die Erde; / Bedrückend ist die Frauenwelt, wer kann uns nur helfen? / Haarnadeln, Ringe sind versetzt, um übers Meer zu reisen; / Mein Fleisch und Blut habe ich verlassen, durchs Jadetor hinaus; / Entbinde meine Füße, rein vom Gift von tausend Jahren. / Mit heißem Herzen ruf ich euch: Auf! all ihr schönen Blumen! / Wie traurig! Dieses seidne Tuch ist durch und durch befleckt: / Zur Hälfte Spuren meines Bluts, zur Hälfte meiner Tränen. (Qiu Jin, »You huai«)

In Japan waren die jungen Intellektuellen am Puls der Moderne, über sie kamen die neuesten Ideen nach China. Mehr als 1000 Bücher wurden zwischen 1896 und 1911 aus dem Japanischen ins Chinesische übersetzt: das umfangreichste derartige Unternehmen seit den Übersetzungen buddhistischer Literatur im chinesischen Mittelalter. Fast alle Grundbegriffe der modernen politisch-sozialen Sprache sind als Lehnwörter aus dem Japanischen nach China gekommen: »Kultur« (*wenhua* < jap. *bunka*), »Gesellschaft« (*shehui* < *shakai*), »Religion« (*zongjiao* < *shūkyō*), »Politik« (*zhengzhi* < *seiji*), »Philosophie« (*zhexue* < *tetsugaku*), »Gesetz« (*falü* < *hōritsu*), »Industrie« (*gongye* < *kōgyō*), »Geschichte« (*lishi* < *rekishi*), »Wirtschaft« (*jingji* < *keizai*), »Wissenschaft« (*kexue* < *kagaku*) »Zivilisation« (*wenming* < *bunmei*) und viele andere. Sogar der Name ›China‹ (*Zhina* < *Shina*) wurde zeitweilig aus dem Japanischen übernommen!

Das wichtigste aller Lehnwörter aber dürfte *minzu*, aus jap. *minzoku*, gewesen sein: »Nation«. Denn bei allen Reformen hatte das Japan der Meiji-Zeit vor allem eines erreicht: es hatte sich erfolgreich als Nation inszeniert, mit allem, was dazugehört: einer Flagge, Nationalhymne, Nationalsprache, einer Nationalgeschichte, dem Shintō als Nationalreligion und vielem mehr, alles vermittelt in einem nationalen Erziehungssystem.

Genau das brauchte auch China. Die Idee der Nation, das hatte schon Huang Zongxi im 17. Jahrhundert erkannt, bot die Lösung für die Halt- und Bindungslosigkeit moderner Lebensverhältnisse und das Problem sozialer Ungleichheit: wenn es schon keine wirtschaftliche, politische oder moralische Einheit mehr gab, bildeten die Chinesen dennoch eine Schicksals- und Solidargemeinschaft. Gerade im Ausland, wo die Chinesen sich allen Unterschieden zum Trotz als Gemeinde verstanden, erschien die Idee nationaler Zusammengehörigkeit überaus plausibel. Wenn politische Reformen erfolgreich sein sollten, musste auch China sich als Nation erkennen: als klassenübergreifende Solidargemeinschaft, mit der sich alle identifizieren, auch und gerade das Volk. Aus den recht- und konturlosen Volksmassen, den *min*, mussten »neue Bürger« (*xinmin*) werden, freie Individuen mit politischem Bewusstsein, Ziviltugenden, Willen zur Mitbestimmung und ausgeprägtem Nationalstolz. Unter den chinesischen Exilreformern tat sich vor allem Liang Qichao durch sein Bemühen um »neue Bürger« hervor. Liang – er gilt als Vater der modernen chinesischen Presse – gründete in Yokohama die Zeitung *Xinmin congbao* (1902–1907) und schrieb ein langes *Traktat über neue Bürger* (*Xinmin shuo*). Patriotisch sollten sie sein, selbstbewusst und freiheitsliebend, sollten Zivilcourage besitzen, Gemeinschaftsgefühl, moralische Integrität und Verantwortungsbewusstsein gegenüber der Öffentlichkeit. Eine bürgerliche Gesellschaft, wie sie Liang Qichao und anderen vorschwebte, brauchte mehr als nur neue Gesetze.

> Um sich als Staat in der Welt etablieren zu können, bedarf es Staatsbürger mit einzigartigen Eigenschaften. Von Moral und Gesetzen angefangen bis hin zu Sitten und Gewohnheiten, Literatur und Kunst: in alledem brauchen sie einen unabhängigen Geist. (Liang Qichao, *Xinmin shuo* 3)

Die Pflicht der »neuen Bürger« war, zu wollen, was sie sollen. Eine Revolution von Dichtung und Prosa brauchte die Nation, neues Theater, neue Kunst, Museen, Bibliotheken und vor allem: eine neue Geschichte. Liang erkannte früh die Bedeutung der Geschichte für die Plausibilisierung der nationalen Zusammengehörigkeit. Und er sah, dass die alte Geschichtsschreibung mit ihrer Konzentration auf Herrscher, große Persönlichkeiten und politische Fakten das nicht leisten könne: »Die 24 Reichsgeschichten sind keine Geschichtsschreibung, sondern lediglich Familienchroniken von 24 Geschlechtern.«

China brauchte keine Dynastiegeschichten, sondern eine »durchgehende Geschichte« (*tongshi*), wie Japan sie bereits hatte: eine Geschichte, welche die kontinuierliche Entwicklung der chinesischen Nation bis hin zum Nationalstaat beschrieb. Nicht mehr die *historia magistra vitae* war gefragt, die durch erbauliche Exempla belehrte, sondern eine genetische Geschichte, die von der Herkunft erzählte und in die Zukunft wies. Statt der Einteilung nach Dynastien schlug Liang ein dreiteiliges Schema vor: 1. »China in China«, die Zeit seit dem Gelben Kaiser, als die Nation entstand; 2. »China in Asien«, die Zeit seit den Qin, als die Nation sich gegen andere asiatische Mächte behauptete, aber isoliert vom Rest der Welt blieb; 3. »China in der Welt«, als sich China seit dem Ende der Qianlong-Ära zum Nationalstaat entwickelte.

Wie einst in der Song-Zeit erfanden chinesische Eliten sich genau in dem Moment eine einheitliche Tradition, als die Einheit am fraglichsten war. Mit der Nation und ihrer Nationalgeschichte waren moderne Mythen geboren, die noch heute allgegenwärtig sind. Schon 1904 schwärmte ein chinesischer Intellektueller:

> China ist das Land mit der ältesten Zivilisation der Welt, gelegen im größten Kontinent der Welt, es ist das größte Land Asiens. Es hat eine viertausendjäh-

rige kontinuierliche Geschichte, die wir lieben; eine dreitausendjährige schriftliche Überlieferung, die wir lieben; 400 Millionen Landleute, die wir lieben; ein Gebiet von 20 Provinzen, das wir lieben; die herrlichen fünf berühmten Berge und vier berühmten Flüsse, die wir lieben; die im ganzen Land gebräuchliche Sprache und Schrift, die wir lieben! China, oh China! Ich will dich verehren und besingen, dich hochleben lassen und feiern und mit lauter Stimme vor unseren Staatsbürgern ausrufen: China, zehntausend Jahre!

(Wei Zhong, »Ershi shiji zhi Zhina chuyan«)

Die Entdeckung der Gesellschaft und die Erfindung der Nation waren folgenreicher für China als alle Dampfmaschinen und Kanonenschiffe. Bis heute bewegt sich das chinesische Denken im Spannungsfeld zwischen dem grundlegenden Problem der Organisation sozialer Ungleichheit und seiner Lösung durch die nationale Selbstbeschreibung. Aus ihm lassen sich alle sozialen Utopien und politischen Bewegungen seit dem späten 19. Jahrhundert erklären.

Sport 運動

Zur nationalen Erziehung gehörte von Anbeginn auch die Leibeserziehung. Nicht zuletzt die körperliche Robustheit vieler Westländer, neben denen chinesische Literaten mädchenhaft schwach wirkten, erschien als ein Grund für ihre Überlegenheit. Liang Qichao forderte, angeregt vom japanischen *bushidō*, dass China sich auf seine einstige Kriegertradition besinne, 1906 setzte die siechende Qing-Regierung Sport auf den Lehrplan für öffentliche Schulen, ein Jahr später fragte der chinesische YMCA: »Wann wird China erfolgreiche Athleten zu Olympischen Spielen schicken?«, mehr noch: »wann kann China selbst die Welt zu Olympischen Spielen nach Beijing einladen?« Die Fragen müssen befremdlich geklungen haben, denn Sport war im China der späten Qing etwas völlig Neues.

Nicht, dass es in China keine Leibesübungen gegeben hätte, weit gefehlt: die Chinesen haben den Fußball erfunden! Schon die Han haben in Sechsermannschaften auf rechteckig ummauerten Feldern mit einem Lederball gekickt. Doch wenn im alten China »das Runde ins Eckige« musste, geschah das nicht im trivialen Sinn:

Runder Ball, eckige Mauer, / Symbolisieren Yin und Yang, / Gemäß den Monden treten sie, / Zwei Sechserteams, zusammen an. / Bieten Führer auf, stellen sich gerade, / Die Regeln haben lang Bestand.

(Li You, »Jucheng ming«)

Das Spiel war ein Abbild der kosmischen Ordnung, mithin kein bloßer Zeitvertreib (»Sport«, von engl. *disport*), sondern eine ernste Angelegenheit. Der Gelbe Kaiser soll das Fußballspiel kreiert haben, als er einen besiegten Feind zerstückeln ließ, seine Haut als Zielscheibe verwendete und aus seinem ausgestopften Magen einen Fußball fertigte. Auch später bewahrte der chinesische Fußball martialischen Charakter. Ein Han-Kronprinz, der nicht verlieren konnte, ließ seine Gegner kurzerhand köpfen, und noch in der Song-Zeit drohte dem Verlierer bisweilen die Peitsche.

Ähnliches gilt für andere Leibesübungen im alten China: sie standen in rituellen Zusammenhängen, wie das Bogenschießen und der Tanz, oder dienten der Wehrertüchtigung, wie das Ringen, der Schwertkampf oder waffenlose Kampfkünste, wie das langsame, fließende »Schattenboxen« (*taiji quan*) oder das schnelle, kraftvolle *gongfu* (Kungfu) des Shaolin-Klosters. Auch Polo, das Lieblingsspiel der Tang, hatte militärischen Charakter: der Reitsport trainierte zugleich Fähigkeiten der Kavallerie.

Indem alle diese Leibesübungen auf andere Sinnkontexte verwiesen, unterschieden sie sich vom modernen Sport, der sich selbst seinen Sinn gibt. Sie waren einerseits viel ernster als moderner Sport, andererseits nicht zu vergleichen mit der Ernsthaftigkeit des Sports, wie er heute betrieben wird. Die Leibesübungen wirkten auf die ganze Welt, der moderne Sport ist eine Welt für sich. Diese Profanisierung des Sports, seine Entbindung aus rituellen Kontexten, war die Voraussetzung zu seiner ungeheuren Leistungssteigerung.

Als nach der Tang-Zeit militärische Tugenden radikal abgewertet wurden (S. 279), kamen auch die Leibesübungen aus der Mode. Die feingeistigen Literatenbeamten der späten Kaiserzeit rümpften die Nase über jede Form körperlicher Anstrengung. So war die chinesische Elite ein rundes Jahrtausend aus dem Training, als die Europäer den modernen Sport nach China brachten. Vor allem der englische Sport als regelgebundener Wettkampf etablierte sich schnell: 1862 wurde in Shanghai eine Sportstiftung gegründet, die sich um Cricket, Rudern, Tennis, Reiten, Fechten kümmerte; seit 1876 förderte der YMCA den amerikanischen Sport in China; 1887 wurde der Shanghai Football Club gegründet, 1907 eine Fußball-Liga, 1924 entstand ein Dachverband des chinesischen Sports. Mit dem modernen Sport kamen die Organisationen, die seine Autonomie verbürgten.

Nachdem der chinesische Sport durch die Kulturrevolution – sie forderte, »die Körper für die sozialistische Revolution zu stärken« – zwischenzeitlich dem Primat der Politik unterworfen wurde, entwickelte er sich seit den 1980er Jahren rasant. Der WM-Sieg der chinesischen Volleyballerinnen über die Japanerinnen im November 1981 – landesweit im Staatsfernsehen übertragen – war für China ein nationales Erweckungserlebnis, vergleichbar dem deutschen Sieg bei der Fußball-WM 1954. Bei den Olympischen Spielen 1984 gewann die VR China dann 15 Medaillen und verkündete alsbald den ehrgeizigen Plan, zur Weltspitze im Sport aufzuschließen. Heute hat sie es geschafft: chinesische Tischtennisspieler dominieren die Welt unangefochten; Sportler wie Liu Xiang und Yao Ming sind Weltstars. 2002 gelang dem Mutterland des Fußballs erstmals die Qualifikation zur Weltmeisterschaft; bei den Olympischen Spielen 2004 erreichte China den zweiten Rang im Medaillenspiegel; und der Höhepunkt wurde 2008 erreicht, als China bei den Olympischen Spielen in Beijing einen triumphalen Sieg in der Nationenwertung feierte. Die Frage des YMCA war beantwortet.

Doch den glanzvollen Leistungen chinesischer Sportler haftet bis heute ein schaler Beigeschmack an. Seit drei Läuferinnen des Trainers Ma Junren, angeblich mit Schildkrötenblut gestärkt, im Herbst 1993 die Weltrekorde über 1500, 3000 und 10 000 m spielerisch – um bis zu 42 Sekunden! – gebrochen hatten, sind chinesische Sportler den Generalverdacht des Dopings nicht mehr losgeworden.

Seither werden westliche Beobachter nicht müde, auf die Schattenseiten des chinesischen Sports hinzuweisen: auf die unmenschlichen Bedingungen in den Elitesportschulen, in denen 400 000 Kinder knüppelhart trainiert werden, auf den Einsatz minderjähriger Turnerinnen bei Wettkämpfen, die Korruption im Fußball, auf systematisches Doping. Doch Diskussionen um Substanzen und Kontrollen gehen ebenso fehl wie Schuldzuweisungen an individuelle Sportler oder nationale Sportverbände. Denn Doping und Missbrauch von Körpern werden vom System des Leistungssports selbst hervorgebracht, in dem vor allem Erfolge zählen. China hat Anschluss an den modernen Spitzensport gefunden – mit all seinen Höhepunkten und Abgründen.

Von Reform zu Revolution

Während manche Intellektuelle schon ein »neues China« verkündeten, hatte das alte noch mit ganz herkömmlichen Problemen zu kämpfen. Verheerende Überschwemmungen in Shandong, gefolgt von einer Dürre, trieben die Bauern wie unzählige Male zuvor zu einer Rebellion. Sie und viele andere Menschen, die durch Industrie und Eisenbahn ihre Arbeit verloren hatten – Handwerker, Bootsleute, Kutscher und Rikschakulis –, schlossen sich den »Fäusten der Gerechtigkeit und Harmonie« (Yihe quan) an, einem Zweig des »Weißen Lotos«, dessen Mitglieder Kampfkunst und magische Praktiken betrieben. Diese »Boxer«, wie sie herablassend genannt wurden, begannen 1900 einen Aufstand gegen die Qing und vor allem gegen die Ausländer: gegen die haarigen Barbaren, die Irrlehren verbreitet, mit ihren Eisenbahnen die Harmonie der Landschaft – das *fengshui* – zerstört, Brunnen vergiftet, Kleinkindern Augen und Herzen herausgeschnitten und dadurch alle Katastrophen des Landes heraufbeschworen hätten. Die Boxer massakrierten Priester und Tausende chinesische Christen, plünderten Missionen und zerstörten alles, was aus dem Westen kam: Eisenbahnschienen, Telegraphenmasten, Bergwerke, Kirchen. Der Boxeraufstand war eine Rebellion gegen die Moderne. Er verdeutlichte, wie schmerzhaft der Übergang in die neue Zeit war – nicht nur für die alten Eliten, sondern auch für das einfache Volk.

Vielleicht geschah es aus Verzweiflung oder auch im Vertrauen auf die magischen Kräfte der Boxer, die angeblich unverwundbar waren und fliegen konnten: jedenfalls beschloss der Qing-Hof unter Cixi, die Boxer nicht zu bekämpfen, sondern zu unterstützen. Die Qing setzten auf eine Horde langhaariger, zerlumpter Bauern, die mit Schwertern und Lanzen gegen die Armeen der Industriemächte kämpfen sollten. Nicht mehr »Stürzt die Qing, vernichtet die Fremden« sollte ihr Schlachtruf sein, sondern »Unterstützt die Qing, tötet die Fremden!«. Die Regierung öffnete den Boxern den Weg nach Beijing, wo sie ein Blutbad unter Christen anrichteten, Kirchen niederbrannten, Bahnstationen zerstörten und Gräber schändeten. Sie töteten den japanischen Gesandtschaftssekretär Sugiyama und den deutschen Gesandten von Ketteler. Schließlich griffen sie das Gesandtschaftsviertel an, in dem sich 475 ausländische Zivilisten und 2300 chinesische Christen aufhielten, bewacht von 450 Soldaten. Die Ereignisse ermutigten die Regierung, am 21. Juni 1900 zum Krieg gegen »die Ausländer« aufzurufen.

> Die Gouverneure in den Provinzen sind allesamt unserer Güte teilhaftig geworden und uns verbunden wie leibliche Verwandte. … Sie sollten gemäß der Lage in ihren Provinzen Vorkehrungen treffen, … um die Grenzen zu verteidigen, so dass die Ausländer nicht eindringen können, und die Hauptstadt zu entsetzen, so dass der Hof nicht in Not gerät. (*Qing shilu*, Dezong 464)

Doch der Appell ging ins Leere, denn die Provinzbeamten waren der Zentrale längst nicht mehr »verbunden wie leibliche Verwandte«. Die Bindungen hatten sich über ein Jahrhundert so weit aufgelöst, dass Gouverneure weitgehend eigenständig agierten. Li Hongzhang (Guangdong), Yuan Shikai (Shandong) und andere verweigerten diesem »chaotischen Befehl« denn auch von vornherein den Gehorsam. So konnte eine alliierte Armee – 8000 Japaner, 4800 Russen, 3000 Briten, 2100 Amerikaner, 800 Franzosen, 58 Österreicher und 53 Italiener – im August ohne großen Widerstand von Tianjin nach Beijing vordringen und das Gesandtschaftsviertel befreien.

Eine unrühmliche Fußnote dieses Kriegs schrieben die Deutschen. Kaiser Wilhelm II. hatte seinen Truppen mit der berüchtigten »Hunnenrede« eingeheizt, in der er sich verstieg zu rufen:

> Ihr sollt fechten gegen eine gut bewaffnete Macht, aber Ihr sollt auch rächen, nicht nur den Tod des Gesandten, sondern auch vieler Deutscher und Europäer. Kommt Ihr vor den Feind, so wird er geschlagen, Pardon wird nicht gegeben; Gefangene nicht gemacht. Wer Euch in die Hände fällt, sei in Eurer Hand. Wie vor tausend Jahren die Hunnen unter ihrem König Etzel sich einen Namen gemacht, der sie noch jetzt in der Ueberlieferung gewaltig erscheinen läßt, so möge der Name Deutschland in China in einer solchen Weise bekannt werden, daß niemals wieder ein Chinese es wagt, etwa einen Deutschen auch nur scheel anzusehen. (*Weser-Zeitung*, 29.7.1900)

Als das deutsche Expeditionskorps unter Graf Waldersee mit 17 000 Mann in China eintraf, war Beijing längst eingenommen. Daraufhin »rächten« die Deutschen sich an der Landbevölkerung, unter der sie auf der Suche nach untergetauchten Boxern schreckliche Massaker verübten.

Auch andere Truppen mordeten und plünderten in und um Beijing. Während die Regierung ins Landesinnere, nach Xi'an, geflohen war (ihre Heimat, die Manjurei, war von den Russen besetzt), okkupierten sie die Stadt, zerstörten den schamanistischen Tempel der Qing und entweihten den Kaiserpalast. Über ein Jahr blieben sie, und nur die Intervention der USA verhinderte, dass China vollends kolonial aufgeteilt wurde. Stattdessen wurden die Qing im »Boxer-Protokoll« darauf verpflichtet, die beteiligten Beamten zu bestrafen, Festungen zu schleifen, den Schutz von Ausländern in Beijing zu garantieren, ein vollgültiges Außenministerium einzurichten, eine Sühnemission nach Europa zu schicken und Reparationen in erdrückender Höhe von 450 Millionen Silberunzen zu leisten. Es war die letzte Amtshandlung Li Hongzhangs, dieses Protokoll zu unterschreiben. Kurz darauf starb er, der bedeutendste chinesische Staatsmann des 19. Jahrhunderts, die letzte große Persönlichkeit des kaiserlichen China.

Doch die Qing, wiewohl politisch und finanziell bankrott, überlebten. Wie 1860 raffte sich die Dynastie zu einem letzten Kraftakt auf und setzte ab 1901 eine »neue Politik« (*xinzheng*) ins Werk, die das Regierungssystem von Grund auf verändern sollte. Der Impuls ging allerdings nicht vom Zentrum aus, sondern von den Provinzen: Gouverneure wie Yuan Shikai und Zhang Zhidong drängten Cixi, die kurz zuvor die Reformversuche des Kaisers vereitelt hatte, jetzt zu einem Umbau, der viel weiter ging als 1898.

Unter staatlicher Leitung wurden die ersten modernen chinesischen Banken gegründet, chinesische Investitionen in Industrie und Handel wurden gefördert. Bis 1929 entstanden – meist in Hafenstädten wie Shanghai – mehr als 20 000 chinesische Firmen und Fabriken, überwiegend kleine und mittelständische Unternehmen, die jedoch einen wichtigen Beitrag zur wirtschaftlichen Entwicklung leisteten. In den Städten wurden jetzt neue Polizeiordnungen eingeführt und zivilisierende Maßnahmen – etwa Verbot von Opium, Glücksspiel und Prostitution – durchgesetzt. Sogar das Füßebinden wurde 1902 verboten.

Eine moderne Armee – 36 Divisionen mit 450 000 Mann – wurde aufgebaut, die seit 1906 einem neugeschaffenen Heeresministerium unterstellt war. Das *zongli yamen*, einst bekannt als »Behörde für Verzögerung«, wurde in ein ordentliches Außenamt umfunktioniert, und auch die anderen Ministerien wurden im Sinne westlicher Behörden umgewandelt. Die traditionellen Ministerien, ineffektive Apparate mit beschränkten Entscheidungsbefugnissen, unklaren Verantwortlichkeiten, Doppelbesetzungen von Ämtern, Kompetenzüberschneidungen und umständlichen Dienstwegen, bekamen jetzt eindeutige Kompetenzen und professionelle Struktur. Zudem wurden neue Ministerien geschaffen, etwa für Industrie und Handel, Post und Kommunikation sowie – besonders bemerkenswert – für Bildung.

Die neuen Staatsorgane brauchten, um ihre Beamten angemessen auszubilden, ein völlig neues Bildungssystem. 1903 wurde ein viergliedriges Schulsystem eingerichtet: vom Kindergarten über eine neunjährige Primarschule und eine fünfjährige Mittelschule bis hin zur Hochschule, die 11–12 Jahre dauern sollte. Überall im Land wurden jetzt moderne Schulen und Universitäten gegründet, ab 1907 auch für Mädchen: 769 Schulen mit mehr als 30 000 Schülern gab es schon 1903, 1911 waren es 52 500 Schulen mit weit über einer Million Schülerinnen und Schülern. Das erklärte Ziel hinter dieser umfassenden Bildungsreform war die Stärkung des Qing-Staates. »Wenn überall gelehrt wird, und wenn jeder Mensch lernt«, schrieben Yuan Shikai und andere hohe Beamte schon 1905,

> wenn man auf diese Weise Reichtum anstrebt, wer würde dann nicht reich? Wenn man sich auf diese Weise zu stärken versucht, wer würde dann nicht stark? So führen Eingeweihte nicht nur Preußens Sieg über Frankreich, sondern auch Japans Sieg über Russland letztlich auf Schulen und Lehrer zurück. Mit allen zivilisierten Ländern ist es so: ihre Stärke oder Schwäche liegt in den Schulen begründet. Dass unser Land im Vergleich dazu abfällt, liegt daran, dass die Literatenprüfungen nicht eingestellt und Schulen nicht gefördert werden.
> (*Gongzhong dang Guangxu chao zouzhe*, 31/8/2)

Es war nur konsequent, dass die Qing-Regierung als Antwort auf diese Throneingabe verkündete, »mit Wirkung ab 1906 alle Provinz- und Hauptstadtprüfungen insgesamt einzustellen«. Die jahrhundertealten Beamtenprüfungen, das Rückgrat der Gentry-Gesellschaft, waren mit einem Federstrich abgeschafft. Die Institution, die der moralischen Integration der Elite gedient hatte, war überflüssig geworden in einer Gesellschaft, die nicht mehr moralisch integrierbar war. Noch Reformer wie Kang Youwei und Liang Qichao hatten die Prüfungen durchlaufen; jetzt jubelte das neue China:

> Großartig! Das chronische Übel von tausend Jahren wird abgeschafft, Herrscher und Volk innerhalb der Vier Meere erhalten neue Perspektiven, und die Menschen im Reich werden ermutigt, ihre Tatkraft und Talente zu entfalten, um auf einen nützlichen Weg aufzubrechen. Genau das war nötig, um die Talente der Menschen zu wecken und China hochzubringen! (*Shibao*, 7.9.1905)

Der Zeitpunkt dieser Reform war kein Zufall: 1905 hatten die Japaner, nachdem der Interessenkonflikt mit Russland um Korea eskaliert war, die russische Armee in der Manjurei spektakulär besiegt. Zum ersten Mal in der modernen Geschichte hatte ein östliches Land eine westliche Industrienation militärisch geschlagen. Japan besetzte die Manjurei und erklärte Korea zum Protektorat (1910 wurde es vollends annektiert): damit änderte sich die politische Ordnung Ostasiens. Eine neue Zeit schien angebrochen. Jetzt machte im Westen das Wort von der »Gelben Gefahr« die Runde: Japan, aber auch China erschien plötzlich als Bedrohung für die westliche Zivilisation.

In China gab der japanische Sieg den Reformen neuen Schwung. Nach der Abschaffung der Beamtenprüfungen wurden vor allem die Rufe nach einer Verfassung laut, wie sie Japan bereits hatte. Nachdem Generäle und Provinzgouverneure, aber auch Altreformer wie Liang Qi-

Puyi, der letzte Kaiser von China, kam im Alter von zwei Jahren auf den Thron.

chao eine konstitutionelle Monarchie gefordert hatten, schickten die Qing eine Studiengruppe aus fünf Prinzen und Beamten nach Japan, in die USA und nach Europa, um die dortigen Verfassungen zu studieren. Trotz erheblicher Widerstände gegen das Projekt kam 1908 der Entwurf einer Verfassung zustande; Parlamente auf Provinz- und Kreisebene wurden eingerichtet, die als Vorläufer einer Nationalversammlung fungieren sollten. Auch die Gründung von Berufsverbänden – Handelskammern, Landwirtschafts- und Lehrerverbänden – wurde gefördert: institutionelle Anpassungen an den unleugbaren sozialen Wandel. Damit lassen sich die Reformen der »Neuen Politik« auf den Punkt bringen: sie reagierten auf die Einsicht, dass die chinesische Gesellschaft nicht länger stratifikatorisch, sondern funktional differenziert war. Die alte Elite konnte diese Gesellschaft nicht mehr vertreten, die Dynastie war auf die Unterstützung der neuen städtischen Eliten angewiesen: sie sollten durch Schulen, neue Ämter, Militärreform, Berufsverbände, Parlamente und schließlich durch eine neue Verfassung integriert werden.

Nach neun Jahren sollte die Verfassung in Kraft treten – doch so lange gab es die Qing nicht mehr. 1908 starb die Kaiserinwitwe Cixi, und ein paar Tage zuvor – ein Zufall? – auch Kaiser Guangxu. Sein Nachfolger wurde der zweijährige Aisin Gioro Puyi (1906–1967), ein Kleinkind auf dem Thron, wie schon am Ende der Früheren und Späteren Han. Puyi war ein typischer »letzter Kaiser«. Doch gerade an seinem Beispiel wird deutlich, wie wenig Einfluss die Person des Kaisers auf den Gang der Geschichte hatte. Denn die chinesische Gesellschaft befand sich längst in einem unumkehrbaren Strukturwandel, der nicht mehr nach Reformen verlangte, sondern nach Revolution.

Die »neue Politik«, die eigentlich das Ziel verfolgte, die Regierung der

Qing zu stärken, hatte diesen Wandel noch beschleunigt. Statt treuer Untertanen produzierte sie Revolutionäre: die modernen Schulen zogen kritische Köpfe heran, moderne Unternehmen gebaren kaltschnäuzige Kapitalisten, im neugeformten Heer organisierten sich selbstbewusste Offiziere, lokale Parlamente wurden zu Zentren der Agitation gegen die Zentrale, aufgeklärte Bürger zu Nationalisten.

Jetzt zeigte sich die Kehrseite des Nationalismus, die Nation nicht durch Inklusion definierte, sondern durch Exklusion: der Rassismus. Denker wie Zhang Binglin (1869–1936) oder sein Schüler Zou Rong (1885–1905) verstanden sich nicht als ›Chinesen‹ (*Zhongguo ren*) im weiten Sinne von Qing-Untertanen (S. 422), sondern als ethnisch definierte »Han-Chinesen« (*Hanren*), die – ein alter Mythos kam zu neuen Ehren – alle vom Gelben Kaiser abstammten. Als Han-Chinesen grenzten sie sich gegen alle Ausländer, dezidiert auch gegen die Manjuren ab und forderten eine ›chinesische‹ Republik (*Zhonghua minguo*) ohne Manjuren, Tibeter, Mongolen und Turkvölker. Die Schriften Wang Fuzhis zirkulierten jetzt ebenso weithin wie der Bericht über das Massaker von Yangzhou und brachten nationale Ressentiments zum Kochen.

Was unsere Landsleute heute »Dynastie«, »Regierung« und »Kaiser« nennen, das haben wir früher »Barbaren«, »Xiongnu« oder »Tartaren« genannt. Ihr Stamm wohnte jenseits des Shanhai-Passes und gehört einer völlig anderen Rasse an als wir, die erleuchteten Söhne und Enkel des Gelben Kaisers. Ihr Land ist ein schäbiger Winkel, und ihre Menschen passen dazu: ihre Gesinnung ist animalisch, ihre Sitten sind rauh; ihre Schrift ist anders als unsere, ebenso ihre Sprache und ihre Kleidung. Sie haben ihre grausame Macht ausgespielt, das Chaos der Rebellion in China ausgenutzt und sind in die Mittlere Ebene eingedrungen. Dort haben sie die Macht usurpiert, die Han-Chinesen herumkommandiert und deren Wohlstand aufgezehrt. Daher trifft alles Elend die Han, allen Wohlstand aber genießen die Manjuren. Als die Taiping unter Bergen von Leichen und in einem Meer von Blut untergingen, kämpften Han gegen Han – und gerettet wurden die Manjuren. Im Krieg gegen Japan, der uns 200 Millionen an Reparationen und eine ganze Provinz kostete, kämpften Han gegen Japaner – und gerettet wurden die Manjuren. Als beim Boxeraufstand Beijing und Tianjin im Blut ertranken, kämpften Han gegen Ausländer – und gerettet wurden die Manjuren. Wenn wir heute erstarken, erstarken auch bloß die Manjuren – wir haben nichts davon; und wenn wir heute reich werden, werden bloß die Manjuren reich – wir haben nichts davon. Landsleute, Landsleute! Macht euch das nicht zu eigen! Einer dieser manjurischen Banditen hat einmal gesagt: »Erstarken die Han, gehen die Man-

> juren unter.« Die haben das schon lange verstanden. Mögt ihr, meine Landsleute, diese Worte verwirklichen, anstatt sie einfach zu schlucken!
>
> (Zou Rong, *Geming jun* 2)

Der heißblütige Zou Rong bezahlte seine Worte mit dem Leben. Er blieb nicht der einzige Märtyrer der Revolution. Die meisten Aufrührer jener Zeit waren Revoluzzer, keine Revolutionäre, und ihre Versuche scheiterten kläglich. Das gilt für Qiu Jin, die, aus Japan zurückgekehrt, in Zhejiang einen vergeblichen Aufstand gegen die Qing probte und hingerichtet wurde; das gilt auch für den Mann, der zum »Vater der chinesischen Revolution« wurde: Sun Yat-sen (1866–1925). Sun – schon der Klang seines Vornamens verrät es – kam aus dem Örtchen Xiangshan zwischen Guangzhou und Macao. Westliche Einflüsse waren in dieser Gegend besonders stark, und sie prägten auch den jungen Sun Yat-sen. Er erhielt keine konfuzianische Ausbildung, sondern studierte zunächst auf Honolulu, dann in Hongkong westliche Medizin, konvertierte sogar zum Christentum.

Nachdem Sun 1895 einen Aufstand gegen die Lokalregierung in Guangzhou angezettelt hatte, musste er nach Japan fliehen (dort nahm er den Namen Zhongshan an, unter dem er heute in China bekannt ist). Er wäre vielleicht ein gescheiterter Revoluzzer geblieben, wenn es nicht zu einem glücklichen Zwischenfall gekommen wäre. Sun wurde 1896 bei einem Aufenthalt in London von Qing-Beamten verhaftet und zwölf Tage lang in der Botschaft festgehalten. Der Fall gelangte an die Presse, und auf Druck der englischen Regierung wurde er wieder freigelassen. Damit war Sun Yat-sen über Nacht zum berühmten Mann geworden: ein smarter, weltgewandter Intellektueller, das Aushängeschild der chinesischen Revolution.

Sun Yat-sen reiste in den folgenden Jahren durch die Welt, um für seine Sache zu werben und – vor allem unter Auslandschinesen – Geld einzutreiben. Dabei formte er die Theorie, die seine bleibende Bedeutung ausmachte, die »Drei Volksdoktrinen« (*san min zhuyi*). Etwa zwei Jahrzehnte lang, bis zu seinem Tod, hat Sun diese Doktrinen in zahlreichen Vorträgen entwickelt und präzisiert:

> Was sind also die »Drei Volksdoktrinen«? Es sind die drei Doktrinen des »Volksstamms« [*minzu*], des »Volksrechts« [*minquan*] und des »Volkswohls« [*minsheng*]. Die »Doktrin des Volksstamms« bedeutet, dass alle Völker der Welt gleich sind und dass kein Volk von einem anderen unterdrückt werden

> darf. … Die »Doktrin des Volksrechts« bedeutet, dass alle Menschen gleich sind und gemeinsam ein Volk bilden und dass keine Minderheit die Mehrheit unterdrücken darf. … Die »Doktrin des Volkswohls« bedeutet, dass arm und reich gleichrangig sind und dass die Reichen die Armen nicht unterdrücken dürfen. (*Guofu quanshu* 5)

Die Attraktivität von Suns Lehre lag darin, dass sie sowohl den inklusiven als auch den exklusiven Aspekt des Nationenbegriffs umfasste: der Begriff des »Volksstammes«, der Widerstand gegen die Qing und Selbstbestimmung der Chinesen implizierte, grenzte diese von anderen, gleichrangigen Nationen ab, während die Begriffe des »Volksrechts« – Sun sprach dabei auch von Wahlen und Parlamentarismus – und des »Volkswohls« – gemeint waren konkret: neue Landverteilung und gerechte Besteuerung – allen Schichten gleiche politische und wirtschaftliche Rechte einräumten. Was genau damit gemeint war, dürfte die Revolutionäre der frühen Stunden wenig bekümmert haben. Entscheidend war, dass Staat und Nation für Sun Yat-sen untrennbar zusammengehörten, »denn in China hat seit den Qin und Han stets eine Nation einen Staat gebildet«. Die »Drei Volksdoktrinen« lassen sich daher in einem Begriff zusammenfassen: Nationalismus.

Sun Yat-sens Lehren faszinierten vor allem die chinesischen Studenten in Japan, denen die Reformideen Kang Youweis und Liang Qichaos nicht mehr weit genug gingen. Zusammen mit anderen Revolutionären – darunter Zhang Binglin, Qiu Jin, Song Jiaoren (1882–1913), Cai Yuanpei (1868–1940) und Wang Jingwei (1883–1944) – gründete Sun 1905 in Tōkyō »Chinas revolutionären Schwurbund« (*Zhongguo geming tongmeng hui*, kurz: *Tongmeng hui*), dessen Manifest die »Drei Volksdoktrinen« martialisch zuspitzte:

> Vertreibt das Tartarengesindel! Die Manjuren sind eigentlich Ostbarbaren von jenseits der Grenze. … Stellt China wieder her! China gehört den Chinesen. … Gründet eine Republik! Die Revolution geht vom einfachen Volk aus, um eine republikanische Regierung zu schaffen. … Gleiche Bodenrechte! Die Segnungen der Zivilisation sollen allen gleichermaßen zukommen.
> (*Guofu quanshu* 2.1)

Der »Schwurbund« bestand zwar keineswegs aus »einfachem Volk«, sondern vorwiegend aus bürgerlichen Intellektuellen, aber das tat seinem revolutionären Schwung keinen Abbruch. Er wuchs bis 1911 auf 10 000

Mitglieder an und probte in der Zeit nicht weniger als acht Aufstände gegen die Qing – die jedoch allesamt jämmerlich fehlschlugen. Der Aufstand, der die Qing-Dynastie schließlich doch zu Fall brachte, geschah völlig ungeplant. Er ging auch nicht vom »Schwurbund« in Japan aus, sondern von Gutsherren und Kaufleuten in Sichuan: der Konflikt mit lokalen Eliten sollte die Qing stürzen.

1905 hatten chinesische Unternehmer Rechte am Bau der Eisenbahnlinien Guangzhou-Wuhan und Sichuan-Wuhan erworben. Da die Finanzierung jedoch nicht geregelt werden konnte, beschloss die Qing-Regierung im Mai 1911, die Linien zu verstaatlichen und für den Bau Kredite im Ausland aufzunehmen. Die Investoren fühlten sich betrogen, und vor allem in Sichuan kam es zu gewalttätigen Protesten. Als die Regierung daraufhin Truppen von Wuhan nach Sichuan verlegte, bot sich die Gelegenheit für die Revolutionäre des »Schwurbunds«, in Wuhan anzugreifen. Ein Zufall beschleunigte die Ereignisse: als unabsichtlich eine Bombe explodierte und zur Entdeckung einer konspirativen Zelle führte, schlugen die Revolutionäre – kaum 2000 Mann – los. Am 10. Oktober 1911 stürmten sie das Waffenlager der Regierung, vertrieben den Gouverneur und den Militärkommandeur und besetzten schnell die ganze Stadt.

Der Aufstand von Wuhan war Chinas Sturm auf die Bastille. Der »Doppelzehnte« gilt als Beginn der Republik und ist noch heute Nationalfeiertag auf Taiwan. Danach ging alles sehr schnell. Die Rebellen brachten die Provinzversammlung von Hubei dazu, sich für unabhängig zu erklären und die Republik auszurufen. Die Revolutionäre telegrafierten die Nachricht aus Wuhan an alle anderen Provinzversammlungen – und dann geschah das Unerhörte: eine Provinz nach der anderen sagte sich von den Qing los. Hunan, Yunnan, Zhejiang, Fujian, Guangdong, Sichuan u. a. – innerhalb von anderthalb Monaten hatten 15 Provinzen ihre Unabhängigkeit erklärt. Die Qing fielen durch die Waffen der Moderne: die Eisenbahn und das Telegrafennetz.

Dabei kam es zu furchtbaren Massakern an manjurischen Soldaten und Zivilisten. Hunderte wurden in Wuhan geköpft, erschossen, in den Selbstmord getrieben, in Xi'an und anderen großen Städten Zehntausende. »Alte und Junge, Männer, Frauen, kleine Kinder wurden gleichermaßen abgeschlachtet«, berichtet ein Beobachter. Viele Manjuren versuchten sich als Han auszugeben, aber es gab kein Entkommen:

> Sie waren zu erkennen an ihrer Kleidung, ihrem Körperausdruck, ihrer Sprache. Ihre Vorliebe für Rot und Gelb, ihr weißes Kleidungsfutter, ihre hohen Kragen und engen Ärmel, … ihre Gürtel und Schuhe: alles verriet sie. Für die Frauen waren die ungebundenen Füße ein fatales Unterscheidungsmerkmal. Ihre eigenartige Kopfbedeckung und ihre Kleidung mochten sie wechseln, aber ihre natürlich großen Füße ließen sich nicht verbergen.
>
> (J. C. Keyte, *The Passing of the Dragon*)

Selbst wenn Manjuren ihr Leben retten konnten, plünderten und brandschatzten die Revolutionäre ihre Häuser. In Nanjing blieb von der »Tartarenstadt« nur verbrannte Erde übrig: »Nicht ein Stein stand mehr auf dem anderen, … jedes Haus war systematisch niedergebrannt worden.«

Sun Yat-sen erfuhr von alledem nur aus der Zeitung, denn er war zu der Zeit auf Reisen in den USA. Er kehrte über England und Frankreich nach China zurück und kam am 25. Dezember in Shanghai an – gerade rechtzeitig, um am 29. Dezember zum provisorischen Präsidenten der Republik China ernannt zu werden, die offiziell am 1. Januar 1912 begann.

Wie ein Kartenhaus fiel die große Dynastie Qing in sich zusammen. All das geschah so schnell, dass nur wenigen Zeitgenossen die ganze Tragweite der Ereignisse klar geworden sein dürfte – am wenigsten dem vierjährigen Kaiser, Puyi:

> Aus jenen Tagen ist mir nicht viel in Erinnerung geblieben; aber eine Szene sehe ich immer noch deutlich vor mir: Die Kaiserinwitwe Long Yu sitzt auf einem Kang in einem Seitenraum der Thronhalle des Geistigen Wachstums und wischt sich mit einem Tuch die Augen. Vor ihr kniet auf einem roten Kissen ein fettleibiger alter Mann, dem die Tränen nur so über das Gesicht strömen. Ich selbst sitze zur Rechten der Kaiserinwitwe und bin ganz verwirrt, weil ich nicht verstehe, wieso die beiden Erwachsenen weinen. Außer uns dreien ist niemand da; eine unheimliche Stille umfängt den Raum. Plötzlich beginnt der dicke Mann unter lautem Schneuzen und Schluchzen zu reden. Ich kann mir aber aus seinen Worten keinen Sinn zusammenreimen. Später habe ich dann erfahren, daß dieser schluchzende Dicke niemand anders als Yuan Shikai war.
>
> (Puyi, *Wode qian bansheng* 2, Übersetzung: Schirach/Lehner)

Was Yuan Shikai der Kaiserinwitwe unter Tränen nahegelegt hatte, war nicht weniger als die Abdankung des Kaisers. Yuan, nach dem Tod Li Hongzhangs der mächtigste General in Nordchina, war 1911 von den

Qing beauftragt worden, die Rebellion niederzuschlagen. Doch er nutzte die Gunst der Stunde, um beide Seiten gegeneinander auszuspielen: den Revolutionären sagte er, der Kaiser habe ihn selbst mit dem Aufbau einer republikanischen Regierung beauftragt, und den Kaiser drängte er zum Rücktritt. Yuan Shikais Strategem ging auf: am 12. Februar 1912 trat der letzte Kaiser, Puyi, sang- und klanglos ab und lebte fortan privat in einem Teil der Verbotenen Stadt, umgeben nur von ein paar Eunuchen.

Dies war nicht einfach der Sturz einer Herrscherdynastie, wie ihn China schon so oft erlebt hatte, sondern das Ende des Kaiserreichs selbst. Es war eine Revolution. Das System, das 221 v. Chr. mit den Qin begonnen und sich über 2000 Jahre lang immer wieder umgeformt und erneuert hatte, war jetzt endgültig abgeschafft. Angesichts ihrer epochalen Bedeutung wirken die Ereignisse von 1911 geradezu läppisch. Doch die politische Revolution war nur ein Aspekt eines viel tiefgreifenderen sozialen Umbruchs, der lange zuvor begonnen hatte und in den nächsten Jahrzehnten seinen Höhepunkt erreichen sollte. Die chinesische Revolution war noch lange nicht vorbei.

Das moderne China (1912–1978) Massengesellschaft und Totalitarismus

Wenn das 20. Jahrhundert das »Zeitalter der Extreme« war (Eric Hobsbawm), so gilt das in besonderem Maße für China. Die Höhen und Tiefen, die China im 20. Jahrhundert durchlaufen hat, stehen uns klarer vor Augen als in jeder früheren Epoche.

Das Grundproblem der chinesischen Geschichte, die Ordnung einer heterogenen Gesellschaft, erfuhr im 20. Jahrhundert akutere Ausprägungen und radikalere Lösungen als je zuvor. Abwertung ›konfuzianischer‹ Werte, Kult der Jugend, Emanzipation von Frauen und die Arbeiterbewegung sorgten für immer höheren Integrationsdruck – bis hin zur Massengesellschaft, an der jeder teilhaben sollte. Die Ordnungsmuster, die auf Vollinklusion und Vermassung reagierten, waren Diktatur und Totalitarismus. Die Ambivalenzen der modernen Gesellschaft konnten nur mit eisernem Zwang zur Eindeutigkeit gebändigt werden in einem System, das nicht mehr universalen Anspruch hatte, sondern totalitären.

Die chinesische Revolution war politisch ein Fehlschlag. Die junge Republik geriet erst unter die Knute eines Diktators, Yuan Shikai, dann zerfiel sie in autonome Machtbereiche zahlreicher »Kriegsherren«. Die eigentliche Revolution fand in der Gesellschaft statt. Intellektuelle forderten jetzt vehement eine »neue Kultur«, die mit dem alten »Konfuziusladen« aufräumte: jugendlichen Tatendrang, Frauenrechte, umgangssprachliche Literatur, Befreiung des Geistes. Die »4.-Mai-Bewegung«, die aus Protesten gegen den Versailler Vertrag erwuchs, ließ die Chinesen als Nation weiter zusammenwachsen. Jetzt zog der Kommunismus mit seinem Versprechen einer egalitären, klassenlosen Gesellschaft die Intellektuellen in seinen Bann: nicht die bürgerliche, sondern erst die proletarische Revolution könne China aus seinem Elend befreien. Sun Yat-sens Nationale Volkspartei und die neugegründete Kommunistische Partei gingen ein Bündnis ein, sowjetische Berater begannen, aktiv in die Politik Chinas einzugreifen.

Doch die optimistische Aufbruchsstimmung der 1920er Jahre endete nach Sun Yat-sens Tod, als die bürgerlichen und militärischen Eliten zurückschlugen: 1927 ließ Chiang Kai-shek Zehntausende Arbeiter und Kommunisten massakrieren und trieb die KPCh in den Untergrund. Auch wenn Chiang China 1928 militärisch halbwegs einte, standen die

Zeichen auf Krieg. Nationalisten und Kommunisten, einst von ähnlich hehren Idealen getrieben, entwickelten jetzt repressive Regimes: Chiang Kai-shek errichtete in Nanjing eine Erziehungsdiktatur, die Kommunisten schufen auf dem Land totalitäre Herrschaftsmechanismen.

Was folgte, war unfassbares Grauen. Jahrzehntelang wurde das chinesische Volk von Krieg, Terror und Massenmord heimgesucht: im Zweiten Weltkrieg verübten die Japaner in China bestialische Kriegsverbrechen, die Kämpfe kosteten 15–20 Millionen das Leben, der anschließende Bürgerkrieg zwischen Nationaler Volkspartei und KPCh (1946–1949) forderte wiederum Millionen Opfer, und kaum war Chiang Kai-shek nach Taiwan geflohen und die Volksrepublik China gegründet, mussten Hunderttausende im Koreakrieg ihr Leben lassen.

Die chinesische Revolution ging weiter. Mao Zedong betrieb den Aufbau der sozialistischen Gesellschaft im revolutionären Sturm. In den 1950ern wogte eine Massenkampagne nach der anderen über das Land: Ackerland wurde erst umverteilt, dann kollektiviert, die Stadtbewohner wurden in Wohn- und Arbeitseinheiten eingeteilt, die Partei spannte ihr Kontrollnetz über die ganze Gesellschaft. Wieder gingen die Opfer in die Millionen: »Grundbesitzer«, »Verbrecher« und »Konterrevolutionäre« wurden hingerichtet, »Rechtsabweichler« für Jahrzehnte in Arbeitslager gezwungen. 1958 sollte China dann in einem halsbrecherischen »Großen Sprung nach vorn« seine Stahlproduktion vervielfachen: katastrophale Ernteausfälle und die schlimmste Hungersnot der Weltgeschichte waren die Folge.

Doch die bitterste Erfahrung der jungen Volksrepublik sollte noch folgen: die »Kulturrevolution« (1966–1969), in der Rote Garden im Namen Mao Zedongs das ganze Land mit Terror überzogen – bis sie schließlich selbst von der Armee niedergeschossen oder in die tiefste Provinz verbannt wurden. Mit der »Kulturrevolution«, die alle Strukturen von Staat und Gesellschaft zerrüttete, erreichte die chinesische Revolution ihren schaurigen Höhepunkt – unbemerkt vom Westen übrigens, in dem Maos Regime als Inbegriff sozialer Gerechtigkeit verklärt wurde.

Nie gab es mehr Quellen zur chinesischen Geschichte als im 20. Jahrhundert – Zeitungen, Radio- und Fernsehsendungen, Zeitzeugen, Fotos, alle Arten materieller Überreste –, und nie waren sie so irreführend: denn das 20. Jahrhundert war auch das Zeitalter der Propaganda und der Lüge. Während viele Archive der Republikzeit bereits geöffnet sind, sind wir über die Vorgänge zur Mao-Zeit noch höchst unzulänglich informiert.

Das gilt auch und vor allem für die Chinesen selbst, die sich nie zu einer Aufarbeitung dieser traumatischen Epoche verstanden haben.

Denn die Ära endete nicht mit einem Systemwechsel, sondern mit einem langsamen Übergang: noch in Maos letzten Jahren öffnete China sich wieder dem Westen, gewährte seinem Volk mehr Freiheiten und wirtschaftliche Anreize. An diese Entwicklungen konnte Maos Nachfolger an der Macht, Deng Xiaoping, anknüpfen, ohne mit dessen Verbrechen abrechnen oder gar den Führungsanspruch der Partei in Frage stellen zu müssen. In diesem Erbe der Mao-Zeit sind viele Ambivalenzen des heutigen China begründet.

Zeittafel

1912	Beginn der Republik China; Rücktritt des letzten Qing-Kaisers
1914	Yuan Shikai löst das Parlament auf; Beginn des Ersten Weltkriegs
1915	21 Forderungen Japans an China; Gründung der *Neuen Jugend*
1917	Oktoberrevolution; Hu Shi verkündet eine »literarische Revolution«
1918	Lu Xuns »Tagebuch eines Verrückten« erscheint
1919	»4.-Mai-Bewegung«: Protest gegen den Versailler Vertrag; Karachan-Manifest
1921	Gründung der Kommunistischen Partei Chinas
1923	Sun-Joffe-Manifest: Zusammenschluss von GMD und KPCh
1925	Tod Sun Yat-sens; landesweite Streiks, Boykott westlicher Waren
1927	Nordfeldzug; Massaker an Kommunisten in Shanghai u. a. Städten
1931	Gründung der Jiangxi-Sowjets; Japan besetzt die Manjurei
1934/35	»Langer Marsch« der KP Chinas von Jiangxi nach Shaanxi
1936	»Xi'an-Zwischenfall«: 2. Einheitsfront; die KPCh in Yan'an
1937	Japanischer Angriff auf China; Massaker von Nanjing
1941	Japanischer Angriff auf Pearl Harbor; Besetzung Hongkongs
1946–49	Chinesischer Bürgerkrieg
1949	Gründung der Volksrepublik China; die GMD flieht nach Taiwan

1950–53	Koreakrieg
1950–52	Landreform; Kampf gegen Konterrevolutionäre
1951	Die VBA besetzt Tibet
1951–52	»Drei-Anti-Bewegung«; »Fünf-Anti-Bewegung«
1953	Erster Fünfjahresplan; Tod Stalins
1958–61	»Großer Sprung nach vorn«; Hungersnot in ganz China
1959	Niederschlagung des Volksaufstands in Tibet: Flucht des Dalai Lama nach Indien
1966–69	»Große Proletarische Kulturrevolution« (offiziell bis 1977)
1971	UN-Beitritt Chinas
1976	Tod Mao Zedongs; Sturz der »Viererbande«

Nation Building

Als Sun Yat-sen, der erste Präsident der Republik China, am 1. Januar 1912 in Nanjing aus der Bahn stieg, wurde er von Tausenden Soldaten militärisch begrüßt. Die Einwohner der Stadt hatten sich die Haare schneiden lassen und die Straßen mit der Flagge der Republik geschmückt. In einem Nebengebäude des Regierungskomplexes, im westlichen Stil gebaut, hatten sich Abgeordnete der Provinzen in Frack und Zylinder sowie Militärs in Uniform für die Inauguration des Präsidenten versammelt. Nach einer offiziellen Laudatio hob Sun Yat-sen die linke Hand und schwor, die Qing zu stürzen, die Republik zu festigen und für das Gedeihen des Landes zu sorgen. Die Regierungserklärung wurde verlesen, Ansprachen folgten, und die Zeremonie endete mit den Rufen »Lang lebe die Republik China, 10 000 Jahre!«, Applaus, Musik und Böllerschüssen.

Von Anbeginn umgab sich die junge Republik mit den Symbolen der Moderne: Gregorianischer Kalender, kurzer Haarschnitt, Nationalflagge, westliche Kleidung, Schwurformeln, militärischer Drill. Die neue, nationale Identität war keineswegs selbstverständlich; sie musste erst freigelegt und symbolisch ausgeflaggt werden, um allgemein zu wirken. Paradoxerweise dienten vor allem westliche Symbole, einst der Gegenentwurf zu allem Chinesischen, jetzt dazu, eine neue ›chinesische‹ Identität zu definieren.

Zu dieser Identität gehörte zuallererst eine neue Frisur: die Manjurenzöpfe mussten fallen. Schon in den Jahren zuvor hatten sich Revolutionäre als Zeichen des Widerstands den manjurischen Zopf abgeschnitten und trugen die Haare nach westlichem Vorbild kurz. Jetzt gingen Truppen durch die Städte und schnitten allen, die es nicht schon selbst getan hatten, die Zöpfe ab – nicht selten kam es dabei zu gewaltsamen Szenen. Auch ein neuer Kalender wurde eingeführt (das hatte jede neue Dynastie getan), der vom »1. Jahr der Republik« an rechnete, eine Nationalhymne, ein Nationalfeiertag, eine Kleiderordnung, Schreine für die Märtyrer der Revolution sowie Zeremonien und Lieder, die den patriotischen Geist stärken sollten, und vor allem: eine Nationalflagge und eine Nationalsprache.

Die vornehmste Aufgabe des neugeschaffenen Erziehungsministeriums war die Verordnung einer nationalen Standardsprache. Japan hatte schon lange eine »Nationalsprache« (*kokugo*) geschaffen, doch in China bezeichnete das Wort *guoyu* noch die Sprache der letzten Dynastie, das Manjurische. Die chinesischen Dialekte aber waren so unterschiedlich, dass sie zur überregionalen Kommunikation nicht taugten. 1913 trat eine Konferenz zusammen, die schließlich – nach heftigen Disputen – eine ›Nationalsprache‹ auf Grundlage der nördlichen Mandarin-Dialekte verordnete: ein Kunstprodukt, das lange Zeit niemand richtig verstand – und als solches ein Abbild des Nationalstaats selbst.

Während die Nationalsprache das Verständnis dessen, was als ›chinesisch‹ galt, deutlich einschränkte, wirkte die Nationalflagge in entgegengesetzter Weise. Die fünffarbige Flagge der Republik China – erst 1928 wurde sie durch die weiße Sonne auf blauem und rotem Grund ersetzt – markiert eine der folgenschwersten Entscheidungen in der Geschichte Chinas im 20. Jahrhundert. Sie repräsentierte nicht eine chinesische Republik, wie Zhang Binglin sie geforderte hatte, sondern ihre Farben – rot, gelb, blau, weiß, schwarz – symbolisierten fünf Völker der Republik: Han, Manjuren, Mongolen, Hui (Moslems) und Tibeter. Schon in seiner Antrittsrede als Präsident hatte Sun Yat-sen den Anspruch der Republik China auf das ganze Volk und Territorium des Kolonialreichs der Qing betont:

> Die Grundlage des Staats liegt darin, dass das Volk die Gebiete der Han, Manjuren, Mongolen, Hui und Tibeter zu einem Staat vereint. Und wenn sich die Stämme der Han, Manjuren, Mongolen, Hui und Tibeter zu einem Volk vereinen, nennt man das nationale Einheit. Nach dem Aufstand von Wuhan ha-

> ben sich mehr als zehn Provinzen nacheinander für unabhängig erklärt. Mit »Unabhängigkeit« war der Abfall von den manjurischen Qing gemeint und zugleich die Vereinigung mit den anderen Provinzen: das ist auch die Absicht der Mongolen und Tibeter. Dies ist eine Bewegung zur Einheit, nicht zur Spaltung … (»Linshi da zongtong jiuzhi xuanyan«)

Auch Yuan Shikai bekräftigte kurz darauf, dass »die Republik aus fünf ethnischen Gruppen« bestehe: »die Gebiete der Mongolen, Tibeter und Hui (Xinjiang) gehören zur Republik, deren Einwohner sind ihre Bürger«, und Artikel drei der vorläufigen Verfassung schrieb diesen Anspruch fest. Sun und Yuan knüpften nahtlos an die imperialen Ambitionen der Qing an, doch jetzt nahmen diese eine andere Qualität an. Die Republik war kein Reich, sondern ein Nationalstaat: sie definierte sich nicht als Zentrum der Welt, umgeben von Zonen abnehmenden Einflusses, sondern als Nationalstaat mit klar definierten Grenzen. Daher konnten Fragen der Zugehörigkeit nicht mehr im Unscharfen belassen werden, sie mussten eindeutig beantwortet werden.

Die Mongolen und Tibeter gaben eine eindeutige Antwort: die Khalkha-Mongolen erklärten, unterstützt von den Russen, im Dezember 1911 ihre Unabhängigkeit; der 13. Dalai Lama, seinerseits unterstützt von England, vertrieb kurz darauf alle chinesischen und manjurischen Beamten aus Lhasa und schloss Ende 1912 mit den Mongolen einen Vertrag, in dem sie gegenseitig ihre Unabhängigkeit anerkannten. Schon gleich nach ihrer Gründung drohte diese Republik zu zerfallen. Als auch die Fürsten der Inneren Mongolei die Unabhängigkeit anstrebten, schlug Yuan Shikai sie mit eiserner Faust nieder; und ein junger Kommandeur namens Chiang Kai-shek (1887–1975) forderte eine »Blut-und-Eisen-Politik« im Umgang mit den »Rebellionen« an Chinas Grenzen: ein Menetekel für das, was die Republik noch erwartete.

Zivilisation 文明

»Die Segnungen der Zivilisation sollen allen gleichermaßen zukommen«, hatte Sun Yat-sen versprochen. Was das implizierte, wurde kurz nach Gründung der Republik China klar. Im Sommer 1912 veröffentlichte die Regierung offizielle Vorschriften zur Etikette: Männer hatten zu formellen Anlässen nicht die traditionelle Robe, sondern Frack und Zylinder oder einen Wollanzug, zumindest aber eine Reitjacke mit Melone zu tragen; traditionelle Grußformen – das Erheben der Hände vor die Brust, wobei die linke über die zur

Faust geballte rechte gelegt wird, oder die tiefe Verbeugung – wurden durch westliche ersetzt: man sollte den Hut lüften und sich steif aus der Hüfte verbeugen, später wurde auch der Händedruck propagiert. Der Kotau, das Niederknien und Aufschlagen des Kopfes, wurde gänzlich verpönt: in einer Gesellschaft, die auf Gleichheit baute, hatte diese Unterwürfigkeitsgeste keinen Platz.

Die einstigen Untertanen der Qing mussten zu Bürgern erzogen, sie mussten ›zivilisiert‹ werden. Sie sollten sich die Haare schneiden, sich schicklich kleiden, anständig grüßen und gehen. Männer sollten nicht mehr mit hängenden Schultern dastehen wie traditionelle Gelehrte, schlaff und angekränkelt von der Blässe des Gedankens, sondern aufrecht, Schultern gerade, Brust nach vorn. Auch Bürgerinnen der neuen Republik sollten stramm und selbstbewusst auftreten. Das Rollenbild der Frau änderte sich jetzt grundlegend: das Füßebinden wurde verboten, Frauen sollten sich modisch kleiden, nicht mehr wie fragile Püppchen daherkommen, sondern als elegante, moderne Damen.

Das Erziehungsprogramm der frühen Republik wurde noch übertroffen von der Kampagne »Neues Leben« (*xin shenghuo*), die Chiang Kai-shek 1934 begann. Sein Programm für ein neues China las sich so:

> Seid beim Essen manierlich! Stellt den Stuhl gerade! Werft Essensreste nicht achtlos weg! Macht keine Geräusche beim Kauen! Raucht nicht! Trinkt nicht zu viel! … Haltet eure Kleidung schlicht, ordentlich und sauber! Macht eure Knöpfe zu! Zieht Socken und Schuhe an! Setzt eure Hüte gerade auf! Nehmt sie zur Begrüßung ab! … Haltet eure Wohnungen sauber! Beschmiert die Wände nicht! Haltet eure Möbel reinlich! Öffnet regelmäßig Türen und Fenster! Geht früh schlafen, steht früh auf! … Schneidet euch regelmäßig die Fingernägel! Wascht euch regelmäßig! … Haltet euch beim Gehen links! Drängelt nicht! Raucht und esst nicht beim Gehen! Wenn ihr versehentlich jemanden rempelt, sagt »Entschuldigung«. … Erscheint pünktlich zu Verabredungen! Lasst andere aussprechen, bevor ihr sprecht! (»Xin shenghuo gongyue«)

Konfuzius hätte geschmunzelt. Denn die Erziehungsdiktatur der Guomindang reagierte auf dasselbe Problem, das die Chunqiu-Zeit beschäftigt hatte: die Koordination von Verhaltensnormen in einer komplexer werdenden Gesellschaft. Später versuchte die KP Chinas, das Problem nicht durch Zivilisation, sondern durch Rustifikation zu lösen, indem sie die Bauern zum Vorbild der Gesellschaft erhob. Doch das Experiment scheiterte, und seit Beginn der Reform- und Öffnungspolitik gehören zivilisatorische Kampagnen zum Alltag in chinesischen Städten. In Shanghai gelten die »Sieben Nicht«:

> Spuckt nicht auf den Boden! Werft Müll nicht achtlos weg! Beschädigt nicht öffentliche Einrichtungen! Beschädigt nicht die Grünanlagen! Überquert Straßen nicht achtlos! Raucht nicht an öffentlichen Orten! Redet nicht vulgär oder obszön! (*Shanghai shimin qibu*)

In Beijing gemahnt das »Abkommen zur bürgerlichen Zivilisation in der Hauptstadt« an nicht weniger als 36 bürgerliche Tugenden, darunter:

> Liebt das Vaterland, liebt Beijing! Respektiert die Gesetze und beachtet die Ordnung! Verschönert die Stadt und haltet auf Sauberkeit! Sorgt euch ums Kollektiv und beschützt öffentliche Einrichtungen! Ehrt die Wissenschaft, die Erziehung und die Lehrer! Respektiert die Alten, liebt die Jungen, unterstützt die Armee und liebt das Volk, achtet die Frauen, helft Behinderten und Notleidenden! Ändert Sitten und Gebräuche für ein gesundes Leben! Verhaltet euch zivilisiert und seid höflich zu Gästen, seid großherzig und offen, den Mitmenschen zur Freude! (*Beijing shimin wenming gongyue*, 2004)

Die Dauerpräsenz dieser Kampagnen bezeugt, wie langwierig der Prozess der Zivilisation ist in einer Gesellschaft, die mobiler und durchmischter ist denn je.

Der Zerfall der Republik

Die chinesische Revolution war nicht vom gemeinen Volk ausgegangen, das unter der Last der Steuern ächzte, sondern von Kaufleuten, Intellektuellen, Offizieren, Beamten, Landbesitzern – höchstens 5 % des Volks. Das Dilemma der Revolution: der Aufstand der Eliten garantierte ihren Erfolg und setzte diesem Erfolg zugleich Grenzen. Was diese Eliten vereinte, waren zudem nur zwei Ziele: der Sturz der Manju-Herrschaft und die Schaffung einer Republik. Als die Ziele erreicht waren, wurde alles viel komplizierter.

Die Republik, der die Gründer »10 000 Jahre« gewünscht hatten, war politisch eine Totgeburt. Bereits nach sechs Wochen musste Sun Yat-sen als Präsident zurücktreten und das Amt – das war die Bedingung des krummen Handels zwischen Kaiserhaus und den Revolutionären gewesen – an Yuan Shikai abgeben. Der »Vater der Republik« zog sich zurück, und ein erzkonservativer Haudegen usurpierte die Revolution.

Zwar gab es einen Verfassungsentwurf, der alle Macht dem Volk zusprach, eine Übergangsregierung und ein vorläufiges Parlament, in dem etwa ein Dutzend neugegründete Parteien vertreten waren. Song Jiaoren hatte den »Schwurbund« 1912 zur »Nationalen Volkspartei« (Guomindang, kurz GMD) umgewandelt, im selben Jahr wurde eine sozialistische Partei gegründet, eine anarchistische Partei war schon 1906 in Paris entstanden, Liang Qichao hatte eine »Demokratische Partei« (Minzhu dang) ins Leben gerufen. Diese Gruppierungen traten im Sommer 1912 zu den ersten Parlamentswahlen an. Wahlberechtigt waren Männer – keine Frauen – ab 21 Jahren, die über Schulbildung und ein gewisses Vermögen verfügten, etwa 5 % der Bevölkerung: die ersten halbwegs demokratischen Wahlen eines nationalen Parlaments in der chinesischen Geschichte – und bis heute die letzten.

Die Guomindang ging als Sieger hervor, doch das demokratische Experiment wurde schnell zunichtegemacht. Im März 1913 wurde Song Jiaoren, der Kopf der Guomindang, auf dem Bahnhof von Shanghai erschossen, wahrscheinlich im Auftrag von Yuan Shikai. Kurz darauf setzte Yuan drei Gouverneure der Guomindang ab, woraufhin sieben Provinzen sich von ihm lossagten: eine »zweite Revolution«, die Yuans Truppen jedoch schnell niederschlugen. Jetzt herrschte Kriegsrecht. Sun Yat-sen musste abermals nach Japan fliehen, im Januar 1914 löste Yuan Shikai das Parlament auf. Der Präsident war zum Diktator geworden.

Mit den »Drei Volksdoktrinen« hatte Yuan wenig zu schaffen. Stattdessen erklärte er den Konfuzianismus zur Grundlage des Staates. »In der Republik China bilden Treue, Ehrlichkeit, Sitten, Anstand, Bescheidenheit und Schamgefühl die Leitlinie menschlichen Verhaltens«, verkündete er 1913, »die Regierungsform mag sich geändert haben, nicht aber die Anlagen des Volkes.« Yuan Shikai führte die Staatsopfer an den Himmel wieder ein, ordnete landesweit die Verehrung des Konfuzius an, propagierte Witwenkeuschheit und kanonische Studien. Kang Youwei, Yan Fu und andere wollten den Konfuzianismus sogar zur offiziellen Staatsreligion machen. Auch die Beamtenränge des Kaiserreichs führte Yuan wieder ein, und nur der Widerstand seiner eigenen Leute verhinderte eine vollständige Rückkehr zum alten System: denn Yuan Shikai wollte sich 1916 allen Ernstes zum Kaiser machen. Doch der Plan scheiterte. Die südlichen Provinzen erklärten sich für unabhängig, und Yuans Generäle verweigerten ihm die Unterstützung. Yuan Shikai starb im Juni 1916, ein gebrochener Mann.

Die Republik lag in Scherben. Die »Drei Volksdoktrinen« waren Makulatur: von »Volksrecht« und »Volkswohl« konnte keine Rede sein, ebenso wenig von territorialer Integrität der Republik. Der koloniale

Einfluss Englands, Deutschlands, Frankreichs und vor allem Japans war ungemindert, ja er drohte noch stärker zu werden. In Europa war 1914 der Erste Weltkrieg ausgebrochen. Die Japaner hatten die Gelegenheit genutzt, um die deutschen Gebiete in Shandong zu besetzen und Yuan Shikai 1915 die berüchtigten »21 Forderungen« zu stellen: darunter die Anerkennung der Besetzung Shandongs, Konzessionen in der Manjurei und der Mongolei, Rechte in der chinesischen Eisen- und Stahlindustrie, Zugang zu mehreren Küstenhäfen und sogar direkten Einfluss in die chinesische Regierungspolitik durch japanische Berater. Ungeheuerliche Forderungen waren das, und noch ungeheuerlicher: Yuan Shikai hatte alle bis auf die letzte akzeptiert.

Die »21 Forderungen« markierten den Beginn einer immer aggressiveren Politik Japans gegenüber China. Sie schienen auch den Ausverkauf der Republik anzukündigen, die kurz darauf politisch zerfiel. Nach Yuans Tod zersplitterte die Macht in den Händen seiner Generäle, die sich bald hoffnungslos zerstritten. In den Wirren der nächsten Jahre versuchte einer dieser Generäle mit der Unterstützung des Altreformers Kang Youwei sogar, den Qing-Kaiser wieder einzusetzen. Doch das schlug ebenso fehl wie jeder andere Versuch, China politisch zu einen. In der Periode von 1916–1928 gipfelte die Regionalisierung Chinas, die bereits im 19. Jahrhundert begonnen hatte. Das Land wurde dominiert von »Kriegsherren« (*junfa*): Männern wie Zhang Zuolin, Wu Peifu, Feng Yuxiang und vielen anderen, die große Gebiete autonom beherrschten, mit eigenen Währungen und Steuern sowie unabhängiger Außenpolitik. Wechselnde Allianzen sorgten dafür, dass nie ein Kriegsherr mächtig genug wurde, um alle anderen zu unterwerfen. Wieder einmal, wie so oft in seiner Geschichte, zerfiel China in zahlreiche eigenständige Regionen.

Ganz im Süden, in Guangzhou, saß einer, der sich kaum von den anderen Kriegsherren unterschied: Sun Yat-sen, unter dessen Oberbefehl die Guomindang eine Militärregierung errichtet hatte. Der Gründer der Republik schlug mittlerweile andere Töne an: China habe kein Nationalbewusstsein, seine 400 Millionen Menschen seien so zusammenhaltlos wie »ein Haufen loser Sand«. Daher müsse China nach einer Militärregierung (*junzheng*) zunächst eine Phase der autoritären Regierung (*xunzheng*) durchlaufen, bevor es zu einer konstitutionellen Regierung (*xianzheng*) übergehen könne. Der Vater der Nation war zu einem von vielen Militärherrschern geworden: die Revolution schien endgültig gescheitert. Doch wie so oft, wenn China politisch zerrissen war, erwachten die kulturellen Kräfte zu umso regerem Leben. Als die Revolution politisch am Ende war, sollte sie kulturell erst beginnen.

Die neue Kultur

1915, im Jahr der »21 Forderungen«, erschien in Shanghai eine bemerkenswerte Zeitschrift. *Qingnian zazhi, Jugendzeitschrift*, 1. Jahrgang, 1. Nummer, stand auf der Titelseite, darüber der französische Paralleltitel *La jeunesse*, ein gallischer Hahn und in der Mitte ein Porträt von Andrew Carnegie als Titelbild. Die Zeitschrift – ab 1916 hieß sie *Xin qingnian, Neue Jugend* – markiert den Beginn einer neuen Phase der chinesischen Revolution, geprägt von einer jungen Generation von Intellektuellen. Leute wie Hu Shi (1891–1962), Lu Xun (1881–1936), Li Dazhao (1888–1927), Chen Duxiu (1879–1942), der Gründer von *Xin qingnian*: das war die »neue Jugend«.

China erlebte zur gleichen Zeit wie Europa eine Jugendbewegung: »Jugend ist wie der Frühlingsanfang, wie die Morgensonne, wie sprossende Gräser, wie eine frisch geschärfte Klinge: sie ist die wertvollste Zeit des Lebens«, schrieb Chen Duxiu in der ersten Nummer der *Neuen Jugend* und rief die Jugend seines Landes auf:

> Seid autonom, nicht sklavisch! … Seid fortschrittlich, nicht konservativ! … Seid offensiv, zieht euch nicht zurück! … Seid kosmopolitisch, nicht national verschlossen! … Seid utilitaristisch, nicht formalistisch! … Seid wissenschaftlich, nicht spekulativ! … Wenn wir das Zeitalter der Unmündigkeit verlassen und nicht weiterhin ein seichtes Volk sein wollen, dann sollten wir uns schleunigst aufraffen, um Wissenschaft und Menschenrechte gleichermaßen zu achten. … Auf, Jugend, strengt euch an! (»Jinggao qingnian«, *Qingnian zazhi* 1.1)

Man vergleiche diesen Aufruf mit den Unterweisungen des ersten Ming-Kaisers (S. 373): nicht die Autorität des Alters will Chen, sondern den Schwung der Jugend, nicht Gehorsam und Respekt, sondern Autonomie, nicht Harmonie, sondern Offensive, nicht trauliche Gewöhnung an Heimat und Gewerbe, sondern Aufbruch, Kosmopolitismus und Fortschritt. »Tut *nicht*, was man tun sollte«, so ließe sich Chens Aufruf zusammenfassen. Er wandte sich gegen Werte der alten Gesellschaft, die gerade von Yuan Shikai rehabilitiert wurden. Die Aufforderung, das »Zeitalter der

Titelseite der ersten Nummer der *Neuen Jugend,* 15. September 1915.

Unmündigkeit« zu verlassen, erinnert nicht zufällig an Kants Definition von Aufklärung.

Die *Neue Jugend* wurde zum Sprachrohr gegen Yuan Shikais Herrschaft, doch es ging ihr um viel mehr als eine neue Regierung oder einen neuen Staat. Es ging um eine neue Kultur. Yuans Diktatur hatte schmerzhaft deutlich gemacht, dass Chinas Probleme nicht durch ein neues Regierungssystem gelöst waren. Die kulturellen Konventionen selbst, so diagnostizierte Lu Xun, bildeten ein »stählernes Zimmer ohne Fenster«, in dessen Innerem »viele schlafende Menschen liegen, die schließlich allesamt ersticken werden«.

Wenn chinesische Kultur die Lösung des Problems bildete, dass verschiedene Lebensweisen sich einander anpassen mussten (S. 15), wies Lu Xun auf die schrecklichen Folgen dieser Lösungen hin: Unterdrückung, Gewalt, Unmenschlichkeit. Die alte Gesellschaft, das schrieb er 1918 in seinem »Tagebuch eines Verrückten«, sei eine Gesellschaft der »Menschenfresser«:

> Dass man seit alters Menschen gefressen hat, war mir noch in Erinnerung, allerdings nur vage. Ich bin daher die Geschichtsbücher durchgegangen; sie waren ohne Jahresangaben, und auf jeder Seite standen krumm und schief die Worte »Humanität, Rechtlichkeit, Wahrheit und Tugend« gekritzelt. Da ich ohnehin nicht schlafen konnte, las ich aufmerksam die halbe Nacht, bis ich zwischen den Zeilen die zwei Worte erkannte, aus denen jedes Buch bestand: »Menschen fressen!« (»Kuangren riji«, Übersetzung: Wolfgang Kubin)

Alle Metastasen dieses unmenschlichen Systems: Hierarchien, arrangierte Ehen, Füßebinden, Grundherrschaft, Paternalismus, mussten ausgerottet werden. Vor allem in einem Schlagwort schienen sich sämtliche Übel der alten Gesellschaft zu bündeln: »Konfuzianismus«. Vielleicht ermöglichte gerade seine begriffliche Unschärfe, ihn umso schärfer anzugreifen: der »Konfuzius-Laden«, so spitzte Hu Shi es zu, müsse zerschlagen werden.

Anstelle seiner gebieterischen Morallehren installierten die Autoren der *Neuen Jugend* zwei neue Säulenheilige: Wissenschaft und Demokratie. Schillernde Schlagworte waren das, die gewiss nicht terminologisch verstanden wurden. Was sie verhießen, war vor allem eine Befreiung des *Wortes*: in der Wissenschaft lässt sich über alles diskutieren, und in der Demokratie kann jeder mitreden. Wissenschaft und Demokratie standen für die Überwindung des restriktiven »konfuzianischen« Diskurses.

Dazu war es notwendig, auch das Medium dieses Diskurses zu ersetzen: die Literatursprache (S. 107). Diese esoterische Kunstsprache, das Distinktionsmedium der gelehrten Elite, gehörte jetzt abgeschafft. »Alle Literatur, die Gelehrte in den letzten 2000 Jahren geschaffen haben, ist tot«, schrieb Hu Shi, »sie ist durchweg in der toten Schrift einer toten Sprache verfasst, und tote Schrift kann keine lebendige Literatur hervorbringen.« China brauche daher eine »neue Literatur« (*xin wenxue*), die in lebendiger, »einfacher Sprache« (*baihua*) geschrieben werden sollte, und das hieß:

> 1. Sprecht nur, wenn ihr etwas zu sagen habt! 2. Sagt, was ihr zu sagen habt, und sagt es, wie es gesagt wird! 3. Sprecht in eurer eigenen Sprache, nicht in der Sprache anderer! 4. Sprecht in der Sprache eurer Zeit!
>
> (Hu Shi, »Jianshe de wenxue geming lun«, *Xin qingnian* 4.4)

Hu Shis Ratschläge waren nicht ganz neu. Romane, Volkstheater und Unterhaltungsliteratur wurden schon lange in »einfacher« Schriftsprache geschrieben. Doch jetzt begeisterte der Gedanke einer »Literatur für das Volk« und »für das Leben« (Chen Duxiu) eine ganze Generation. Überall wurden literarische Gesellschaften gegründet, und in den frühen 1920er Jahren erschienen über 50 Literaturzeitschriften sowie Hunderte von Zeitungen, die Fortsetzungsromane, Gedichte und Essays publizierten.

Die »neue Literatur« wurde zum Paradigma einer Gesellschaft, die sich und die Welt neu beschrieb. Literatur war nicht mehr das »Vehikel des Dao« (S. 287), denn das Eine, Große Dao gab es nicht mehr. Die Welt konnte immer auch anders beschrieben werden: das war das Versprechen der »Neuen Kultur«. Die Entbindung von traditionellen Vorgaben erfasste jetzt alle Genres: Kurzgeschichten, Essays, Sprechtheater und vor allem die gebundenste aller Gattungen, die Lyrik. Unbekümmert um traditionelle Prosodie, begannen Dichter wie Xu Zhimo (1897–1931) umgangssprachlich und in freien Rhythmen zu dichten:

> Gestern nacht, / auch in der Nacht davor, / wurde, im Toben von Donner und Regen, / der Frühling / wiedergeboren aus der Leiche des vergehenden Winters. // Spürst du nicht die Weichheit unter den Füßen, / Sanftheit an der Schläfe? / Über den Zweigen schwebt Grün, / die Wellen im Teich verbinden sich zu einem grenzenlosen Gespinst; / und wieder ist in deinem, meinem Leibe / das seltsame Pochen in der Brust, // Pfirsichblüten öffneten sich längst auf deinen Wangen, / ich empfange begieriger / deine Liebkosungen, verschlinge / dein perlendes Lachen; / spürst du nicht, wie meine Arme / verlangender deine Hüfte umschlingen, / dass meine Seufzer deinen Leib treffen / wie abertausend Glühwürmchen, die sich ins Feuer stürzen? // Das, und vieles andere bleibt ungesagt, / stimmt in den heißen Ruf der Vögel ein, / die alle miteinander preisen / des Frühlings Wiedergeburt.
>
> (»Wiedergeburt des Frühlings«, Übersetzung: Ruth Cremerius)

»Wiedergeburt des Frühlings«: so könnte der Titel eines ganzen Jahrzehnts heißen, das im Zeichen der »Neuen Kultur« stand. Überall schien das Leben neu zu sprießen: in den Buchläden und Cafés von Shanghai, in Parks und Einkaufsstraßen, Universitäten und Lesezirkeln. Vor allem das Leben der Frauen änderte sich. Sie eroberten jetzt den öffentlichen Raum: Frauen auf der Straße – oft in engen, seitlich geschlitzten Kleidern, *qipao*, die jetzt in Mode kamen – wurden zum Symbol des neuen China. Auch am Arbeitsplatz wurden sie zu einem gewohnten Anblick: als Lehrerinnen, Anwältinnen, Sekretärinnen oder Fabrikarbeiterinnen.

Frauen hatten jetzt mehr Möglichkeiten, ihr Leben selbst zu gestalten – auch in der Liebe. Junge Frauen träumten von romantischer Liebe und erotischen Abenteuern oder lebten in freien Beziehungen, wie die Schriftstellerin Ding Ling (1905–1986). Ding Ling, eine Ikone der »neuen Literatur«, hat im *Tagebuch der Sophia* (1928) den Frauen ihrer Generation ein Denkmal gesetzt – mit all ihren Sehnsüchten, Frustrationen, Begierden und Pathologien:

> Wenn er mich nur fest in seine Arme nähme und mir gestattete, seinen ganzen Körper zu küssen, um mich dann in den Ozean oder ins Feuer zu werfen, ich würde vor Freuden die Augen schließen und auf den Tod warten, der für alle Ewigkeit meine Liebe aufbewahrte. Ach, ich liebe ihn, es reicht, wenn er mir einen schönen Tod gibt …
>
> (*Suofei nüshi de riji*, übersetzt von Bernd Fischer u. a.)

Das Zentrum der »Neue-Kultur-Bewegung« war jedoch kein Ort der Kultur, sondern der Wissenschaft: die Universität Beijing (Beijing daxue). Im Zuge der Reformen von 1898 gegründet und danach arg verlottert, bekam die »Beida« 1917 mit Cai Yuanpei einen Präsidenten, der sie zu einer Spitzenuniversität umformte. Cai war ein umfassender Gelehrter. Mit den höchsten Weihen des alten Prüfungssystems ausgestattet, hatte er – damals, als deutsche Universitäten international noch vorbildlich waren – in Berlin und Leipzig studiert und war Erziehungsminister der Republik gewesen. Jetzt machte er sich daran, die Universität Beijing zu einer liberalen Hochschule umzuwandeln, zum Zentrum freier Forschung, moderner Wissenschaft und neuer Ideen, in dem die führenden Köpfe der Zeit lehrten. Chen Duxiu war Dekan der Geisteswissenschaftlichen Fakultät, Li Dazhao, der mit Chen die Kommunistische Partei gründen sollte, war Bibliothekar und Professor für Geschichte, Lu Xun, der größte chinesische Schriftsteller des 20. Jahrhunderts, unterrichtete Literatur, Hu Shi, einer der größten chinesischen Gelehrten seiner Zeit, lehrte Philosophie, John Dewey und Bertrand Russell waren nacheinander als Gastprofessoren dort, und als Hilfskraft arbeitete in der Bibliothek ein junger Mann namens Mao Zedong (1893–1976): Namen, die die Geschichte des 20. Jahrhunderts prägten, waren in der Beida versammelt.

Die 4.-Mai-Bewegung

Studenten der Beida waren auch maßgeblich an den Protesten vom 4. Mai 1919 beteiligt, die zum Gründungsmythos des modernen China wurden. Die Beijinger Regierung unter Duan Qirui war 1917 in den Ersten Weltkrieg eingetreten, indem sie Deutschland den Krieg erklärte: sie schickte zwar keine Soldaten in den Kampf, aber immerhin 96 000 Arbeiter an die Front nach Europa. Nach dem Ende des Kriegs und der deutschen Niederlage nahm China daher als Siegermacht an der Versailler Friedenskonferenz teil, voller Hoffnung auf die Rückgabe der »deutschen« Gebiete in Shandong. Diese Hoffnung wurde jäh enttäuscht, als bekannt wurde, dass nicht China, sondern Japan die deutschen Konzessionen übernehmen sollte. Die Westmächte hatten sich schon 1917 in einem Geheimabkommen mit Japan darüber verständigt, schlimmer noch: die Regierung in Beijing hatte dem 1918 – gegen einen Kredit von 20 Millionen Yen – zugestimmt. Die eigene Regierung hatte Chinas nationale Interessen verraten: ein Aufschrei der Empörung ging durch die Reihen der chinesischen Nationalisten.

In Paris umstellten chinesische Studenten das Hotel der chinesischen Delegation und hinderten sie physisch daran, den Vertrag von Versailles zu unterschreiben, und in Beijing, wo die Nachricht per Telegraph eingetroffen war, kam es zu einer Großdemonstration. Am Nachmittag des 4. Mai 1919 versammelten sich mehr als 3000 Studenten vor dem Tian'anmen, im politischen Zentrum Beijings, um gegen den Vertrag von Versailles zu protestieren. Sie wussten genau, was sie taten. Kurz zuvor hatten landesweite Demonstrationen der Koreaner gegen die japanische Besetzung weltweit Aufsehen erregt; und auch die Beijinger Studenten bereiteten mit englischsprachigen Flugblättern ihre Außenwirkung sorgfältig vor. Die nationale Empörung war von vornherein international orientiert.

Chinesische, englische und französische Banner schwenkend – »Gebt uns Qingdao zurück!«, »Lehnt die 21 Forderungen ab!«, »Boykottiert japanische Güter!«, »Beschützt unser Land!«, »China den Chinesen!«, »Nieder mit den Verrätern!« –, zogen die Demonstranten vom Tian'anmen zum Gesandtschaftsviertel und zum Außenamt; schließlich brannten sie das Wohnhaus eines pro-japanischen Ministers nieder und schlugen einen anderen krankenhausreif, bevor die Polizei einige Rädelsführer verhaftete.

Danach wogten Wellen des Protests durchs ganze Land, in vielen großen Städten kam es zu Streiks und Boykotts japanischer Waren. Bald schlossen sich den Studenten auch Händler an, die in Shanghai ihre Läden schlossen, Banken stellten die Geschäfte ein, Arbeiter streikten: die Regierung geriet so sehr unter Druck, dass sie nicht nur die verhafteten Studenten freiließ, sondern auch die Unterschrift unter den Versailler Vertrag verweigerte.

Aus der Studentendemonstration in Beijing war eine landesweite Bewegung geworden, die verschiedenste soziale Gruppierungen vereinte: die erste wirklich nationale Bewegung der chinesischen Geschichte. Für viele war das, nicht der Aufstand von Wuhan, die eigentliche Revolution und die Geburtsstunde des modernen China. Chinesische Historiker lassen mit dem Jahr 1919 die Zeitgeschichte (*xiandai shi*) beginnen, in fast jeder chinesischen Stadt erinnert heute eine »Straße des 4. Mai« an diese Ereignisse. Auch deshalb wurde das Datum zum Identifikationspunkt der

Volksrepublik China, weil es eine bedeutsame Wende in der chinesischen Revolution markiert: die Hinwendung zum Kommunismus.

Der Erste Weltkrieg hatte das Ansehen der Westmächte, die so lang ein Vorbild waren, in den Augen vieler Chinesen ruiniert. Sie hatten, so schien es, die innere Schwäche ihrer Kultur offenbart und in Versailles all ihre hehren Ideale: Frieden, Gerechtigkeit, Völkerrecht, schmählich verraten. Das westliche Modell der Demokratie schien bankrott, stattdessen wurden die krisenhaften Folgen der Moderne immer deutlicher. Mit zunehmender Skepsis verflog der Fortschrittsglaube der »Neuen Kultur«: wenn Wissenschaft und Technik nicht die Lösung waren, woran sollte sich China fortan orientieren? Nach dem Gemeinschaftsverlust (S. 472 f.) erfuhr China jetzt den Sinnverlust der Moderne in aller Schärfe.

Die Jahre nach 1919 waren geprägt von der Suche nach Sinn. Sie sahen eine Vielfalt konkurrierender Weltentwürfe, wie sie China zuletzt in der Zhanguo-Zeit erlebt hatte. Während Sun Yat-sen seine »Drei Volksdoktrinen« weiter ausarbeitete, lehnte Hu Shi, beeinflusst vom Pragmatismus John Deweys, alle doktrinären »Ismen« ab und erkannte als einziges Wahrheitskriterium die Nützlichkeit an. Andere erhoben die Wissenschaft zum gesellschaftlichen Leitbild, und zwar – dort lag ja das Problem – vor allem die Sozialwissenschaften: in den 1920ern und 1930ern etablierten sich Politologie, Ökonomie, Soziologie, Pädagogik und andere Fächer als akademische Disziplinen. Nicht zuletzt die Geschichtswissenschaft sorgte für Furore: Gu Jiegangs (1893–1980) Schule der kritischen Altertumskunde (*yigu pai*) entlarvte viele alte Überlieferungen als Mythen, die, »je später das Zeitalter, desto weiter in die Geschichte zurückgriffen«.

> Die chinesische Geschichte umfasst, wie allgemein bekannt, 5000 Jahre (nach den Aufzeichnungen der Apokryphen sogar 2 276 000 Jahre). Aber wenn man Geschichtsfälschungen und Geschichten, die auf gefälschten Büchern beruhen, weglässt, dann bleiben tatsächlich nur etwas mehr als 2000 Jahre: das ist ein beträchtlicher »Rabatt«! (*Gushi bian* 1, Vorwort)

Während die Wissenschaft traditionelle Mythen zerstörte, versuchte Liang Shuming (1893–1988), die Tradition neu zu beleben, indem er den Konfuzianismus wieder salonfähig machte. Erfolgreicher noch war die Lehre des Pan-Asiatismus, die dem europäischen Materialismus die spirituelle Kraft Asiens entgegensetzte. Das Angebot an Orientierungswissen war so vielfältig, dass die Orientierung umso schwerer fiel. »Zu wissen ist schwer, zu handeln ist leicht«, stellte Sun Yat-sen in diesen Jahren fest, und kehrte damit eine alte Weisheit um. In einer Gesellschaft, der so viele Handlungsmöglichkeiten offenstanden, wurde das Wissen zum eigentlichen Problem.

Moderner Neukonfuzianismus 現代新儒學

Der Konfuzianismus, dieser Wiedergänger der chinesischen Geschichte, ließ sich auch durch die Anfechtungen der Moderne nicht unterkriegen. 1921, als die Literatenprüfungen längst abgeschafft, der Staatskult sowie die Beamtenklasse verschwunden waren und der »Konfuzius-Laden« endgültig eingestampft werden sollte, schrieb Liang Shuming ein Buch über *Östliche und westliche Kultur und Philosophie* (*Dongxi wenhua ji qi zhexue*). Darin hielt er allen Mängeln der ›westlichen‹ die Vorzüge der ›chinesischen Kultur‹ entgegen: jene sei intellektuell-kopflastig, aktionistisch, egoistisch und ethisch hohl, diese hingegen intuitiv-gefühlsbetont, zurückhaltend, altruistisch und von festen Werten durchdrungen. Dort der Wettbewerb, hier die Harmonie, der Westen strebt voran, China ruht in sich selbst.

Je akuter die Bedrohung wirkte, dass die chinesische Kultur völlig von westlichen Einflüssen verdrängt würde, desto deutlicher erschienen die Vorzüge des Konfuzianismus als zeitlose Harmonielehre: er biete eine Alternative zum kalten Szientismus und Materialismus des Westens, indem er moralischen Idealismus und die innere Kultivierung des Menschen fördere und der wissenschaftlichen Wahrheit eine »metaphysische Wahrheit« entgegensetze. Dass der Konfuzianismus einst die Ideologie der bürokratischen Autokratie war, spielte in diesen Überlegungen keine Rolle. Im Gegenteil: das abschreckende Beispiel der kommunistischen Herrschaft ließ den Konfuzianismus in umso positiverem Licht erscheinen. Geradezu mystische Qualitäten nimmt er in dem »Manifest« an, dass Zhang Junmai (1886–1969), Mou Zongsan (1909–1995), Xu Fuguan (1903–1982) und Tang Junyi (1909–1978) 1958 aus Hongkong an die gelehrte Öffentlichkeit richteten:

> Die Metaphysik des Westens setzt sich gemeinhin das Ziel, die Realitäten des objektiv gegebenen Universums sowie allgemeine Strukturen und Systeme zu verstehen. China hingegen, von Konfuzius und Menzius bis hin zur Lehre von »Geist und Wesen« der Song- und Ming-Konfuzianer, geht von der Grundlage der moralischen Praxis der Menschen aus, um zugleich aus der Tiefe der lebendigen moralischen Praxis auch die Lehre zu vertiefen. … Diese Metaphysik kommt dem nahe, was Kant »Metaphysik der Sitten« genannt hat: einer Metaphysik, der es um die Grundlage der moralischen Praxis geht und die sich aus dieser moralischen Praxis begründet. … Dabei muss unser Bewusstsein die Praxis hervorbringen, und die Praxis

wiederum das Bewusstsein fördern. Wissen und Handeln fördern sich gegenseitig. ... Daraus haben die Konfuzianer der Song und Ming den Gedanken geschöpft, dass das Muster des Wesens gleich dem Muster des Himmels sei, dass der ursprüngliche Geist des Menschen gleich dem Geist des Universums sei, ... kurz: dass Himmel und Menschen eins seien.

(»Wei Zhongguo wenhua jinggao shijie renshi xuanyan« 6)

Wiederum erfand der »Konfuzianismus« – nach Konfuzius selbst und den Neukonfuzianern der Song-Zeit mindestens zum dritten Mal – sich eine Tradition just in dem Moment, in dem die lebendige Tradition abgebrochen war. Wieder beschwor die Lehre Einheit – den Seinszusammenhang des Dong Zhongshu (S. 158) und die mystische Einheit des Wang Yangming (S. 388) – in einer Zeit, die zutiefst gespalten war. Und wieder trug diese Lehre, die sich als urchinesisch ausgibt, deutliche Spuren fremder Einflüsse: in der Song-Zeit war es der Buddhismus, im 20. Jahrhundert die europäische Philosophie.

Während in der VR China alles »alte Denken« verfolgt wurde, gedieh der »moderne Neukonfuzianismus«, wie er bald hieß, an der Peripherie: in Hongkong, Taiwan – und sogar in Boston, wo sich amerikanische Wissenschaftler als »Confucians« gerierten. Der »moderne Neukonfuzianismus« übt gerade in seiner Diffusität eine starke Anziehungskraft aus. Intuition statt Analyse, Weisheit statt Wissenschaft, spirituelle Kraft statt technischem Fortschritt, Moral statt Logik: solche Lehren präsentieren sich als Heilmittel für Modernisierungsschäden. Der Konfuzianismus nimmt in seinem neuen Gewand dezidiert religiöse Züge an. Nicht zufällig klingen seine wortgewaltigsten Vertreter wie Tu Weiming (geb. 1940), der ihn als Inspiration für die Ordnung der Weltgesellschaft verkündet, bisweilen wie Prediger und seine Adepten wie New-Age-Jünger. Mittlerweile hat auch die KPCh den Konfuzianismus für sich entdeckt: überall im Land – sogar auf dem Tian'anmen-Platz – werden Konfuzius-Statuen errichtet, und seit 2004 sind weltweit mehr als 300 Konfuzius-Institute gegründet worden, die chinesische Sprache und Kultur propagieren sollen. Nicht jeder »Konfuzianer« sieht diese Entwicklung mit Wohlgefallen: denn wie einfach die Lehre von Tugend und Harmonie von autoritären Regimes missbraucht werden kann, ist aus der Geschichte sattsam bekannt.

Nicht zufällig entfaltete in dieser Zeit eine Lehre die größte Wirkung, deren Letztbegründung nicht in der Theorie, sondern in der Praxis lag: der Marxismus. Denker wie Chen Duxiu und Li Dazhao erkannten jetzt, dass es China ganz ähnlich ging wie dem kapitalistischen Europa. Beuteten nicht ausländische Imperialisten und einheimische Grundherren das chinesische Volk ebenso gnadenlos aus, wie Kapitalisten es dort taten? Allein in Shanghai plagten sich Hunderttausende als Rikschakulis oder schufteten als Fabrikarbeiter für einen Hungerlohn: zehn bis zwölf Stunden am Tag, sieben Tage die Woche, oft angekettet wie Hunde, darunter viele Frauen, die auf gebundenen Füßen in die Fabriken humpelten, um Seidenkokons in kochendes Wasser zu legen, oder Kinder, die, in düstere Räume gesperrt, Dreckarbeit leisteten, aus Blechnäpfen aßen und nachts auf dem Boden vor ihren Werkbänken schliefen. War China nicht ein Volk von Proletariern? Jetzt wurde klar, dass die chinesische Revolution, die bislang von Eliten – also auch: Kapitalisten – getragen wurde, eine viel breitere Basis brauchte, um ihre Ziele zu erreichen. Sie musste zu einer Revolution der Massen werden, mit anderen Worten: zu einer proletarischen Revolution.

Kommunistische Theorien waren in China schon länger bekannt, doch erst jetzt entfalteten sie Überzeugungskraft. Der Kommunismus schien alle Versprechen der Revolution einzulösen. Nationalismus: Kommunismus bedeutete gesellschaftliche Vollintegration, generelle Aufhebung sozialer Unterschiede zwischen Geschlechtern, Generationen, Berufsgruppen usw. Demokratie: Kommunismus verhieß eine »Volksdemokratie«, die nicht von der Elite bestimmt wurde, sondern von den untersten Schichten ausging. Wissenschaft: Kommunismus, theoretisch fundiert im dialektischen Materialismus, erschien selbst als wissenschaftlich-logische Entwicklung aus den Antagonismen von Produktivkräften und Produktionsverhältnissen.

Die Überlegenheit des Kommunismus hatte sich mit der russischen Oktoberrevolution von 1917 erwiesen – und tatsächlich schienen damit Kapitalismus und Imperialismus überwunden. Die junge Sowjetrepublik bot China 1919 im Karachan-Manifest an, auf alle Ansprüche des Zarenreichs in China zu verzichten: das erste Freundschaftsangebot einer Industrienation an die Republik China und ein eklatanter Gegensatz zum Machtstreben Japans und der Westmächte. Auch wenn die Sowjetunion das Angebot nie wahrmachte, war es eine überwältigende Geste. Viele Chinesen setzten ihre Hoffnung fortan auf die Russen: der Anfang sowjetischen Einflusses auf die chinesische Politik, der bis in die 1960er Jahre anhalten sollte.

Die 1919 gegründete Komintern, deren erklärtes Ziel die Weltrevolution war, nutzte die Gelegenheit für den Export der Revolution. Sie schickte Berater nach China, um sie von der Notwendigkeit einer Mas-

Nachgestellte Szene vom Gründungsparteitag der KP Chinas: nicht der stehende Mao Zedong, sondern die beiden russischen Agenten vorne links dürften damals den Kurs bestimmt haben.

senpartei zu überzeugen. Mit Chen Duxiu und Li Dazhao organisierten diese 1920 zunächst die Gründung eines kommunistischen Jugendbundes und schließlich einer Partei. Der Gründungsparteitag der Kommunistischen Partei Chinas (KPCh) fand im Juli 1921 in Shanghai statt. Ein kleines, konspiratives Treffen war das: gerade einmal 13 Personen nahmen teil (57 Mitglieder hatte die Partei insgesamt), Chen Duxiu wurde ihr erster Generalsekretär.

Doch die Partei wuchs, stets gefördert von der Komintern, in den nächsten Jahren beachtlich. Viele chinesische Studenten aus Frankreich – darunter Zhou Enlai und Deng Xiaoping – kamen hinzu, so dass die Partei 1923 bereits 300 Mitglieder hatte, dazu 3000–4000 im Jugendbund. Schon auf dem 2. Parteitag (Hangzhou, 1922) wurden disziplinarische Regeln für alle Parteimitglieder erlassen: die Zentrale erhielt absolute Richtlinienkompetenz, Ungehorsam gegen ihre Weisungen wurde bestraft.

Dieser rigide Zentralismus reagierte einerseits auf das Wachstum der Partei, andererseits auf ihre prekäre Situation in China. In einem Land, das nach wie vor von Kriegsherren regiert wurde, die von der Industrie profitierten und Gewerkschaften unterdrückten, waren die Kommunisten nicht wohlgelitten. Überall mussten sie sich wie Rebellen im Untergrund halten, nur an einem Ort waren sie sicher: in Guangzhou, unter dem Schutz Sun Yat-sens. Auch der Vater der Revolution zeigte sich, enttäuscht von Japan und dem Westen, empfänglich für die kommunistische Botschaft von einer besseren Welt. Entsprach sie nicht ganz seiner eigenen Lehre? »Die Doktrin vom Volkswohl ist der Sozialismus oder auch Kommunismus«, sagte er 1924, »sie ist die Doktrin von der Großen Einheit.«

Schon 1923 hatte Sun Yat-sen Verhandlungen mit der Sowjetunion aufgenommen, die ihrerseits erkannt hatte, dass die KPCh nicht alleine würde überleben können. China, davon war man überzeugt, brauche zunächst eine bürgerlich-demokratische Revolution, bevor es zum Sozialismus übergehen könne. Die Guomindang wiederum brauchte Unterstützung, um die Regierung in China wieder übernehmen zu können. Diese Überlegungen waren die Voraussetzung für das »Sun-Joffe-Manifest« von 1923. Die Sowjetunion sicherte Sun Yat-sen darin militärische Hilfe zu, während dieser sich im Gegenzug zu einer Einheitsfront mit der KPCh bereit erklärte und darüber hinaus die sowjetische Besetzung der Äußeren Mongolei sowie die sowjetischen Ansprüche auf die Ostmanjurische Eisenbahn anerkannte. Sun Yat-sen hatte seine großchinesischen Pläne begraben, und die Sowjets hatten sich weit entfernt von den hehren Versprechen des Karachan-Manifests.

Auch von ihren revolutionären Prinzipien schienen sich die Sowjets abgewendet zu haben: einen »Bund mit dem Teufel« nannte Trotskij die große Koalition von KPCh und GMD. Sie war eine Vernunftehe, von der beide Parteien profitieren wollten: die KPCh von der Möglichkeit, im Schutz der GMD wachsen zu können, um dann in einer sozialistischen Revolution die Macht zu übernehmen; die GMD vom Einfluss der KPCh auf die Arbeiter sowie der finanziellen und militärischen Unterstützung durch die Sowjetunion. In der Tat schickten die Sowjets eine ganze Riege von Beratern nach Guangzhou: sie organisierten die GMD nach leninistischem Muster und halfen dabei, ihr einen militärischen Arm zu geben. Die Kaderschmiede der GMD war die Militärakademie von Whampoa (Huangpu), südlich von Guangzhou. Unter der Führung

Chiang Kai-sheks und des smarten Kommunisten Zhou Enlai (1898–1976) wurden dort die Offiziere für eine Armee ausgebildet, mit der Sun Yat-sen seinen großen Plan verwirklichen wollte: einen Nordfeldzug, der das Land unter seiner Führung wieder einen sollte.

Doch es kam anders. Sun Yat-sen starb am 12. März 1925 in Beijing an Leberkrebs. Die Revolution hatte ihren Vater verloren und zugleich die Integrationsfigur, die GMD und KPCh zusammenhielt. Nach Suns Tod sollten die Ereignisse einen neuen Gang nehmen.

Das Nanjinger Jahrzehnt: 1927–1937

Nordwestlich von Nanjing, in den Wäldern des Zijin-Bergs, liegt das Mausoleum Sun Yat-sens. Hinter einem großen Ehrentor führen 392 Stufen – China hatte 1929, als das Mausoleum gebaut wurde, 392 Millionen Einwohner – zu der Gedenkhalle aus weißem Stein und blauen Ziegeln: blau wie der Himmel, weiß wie die Sonne, die Farben der republikanischen Flagge. Über dem Eingang prangen in goldener Siegelschrift die »Drei Volksdoktrinen«, und hinter der Halle, unter einer glockenförmigen Kuppel, liegt der Sarkophag Sun Yat-sens: der Klöppel an der Glocke, die China erweckt hat.

Nicht nur die Glocken-Metapher erinnert an Konfuzius (S. 90). Ebenso wie dieser ist auch die Gestalt Sun Yat-sens derart symbolisch überhöht worden, dass die historische Person dahinter kaum noch sichtbar ist. Dabei war Sun Yat-sen politisch ähnlich glücklos wie Konfuzius: neun seiner Aufstände schlugen fehl, beim zehnten war er nicht zugegen, von seinem Amt als Präsident der Republik musste er nach sechs Wochen zurücktreten, und bevor er sein Einheitswerk vollenden konnte, starb er. Dennoch ist Sun Yat-sens Mausoleum bis heute ein Wallfahrtsort, und zwar für alle Chinesen: Kommunisten und Nationalisten gilt er gleichermaßen als Landesvater. Mit seinem Tod endete die kurze Phase revolutionärer Einigkeit zwischen beiden Parteien – ihre Spaltung führte schließlich zur Teilung des Landes, die bis heute andauert.

Das Ende der Einheitsfront

Die KPCh wuchs immer weiter. Schon 1922 hatte sie erfolgreiche Streiks in Hongkong organisiert, und ihre größte Stunde schlug 1925. Bei einem Arbeiterstreik in einer japanischen Baumwollweberei in Shanghai hatten japanische Wachen in die Menge gefeuert und einen Arbeiter getötet. Daraufhin kam es am 30. Mai 1925 zu einer Demonstration gegen die ausländische Unterdrückung, in deren Verlauf die Polizei und britische Truppen zwölf Demonstranten erschossen. Jetzt explodierte der Volkszorn: 100 000 protestierten in Shanghai, in 28 weiteren Städten kam es – koordiniert durch die KPCh – zu Sympathiekundgebungen. Als am 23. Juni französische und englische Truppen 52 Chinesen bei Demonstrationen erschossen, kam es zu landesweiten Streiks und einem monatelangen Boykott britischer Waren.

Auch wenn die Verhandlungserfolge mäßig waren, galten die Streiks als Triumph des chinesischen Nationalstolzes. Die Proteste von 1925 übertrafen die von 1919 bei weitem. Gewerkschaften taten sich als einflussreiche Macht hervor, und vor allem die KPCh gewann enorm an Popularität: innerhalb des Jahres 1925 verzehnfachte sich ihre Mitgliederzahl auf 10 000, Mitte 1926 waren es 30 000 und im Frühjahr 1927 fast 60 000. Die KPCh gewann jetzt zunehmend an Einfluss innerhalb der GMD – sehr zum Unmut des rechten Parteiflügels.

1926 ging der Führer der Rechten, Chiang Kai-shek, in die Offensive. Er ließ das Kriegsrecht ausrufen, verhaftete sowjetische Berater, um die Macht in seiner Hand zu konzentrieren, und begann die Operation, die schon Sun Yat-sen versucht hatte: den Nordfeldzug, der das Land vereinen sollte. Chiang war wesentlich erfolgreicher als Sun: er hatte mit Hilfe sowjetischer Berater eine moderne Armee von 60 000 Mann aufgebaut, die in kurzer Zeit Hunan und Hubei eroberte. Schon im Herbst 1926 verlegte die GMD ihre Hauptstadt von Guangzhou nach Wuhan. Während Chiangs Armee marschierte, sorgten die Kommunisten für Unterstützung aus dem Volk: sie organisierten in den Städten Arbeiterstreiks und auf dem Land Bauernaufstände. Schon Li Dazhao hatte die Bedeutung der Bauern – rund 90 % der Bevölkerung! – für die chinesische Revolution betont, 1921 organisierte die KPCh in Guangdong die ersten bewaffneten Bauernvereinigungen, und 1926 zählten diese bereits mehr als eine Million Mitglieder in mehreren Provinzen. »Binnen kürzester Zeit werden Hunderte Millionen Bauern in Chinas Mitte, im

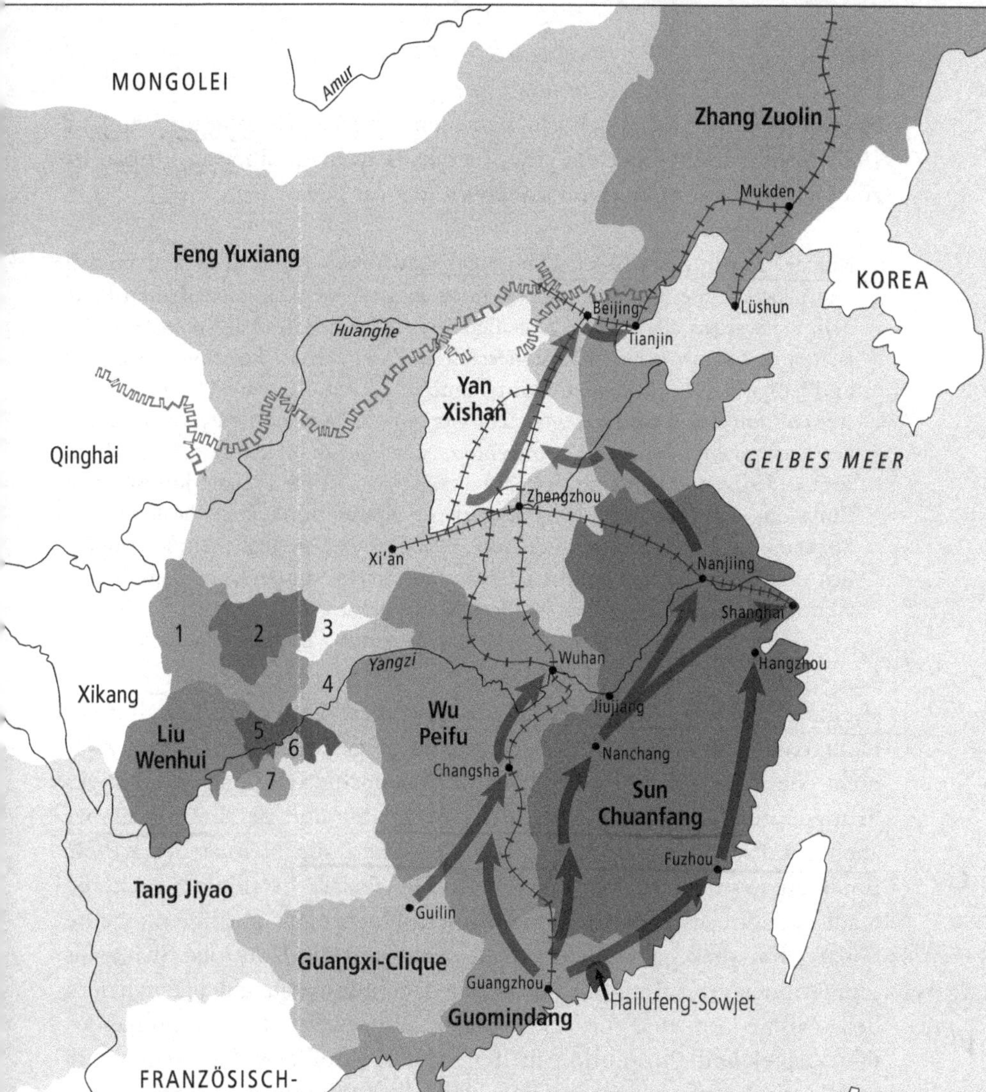

China in der Republikzeit.

Wu Peifu Kriegsherren

1-7 kleinere Kriegsherren

Nordfeldzug der Guomindang, 1926-28

Eisenbahnlinien

Norden und im Süden sich erheben«, schrieb Mao Zedong im Frühjahr 1927. Sein Bericht über die gewaltsamen Bauernaufstände in Hunan ist zu einem Klassiker der revolutionären Literatur geworden:

> Mit der Macht eines Orkans und eines Gewitters werden sie wüten, schnell und brutal; keine Kraft, und sei sie noch so groß, wird sie niederhalten können. Sie werden alle Stricke zerreißen, die sie binden, und auf dem Weg der Befreiung voranstürmen. Alle Imperialisten, Kriegsherren, korrupten Beamten und habgierigen Amtsdiener, Dorftyrannen und verkommenen Würdenträger werden von ihnen ins Grab gebracht werden. … Manche Leute sagen: »Bauernvereinigungen sind zwar notwendig, aber was sie jetzt tun, geht doch zu weit.« Das ist die Meinung der Mittelmäßigen. … Eine Revolution ist keine Einladung zum Gastmahl, keine literarische Komposition, keine Malerei oder Stickerei: sie kann nicht so verfeinert, zwanglos und ausgeglichen, so zimperlich und höflich daherkommen. Revolution ist ein Aufstand, eine gewaltsame Aktion, in der eine Klasse eine andere Klasse stürzt.
>
> (»Hunan nongmin yundong kaocha baogao«)

»Keine Einladung zum Gastmahl«: als Mao diese Zeilen schrieb, ahnte er nicht, dass er und seine Partei schon bald ausgeladen würden, und zwar nicht eben zimperlich. Im Frühjahr 1927 marschierten Chiang Kai-sheks Truppen auf Shanghai, die Stadt der Ausländer und der Industrie, aber auch des Proletariats und der Gewerkschaften, die Heimat der KPCh. Ein Generalstreik, an dem sich 800 000 Arbeiter beteiligten, hielt die Stadt in Atem, als Chiangs Armee eintraf. Doch nicht mit ihnen machte Chiang Kai-shek gemeinsame Sache, als es um die Kontrolle Shanghais ging, sondern mit ihren Gegnern: mit den Industriellen, den Financiers, den Ausländern und der Shanghaier Unterwelt, die Opiumhandel, Glücksspiel und Prostitution in der Stadt kontrollierte. Sie setzten ihre Hoffnung darauf, dass Chiang Kai-shek die Ordnung in der Stadt wiederherstellen würde, und unterstrichen dies durch großzügige finanzielle Unterstützung.

Mit dieser Rückendeckung veranstalteten Chiangs Truppen im April 1927 – kurz zuvor war in Beijing eine vermeintliche Verschwörung der Kommunisten aufgeflogen – ein Massaker unter Gewerkschaftern und Kommunisten. Gewerkschaftsbüros wurden gestürmt, Demonstranten mit Maschinengewehren niedergemäht, Stellungen der KPCh mit Artillerie zerschossen. Monatelang wurde der »weiße Terror« fortgesetzt, der sich von Shanghai auf andere Städte ausbreitete. Die

KPCh wurde Schätzungen zufolge von 60 000 Mitgliedern auf 20 000 dezimiert.

Die Einheitsfront war zerbrochen, die Wege der Revolutionäre trennten sich. Chen Duxiu blieb in der KPCh, fiel aber bald als »rechter Opportunist« in Ungnade und verlor 1927 seinen Posten als Generalsekretär; Hu Shi dagegen lehnte es ab, zum »Sklaven von Marx und Kropotkin« zu werden, und stieg unter der GMD zu hohen Ehren auf; Li Dazhao fiel dem Kriegsherrn Zhang Zuolin in die Hände und wurde 1927 hingerichtet; Cai Yuanpei lehnte den gewaltsamen Klassenkampf ab und wurde Präsident der neugegründeten Nationalen Akademie; Wang Jingwei versuchte, in Wuhan eine Gegenregierung gegen Chiang Kai-shek zu etablieren; und Lu Xun warf der GMD vor, »die hoffnungsvolle Jugend in eine Falle gelockt zu haben«, indem sie zunächst die KPCh als Zugpferd für ihren Erfolg benutzte, um dann, »weil sie Kommunisten geworden waren, einen nach dem anderen zu töten«.

Die Ideale von Freiheit, Demokratie und Menschenrechten waren verraten worden. Was übrigblieb, waren »Individuen, zwischen denen die Welt in Stücke gefallen ist« (Hannah Arendt). GMD und KPCh, wiewohl unversöhnliche Gegner, waren doch vereint im Scheitern ihrer Visionen. Aus desillusionierten Revolutionären wurden Funktionäre einer autoritären bzw. totalitären Partei, unter deren Führung die Ideale der Revolution in ihr Gegenteil verkehrt wurden: Demokratie wurde ersetzt durch Diktatur, Pluralität durch Einheitsideologie, Individualität durch Massenmobilisierung, Freiheit durch Kerker, die Macht des Volkes durch die »Macht aus dem Lauf der Gewehre«.

Zwar setzte Chiang Kai-shek seinen Nordfeldzug erfolgreich fort, brachte die Städte und Eisenbahnlinien des Ostens unter seine Kontrolle und eroberte im Juni 1928 Beijing. Damit war China nominell geeint. Doch die Einheit war nur oberflächlich: viele Kriegsherren kooperierten mit der GMD, ohne ihre Waffen niedergelegt zu haben, manche erklärten sich bald wieder für unabhängig. Unter fester Kontrolle hatte die GMD nur den Unterlauf des Yangzi. Ebendort, in Nanjing, gründete Chiang Kai-shek am 10. Oktober 1928 eine nationale Regierung. 17 Jahre nach dem Aufstand von Wuhan schien Sun Yat-sens Werk vollendet zu sein. Doch Chiang Kai-shek selbst wusste es besser: »Die chinesische Revolution ist gescheitert«, gestand er 1932 ein und brachte damit das Gefühl der Zeit auf den Punkt.

Die Infrastruktur war eines von Chiangs ersten Anliegen als Regierungschef: zwischen 1928 und 1937 ließ er 5000 km Eisenbahnschienen verlegen, mehr als 100 000 km Straßen bauen, Telefon- und Telegraphenleitungen ziehen, das Postsystem ausbauen und eine nationale Luftfahrtgesellschaft gründen. Er legte die Grundlage dafür, die prekäre Einheit Chinas mit modernen Mitteln zu festigen.

Zugleich baute Chiang ein autoritäres Regime auf, wie der »Vater der Nation« es vorgesehen hatte (S. 502): eine Regierung für, aber keinesfalls durch das Volk. Er begann ein Projekt des *social engineering*, das eine brave, saubere und sittsame Gesellschaft zum Ziel hatte. Bettler, Prostituierte und Migranten wurden aus den Städten entfernt, Elendsviertel gesäubert, niedere Gewerbe wie das der Rikschafahrer unter strenge Aufsicht gestellt. All das geschah im Namen von »Menschlichkeit und Anstand« – denn Chiang Kai-shek brachte den Konfuzianismus wieder zu alten Ehren, mehr noch: er erhob ihn zur Staatsreligion. Die *Vier Bücher* wurden wieder zur Pflichtlektüre, Konfuzius' »Geburtstag« – per Dekret: der 28. September – sogar zum Staatsfeiertag. Keine 20 Jahre nach der »Neue-Kultur-Bewegung« war die Revolution ad absurdum geführt worden. Es ging nicht mehr darum, die neue Gesellschaft zur Entfaltung kommen zu lassen, sondern sie zu kontrollieren und zu reglementieren.

Chiang Kai-sheks Erziehungsdiktatur gipfelte 1934 in der Kampagne »Neues Leben«, einem brachialen Zivilisationsprojekt, das die Einwohner der Republik Mores lehren sollte: Wascht euch! Seid höflich! Betrinkt euch nicht! Spuckt nicht! Uriniert nicht in der Öffentlichkeit! Haltet die Stadt sauber! – Solche Verordnungen, die aus dem Volk nützliche Bürger machen sollten, wurden durch Polizei und Chiang Kai-sheks berüchtigte Miliz, die »Blauhemden«, durchgesetzt: wer auf der Straße rauchte oder Obstschalen in Gullis warf, hatte disziplinarische Maßnahmen zu gewärtigen. Kommunisten, die sich unterwarfen, ließ die GMD in Umerziehungslagern die Segnungen des »Neuen Lebens« angedeihen: Haarschnitt, Flaggenappell, Lektionen in bürgerlicher Moral.

Der Kommunismus galt als neues Feindbild der GMD, nicht mehr der Imperialismus. Chiang Kai-shek, der sich 1930 sogar christlich taufen ließ, gab sich weltoffen und modern, nicht als unversöhnlicher Feind, sondern als verlässlicher Partner der Westmächte. Er brauchte ihre Rückendeckung, um seine prekäre Machtstellung im Land zu sichern, und er profitierte weiterhin von ihren Investitionen, Waffen und Beratern. Letztere kamen jetzt nicht mehr aus der Sowjetunion, sondern aus Deutschland: 70 Berater des NS-Regimes waren in China tätig. Mitte der 1930er wehte in Nanjing neben der Flagge mit der weißen Sonne auch die mit dem schwarzen Hakenkreuz. »Der Faschismus ist ein Wiederbelebungsmittel für verfallende Gesellschaften«, verkündete Chiang Kai-shek 1935 seinen »Blauhemden«: »Kann der Faschismus China retten? Ich sage: Ja, er kann! Faschismus ist das, was das gegenwärtige China am dringendsten braucht.« Vor allem brauchte die GMD die deutschen Berater, um ihre ärgsten Feinde auszumerzen, die Kommunisten.

Der Weg in den Krieg

Seit 1926 standen in China die Zeichen auf Krieg. Nicht nur die »Kriegsherren« regierten mit Gewalt, Chiang Kai-sheks Regime organisierte die ganze Gesellschaft nach militärischer Disziplin, und Mao verkündete 1927: »Regierungsmacht kommt aus dem Lauf der Gewehre.«

Aus den Städten vertrieben, musste die KPCh ihre revolutionäre Strategie ändern und sich auf dem Land neu organisieren. Was das bedeutete, hatten die Kommunisten schon in den frühen 1920er Jahren erfahren, als Peng Pai (1896–1929) in Hailufeng (Guangdong) die ersten ländlichen Sowjets aufbaute. Das Land war eine andere Welt. Die Bauern in Guangdong hatten nie von Nation oder Kommunismus gehört, die Vorstellung einer Revolution war ihnen unbekannt. Der fein gekleidete Fremde, der ihnen in hochgestochener Sprache etwas von »Klassenkampf« erzählen wollte, kam ihnen unverständlich und suspekt vor. In Hailufeng wurden die Marxisten der KPCh zu Leninisten: indem sie die Revolution von den Städten auf das Land verlegten und indem sie lernten, dass das Klassenbewusstsein im Volk keineswegs naturwüchsig angelegt war, sondern ihm beigebracht werden musste. Die Partei musste das Volk zur Revolution erziehen.

Peng Pai präsentierte sich den Bauern als Magier, beeindruckte sie durch ein Grammophon und versorgte sie mit Medizin, um allmählich ihr Vertrauen zu gewinnen. Dann begann er, sie zu organisieren und gegen vermeintliche »Großgrundbesitzer« aufzuwiegeln: Feinde, die es zu vernichten galt. Auf diese Weise entfachten die Kommunisten in Hailufeng eine Orgie der Gewalt. Rote Garden köpften vor grölenden Massen »Konterrevolutionäre«, hängten die Schädel zur Schau auf und luden die Bauern ein, Herz und Leber der Hingerichteten zu fressen. Andere wurden auf bestialische Weise gefoltert: Stück für Stück zerschnitten, während sie mit ansehen mussten, wie ihre Gliedmaßen gekocht und verschlungen wurden; manche wurden gezwungen, ihre Verwandten hinzurichten, Söhne mussten das Fleisch ihrer Väter fressen, während diese, noch nicht ganz tot, dabei zusahen.

Das war »keine Einladung zum Gastmahl«. Der rote Terror in Hailufeng lässt sich nicht als Klassenkampf erklären: 10 000 Menschen wurden abgeschlachtet, keineswegs nur reiche Landbesitzer, sondern ganze Familien und Dörfer, egal ob reich oder arm. Unter dem Banner der Revolution wurden primitive Clanfehden entfesselt, archaische Gewalt modern organisiert. Die Greuel von Hailufeng machen deutlich, wie stark sich auf dem Land trotz frühneuzeitlicher Wirtschaftsrevolution, kommerzieller Revolution und funktionaler Differenzierung segmentäre Strukturen gehalten hatten. In der eng begrenzten Gesellschaft der Bauern galten die »anderen« – fast wie in der Shang-Zeit (S. 58) – kaum als Menschen: man konnte sie fressen. Und Peng Pai? Auch er war in den Augen der Bauern kein Mensch – sondern ein Gott, den sie ähnlich verehrten wie Buddha selbst: er war aus einer anderen Welt gekommen und hatte ihrer Welt, in der sich nie etwas zu ändern schien, eine neue Ordnung gegeben.

Nach dem Massaker von Shanghai errichteten die Kommunisten wieder ländliche Stützpunkte, und auch die kamen nicht »zimperlich und höflich daher«. Es herrschte Bürgerkrieg zwischen GMD und KPCh, daher ging es vor allem darum, eine Militärmacht aufzubauen. Zusammen mit dem brillanten Strategen Zhu De (1886–1976) machte Mao Zedong sich daran, eine »Rote Armee« aus Bauern, Arbeitern und »Vagabunden« (*youmin fenzi*) zu formen. Mao, der damals keineswegs eine gesicherte Stellung in der Partei hatte, ließ dabei 1930 – sechs Jahre vor Stalin – in einer großen »Säuberung« 4400 unliebsame Offiziere und Soldaten hinrichten. Mit den übrigen Gefolgsleuten gelang es Mao und Zhu, sich im entlegenen Grenzgebiet zwischen Jiangxi und Hunan zu etablieren und dort eine Räterepublik auszurufen. Die »Jiangxi-Sowjets«, in der kommunistischen Propaganda späterhin zum Idyll der gerechten Landverteilung und Bauernbefreiung stilisiert, scheinen sich wenig von anderen Kriegsherren-Regimes unterschieden zu haben. Die Rote Armee nahm sich von der Bevölkerung, was sie brauchte:

Ehemänner und Söhne wurden verschleppt und festgehalten, bis Lösegeld gezahlt wurde. Andere wurden zu Militär- und Arbeitsdienst in der kommunisti-

> schen Armee gezwungen. … Wieder andere wurden ermordet, und ihre Familien wurden zu Lösegeldzahlungen aufgefordert, selbst nachdem sie gefoltert und auf unsägliche Weise getötet worden waren. Dann, nachdem das Lösegeld gezahlt war, wurden den Familien die entstellten Leichen der Opfer übergeben. (C.W.H.Young, *New Life for Kiangsi*)

Im übrigen wurde der »Klassenkampf« nach bewährten Methoden betrieben: Kampfversammlungen, Folter, öffentliche Hinrichtungen – der Terror herrschte auch in Jiangxi. 186 000 Menschen sollen dort zwischen 1927 und 1931 gewaltsam umgekommen sein, Kriegsopfer nicht eingerechnet. Dennoch wurden die Jiangxi-Sowjets zum großen Rückhalt der KPCh. Sie widerstanden zwei militärischen Kampagnen, die Chiang Kai-shek 1930–1931 gegen sie unternahm, selbst die Parteizentrale zog schließlich nach Jiangxi. Diese Gefechte begründeten den Mythos von Maos berühmter Strategie des Guerillakriegs.

Trotz alledem wären die Jiangxi-Sowjets zweifellos vernichtet worden, als Chiang Kai-shek 1931 mit 300 000 Soldaten gegen sie zu Felde zog. Doch in dem Moment erhielten die Kommunisten Feuerschutz von der unwahrscheinlichsten Seite: den Japanern.

Seit dem Sieg über Russland hatten die Japaner ihre Interessen in der Manjurei nachdrücklich verfolgt. Für das kleine, rohstoffarme Industrieland waren Raum und Ressourcen der Manjurei eine wertvolle Beute: es war ›Lebensraum‹. 1906 übernahmen sie die Kontrolle über die Südmanjurische Eisenbahn, stationierten Truppen in Port Arthur und siedelten mehr als 200 000 ihrer Landsleute in der Manjurei an. 1928 hatten japanische Militärs bereits den allzu eigenständigen Kriegsherrn der Manjurei, Zhang Zuolin, umgebracht. Am 18. September 1931 gingen sie einen Schritt weiter: sie nahmen den »Mukden-Zwischenfall« – einen Sprengstoffanschlag auf eine Bahnlinie – als Vorwand, vollends in die Manjurei einzumarschieren. Vielleicht trieb die Furcht vor einem Wiedererstarken Chinas – womöglich unter kommunistischer Flagge – die Japaner, vielleicht auch die »Gunst« des Augenblicks. Im Sommer 1931 waren Flutkatastrophen biblischen Ausmaßes über China hereingebrochen: mindestens eine Million, vielleicht sogar vier Millionen Menschen starben, als der Gelbe Fluss, der Huai-Fluss und der Yangzi über die Ufer traten, das Land verwüsteten und Dutzenden Millionen Menschen Haus und Hof zerstörten. Zudem waren die GMD-Truppen in Südchina gebunden, das Ausland war mit den Nachbeben der Wirtschaftskrise von 1929 beschäftigt, und Chiang Kai-shek hatte seinem General in der Manjurei, Zhang Xueliang (1901–2001, Sohn Zhang Zuolins) befohlen, sich nach Shaanxi zurückzuziehen. Innerhalb weniger Monate eroberten japanische Truppen die Manjurei, ohne auf nennenswerten Widerstand zu treffen. Im Januar 1932 griffen sie sogar Shanghai an, vertrieben die GMD-Truppen und zogen sich nur auf Protest der internationalen Gemeinschaft wieder zurück.

Doch die Bedrohung blieb akut. Die Japaner gründeten in der Manjurei sogar einen eigenen Staat, den »Manju-Staat« (Manshūkoku, chin. Manzhouguo) mit der Hauptstadt Changchun. Dort setzten sie – eine ironische Pointe – den letzten Qing-Kaiser, Puyi, als Kaiser ein. 1933 nahmen die Japaner auch Jehol ein und standen an der Großen Mauer, unmittelbar vor Beijing.

Während die Japaner im Norden dräuten, war China Anfang der 1930er Jahre zerrissener denn je. Die »nationale« Regierung Chiang Kaisheks kontrollierte Shanghai und das Yangzi-Delta; die KPCh hatte Stützpunkte in Jiangxi, Hunan, Hubei, Anhui und Fujian; in Beijing hatte der General Feng Yuxiang (1882–1948) eine eigene Regierung gebildet; in Shanxi, Xinjiang, Yunnan, Guizhou und Guangzhou hatten sich eigenständige Regimes etabliert; die Europäer besaßen Konzessionen in vielen großen Städten; und überall im Land marodierten Banditen. Dies war die politische Landkarte, auf der sich die Kriege der nächsten Jahrzehnte abspielen sollten.

Der Lange Marsch nach Yan'an

Mai 1935, die kommunistische 1. Frontarmee, verfolgt von GMD-Truppen, hatte gerade mit kleinen Booten den Jinsha-Fluss zwischen Yunnan und Sichuan überquert – acht Tage dauerte die Aktion – und sich durch das tibetisch-chinesische Grenzgebirge geschlagen, als sie an den Dadu-Fluss kam. Nur eine einzige Brücke führte hinüber, eine hundert Meter lange und drei Meter breite Hängebrücke, getragen von Eisenketten und beplankt mit Holzbohlen. Als die Kommunisten sie erreichten, sahen sie,

> dass die Hälfte dieses hölzernen Belags entfernt worden war und vor ihnen bis zur Mitte des Flusses nur noch die nackten eisernen Ketten pendelten. Am nördlichen Brückenkopf erwartete sie ein feindliches Maschinengewehrnest, und dahinter hielt ein Regiment Weißer Truppen seine Stellungen. ... Und

> wer hätte gedacht, daß die Roten wahnsinnig genug sein würden, den Fluß an den nackten Ketten zu überqueren? Aber genau das taten sie. … bald darauf schwangen sie sich über den kochenden Fluß, setzten Hand vor Hand und klammerten sich an die Eisenketten. Rote Maschinengewehre gaben knatterndes Feuer auf feindliche Feldschanzen und deckten die Brückenköpfe mit Kugeln ein. Der Feind antwortete mit eigenem Maschinengewehrfeuer, und Scharfschützen schossen nach den Roten, die noch über dem Wasser hangelten und sich langsam auf sie zuarbeiteten. Der erste Krieger wurde getroffen und stürzte in den Strom; ein zweiter fiel, dann ein dritter. Aber als sie sich der Mitte näherten, schützte der dort noch vorhandene Brückenboden diese Todesmutigen etwas. … Nationalistische Offiziere ordneten an, die restlichen Planken abzureißen. Es war schon zu spät. Weitere Rote krochen in Sicht. Der Feind warf Paraffin auf die Planken und setzte sie in Brand. Inzwischen bewegten sich etwa zwanzig Rote auf Händen und Knien vorwärts und warfen Granate nach Granate in das Maschinengewehrnest des Feindes …, so daß nach kurzer Zeit die Weißen Truppen in voller Flucht begriffen waren …
>
> (Edgar Snow, *Red Star over China* V, Übersetzung: Dommermuth/Reichling)

Vielleicht hat dieser schier unglaubliche Kampf nie stattgefunden. Doch nicht die Ereignisse »an sich« machen Geschichte, sondern immer nur deren Erzählung. Als solche wurde die Schlacht am Dadu zum Element eines Heldenepos, aus dem die Führung der KPCh noch ein halbes Jahrhundert lang ihre Legitimität schöpfte: des Langen Marsches (*changzheng*).

1932, die japanische Aggression war vorerst überstanden, nahm Chiang Kai-shek seine Versuche wieder auf, »erst inneren Frieden zu schaffen und dann den äußeren Feind anzugreifen«. Nachdem er den großen kommunistischen Stützpunkt in Anhui zerstört hatte, begann er 1933 mit einer Million Soldaten und 200 Flugzeugen seinen finalen Feldzug gegen die Jiangxi-Sowjets. Diesmal hatte er die Taktik auf den Rat seiner deutschen Berater verändert: statt die Rote Armee frontal anzugreifen, umzingelte er sie in einem großen Ring, der langsam immer enger gezogen wurde. Gegen diese Belagerung wirkte die Guerillataktik nicht: die Kommunisten wurden zu einem Stellungskrieg gezwungen und schließlich zur Flucht.

Unter der Führung von Zhou Enlai durchbrachen zwei Armeekorps, kommandiert von Lin Biao (1907–1971) und Peng Dehuai (1898–1974), die GMD-Stellungen im Südwesten. Mit ihnen gelang einem Tross von 80 000 Männern und 35 (!) Frauen der Ausbruch aus Jiangxi – alle anderen wurden entweder vorher exekutiert oder ihrem Schicksal überlassen. Die Flucht geriet zu einer Odyssee von epischen Ausmaßen, vergleichbar Napoleons Rückzug aus Russland. Ein Jahr lang, von Oktober 1934 bis Oktober 1935, schlugen die Kommunisten sich durch China, gejagt von GMD-Truppen, attackiert von lokalen Machthabern, überall als Banditen verfolgt. Durch Hunan und Guangxi marschierten sie, meist abseits der Straßen durch unwegsames Gebiet, bis nach Guizhou. Als ihnen der Weg nach Norden versperrt war, mussten sie einen langen Umweg über das Hochland von Yunnan nach Sichuan nehmen. Über eisige Pässe ging der Weg, durch Morast und Sümpfe, in denen man nur im Stehen schlafen konnte; Erschöpfte mussten zurückgelassen, Neugeborene ausgesetzt werden; Tausende starben an Hunger und Krankheiten oder durch Angriffe der Tibeter. Als der Zug nach fast 10 000 km auf dem Nordchinesischen Lößplateau ankam, waren von den 80 000 nur noch 8000 übriggeblieben.

Pikanterweise trug der Lange Marsch der Kommunisten auch zur Machtsicherung der Nationalisten bei. Die Truppen der GMD trieben die verlotterten Flüchtlinge vor sich her durch südwestliche Provinzen, in denen lokale Kriegsherren unabhängig vom Regime der GMD walteten. Im Zuge der Kämpfe mit den Kommunisten gelang es Chiang, die Provinzen Guizhou, Yunnan und Sichuan unter seine Kontrolle zu bringen.

Vor allem aber trug der Lange Marsch zur Machtsicherung eines Mannes bei: Mao Zedongs. Ende 1934 in der Partei noch umstritten und marginalisiert, stieg Mao während des Langen Marsches zum tonangebenden Mitglied im höchsten Parteiorgan, dem Ständigen Ausschuss der Politbüros, auf. Auf einer Konferenz in Zunyi (Guizhou) gelang es ihm, sich in der Parteispitze zu etablieren – eine Position, die er in den nächsten Jahren festigen sollte.

1936, als der zerlumpte Haufen in Shaanxi ankam, war die Lage der Kommunisten noch keineswegs gefestigt. In dunklen, feuchten Höhlen verschanzt, mussten sie sich vor Zhang Xueliang hüten, dem General Chiang Kai-sheks, der aus der Manjurei nach Shaanxi geflohen war. Doch wieder wurden die Kommunisten auf wundersame Weise gerettet. Statt diese zu vernichten, rebellierte Zhang Xueliang gegen seinen Oberbefehlshaber. In einem dreisten Streich nahm er Chiang Kai-shek 1936 bei dessen Besuch in Xi'an gefangen. Er forderte von ihm, den Kampf gegen die Kommunisten zu beenden, stattdessen mit ihnen eine Einheitsfront zu bilden und gegen die Japaner zu kämpfen. Von der anderen

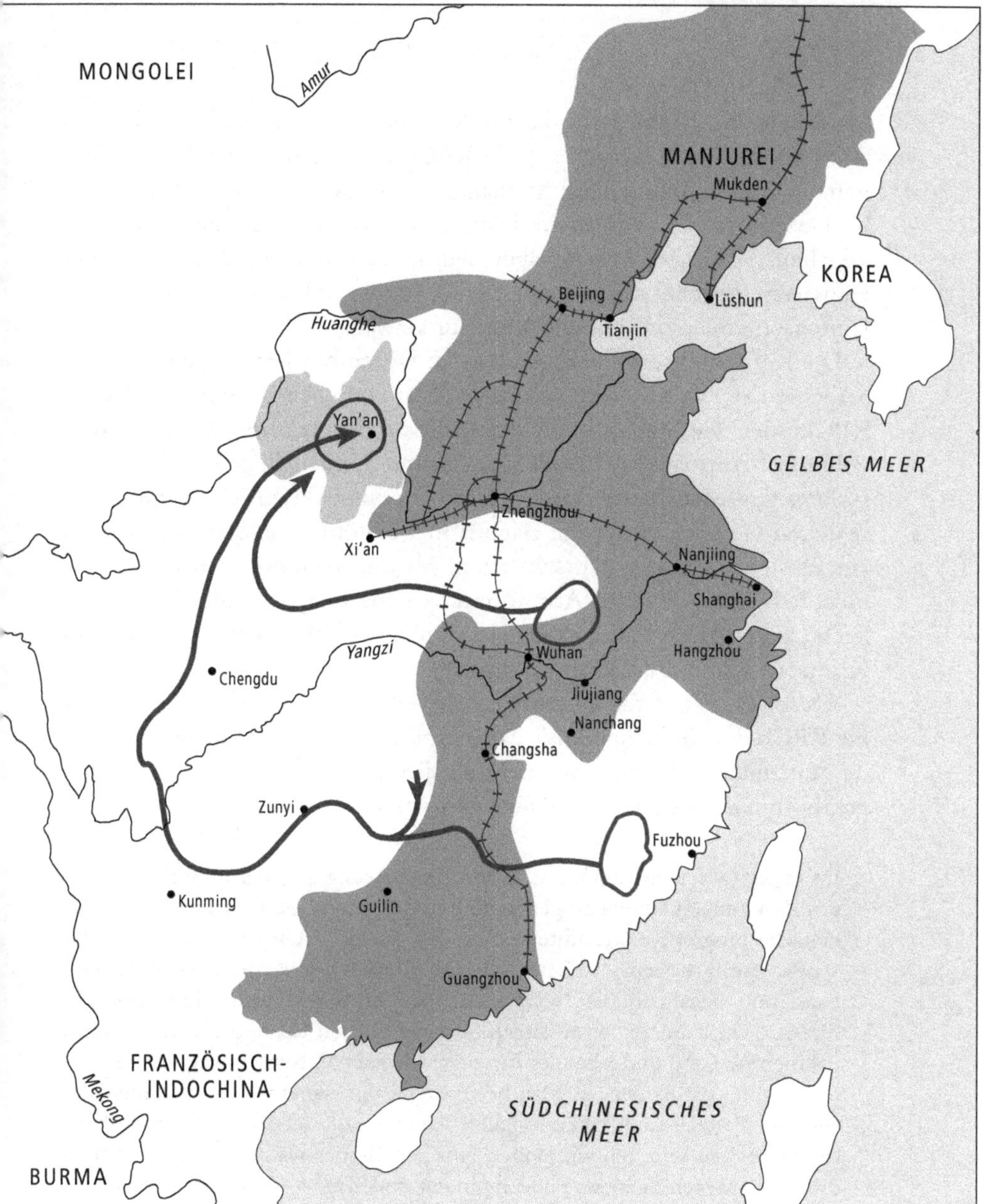

Langer Marsch und Zweiter Weltkrieg.

Japanisch besetzte Gebiete

Kommunistische Basis 1935-45

Kommunistische Hochburgen bis 1935

Langer Marsch, Okt. 1934 bis Okt. 1935

Eisenbahnlinien

Seite übte die Komintern, die mittlerweile im Faschismus den Hauptfeind erkannt hatte, Druck auf die KPCh aus, auf den Handel einzugehen. So kam es, dass Zhang Xueliang, Chiang Kai-shek und Zhou Enlai im Dezember 1936 das zweite Bündnis zwischen GMD und KPCh besiegelten. (Zhang Xueliang aber wurde von Chiang Kai-shek unter Hausarrest gestellt, wo er mehr als 50 Jahre verblieb; er starb 2001, 25 Jahre nach Chiang, Zhou und Mao, auf Hawaii.)

Die Kommunisten waren gerettet. Im Dezember 1936 zogen sie in das Städtchen Yan'an im Nordosten von Shaanxi. Es wurde zum Mekka der KPCh oder, wie Mao es weniger respektvoll nannte, zum »Arsch der Revolution«: zum Ort, auf dem alles beruhte. Yan'an liegt im Bogen des Gelben Flusses, nahe der Ordos-Wüste, in einer unwirtlichen, dünn besiedelten Gegend, in der die Bauern in Lößhöhlen hausten und ständig am Existenzminimum wirtschafteten. Als die Kommunisten dort ankamen, herrschten Hunger, Armut und extreme soziale Ungleichheit: vielleicht kein »Arsch«, aber doch ein dunkler Winkel, wie geschaffen als Keimzelle kommunistischer Herrschaft.

Als solche hat es Yan'an zu fast weltweitem Ruhm gebracht. Nie war die KPCh der ländlichen Basis näher, und nie, so heißt es, habe China eine humanitärere Regierung erlebt als diese, die sich voll ehrlichen Mitgefühls um die Belange der Bauern kümmerte:

> Im ersten Jahr wurden alle Arten von Besteuerung abgeschafft, um den Bauern Zeit zum Aufatmen zu geben, und in den alten Gebieten wurde nur eine einfache progressive Grundsteuer und eine einfache Umsatzsteuer (von 5 bis 10 Prozent) erhoben. Zweitens gaben die Roten den landhungrigen Bauern Land und begannen die Nutzbarmachung großer Gebiete »Brachlands« – meistens das Land von abwesenden oder geflohenen Grundbesitzern. Drittens nahmen sie Land und lebendes Inventar den reichen Klassen weg und verteilten es unter die Armen. … Man hörte so gut wie nie etwas von Beamtenkorruption. Bettelei und Arbeitslosigkeit schienen, wie die Roten behaupteten, »liquidiert« zu sein. Ich sah keinen einzigen Bettler während meiner Reisen durch die Roten Gebiete. Füßeeinbinden und Kindesmord waren kriminelle Vergehen, Sklaverei von Kindern und Prostitution waren verschwunden und Vielmännerei und Vielweiberei verboten.
>
> (Edgar Snow, *Red Star over China* VI, Übersetzung: Dommermuth/Reichling)

Ein amerikanischer Journalist war es, der diesen Bericht schrieb, Edgar Snow (1905–1972). Sein schwärmerisches Buch *Roter Stern über China*, entstanden nach einem Besuch in Yan'an 1936 und einigen Interviews mit Mao, beeindruckte eine ganze Generation von Amerikanern und Europäern. Mehr noch: das Buch wurde ins Chinesische übersetzt und trug zu einem überwältigenden Propagandaerfolg für Mao und die KPCh bei. In Yan'an schien ein modernes, geradezu demokratisches China zu entstehen, das sich völlig von den korrupten, diktatorischen Regimes der GMD und der Kriegsherren unterschied. Zwischen 1937 und 1940 strömten rund 100 000 Menschen nach Yan'an: landlose Bauern, Soldaten, Vertriebene, aber mindestens zur Hälfte Städter: Studenten, Lehrer, Journalisten, Schriftsteller – alle in der Hoffnung, dort eine bessere Welt zu finden.

Sie wurden enttäuscht. Die Lebensbedingungen in Yan'an waren harsch, das System war weder egalitär – Parteikader erhielten wärmere Kleidung, nahrhafteres Essen, größere Wohnungen, Mao hatte sogar eine Limousine – noch sonderlich humanitär. Bauern wurden hoch besteuert, zu Zwangsarbeit und Militärdienst verpflichtet, und der Handel mit Opium bildete eine wichtige Einnahmequelle der KPCh.

Vor allem war das Regime in Yan'an nicht liberal oder demokratisch, ganz im Gegenteil: es war totalitär. In Yan'an übte die KPCh die Techniken der Machtausübung ein, mit denen sie auch später alle gesellschaftlichen Organisationen durchdringen und beherrschen sollte. Dazu gehörten, wie in Jiangxi, Terror und gewaltsame »Säuberungen«: die kommunistische Geheimpolizei unter Kang Sheng (1898–1975) – er hatte sein Handwerk in Moskau gelernt – ließ 1940–1942 Tausende hinrichten: erschießen, lebendig begraben, zu Tode foltern. Auch ein subtileres Instrument kam jetzt zum Einsatz, das nicht dem Körper galt, sondern dem Geist: die »Umformung des Denkens« (*sixiang gaizao*).

Es begann mit einer pauschalen Anklage – »in Yan'an sind Spione« – und der Festnahme von »Verdächtigen«, die gefoltert wurden, bis sie ein Geständnis ablegten: durch Schlafentzug, physische Gewalt oder demütigende öffentliche Zurschaustellung vor aufgeheizten Menschenmengen. In diesen Szenen verdichtet sich der Geist des Regimes: Masse gegen Individuum. Dem profilierten, vernunftbegabten und kritikfähigen Individuum wurde die Masse gegenübergestellt: formlos, impulsiv und willfährig. Die Herrschaft der Massen, wie sie die KPCh anstrebte, musste mit der Auslöschung des Individuums beginnen.

Die Opfer mussten Selbstkritiken schreiben, wieder und wieder, mussten sämtliche sozialen Beziehungen auflisten, die sie hatten, und wurden gezwungen, andere zu verleumden. Die Perfidie dieses Psychoterrors lag darin, dass er seine Opfer nicht liquidierte (wiewohl er zahlreiche Selbstmorde als Nebeneffekt in Kauf nahm), sondern zum Ausgangspunkt für weiteren Terror machte; dass er nicht nur die Staatsmacht, sondern die Menschen selbst – als Ankläger und Opfer, Folterknechte und Gefangene – gegeneinander aufhetzte, so dass keiner dem anderen trauen konnte; dass er Kader und Volk in willenlose Automaten verwandelte, die mechanisch Parolen wiederholten und ständig ihre eigene Schuld beteuerten.

Mit dem Anspruch auf totale soziale Kontrolle, selbst über die intimsten Gedanken, hatte das Regime der KPCh die Schwelle zum Totalitarismus überschritten. Nicht zufällig wurden in Yan'an zwei weitere Elemente entwickelt, die zum Kernbestand totalitärer Herrschaft zählen: eine Ideologie und die Politisierung sämtlicher Lebensbereiche. Für den Bereich der Kunst und Literatur machte Mao Zedong das 1942 unmissverständlich klar, als er forderte,

> dass sich Literatur und Kunst als integrierender Bestandteil in den Gesamtmechanismus der Revolution gut einfügen müssen, dass sie zu einer machtvollen Waffe für den Zusammenschluss und die Erziehung des Volkes, für die Schläge gegen den Feind und für dessen Vernichtung werden und dem Volk helfen müssen, einmütig gegen den Feind zu kämpfen.
> (»Reden bei der Aussprache in Yenan über Kunst und Literatur«)

Die »neue Literatur«, die sich gerade von orthodoxen Zwängen befreit hatte, wurde wieder vor den Karren der Politik gespannt: nicht als »Vehikel des Dao« (S. 287), sondern als Panzer der Revolution. Der totalitäre Anspruch auf Steuerung aller sozialen Systeme reagierte auf die Pluralisierung der Diskurse im Zuge funktionaler Differenzierung. Maßgeblich für alle gesellschaftlichen Bereiche sollte nicht mehr deren Eigenlogik sein, sondern die Ideologie der Partei. Auch diese entwarf Mao, der sich in Yan'an erstmals intensiv mit dem Marxismus beschäftigte und 1937 zwei wegweisende Vorträge hielt: »Über die Praxis« (»Shijian lun«) und »Über den Widerspruch« (»Maodun lun«).

Schon früher hatte Mao (der selbst sehr belesen war) gegen die Buchgelehrsamkeit (*benben zhuyi*) gewettert, jetzt stellte er ihr die Praxis als einziges Kriterium der Wahrheit gegenüber. »Alles wahre Wissen entspringt der unmittelbaren Erfahrung«, postulierte Mao, »alle Erkenntnisse beginnen in der Praxis und müssen, wenn sie zu Theorien geworden sind, wieder in die Praxis zurückkehren.« Kurz, man müsse »die Wahrheit in den Tatsachen suchen« (*shishi qiushi*). Mao griff damit ein Wort der kritischen Qing-Gelehrten auf (S. 423), münzte es aber in seinem Sinne um. Mao ging es gerade nicht darum, abweichende Meinungen und das kritische Potential des Buchdrucks zu fördern, sondern darum, sie kaltzustellen. Nicht »was ist?« laute die korrekte Frage, sondern »was ist zu tun?«.

Ergänzend zu dieser »Erkenntnistheorie« lieferte Mao mit seiner Theorie vom »Widerspruch« die Grundlage einer »politischen Philosophie«. Ausgehend von Lenins Diktum, dass das Gesetz von der Vereinigung der Gegensätze der Kerngedanke des Materialismus sei, wies er auf die Bedeutung des Widerspruchs hin. Der Widerspruch, so Mao, habe allgemeinen, unbedingten, absoluten und universalen Charakter, er bestimme jeden Prozess von Anfang bis Ende. Zwar gebe es hauptsächliche und nebensächliche, »antagonistische« und »nicht-antagonistische« Widersprüche, die unterschiedlich zu behandeln seien. Doch allemal blieben Widerspruch und Kampf absolute Gegebenheiten, an denen kein Weg vorbeiführe. So krude diese Theorie daherkommt und so schauerlich sie politisch in Klassenkampf umgemünzt wurde, bietet sie doch eine aufschlussreiche Theorie der chinesischen Geschichte *in nuce*: Differenzen bedingen den Willen zur Einheit.

Weltkrieg und Bürgerkrieg

Bevor Mao seine Theorien weiter ausspinnen konnte, wurde er mit einem Widerspruch konfrontiert, der eindeutig zur antagonistischen Sorte gehörte. Am 7. Juli 1937 begann der Zweite Weltkrieg in Ostasien.

Nachdem die Japaner ein Scharmützel an der »Marco-Polo-Brücke« (Lugou qiao) bei Beijing provoziert hatten, griffen sie China mit ihrer ganzen Streitmacht an. Ihr Überfall war zugleich der erste Blitzkrieg: am 29. Juli besetzten die Japaner Beijing, am Tag darauf Tianjin. Damit waren die wichtigen Bahnstrecken Beijing–Wuhan und Tianjin–Shanghai in ihrer Kontrolle und der Vormarsch nach Süden war nicht mehr aufzuhalten. Moderne Technik hatte die natürlichen Barrieren zwischen Nord und Süd überwunden. Selbst Chiang Kai-sheks rücksichtsloser Befehl, 1938 die Deiche des Huanghe zu sprengen, richtete bloß eine humanitäre Katastrophe an, ohne den japanischen Vormarsch ernsthaft zu behindern.

Die Japaner besaßen fast vollständige Lufthoheit, und ihre Panzertruppen waren der chinesischen Armee weit überlegen. Obwohl Chiang das größte chinesische Heer aller Zeiten – 1,7 Millionen Soldaten und 500 000 Reservisten – gegen sie aufbot, errangen die Japaner Sieg um Sieg. Allein in der Schlacht um Shanghai, August bis November 1937, fielen zwei Drittel der chinesischen Soldaten, darunter 10 000 Offiziere. Wieder einmal flüchteten die Einwohner Shanghais massenweise in die ausländischen Konzessionen, die von der japanischen Artillerie verschont blieben.

Shanghai erobert, war der Weg nach Nanjing frei. Am 13. Dezember 1937 nahmen japanische Truppen die Hauptstadt der Republik ein. Was dann folgte, ist als eine der abscheulichsten Greueltaten des Zweiten Weltkriegs in die Geschichte eingegangen. Chiang Kai-shek hatte den Rückzug aus der Stadt befohlen, aber einige zehntausend Soldaten in der Stadt gelassen. Die Japaner machten keine Gefangenen. Chinesische Soldaten wurden exekutiert, und unter der Zivilbevölkerung richteten die Japaner ein furchtbares Blutbad an: Menschen wurden auf offener Straße geköpft, lebendig begraben, gefoltert oder in ihren Häusern verbrannt; Kranke wurden in ihren Betten zerhackt, Krankenschwestern vergewaltigt, Babys auf Bajonette gespießt; Gefangene mussten ihre eigenen Gräber ausheben, bevor sie ermordet wurden; zwei japanische Offiziere vereinbarten einen Wettbewerb, wer zuerst über 100 Chinesen mit seinem Schwert erschlagen könne. Mindestens 20 000 Frauen: junge, alte, schwangere, Nonnen, Kinder, wurden vergewaltigt und in die Prostitution gezwungen. Wer Glück hatte, konnte sich ins Krankenhaus im Ausländerviertel retten:

> Sie war eine von fünf Frauen, die japanische Soldaten zu einer ihrer medizinischen Einheiten genommen hatten – um tagsüber ihre Kleidung zu waschen und nachts vergewaltigt zu werden. Zwei von ihnen wurden gezwungen, jede Nacht zwischen 15 und 20 Männer zu befriedigen, die hübscheste bis zu 40. Diese ist zu uns gekommen. Sie war von drei Soldaten an einen einsamen Ort geführt worden, wo sie versuchten, ihren Kopf abzuschneiden. Die Muskeln in ihrem Hals waren zerschnitten, aber das Rückenmark hatten sie nicht durchtrennt. Sie stellte sich tot und schleppte sich dann ins Krankenhaus …
>
> (J. H. McCallum, Tagebucheintrag vom 3.1.1938)

Einige Ausländer, darunter der Deutsche John Rabe (1882–1950), richteten eine Sicherheitszone in der Stadt ein, in der 300 000 Chinesen Zuflucht fanden. Doch auch sie konnten das Massaker nicht verhindern, das sieben Wochen lang andauerte. Bei der »Vergewaltigung von Nanjing« wurden insgesamt 200 000–300 000 Menschen massakriert.

Während die Japaner in Nanjing wüteten, flohen die GMD-Truppen, 800 000 Soldaten, gefolgt von Millionen Zivilisten, ins Landesinnere: zuerst nach Wuhan und schließlich in den hintersten Winkel Chinas, nach Chongqing. Wieder einmal wurde Sichuan zu einer eigenständigen Enklave: die umgebenden Berge boten Schutz gegen die japanische Infanterie, und – das war entscheidend – es gab keine Bahnlinie nach Sichuan.

Dennoch war die Lage verzweifelt. Die GMD hatte ihre besten Offiziere und einen Großteil der Armee verloren, die Nachschublinien waren blockiert, die medizinische Versorgung zusammengebrochen, und die Japaner flogen erbitterte Bombenangriffe auf Chongqing. Dass sie trotz alledem nicht kapitulieren musste, verdankte die GMD ausländischer Hilfe. Zuerst lieferten die Russen Flugzeuge und boten finanzielle Unterstützung, und ab 1941 – Hitler hatte im Sommer die Sowjetunion überfallen – die USA: mit Lastern aus Burma und per Luftbrücke aus Hongkong, später sogar aus Assam über den Himalaya belieferten sie die GMD in Chongqing und ermöglichten so ihr Überleben. Die USA hatten erkannt, dass die Japaner nicht allein gegen China Krieg führten, sondern gegen die Welt. Die Parallelen ihrer Expansion in Ost- und Südasien – Ziel war eine »ostasiatische Wohlstandssphäre« – zu Hitlers Krieg in Europa waren unübersehbar.

All das wurde spätestens mit dem Angriff auf Pearl Harbor im Dezember 1941 deutlich. Pearl Harbor war der entscheidende Wendepunkt im Zweiten Weltkrieg: er führte zum Kriegseintritt der USA und konfrontierte Japan mit den Westmächten. Hatte Japan die ausländischen Konzessionen in Shanghai noch verschont, so wurden sie jetzt besetzt, kurz darauf wurde auch Hongkong erobert. Damit endete ein Jahrhundert westlicher Okkupation in China. Die Westmächte sollten die Konzessionen, die sie seit 1840 besetzt hatten, mit Ausnahme Hongkongs und Macaos, nie wieder reklamieren. Zugleich rückte eine japanische Besetzung ganz Chinas in weite Ferne, denn die Japaner mussten jetzt an mehreren Fronten kämpfen. Sie beschränkten sich auf den Osten Chinas, wo sie 1940 eine Marionettenregierung unter Chiang Kai-sheks altem Rivalen, Wang Jingwei, installiert hatten. (Das einzige Land außer Japan, das diese Regierung anerkannte, war Manzhouguo …)

Indessen begannen die beiden chinesischen Kriegsparteien, KPCh und GMD, sich neu zu formieren. Beide Parteien wussten, dass nicht sie, sondern die USA den Krieg gegen Japan gewinnen würden. Zugleich war schon 1941 klar, dass ihre unheilige Allianz, die nicht einmal im Krieg vereint kämpfte, den Krieg nicht überstehen würde. So begannen die Vorbereitungen auf das, was unvermeidlich folgen würde.

Während die GMD in Chongqing mit Güterknappheit, galoppierender Inflation und all ihren Folgen – Schwarzmärkten, Schmuggel, Korruption – zu kämpfen hatte und erheblich an Ansehen einbüßte, sah die Lage der KPCh besser aus. Obwohl auch Yan'an mehrmals bombardiert wurde, war ihre Stellung sicher. Die Einkünfte aus Bodensteuer, Salz- und Opiumhandel sowie die finanziellen Zuwendungen der GMD und der Sowjetunion sorgten vor allem in den frühen Kriegsjahren für eine solide Wirtschaftsbasis. Mao Zedong hatte genug Muße, um Dutzende ideologische Schriften zu verfassen, während die kommunistischen Truppen einen wohldosierten Guerillakrieg gegen die Japaner führten. Offene Schlachten vermeidend, stießen sie in ungeschützte japanische Stellungen vor, sicherten sich strategische Positionen und rekrutierten die Landbevölkerung für ihre Zwecke.

Ihr Erfolg war eindrucksvoll: hatte die KPCh 1937 rund 40 000 Mitglieder und 60 000 Soldaten, ein Sechzigstel der Truppen Chiangs, so zählte sie 1945 1,2 Millionen Mitglieder und 1,3 Millionen Soldaten unter Waffen; 1937 stand sie in Yan'an mit dem Rücken zur Wand; 1945 hatte sie sich in ganz Nordchina positioniert. Die KPCh wuchs im Zweiten Weltkrieg zu einem ernsthaften Anwärter auf die Macht heran. Kein Wunder, dass Mao den Japanern später explizit dankte: ohne sie säße er noch in den Bergen.

Der Zweite Weltkrieg endete mit den Atombomben auf Hiroshima und Nagasaki und Japans Kapitulation am 2. September 1945. Zu diesem Zeitpunkt standen fast zwei Millionen japanische Soldaten mit Waffen und wertvoller Ausrüstung in China. Unmittelbar nach ihrer Kapitulation begann ein Rennen darum, ihr Material und ihre Stellungen zu übernehmen. Die GMD, unterstützt von der US Air Force, konnte innerhalb kurzer Zeit alle Küstenstädte von Guangzhou bis Beijing besetzen. Nur in der Manjurei kamen ihnen die Russen zuvor, die dort schon im August einmarschiert waren. Ihnen ging es vor allem darum, die manjurische Industrie abzubauen und in die Sowjetunion zu schaffen. Doch zugleich gewährten sie der KPCh und ihrer Armee dort eine Basis. Von der Manjurei aus sollten die Kommunisten, wie 300 Jahre zuvor die Qing, ganz China erobern. Und wieder brachte die Eroberung unsägliches Leid über die Bevölkerung. Zwei bis drei Millionen Opfer forderte der chinesische Bürgerkrieg zwischen 1946 und 1949; allein bei der Belagerung von Changchun 1948 starben 120 000–330 000 Menschen – die meisten verhungerten.

Der Bürgerkrieg begann 1946 mit der Schlacht um die Manjurei. Trotz beachtlicher Anfangserfolge der GMD-Truppen wendete sich das Blatt 1947. Unter der Führung Lin Biaos begann die »Volksbefreiungsarmee« (VBA) – so nannten sich die kommunistischen Truppen seit 1946 – mit Gegenoffensiven und brachte bald große Teile Nordchinas unter ihre Kontrolle. Schon Ende 1947 verkündete Mao, die chinesische Revolution, ja die Weltgeschichte sei an einen Wendepunkt gelangt.

Der Todesstoß für Chiang Kai-shek kam mit zwei Kampagnen im Jahr 1948. Im September kamen in der Manjurei 400 000 Soldaten ums Leben oder in die Gewalt von Lin Biaos Truppen, und 1948/49 wurde in der »Schlacht von Huaihai« um die strategisch wichtige Stadt Xuzhou eine Armee von 500 000 Soldaten vernichtend geschlagen. In vier Monaten hatte die GMD fast eine Million Soldaten verloren, und ihre Führung war auseinandergebrochen. Chiang Kai-shek blieb – wie schon den letzten Ming-Loyalisten – nur noch die Flucht nach Taiwan. Dort wollte er seine Stellung festigen, um das Festland bei passender Gelegenheit wieder zu erobern.

Weltkrieg und Bürgerkrieg waren beendet, und auch das Jahrhundert der kolonialen Besetzung Chinas war – Hongkong und Macao ausgenommen – vorbei: ein Jahrhundert, das China einen schier unglaublichen Blutzoll auferlegt hatte. Dutzende Millionen waren beim Taiping-Aufstand und anderen Rebellionen umgekommen; Fluten, Dürren und Seuchen haben Abermillionen hinweggerafft; im Zweiten Weltkrieg waren in China 15–20 Millionen Menschen gestorben: in Schlachten, Naturkatastrophen, Massakern oder bei grauenhaften Experimenten, die Japaner mit biologischen Waffen an Kriegsgefangenen durchgeführt haben. Kein Land, nicht einmal die Sowjetunion, hat im Zweiten Weltkrieg mehr Menschenleben verloren. Doch das Leiden des chinesischen Volkes hatte noch kein Ende, noch lange nicht.

Die Volksrepublik China

> Der 1. Oktober 1949 war einer jener klaren, kühlen Tage, die den Herbst in Beijing zur schönsten Jahreszeit machen. … Kurz vor sieben waren wir auf dem Tiananmen-Platz und nahmen unsere Plätze bei der Marmorbrücke am Tor des Himmlischen Friedens ein, das als Eingang zur Verbotenen Stadt dient. … Über den Köpfen der Menschen flatterten Tausende von Fahnen im Herbstwind und verwandelten die düstere Stadt in ein Farbenmeer. Die Menge rief Parolen wie »Lang lebe die Volksrepublik China«, »Lang lebe die Kommunistische Partei Chinas« und sang Revolutionslieder. Mit jeder neuen Parole und jedem neuen Lied wuchs die Begeisterung. Genau um zehn Uhr erschienen Mao Zedong und die anderen hochrangigen Führer auf dem Podium. Die Wirkung war elektrisierend. Seit mein Bruder mir das erste Mal erzählt hatte, dass Mao der Retter Chinas sei, war er für mich ein Held gewesen. Nun sah ich meinen Messias leibhaftig vor mir. … Er war damals sechsundfünfzig Jahre alt, hochgewachsen, gesund und kräftig. Er hatte eine frische Gesichtsfarbe, dichtes schwarzes Haar und eine hohe, breite Stirn. Seine Stimme war klar und kräftig, seine Gesten wirkten energisch. … Er begann seine Rede in dem für ihn typischen rhythmischen Hunan-Dialekt. … Maos Tonfall war sanft, fast singend, und seine Rede fesselte die Zuhörer. »Das chinesische Volk hat sich erhoben«, erklärte er. Die Menge brach in Beifallsstürme aus und rief immer wieder: »Lang lebe die Volksrepublik China! Lang lebe die Kommunistische Partei Chinas!« Mein Herz zersprang fast vor Freude, und meine Augen füllten sich mit Tränen. Ich war so stolz auf China, so voll Hoffnung und so froh, dass Ausbeutung, Leid und ausländische Aggressionen ein Ende haben würden. Für mich gab es keinen Zweifel, dass Mao der große Führer der Revolution war, der Schöpfer einer neuen chinesischen Geschichte.
>
> (Li Zhisui, *Ich war Maos Leibarzt* 3, Übersetzung: A. Burkhardt u. a.)

Die Gründung der Volksrepublik China gilt als epochales Ereignis, nicht einfach als Regierungswechsel, sondern als Wendepunkt der chinesischen Geschichte: die Befreiung. Noch heute teilen Chinesen in der Volksrepublik die Zeit ein in »vor« oder »nach« der Befreiung (*jiefang*). Das Wort war seit Anfang des Jahres in aller Munde gewesen, als die VBA triumphal in Beijing einmarschiert war. Nach mehr als drei Jahrzehnten der Teilung war China wieder vereint, nach einem Jahrhundert halbkolonialer Besetzung der Imperialismus besiegt, nach Jahrtausenden feudaler Bedrückung war China befreit!

Eine rote Flagge wehte jetzt über dem Land, mit einem großen Stern, der Partei, um den sich vier kleine Sterne scharen: die Arbeiter, Bauern,

Die »Befreiung«: Soldaten der VBA marschieren am Tian'anmen vorbei, über dem schon 1949 ein Porträt Maos hing.

Kleinbürger und die Bourgeoisie. Das Volk feierte ein neues China, und die Kommunisten waren seine Helden: überall hilfreich und freundlich, verteilten sie Lebensmittel an die Hungernden, gaben eine neue »Volkswährung« (*renminbi*) aus, um die Inflation zu beenden, und sorgten für bessere Entlohnung der Arbeiter.

Die 1948 gegründete *Volkszeitung* (*Renmin ribao*) verkündete einen Sieg des Volkes. Ähnliches taten die *Guangming ribao* (Beijing), *Tianjin ribao*, *Jiefang ribao* (Shanghai) und andere neue Zeitungen, die zum Sprachrohr der Kommunisten wurden. Andere Zeitungen hingegen wurden verboten: die kommunistische Propaganda sorgte von Anfang an für ein Nachrichtenmonopol, das alle nichtoffiziellen Meinungen ausblendete. Amerikanische Filme wurden durch russische ersetzt, ausländische Korrespondenten durften nicht mehr aus Beijing berichten, Plakate verkündeten allenthalben die Parolen des neuen China. »Befreiung« bedeutete noch lange nicht Freiheit.

Zhongnanhai 中南海

»Dem Volk dienen« (*wei renmin fuwu*), der Wahlspruch Mao Zedongs, prangt in Maos Handschrift auf dem prächtigen »Tor des Neuen China« (*Xinhua men*), dem Haupteingang von Zhongnanhai. Doch hinter dem Tor liegt nicht das neue, sondern das alte China, und die ersten Diener des Volkes residieren dort wie die Kaiser. Unmittelbar nach der »Befreiung« bezogen die hohen Führer von Staat und Partei – Mao Zedong, Zhu De, Liu Shaoqi, Zhou Enlai, Peng Dehuai, Deng Xiaoping und andere – zwar nicht die Verbotene Stadt, aber die Paläste unmittelbar westlich davon.

Der Park der »Mittleren und südlichen Seen«, Teil der ehemaligen Kaiserstadt, war mit seinen Wasserflächen, Regenbogenbrücken und Pavillons schon für die Ming- und Qing-Kaiser ein beliebter Rückzugsort. In der »Purpurglanz-Halle« (*Ziguang ge*) wurden die Palastprüfungen abgehalten, das zeremonielle Bogenschießen fand dort statt, und Kaiser Qianlong dekorierte die Halle mit riesigen Schlachtgemälden. Die KPCh nutzte sie zum Empfang hoher Staatsgäste. Außerdem wurden in Zhongnanhai das Amtsgebäude des Staatsrats untergebracht, die Büros des Zentralkomitees, Räume für Sicherheitskräfte, ein Krankenhaus, ein Kindergarten für den Nachwuchs der Kader, Schwimmbäder und die Wohnungen der Parteispitze. Mao residierte im »Garten der üppigen Wohltätigkeit«, einem Gebäudekomplex, den einst Kaiser Qianlong anlegen ließ, er verfügte über ein eigenes Hallenbad, eine große Privatbibliothek und Räume für seine vielen Diener. Ähnlich luxuriöse Villen hatten Mao und andere Politiker im Badeort Beidaihe und an anderen Stellen im Land.

Das Leben hinter den roten Mauern von Zhongnanhai war voller Annehmlichkeiten: man zerstreute sich bei Bootspartien, tafelte fürstlich und amüsierte sich auf den Bällen, die Mao Zedong allwöchentlich im »Lotos-Saal« veranstaltete.

> Ich ging mit Mao in den großen Saal. Sofort wurde er von gut einem Dutzend attraktiver junger Frauen der Kulturtruppe des Zentralen Garnisonskorps umringt, die mit ihm flirteten und ihn um einen Tanz baten. Eine Band der Kulturarbeitstruppe spielte westliche Tanzmusik – Foxtrott, Walzer und Tango –, und Mao tanzte reihum mit den jungen Mädchen, das heißt, er schlich eher dahin, als daß er tanzte. Nach jedem Tanz nahm er mit seiner Partnerin eine Weile Platz, um zu plaudern, aber schon nach ein paar Minuten wurde er von der nächsten jungen Dame aufgefordert. … 1961 wurde eines der speziell für Mao angefertigten Betten in dem Raum neben dem Ballsaal aufgestellt. Im Laufe des Abends zog sich Mao manchmal dorthin zurück, um sich »auszuruhen«. Oft beobachtete ich, wie er eine junge Frau bei der Hand nahm und mit ihr in dem Raum verschwand.
>
> (Li Zhisui, *Ich war Maos Leibarzt* 7, Übersetzung: A. Burkhardt u. a.)

Die Kader der KPCh, die dem Volk Sparsamkeit verordneten, allen voran Mao Zedong, lebten in Saus und Braus; obwohl sie westliche Kultur offiziell verteufelten, tanzten sie privat Tango; während sie Bücher verbrennen ließen, sammelten sie bibliophile Schätze; sie lebten in feudalem Ambiente und ließen zugleich arme Schlucker als »Grundbesitzer« totschlagen; ließen Prostitutierte exekutieren, erfreuten sich selbst aber ihrer Dienste; und während im Volk Millionen verhungerten, bogen sich bei ihnen die Tische. Das einzige, was an Mao Zedong proletarisch war, waren seine Umgangsformen.

Es nimmt nicht wunder, dass das Innenleben von Zhongnanhai eines der am sorgfältigsten gehüteten Geheimnisse der VR China war und ist. Wer es erblickt hätte, hätte erkannt, dass die kommunistische Ideologie in ihrem Kern hohl war.

Außenpolitik und Korea-Krieg

Im Dezember 1949 fuhr Mao zum ersten Mal in seinem Leben ins Ausland: nach Moskau, zu Stalins 70. Geburtstag. Damit war eine grundlegende Entscheidung gefallen: China würde sich außenpolitisch mit der Sowjetunion verbünden, ebenso wie es sich innenpolitisch am Sowjetmodell orientierte. In den nächsten Jahren übernahm die VR China den Planungs- und Kontrollapparat der Sowjetunion, die Verfassung wurde nach russischem Vorbild gestaltet, ebenso das Erziehungssystem, selbst Militäruniformen und Speisepläne imitierten russische Vorgaben. Die KPCh war der kleine Bruder der KPdSU, und Mao war Chinas Stalin.

Dabei war das Verhältnis zur Sowjetunion keineswegs einfach. Stalin hatte im Bürgerkrieg auch die GMD unterstützt und die KPCh sogar einmal als »Radieschen-Kommunisten« verhöhnt: außen rot und innen weiß. Dennoch blieben die beiden größten kommunistisch regierten Staaten aufeinander angewiesen. Nach zähen Verhandlungen unterschrieben Mao und Stalin im Februar 1950 ein Abkommen, in dem die Sowjetunion China finanzielle Unterstützung zusagte und China im Gegenzug die Unabhängigkeit der Äußeren Mongolei anerkannte sowie der Sowjetunion wirtschaftliche Rechte in Xinjiang und der Manjurei zugestand. China und die Sowjetunion waren Brüder, keine Freunde – vielleicht gerade deshalb, weil sie sich so ähnlich waren.

So, wie die Sowjetunion ihre Großmachtpolitik fortsetzte, knüpfte die VR China an imperiale Ansprüche aus der Qing-Zeit an. Nachdem sie Xinjiang und die Innere Mongolei besetzt hatte, marschierte die VBA

1950 in Kham ein, um »die Landsleute in Tibet zu befreien«. Die Proteste der Tibeter – »befreien von wem und was?« – fanden selbst vor den Vereinten Nationen kein Gehör. 1951 brachte die KPCh eine tibetische Delegation – der Dalai Lama war nicht dabei – dazu, ein Abkommen zu unterschreiben, das Tibet zur »nationalen autonomen Region Chinas« machte. Damit endete die Unabhängigkeit Tibets.

Während der kommunistische Block Zentralasien unter sich aufteilte, musste er sich bald an anderer Stelle bewähren. Im Juni 1950 überquerten Truppen des kommunistischen Regimes von Nordkorea den 38. Breitengrad – die Demarkationslinie, die im Zweiten Weltkrieg ausgehandelt wurde – und griffen Südkorea an. Damit änderte sich die weltpolitische Lage dramatisch. Die Front verlief jetzt nicht mehr zwischen Faschisten und dem Rest der Welt, sondern zwischen kommunistischer und demokratischer Welt. Jetzt wurde Japan, gerade noch der Feind im Zweiten Weltkrieg, zum Alliierten der USA, und China, gerade durch amerikanische Hilfe befreit, zum Feind. Taiwan galt nunmehr als Hort des »freien China«. Die USA schickten nicht nur Truppen nach Korea, sondern verlegten auch ihre 7. Flotte in die Taiwanstraße und verhinderten, dass es von der VBA erobert wurde. Hatte der Zweite Weltkrieg dazu geführt, dass China vereint wurde, sorgte der Korea-Krieg dafür, dass es geteilt blieb.

Der Koreakrieg wurde zu einem Debakel für die VR China. Als UN-Truppen die Nordkoreaner wieder über 38. Breitengrad zurückdrängten und bis zur chinesischen Grenze vordrangen, griff China in den Krieg ein. Unter der Führung von Peng Dehuai schickte es mehrere hunderttausend erbärmlich ausgerüstete »Freiwillige« in den nordkoreanischen Winter, um die UN-Truppen zu bekämpfen. Mehr als zwei Jahre zog sich der Krieg hin, in dem die chinesischen Truppen beachtliche Erfolge, aber auch furchtbare Verluste erlitten. Als der Krieg 1953 in einem militärischen Patt endete, waren 700 000–900 000 Soldaten verheizt worden. Korea blieb geteilt, und auch die Grenze zwischen China und dem Westen war gezogen.

Der Kalte Krieg hatte begonnen. Die USA wurden zum Hauptfeind erklärt, und die VR China rückte näher an die Sowjetunion. Die hatte sich aus Korea zwar fein herausgehalten, China aber mit Waffenlieferungen unterstützt: »Erbitte Sendung von 140 000 Gewehren, 58 Millionen Patronen, 35 000 Maschinengewehren, 140 Millionen Patronen«, telegrafierte Mao im November 1950 an Stalin, im November bat Zhou

Enlai um 3000 Automobile, später kamen Düsenjäger und andere Waffensysteme hinzu. Die VR China nutzte den Koreakrieg, um die VBA zu einer modern ausgerüsteten, schlagkräftigen Armee aufzubauen.

Die Revolution geht weiter

Schon im September 1949 hatte Mao Zedong deutlich gemacht, dass die Revolution auch nach der »Befreiung« weitergehen würde. »Das chinesische Volk ist aufgestanden!«, verkündete er, es sollte keineswegs zur Ruhe kommen:

> Unser revolutionäres Werk ist noch nicht vollendet, der Volksbefreiungskrieg und die revolutionäre Volksbewegung entwickeln sich weiter, und wir müssen unsere Anstrengungen fortsetzen. (Rede vom September 1949)

Der Frieden in Inneren war noch nicht gesichert, die Wirtschaft musste wiederbelebt werden, staatliche Institutionen auf allen Ebenen eingerichtet, kurz: der »sozialistische Wiederaufbau« musste vorangetrieben werden.

Doch Maos Aufruf bedeutete noch viel mehr. Er galt nicht nur den aktuellen Aufgaben, sondern drückte eine grundsätzliche Rastlosigkeit aus, die kennzeichnend war für die kommunistische Bewegung: sie war eine Bewegung und sollte es bleiben. Die Machtergreifung konnte der KPCh nicht reichen, sie musste in ständiger Unruhe bleiben. Die immer neuen »Bewegungen« und Massenkampagnen strukturieren die Geschichte der Mao-Zeit so wie die Regierungsdevisen die Kaiserzeit. Aus ihnen spricht der Geist der Moderne, der ständig vorwärtsstrebt und Stillstand als Rückschritt verpönt, vor allem aber der Geist des Totalitarismus, der die Moderne auf ihre eisige Spitze treibt.

Vielleicht musste der Totalitarismus deshalb ständig in Bewegung bleiben, weil er nicht funktionierte: die Allgewalt der Politik über alle Bereiche der Gesellschaft förderte diese nicht, sondern hemmte sie. Wo Wirtschaft, Literatur, Wissenschaft und Recht von der Politik bestimmt werden, wird schlechter produziert, geschrieben, geforscht und gerichtet – was auf Dauer zum Legitimitätsverlust des Systems führt. Eben deshalb durfte im Totalitarismus der KPCh nichts auf Dauer gestellt sein, das System konnte nicht zur Ruhe kommen, es brauchte den permanenten

Ausnahmezustand. Während sich alle früheren Regimes auf Geschichte beriefen, sprach Mao Zedong dem chinesischen Volk jede historische Kontinuität ab: es sei wie »ein weißes Blatt, unvorbelastet, auf das man die neuesten und schönsten Schriftzeichen schreiben kann«. Hatte die alte Gesellschaft auf Statik gesetzt, so war Bewegung die Existenzform des totalen Staats.

Schon während des Bürgerkriegs war es zu Exzessen der Gewalt gekommen, als die KPCh in den »befreiten« Gebieten Landbesitzer enteignet und die Bauern ermuntert hatte, ihrer Wut gegen die Unterdrücker freien Lauf zu lassen. Im Juni 1950 beschloss die Regierung dann, wie fast jede neue Dynastie es getan hatte, eine Bodenreform im ganzen Land durchzuführen. Die Maßnahme diente zugleich der Durchsetzung parteilicher Kontrolle auf dem Land. »Arbeitsgruppen« unter der Führung von Parteikadern teilten das Landvolk zunächst in fünf Klassen ein und riefen dann zum Klassenkampf auf – mit allem, was dazugehört: »Landbesitzer« wurden enteignet, in öffentlichen Anklagesitzungen denunziert, standrechtlich erschossen oder mit Sicheln und Schaufeln zerhackt.

Zwei bis fünf Millionen Menschen sollen der Kampagne zwischen 1950 und 1952 zum Opfer gefallen sein, nach anderen Schätzungen mehr als zehn Millionen: nicht nur »Grundbesitzer« oder »reiche Bauern«, sondern auch Christen, ehemalige Polizisten, vermeintliche GMD-Anhänger und andere »Klassenfeinde«. Maßgeblich waren nicht tatsächliche Besitzverhältnisse, sondern vorgeschriebene Quoten: 10–20 % »Privilegierte« mussten, je nach Region, liquidiert werden. Die »Bodenreform« war in Wirklichkeit ein Massenmord an der Landbevölkerung, ähnlich Stalins Mord an den Kulaken.

Nach offiziellen Angaben wurden bis Ende 1952 knapp 50 Millionen Hektar Land gleichmäßig an 300 Millionen Bauern verteilt. Doch solche Zahlen erklären wenig. Die Massenkampagnen der VR China lassen sich kaum mit dem Verweis auf ihre offizielle Zielsetzung verstehen. Es ging nicht um gerechte Landverteilung, Beseitigung von Armut oder soziale Integration. Es ging nicht um Kommunismus. Die Bewegung, die aus diesen hehren Zielen begonnen hatte, hatte längst eine Eigendynamik angenommen, der Leninismus hatte den Marxismus ins zweite Glied verdrängt. Es ging immer nur um die Bewegung selbst, die ihren Zusammenhalt über die Existenz von Gegnern herstellte. Die Revolution Sun Yat-sens war gescheitert, nachdem sie kein Feindbild mehr hatte. Daher musste die KPCh immer wieder neue Gegner finden: Nationalisten,

Grundbesitzer, Spione, Rechts- oder Linksabweichler, sogar Fliegen und Spatzen kamen an die Reihe.

In den Städten waren es »Banditen«, »Konterrevolutionäre«, »Kapitalisten«. Zwischen 1950 und 1952 zogen Kampagnen in mehreren Wellen über die Städte: zunächst ging es gegen Drogenhändler, Prostituierte, Kleinkriminelle, alle verkommenen Überbleibsel des alten Regimes. Auch Ausländer waren mit Ausbruch des Korea-Kriegs zu Feinden geworden. Ihre Vermögen wurden eingefroren, ihre Besitztümer beschlagnahmt, viele wurden angeklagt oder ins Gefängnis geworfen, die meisten verließen China. Ab 1951 ging es »Konterrevolutionären« an den Kragen: dazu gehörten Unternehmer, Intellektuelle, Soldaten und alle, die in irgendeiner Weise dem Regime der GMD gedient hatten. Ein Netz von Polizei und Geheimpolizei sorgte dafür, dass permanent unliebsame Elemente entlarvt und liquidiert wurden. Bis 1952 waren es – nach offiziellen Angaben – zwei Millionen. Noch bevor diese »Säuberung« vorüber war, richtete sich der Zorn der Partei auf die eigenen Funktionäre sowie andere Führungspersönlichkeiten: die Kampagne der »Drei Anti« ging gegen Korruption, Verschwendung und Bürokratismus vor. Sie wurde bald ergänzt durch die »Fünf-Anti-Kampagne« gegen Bestechung, Steuerhinterziehung, Diebstahl von Staatseigentum, Betrug und Missbrauch bei staatlichen Geschäften. Alle Industriellen und Geschäftsleute, die nicht nach Taiwan oder Hongkong geflohen waren, gerieten jetzt in das Visier des Systems.

Diese Kampagnen beherrschten das gesamte städtische Leben, keiner konnte sich ihnen entziehen. Überall hämmerten ihre Parolen auf die Menschen ein: auf Plakaten, in Zeitungen, aus Radios und den Lautsprechern, die an allen öffentlichen Orten befestigt waren, aus Tausenden Kehlen. Ganze Wohnblöcke wurden zu Kampfversammlungen mobilisiert, um Angeklagte anzuschreien, zu schlagen, zu erniedrigen, zu Selbstkritik zu zwingen. Es gab keinen politikfreien Raum: jeder Faulenzer schadete dem Volk, jeder Ladendieb war ein Konterrevolutionär. Das System machte jegliche funktionale Differenzierung rückgängig, indem es alle Lebensbereiche politisierte. Weder durften Kunst, Literatur, Religion, Wirtschaft oder Recht ihre Eigenlogik entfalten, noch genoss die Privatsphäre irgendeinen Schutz – denn alles war politisch, das heißt: öffentlich.

Besuch? Namen und Anlass waren dem Nachbarschaftskomitee zu melden. Telefonate? Nummern mussten beim Parteisekretär erfragt werden, der einzige Apparat stand beim Pförtner. Umzug? Nahezu unmöglich, da ein System fester Registrierung (*hukou*) den freien Wechsel des Wohnorts verhinderte. Alle Bereiche des Privatlebens wurden der Kontrolle von Organisationen unterworfen. Alle Stadtbewohner wurden in Wohn- und Arbeitseinheiten (*danwei*) organisiert, die – ähnlich wie die *baojia* des alten China (S. 329) – als Basis der Verwaltung dienten. Die *danwei* bestimmten das Leben jedes einzelnen und sorgten von der Wiege bis zur Bahre für alles: Wohnung, Arbeitsplatz, Ausbildung, soziale Versorgung. Die VR China schuf ein System der Kontrolle, das den Herrschaftsapparat wirksamer als je zuvor in der chinesischen Geschichte bis auf die unterste Ebene organisierte. Die Ideale der frühen Reformer, die »Große Einheit« Kang Youweis und die »Verbundenheit« Tan Sitongs (S. 473 f.) fanden hier ihre zynische Erfüllung: in der Gleichschaltung.

Regierung 政治

Das streng zentralisierte Regierungssystem der VR China – in vier Verfassungen: 1954, 1976, 1978, 1982 mehrmals revidiert – sieht dem der späten Kaiserzeit in seiner Geometrie ganz ähnlich: den drei Hierarchiesträngen von Zivilverwaltung, Militär und Zensorat (S. 310) entsprachen jetzt Regierung, Militär und Partei. Tatsächlich aber laufen alle Machtstränge bei der Partei zusammen: sie besetzt alle Regierungsämter und bestimmt die Richtlinien der Politik. In der Volksrepublik China ist nicht das Volk, sondern die Parteiführung der Souverän.

Auf staatlicher Ebene ist der Nationale Volkskongress (NVK) unter dem Vorsitz des Staatspräsidenten das höchste gesetzgebende Organ. Ein Staatsrat unter Leitung des Ministerpräsidenten bildet die Zentralregierung, deren Mitglieder verfassungsgemäß vom NVK gewählt, in der Praxis jedoch von der KPCh bestimmt werden. Diese ist auf zentraler Ebene ganz parallel zum Staat organisiert. Ein Nationaler Parteitag – das Pendant zum NVK – wählt alle fünf Jahre das Zentralkomitee (ZK) der KPCh, das die Parteipolitik bestimmt. Während das ZK nur einmal im Jahr tagt, wird das Tagesgeschäft vom Politbüro geleitet, konkret: vom Ständigen Ausschuss des Politbüros. Nachdem 1982 die Position des Parteivorsitzenden abgeschafft wurde, war der Generalsekretär des Politbüros auch formal der stärkste Mann der Partei.

Diese Symmetrie von Staats- und Parteiorganen wiederholt sich auf vier weiteren Verwaltungsebenen: in 31 Gebieten mit Provinzrang (22 Provinzen, vier regierungsunmittelbare Städte, fünf autonome Regionen), 300 Bezirken, 2000 Kreisen und 50 000 Gemeinden. Überall gibt es einen großen Kongress, ein kleineres Komitee und einen noch kleineren Ausschuss, der die Politik bestimmt – und stets ist dem Staatsorgan ein überwachendes Parteiorgan zur

Seite gestellt. Diese komplexe Struktur vertikaler und horizontaler Weisungsstränge führte zu einer enormen Aufblähung der Verwaltung: über 30 Millionen Staatsbedienstete unterhält die VR China heute, die größte Bürokratie der Weltgeschichte.

Doch entscheidend, das hatte Mao Zedong schon 1937 gesagt, sind nicht Organigramme oder Personallisten, entscheidend ist die Praxis. So kam dem Posten des Vorsitzenden der Zentralen Militärkommission offenbar größere Bedeutung zu als der Parteispitze; und Mao war als »Großer Vorsitzender« der KPCh zugleich der mächtigste Mann im Staat. Die Kulturrevolution wurde weder vom Staat noch von regulären Parteiorganen geleitet, sondern von einer außerordentlichen »Arbeitsgruppe Kulturrevolution« (*wenhua geming xiaozu*).

Informelle Machtstrukturen haben die Politik der VR China entscheidend geprägt. Auf allen Ebenen wurden Entscheidungen in informellen Zirkeln ausgehandelt, persönliche Beziehungen bestimmten Karrierechancen und politische Richtlinien. Leibwächter und Privatsekretäre hoher Kader konnten – ähnlich wie die Eunuchen der Kaiserzeit – ihre Patrone in wichtigen Gremien vertreten oder selbst in leitende Positionen aufsteigen: Chen Boda etwa, Maos persönlicher Sekretär, wurde 1965 Mitglied des Politbüros. Auf höchster Ebene haben alte Führungskader – Deng Xiaoping, Chen Yun, Li Xiannian – über persönliche Netzwerke die Politik noch bestimmt, lange nachdem sie ihre offiziellen Ämter aufgegeben hatten. Andererseits haben »Säuberungen« personelle Strukturen immer wieder völlig verändert.

Aus einer revolutionären Bewegung erwachsen, ist die KPCh als Staatspartei zu einem Paradoxon geworden: zur Institution der Revolution. Als solche konnte sie Ordnung nur in der Bewegung finden, musste sich ständig selbst verunsichern und konnte ihre eigenen Strukturen nie erstarren lassen. Die Irritationen ausländischer Beobachter – Unberechenbarkeit der Politik, Korruption, mangelnde Rechtssicherheit – lassen sich aus diesem revolutionären Erbe erklären.

Seitdem die KPCh sich von der permanenten Revolution verabschiedet hat, strebt sie zum einen institutionelle Stabilität an, formalisierte Übergabe von Ämtern, Verrechtlichung und Dezentralisierung: von der Ernennung hoher Provinzbeamter über die Allokation von Steuern bis hin zu Experimenten mit Basisdemokratie in den Gemeinden. Die Partei reformiert sich. Aber sie bleibt eine Staatspartei, deren Machtmonopol nicht in Frage steht.

Die KPCh begann jetzt auch, die städtische Industrie im großen Stil wieder aufzubauen: aus den dekadenten »Schmarotzerstädten« der Republikzeit sollten Stätten der sozialistischen Produktion werden. 1953 wurde ein Fünfjahresplan nach sowjetischem Vorbild beschlossen, der vor allem die Entwicklung der Schwerindustrie vorsah. Großunternehmen wurden verstaatlicht und kleinere Betriebe zu Genossenschaften zusammengefasst, so dass der Privatsektor fast ganz verschwand. In städtischen Randgebieten wurden gigantische Industriebetriebe mit vielen tausend Arbeitern angesiedelt, die großteils vom Land kamen. Zwischen 1949 und 1960 verdoppelte sich die Stadtbevölkerung: von 10 % auf fast 20 %: 131 Millionen Chinesen lebten 1960 offiziell in Städten. Im Zuge der Industrialisierung und unter dem Einfluss sowjetischer Stadtplanung änderte sich das Bild vieler Städte radikal: Stadtmauern, Tempel, Torbögen und alte Wohnanlagen, die alle Kriege überstanden hatten, wurden abgerissen; Plattenbauten und Satellitenstädte entstanden, in Beijing wurde das Gelände vor dem Tian'anmen zu einem riesigen Paradeplatz umgebaut.

Auch die Landwirtschaft wurde ab 1953 weiterentwickelt. Nur ein Jahr nach der Bodenreform wurde das neuverteilte Land den Bauern wieder abgenommen und kollektiviert: in kleinen Gemeinschaften zu 20–30 Familien, aber auch größeren Kollektiven, ähnlich sowjetischen Kolchosen, mit durchschnittlich 160 Familien, Gütergemeinschaft und gleichem Lohn für alle. In den nächsten fünf Jahren wurden 750 000 dieser Kooperativen gegründet, in denen rund 90 % der Bauern organisiert waren. Von Parteikadern geleitet, waren sie das ländliche Äquivalent zu den städtischen *danwei*. Indem sie die Bauern zu Proletariern machten, die keine Produktionsmittel besaßen, bewirkten die Kooperativen radikale Gleichheit auf dem Land, zumindest auf lokaler Ebene. Zwischen den Regionen bestand weiterhin große Ungleichheit, denn regionale Umverteilung war nicht vorgesehen. Die Kollektive sollten sich ausdrücklich selbst versorgen – und sie sollten die Städte versorgen, die Motoren des sozialistischen Aufbaus.

Tödliche Experimente: Hundert Blumen und Großer Sprung

Mitte der 1950er Jahre zeigten sich Risse im kommunistischen Block. 1953 war Stalin gestorben, das große Vorbild Maos und der KPCh. Als Chruschtschow 1956 in einer Geheimrede mit Stalins Verbrechen abrechnete, erschienen die Sowjets als »Trotzkisten« und Verräter an der Revolution. Jetzt sah die KPCh sich in der Rolle, selbst Führer des Weltkommunismus zu sein: die wahren Revolutionäre und letzte Bastion des Widerstands gegen den Westen. Während Chruschtschow von einer

»friedlichen Koexistenz« sprach, spuckte Mao große Töne: die USA seien ein »Papiertiger«, machtlos gegen die Massen der Chinesen. Über 600 Millionen Chinesen gab es Mitte der 1950er Jahre, eine unerschöpfliche Quelle der Kraft, wie Mao meinte. Viele Menschen bedeuteten viel Arbeits- und Kampfkraft, und dem entsprach Maos Bevölkerungspolitik: »heldenhafte« Mütter, die viele Kinder gebaren, wurden mit Wimpeln oder finanzieller Vergütung ausgezeichnet, Familienplanung gab es praktisch nicht, Verhütungsmittel waren nicht erhältlich. Seine Menschenmassen sollten China unbesiegbar machen. »Wir sollten uns nicht vor Atomraketen fürchten«, sagte Mao 1957 zu Chruschtschow.

> Egal, was für ein Krieg ausbricht, konventionell oder thermonuklear, wir werden gewinnen. Wenn die Imperialisten uns mit Krieg überziehen, mag China mehr als 300 Millionen Menschen verlieren. Na und? Krieg ist Krieg. Die Jahre werden vorübergehen, und wir werden uns daran machen, mehr Babies denn je zu produzieren.
>
> (*Khrushchev Remembers*, Übersetzung: nach Strobe Talbott)

Bei anderer Gelegenheit bemerkte er nonchalant, wenn bei einem Weltkrieg auch ein Drittel oder die Hälfte der Weltbevölkerung stürbe – was soll's: dann wäre der Weg zur Weltherrschaft des Sozialismus frei. Tatsächlich ging China in diesen Jahren keinem Konflikt aus dem Weg.

1958 begann es, die kleine Insel Jinmen vor Taiwan zu beschießen, woraufhin die USA eine große Flotte in die Taiwanstraße verlegten. Schon seit 1956 hatte China Widerstand gegen die chinesische Besetzung in Osttibet durch Bombenangriffe auf Klöster niedergeschlagen. 1959, als der Aufstand auch in Lhasa ausbrach, ging die VBA zum Generalangriff über: Lhasa wurde gestürmt, zahllose Klöster wurden zerstört, mehrere tausend Menschen getötet. Während dem 14. Dalai Lama, als einfacher Soldat verkleidet, mit fast 100 000 Anhängern eine abenteuerliche Flucht nach Indien gelang, betrieb die KPCh die vollständige Besetzung Tibets. Die Zwangskollektivierung tibetischer Nomaden wurde angeordnet, Tibet einige Jahre später als »Autonome Region« administrativ angeschlossen.

Auch an der Heimatfront ging der Kampf weiter. Zwar sah es kurzzeitig so aus, als wolle die Partei sich neuen Ideen öffnen. Mao hatte 1956 dazu aufgerufen, »hundert Blumen blühen und hundert Schulen miteinander wetteifern zu lassen«: eine Anspielung auf die geistige Vielfalt der Zhanguo-Zeit (S. 107) und Einladung an Intellektuelle zu konstruktiver

Kritik. Doch die Reaktion übertraf alle Erwartungen. Kritik an der Unfähigkeit von Partei und Funktionären, der Orientierung an der Sowjetunion, ja am gesamten System war so grundsätzlich und massiv, dass die Kampagne im Mai 1957 abgebrochen wurde. An ihre Stelle trat die »Kampagne gegen Rechtsabweichler«, in der ebendie Intellektuellen, die zuvor zur Kritik aufgefordert worden waren, mit äußerster Härte verfolgt wurden. Über 500 000 »Rechtsabweichler« wurden bis 1958 verhaftet, hingerichtet oder in Arbeitslager deportiert. Unter ihnen war auch die Schriftstellerin Ding Ling, die trotz schlimmer Erfahrungen stets zur KPCh gehalten hatte. Jetzt wurde sie als »Verräterin« gebrandmarkt und 22 Jahre lang mit Haft und Zwangsarbeit gepeinigt. Wie Ding Ling wurden fast alle »Rechtsabweichler« 1978/79, nach mehr als 20 Jahren, rehabilitiert: ihre Verurteilung sei ein Irrtum gewesen. Doch ihre Leben und Familien waren für immer zerstört.

Die VR China war nie eine klassenlose Gesellschaft. Alle Staatsangestellten wurden in Rangstufen eingeteilt: 26 Stufen für Kader, 17 für Ingenieure, acht für Arbeiter, verbunden mit deutlichen Gehaltsunterschieden. Zudem gab es eine ganze Palette von politischen Klassen (*jieji chengfen*), in die Menschen eingeteilt wurden: »Proletarier«, »Konterrevolutionär«, »schlechtes Element«, »Rechtsabweichler«, »Revisionist« usw. Diese Labels wurden in amtlichen Dossiers festgehalten, sie wurden den Kindern vererbt und bestimmten die Karrierechancen entscheidend. Nur wer einen »guten« Klassenhintergrund hatte, konnte eine der elitären Schlüsselschulen oder Schlüsseluniversitäten besuchen und einen angesehenen Beruf ergreifen. Die Vorstellung, dass alle Menschen gleich seien, lehnte die Parteispitze entschieden ab:

> Das ist eine Parole der Kapitalistenklasse. Indem sie diese Parole benutzen, schützen sie die Kapitalistenklasse, bekämpfen die Proletarierklasse, den Marxismus-Leninismus sowie die Mao-Zedong-Ideen und verneinen den Klassencharakter der Wahrheit. … Wenn der Ostwind nicht den Westwind besiegt, besiegt der Westwind den Ostwind: da kann von irgendwelcher »Gleichheit« überhaupt keine Rede sein. (»Wu shiliu tongzhi«, 1966)

Nationale Minderheiten 少數民族

Nicht alle Chinesen sind Chinesen. Oder, anders gewendet, nur Han-Chinesen sind Chinesen. Seit die Revolutionäre des frühen 20. Jahrhunderts entschieden haben, den chinesischen Nationalstaat nicht ethnisch, sondern politisch zu definieren, erscheint die Bezeichnung ›Chinesen‹ entweder tautologisch oder paradox. Denn die ›chinesische Nation‹ (*Zhonghua minzu*) umfasste in diesem Verständnis fünf Nationalitäten (*minzu*): Han, Manjuren, Mongolen, Tibeter und Hui (nämlich Moslems, auch wenn sie ethnische Han sind). Trotz anfänglicher Bekenntnisse zur Selbstbestimmung aller Nationalitäten hielt auch die KPCh an dem Vielvölkerreich fest, das die Qing erobert hatten. Sie ernannten neben den »Han-Chinesen« 55 andere Volksgruppen zu »nationalen Minderheiten« (*shaoshu minzu*): auch diverse Thai-Völker, die Miao und Yao sowie andere Ethnien des Südens, die Turkvölker Xinjiangs, sogar Russen und Koreaner erhielten jetzt offiziell diesen Status (andere Volksgruppen sind dagegen bis heute nicht als solche anerkannt). Der Status galt rückwirkend, denn auch in der chinesischen Geschichtsschreibung werden diese Völker seither »nationale Minderheiten« genannt – als seien sie nie eigenständig gewesen.

Die größten dieser Gruppen – Zhuang, Manjuren, Uighuren, Miao, Tibeter, Mongolen, Yi, Tujia u. a. – sind so zahlreich wie kleine Völker, andere zählen nur ein paar tausend Angehörige. Insgesamt machen die »nationalen Minderheiten« rund 10 % der Bevölkerung Chinas aus – bewohnen aber 60 % seiner Landfläche. Schon dieses Missverhältnis deutet an, wie problematisch das Konstrukt von Anbeginn war. Auch wenn die KPCh betont, dass sie den »Minderheiten« die Segnungen der Moderne – Straßen, Industrie, Schulen – bringe, haben nicht nur Tibeter und Uighuren sich stets vehement gegen die Vereinnahmung durch Han-Chinesen gewehrt. Auch andere Völker sehen ihre traditionellen Lebensweisen bedroht: denn obwohl sie in »autonomen« Provinzen oder Bezirken leben, bedeutet die Integration in die ›chinesische Nation‹ für sie einen schmerzhaften Verlust von Freiheiten. Vor allem unter Mao wurden ihre Religionen, Sprachen und Schriften unterdrückt, ihre Heiligtümer zerstört, Mönche wurden zu Zwangsarbeit abgestellt, Hirten in Fabriken gezwängt, traditionelle Sozialstrukturen durch Kollektivierung nivelliert, Naturraum durch Zuwanderer und wirtschaftliche Großprojekte zerstört.

Heute bilden die Gebiete der »nationalen Minderheiten«, farbenfroh herausgeputzt, beliebte Tourismusziele. Die Schönheit der Natur (und der Frauen) von Sipsóng Panna (Yunnan), die bizarre Landschaft von Yangshuo (Guangxi), die kühle Bergfrische von Dali (Yunnan), die Architektur und Gesänge der Dong in Guizhou locken immer mehr Reisende an. Doch die bunten Trachten und »traditionellen« Gebräuche, die dort vorgeführt werden, sind längst zur Folklore herabgesunken, und die luxuriösen Touristenhotels stehen im harten Kontrast zur Armut dieser Gebiete. Die weitaus meisten von Chinas Armen leben heute in den »Minderheitengebieten«. Sie bleiben Fremdkörper im chinesischen Staat.

Mit der »Kampagne gegen Rechtsabweichler« hatte die Partei die Intellektuellen ausgeschaltet. Fortan galt: »lieber rot als Experte«, die Revolution sollte nicht mehr durch theoretische Bedenken von Eierköpfen gebremst, sondern durch den Schwung der Massen vorangetrieben werden. Vor allem Mao Zedong war es, der diese Überzeugung gegen den Widerstand des rechten Parteiflügels durchsetzte und sie auf den Begriff brachte:

> Permanente Revolution. Unsere Revolution ist eine fortgesetzte Revolution. Sie begann mit der politischen Machtübernahme im nationalen Maßstab im Jahre 1949 und wurde fortgesetzt mit der antifeudalen Bodenreform. Kaum war die Bodenreform vollendet, begann der genossenschaftliche Zusammenschluss in der Landwirtschaft. Darauf wiederum folgte die sozialistische Umgestaltung von privater Industrie, privatem Handel und Handwerk.
>
> (»Sechzig Punkte über Arbeitsmethoden«, Übersetzung: Helmut Martin)

»Permanente Revolution« (*buduan geming*): die Bewegung musste immer weitergehen. Der erste Fünfjahresplan hatte offiziell gute Ergebnisse gebracht. Doch fortan sollte die Entwicklung nicht im Sinne eines moderaten, planvollen Wachstums nach sowjetischem Modell weitergehen, sondern in rasanter Geschwindigkeit, getragen von Massenkampagnen und schierer revolutionärer Begeisterung. Menschen waren das einzige, was China im Überfluss besaß, und ihr massenhafter Einsatz wurde zum typischen Element der maoistischen Politik. Mao hatte diese Politik mit der berühmten Fabel vom »Närrischen Greis, der Berge versetzte«, illustriert.

> Darin wird erzählt, dass in alten Zeiten im Norden Chinas ein Greis aus den Nördlichen Bergen namens Yu Gong (»Närrischer Greis«) lebte. Den Weg, der von seiner Haustür nach Süden führte, versperrten zwei große Berge: der Taihang und der Wangwu. Yu Gong fasste den Entschluss, gemeinsam mit seinen Söhnen diese Berge mit Hacken abzutragen. Ein anderer Greis namens Zhi Sou (»Weiser Alter«) lachte, als er sie sah, und meinte: »Ihr treibt aber wirklich Unfug; ihr paar Leute könnt doch unmöglich zwei solche riesigen Berge abtragen!« Yu Gong antwortete ihm: »Sterbe ich, bleiben meine Kinder; sterben die Kinder, bleiben die Enkelkinder, und so werden sich die Generationen in einer endlosen Reihe ablösen. Diese Berge sind zwar hoch, aber sie können nicht mehr höher werden; um das, was wir abtragen, werden sie niedriger: Warum sollten wir sie da nicht abtragen können?« Nachdem Yu Gong mit diesen Worten die falsche Auffassung Zhi Sous widerlegt hatte, machte er sich daran – ohne auch nur im geringsten zu schwanken –, Tag für Tag die Berge abzutragen. Das rührte Gott, und er schickte zwei seiner Boten auf die Erde,

> die beide Berge auf dem Rücken davontrugen. Gegenwärtig lasten ebenfalls zwei große Berge schwer auf dem chinesischen Volk. Der eine davon heißt Imperialismus, der andere Feudalismus. ... Und unser Gott ist niemand anders als die Volksmassen Chinas. Wenn sich das ganze Volk erhebt, mit uns gemeinsam diese Berge abzutragen, sollten wir sie da etwa nicht abtragen können? (Rede vom 11. Juni 1945, offizielle Übersetzung)

Ebenso wie der Närrische Alte, konnte die KPCh dabei auf die Ratschläge vom »weisen Alten« verzichten, und ebenso würden ihre Ziele den Tod ihrer Kinder überstehen. Mit einem »Großen Sprung nach vorn« (*da yuejin*) sollte China von einem Land der Dritten Welt zu einer Industrienation werden. Der zweite Fünfjahresplan sah vor, dass Industrie und Landwirtschaft um jeweils 75 % wachsen sollten – nicht durch Maschinen oder Dünger, sondern durch Willensstärke und Muskelkraft.

Für den »Großen Sprung nach vorn« wurde die Kollektivierung auf dem Land radikalisiert: die 750 000 Kooperativen wurden umgewandelt in 24 000 »Volkskommunen« (Farbabb. 15). In diesen Ungetümen lebten und arbeiteten über 20 000 Bauern zusammen, und zwar radikal kommunal: mit gemeinsamen Mahlzeiten in Kantinen, Zusammenlegung der Möbel und Küchenutensilien, nach Geschlechtern getrennten Schlafsälen für Männer und Frauen, kommunaler Betreuung von Alten und Kindern. Die Kommunen lösten die Familie als Lebens-, Produktions- und Konsumgemeinschaft auf. Gemeinschaftsleben ersetzte das Familienleben, Frauen sollten nicht mehr Mütter sein, sondern als Arbeiterinnen »die Hälfte des Himmels« tragen, Kinder sollten die Partei mehr lieben als ihre Eltern.

Mit der vereinten Kraft von 600 Millionen Menschen sollte die landwirtschaftliche Produktion von 195 Millionen Tonnen 1957 auf 375 Millionen Tonnen 1958 gesteigert werden. Während die lokalen Behörden einen Ernterekord nach dem anderen meldeten, wuchs die Begeisterung an: »Esst, soviel ihr könnt«, hieß es, alles sei im Überfluss vorhanden und koste nichts. Völlerei galt als revolutionär, und im Winter 1958/59 wurden in einer landesweiten Bulimie alle Vorräte für das Jahr verschlungen. Zugleich wurde die Steigerung der Produktion in Angriff genommen, indem der Boden tiefer gepflügt und die Saat dichter ausgebracht wurde. »In Gesellschaft wächst das Getreide besser«, hatte Mao verkündet – eine Idee, die jeder Bauernweisheit spottete. Staudämme wurden gebaut, Kanäle ausgehoben, Berge terrassiert: gigantische Bauprojekte, von Millionen Bauern mit Schaufeln, Hacken und revolutionärem Elan vorangetrieben. 1958 richtete der »Kampf gegen die Natur« sich auch gegen die »Vier Schädlinge«, Ratten, Spatzen, Fliegen und Mücken, die geradezu der Konterrevolution geziehen wurden:

> Ratten sind Verräter, Spatzen sind Schlechte, / Fliegen und Mücken so schlimm wie Rechte, / Saugen unser Blut und bringen die Plage, / Stehlen unser Essen, begehen Sabotage!

Sie mussten eliminiert werden, und zwar mit den Methoden des Klassenkampfes: das ganze Volk ging auf Fliegenfang – die erschlagenen wurden wie Trophäen vorgezählt – und veranstaltete drei Tage lang mit Gongs, Trommeln und Geschrei derartigen Krawall, dass alle Spatzen aufgescheucht wurden, bis sie (und viele andere Vögel) entkräftet zu Boden fielen.

Auch die Industrie wurde im revolutionären Rausch vorangetrieben. Chruschtschow hatte gesagt, die Sowjetunion wolle die Wirtschaftsleistung der USA innerhalb von 15 Jahren einholen? Mao konterte 1958:

> Im nächsten Jahr werden wir elf Millionen Tonnen Stahl erzeugen und übernächstes Jahr 17 Millionen Tonnen, das wird die Welt erschüttern. Wenn wir in fünf Jahren 40 Millionen Tonnen erreichen können, holen wir vielleicht in sieben Jahren England ein. In weiteren acht Jahren können wir dann Amerika eingeholt haben. (Rede vom 18. Mai 1958, Übersetzung: Helmut Martin)

Elf Millionen Tonnen Stahl! Das bedeutete eine Verdopplung der Produktion von 1957, ein Plan, der jeder wirtschaftlichen Vernunft hohnsprach. Als die Fabriken völlig überlastet waren, wurde die Produktion auf das Land ausgeweitet. In »Hinterhof-Hochöfen« sollten Bauern, ohne Sachkenntnis oder Ressourcen, rein von sozialistischer Begeisterung getrieben, Stahl erzeugen. Der Unterschied zwischen Stadt und Land, Ackerbau und Industrie sollte nivelliert werden: auch in dieser Hinsicht unterdrückte das System der KPCh die funktionale Differenzierung der Gesellschaft.

Das Ergebnis war verheerend. Zwar wurde das Produktionsziel offiziell erreicht, aber mehr als die Hälfte davon war völlig wertlos, bestenfalls Roheisen, das zu einem furchtbaren Preis gewonnen worden war. Denn der »Stahl« wurde produziert, indem Bauern vorhandene Metallgegenstände einschmolzen: Töpfe, Pfannen, Schaufeln, Hacken landeten in den Öfen, zum Anheizen wurden ganze Wälder abgeholzt, oft sogar Bauholz,

In Millionen solcher selbstgebauten »Hochöfen« versuchten chinesische Bauern ab 1958 Stahl zu erzeugen.

Türen oder Möbel verfeuert. Am Ende standen viele Bauern buchstäblich mit leeren Händen da: ohne Werkzeuge, Wok und Wohnung.

Dann kam der Hunger. Die Vorräte waren verprasst worden und die neuen Anbaumethoden völlig fehlgeschlagen: die tiefen Furchen hatten die Böden ausgetrocknet, die eng gesäten Pflanzen verdrängten sich gegenseitig, eilig hochgezogene Staudämme brachen, ungehindert von Vögeln befiel Ungeziefer das Getreide.

Selbst das reife Getreide musste zu einem großen Teil auf den Feldern verrotten. Weder gab es Menschen – Millionen von Bauern waren mit Großprojekten und der Stahlgewinnung beschäftigt – noch Geräte, um die Ernte einzufahren, denn die waren verfeuert oder eingeschmolzen worden. 1959–1961 ereilte China trotz guter Jahre die größte Hungersnot der Weltgeschichte. Nachdem sie ihr Saatgut gegessen und ihre Zugtiere, Hunde und Katzen geschlachtet hatten, aßen die Bauern Baumrinde, Würmer, wilde Gräser oder Erdnusshülsen. Scharen von Flüchtlingen durchzogen das Land, Kinder wurden ausgesetzt, Alte vegetierten entkräftet vor sich hin und starben wie die Fliegen. In manchen Dörfern verhungerte mehr als die Hälfte der Einwohner.

In einem unserer Nachbarhäuser verhungerten drei Jungen und ein Mädchen. In der Familie eines Bruders starben zwei Kinder. Eine andere Familie mit 16 Mitgliedern starb. Viele Familien verschwanden vollständig, ohne jegliche

Überlebende. Die Schwiegertochter und der Enkelsohn des Produktionsleiters verhungerten. Er kochte die Leiche des Kindes und fraß sie, aber auch er starb. Als der Schullehrer dem Tode nahe war, sagte er zu seiner Frau: »Warum sollten wir unser Kind behalten? Wenn wir ihn fressen, können wir überleben und später ein weiteres Kind machen.« Seine Frau weigerte sich, und der Mann starb. Wenn Menschen starben, holte niemand ihre Leichen ab. Die Leichen verfärbten sich nicht und verwesten nicht, weil kein Blut und nicht viel Fleisch in ihnen war.

(Anonym, Übersetzung: nach Becker, *Hungry Ghosts* 9)

Niemand weiß genau, wie viele Menschen in diesen drei Jahren starben: 20, 30, vielleicht 40 Millionen. Die humanitäre Katastrophe blieb im Ausland lange völlig unbemerkt: offiziell hieß es aus China, niemand sei verhungert. Die Städte waren vom Schlimmsten verschont geblieben, und was auf dem Land passierte, sah niemand.

Die eigentliche Tragik dieser Katastrophe lag in ihrer *Unsichtbarkeit*: für externe Beobachter, aber auch für den kommunistischen Leviathan selbst, der nicht genügend Informationen hatte, um seine eigenen Abläufe zu kontrollieren. Die Zentrale hatte Rekordernten befohlen, deshalb übertrumpften sich die Kommunen gegenseitig mit gefälschten Erfolgsmeldungen, präsentierten Potemkinsche Felder und getürktes Gemüse:

Bauern verfrachteten die Ernteerträge mehrerer Felder auf ein einzelnes Feld und brüsteten sich mit ihrer »Rekordernte« vor Parteifunktionären. ... Vor unserer Siedlung fuhren Laster vor mit grinsenden Bauern auf der Ladefläche, die über die neuesten Rekordergebnisse berichten wollten, einmal über eine Riesengurke, die halb so lang war wie der Laster, ein anderes Mal über eine Riesentomate, die zwei Kinder nur mit Mühe aufheben konnten. Einmal brachten sie ein riesiges Schwein mit und behaupteten, sie hätten ein normales Schwein zu dieser gigantischen Größe gemästet. In Wahrheit war es ein Schwein aus Pappmaché. ... Wir wurden ein Volk von Lügnern. Die Kluft zwischen den Worten und den wahren Gedanken der Menschen wurde immer größer. Niemandem machte es etwas aus zu lügen, denn die Sprache drückte sowieso nicht mehr das aus, was die Menschen dachten, und Worte wurden sowieso nicht mehr ernst genommen.

(Chang Jung, *Wilde Schwäne* 12, Übersetzung: Galler/Dürr)

Je stärker die Möglichkeiten des Sagbaren politisch eingeschränkt wurden, desto wichtiger wurden Lügen. Die Täuschung war im System angelegt. So wurde der »Große Sprung nach vorn« als überwältigender Erfolg des Sozialismus verbucht. Die Rekordzahlen führten dazu, dass die Zwangsabgaben an Staat und Städte weiter erhöht wurden, mehr noch: während die Ernten in Wahrheit immer geringer wurden, exportierte China Lebensmittel in sozialistische Bruderländer: 1958 waren das fast drei Millionen Tonnen Getreide, 1959 sogar über vier Millionen Tonnen, dazu Schweine, Eier, Speiseöl, Gemüse. Dutzende Millionen Leben hätten mit diesen Exporten gerettet werden können – stattdessen wurden sie benutzt, um Waffen und Maschinen zu kaufen.

Als die Kommunen ihre Quoten nicht mehr erfüllen konnten, begann die Zentrale einen regelrechten Krieg gegen die Bauern, die – nur das konnte die Erklärung sein – heimlich Korn horteten: ein konterrevolutionäres Verbrechen! Mehr als 10 Millionen Hungerleider wurden eingesperrt, gefoltert, mit Maschinengewehren niedergemäht. Diese unfassbar grausame Reaktion zeigt, wie weit sich die Zentrale bereits von ihrer ländlichen Basis entfernt hatte: das Landvolk war buchstäblich aus dem Blick geraten, verdeckt von einer komplizierten Bürokratie, die alle Informationen nur vielfach gebrochen übermittelte.

Natur 自然

»Der Mensch orientiert sich an der Erde, die Erde am Himmel, der Himmel am Dao, und das Dao orientiert sich an seiner eigenen Natur.« Solche Weisheiten des *Daode jing*, aber auch die Yin/Yang-Lehre, die korrelative Kosmologie (S. 119) und die steten Mahnungen an den Herrscher, gemäß den Jahreszeiten zu handeln, suggerieren eine tiefe Naturverbundenheit ›der Chinesen‹, eine Harmonie mit der Umwelt, die uns abhandengekommen sei.

Tatsächlich war die Natur für Chinesen zunächst wild, unwirtlich und bedrohlich. Chinesische Bauern haben stets mit ihren Launen gelebt, haben mit der Natur gekämpft, sie zugerichtet und ihr Schätze abgerungen. Sie haben Sümpfe trockengelegt, Kanäle gegraben, Berge terrassiert, Flüsse eingedeicht und Tiere ausgerottet. Wo Chinesen hinkamen, verdrängten sie die Natur. Schon ein Text aus dem 2. Jahrhundert v. Chr. berichtet:

> Wälder wurden niedergebrannt für die Jagd, ganze Bäume wurden verfeuert und Öfen angeheizt, um Bronze und Eisen zu schmelzen. … Auf den Bergen blieben keine hohen Bäume, in den Wäldern weder Seidenwurmdorn noch Trompetenbäume. Bäume wurden zu Holzkohle verbrannt, Gräser zu Asche gemacht, so dass Flur und Wiesen kahl blieben und nicht zur Blüte gelangten. Oben verdunkelte sich das Licht des Himmels, unten erschöpften sich die Schätze der Erde. (*Huainanzi* 8)

Schon im 1. Jahrtausend n.Chr. waren die ausgedehnten Wälder Nordchinas abgeholzt, und mit der Erschließung des Südens wurden auch dort die Wälder kahlgeschlagen. Erosion und Landgewinnung auf Kosten von Seen, vor allem am Yangzi, führten zu verheerenden Fluten, die China seit 2000 Jahren plagen.

Das natürliche Gleichgewicht war bereits erheblich gestört, als Mao Zedong im 20. Jahrhundert einen regelrechten »Krieg gegen die Natur« ausrief. Die Natur müsse »erobert« werden: Weizen war im »Sturmangriff« zu säen, Schädlinge waren auszurotten, »Siege« gegen die Fluten zu gewinnen. Für die Hinterhofhochöfen des Großen Sprungs wurden innerhalb weniger Monate 10 % der Waldfläche Chinas abgeholzt. In Sipsóng Panna (Yunnan), das noch 1940 zu 70 % aus Regenwald bestand, waren 1980 nur noch 26 % Waldfläche geblieben. Riesige Projekte wurden in den 1950ern und 1960ern lanciert, um die Natur untertan zu machen. Die Yangzi-Brücke bei Nanjing war ein Vorzeigeprojekt, das die Überlegenheit des Sozialismus symbolisierte. Spektakulärer noch war der Bau der Eisenbahn von Kunming nach Chengdu: über 1000 km wurde sie durch fast unbezwingbares Gebirge gelegt; 427 Tunnel und 999 Brücken waren dazu notwendig; über 300 000 Menschen haben daran gearbeitet – wie viele gestorben sind, kann man nur ahnen. Vor allem wurden Wasserbauprojekte unternommen: Dämme, Reservoire, Kanäle. Allein zwischen 1958 und 1961 wurden 100 Millionen Bauern zu solchen Arbeiten gezwungen, die mit einfachsten Geräten: Schaufeln, Pickeln, Türen als Schubkarren, Milliarden Kubikmeter Erde umgruben. 1959 sollen sie in einer einzigen Woche zwölfmal so viel Erde wie beim Bau des Panama-Kanals bewegt haben!

Auf Ratschlag sowjetischer Ingenieure wurde 1957–62 der 360 m hohe Sanmenxia-Staudamm am Gelben Fluss gebaut, für den 57 000 Hektar Land geflutet und 400 000 Bauern umgesiedelt wurden. Ein Monument sozialistischen Fortschritts sollte er sein – und geriet zum grandiosen Fehlschlag. Der Damm verschlammte binnen weniger Jahre, verursachte Überschwemmungen, anstatt sie zu kontrollieren, und blieb für die Energiegewinnung nutzlos. Der Sanmenxia-Damm war kein Einzelfall. Als der Shimantan-Damm in Henan, auch ein Produkt des Großen Sprungs, 1975 brach, kamen 200 000 Menschen ums Leben. Allein 1973 sind in China 554 Dämme gebrochen, die in der Mao-Zeit gebaut worden waren, bis 1980 waren es fast 3000: die Zerstörung von Natur und Menschenleben war enorm.

Die Beispiele für eine rücksichtslose Umweltpolitik, bei der zentrale Vorgaben ohne Sachverstand und Rücksicht auf lokale Gegebenheiten durchgesetzt wurden, sind Legion. Böden sollten bis zu ½ m tief umgegraben und Sprösslinge so dicht wie möglich aneinandergesetzt werden, und vor allem sollte überall Getreide angepflanzt werden: so wie in Dazhai, der Musterkommune in Shaanxi, von der die Landwirtschaft im ganzen Land ab 1964 lernen sollte. Überall wurde daraufhin Land erschlossen, um Getreide zu pflanzen: Berge, und seien sie noch so unfruchtbar, wurden terrassiert, um sie zu beackern (manchmal hat man Berge erst aufgeschüttet, um sie dann zu terrassieren!); Obstplantagen wurden gerodet und Seen trockengelegt, um Ackerland zu gewinnen. Hubei, das einst als »Land der 1000 Seen« galt, verlor drei Viertel seiner Wasserfläche. Die Produktion wurde mit alledem kaum gesteigert, aber die Umwelt auf Dauer zerstört. Die massive Abholzung führte zu Erosion und Überschwemmungen, zumal Überlaufbecken für die Flüsse fehlten, wo Seen aufgefüllt worden waren. Fische gingen ein, viele Tier- und Pflanzenarten verloren ihre Lebensräume.

Seit den 1980er Jahren haben Industrialisierung und Urbanisierung Millionen Hektar Ackerland verschlungen und durch den gesteigerten Wasserverbrauch zu extremer Wasserknappheit, vor allem in Nordchina, geführt. Ganze Flüsse sind durch ungefilterte Industrieabwässer vergiftet worden, Fabrikschlote, Autoabgase und Kohleöfen – noch immer gewinnt China drei Viertel seiner Energie aus Kohle – führen zu unerträglicher Luftverschmutzung: 16 der 20 verschmutztesten Städte der Welt liegen in China, das Land produziert den höchsten Ausstoß an Kohlendioxid weltweit. Der 12. Fünfjahresplan, 2011 bis 2015, sieht eine Verdopplung der Umweltausgaben auf umgerechnet 340 Milliarden Euro vor: Chinas Kampf mit der Natur geht weiter.

Ein Volk im Krieg: die Kulturrevolution

Erst 1962, als der Hunger auch die Städte erreichte, gingen die »drei schlimmen Jahre« zu Ende. Der »Große Sprung«, der geradewegs in die Katastrophe geführt hatte, wurde abrupt beendet. Maos Politik war gescheitert, und damit war auch seine Position in Partei und Staat empfindlich geschwächt. Schon 1959 hatte Mao mit dem Gedanken gespielt, sich »in die zweite Reihe zurückzuziehen«. Er war als Staatspräsident zurückgetreten und verlas 1962 eine Selbstkritik vor der Partei. Fortan führten andere offiziell das Ruder: Liu Shaoqi (1898–1969), der neue Staatspräsident, Deng Xiaoping (1904–1997) und Chen Yun (1905–1995), allesamt altgediente Veteranen und Helden des Langen Marsches, die aber einen moderateren Kurs steuerten als Mao. Ihnen war klar geworden, dass die Allzuständigkeit der Politik, die Familie, Kunst, Wirtschaft, Wissenschaft und Fachkompetenz unter ihre Knute zwang, die Leistungsfähigkeit dieser Gesellschaftsbereiche nicht steigerte, sondern lähmte. Das Land konnte nicht im revolutionären Sturm der Massen aufgebaut werden, sondern nur mit Bedacht und Sachverstand.

Die Hinterhofhochöfen wurden abgeschafft, die Bauern wieder auf

Arbeit an der Bahnlinie Kunming–Chengdu. Auf dem Schild steht das Mao-Zitat: »Wir fürchten erstens keine Mühe und zweitens nicht den Tod«.

die Felder geschickt. Waren zuvor Bauern in die Städte geholt worden, so wurden jetzt Millionen Städter aufs Land geschickt, um in der Landwirtschaft zu helfen. Die Kollektivierung wurde gedrosselt, Eigeninitiative wieder zugelassen. »Drei Privatisierungen« sollten jetzt möglich sein: private Bebauung kleiner Parzellen, private Handwerksbetriebe, privater Verkauf auf regionalen Märkten. Fachleute in Handel und Industrie waren wieder gefragt, regionale Diversität und unterschiedliche Erfolgsmethoden fanden Anerkennung. Deng Xiaoping brachte das 1962 mit einem sichuanesischen Sprichwort auf den Punkt: »Egal, ob die Katze schwarz ist oder weiß – wenn sie Mäuse fängt, ist sie eine gute Katze.«

Auf diese Weise gelang es, 1962 zumindest die Minimalversorgung zu gewährleisten und 1965 stellenweise das Produktionsniveau von 1957 zu erreichen (landesweit gelang das erst in den 1980ern). Auch in geistigen Dingen gab es wieder größere Freiheit: Kunst, Literatur und Kino durften eine größere Breite an Themen behandeln, die Mode wurde bunter, die Musik fröhlicher. 1963 rief Zhou Enlai unter dem Schlagwort der »Vier Modernisierungen« (*sige xiandaihua*) zu wissenschaftlich-technischer Entwicklung auf. Alle Funktionsbereiche der Gesellschaft, die zuvor dem Diktat der Politik unterworfen waren, kamen jetzt allmählich wieder zur Entfaltung.

Doch zugleich drohten sie von anderer Seite wieder geknebelt zu werden: von der zunehmenden Militarisierung der Gesellschaft. Die 1960er standen im Zeichen des Kalten Kriegs, die Angst vor einem Atomkrieg war sehr real. Die Spannungen mit der Sowjetunion hatten zum offenen Bruch geführt: 1960 hatten die Sowjets ihre Berater (nach 40 Jahren) aus China zurückgezogen, im gleichen Jahr kam es zwischen beiden Staaten zu einem Grenzkonflikt in Xinjiang. 1962 begann China einen Grenzkrieg mit Indien, zugleich brachte die Kuba-Krise die Welt an den Rand einer atomaren Katastrophe. China fühlte sich von allen Seiten bedroht. Das Militär erhöhte die Verteidigungsbereitschaft, Bunker und Tunnelsysteme wurden in großen Städten angelegt, und die Rüstungsindustrie lief auf Hochtouren. Ihren größten Triumph erlebte sie 1964, als China seinen ersten erfolgreichen Atomversuch durchführte: ein Jahrhundert nach der Demütigung im Opiumkrieg war China zur Atommacht aufgestiegen.

Die Dritte Front 三線

Wie wenig der Westen von China erfährt, hat sich im 20. Jahrhundert oft gezeigt: Yan'an galt als friedliches Idyll, die Hungersnot von 1959–1961 blieb völlig unbemerkt, die Kulturrevolution wurde nichtsahnend romantisiert, und das gigantische Industrieprojekt, das 1964–1971 den weitaus größten Teil der chinesischen Wirtschaftskraft in Anspruch nahm, blieb im Westen lange gänzlich unbekannt: die »Dritte Front«. Denn während die Kulturrevolution Politik, Kultur und Erziehung ins Chaos stürzte, verfolgte die Wirtschaft unbeirrt ihr eigenes Programm.

Als die USA 1964 Nordvietnam angriffen, fühlte China sich bedroht. Ein begrenzter Nuklearschlag auf seine Küstenstädte, in denen die Industrie konzentriert war, hätte gereicht, um China zu besiegen. Das Land brauchte eine zweite Front hinter der Küste, besser noch eine dritte Front im Landesinneren. Die Großindustrie sollte – ein typisch maoistischer Kraftakt – weit nach Westen verlegt werden, versteckt im abgelegenen Hochland von Yunnan, Sichuan und Guizhou, wo sie vor Angriffen geschützt wäre. Derlei Pläne waren nicht neu: schon die Guomindang hatte 1937/38 500 Fabriken von Wuhan nach Chongqing verlegen lassen. Aber die »Dritte Front« stellte all das in den Schatten: 1800 große und mittlere Industrieunternehmen mit Millionen von Arbeitern sowie 200 Forschungsinstitute waren betroffen. Über 50 % der Investitionen im dritten Fünfjahresplan (1966–1970) flossen hinein, die Investitionen in Sichuan und Guizhou verdreifachten sich, noch 1981 waren 40 % des nationalen Kapitals für Maschinenbau dort gebunden. Allein für das Stahlwerk von Panzihua, 250 km nördlich von Kunming, wurden 100 000 Arbeiter aus 700 Fabriken eingesetzt: sie bauten nicht nur einen der größten Industriekomplexe der VR China überhaupt, sondern auch Tausende Kilometer Eisenbahnlinien, um ihn zu beliefern.

Nachdem die Sowjetunion 1968 die Breschnew-Doktrin verkündet hatte, die es rechtfertigte, auch in sozialistische »Bruderländer« einzumarschieren, wurde das Projekt intensiviert. Jetzt wurden Maschinenfabriken wie das Automobilwerk Nr. 2 in Shiyan, im Nordwesten von Hubei, aufgebaut: ein Riesenkomplex mit mehr als 20 Fabriken, die in verschiedenen Tälern lagen, so dass nicht ein Schlag alles treffen konnte. Viele Anlagen wurden auf diese Weise verteilt angelegt, oft in Tälern oder sogar Höhlen, die eigens dafür gegraben wurden. Mit purer Muskelkraft wurden Eisenbahnstrecken – Luoyang-Wuhan, Changsha–Guiyang, Chongqing–Wuhan – sowie Tausende von Dämmen gebaut, um Wasserkraft für die Industrie zu gewinnen. Die »Dritte Front« geriet zu einem zweiten »Großen Sprung nach vorn«.

Erst 1972/73, mit der Annäherung an die USA, lief das Projekt aus: viele Arbeiter wurden wieder umgesiedelt, die meisten Fabriken stillgelegt oder nach Osten zurückverlagert. Die »Dritte Front« war eine gewaltige Fehlinvestition: 200 Milliarden Yuan hatte sie verschlungen, die Folgen für die Umwelt waren desaströs. Nur in einer Hinsicht war sie erfolgreich: der Westen hatte nichts davon erfahren.

Vor allem einer profitierte von der militanten Grundstimmung dieser Jahre: Mao Zedong. Mao beobachtete die liberale Politik Liu Shaoqis und Deng Xiaopings mit zunehmendem Misstrauen: die Partei entferne sich von den Massen, ihre Kader würden korrupt und führten sich wie alte Mandarine auf, die Revolution gerate zum Revisionismus. Schon 1962 hatte Mao ein »Sozialistisches Erziehungsprogramm« auf dem Land propagiert, das die Bauern gegen die Anfechtungen des Kapitalismus wappnen sollte. Dennoch war offensichtlich, dass Mao auf regulärem Weg nicht zur »permanenten Revolution« zurückkehren konnte. Er musste eine Machtbasis außerhalb der Partei aufbauen: im Militär und unter den Massen.

Als Mao 1959 als Staatspräsident zurückgetreten war, hatte er zugleich den Verteidigungsminister Peng Dehuai – der hatte gewagt, den »Großen Sprung« zu kritisieren – entlassen und seinen treuen Gefolgsmann Lin Biao an dessen Stelle gesetzt. Gemeinsam stilisierten sie fortan die Armee zum Modell des Volkes: sie war uniform und diszipliniert, verteidigte Land und Revolution, schlug die Bösen und hörte auf Parolen – ein perfektes Vorbild. Das ganze Volk sollte von der VBA lernen, verkündete Mao 1963.

Im selben Jahr lancierte Lin Biao eine Massenkampagne, die in der VBA begann und dann auf das Volk überging: »Lernen von Lei Feng!« Lei Feng (1940–1962) war ein Vorzeigesoldat, ein Ausbund an Fleiß, Bescheidenheit und Selbstlosigkeit. Nach seinem Tod wurde sein angebliches Tagebuch (eine Fälschung) gefunden, das davon berichtet, wie Lei Feng seinen Kameraden bei der Arbeit zur Hand ging, Frauen bei täglichen Verrichtungen half, Arbeiter tatkräftig unterstützte, seinen gesamten Sold aufsparte und an Flutopfer spendete usw. Lei Feng, ein ähnlich skurriles Vorbild wie einst die Ikonen der kindlichen Liebe (S. 179), liebte das Volk, die Partei und den Vorsitzenden Mao.

> Schon bald beherrschte Lei Feng mein Leben. Jeden Nachmittag nach der Schule machten wir uns auf, »gute Taten zu vollbringen wie Lei Feng«. Wir gingen zum Bahnhof und boten alten Damen an, ihre Taschen zu tragen, wie es Lei Feng getan hatte. Manchmal mussten wir ihnen die Taschen mehr oder weniger gewaltsam entreißen, weil die Frauen vom Land uns für Diebe hielten. An Regentagen stand ich mit einem Schirm auf der Straße und hoffte inständig, dass endlich eine alte Frau vorbeikommen würde, die ich nach Hause begleiten konnte, wie Lei Feng es getan hatte. ... Ganz allmählich verschob sich im Verlauf des Jahres 1964 das Gewicht der Kampagne von der pfadfinderischen Seite, dem Vollbringen guter Taten, zum Personenkult um Mao. Unsere Lehrer betonten allmählich immer mehr, dass das Wesentliche an Lei Feng seine »grenzenlose Liebe und Hingabe an den Vorsitzenden Mao« gewesen sei. Bevor Lei Feng irgendeinen Schritt unternommen habe, habe er sich immer ein passendes Mao-Zitat ins Gedächtnis gerufen. Er trug Maos Schriften immer bei sich und verschlang in jeder freien Minute gierig ein paar Sätze. (Chang Jung, *Wilde Schwäne* 14, Übersetzung: Galler/Dürr)

Das war die Pointe: während das Volk von Lei Feng lernte, lernte Lei Feng von Mao Zedong. Der »Geist von Lei Feng«, der die Armee und das Volk durchspukte, bildete die Vorhut für den Ungeist des Maoismus. In Schulbüchern, Radio, Zeitungen und auf Plakaten wurden Maos Lehren propagiert, Hunderte Millionen Mao-Abzeichen kamen unters Volk, und Lin Biao gab ein kleines, rotes Büchlein mit *Worten des Vorsitzenden Mao* (*Mao zhuxi yulu*) heraus: Aphorismen aus Maos Reden und Aufsätzen für einfache Soldaten, die ab 1965 auch für die Massen gedruckt wurden – allein bis 1969 in einer Auflage von mehr als einer Milliarde! (Später wurde die »Mao-Bibel« auch für das Ausland gedruckt: in 36 verschiedene Sprachen übersetzt, erreichte sie dort eine Auflage von mehr als 100 Millionen.)

Ende 1965 war Maos Position stark genug, um die Parteispitze – er war noch immer ein Guerillakämpfer – aus dem Hinterhalt anzugreifen: über die Kultur. Schon früh hatte Mao die Kultur als revolutionäres Schlachtfeld entdeckt. Romane verdummten das Volk, schlimmer noch seien traditionelle Opern, Theater, Tanz, Lyrik, bildende Kunst und Musik: all das sei feudales, kapitalistisches Unkraut – ebenso wie Blumen übrigens, die nur eine dekadente Gesellschaft pflanzen könne. Mao politisierte die Kultur, um über die Kultur auf die Politik zu wirken. Niemand war dafür besser geeignet als seine vierte Frau, Jiang Qing (1914–1991), eine ehemalige Schauspielerin und seit den 1950ern in der Propagandaabteilung der KPCh für Film und Literatur zuständig. Schon 1964 attackierte sie die traditionellen Opern und forderte stattdessen »revolutionäre« Opern über das Leben und den Kampf der Massen – Opern über Lei Feng und seinesgleichen. Mehr noch: sie stellte fest, dass der Kulturbetrieb von einer »diktatorischen, gegen die Partei und gegen den Sozialismus gerichteten schwarzen Linie« beherrscht und eine »große sozialistische Revolution an der Kulturfront« nötig sei.

Jetzt begannen Jiang Qing, Kang Sheng und andere, Künstler und Schriftsteller wegen »revisionistischer« Tendenzen gezielt anzugreifen – und implizit die Politiker dahinter. Zur *cause célèbre* wurde der Angriff auf das Theaterstück *Hai Rui wird entlassen* (*Hai Rui baguan*), das auf einem Text des Schriftstellers und Beijinger Vizebürgermeisters Wu Han (1909–1969) beruhte. Die Geschichte des aufrechten Ming-Beamten (S. 387), der vom Kaiser degradiert wurde, weil er sich für die Landbesitzrechte der Bauern eingesetzt hatte, ließ sich als Anspielung darauf lesen, wie Mao Zedong Peng Dehuai entlassen hatte.

Maos Antwort kam Ende 1965. In der Shanghaier *Wenhui bao* erschien ein Artikel, der Wu Hans Stück heftig kritisierte: Geschichtsklitterung sei es, verherrliche die feudale Ausbeuterklasse, negiere den revolutionären Klassenkampf und lasse jedes Klassenbewusstsein vermissen. Der Angriff galt der gesamten Beijinger Parteizentrale, und er wirkte polarisierend: wer nicht für Mao war, war gegen ihn. Schon Ende Dezember übte Wu Han Selbstkritik, doch der Angriff ging weiter. 1966 gerieten weitere Kreise der Beijinger Parteizentrale ins Schussfeld, und am 16. Mai publizierte das Politbüro eine unzweideutige Bekanntmachung:

> Die ganze Partei muss den Anweisungen des Genossen Mao Zedong folgen und das Banner der proletarischen Kulturrevolution hochhalten! … Sie muss die kapitalistisch-reaktionären Gedanken in Wissenschaft, Erziehung, Medien, Kunst und Publizistik gründlich kritisieren und die Führung in diesen Bereichen an sich reißen! Dabei muss sie zugleich die Kapitalisten kritisieren, welche Partei, Regierung, Armee und den Kulturbetrieb infiltriert haben, sie säubern oder von ihren Posten versetzen. (»Wu shiliu tongzhi«)

Die »Große Proletarische Kulturrevolution« (*wuchan jieji wenhua da geming*) hatte begonnen, und damit die größte »Säuberung«, die die KPCh je erlebt hatte.

Nicht das Politbüro übernahm die Leitung der Kampagne, sondern eine *ad hoc* gebildete »Arbeitsgruppe Kulturrevolution« (*wenhua geming xiaozu*) unter der Leitung von Chen Boda (1904–1989), Maos Privatsekretär. Auch Kang Sheng und Jiang Qing gehörten diesem inoffiziellen Organ an, das die Politik der nächsten Jahre bestimmen sollte.

Während die *Volkszeitung* einen »neuen Sieg der Mao-Zedong-Gedanken« verkündete, wurden kritische und sonstwie missliebige Parteimitglieder hart verfolgt. Allein Beijings Bürgermeister Peng Zhen (1902–1997) wurde mehr als fünfzigmal in Massenversammlungen niedergemacht. Schon damals taten Studenten sich dabei hervor, »Rinderdämonen und Schlangengeister auszutreiben«: sie veranstalteten regelrechte Hexenjagden auf Lehrer, Professoren, Funktionäre und Gelehrte, misshandelten sie, hetzten sie bis in den Tod.

> Auf dem Sportplatz und weiter drinnen, vor einem neuen, dreistöckigen Schulgebäude, sah ich einige Reihen von Lehrern, insgesamt ungefähr vierzig oder fünfzig; ihre Köpfe und Gesichter waren mit schwarzer Tinte übergossen, so daß sie tatsächlich einer »schwarzen Bande« glichen. Um den Hals hatten sie Zettel hängen, auf denen stand: »Reaktionäre akademische Autorität Sowieso«, »Klassenfeind Sowieso«, »Kapitalistischer Wegbereiter Sowieso«, »Korrupter Rädelsführer Sowieso«; alle diese Bezeichnungen entstammten den Zeitungen. Auf jedem Zettel war ein rotes Kreuz, so daß die Lehrer aussahen wie verurteilte Häftlinge, die auf ihre Hinrichtung warteten. Sie trugen alle hohe Narrenkappen aus Pappe, die mit ähnlichen Sprüchen bepinselt waren, hielten schmutzige Besen, und auf ihren Rücken baumelten Schuhe und Putzlumpen. An ihren Hälsen hingen mit Steinen gefüllte Eimer. Ich erblickte den Rektor. Sein Eimer war so schwer, dass der Draht tief ins Fleisch schnitt; er wankte. Alle waren barfuß. Sie mussten um den Sportplatz gehen, auf zerbrochene Gongs oder Töpfe schlagen und rufen: »Ich bin der schwarze Verbrecher Sowieso!« Schließlich knieten sie alle nieder, zündeten Räucherstäbchen an und baten Mao um »Vergebung für ihre Verbrechen«. … Nachher folgten Schläge und Folterungen. Ich hatte nie vorher solche Folterungen gesehen: Kot und Ungeziefer essen, elektrischen Schocks ausgesetzt werden, auf Glasscherben knien müssen, an Armen und Beinen »wie ein Flieger« aufgehängt werden.
>
> (Ken Ling, *Maos Kleiner General* I, Übersetzung: Inge Neske)

Das war nur der Anfang. »Wenn gute Menschen schlechte Menschen schlagen, geschieht es ihnen recht«, verkündete Jiang Qing am 28. Juli vor Schülern. Beim 11. Plenum des Zentralkomitees, Anfang August, hieß Mao Zedong die Gewalt der Schüler ausdrücklich gut, mehr noch: er rief dazu auf, »die Hauptquartiere zu bombardieren«. Damit war der Angriff auf alle Autoritäten freigegeben. Hatte die Kulturrevolution zunächst, mit Billigung der gesamten Parteispitze, wie eine »normale« »Säuberung« begonnen, änderte sich jetzt ihr Charakter. Um die Spitzen von Staat und Partei zu stürzen, tat Mao einen Schachzug, der zugleich ein machtpolitischer Geniestreich war und ein abscheuliches Verbrechen: er entfachte einen regelrechten Bürgerkrieg. Wie man das anstellt, war aus der Geschichte bekannt. Es bedurfte nur unzufriedener Massen und eines charismatischen Führers: beides war vorhanden.

China hatte in den 1960er Jahren mehr als 700 Millionen Einwohner, davon waren mehr als 40 % jünger als 15 Jahre. Der Rückgang der Säuglings- und Kindersterblichkeit in den 1950ern – Frauen zogen jetzt im Durchschnitt mehr als fünf Kinder groß – hatte zu einer drastischen Verjüngung der Bevölkerung geführt. Die Lebenserwartung lag bei 41 Jahren, das Durchschnittsalter bei knapp über 20 Jahren. Mitte der 1960er drängten die geburtenstarken Nachkriegsjahrgänge auf den städtischen Arbeitsmarkt – doch die Berufsaussichten waren schlecht. Viele »gebildete Jugendliche« bekamen niedrige handwerkliche Arbeiten zugewiesen, andere wurden aufs Land geschickt, um »von den Bauern zu lernen«. Genau das war der Zündstoff, aus dem Rebellionen entstanden: junge Männer, denen sich keine angemessene Perspektive bot. Die jüngere Geschichte hielt dafür genügend Beispiele bereit (S. 443, 454). Alles, was diese Generation ohne Zukunft brauchte, waren ein Führer und eine Ideologie. Beides bot ihnen Mao Zedong.

Der Mao-Kult hatte bereits das ganze Land ergriffen. Sein Bild zierte alle Zeitungen, sein Ruhm wurde überall verbreitet: Mao, die strahlende Sonne am Himmel, der große Führer, große Lehrer und große Steuermann (Farbabb. 16). Durch ein Bad im Yangzi – er ließ sich eine Stunde lang von der Strömung treiben – demonstrierte Mao publikumswirksam seine Führungskraft. Schüler schworen, für ihn »Berge aus Messern zu erklimmen und Flammenmeere zu durchqueren« und sich bedingungslos seiner Führung zu unterwerfen. »Vater und Mutter stehen uns nahe«, hieß es in einem Lied der Zeit, »doch niemand so nahe wie der Vorsitzende Mao.«

Rote Garden, etwa 13, 14 Jahre alt, marschieren in Uniform, hölzerne Speere geschultert, auf der Straße.

Nachdem Ende Mai 1966 Mittelschüler in Beijing sich als Rote Garden« (*hong weibing*), selbsternannte Schutztruppen Mao Zedongs, organisiert hatten, wurden sie überall im Land imitiert. Mao unterstützte diese Jugendlichen, meist Kinder von Funktionären, ausdrücklich. Im Juni 1966 ordnete die KP-Führung an, alle Schulen und Universitäten im Land zu schließen: fortan sollten die Mao-Zedong-Gedanken zur großen Schule des Volkes werden. Die Jugendlichen waren frei! Über 100 Millionen Schüler und 500 000 Studenten konnten umsonst mit Bussen und Bahnen fahren – Maos Rotes Büchlein genügte, um sie durch das ganze Land zu bringen. Diese Jugendlichen, die in Krieg und Revolution aufgewachsen waren, eingeschüchtert durch ständige Überwachung und Repression, abgestumpft in Massenkampagnen, die nie eine Möglichkeit zur politischen Mitwirkung hatten: sie waren jetzt Maos Speerspitze der Revolution. Ein rauschhaftes Gefühl muss das gewesen sein.

Millionen Rote Garden fuhren im Sommer 1966 nach Beijing, in überfüllte Züge gedrängt, voller Vorfreude auf die Hauptstadt und den großen Steuermann. Acht Massenversammlungen fanden zwischen August und November 1966 auf dem Tian'anmen-Platz statt, an denen insgesamt zwölf Millionen Jugendliche Mao Zedong zujubelten. »Dies ist der wichtigste und glücklichste Moment unseres Lebens«, verkündeten sie:

> Unser Land führt unter der Leitung unseres großartigen Führers Mao Zedong eine große proletarische Kulturrevolution durch, wie es sie noch nie gegeben hat, eine Revolution von weltweiter Bedeutung. Wir werden die alte Welt zerschlagen und eine neue Welt schaffen, wir werden die große proletarische Kulturrevolution bis an ihr Ende führen. (*Renmin ribao*, 19.8.1966)

Bei der Veranstaltung legte ein Mädchen namens Song Binbin Mao Zedong die Armbinde der Roten Garden an. Als der Vorsitzende sie nach der Bedeutung ihres Namens fragte, antwortete sie: »die Ausgeglichene«. »Das ist nicht gut«, versetzte daraufhin Mao, »besser wäre Yaowu: ›die Kriegslüsterne‹.« Die Revolution sollte eben nicht »ausgeglichen, zimperlich und höflich« sein: sie war »keine Einladung zum Gastmahl« (S. 518). So inbrünstig die Roten Garden Mao Zedong liebten, so abgrundtief sollten sie seine Feinde hassen.

Fast 400 000 Menschen mit »schlechtem Klassenhintergrund« wurden im »roten August« 1966 aus den Städten vertrieben, andere wurden aufs grausamste verfolgt. Vor allem Gelehrte traf es hart: sie galten, wie einst unter den Mongolen (S. 362), als »stinkende Nummer Neun«, Abschaum der Gesellschaft. Auf Wandzeitungen (*dazi bao*), großen, handgeschriebenen Plakaten, wurden Lehrer und Professoren öffentlich diffamiert, unter dem Getöse von Gongs, Trommeln und Parolen, wie zum Tode Verurteilte, durch die Straßen paradiert, in Massenveranstaltungen verprügelt und gedemütigt, in Verliese eingesperrt und gefoltert. Unter den Opfern dieser Barbarei war auch der große Schriftsteller Lao She.

> Am Nachmittag des 23. August, als Lao She im Büro der Pekinger Literatur- und Kunstföderation Dokumente studierte, wurden er und zwanzig andere

> Schriftsteller und Künstler von einer Schlägerbande auf einen Lastwagen gezerrt und zum Hof der ehemaligen Kaiserlichen Lehranstalt gefahren. Dort wurden sie auf verachtenswerte Weise gedemütigt und übel geschlagen. Nachts um zwei Uhr holte ich Lao She nach Hause. Sein Kopf war verletzt, und sein Gesicht war voller Blut. Sein ganzer Körper war grün und blau geschlagen. Er sprach wenig in jener Nacht, aber in seinen Augen standen Empörung und Qual, wie ich es niemals bei ihm erlebt hatte. Als er meine Fassunglosigkeit bemerkte, wollte er mich beruhigen und sagte: »Hab keine Angst. Mache dir nicht zu viele Sorgen um mich. Der Vorsitzende Mao versteht mich.« (Hu Jieqing, »Lao Shes Tod«, Übersetzung: Kräuter/Huo)

Am nächsten Tag nahm Lao She sich das Leben.

Der Terror der Roten Garden funktionierte so erschreckend wie die Experimente von Milgram und Zimbardo, ins Millionenfache potenziert. Gruppen ganz gewöhnlicher Jugendlicher erhielten fast unbegrenzte Macht über andere und den Auftrag, sie zu bestrafen. Polizei und Militär hatten Befehl erhalten, nicht einzugreifen. Das Ergebnis war eine Orgie von Gewalt und Vandalismus, die über das Land hereinbrach. All das geschah im übrigen weder unkontrolliert noch spontan. Vielmehr wurde die Gewalt durch die »Arbeitsgruppe Kulturrevolution«, Polizei und »Arbeitsgruppen« auf lokaler Ebene gesteuert. Sie infiltrierten Rote Garden, stellten Listen mit »Feinden« zusammen und betrieben einen lärmenden Propagandaapparat. Abermillionen Lautsprecher wurden überall im Land – auf Straßen und öffentlichen Plätzen, in Fabriken, Büros und Schlafsälen – installiert, die ununterbrochen Parolen plärrten: »Nieder mit dem und dem! Schlagt dem und dem den Hundeschädel ein! Arbeiter, übernehmt die Macht! Revolutionäre, erhöht Eure Wachsamkeit! Hütet Euch vor Klassenfeinden!«

Die Kulturrevolution war organisiert und technisch auf dem Stand der Zeit. Es gab kein Entrinnen, weder für Opfer noch für Täter. Der perfideste Aspekt dieses Terrors lag darin, dass er nicht mit einer staatlichen Mordmaschinerie arbeitete, sondern die gesamte Bevölkerung gegeneinander aufhetzte. Kinder denunzierten ihre Eltern, Ehegatten lieferten sich gegenseitig ans Messer. Keiner konnte dem anderen mehr trauen, jeder umgab sich mit einem schützenden Mantel aus Lügen und Parolen, denn jedes Wort, jede Tat konnte als »konterrevolutionär« geahndet werden. »Ich lernte eine wertvolle Lehre«, erinnert sich ein ehemaliger »Konterrevolutionär«:

> Traue niemals irgendjemand. Das wäre die größte Torheit. Lasse dich niemals irreführen von Versprechen und Gutmütigkeit, denn sie sind nur Schauspielerei. Unter einer repressiven Regierung sind alle Menschen Verräter, Informanten und Abtrünnige, die ihre Segel nach dem Wind richten.
>
> (Ma Bo, *Xuese huanghun* 39, übersetzt nach Howard Goldblatt)

Überall wurden Feldzüge gegen die »Vier Alten«: alte Ideen, alte Kultur, alte Sitten und alte Gewohnheiten, unternommen. Schmuck, Bilder, Literatur, Parfüm, Blumen: alles, was schön war, fiel den Roten Garden zum Opfer. Hohe Absätze wurden abgeschlagen, enge Hosen aufgeschlitzt, lange Haare abgeschnitten: Frauen sollten nicht weiblich aussehen, sondern wie Revolutionäre. Sex? Das war schmuddelig und bourgeois – Revolutionäre hatten mit ihrem Herzen zu lieben.

Die Roten Garden verbrannten Bücher, zerstörten Gemälde, Kalligraphien und Antiquitäten, plünderten Bibliotheken, Museen und Paläste, schändeten Gräber und Leichen, zerschlugen Denkmäler und Statuen. In Beijing wurden fast 5000 von 6843 öffentlichen Kulturgütern zerstört, und in Qufu, der Heimat des Konfuzius, vernichteten die Roten Garden innerhalb von vier Wochen 6618 Kulturgegenstände, darunter 929 Gemälde, über 2700 Bücher, 1000 Steinstelen und 2000 Gräber. Besonders rücksichtslos verfolgten die Roten Garden die Religion – jede Religion: Nonnen und Mönche wurden erniedrigt, Götterstatuen, Pagoden, ganze Klöster zerstört. Nur wenige Kulturdenkmäler wurden von der VBA geschützt und überstanden den Vandalismus: die Verbotene Stadt etwa oder der Potala in Lhasa. Ansonsten blieben in Tibet von über 6000 Tempeln und Kultstätten nur dreizehn verschont: alle anderen wurden zerstört oder umgewandelt in Kasernen, Schlachthöfe o. ä. Auch Privatleute überfielen die Roten Garden in ihren Häusern und stellten alles auf den Kopf. Sie zerstörten Mobiliar, konfiszierten Wertgegenstände, töteten Haustiere, stemmten Fußböden auf und rissen Decken nieder auf der Suche nach belastenden Gegenständen. Im August/September 1966 plünderten die Roten Garden (oder Leute, die sich dafür ausgaben) allein in Beijing rund 34 000 Wohnungen und töteten über 1700 Menschen. Sie erbeuteten landesweit über 50 Tonnen Gold, 15 Tonnen Silber, mehr als vier Milliarden Yuan an Bargeld und 10 Millionen Antiquitäten.

Bei alledem ging es nicht um »Klassenkampf«: das zeigte sich zum einen daran, dass Mao schon im Oktober 1966 erlaubte, dass auch Menschen mit »schlechtem Klassenhintergrund« Rote Garden bildeten. Die

Verfolgten wurden zu Verfolgern: der Schritt war nur logisch, denn gerade die stigmatisierten »schlechten Elemente«, denen jede Zukunft verbaut war, hatten den besten Grund, »die Hauptquartiere zu bombardieren«. Sie wurden zu den fanatischsten Kämpfern der Rebellion, gegen sie waren die »Proletarier« geradezu konservativ. Zum anderen waren die »Klassenfeinde« der Roten Garden oft einfache Leute oder gar bitterarme Schlucker. Die sogenannten »Klassen« waren nur ein Mittel, der Zweck war der Kampf selbst. Die Kulturrevolution – das macht ihre teuflische Genialität aus – bot ein Beschäftigungsprogramm für arbeitslose Jugendliche, indem sie deren rebellische Energie im Sinne der revolutionären Bewegung kanalisierte. Das Ziel der Kulturrevolution waren die Jugendlichen selbst – und die Parteikader, die der Bewegung ihren Schwung nehmen wollten.

In den Provinzen wurden lokale Parteikomitees entmachtet und durch Revolutionskomitees ersetzt, in der Hauptstadt hohe Kader gestürzt: die zwei prominentesten Opfer – beschimpft als Vertreter der »bürgerlich-reaktionären Linie« – waren Deng Xiaoping und Liu Shaoqi. Deng wurde entmachtet, entging aber Schlimmerem, indem er eine umfassende Selbstkritik schrieb. Liu Shaoqi hingegen – 1966 immerhin noch Staatspräsident – wurde als »Chinas Chruschtschow« zusammen mit seiner Frau, Wang Guangmei (1921–2006), gnadenlos malträtiert. 1967 kam Liu unter Hausarrest und starb dort 1969 einen qualvollen Tod. Insgesamt wurden während der Kulturrevolution 3–4 Millionen Funktionäre inhaftiert und 60 % der hohen Kader entmachtet. Allein in der Inneren Mongolei wurden mindestens 20 000 Mongolen – vorgeblich Anhänger einer separatistischen Partei – bestialisch gefoltert und ermordet. Die Kulturrevolution war eine grausame »Säuberung« der Partei.

Doch sie war noch mehr: eine »Säuberung« der Jugend. Schon 1967 begann die Revolution, ihre Kinder zu fressen. Nach Zulassung der »schlechten Elemente« hatten sich die Roten Garden in fast allen Städten in radikale und gemäßigte Lager gespalten: in Shanghai standen »Rote Revolutionäre« gegen »Scharlachrote Garden«, in Wuhan das »Arbeiterhauptquartier« gegen die »Million Helden«, in Chengdu das »Rote Chengdu« gegen die »Gruppe 26. August« usw.

Diese Gruppen begannen 1967, sich mit Knüppeln und Messern, aber auch Gewehren, Handgranaten und Artillerie zu bekämpfen. Tausende von Zivilisten starben bei diesen Schlachten, die Verwaltung brach teilweise völlig zusammen, es kam zu chaotischen Zuständen und Ausbrüchen archaischer Gewalt. Die Situation geriet so weit außer Kontrolle, dass Mao im September 1967 der Armee – sie hatte die ganze Zeit nicht eingreifen dürfen – erlaubte, ihre Waffen gegen die Roten Garden einzusetzen. Was folgte, war ein zweiter Bürgerkrieg, 20 Jahre nach dem ersten, in dem die VBA die »Revolutionäre« bis aufs Messer bekämpfte. Unzählige wurden exekutiert, eingesperrt, aus den Städten vertrieben und aufs Land verbannt. An Grausamkeit übertraf die Repression der Armee die Exzesse der Roten Garden bei weitem: die »Volksbefreiungsarmee« schoss das eigene Volk nieder.

1968 übernahm die Armee die Kontrolle im Land, und 1969, beim 9. Parteitag der KPCh, stieg die Zahl der Militärs in Zentralkomitee und Politbüro deutlich an. Lin Biao, der oberste Befehlshaber, wurde auf diesem Parteitag offiziell zum designierten Nachfolger Maos gekürt. »Die Große Proletarische Kulturrevolution hat einen wahrhaft großen Sieg errungen«, verkündete Lin Biao im Mai 1969, mit anderen Worten: die Armee hatte auf der ganzen Linie gesiegt.

Die einstigen Helden der Revolution endeten genauso wie viele ihrer »Klassenfeinde« vor ihnen. Zwischen 1968, als die VBA die Kontrolle im Land übernahm, und 1975 wurden 18 Millionen Jugendliche aus den Städten aufs Land geschickt: nach Heilongjiang, in die Innere Mongolei, nach Xinjiang und an den Fuß des Himalaya. Dort sollten die sogenannten »gebildeten Jugendlichen« unter primitiven Umständen leben und von den Bauern lernen – und zwar nicht für ein, zwei Jahre, sondern für immer. In den Städten wurden sie nicht gebraucht, die dortige Registrierung, den *hukou*, büßten sie ein und damit die Möglichkeit, nach Hause zurückzukehren.

> Viele dieser Unglücklichen blieben länger als zehn Jahre auf dem Land, bevor ihre Familien sie zurück in die Stadt holen konnten. Viele konnten selbst nach dem Ende der Kulturrevolution 1976 keine Stadtbewohner mehr werden. Manche verloren die Hoffnung auf eine Rückkehr, heirateten Bauern, um die Not zu überstehen, und versuchten, ihr Leben in den entlegenen Gegenden zu fristen. Andere Jugendliche starben auf dem Land, verloren für ihre Eltern, und wurden zu einsamen ländlichen Geistern. Die 1970er Jahre sahen schweigend zu, wie zahllose Familien leere Nester wurden, deren Fundamente bröckelten. (Wen Chihua, *The Red Mirror*, Einleitung)

Die begeisterten Revolutionäre von einst wurden Chinas verlorene Generation, ohne Heimat, Schulabschluss oder Beruf, ohne Zukunft: die

Betrogenen der Revolution. Vielen mag jetzt aufgegangen sein, worum es bei der Kulturrevolution ging: nicht darum, »Klassenfeinde« oder die »Vier Alten« loszuwerden, sondern *sie selbst*, die überschüssige Jugend.

Umformung durch Arbeit 劳改

Das Regime der KPCh unter Mao war im tiefsten Sinne des Wortes diabolisch: es warf die chinesische Gesellschaft auseinander, entzweite sie und »säuberte« sie von unerwünschten »Elementen«. Das System der Registrierung trennte Stadt- und Landbevölkerung, Kampfversammlungen spalteten die Menschen untereinander, Mord, Verbannung und Haft entfernten sie vollends aus der Gesellschaft. In der VR China konnten – und können – Menschen ohne gerichtliches Verfahren jahrelang in »Untersuchungshaft« genommen, in städtischen Gefängnissen zusammengepfercht oder in Arbeitslager verschickt werden.

Unter dem Mao-Regime wurde ein System von mehreren tausend Lagern zur »Umformung durch Arbeit« (*laogai*) für »Konterrevolutionäre«, »Grundbesitzer«, »schlechte Elemente« und andere geschaffen. Viele dieser Lager waren in entlegenen Regionen Tibets, der Mongolei, Xinjiangs oder Qinghais (einer regelrechten »Gefängnisprovinz«), weit entfernt von der Zivilisation und ohne Kontakt zu Außenwelt.

Die Haft begann typischerweise nicht mit einer Anklage, sondern damit, dass der Verhaftete seine eigene Anklage formulieren musste.

> »Warum bist du ins Gefängnis gekommen?« »Ich weiß es nicht.« »Das sagen alle, die hier ankommen. Aber nach einigen Tagen kommt es dann heraus, dass eine schwere Bürde auf ihrem Gewissen lastet. … Steckt man gute Menschen ins Gefängnis? Nein, nur schlechte Menschen. Dass sie dich hierhergebracht haben, ist der beste Beweis dafür, dass du ein schlechter Mensch bist. Du bist ein regelrechter Missetäter. Bekenne deine Schuld!«
>
> (Dries van Coillie, *Der begeisterte Selbstmord* 2)

Aus der zirkulären Logik des Systems gab es kein Entrinnen: Gefangene waren nicht in Haft, weil sie schuldig waren, sondern schuldig, weil sie in Haft waren. Wer diese Schuld leugnete, widersetzte sich dem Staat und vergrößerte dadurch nur seine Schuld. Die einzige Möglichkeit war, zu gestehen: so lange, bis die Schergen zufrieden waren – und man schließlich selbst an seine Schuld glaubte.

> Während meiner Jahre im Gefängnis lernte ich einen Mann kennen, der tatsächlich aufgrund eines Irrtums verhaftet worden war – er besaß den richtigen Namen, war aber der falsche Mann. Nach einigen Monaten hatte

> er sämtliche Verbrechen des anderen gestanden. Als der Fehler entdeckt wurde, fiel es den Gefängnisbehörden furchtbar schwer, ihn dazu zu überreden, wieder nach Hause zurückzukehren. Dafür fühlte er sich viel zu schuldig. (Bao Ruo-wang, *Gefangener bei Mao* 2)

Mit der Verlegung in ein Arbeitslager wurden alle sozialen Bande gekappt. Von Frauen wurde erwartet, dass sie sich von ihren »schuldigen« Ehemännern scheiden ließen, von Kindern, dass sie ihre Eltern denunzierten. Für die Insassen der Arbeitslager gab es weder Familie noch Privatsphäre: sie wurden ständig überwacht, gezwungen, mit gesenktem Kopf zu gehen, mit Parolen betäubt und mit rigiden Tagesplänen diszipliniert. Sie waren die Verdammten des Systems, ohne Hoffnung auf Rückkehr oder Erlösung. Denn selbst »Freilassung« bedeutete meist nur Verlegung in ein anderes Arbeitslager mit besseren Haftbedingungen, vielleicht sogar geringer Bezahlung – und viele Häftlinge zogen dies einer Rückkehr in die Gesellschaft vor, in der sie alles verloren hatten und stets stigmatisiert geblieben wären.

Nach Schätzungen von Harry Wu (geb. 1937), der 19 Jahre ohne Anklage in Lagern verbrachte, waren 50 Millionen Menschen seit 1949 in Arbeitslagern der VR China, 20 Millionen sollen dort umgekommen sein. Noch heute sollen 2–6 Millionen Chinesen in Arbeitslagern gefangen sein: Kriminelle, aber auch Menschenrechtler, tibetische und uighurische Aktivisten, Falungong-Anhänger. Sie leisten dort bis zu 14 Stunden täglich Zwangsarbeit in der Landwirtschaft, in Minen, Ziegel- und Chemiefabriken und bei Bauprojekten, oft unter gefährlichen und gesundheitsschädlichen Bedingungen. Staudämme, Straßen und zuletzt die Eisenbahn von Qinghai nach Tibet sollen von Strafgefangenen gebaut worden sein. Wer die geforderte Arbeitsleistung nicht erbringt, wird mit Kürzungen der ohnehin kümmerlichen Essensrationen oder körperlicher Züchtigung bestraft, Verstöße gegen die Lagerordnung führen zu verschärfter Haft oder gar zur Exekution.

Seit der Reformpolitik der 1980er Jahre werden Arbeitslager ähnlich wie Betriebe geführt, profitorientiert und mit gesteigertem Leistungsdruck: über 150 verschiedene Exportprodukte – Tee, Spielzeug, Textilien, Asbest, Autoteile, Werkzeug u. a. – kommen aus Arbeitslagern auf den westlichen Markt. Zwangsarbeit hat zu Chinas wirtschaftlichem Aufschwung beigetragen – und die Nachfrage westlicher Verbraucher hält den chinesischen Gulag weiter in Gang.

Das Ende der Revolution

Nach fünf Jahren Kulturrevolution war China vollständig umgewälzt. Millionen Menschen waren geistig oder körperlich zerstört, Abermillionen in gigantischen Umsiedlungskampagnen verpflanzt worden: zunächst Bauern in die Städte, dann Intellektuelle, Kader und Jugendliche auf das Land. Die »Drei Unterschiede«: zwischen geistiger und körperlicher Arbeit, Arbeitern und Bauern sowie Stadt und Land, sollten beseitigt werden. Die Kulturrevolution hinterließ eine traumatisierte, verrohte Gesellschaft.

Politisch waren alle formalen Strukturen durch den Mao-Kult außer Kraft gesetzt. Die Verfassung galt nichts, einen Staatspräsidenten gab es nicht mehr. Von den elf Mitgliedern, die 1966 im ständigen Ausschuss des Politbüros saßen, waren nur fünf verblieben, 80 % der Mitglieder des Zentralkomitees waren ersetzt, auf lokaler Ebene mehr als die Hälfte der Kader ausgetauscht worden. Nur wenige hatten alle Kampagnen unbeschadet überstanden: Mao Zedong, Lin Biao, Zhou Enlai, Chen Boda, Kang Sheng sowie Jiang Qing und ihre Gruppe: Zhang Chunqiao, Yao Wenyuan und Wang Hongwen

Doch 1971 fiel auch Lin Biao, Maos treuer Helfer und designierter Nachfolger, in Ungnade: er sei allzu machtgierig geworden und habe ein Attentat auf Mao geplant. Lin kam bei einem mysteriösen Flugzeugabsturz ums Leben, das Politbüro wurde von seinen Anhängern »gesäubert«. Spätestens jetzt hatte die Bewegung ihre letzten Ressourcen verheizt. Jahrelang hatte das Volk Parolen gerufen, die es nicht verstand, Geständnisse gemacht, die nichts bedeuteten, unfassbares Leid ertragen, ohne je zu wissen, warum. Jetzt hatte es auch seine letzten Illusionen verloren. Es konnte keine weitere Umwälzung mehr geben.

Der Tod Lin Biaos symbolisierte auch ein Ende der militärischen Mobilisierung. Die VR China hatte sich 15 Jahre lang von West- und Ostblock gleichermaßen bedroht gefühlt. Die USA, der Erzfeind, hatten China von Süden und Osten – Japan, Taiwan, Korea, Philippinen, Vietnam – regelrecht umzingelt und ihm mehrmals mit einem Atomschlag gedroht. Die Sowjets hatten Raketen und riesige Truppen an Chinas Nordgrenze stationiert, 1969 war es am Ussuri-Fluss sogar zu ernsthaften Scharmützeln gekommen, Gerüchte kamen auf, dass die Rote Armee einen Schlag gegen chinesische Atomanlagen plane, und im Oktober 1969 versetzte Lin Biao die Armee in Verteidigungsbereischaft und ließ Städte evakuieren.

Der Besuch, der die Welt veränderte: Mao empfängt Nixon in Beijing.

Doch gerade, als sich der Konflikt mit der Sowjetunion zuspitzte, entspannte sich das Verhältnis zu den USA. China sah in den USA eine Schutzmacht gegen die Russen, die USA in China einen Trumpf im Kalten Krieg. Im November 1969 beendeten die USA nach 19 Jahren ihre Flottenpatrouillen in der Taiwan-Straße, und 1971 lud Mao eine US-Tischtennismannschaft nach China ein. Der »Ping-pong-Diplomatie« folgte die richtige: kurz darauf kam Außenminister Kissinger zu einem geheimen Besuch nach Beijing, und im Juli 1971 wurde publik, dass Präsident Richard Nixon (1913–1994) nach Beijing fahren würde. Die Nachricht schlug ein wie eine Bombe: sie änderte das weltpolitische Gleichgewicht. Noch 1971 wurde die VR China – die USA hatten das zuvor 20 Jahre lang verhindert – in die UNO aufgenommen, 1972 von England, Deutschland und anderen Westmächten diplomatisch anerkannt. Nach Jahrzehnten der außenpolitischen Isolation war die VR China ein Mitglied der internationalen Staatengemeinschaft geworden. Taiwan hingegen verlor seinen UNO-Sitz als Repräsentant des »freien China«. Die Taiwanesen waren die Verlierer des »Nixon-Schocks«.

Für Nixon war die China-Reise, kurz vor den Präsidentschaftswahlen, ein großer Erfolg. Im Communiqué von Shanghai stellte er eine Normalisierung der Beziehungen mit China in Aussicht, eröffnete Handelsmöglichkeiten mit Industrieprodukten, und vor allem: Nixon erklärte, dass es nur ein China gebe und dass Taiwan ein Teil davon sei. Auch wenn die USA die VR China vorerst nicht diplomatisch anerkannten und sogar weiter Waffen nach Taiwan lieferten – Nixon prahlte, seine Woche in China habe die Welt verändert.

Viele Chinesen dürften die Welt tatsächlich nicht mehr verstanden haben. Mit einem Mal war keine Rede mehr von Weltrevolution, Papiertigern oder Kampf gegen den Imperialismus. 15 Jahre nachdem Mao Chruschtschows Politik der »friedlichen Koexistenz« verdammt hatte, schloss er selbst einen Bund mit dem Teufel. Und es kam noch schlimmer. Im Herbst desselben Jahres kam Japans Premierminister Tanaka nach Beijing. Er entschuldigte sich halbwegs für die Verbrechen des Zweiten Weltkriegs, wofür die VR China im Gegenzug Ansprüche auf eine Kriegsentschädigung fallenließ und einen Friedensvertrag in Aussicht stellte – das Massaker von Nanjing und die 20 Millionen Toten waren vergessen.

Die Revolution lief aus, und das heißt: Feindbilder wurden nicht mehr benötigt – weder »Kapitalisten« noch »Revisionisten« oder »Imperialisten«. Es war nur folgerichtig, dass alte Kader, die im Laufe der Kulturrevolution degradiert worden waren, jetzt rehabilitiert wurden. Für gut 40 VBA-Offiziere, die nach dem Sturz Lin Biaos aus dem Zentralkomitee entfernt worden waren, kehrten alte Kader zurück: Deng Xiaoping etwa, der wenige Jahre zuvor einer »bürgerlich-reaktionären Linie« bezichtigt worden war. Die Revolution hatte sich im Kreis gedreht. China war in den frühen 1970ern da, wo es zehn Jahre zuvor gestanden hatte: die Schulen wurden wieder geöffnet, 1973 wurden Aufnahmeprüfungen für Universitäten wieder eingeführt, jetzt fuhren sogar Studenten ins Ausland.

Indessen begann hinter den Kulissen der Kampf um Maos Nachfolge. Als Mao bereits ein sabbernder Pflegefall war, der kaum sehen und sich nicht mehr verständlich artikulieren konnte, und Zhou Enlai mit Krebs im Krankenhaus lag, gerierten sich Jiang Qing und ihre Gruppe als letztes Aufgebot der Revolution. Sie verkündeten die Fortsetzung der Kulturrevolution, die Notwendigkeit von Kollektivierung, Klassenkampf und Massenkampagnen. 1974 inszenierten sie eine skurrile Kampagne mit dem Slogan »Kritisiert Lin Biao, kritisiert Konfuzius!« Die verschlungene Logik der Kampagne zielte eigentlich auf Zhou Enlai, der für die Rehabilitation der alten Kader verantwortlich war (auch Konfuzius hatte sich für die Restauration einer alten feudalen Familie eingesetzt – und die hieß auch Zhou …). Doch 1974 war nicht 1964, die Kampagne konnte keinen revolutionären Sturm mehr entfachen.

Nachdem Zhou Enlai Anfang 1976 gestorben war, kamen am 4. April, dem chinesischen Totenfest, zwei Millionen Menschen auf den Tian'anmen-Platz, um Kränze für ihn niederzulegen. Zhou war eine Vaterfigur des Volkes gewesen, der gute Mensch von Beijing, der während der Kulturrevolution schlimmere Greuel und Zerstörungen verhindert haben soll. Das Totengedenken auf dem Tian'anmen-Platz – keine orchestrierte Kampagne, sondern eine spontane Volksbewegung – war eine einmalige Demonstration der Solidarität, zugleich ein Protest gegen die linksradikale Politik.

Für den linken Parteiflügel war das »konterrevolutionär«. Die Trauernden wurden mit Militärgewalt vertrieben, viele von ihnen verhaftet, und die Linke begann eine Hetzkampagne gegen Deng Xiaoping. Doch diese letzte Kampagne endete abrupt, als im September 1976 nicht Deng starb, sondern Mao Zedong. Auch wenn sein Tod lange absehbar gewesen war, kam die Nachricht einem Erdbeben gleich. Tatsächlich hatte kurz zuvor ein verheerendes Erdbeben in Tangshan bei Beijing mindestens 240 000 Tote gefordert, nach anderen Schätzungen sogar 650 000: eine grauenhafte Katastrophe, verschlimmert dadurch, dass die Regierung jede ausländische Hilfe ablehnte. Noch immer galt eine solche Naturkatastrophe im Volksglauben als böses Omen, welches das Ende einer Dynastie anzeigte. Am 9. September 1976, um 00:10 Uhr, war es so weit: Mao Zedongs Herz setzte aus, der Große Vorsitzende war tot.

Nach Maos Tod gingen befremdliche Bilder um die Welt: von verzweifelt trauernden Chinesen, die dem Großen Vorsitzenden nachweinten, und ausländischen Staatsmännern, die kondolierten und Mao als große Persönlichkeit, herausragenden Politiker, als Moralisten und Philosophen würdigten. Im ganzen Land wurde Staatstrauer angeordnet, das Volk hielt drei Schweigeminuten ein, alle Sirenen heulten. Hua Guofeng (1921–2008), ein politischer *Nobody* aus Hunan, der von Mao überraschend zu seinem Nachfolger als Generalsekretär bestimmt worden war, sprach einen pathetischen Nachruf:

> Der Vorsitzende Mao Zedong war der Gründer und brillante Führer der Kommunistischen Partei Chinas, der Volksbefreiungsarmee und der Volksrepublik China. Er hat unsere Partei in einem langen, intensiven und komplizierten Kampf gegen die rechten und »linken« opportunistischen Linien in der Partei geführt und die opportunistischen Linien von Chen Duxiu … bis Peng Dehuai besiegt. … Unter der Leitung der proletarischen revolutionären Linie des Vorsitzenden Mao sind unsere Partei, unsere Armee und unser Volk triumphal vorangeschritten und haben große Siege für die sozialistische Revolution und den sozialistischen Aufbau errungen: besonders in der Großen Proletarischen Kulturrevolution, in der Kritik an Lin Biao und an Konfuzius und der Kritik an Deng Xiaoping. … Wir müssen die Mission des Vorsitzenden Mao unbedingt fortsetzen, am Klassenkampf als Leitlinie und der grundlegenden Linie der Partei festhalten und die Revolution unter der Diktatur des Proletariats fortsetzen. … Lang leben der unbezwingbare Marxismus-Le-

ninismus und die Mao-Zedong-Gedanken! Lang lebe die große, prächtige und korrekte Kommunistische Partei Chinas! Unsterblicher Ruhm dem großen Führer und Lehrer, dem Vorsitzenden Mao Zedong!

(*Renmin ribao*, 10.9.1976)

Diesmal wurde die Propaganda schnell von der Realität eingeholt. Schon am 6. Oktober wurden Jiang Qing, Zhang Chunqiao, Yao Wenyuan und Wang Hongwen verhaftet. Als »Viererbande« (*siren bang*) verunglimpft, dienten sie als Sündenböcke für alle Verbrechen der Kulturrevolution: sie hätten Mao jahrelang getäuscht und seien für alle Morde, Folterungen, Verbannungen und Zerstörungen unter seiner Führung verantwortlich. Auch wenn Jiang Qing beteuerte, sie sei nur Maos Hund gewesen: »Wen Mao mir zu beißen befahl, den biss ich: wenn ihr den Hund schlagt, müsst ihr auch das Herrchen sehen!« – sie und ihre Komplizen wurden zu langen Haftstrafen verurteilt.

Hua Guofeng verkündete im August 1977 offiziell das Ende der Kulturrevolution. Damit war ein Schlussstrich unter die Ära Mao Zedongs gezogen. Ihre Bilanz war niederschmetternd. 70 Millionen Menschen waren durch Maos Politik in Hungersnöten, Kriegen und politischen Verfolgungen gestorben. Eine ganze Generation war verwildert. Nach 30 Jahren Sozialismus war China ein zerrüttetes, bitterarmes Entwicklungsland. Das Pro-Kopf-Einkommen in der VR China war niedriger als in Somalia. Die Analphabetenquote lag landesweit bei 30 %, in den Städten herrschte erschreckend hohe Arbeitslosigkeit, und die landwirtschaftliche Produktion war 1977 so hoch wie 1955. Mitte der 1970er gab es erneut furchtbare Hungersnöte in China. 1977 sagte Deng Xiaoping, die Kulturrevolution habe China in eine kulturelle Wüste verwandelt und eine ganze Generation von Jugendlichen zu intellektuellen Krüppeln gemacht. Sie habe das Land um 50 Jahre zurückgeworfen. Er, Deng Xiaoping, machte sich daran, das gründlich zu ändern.

Taiwan 臺灣

Der Zustand der VR China in den 1970er Jahren erschien umso erbärmlicher, da unmittelbar vor ihrer Küste ein anderer chinesischer Staat äußerst erfolgreich war: Taiwan. Die kleine subtropische Insel vor der Küste von Fujian, von den Portugiesen einst »Ilha Formosa« – »schöne Insel« – getauft, hatte im Laufe der Geschichte erstaunliche Bedeutung erlangt. Ursprünglich von polynesischen Völkern bewohnt, diente sie dem Ming-Loyalisten Zheng Chenggong als Stützpunkt, wurde dann ins Qing-Reich eingegliedert und 1895–1945 von Japan besetzt.

Als Chiang Kai-shek mit seinen Anhängern – rund zwei Millionen Chinesen kamen zwischen 1946 und 1952 – auf die Insel flüchtete, erschienen sie den Taiwanesen wie die nächsten Kolonialherren. Schon 1947 hatten sie einen Aufstand der Einheimischen gegen Inflation, Korruption und Willkürherrschaft blutig niedergeschlagen: 10 000–30 000 Tote soll es bei dem Massaker gegeben haben. Die Taiwanesen haben diesen »Vorfall vom 28.2.« nie vergessen.

Ab 1949 errichtete die GMD ein autoritäres Regime, das sich – der Bürgerkrieg war nicht vorbei – auf Kriegsrecht stützte. In einer Welle des »weißen Terrors« ließ Chiang Kai-shek in den frühen 1950ern Tausende taiwanesische Intellektuelle inhaftieren oder erschießen. Die GMD waren Besatzer, die Taiwan lediglich als vorübergehenden Stützpunkt der Republik China betrachteten. Auf Plakaten, Mauern, sogar auf Toilettenpapier stand in den 1950ern die Parole »Wir werden das Festland zurückerobern!«. Obwohl der Versuch nie ernsthaft unternommen wurde, blieb das Kriegsrecht bis 1987 bestehen. In dieser Zeit wurden Taiwanesen nicht an der Regierung beteiligt – weder die Ureinwohner noch die in der Qing-Zeit übergesiedelten Chinesen. Chiang Kai-shek regierte bis zu seinem Tod 1975 als Präsident und »Höchster Führer« (sein Mausoleum in Taibei übertrifft noch das von Mao Zedong), ihm folgte sein Sohn, Chiang Ching-kuo (1910–1988), und noch bis 1991 saßen dieselben vergreisten Abgeordneten im Parlament, die 1947 auf dem Festland gewählt worden waren. Taiwanesisch, der lokale Dialekt, den die Mehrheit der Einwohner sprach, wurde aus Medien und Schulen verbannt, die Ureinwohner der Insel wurden in die Berge zurückgedrängt. In den Schulen wurden chinesische Geschichte, Literatur und Geographie unterrichtet, nicht taiwanesische.

Während die »kommunistischen Banditen« das Festland beherrschten und die Engländer Hongkong, verstand die GMD sich als letzte Bewahrerin chinesischer Kultur. Bei ihrer Flucht hatten Chiang Kai-shek und seine Leute einen großen Teil der kaiserlichen Kunstsammlung in Tausenden Kisten nach Taiwan verbracht. Er bildete den Grundstock für das »Nationale Palastmuseum« in Taibei, welches die reichste Sammlung alter chinesischer Kunst weltweit besitzt. Während in der VR China die Kulturrevolution tobte, fand in Taiwan eine Renaissancebewegung statt, die der Pflege alter Kultur galt: auf Taiwan wurden Museen aufgebaut, Klassiker ediert und die traditionelle Orthographie (»Langzeichen«) gepflegt; der Daoismus bewahrte seine lebendige Tradition, und die Nachkommen des Konfuzius blieben in Taiwan angesehene Bürger.

Unter der Protektion der USA gedieh die Republik China auf Taiwan politisch – sie hatte bis 1971 einen UNO-Sitz inne –, kulturell und wirtschaftlich. Eine Bodenreform hatte in den frühen 1950ern die Produktvität der Landwirtschaft deutlich erhöht. Exporte von landwirtschaftlichen Erzeugnissen – Champignons, Spargel, Tee, Bananen –, später aber zunehmend von Elektronik, Kleidung, Spielzeug und Industrieprodukten ließen Taiwans Wirtschaft in den 1950ern um durchschnittlich 7 % pro Jahr wachsen, in den 1960ern um 9 % und in den 1970ern sogar um 10 %: die Republik China erlebte ein Wirtschaftswunder, und alle Welt kaufte »Made in Taiwan«.

Mit dem Wohlstand änderte sich auch die Gesellschaft: es entstand eine selbstbewusste Mittelschicht, die politische Rechte und Vertretung taiwanesischer Interessen einforderte. 1988 wurde mit Lee Teng-hui (geb. 1923) erstmals ein gebürtiger Taiwanese Präsident, 1991 gab es freie Wahlen, in denen die greisen Parlamentarier des alten Regimes ersetzt wurden. Seither ist Taiwan immer taiwanesischer geworden. Ein Nationaldenkmal erinnert seit 1997 an den »Vorfall vom 28.2.«, und 2000 verlor die GMD die Macht an die »Demokratische Fortschrittspartei« (*Minzhu jinbu dang*), deren Präsident Chen Shui-bian (geb. 1950) die Unabhängigkeit Taiwans vertrat. Ironie der Geschichte: als ihre Erzfeinde, die GMD, ihre Macht auf Taiwan verloren hatten, wurde das »Taiwan-Problem« für die KPCh umso akuter. Denn immerhin in dem Punkt waren die beiden Gegner im Bürgerkrieg sich einig gewesen: dass es nur *ein* China gebe. Die »Demokratische Fortschrittspartei« sah das anders.

Seither begleitet die VR China alle Bewegungen Taiwans mit Argwohn und Säbelrasseln. Mehrmals hat die VBA Manöver vor der Küste Fujians durchgeführt, das Ausland wird regelmäßig abgestraft, wenn es taiwanesische Politiker empfängt, und 2005 wurde die Kriegsdrohung an Taiwan sogar in einem »Antisezessionsgesetz« festgeschrieben. Mehr als 1000 Raketen hat die VR China auf Taiwan gerichtet.

Doch während die Politiker sich angifteten, wurden die Wirtschaftsbeziehungen zwischen Taiwan und der VR China immer enger. Taiwanesische Unternehmer investieren in China, chinesische Firmen exportieren nach Taiwan. Es ist kein Zufall, dass auch das politische Pendel bei den letzten Präsidentschaftswahlen wieder in die andere Richtung geschwungen ist: mit Ma Ying-jeou ist wieder ein GMD-Politiker Präsident in Taiwan, der die Unabhängigkeit Taiwans ablehnt und die Annäherung an die VR China sucht. 2010 schlossen beide Länder ein Freihandelsabkommen, das sie noch enger aneinander bindet. Der nationalistischen Rhetorik auf beiden Seiten zum Trotz: Taiwan und die VR China sind schon jetzt untrennbar verbunden – nicht unter dem Dach eines Nationalstaates, aber in den vielfältigen Verflechtungen der Weltgesellschaft.

Chinas zweite Moderne (1978 bis heute)
Weltgesellschaft und Nationalismus

Seit dem Ende der Mao-Ära erlebt die chinesische Gesellschaft einen radikalen Umbruch, dessen Ende noch nicht abzusehen ist. China hat binnen kürzester Zeit von sozialistischer Nivellierung auf funktionale Differenzierung umgestellt und damit an Entwicklungen der Republikzeit angeknüpft. Durch seine immer engere Verflechtung in transnationale Bezüge ist China Teil der Weltgesellschaft geworden. Doch während Chinas Städter sich an der Welt orientieren, tut sich eine immer größere Kluft zwischen ihnen und den ländlichen Unterschichten auf. China hat auf die drohende gesellschaftliche Desintegration mit trotzigem Nationalismus und harten Repressalien gegen Andersdenkende reagiert.

Unter der Führung Deng Xiaopings hat die KPCh Kollektivierung und Planwirtschaft der Mao-Zeit rückgängig gemacht und die Wirtschaft grundlegend reformiert. Marktwirtschaftliche Anreize und die Öffnung für ausländische Investitionen machten China binnen zweier Jahrzehnte zu einer wirtschaftlichen Weltmacht.

China hat sich unter Deng Xiaoping und seinen Nachfolgern bis zur Unkenntlichkeit verändert. Wo einst der Unterschied zwischen Stadt und Land nivelliert wurde, streben jetzt die Wolkenkratzer von Weltstädten empor; wo zuvor radikaler Sozialismus gepredigt wurde, herrscht nun Kapitalismus in Reinkultur; wo Einheit verordnet war, entfaltet sich bunte Diversität. Traditionelle Religionen, Feste und Gebräuche kehrten zurück, und westliche Pop-Kultur eroberte Chinas Städte im Sturm.

Doch die Parteiführung hat nie einen Zweifel daran gelassen, wo die Grenzen von Diversität und Liberalisierung verliefen: die Demokratiebewegung von 1989 wurde von der Armee blutig niedergeschlagen, Autonomiebestrebungen in Tibet und Xinjiang mit äußerster Brutalität unterdrückt, Anhänger »häretischer« Religionen wie Falun gong werden rücksichtslos verfolgt, und Dissidenten erleiden bis heute harte Repressalien. Chinas zweite Moderne bekennt sich zu wirtschaftlicher, aber keineswegs zu politischer Liberalisierung.

Auch andere Folgeprobleme der Modernisierung wurden bald deutlich: Korruption, katastrophale Umweltverschmutzung und besorgniserregende soziale Ungleichheit. Die Politik hat mit Förderprogrammen, Steuererlässen und sozialer Gesetzgebung darauf reagiert, aber auch: mit gezielter Propagierung nationaler Einheit. Die »nationale« Geschichte wurde gepflegt, Helden des Volkes gewürdigt und nationale Triumphe gefeiert: die Rückkehr von Hongkong und Macao ins »Vaterland« gehörten dazu, ebenso die Olympischen Spiele in Beijing 2008 und die EXPO in Shanghai 2010. Zugleich verwahrt sich China aufs schärfste gegen alle »Einmischungen in innere Angelegenheiten«: das gilt für den Umgang mit Menschenrechten, aber auch und vor allem für den Status Tibets, Xinjiangs, der Inneren Mongolei und Taiwans.

Diese Mischung aus Nationalstolz und Empfindlichkeit ist nur eine der vielen Ambivalenzen, die ausländische Beobachter heute in China entdecken: da will eine Weltmacht zugleich Entwicklungsland sein, verbindet »Sozialismus« mit hemmungsloser Marktwirtschaft, schießt Astronauten ins All, während Bauern noch mit Ochsen pflügen, redet vom »friedlichen Aufstieg«, während sie massiv aufrüstet, nennt sich »Nation«, hat aber 56 Völker. Aber sind diese Ambivalenzen wirklich verwunderlich? China war schon immer vielfarbig, divers und naturgemäß voller Widersprüche. Der Umgang mit Ambivalenzen hat die Geschichte Chinas geprägt; er wird auch entscheidend für Chinas Zukunft sein.

Zeittafel

1977	Rehabilitierung Deng Xiaopings
1978	3. Plenum des 11. ZK: Beschluss des Reformkurses »Mauer der Demokratie«
1979	Deng Xiaoping besucht die USA
1984	Beginn der Wirtschaftsreformen in den Städten
1986	Studentendemonstrationen
1987	Hu Yaobang verliert das Amt des Generalsekretärs
1989	Niederschlagung der Proteste auf dem Tian'anmen-Platz
1992	Südreise Deng Xiaopings
1993	Jiang Zemin wird Staatspräsident der VR China
1997	Tod Deng Xiaopings; Rückgabe Hongkongs an China
1999	Rückgabe Macaos an China
2001	China tritt der WTO bei
2002/03	Hu Jintao wird Generalsekretär der KPCh und Staatspräsident
2008	Olympische Spiele in Beijing
2010	EXPO in Shanghai; Friedensnobelpreis für Liu Xiaobo

Die Ära Deng Xiaopings

Frühmorgens, bevor die Geschäftigkeit der Stadt erwacht, spielen sich im Shanghaier Fuxing-Park ergötzliche Szenen ab. Zwischen Pavillons und Blumenrabatten, die einst Franzosen dort angelegt haben, machen alte Leute Gymnastikübungen, Qigong und Taiji, manche schwingen in fließenden Bewegungen Holzstangen, andere drehen sich im Paartanz, üben Rückwärtsgehen oder reiben ihre Rücken an den alten Platanen. Vor der Statue von Marx und Engels werden Karten gezockt, Lautsprecher plärren Walzermusik, Kinder spielen Federball. Senioren treffen sich zum Mahjong, zum Schwatzen und Scherzen, manche singen, andere lassen ihre Vögel trällern, die sie in den Park mitgebracht haben.

1977 war die schlimmste Zeit vorbei. Die Kulturrevolution war beendet, der Terror der Politik war aus dem Alltag der Chinesen gewichen. Sie konnten wieder Literatur lesen, klassische Musik hören, volkstümliche Tänze aufführen, Sport betreiben. Traditionelle Feste wurden wieder gefeiert, die Religionen lebten auf: daoistische Mönche wurden wieder ordiniert, Buddhisten begannen, ihren Glauben wieder auszuüben, Christen ließen sich taufen, auch der Islam erlebte einen neuen Aufschwung. Die chinesische Gesellschaft gewann an Freiheit, und sie lernte die Freizeit wieder kennen: Zeit, die nicht diktiert war von Arbeit, Kampfversammlungen oder politischen Sitzungen. Die Menschen konnten ihr Leben wieder führen und dabei in Ruhe gelassen werden.

Jetzt wurden die Opfer der Kampagne gegen »Rechtsabweichler« freigelassen, die mehr als 20 Jahre in Arbeitslagern geschuftet hatten. Viele entlassene Parteimitglieder wurden rehabilitiert, und ein Mann kehrte zurück an die Spitze, der wie kein zweiter das Auf und Ab revolutionärer Politik erlitten hatte: Deng Xiaoping. Er, nicht der schmalbrüstige Hua Guofeng, war der wahre Nachfolger Mao Zedongs. Deng Xiaoping war das Stehaufmännchen der chinesischen Politik, er hatte alles mitgemacht: 1904 geboren, hatte er in den 1920ern in Frankreich studiert und war Kommunist geworden, hatte bei den Jiangxi-Sowjets und am Langen Marsch teilgenommen, war Kommandeur im Bürgerkrieg und Generalsekretär der KPCh gewesen. Zweimal, 1966 und 1976, war er von hohen Ämtern gestürzt worden, sein Sohn, Deng Pufang, war nach einer Attacke der Roten Garden querschnittsgelähmt. 1977 wurde Deng Xiaoping in alle Ämter wiedereingesetzt und stieg zum mächtigsten Mann Chinas auf.

Nicht, dass Deng Xiaoping die höchsten Ämter in Partei und Staat innegehabt hätte: er hatte »nur« einen Posten im Ständigen Ausschuss des Politbüros und den Vorsitz der Zentralen Militärkommission. Dafür hatte er beste Beziehungen zu Kadern im ganzen Land und zwei Protégés auf hohen Posten: Zhao Ziyang (1919–2005) auf dem des Premierministers und Hu Yaobang (1915–1989) auf dem des Generalsekretärs der KPCh. Über diese Netzwerke übte Deng Xiaoping – gegen erheblichen Widerstand des »linken« Parteiflügels – ungeheuren Einfluss aus und wurde zum wichtigsten chinesischen Politiker der 1980er Jahre.

Das neue China: Wirtschaftsreformen

Was machte Dengs Erfolg aus? Zunächst hat er die chinesische Politik ent-ideologisiert. Ganz im Sinne des jungen Mao betonte er die Praxis als einziges Kriterium der Wahrheit (S. 530 f.): Deng wollte, in Maos berühmter Formulierung, »die Wahrheit in den Tatsachen suchen«. Er knüpfte dort an, wo er in den frühen 1960er Jahren aufgehört hatte, löste die KPCh vom dogmatischen Marxismus und betrieb Reformpolitik statt Klassenkampf. Schon im Dezember 1978, beim 3. Plenum des 11. Zentralkomitees, wurde ein Programm der »sozialistischen Modernisierung« beschlossen, das der chinesischen Wirtschaft einen gewaltigen Schub versetzen sollte. 1979 verkündete Deng dann, er wolle Chinas Bruttosozialprodukt bis zum Jahr 2000 auf eine Billion Dollar vervierfachen. Die Rhetorik erinnerte an den »Großen Sprung nach vorn« – doch der Unterschied war: diesmal schaffte China das Wirtschaftswunder.

Die Wirtschaftsreformen der 1980er Jahre begannen nicht mit Kollektivierung, sondern mit Individualisierung, nicht mit Massenkampagnen, sondern mit Privatinitiativen, sie standen unter dem Primat der Ökonomie, nicht der Politik, und wollten die Gesellschaft differenzieren, nicht nivellieren. Unter dem alten Schlagwort der »Vier Modernisierungen« (S. 558) – gemeint waren: 1. Landwirtschaft, 2. Industrie, 3. Militär, 4. Wissenschaft und Technik – begann zunächst der Umbau der Landwirtschaft. Die war in einem miserablen Zustand: das System der Volkskommunen, die dem Staat Getreidequoten zu festgelegten Preisen lieferten, ihre Landarbeiter unabhängig von deren Leistung bezahlten und keinerlei Leistungsanreize boten, hatte den Lebensstandard der Chinesen seit zwei Jahrzehnten nicht verbessert.

1982 wurden die Volkskommunen, Maos Lieblingskinder, abgeschafft, an ihre Stelle traten die Gemeinden als unterste Verwaltungsebene. Den Bauern wurde die Rückkehr zu Familienbetrieben ermöglicht, indem sie Land pachten (zuerst für fünf, dann für 15, schließlich für bis zu 50 Jahre) und eigenverantwortlich bewirtschaften durften: nach wie vor mussten sie eine feste Quote an den Staat abgeben, der Rest aber war frei verkäuflich. Das System war überaus erfolgreich. Zwischen 1981 und 1984 stieg die ländliche Produktion jährlich um 9 %, China wurde wieder – wie in den wohlgeordneten Anfängen großer Dynastien – zu einem Land von Kleinbauern.

Viele Bauern begannen jetzt, sich zu spezialisieren. Sie bauten nicht nur Getreide an, sondern Baumwolle oder Holz, züchteten Fische oder hielten Vieh. Mit zunehmendem Wohlstand stieg auch die Nachfrage nach Kleidung, Baumaterial, Möbeln, Haushaltsgeräten usw. Wer etwas auf sich hielt, gab sich nicht mehr mit der Grundausstattung der Mao-Zeit – Fahrrad, Uhr, Radio und Nähmaschine – zufrieden, nein: jetzt wurden Farbfernseher, Kühlschrank und Motorrad zu Statussymbolen. Unzählige private Unternehmen wurden gegründet, die diesen Bedarf deckten: Dienstleister, Produzenten, Händler und Importeure. Bald ging die Rede von den ersten »10 000-*yuan*-Haushalten« – ein Reichtum, der noch wenige Jahre zuvor undenkbar gewesen wäre. Das Pro-Kopf-Einkommen auf dem Lande vervierfachte sich innerhalb eines Jahrzehnts, ländliche Unternehmen wuchsen in dieser Zeit um durchschnittlich 28 % pro Jahr und beschäftigten in den 1990ern weit über 100 Millionen Menschen. Der Anfang des chinesischen Wirtschaftswunders wurde von Bauern vollbracht.

Ab 1984 wurde das erfolgreiche Entwicklungsmodell auf die Städte übertragen. Dort bildeten die Staatsbetriebe das Pendant zu den Volkskommunen auf dem Land: Industrieungetüme, die zentral gelenkt und unbeirrt von ökonomischen Kriterien drauflos produzierten. Ein System der Absatzgarantie bei festen Löhnen und unkündbarer Anstellung der Arbeiter führte zu unwirtschaftlicher und qualitativ oft bedenklicher Produktion. Doch die Staatsbetriebe – sie machten 75 % der industriellen Produktion aus – waren mehr als nur Wirtschaftsbetriebe. Sie waren ein wesentlicher Teil der sozialistischen Gesellschaft. Mehr als alles andere standen die Staatsbetriebe für Planwirtschaft und Vater Staat, der sich um alle Belange seiner Untertanen kümmerte: sie in Arbeitseinheiten gruppierte und von der Wiege bis zur Bahre umsorgte.

Dennoch wurde auch dieses sozialistische Urgestein abgebaut. Analog zum Vorgehen auf dem Land wurde Managern jetzt die Verantwortung für ihre Produktion übertragen. Sie hatten eine Planmenge an den Staat zu liefern und durften die übrige Produktion auf dem freien Markt verkaufen. Profite (!) konnten reinvestiert oder als Prämien an die Arbeiter ausgeschüttet werden. Mehr noch: ab 1984 wurden auch städtische Privatunternehmen zugelassen, zunächst begrenzt auf sieben Mitarbeiter, ab 1988 ohne Einschränkungen. Zehntausende von Kleinbetrieben wurden jetzt gegründet, jeder wollte unternehmerisch »in See stechen« (*xiahai*). Sukzessive wurden Marktpreise freigegeben, 1983 sogar Einkommenssteuern eingeführt. China entwickelte binnen kurzer Zeit eine regelrechte Marktwirtschaft.

All das war unerhört in einem »sozialistischen« System. Doch eine theoretische Rechtfertigung dieses scheinbaren Widerspruchs war bald gefunden: China befinde sich in der »Frühphase des Sozialismus«, in der Marktwirtschaft noch akzeptabel sei. Im Gegensatz zu anderen Ländern erreiche China Industrialisierung und Modernisierung nicht im Kapitalismus, sondern im Frühsozialismus, auf den – in 100 Jahren oder mehr – der volle Sozialismus folge.

Auch Geschäfte mit kapitalistischen Staaten waren in der »Frühphase des Sozialismus« legitim, sogar erwünscht. Das dritte Element der Reformpolitik war die Öffnung nach außen. Nach den ersten Annäherungen unter Mao nahmen die VR China und die USA 1979 offizielle diplomatische Kontakte auf, Deng Xiaoping unternahm eine medienwirksame Amerikareise, und der Außenhandel explodierte. Die spektakulärste Maßnahme der Öffnungspolitik aber war die Zulassung ausländischer Investitionen in China. In den Küstenorten Shenzhen, Zhuhai, Shantou und Xiamen wurden vier »Sonderwirtschaftszonen« eingerichtet, die günstige Bedingungen für Investoren boten, zudem wurden 14 Städte, Freihandelszonen, Hochtechnologieparks u. ä. für ausländische Firmen geöffnet. Wieder kam der westliche Kapitalismus nach China. Die Karte der Sonderwirtschaftsgebiete – fast alle im südöstlichen Küstengebiet – erinnerte an jene aus dem 19. Jahrhundert, als die ›Barbaren‹ aus dem Westen sich ebenfalls über die Küstenstädte Eingang nach China erzwungen hatten.

Nach drei Jahrzehnten der Abschottung war alles Westliche heißbegehrt. In China war eine »neue Epoche« (*xin shiqi*) angebrochen, geprägt von Liberalisierung und Öffnung nach außen, wie es sie seit der »Neue-

Kultur-Bewegung« (S. 503 ff.) nicht mehr gegeben hatte. So wie damals die *Neue Jugend* frische Ideen verbreitete, widmete sich seit 1979 die Zeitschrift *Lesen* (*Dushu*) ausländischer Literatur, Politik und »geistiger Kultur«: Bücher von Graham Greene, Boris Pasternak und Margaret Mead wurden dort ebenso diskutiert wie Gorbatschows Glasnost-Politik. Begierig sogen die chinesischen Intellektuellen neue Ideen von außen auf.

In einem regelrechten »Kultur-Fieber« (*wenhua re*) wurde in den 1980er Jahren unter dem Eindruck westlicher Ideen auch die eigene kulturelle Tradition diskutiert und bisweilen schonungslos kritisiert. Die sogenannte »Narbenliteratur« (*shanghen wenxue*) arbeitete die Schrecken der Kulturrevolution auf, andere Werke widmeten sich kritisch auch der Gegenwart, indem sie sich auf die »Suche nach den Wurzeln« (*xungen*) der chinesischen Kultur begaben. Den stärksten Ausdruck fand das »Kultur-Fieber« im Film: Regisseure wie Chen Kaige (geb. 1952) mit seinem Erstling *Gelbe Erde* (*Huang tudi*, 1984) und Zhang Yimou (geb. 1951) mit *Rotes Kornfeld* (*Hong gaoliang*, 1987) überwanden den sozialistischen Realismus. Sie begründeten den neuen chinesischen Film, der international vor allem in den 1990ern große Erfolge feierte.

Auch das Fernsehen spielte eine immer wichtigere Rolle. Hatten 1978 nur 2 % der chinesischen Haushalte einen Fernseher, so waren es ein Jahrzehnt später auf dem Land rund 30 %, in den Städten mehr als 95 %. China Central Television (CCTV) führte Satellitenübertragung ein, und Hunderte lokaler Stationen brachten das neue Medium bald in jeden Winkel des Landes. Die Fernsehserie *Flusselegie* (*Heshang*) von 1988 wurde zu einem medialen Großereignis, das landesweit eine intensive Diskussion anregte. Sie zeigte in sechs Folgen die Geschichte einer Zivilisation im Niedergang. China habe sich seit der Ming-Zeit in die selbstgewählte Isolation begeben – symbolisch dafür steht der Gelbe Fluss – und damit aller kreativen Entwicklungsmöglichkeiten beraubt. Der einzige Weg, sich aus dieser Misere zu befreien, liege in der Abwendung vom Gelben Fluss und der Hinwendung zum blauen Meer: China brauche die Öffnung zur Welt.

Diese Öffnung hatte längst begonnen. Überall in Chinas Städten hielten jetzt westliche Produkte Einzug: zunächst in speziellen »Freundschaftsläden« (*youyi shangdian*), in denen nur mit den 1980 eingeführten »Foreign Exchange Certificates« (*waihui quan*) bezahlt werden durfte, später auch zunehmend im freien Handel. Die Chinesen fanden Geschmack

Chinas Städte und Provinzen.

an Coca-Cola und französischem Brot. Sie legten den einheitsgrauen, geschlechtsneutralen »Mao-Anzug« ab, begannen Röcke und Jeans zu tragen und sich zu schminken. Modenschauen kamen nach China, und 1980 erschien das erste Modemagazin. Seit den späten 1980er Jahren fuhren VW Santanas, in Shanghai produziert, über Chinas Straßen. Wer es sich irgend leisten konnte, richtete wieder üppige Bankette und kostspielige Hochzeitsfeiern aus: endlich konnte man wieder gut essen! Diskos eröffneten in den großen Hotels, vor den Kinos standen die Menschen Schlange, in Teehäusern wurden, wenn auch zaghaft, Schlager aus Hongkong und Taiwan gesungen.

Während frische Klänge und Farben in China einzogen, schlug auch der Westen neue Töne an. »In China lächelt man wieder«, titelte eine deutsche Zeitung 1985, die Zeitschrift *Asiaweek* bejubelte ein »neues neues China, einen umwerfenden Wandel im Lebensstil«, und das Magazin *Time* kürte Deng Xiaoping 1985 zum zweiten Mal (nach 1978) zum »Man of the Year«. Partnerschaftsverträge wurden geschlossen, hochrangige Politiker – George Bush, Helmut Kohl, F. J. Strauß u. a. – und Wirtschaftsdelegationen gaben sich in Beijing die Klinke in die Hand. 1984 einigten sich Margaret Thatcher und Deng Xiaoping auf die Rückgabe Hongkongs an China im Jahr 1997, wodurch die Ära der Kolonisation endgültig beendet werden sollte. Der »schlafende Drache« war erwacht: China schickte sich an, die Erfolgsgeschichte des 20. Jahrhunderts zu schreiben, und jeder wollte dabeisein.

Sinologie 漢學

Auch die Sinologie erfuhr durch Chinas Öffnungspolitik eine markante Veränderung – nicht die erste in ihrer jungen Geschichte. In schöner Analogie hat die Wissenschaft stets die Wendungen der chinesischen Geschichte in ihren Institutionen und Forschungsprogrammen nachvollzogen. Entwickelt hat sich die Sinologie – passend zum Vielvölkerreich der Qing – im Schoß der Orientalistik. China wurde nicht eigenständig betrachtet, sondern im Kontext seiner Nachbarn. 1814 wurde am Collège de France der erste europäische Lehrstuhl für »chinesische und tartarisch-manjurische Sprache und Literatur« eingerichtet, 1838 erhielt Wilhelm Schott (1807–1889) eine Professur für ostasiatische Sprachen in Berlin. Und worüber hat er nicht alles geforscht! »Tartarische Sprachen«, finnische Märchen, türkische Quellen zur Sunna, Sprachforschung in Ungarn, die lappische Sprache, chinesische Literaturgeschichte, die Sitten der Kirgisen, estnische Volkslieder, Geschichte der Mongolen, japanische Lexikographie, Mythologie der Wogulen, tschudische Ausgrabungen, Grammatik der Kanuri-Sprache, Literatur der Tibeter, Hochzeitsbräuche in Persien, Volksepen der Russen, über Lamaismus und den König Herodes.

Eindrucksvolle Polyhistoren waren diese Orientalisten – und ausgemachte Stubengelehrte. Keiner von ihnen war je in China gewesen, das klassische Chinesische erschlossen sie sich durch manjurische Übersetzungen, die gesprochene Sprache konnten sie gar nicht. Georg v. d. Gabelentz, der 1878 eine außerordentliche Professur für ostasiatische Sprachen in Leipzig erhielt, schrieb seine nach wie vor lesenswerte *Chinesische Grammatik* nicht zufällig *mit Ausschluss des niederen Stiles und der heutigen Umgangssprache* (1881).

Erst nach Chinas gewaltsamer Öffnung in den Opiumkriegen konnten Sinologen Land und Sprache tatsächlich kennenlernen: Missionare wie James Legge (1815–1897), später Professor in Oxford, dessen Übersetzungen der chinesischen »Klassiker« noch heute weithin gelesen werden, und Diplomaten wie Herbert Giles (1845–1915), später Cambridge, oder Otto Franke (1863–1946), für den 1909 im Hamburger Kolonialinstitut die erste ordentliche Sinologie-Professur in Deutschland eingerichtet wurde. In der Sinologie herrschte im frühen 20. Jahrhundert ähnliche Aufbruchstimmung wie in China selbst. Wissenschaftler wie Franke, Edouard Chavannes (1865–1918), Paul Pelliot (1878–1945), Henri Maspero (1883–1945), Bertold Laufer (1874–1934), Richard Wilhelm (1873–1930) und andere verbanden intime Landeskenntnisse mit philologischer Akribie: ihre Werke markierten eine goldene Zeit der Sinologie. Doch Faschismus und Weltkrieg brachten eine tiefe Zäsur: viele Sinologen flohen vor dem Nazi-Regime nach Amerika, Maspero starb in Buchenwald.

Nach 1945 war die Sinologie nicht mehr dieselbe. Während China-Studien in den USA unter dem Label der »Area studies« – der Doyen dieser Schule war John K. Fairbank (1907–1991) – vor allem mit Blick auf politische Interessen betrieben wurden, fand sich die klassische Sinologie wieder von China isoliert. Während Taiwan und Japan nur unvollkommenen Ersatz boten, blieb die VR China für westliche Wissenschaftler verschlossen. Wieder wuchsen Sinologen heran, die nie in China gewesen waren und die gesprochene Sprache kaum konnten. Nicht wenige dieser Sinologen waren damals – ähnlich wie ihre Studenten der »68er«-Generation – getragen von diffuser Begeisterung für die chinesische Revolution: ein Enthusiasmus, der schnell der Ernüchterung wich.

Ab den späten 1970er Jahren konnten westliche Sinologen wieder nach China und ihre chinesischen Kollegen ins Ausland reisen. Seither hat sich die Sinologie radikal verändert. Die Studentenzahlen stiegen sprunghaft an. Jetzt waren es nicht mehr vergeistigte Philologen, auch nicht revolutionäre Linke, die Sinologie studierten, sondern immer öfter berufsorientierte junge Menschen, die eine Karriere in der Wirtschaft anstrebten. Eine Flut von Publikationen aus China hat zur Bereicherung und Differenzierung der Sinologie beigetragen. Generalisten, die das Fach in seiner ganzen Breite vertraten, wurden zusehends abgelöst von Spezialisten, interdisziplinäre Angebote ergänzten die klassisch-philologische Ausrichtung. Die Einführung von BA-Studiengängen hat in den letzten Jahren zur weiteren Zersplitterung des Fachs geführt, zahllose Studiengänge mit China-Bezug decken zudem Teilbereiche der Sinologie ab.

Die Sinologie hat ihren Monopolanspruch auf China-Kompetenz längst eingebüßt. Heute äußern sich »China-Experten«, die sich auf gelebte Erfahrung berufen, Sozialwissenschaftler mit Chinesischkenntnissen oder ohne, Journalisten und Kulturschaffende immer selbstbewusster zu China. Gleichzeitig wachsen die Erwartungen an Sinologen, zu aktuellen China-Fragen Stellung zu beziehen: nicht aus der Nahperspektive der Tagespolitik, sondern aus der Tiefe der ›Tradition‹. Dass diese Fragen meist gar nicht aus der ›Tradition‹ zu beantworten sind, hat zur Verunsicherung der Sinologie beigetragen. Als 2009 ein Fachverband Sinologie gegründet wurde, diente das nicht zuletzt der Selbstvergewisserung eines Fachs, dessen Definition fraglich geworden ist. Die Sinologie steht heute vor der Aufgabe, ihre Einheit in der Vielfalt zu finden und ihre Tradition mit den Herausforderungen der Gegenwart zu verbinden: auch darin liegt eine Analogie zu China selbst.

Das alte China: politische Repression

Das westliche Chinabild hat in den letzten 300 Jahren alle Höhen und Tiefen durchlaufen: von der China-Euphorie der Aufklärung über die anmaßende Verachtung des 19. Jahrhunderts, den Mao-Kult und schließlich die China-Begeisterung der 1980er Jahre. Ob himmelhoch jauchzend oder zum Tode betrübt, immer war dieses Chinabild einseitig und voller blinder Flecken. Während westliche Unternehmer und Politiker wie hypnotisiert auf Umsatzzahlen und Wachstumsprognosen im »Reich der Mitte« starrten, gerieten andere, irritierende Nachrichten schnell wieder aus dem Blick. Chinas kurzer, aber heftiger Krieg gegen Vietnam im Jahr 1979 gehört dazu: ein Vergeltungsschlag dafür, dass die Vietnamesen 1978 in Kambodscha einmarschiert waren und das mörderische Regime der Roten Khmer gestürzt hatten. Aber auch innenpolitische Ereignisse passten nicht recht zum Bild vom »neuen neuen China«.

Schon bald nach Beginn der Reformpolitik hatte das chinesische Volk seinem Kummer Luft gemacht: in der bereits erwähnten »Narbenliteratur«, in Gedichten, kleinen Kundgebungen und auf Wandzeitungen an einer Mauer nahe der Verbotenen Stadt, die als »Mauer der Demokratie« bekannt wurde. Viele Wandzeitungen klagten über Armut, Mangel an Kleidung und Nahrungsmitteln, andere protestierten gegen korrupte Kader. Jugendliche, die aufs Land verschickt worden waren, beklagten ihr Elend, andere die Wohnungsnot in Städten: sie alle forderten ein »menschenwürdiges Leben«. Auch von Menschenrechten (*renquan*) war die Rede und eben von Demokratie (*minzhu*). Im Dezember 1978 publizierte der junge Wei Jingsheng (geb. 1950), Sohn eines Kaders und einstiger Rotgardist, dort eine Wandzeitung, in der er eine »fünfte Modernisierung« forderte: die Demokratie.

> Wir [das Volk] wollen unser Schicksal selbst in die Hand nehmen! Wir wollen keine Heiligen und Kaiser, wollen nicht an irgendwelche Heilsbringer glauben, wir wollen die Herren der Welt sein! Wir wollen kein Werkzeug der Modernisierung sein, mit dem diktatorische Regierende ihre Ambitionen nähren! Wollen wir das Leben des Volkes modernisieren, müssen Demokratie des Volkes, Freiheit und Glück die einzigen Ziele der Modernisierung sein. Ohne diese fünfte Modernisierung sind alle anderen Modernisierungen nichts als ein leeres Versprechen. (»Di wuge xiandaihua«, 5.12.1978)

Das ging auch den Reformern in der Parteispitze um Deng Xiaoping zu weit. Sie ließen Wei Jingsheng kurzerhand verhaften und wegen »staatsschädigender Aktivitäten« und »Spionage« zu 15 Jahren Haft verurteilen, auch andere Aktivisten wurden hart bestraft. Der »Beijinger Frühling« endete ähnlich wie die »Hundert Blumen«-Kampagne gut 20 Jahre zuvor (S. 547 f.).

Die harsche Reaktion der Partei erinnerte daran, dass die KPCh neben den »Vier Modernisierungen« noch ein weiteres Quartett von Prinzipien im Programm führte: 1. die sozialistische Linie, 2. die Diktatur des Proletariats, 3. die Führung der KPCh und 4. den Marxismus-Leninismus nebst Mao-Zedong-Gedanken. Mao-Zedong-Gedanken! Der Geist des Diktators durchspukte noch immer die chinesische Politik: 1981 hatte die Partei sich auf die offizielle Sprachregelung festgelegt, dass Maos Entscheidungen zu 70 % richtig und zu 30 % falsch gewesen seien. Wirtschaftliche Liberalisierung bedeutete noch nicht politische Freiheit. Auch wenn der Marxismus unter Deng Xiaoping zur Leerformel verblasste, hielt die Führung eisern am Leninismus fest: dem Prinzip einer zentralistischen, autokratischen Parteiherrschaft.

Mao-Kult

毛澤東崇拜

Zu den bizarrsten Auswüchsen der neueren Geschichte Chinas gehört der Kult um Mao Zedong, zweifellos der gigantischste Führerkult der Weltgeschichte. Eine ganze Industrie stand dahinter, die »Mao-Bibeln« in Milliardenauflage druckte, Broschen, Büsten, Statuen und vieles mehr produzierte. Mehr als zehn Milliarden Mao-Texte und -Poster wurden allein während der Kulturrevolution gedruckt. Sein Bild wurde in allen Medien verbreitet, sein Ruhm in alle Köpfe gehämmert:

> Er war die strahlende Sonne am Himmel, die allen Dingen auf Erden Leben spendete. Diesen Mao liebte ich wie Millionen Chinesen in jener Zeit, als unseren großen Führer, großen Lehrer und großen Steuermann. 1966 war er 72 Jahre alt, groß und beleibt, mit hohem Haaransatz und rosigen Wangen, die seine große Weisheit und ausgezeichnete Gesundheit bezeugten. (Rae Yang, *Spider Eaters* 12)

Millionen von Roten Garden feierten ihn in ekstatischen Versammlungen auf dem Tian'anmen-Platz, sie rezitierten und sangen seine Worte, schrieben ihm Treueschwüre in Blut, hielten regelrechte Morgenandachten vor seinem Abbild. Niemand konnte sich dieser wohlkalkulierten Massenhysterie entziehen.

Erstaunlicher war die Wirkung dieser Propaganda im Westen. In Deutschland wedelten die 68er mit »Mao-Bibeln«, und maoistische Splittergruppen des SDS priesen, angeregt von Propaganda-Postillen wie *Peking Rundschau* und *China im Bild*, die Kulturrevolution als Triumph der Weltrevolution:

> Für die *Weltrevolution*, für den Kampf des Proletariats und der unterdrückten Völker, ist es eine Frage von hoher Bedeutung, ob die Volksrepublik China das Zentrum der Weltrevolution bleibt, oder ob dort bürgerliche Kräfte eine Restauration einleiten. Somit ist der Sieg der Großen Proletarischen Kulturrevolution auch ein Sieg der *Weltrevolution*, ein Sieg des internationalen Proletariats und der unterdrückten Völker. (»KAB-AZ«, Nr. 6)

In Frankreich lag die gesamte linke Intelligenz Mao zu Füßen: André Malraux, Michel Foucault, Roland Barthes, Julia Kristeva, sie alle sahen in ihm den Heilsbringer des chinesischen Volkes, wenn nicht der Welt. Andy Warhol verewigte ihn mit einer Serie von Porträts, Salvador Dalí illustrierte einen Band mit Mao-Gedichten. Die Politiker stimmten ein: Charles de Gaulle nannte Mao einen »Staatschef humanistischer Prägung«, Richard Nixon war beeindruckt von seiner »starken Persönlichkeit«, Franz Josef Strauß nannte Mao einen »Propheten seines Volkes«, Helmut Schmidt riet ihm, seine Lehren dem Volk in »stetem Tropfen« zu verabreichen. Zu jener Zeit hatten diese Lehren bereits 70 Millionen Menschen das Leben gekostet. Dennoch hatten Strauß und Schmidt sich wie manche anderen Staatsmänner – Henry Kissinger, Georges Pompidou, Edward Heath – beeilt, dem siechen Diktator noch kurz vor seinem Tod ihre Aufwartung zu machen.

Die Chinesen haben Maos Geist auch nach dessen Tod nicht ausgetrieben. In China hat es trotz des unermesslichen Leids, das seine Politik über das Volk gebracht hat, bis heute keine Ent-Maoisierung gegeben. Maos Porträt hängt noch immer über dem Tian'anmen, seine Statuen stehen an vielen Orten des Landes, vor seinem Mausoleum bilden sich täglich lange Schlangen, sein Bild ziert Banknoten, und sein 110. Geburtstag wurde 2003 mit Ausstellungen, Sondermarken, Buchpublikationen und Konzerten mit Mao-Liedern gefeiert.

In den 1990ern ist ein regelrechtes Mao-Fieber ausgebrochen. Revolutionslieder wie »Der Osten ist rot« wurden als Disco-Remix oder Karaoke-Version neu aufgelegt, »Kulturrevolutions-Nostalgie-Restaurants« servierten das bitter-harte Maisbrot jener Zeit, und Mao-Devotionalien waren der letzte Schrei: Broschen, Uhren, Geschirr, Poster und vieles andere. All das ist mehr als nur ein Seitenhieb gegen den hohlen Materialismus des neuen China: es ist Ausdruck eines zutiefst ambivalenten Verhältnisses zur Mao-Zeit. Die Chinesen identifizieren sich nicht mehr mit Mao, haben sich aber auch nicht wirklich von ihm distanziert. Sie haben ein ironisches Verhältnis zu ihm entwickelt. Er wird in Kabaretts parodiert, in der Kunst verfremdet, in Souvenirs verkitscht – und damit in unverbindlicher Halbdistanz gehalten.

Touristen, die sich am Mao-Tinnef chinesischer Flohmärkte ergötzen, sollten diese Hintergründe kennen: die fröhlich-kitschige Fassade verdeckt den sensibelsten Punkt der chinesischen Vergangenheitsbewältigung.

Noch immer beanspruchte die KPCh Kontrolle über alle Bereiche der Gesellschaft, bis hin zur Privatsphäre. Mehrere Kampagnen gegen »geistige Verschmutzung« und »bourgeoisen Liberalismus« in den 1980ern machten deutlich, dass sie die Zügel nicht ohne weiteres lockern würde. Nirgends wurde der Kontrollanspruch der Partei deutlicher als in der Familienpolitik. Ende der 1970er Jahre gab es fast eine Milliarde Chinesen. Längst wurde diese Menschenmasse nicht mehr als Stärke verstanden, sondern als ernste Bedrohung: China musste von 7 % des weltweit verfügbaren Ackerlands 20 % der Weltbevölkerung ernähren. Der Kampf gegen den Hunger schien aussichtslos, die landwirtschaftliche Produktionssteigerung wurde vom Bevölkerungswachstum völlig aufgezehrt.

Schon in den frühen 1970er Jahren waren Maßnahmen zur Familienplanung – spätere Ehe und weniger Kinder wurden propagiert – eingeführt worden, aber jetzt wurden sie radikalisiert: 1979 verordnete die

Familien-Politik

Regierung eine kompromisslose »Ein-Kind-Politik«. Eine Frau, ein Kind. Während die Einhaltung dieser Vorgabe mit guten Wohnungen, Schulplätzen u. ä. belohnt wurde, hatte jede Frau, die mehrere Kinder gebar, mit Repressalien zu rechnen: Geldbußen, schlechteren Wohnungen, aber auch Zwangsabtreibung – und zwar bis zum 9. Monat der Schwangerschaft. Auch wenn wenig später eine Reihe von Ausnahmen – namentlich für »nationale Minderheiten« und die Landbevölkerung – eingeführt wurden, bildete diese Politik einen rabiaten Eingriff in die persönliche Freiheit des Volkes, der an totalitäre Praktiken gemahnt.

Nicht nur die Familienpolitik sorgte für Empörung im Volk. Mitte der 1980er Jahre brauten sich massive Probleme zusammen. Der marktwirtschaftliche Aufschwung ließ nicht nur den Wohlstand steigen, sondern auch Korruption und die Preise. Zwischen 1985 und 1989 erlebte China eine Inflation – gerade das, was die Kommunisten 1949 beseitigt hatten – von 20–30 % pro Jahr: eine Teuerung, die vor allem Lehrer und andere Angestellte des Staats hart traf. Wieder kam es zu Demonstrationen im ganzen Land. Zunächst gingen 1986 in Hefei (Anhui) Studenten auf die Straße, dann weitete sich die Protestbewegung auf 17 Städte aus. Unter der Führung von Intellektuellen wie dem Astrophysiker Fang Lizhi (geb. 1936) demonstrierten Hunderttausende für bessere Lebensbedingungen, Pressefreiheit, politische Partizipation, Menschenrechte, Freiheit für Wei Jingsheng und gegen Wirtschaftskriminalität und Korruption. Die Schattenseiten der Liberalisierung wurden jetzt überdeutlich. Während einige – so das offizielle politische Ziel – »früher reich wurden«, bekamen andere die wachsende Ungleichheit umso schärfer zu spüren: eine schmerzhafte Erfahrung in einer Gesellschaft, die stets zumindest den Schein ökonomischer Gleichheit gewahrt hatte. Die Dezentralisierung der Wirtschaft förderte Cliquenbildung, Vetternwirtschaft und lokale Willkür – genau die Unbilden, die zu bekämpfen die KPCh einst angetreten war.

Die Demonstrationen von 1986/87 verläpperten sich, ohne dass die Regierung ernsthaft eingriff: die Studenten gingen zu ihren Prüfungen, die Lehrer wieder in den Unterricht. Aber innerhalb der Partei sorgten sie für Erschütterungen. Fang Lizhi wurde aus der Partei ausgeschlossen. Deng Xiaopings einstiger Schützling, Hu Yaobang, wurde des Liberalismus geziehen und für die »Unruhen« verantwortlich gemacht. Er musste 1987 eine Selbstkritik vortragen – auch dieses Ritual gab es noch – und wurde seines Amtes als Generalsekretär enthoben. Die Hardliner des linken Parteiflügels gewannen an Macht. 1987 begannen sie eine großangelegte Kampagne »gegen bourgeoisen Liberalismus« und brachten sogar den »Geist von Lei Feng« wieder aufs Tapet. Auch wenn diese Kampagne kaum Resonanz fand – die Reformpolitik stand vor einem Dilemma: um die »Vier Modernisierungen« nicht zu gefährden, musste die »fünfte Modernisierung«, die Demokratie, unbedingt verhindert werden.

Doch das Thema ließ sich nicht einfach verdrängen. Auch in Tibet protestierten 1987 die Verlierer der Modernisierung. Die Tibeter fühlten sich durch die zunehmende Übervölkerung mit Han-Chinesen im eigenen Land marginalisiert, Infrastrukturprojekte und Industrialisierung brachten ihnen keinerlei Vorteile, da sie von höherer Bildung und lukrativen Berufen weitgehend ausgeschlossen waren, ihre Sprache, Lebensweise, Religion und Umwelt sahen sie durch die Besatzungsmacht zerstört. »Wenn ihr Hass so weit ist, dass sie es nicht mehr ertragen können, kommt es zu Rebellionen«, das hatte schon ein Denker der Han erkannt (S. 191), und so war es auch diesmal. Die Tibeter demonstrierten so vehement für Unabhängigkeit, dass Beijing 1989 das Kriegsrecht über Tibet verhängte. Mehrere hundert Tibeter dürften bei den Auseinandersetzungen und in den Kerkern der Sicherheitskräfte umgekommen sein.

Wie so vieles, wurden auch die grausamen Ereignisse in Tibet bald wieder aus dem öffentlichen Bewusstsein verdrängt. Denn 1989 brauten sich noch weitere Unruhen zusammen. Große Feste sollten in diesem Jahr gefeiert werden: der 70. Jahrestag der »4.-Mai-Bewegung«, im Juli das 200. Jubiläum der Französischen Revolution, und im Oktober 40 Jahre »Befreiung«. Doch dann starb am 15. April Hu Yaobang, der einstige Generalsekretär der KPCh, der 1987 wegen seiner liberalen Politik geschasst worden war. Zehntausende Menschen kamen auf dem Tian'anmen-Platz zusammen, um seiner zu gedenken – und zugleich an die Regierung zu appellieren, Hu zu rehabilitieren und demokratische Reformen einzuleiten. Wieder protestierten sie gegen Korruption und schlechte Lebensbedingungen, forderten Transparenz der Regierung, Demokratie, Pressefreiheit und einen Rechtsstaat.

Wie 1919 (S. 508) waren Studenten vor dem Tian'anmen versammelt, um für die Rechte des Volks zu demonstrieren. Doch die KPCh, die aus ebenjener Protestbewegung vor 70 Jahren hervorgegangen war, stand mittlerweile auf der anderen Seite. Die Parteiführer ließen sich nicht zum Dialog mit den Demonstranten herab, im Gegenteil: am 24. April verurteilte Premierminister Li Peng (geb. 1928) die Versammlung als »Aufruhr«, und Deng Xiaoping unterstützte ihn darin. Am 26. April rief die *Volkszeitung* in scharfen Worten dazu auf, »klar gegen den Aufruhr Stellung zu beziehen«.

Dadurch eskalierte die Lage. Am 27. April versammelten sich mehr als 100 000 Studenten und Arbeiter auf dem Tian'anmen-Platz, und es wurden immer mehr. Sie forderten die Partei- und Regierungsspitzen zum gleichberechtigten Dialog auf und bestanden darauf, als »patriotische Demokratiebewegung« anerkannt zu werden. Obwohl der Generalsekretär der KPCh, Zhao Ziyang, wiederholt dazu aufrief, den Konflikt friedlich und geordnet zu lösen, verhärteten sich die Fronten. Mittlerweile standen die Demonstranten im Rampenlicht der Weltöffentlichkeit. Zahlreiche ausländische Journalisten waren in Beijing, denn am 4. Mai sollte Michail Gorbatschow zu einem Staatsbesuch kommen, dem ersten seit dem Bruch zwischen Moskau und Beijing 1956. Er sollte einen Neubeginn chinesisch-sowjetischer Beziehungen markieren.

Doch die Demonstranten stahlen den Staatsmännern die Schau. Sie hielten den Tian'anmen-Platz dauerhaft besetzt. Wo 1966 Millionen Rotgardisten Mao zugejubelt hatten, kampierten jetzt ähnlich junge, idealistische Studenten in Schlafsäcken, Zelten und Bussen. Sie diskutierten, sangen, tanzten, Rockbands spielten, es herrschte Festival-Atmosphäre. Mehr als eine Million Menschen waren Mitte Mai auf dem Tian'anmen-Platz, als Michail Gorbatschow nach Beijing kam. Für die Regierung bedeutete das einen empfindlichen Gesichtsverlust: sie konnte dem sowjetischen Staatschef keinen Staatsempfang bieten, sondern musste ihn durch einen Nebeneingang in die Große Halle des Volkes schmuggeln.

Die Situation spitzte sich jetzt dramatisch zu. Die Demonstrationen wurden zu einer Volksbewegung, die mehr als zwanzig große Städte erfasste. Schon am 13. Mai waren 3000 Demonstranten in Beijing in den Hungerstreik getreten, um die Regierung zum Gespräch zu bewegen. Offen forderten sie jetzt den Rücktritt von Li Peng und Deng Xiaoping. Auch ein Treffen von Li Peng mit Studentenvertretern am 18. Mai – er gab sich steif und zugeknöpft, während diese sich respektlos vor ihm lümmelten – führte zu nichts. Am 19. Mai unternahm Zhao Ziyang einen letzten, verzweifelten Versuch, die Situation zu entschärfen, als er morgens um vier Uhr zu den Studenten ging:

> Kommilitonen, wir sind zu spät gekommen. Wir haben euch unrecht getan. Dass ihr uns tadelt, dass ihr uns kritisiert, ist völlig berechtigt. Heute bin ich nicht gekommen, um um Verzeihung zu bitten. Was ich sagen will, ist, dass ihr körperlich schon sehr geschwächt seid. Der Hungerstreik dauert jetzt schon sieben Tage, so kann es nicht weitergehen. … Ihr seid jung und habt noch viel Zeit. Ihr sollt gesund sein und leben, um den Tag zu erleben, an dem unser China die vier Modernisierungen verwirklicht. … Wollt ihr mit knapp zwanzig oder etwas über zwanzig Jahren euer Leben derart opfern? … Ihr wollt nur Gutes, Kommilitonen, und das Beste für den Staat, aber wenn die Situation sich so weiterentwickelt, gerät sie außer Kontrolle, und das kann sehr ernste Folgen haben. (Zhao Ziyang, 18.5.1989)

»Aber die Studenten verstanden nicht, was ich meinte«, erinnerte sich Zhao Ziyang später. Am 20. Mai verkündete Premierminister Li Peng den Ausnahmezustand und befahl der Armee, den Tian'anmen-Platz zu räumen. Die Studenten ließen sein Ultimatum verstreichen. Mit Menschenketten, Diskussionen und Freundschaftsgesten hielten sie die Soldaten davon ab, ernsthaft einzugreifen. Noch einmal stieg die Zahl der Demonstranten auf 300 000.

Dann schlug die Armee zu. In der Nacht zum 4. Juni rückten schwerbewaffnete Truppen der 27. Division mit Panzern und Gewehren in die Innenstadt vor. Die Soldaten der »Volksbefreiungsarmee« schossen mit scharfer Munition auf das eigene Volk, mähten harmlose Passanten nieder, fuhren mit Panzern über Zelte und Menschen, exekutierten wehrlose Studenten und Arbeiter, brannten und walzten alles nieder, was auf dem Tian'anmen-Platz verblieben war.

> Schießt! Schießt! Auf die Alten, die Kinder und Frauen, schießt! Auf die Schüler, Arbeiter, Lehrer und Händler, schießt! Mäht sie nieder! Mäht sie nieder! Zielt auf die zornigen Gesichter, die entsetzten Gesichter, die verzerrten Gesichter, die bitteren Gesichter, die hoffnungslosen und die gleichmütigen Gesichter, mäht sie nieder! Mäht sie nieder nach Herzenslust! Diese Gesichter, von der Flut emporgetragen und mit einem Wimpernschlag wieder dahingeschieden, wie schön! Diese Gesichter, die gerade zum Himmel und direkt in die Hölle fahren, wie schön! Schönheit, die Menschen zu Monstern macht, so schön! Die Menschen schänden und beschmutzen und besitzen und besudeln lässt, so schön! Zerstört alle Schönheit! Zerstört die Blumen und Wälder, Schulen und die Liebe, Gitarren und allzu klare Luft! Zerstört die durchgebrannten Phantasien! Mäht sie nieder! Mäht sie nieder!
>
> (Liao Yiwu, »Da tusha«)

Bis heute ist nicht bekannt, wie viele Menschen am 4. Juni 1989 auf dem Tian'anmen-Platz und vor allem auf den Straßen der Innenstadt umgekommen sind: Hunderte jedenfalls, vielleicht bis zu 3000. Viele, die dem Massaker entgangen waren, wurden später verhaftet, in Arbeitslager geschickt oder hingerichtet. Liao Yiwu (geb. 1958), der die oben zitierten Zeilen geschrieben hatte, kam ins Gefängnis. Generalsekretär Zhao Ziyang, der zu den Studenten gehalten hatte, wurde seines Amtes enthoben und unter Hausarrest gestellt.

Die Welt war entsetzt. Politiker verurteilten das Massaker aufs schärfste, Unternehmen zogen sich angewidert aus China zurück, westliche Staaten verhängten Wirtschaftssanktionen gegen China, die Zahl der Sinologie-Studienanfänger sank drastisch. – Aber war all das wirklich überraschend gekommen? Wer die chinesische Politik in der »neuen Epoche« nach 1978 genau beobachtet hatte, wusste, dass es der KPCh nie um politische Liberalisierung oder gar Demokratisierung gegangen war, nicht einmal um Wirtschaftswachstum. Es ging immer um die Machterhaltung der Partei. Nachdem die maoistische Politik der permanenten Revolution und ökonomischen Autarkie diese Aufgabe nicht mehr erfüllen konnte, erschienen Wirtschaftsreformen und Öffnung nach außen als probate Mittel für denselben Zweck. Die KPCh hat auf Probleme des späten 20. Jahrhunderts ähnlich reagiert wie die Qing auf die Herausforderungen des 19. Jahrhunderts: indem sie sich technisch-ökonomisch anpasste, staatliche Strukturen jedoch weitgehend unangetastet ließ.

Wang Hui (geb. 1959), Herausgeber der Zeitschrift *Dushu*, hat darauf hingewiesen, dass 1989 nicht nur die Forderung nach Demokratie niedergeschlagen wurde, sondern auch Proteste gegen wachsende Ungleichheit, Inflation und die Unbilden der Marktwirtschaft. Beides konnte von der Partei nur als »konterrevolutionär« bewertet werden, denn es stellte die Grundlagen ihrer Macht in Frage. Auf einen solchen Affront hat die Partei noch allemal mit Gewalt reagiert.

Was blieb, war das Bild von einem einzelnen Mann, der sich einer Reihe von Panzern entgegenstellte: es wurde zum Symbol für den Mut, aber auch das Scheitern der chinesischen Demokratiebewegung. Der Traum vom freien, demokratischen China war geplatzt.

Deng Xiaopings »Südreise«

Das Massaker vom 4. Juni 1989 ist in China tabu. Kein Buch, keine Zeitung hat das Thema aufgearbeitet, im Internet ist von China aus keine Information dazu zu finden, Blogger kommunizieren nur verschlüsselt – etwa unter der Chiffre »35. Mai« – darüber. Aber auch im Ausland war das Blutbad erstaunlich schnell vergessen. Spätestens 1992 redete niemand mehr davon, als Deng Xiaoping seine berühmte »Südreise« unternahm, mit der er für die Beschleunigung des Wirtschaftswachstums warb.

Deng war 1992 in einer prekären Situation. Seine zwei prominentesten »Schützlinge«, Hu Yaobang und Zhao Ziyang, hatte er fallengelassen. Auch wenn 1989 mit Jiang Zemin (geb. 1926) der Mann seiner Wahl Generalsekretär geworden war, wurden konservative Reformgegner, die wirtschaftliche Liberalisierung einschränken wollten, immer einflussreicher. Die Geschichte schien ihnen recht zu geben: 1991 endete die Herrschaft der KPdSU, die baltischen Staaten erklärten sich für unabhängig, und schließlich löste sich die Sowjetunion auf. Gorbatschows Politik der Liberalisierung hatte geradewegs zum Untergang des Systems geführt – musste China nicht dasselbe befürchten? Im Dezember 1991 legten die Reformgegner einen Entwurf zum Rückbau der Sonderwirtschaftszonen vor – Dengs Lebenswerk schien in Gefahr.

Da machte sich der greise Deng Xiaoping – er war 87 Jahre alt, fast taub und konnte kaum noch gehen – im Januar/Februar 1992 auf in die Sonderwirtschaftszonen Zhuhai und Shenzhen sowie nach Shanghai, wo er wegweisende Reden vor Kadern hielt:

> Nicht am Sozialismus festzuhalten, sich nicht zu reformieren und zu öffnen, die Wirtschaft nicht zu reformieren und das Leben der Menschen nicht zu verbessern, kann nur ins Verderben führen. Die grundlegende Linie muss auf hundert Jahre bewahrt werden, ohne zu schwanken. … Ich habe das schon oft gesagt: ohne die Erfolge der Reform- und Öffnungspolitik hätten wir den 4. Juni nicht überstanden. Dann wäre es zu Aufruhr gekommen und schließlich zu Bürgerkrieg. Die »Große Kulturrevolution« war so ein Bürgerkrieg. Warum aber ist unser Staat nach dem 4. Juni stabil geblieben? Eben weil wir Reform und Öffnung betrieben, die wirtschaftliche Entwicklung gefördert haben und das Leben der Menschen sich verbessern konnte. … Wir müssen mutiger sein bei Reform und Öffnung, müssen Experimente wagen und nicht daherkommen wie Frauen mit gebundenen Füßen. Das Ziel im Visier, müssen wir mutig experimentieren und mutig voranschreiten. … Planwirt-

schaft ist nicht dasselbe wie Sozialismus, auch im Kapitalismus gibt es Planung; und Marktwirtschaft ist nicht dasselbe wie Kapitalismus, auch im Sozialismus gibt es einen Markt. Planung und Markt sind gleichermaßen Instrumente der Wirtschaft. (*Deng Xiaoping wenxuan* 3)

Deng Xiaoping vollbrachte das Kunststück, Stabilität mit Massenmord und Marktwirtschaft mit Sozialismus zu vereinbaren. Ähnlich wie Mao Zedong 1965, gelang ihm so die Rückeroberung der Zentrale aus der Peripherie: Ende März – die Partei hatte lange mit sich gerungen – berichtete die *Volkszeitung* groß über seine »Südreise«, auf dem 14. Parteitag im selben Jahr wurde Dengs Reformkurs bekräftigt. Ein junger Reformpolitiker namens Hu Jintao (geb. 1942) wurde ins Politbüro gewählt und die Devise der »sozialistischen Marktwirtschaft« (*shehui zhuyi shichang jingji*) als offizielle Parteilinie ausgerufen.

Damit waren die Weichen gestellt für eine atemberaubende wirtschaftliche Entwicklung. Seither spricht man nur noch in Superlativen von China – und vor allem in Zahlen: in den zwanzig Jahren unter Deng Xiaoping betrug das Wirtschaftswachstum durchschnittlich fast 10 % pro Jahr, das reale Pro-Kopf-Einkommen stieg in der gleichen Zeit um 8,5 %, mehr als 200 Millionen Menschen wurden aus absoluter Armut befreit, die Exporte explodierten geradezu, von 9,8 Milliarden Dollar (1978) auf 183 Milliarden Dollar (1997), das meiste davon Industriegüter. China gelang unter Deng ein Wirtschaftswunder, wie es die Welt noch nicht gesehen hatte.

Und wieder lag die Welt China zu Füßen. Seit in den 1990ern Direktinvestitionen möglich wurden, strömten ausländische Unternehmen scharenweise nach China. Allein 1992 wurde in China mehr ausländisches Kapital investiert als in den zwölf Jahren zuvor zusammengenommen, 1993 verdoppelte sich der Betrag noch einmal und stieg bis 1997, dem Todesjahr Dengs, auf 40 Milliarden Dollar. Der Großteil dieser Investitionen kam aus Hongkong, Taiwan und Südostasien, aber auch der Westen stand nicht länger zurück. Jetzt wurden auch chinesische Politiker wieder hoffähig: Deutschland etwa empfing Li Peng und Jiang Zemin, Bundeskanzler Helmut Kohl – er besuchte 1995 sogar eine Division der Volksbefreiungsarmee – und sein Nachfolger, Gerhard Schröder, reisten regelmäßig nach China, stets mit hochdotierten Handelsverträgen im Gepäck. Auch wenn der Deutsche Bundestag 1996 in einer Resolution die chinesische »Repressionspolitik« in Tibet verurteilte – Chinas wirtschaftlicher Aufstieg überstrahlte die Bedenken der meisten Regierungen. Auch im Westen ist politischer Machterhalt nicht an Moral, sondern an ökonomischen Erfolg gekoppelt.

Der krönende Abschluss der Ära Deng Xiaopings wurde 1997 erreicht, als Hongkong »zurück ins Vaterland« kehrte. Was einst eine »öde Insel mit kaum einem Haus darauf« gewesen war (S. 470), hatte sich unter englischer Herrschaft zu einer glitzernden Industrie-, Finanz- und Handelsmetropole entwickelt, deren Hafen die Drehscheibe des Handels in ganz Ostasien war. Hongkong war 1997 mit einem Bruttosozialprodukt von über 30 000 Dollar pro Kopf die drittreichste Gesellschaft Asiens. Die Stadt war eine Goldgrube. So dürfte China die Zusage leichtgefallen sein, Hongkong unter der Formel »ein Land, zwei Systeme« für 50 Jahre Autonomie zu gewähren und seine Wirtschaft, ja sogar seine Währung unangetastet zu lassen. Auch die vielen Ärgernisse, die sich mit der Übernahme verbanden – hastige Demokratisierungsversuche Englands, Planung eines kostspieligen neuen Flughafens, Auswanderung von Hunderttausenden Hongkongern –, konnten Chinas Triumph nicht schmälern. Um Mitternacht am 1. Juli 1997, als die VR China Hongkong übernahm, stieg ihr Bruttosozialprodukt mit einem Schlag um 20 %.

Deng Xiaoping, der Architekt des Erfolgs, erlebte diesen Moment nicht mehr. Er war am 19. Februar 1997 im Alter von 92 Jahren gestorben – zufrieden, so darf man annehmen, denn sein Erbe war gesichert. Er hatte China auf einen Entwicklungskurs gebracht, von dem es kein Zurück mehr gab, und er hatte mit Jiang Zemin, Hu Jintao, Li Peng und Zhu Rongji (geb. 1928) eine neue Führungsriege installiert, die seine Politik fortsetzen würde. Deng stieg im Pantheon der KPCh fast so hoch wie Mao Zedong. Seine »Theorien« (*lilun*) wurden, wie die »Mao-Zedong-Gedanken«, in die Parteistatuten aufgenommen – obwohl sie diesen offenkundig widersprachen. Deng Xiaoping war es gelungen, die Fieberkurve der Revolution, die Mao so rücksichtslos befeuert hatte, wieder zu senken. So zukunftsweisend seine Politik war – in vielerlei Hinsicht brachte sie China wieder genau dorthin, wo es vor der kommunistischen »Befreiung« gewesen war. Hemmungsloser Manchester-Kapitalismus und Konsumrausch, bourgeoise Lebensformen, ökonomische Ungleichheit, Inflation, Korruption: all das auszumerzen, war die KPCh ein halbes Jahrhundert zuvor angetreten – jetzt kam es mit ihrem Segen zurück. Nach fünfzig Jahren kommunistischer Herrschaft befinde sich

China in der »Frühphase des Sozialismus«, nach all den Mordkampagnen gegen »Kapitalisten« und »Grundbesitzer« war der Kapitalismus wieder gesellschaftsfähig. »Bescheidenen Wohlstand« (*xiaokang*) hatte Deng als Ziel der gesellschaftlichen Entwicklung vorgegeben – und dabei dieselbe Vokabel benutzt wie ein Jahrhundert zuvor der Konfuzianer Kang Youwei (S. 473). Dass all das unter dem Titel des »Sozialismus« firmierte, ist eines der Paradoxe, die Deng Xiaoping seinem Land hinterlassen hat.

Schneller, höher, stärker: die kommende Weltmacht

Im Februar 2009 ließ das Auktionshaus Christie's Stücke aus der Kunstsammlung von Yves Saint Laurent und Pierre Bergé in Paris versteigern. Darunter befanden sich zwei bronzene Köpfe eines Hasen und einer Ratte. Sie gehörten zu einem Ensemble von zwölf Tierköpfen des chinesischen Tierkreises, die einst einen Brunnen im Sommerpalast der Qing geschmückt hatten und 1860 von Franzosen geraubt worden waren (S. 456). Die Stücke erzielten einen sensationellen Preis: für jeweils 15,7 Millionen Euro erhielt ein anonymer Telefonbieter den Zuschlag. Der Anonymus entpuppte sich nach Ende der Auktion als chinesischer Kunstsammler – und weigerte sich zu zahlen. Er habe den Verkauf des Beuteguts nur torpedieren wollen, sagte er, und zwar »im Namen des chinesischen Volkes«: ein Sieg des chinesischen Patriotismus.

Die Episode sagt einiges aus über das heutige China. Die Chinesen sammeln wieder Kunst, sie agieren global und können alle Welt überbieten, sie haben ihren Nationalstolz wiedergefunden, trumpfen selbstbewusst auf – und reagieren zugleich höchst empfindlich auf alles, was an die Wunden der Geschichte rührt. Denn mit der Öffnung Chinas war keineswegs das »Ende der Geschichte« (Fukuyama) erreicht, im Gegenteil: je mehr sich die Ereignisse beschleunigten, je tiefer China in den Strudel der Weltgesellschaft gerissen wurde, desto wichtiger wurde seine »nationale« Geschichte.

Weltmacht und Weltgesellschaft

Chinas dritte und vierte Führungsgenerationen haben dort weitergemacht, wo Deng Xiaoping aufgehört hatte. Jiang Zemin wurde als Generalsekretär der KPCh, Staatspräsident und Vorsitzender der Zentralen Militärkommission zu Chinas »drittem Kaiser« nach Mao und Deng. Doch Jiang, ein blasser Technokrat hinter einer überdimensionierten Hornbrille, war weder charismatisch noch revolutionär. Er baute den Staat nicht um, sondern führte die Politik Deng Xiaopings fort, eine »Gesellschaft mit bescheidenem Wohlstand« zu schaffen. Sein Beitrag zum theoretischen Inventar der KPCh war die »wichtige Idee« der »Dreifachen Vertretung« (*sange daibiao*). Die KPCh vertrete demnach die »fortschrittlichen Produktivkräfte«, die »fortschrittliche Kultur« sowie die Interessen der »großen Mehrheit des Volks«, und das heißt: auch der Kapitalisten. Fortan konnten nicht nur Parteimitglieder zu Unternehmern, sondern auch Unternehmer zu Parteimitgliedern werden: die einstigen »Klassenfeinde« waren zu Genossen geworden.

Unter Jiang und Hu Jintao, der ihm in allen drei Ämtern folgte, wurde die VR China zur Weltmacht. Die ökonomischen Eckdaten sind wohlbekannt: Chinas Wirtschaft wuchs auch im letzten Jahrzehnt alljährlich um mindestens 8 %, und kein Land außer den USA zieht mehr ausländische Direktinvestitionen an. Seit China 2001 der World Trade Organization (WTO) beigetreten ist, sind viele Importzölle gefallen, was Chinas Außenhandel weiter stimulierte: 2009 löste es Deutschland als »Exportweltmeister« ab. China verfügt mit über zwei Billionen Dollar über die höchsten Devisenreserven der Welt, es ist seit 2011 der weltweit größte Energieverbraucher, konsumiert mehr Kohle und Stahl als jedes andere Land und hat den größten Markt für Kraftfahrzeuge – allein in Beijing werden täglich 2500 Neuwagen zugelassen. 2010 löste China Japan als zweitgrößte Wirtschaftsnation der Welt ab.

In jeder Hinsicht bricht China Rekorde, alles scheint dieses Land im Übermaß zu haben: Erfolge, aber auch Probleme. Denn China bezahlt für seinen wirtschaftlichen Aufschwung einen hohen ökologischen Preis. Schon jetzt kosten die Folgen der Umweltverschmutzung China jährlich rund 6 % seines Bruttoinlandprodukts. Erosion, Ausbreitung der städtischen Wirtschaft und Desertifikation haben die Anbaufläche für Getreide dramatisch schrumpfen lassen, so dass es immer schwieriger wird, Chinas wachsende Bevölkerung zu ernähren. Schon heute sind 20 % von

Chinas Landfläche Wüste, und jedes Jahr gehen weitere 3000 km² durch Desertifikation verloren. Zugleich wird Wasser immer knapper: ungeklärte Abwasser verseuchen 60 % von Chinas Flüssen, 70 % der chinesischen Städte leiden unter Wasserknappheit. Vor allem im Norden ist der Wassermangel so akut, dass China ein gewaltiges Programm plant, um Wasser des Yangzi nach Norden zu leiten. China produziert weltweit die größten Kohlendioxid- und Schwefel-Emissionen und verursacht in ganz Ostasien sauren Regen. Kohlenstaub und Abgase verpesten die Luft in Chinas Städten und führen zu schweren Atemwegserkrankungen: jährlich sterben schätzungsweise 600 000 Menschen in Chinas Städten an den Folgen von Umweltverschmutzung.

Überhaupt zeigt sich vor allem in den Städten, wie sehr die Entwicklung der letzten Jahre das Antlitz Chinas verändert hat, am augenfälligsten in denen des Südens, die Deng Xiaoping 1992 besucht hatte. Shenzhen etwa, in den 1970er Jahren noch ein kleiner Grenzort vor Hongkong mit 30 000 Einwohnern, meist Bauern, wurde als Sonderwirtschaftszone zum Eldorado der chinesischen Wirtschaft. Billige Arbeitskräfte und Steuererleichterungen lockten zahlreiche Hongkonger Fertigungsbetriebe nach Shenzhen, die dort in »Sweatshops« Textilien, Schuhe, Uhren, Elektrogeräte, Computer produzieren ließen. Harte, ungesunde und erbärmlich bezahlte Arbeit war das, kaum besser als in der Frühzeit des Kapitalismus in China. Dennoch strömten Millionen von Arbeitern und vor allem Arbeiterinnen vom Land nach Shenzhen in der Hoffnung auf eine bessere Zukunft. Heute hat Shenzhen neun Millionen Einwohner mit einem Durchschnittsalter von unter 30 Jahren, das höchste Pro-Kopf-Einkommen Chinas außer Hongkong und Macao, eine Universität, eine Wertpapierbörse und einen der größten Containerhäfen weltweit. Jetzt sollte China »von Shenzhen lernen«.

Mehr noch als Shenzhen wurde Shanghai – zum zweiten Mal in seiner Geschichte – zum Symbol für Chinas Aufstieg. Die Stadt, die unter Mao ein Aschenputtel-Dasein gefristet hatte, wuchs jetzt über sich hinaus. Durch die Lockerung des Meldesystems (S. 544) stieg die Stadtbevölkerung von rund sechs auf mindestens 19 Millionen. Ein nie dagewesener Bauboom brach Mitte der 1990er Jahre aus, nachdem eine Wohnungsreform ermöglicht hatte, privates Wohneigentum zu kaufen. Jetzt wurden in ganz Shanghai Altbauten und ganze Wohnviertel abgerissen – ihre Einwohner wurden zwangsweise umgesiedelt – und durch Apartmenthochhäuser ersetzt.

Eine Straße im Shanghaier Vorort Minhang 1980 (a) und 2004 (b): der Umbau der Stadt hat auch das soziale Leben radikal verändert.

Vielspurige Schnellstraßen wurden um und quer durch das Stadtzentrum gebaut, gigantische Brücken über den Huangpu gespannt. Wo in den frühen 1990er Jahren noch Fahrräder, Rikschas und klapprige Busse durch gewundene Gassen zuckelten, wälzt sich heute eine Lawine von mehr als einer Million Autos entlang, und jede Woche kommen 5000–8000 neue hinzu. Sage und schreibe 13 U-Bahn-Linien mit über 400 km Länge wurden seit 1995 fertiggestellt, ein Transrapid befördert seine Passagiere mit 430 km/h zum neuen Flughafen in Pudong.

Pudong, das 530 km^2 große Gebiet »Östlich des Huangpu«, galt einst als »Müllhaufen Shanghais«. Seit den 1990er Jahren sind dort u. a. eine Freihandelszone, ein Hochtechnologiepark, ein internationaler Flughafen und ein hypermodernes Wirtschafts- und Finanzzentrum entstanden. Wo vor zwanzig Jahren nur Sumpf und Baracken waren, ragen heute ein 468 m hoher Fernsehturm, das 420 m hohe Jinmao-Hochhaus und das 495 m hohe Shanghai World Financial Center in den Himmel (Farbabb. 19). Der Shanghai Tower, der noch im Bau ist, wird 630 m hoch sein, das zweithöchste Gebäude der Welt.

Die atemberaubende Skyline von Pudong hat die Kolonialarchitektur des »Bund« am gegenüberliegenden Ufer des Huangpu als Wahrzeichen Shanghais abgelöst. Shanghai ist längst keine chinesische Stadt mehr, auch keine Kolonialstadt, sondern eine *global city*. Die Bankhochhäuser von Pudong, in denen globale Finanzströme zusammenfließen, die Rennstrecke von Anting, auf der sich der internationale Formel-Eins-Zirkus trifft, der neue Tiefseehafen, auf dem Ware aus aller Welt gelöscht wird, die riesigen Satellitenstädte, von westlichen Architekten geplant, die Sitze transnationaler Unternehmen: all das weist weit über Chinas nationale Grenzen hinaus.

Shanghai ist kein Einzelfall. Überall in China sind Städte in rasendem Tempo gewachsen: Beijing und Guangzhou, Chongqing, Suzhou, Tianjin, Dalian, Shenzhen, Wuhan, Dongguan und Dutzende weitere Millionenstädte, die hierzulande kaum bekannt sind. Während in den frühen 1980ern der Anteil der Stadtbevölkerung bei etwa 17 % lag, leben heute annähernd 50 % der Chinesen in Städten. Diese Städte sind nicht nur gewachsen, sie sind auch urbaner geworden, ein Prozess, mit dem Chinas Gesellschaft sich völlig verändert hat.

In den Städten der 1980er Jahre waren oft noch dörfliche Strukturen zu beobachten: Großfamilien, die in gedrängten Verhältnissen – im Durchschnitt 3,6 m^2 pro Person – zusammenwohnten, sich Gemeinschaftsküchen, -bäder und -toiletten mit Nachbarn teilten; schmale Gassen, auf denen Frauen zusammen Wäsche wuschen, Männer Schach spielten und Kinder tobten; enge Bekanntschaft, intensive soziale Interaktion – im Guten wie im Bösen – und ausgeprägtes Gemeinschaftsgefühl; zugleich geringe Mobilität und Beschränkung auf ein nahes Umfeld. All das änderte sich: enge Wohnviertel – *hutong* in Beijing und *lilong* in Shanghai – wurden ersetzt durch moderne Wohnsilos mit sanitärer Ausstattung und mehr Wohnraum, im Durchschnitt über 10 m^2 pro Person. Dort leben nicht mehr zwei, drei Generationen beisammen, sondern Paare oder Singles, meist auch nicht mehr zur Miete, sondern als Eigentümer. Man trifft sich kaum mehr auf den Straßen, denn die sind vom Autoverkehr beherrscht, viele lernen ihre Nachbarn nicht einmal kennen: ihr täglicher Weg führt von der Wohnung in die Tiefgarage, dann im Auto zur weit entfernten Arbeitsstelle. Die städtische Gesellschaft ist mobiler geworden, individueller, anonymer. In chinesischen Städten kann man nicht nur in Ruhe gelassen werden, man will es auch.

Für Chinas *young urban professionals* bilden nicht mehr Familie oder Nachbarschaft die primären Bezugsrahmen, sondern der Beruf. Diese Orientierung spiegelt sich im städtischen Raum selbst wider, der zunehmend funktional aufgeteilt ist: in *central business districts*, Bankenviertel, Wirtschaftssonderzonen, Universitätsviertel, Hightech-Parks, ja in ganze Satellitenstädte, die zweckgebunden geplant sind, wie die »Autostadt« Anting oder die Hafenstadt Lin'gang bei Shanghai. Chinas Städte sind der Ort, an dem sich die Gesellschaft funktional ausdifferenziert.

Zugleich wuchs mit den Städten Chinas Verflechtung mit der Welt: sie wurden zur Spielwiese für ausländische Architekten, zogen Medien, Wirtschaft, Sport und Mode aus aller Welt an. Was in Chinas Städten heute geschrieben, produziert, verbraucht, gekauft und entschieden wird, wirkt sich weltweit aus – ebenso wie Entwicklungen an Europas Börsen, Sportereignisse in Südafrika und Preisverleihungen in Oslo in China sensibel registriert werden. An Chinas Städten wird sichtbar, wie sehr China bereits ein Teil der Weltgesellschaft geworden ist.

China ist in jeder Hinsicht ein *global player*. Politisch hat sein Gewicht deutlich zugenommen. Seit 1999 Macao wieder an China zurückgegangen ist, hat das Land das letzte Relikt kolonialer Besetzung abgeschüttelt. China ist ständiges Mitglied des UNO-Weltsicherheitsrates, Gründungsmitglied der »Shanghaier Organisation für Zusammenarbeit« (»Shanghai Six«), es spielt eine Schlüsselrolle bei multilateralen Verhandlungen mit

Nordkorea und übt in manchen Ländern Afrikas erheblichen Einfluss aus. China hat ein ambitioniertes Raumfahrtprogramm gestartet – mit dem Raumschiff »Shenzhou 7« sind 2008 erstmals drei Astronauten ins All geflogen – und sein Militär in den letzten Jahren mit großem Aufwand modernisiert. Chinas Verteidigungsetat soll sich zwischen 1989 und 2009 verzwanzigfacht haben, es verfügt über Atomwaffen, interkontinentale Trägerraketen, Tarnkappenflugzeuge und hochmoderne U-Boote, die es auch militärisch zu einer Großmacht machen. Wissenschaft: Chinas Forschungsinstitute gehören zu den größten der Welt, seine Universitäten sind oft besser ausgestattet als ihre europäischen Pendants, an Forschungsergebnissen chinesischer Wissenschaftler kommt man in keiner Disziplin mehr vorbei. Kultur: Chinas Literatur wird nicht erst seit dem Nobelpreis für Gao Xingjian (geb. 1940) im Jahr 2000 weltweit rezipiert, der chinesische Film feiert internationale Erfolge, moderne chinesische Malerei erzielt bei Auktionen Millionenbeträge, die Konzeptkunst von Ai Weiwei (geb. 1957) und anderen wird auf Ausstellungen rund um den Globus gezeigt. Sport: China hat seit seiner Rückkehr zu internationalen Wettkämpfen größte Erfolge erzielt. Chinas Tischtennisspieler dominieren die Weltelite, Sportler wie Liu Xiang und Yao Ming sind Weltstars, und bei den Olympischen Spielen 2008 war die VR China mit Abstand die erfolgreichste Nation.

Ambivalenzen der Weltgesellschaft

Schneller, höher, stärker: mit jedem weiteren Erfolg ist auch Chinas Selbstbewusstsein gewachsen. Schon Mitte der 1990er Jahre hatten Politiker wie Malaysias Premierminister Mahathir bin Mohamad und Singapurs *elder statesman* Lee Kuan Yew die Überlegenheit von »asiatischen Werten« verkündet: Verbindung von autoritärer Einparteienherrschaft mit wirtschaftlicher Entwicklung, Vorrang des Kollektivs gegenüber individuellen Rechten und »Harmonie« im Gegensatz zu westlicher Diskussionskultur. Der wirtschaftliche Aufschwung schien ihnen recht zu geben, und auch in China trugen diese Theorien zu neuem Selbstbewusstsein bei. *China kann »nein« sagen* hieß ein Bestseller, in dem 1996 ein junges Autorenkollektiv dieses Selbstbewusstsein ausdrückte:

> China, in seiner Eigenschaft als Gemeinschaft der vortrefflichsten Menschen, besitzt bereits die Fähigkeit, große Verantwortung zu übernehmen. … Weil sich Chinas Volkswirtschaft in Windeseile entwickelt und sein Nationalbewusstsein sich täglich entfaltet sowie aufgrund seines großen Marktes und seiner besonderen Ansichten zu internationalen Fragen hat China bereits die Aufmerksamkeit der Welt auf sich gezogen. Anders ausgedrückt, China wird in nicht allzu ferner Zukunft eine wichtige Rolle beim Widerstand gegen globale Ungerechtigkeit spielen: und das wird zweifellos einen nicht fortzuwischenden Schatten auf Amerikas hegemoniale Ambitionen werfen.
>
> (*Zhongguo keyi shuo »bu«* 1)

In China feiert der Nationalismus fröhliche Urständ und scheint den Kommunismus als Leitideologie abzulösen. China sagte immer öfter »nein« zu den Anmaßungen der Westmächte. Als 1999 NATO-Truppen die chinesische Botschaft in Belgrad – angeblich aus Versehen – zerbombten, brachen wütende Demonstrationen gegen den amerikanischen »Terrorismus« aus. Auf die Äußerung des taiwanesischen Präsidenten Lee Teng-hui, dass die Beziehungen mit der VR China »zwischenstaatlicher« Natur seien, reagierte China 1999 mit militärischen Manövern in der Taiwanstraße; 2005 formulierte es in einem »Antisezessionsgesetz« die permanente Kriegsdrohung an Taiwan. Als Japan 2005 neue Schulbücher publizierte, in denen die Greuel des Zweiten Weltkriegs verharmlost wurden, kam es in China zu Massendemonstrationen und gewalttätigen Ausschreitungen gegen japanische Einrichtungen. Und anlässlich eines Zwischenfalls im Seegebiet vor den Senkaku-(chin. Diaoyutai-)Inseln, die sowohl Japan als auch China für sich reklamieren, hat China 2010 mit erregten Drohgebärden reagiert.

Selbst geringfügige Anlässe führten in den letzten Jahren zu heftigen Reaktionen: auf jeglichen diplomatischen Umgang mit dem Dalai Lama reagiert Beijing mit erregtem Protest und Androhung wirtschaftlicher Sanktionen; die »Taiwan-Frage« ist ein ähnlich empfindlicher Punkt, bei dem China internationale Stellungnahmen als »Einmischung« in seine »inneren Angelegenheiten« abstraft; die Demonstrationen gegen den olympischen Fackellauf 2008 führten zum Boykott-Aufruf gegen einen französischen Supermarkt; kritische Berichterstattung westlicher Medien, vor allem vor den Olympischen Spielen in Beijing, hat chinesische Blogger zu giftigen Polemiken gereizt; und nach der Verleihung des Friedensnobelpreises an Liu Xiaobo hat die chinesische Führung westlichen Regierungen allen Ernstes mit Konsequenzen gedroht.

China kann »nein« sagen, kein Zweifel. Aber warum diese Vehemenz? Erklärungsversuche, die auf »Aggressivität«, »Minderwertigkeitskomplexe« oder gar die »traditionelle« Empfindlichkeit für Gesichtsverlust abheben, greifen wohl zu kurz. Auch die Rede von einer »Bedrohung« des Westens durch China dürfte übertrieben sein. Chinas Politik ist keineswegs irrational. Chinas Verflechtungen mit der Weltgesellschaft sind bereits so eng, dass keine Seite einen ernsthaften Konflikt riskieren würde: China ist einerseits der größte Gläubiger der USA, andererseits unmittelbar von ausländischen Direktinvestitionen abhängig, einerseits ein lebenswichtiger Markt für westliche Unternehmen, andererseits dringend auf Exporte in den Westen angewiesen. Tatsächlich dürfte Chinas Nationalismus weniger auf Anfechtungen von außen reagieren als vielmehr auf den Strukturwandel innerhalb der chinesischen Gesellschaft. Die emphatische Selbstbeschreibung als Nation, der alle Chinesen gleichermaßen angehören, scheint auf das Problem zu reagieren, dass längst nicht alle Chinesen gleich sind.

Denn die Entwicklung zur Weltgesellschaft hat eine Kehrseite. Während China sich in seiner Urbanität immer stärker an der Welt orientiert und dem Westen – eine oft wiederholte Beobachtung – immer ähnlicher wird, verschärfen sich die innerchinesischen Gegensätze. Seit den 1990er Jahren ist die ökonomische Ungleichheit der chinesischen Gesellschaft immer eklatanter geworden. Der Gini-Koeffizient, der die Ungleichheit der Einkommensverteilung auf einer Skala von 0 bis 1 angibt, liegt in China heute bei 0,47: etwa auf dem Niveau lateinamerikanischer Staaten und fast doppelt so hoch wie in der Bundesrepublik Deutschland. Eine andere Statistik besagt, dass 0,5 % der Chinesen 65 % des Vermögens besitzen.

Dieses eklatante Wohlstandsgefälle verläuft zwischen den hochentwickelten Küstengebieten Ostchinas und dem rückständigen Hinterland im Westen (Karte S. 587), vor allem aber zwischen Städtern und Landbevölkerung. Es trennt nicht zwei geographische Regionen, sondern zwei Welten. Neureiche Shanghaier geben für ein Abendessen so viel aus, wie ein Bauer in zehn Jahren verdient; in Suzhou trägt man Armani, manche Bauern hingegen besitzen nicht einmal ein Hemd; Yuppies spielen auf künstlich bewässerten Golfplätzen, während Bauern in Nordchina um Regen beten; auf Shanghais Straßen stauen sich die Luxuslimousinen, viele Dörfer haben nicht einmal Straßen; während in den Speckgürteln von Beijing und Shanghai Villensiedlungen entstehen, herrscht auf dem Land zum Teil archaisches Elend.

Wir hätten nicht gedacht, dass der ärmste Ort Anhuis sich südlich des Yangzi befinden könnte, bei der weltbekannten Stadt Huangshan, in dem Dorf Baiji, Kreis Xiuning, das weder an das Straßen- noch an das Stromnetz angeschlossen ist. Dort stellten wir erschrocken fest, dass die Landwirtschaft in den Bergen auf dem Niveau primitiver Brandrodung stehengeblieben ist. Die Bauern dort rackern sich das ganze Jahr ab und verdienen im Durchschnitt nur 700 Yuan [70 Euro], im Monat gerade einmal 58 Yuan [5,80 Euro]. Viele von ihnen wohnen in dunklen, feuchten, engen und schäbigen Lehmhütten, manche nicht einmal mit Dachziegeln gedeckt, sondern nur mit Baumrinde. Wenn diese Armen einmal krank werden, mögen sie in leichten Fällen wohl überleben, in schweren aber bleibt ihnen nur der Tod.

(Chen Guidi / Chuntao, *Zhongguo nongmin diaocha*, Einleitung)

Zynismus der Geschichte: die Bauern, von Mao zu Helden der chinesischen Revolution ausgerufen und von Deng zu Initiatoren des neuen Aufschwungs gemacht, wurden zu den größten Verlierern der Reformpolitik. Niemandem geht es in China heute schlechter als denen, die bei der Landwirtschaft geblieben sind. Die Bauern haben am schwersten unter den Folgeproblemen der Modernisierung zu leiden: unter grassierender Korruption und organisierter Kriminalität, die ganze Regionen im Griff hat, unter Wasser- und Bodenverschmutzung, Wasserknappheit, Desertifikation, Überschwemmungen und Verlust von Ackerland. Der Agraringenieur He Kaiyin (geb. 1935) hat schon 1989 darauf hingewiesen, dass sich seit Gründung der VR China die Bevölkerung mehr als verdoppelt, die Anbaufläche pro Einwohner aber halbiert habe: eine ähnlich dramatische Diagnose, wie sie 200 Jahre zuvor Hong Liangji gestellt hatte (S. 442). Seitdem ist die Lage nicht besser geworden. Zwischen 1996 und 2006 verloren 80 Millionen Bauern ihren Grund und Boden aufgrund von Zwangsumsiedlung oder Enteignung; allein zwei Millionen wurden für den Bau des gigantischen »Drei-Schluchten-Staudamms« am Yangzi (S. 241) von ihrer Scholle vertrieben.

Manche Bauern nehmen den mühsamen Weg nach Beijing auf sich, um dort persönlich zu klagen – und handeln sich damit noch größere Repressalien ein. Andere protestieren mit gewalttätigen Ausschreitungen gegen Korruption, Ausbeutung, Umweltverschmutzung und elende Lebensumstände. Seit 2001 soll die Zahl solcher Revolten von 40 000 auf über 90 000 gestiegen sein: Zeugnisse der Verzweiflung von Menschen, die buchstäblich am Rande der Gesellschaft leben, bitterarm, ausgeschlossen vom Zugang zu Bildung oder medizinischer

Versorgung und praktisch ohne politische Beteiligung oder einklagbare Rechte.

Nicht nur Bauern gehören zu diesen Unterprivilegierten; manchen anderen geht es kaum besser. Bergarbeiter verrichten oft unter illegalen Bedingungen und ohne jeden Rechts- oder Gesundheitsschutz lebensgefährliche Arbeit. Während Chinas Städte die größten Kohleverbraucher der Welt sind, sterben in den Kohlegruben Shanxis und der Mongolei jährlich Tausende bei Grubenunglücken. Ihre Familien erhalten dann allenfalls eine magere Abfindung. Die 200 Millionen Wanderarbeiter vom Land, die am Rande der Legalität, oft ohne Arbeitsvertrag, auf den Baustellen der Großstädte schaffen, können dort nicht einmal ihre Kinder zur Schule schicken. Fabrikarbeiterinnen arbeiten sieben Tage die Woche zwölf, manchmal 18 Stunden am Tag (gesetzlich vorgeschrieben sind acht) für 60–80 Euro im Monat. Nicht selten wird ihnen der Hungerlohn erst mit monatelanger Verspätung ausgezahlt, um sie zum Bleiben zu zwingen, manchmal überhaupt nicht. Diese Männer und Frauen, die treibende Kraft hinter dem Wachstum der Städte, sind sozial vollkommen ausgegrenzt: räumlich isoliert, ohne Registrierung, Rechte oder Versicherung. Die Zehntausende, die jährlich bei Arbeitsunfällen verstümmelt werden oder ums Leben kommen, sind schnell ersetzbar.

Es gibt viele solcher Menschen zweiter Klasse im heutigen China, deren Leben nicht viel zählt, die von ihren Landsleuten in den Städten nicht einmal wahrgenommen werden. Diese Menschen sind dezidiert nicht Teil der chinesischen Weltgesellschaft. Der soziale Strukturwandel des Altertums, als sich eine überregionale Eliteschicht zunehmend von den niederen Schichten des eigenen Clans absetzte (S. 70), scheint sich heute auf anderer Ebene zu wiederholen. Städtische Geschäftsleute haben mehr mit ihren ausländischen Partnern gemein als mit den Bauern aus dem Hinterland; chinesische *netizens* klicken lieber internationale Websites an als die Homepage ihres Heimatdorfs; Akademiker haben sich mit ihren westlichen Kollegen mehr zu sagen als mit den Wanderarbeitern ihrer Stadt; und chinesische Politiker fühlen sich auf internationalem Parkett heimischer als in den Reisfeldern der Provinz.

Im Zeichen der Globalisierung wird der Zusammenhalt Chinas als Nation immer fraglicher. Für die chinesische Regierung, deren Legitimität von der nationalen Einheit abhängt, ist die drohende soziale Desintegration zum vordringlichsten Problem geworden. Sie hat die Reduzierung des Stadt-Land-Gefälles und die Erschließung der westlichen

Provinzen – Milliarden von Euro wurden bis 2010 in eine »Go-West-Strategie« investiert – zu wichtigen Zielen des 11. Fünfjahresplans (2006–10) erklärt und mehrere Gesetze zur Subvention der Landwirtschaft erlassen, 2006 sogar die Agrarsteuern gänzlich gestrichen.

Zugleich fördert die KPCh seit den 1990er Jahren mit allen Mitteln die Selbstdarstellung als Nation. Die Übergaben von Hongkong und Macao – große Uhren zählten Jahre zuvor schon die verbleibenden Sekunden herunter – wurden wie Volksfeste inszeniert, die Olympischen Spiele 2008 waren nicht nur ein Sportereignis, sondern ein nationaler Rausch. Vor allem aber bemühte sich die Regierung, wie patriotische Denker schon ein knappes Jahrhundert zuvor (S. 477 f.), um die nationale Geschichte. 1993 zierte Jiang Zemin persönlich das renovierte »Grab« des Großen Yu, des mythischen Flutenbändigers und Gründers der Dynastie Xia, mit einer Inschrift. Andere »nationale« Helden folgten: Zheng He etwa, der 2005 in pompösen Feiern zum 600. Jubiläum seiner Seefahrten zum Botschafter chinesischer Kultur stilisiert wurde. Sogar Tschinggis Khan wird in einem neugestalteten »Mausoleum« – sehr zum Unmut der Mongolen – als chinesischer Nationalheld dargestellt. 1995–2000 finanzierte die Regierung ein gigantisches Projekt zur Erforschung der Dynastien Xia, Shang und Zhou mit Beteiligung von mehreren Akademien und über 200 Wissenschaftlern: es sollte den Nachweis erbringen, dass die chinesische Nation auf eine 4000jährige ungebrochene Geschichte zurückblicken könne. Vergessen war die kritische Geschichte eines Gu Jiegang, seither bildet der »Glaube ans Altertum« (*xingu*) das Paradigma der chinesischen Geschichtsschreibung.

Zu diesem offiziell propagierten Geschichtsbild gehört auch die Behauptung, dass die zentralasiatischen Gebiete, die von den Qing erobert wurden, seit je zu China gehört hätten.

> Tibet liegt im Südwesten Chinas und ist seit alters ein untrennbarer Teil des chinesischen Territoriums. Das tibetische Volk ist ein Mitglied in der großen Familie der chinesischen Nation und hat einen wichtigen Beitrag zur Entstehung und Entwicklung der chinesischen Nation geleistet.
>
> (*Jiefang Xizang shi* 1)

Dasselbe gilt für Xinjiang und die Mongolei: die VR China ist, nach dem Untergang der Sowjetunion, das letzte Kolonialreich der Welt. Die KPCh hat bis heute jeden Zweifel an ihrem Anspruch auf diese Gebiete, die 60 % der Fläche der VR China ausmachen, im Keim erstickt. Wie wenig autonom Chinas »Autonome Regionen« tatsächlich sind, zeigte etwa das Eingreifen der VR China in die Wahl des Panchen Lama, des zweithöchsten religiösen Führers der Tibeter: Beijing lehnte den sechsjährigen Knaben ab, den eine tibetische Kommission 1995 gefunden hatte, ließ den Jungen verschwinden und nominierte stattdessen einen eigenen Kandidaten. Die Proteste gegen das Beijinger Regime, die daraufhin in Tibet ausbrachen, wurden ebenso gewaltsam unterdrückt wie die schweren Unruhen im März 2008, bei denen die VBA wieder auf unbewaffnete Demonstranten schoss. Bis heute werden Tibeter, die gegen die Herrschaft Beijings protestieren, verfolgt, verhaftet und gefoltert.

Ähnlich gespannt ist die Lage in Xinjiang, der Heimat der muslimischen Uighuren. Seit Auflösung der Sowjetunion und der Bildung unabhängiger muslimischer Staaten ist auch in Xinjiang der Islam erstarkt: Gruppen wie die »Volkspartei Ostturkestans« und andere setzen sich aktiv und militant für die Unabhängigkeit ihres Landes ein. Wiederholt haben Bombenanschläge und blutige Ausschreitungen die Region erschüttert, zuletzt im Sommer 2009, auf die chinesische Sicherheitskräfte mit Waffengewalt reagiert haben. Eine Million Soldaten hat China in Xinjiang stationiert. Nach den Anschlägen vom 11. September 2001 und dem Einmarsch der USA in Afghanistan hat die KPCh den internationalen »Krieg gegen den Terrorismus« zum Anlass genommen, hart gegen uighurische »Separatisten« im eigenen Land vorzugehen. Im Rahmen der »Shanghaier Organisation für Zusammenarbeit« arbeitet China seit 2001 mit Russland, Usbekistan, Kasachstan, Kirgistan und Tadschikistan im Kampf gegen den »Terror« zusammen, um »Staatsfeinde« zu ergreifen, einzusperren und zu exekutieren.

Staatsfeinde sind auch die Anhänger der buddhistisch-daoistischen Falun-gong-Sekte – spätestens seit sie 1999 zum zehnten Jahrestag des Tian'anmen-Massakers eine Versammlung auf dem Tian'anmen-Platz veranstaltet haben. Auch wenn es Falun gong vornehmlich um Heilmethoden und meditative Körpertechniken geht: die schiere Größe dieser Organisation – nach eigenen Angaben hat sie bis zu 100 Millionen Mitglieder – und ihre symbolischen Bezüge zu messianischen Rebellen in der chinesischen Geschichte – ihr Führer, Li Hongzhi, inszeniert sich als buddhistischer Weltherrscher (*falun wang*, S. 220) – ließen sie der Partei gefährlich erscheinen. Seither werden Falun-gong-Anhänger in China wie Verbrecher verfolgt.

Wer auch immer Chinas »gesellschaftliche Stabilität« in Frage stellt, ist ein Staatsfeind: das gilt für Separatisten ebenso wie für Dissidenten, ja sogar für die Teilnehmer der possierlichen »Jasmin«-Demonstrationen im Frühjahr 2011. Denn seit 2005 ist das Hauptziel der KPCh nicht mehr wirtschaftliche Entwicklung, sondern die Schaffung einer »harmonischen Gesellschaft« (*hexie shehui*): Nicht mehr gleich sollen die Chinesen sein, sondern »harmonisch«. Die »Harmonie« ist ein Kernbegriff der konfuzianischen Lehre. Dazu scheint zu passen, dass die VR China seit 2004 überall in der Welt »Konfuzius-Institute« (Kongzi xueyuan) gründet, die chinesische Sprache und Kultur in der Welt verbreiten sollen. Die Rede geht von einer chinesischen »Charme-Offensive« und von der »soft power«, mit der China seine Position in der Welt festigen will.

Wer die Rolle des Konfuzianismus als Ideologie des bürokratischen Absolutismus und die Verwendung des Begriffs »Harmonie« in der Geschichte kennt, den dürfte die wohlklingende Rhetorik indes wenig beruhigen: die Han hatten »Harmonie« mit ihren Todfeinden, den Xiongnu, vereinbart (S. 145), im Konfuzianismus der Han wurde »Harmonie« zum ideologischen Leitbegriff der absoluten Herrschaft (S. 158f.), der japanische Prinz Shōtoku hat ihn zur Rechtfertigung einer zentralistischen Herrschaft verwendet (S. 291), und der despotische erste Ming-Kaiser hat sie seinen Untertanen verordnet (S. 373). Kritische Köpfe in China haben den Begriff der »harmonischen Gesellschaft« längst als Euphemismus für Zensur und Überwachung enttarnt. China hat mit über 400 Millionen Nutzern die größte Internetgemeinde der Welt – und zugleich die am schärfsten zensierte. Seiten von Menschenrechtsorganisationen, anderen NGOs, selbst Youtube und Facebook sind in China nicht aufzurufen, 2010 zog sich Google aus Protest gegen die Zensur aus China zurück. Wer kritische Themen wie Tibet, Taiwan, Xinjiang oder das Tian'anmen-Massaker im chinesischen Internet anspricht, sollte das tunlichst verschlüsselt tun – sonst läuft er Gefahr, »harmonisiert« zu werden: nämlich verhaftet.

Viele Dissidenten sind im Namen der »Harmonie« in den letzten Jahren festgehalten, misshandelt oder eingesperrt worden, weil sie für die Entrechteten ihres Landes eintraten: Hu Jia (geb. 1973), der sich für AIDS-Kranke auf dem Land einsetzte, Liao Yiwu, der das Leben von Chinas Unterschichten dokumentierte, der Rechtsberater Chen Guangcheng (geb. 1971), der sich für Opfer von Zwangsabtreibungen einsetzte, der Anwalt Gao Zhisheng (geb. 1966), der Opfer behördlicher Willkür vor Gericht vertrat, der Künstler Ai Weiwei, der u. a. die Opfer des Erdbebens von Sichuan (2008) dokumentierte, Liu Xiaobo (geb. 1955), der zusammen mit anderen in der »Charta 08« Freiheit, Gleichheit und Menschenrechte gefordert hatte:

> Nachdem es eine lange Zeit der Menschenrechtsverletzungen und einen schweren, leidvollen Kampf durchgemacht hat, ist das chinesische Volk erwacht und erkennt täglich klarer, dass Freiheit, Gleichheit und Menschenrechte universelle Werte der Menschheit sind und dass Demokratie, republikanische Staatsform und konstitutionelle Regierung das Grundgerüst moderner Politik bilden. Eine »Modernisierung«, die sich von diesen universellen Werten und diesem Grundgerüst entfernt, ist ein katastrophaler Prozess, der die Menschen ihrer Rechte beraubt, ihren Charakter korrumpiert und ihre Würde zerstört. In welche Richtung wird China im 21. Jahrhundert gehen? Wird es diese Art von »Modernisierung« unter autoritärer Regierung fortsetzen, oder wird es die universellen Werte anerkennen, in den großen Strom der Zivilisation eingehen und eine demokratische Regierungsform schaffen? Wir werden nicht umhinkönnen, eine Entscheidung zu treffen. (*Lingba xianzhang*)

Während das Nobelpreiskomitee die Entscheidung traf, Liu Xiaobo den Friedensnobelpreis 2010 zu verleihen, trafen die chinesischen Behörden die Entscheidung, Liu Xiaobo wegen »Anstiftung zur Untergrabung der Staatsgewalt« für elf Jahre zu inhaftieren.

Die Ära des »neuen neuen China« endete so, wie sie begann: mit der Unterdrückung des Rufs nach Demokratie. Von der »Mauer der Demokratie« bis zur »Charta 08« hat das Land eine atemberaubende Entwicklung durchgemacht, die es fast bis zur Unkenntlichkeit verändert hat. Doch das Grundproblem der chinesischen Geschichte: die Ordnung einer heterogenen Gesellschaft, ist dasselbe geblieben. Dreißig Jahre lang hat die KPCh dieses Problem mit einer Mischung aus wirtschaftlicher Liberalisierung und politischer Repression behandelt. Diese Politik lässt das heutige China, so formulierte es der Dichter Xi Chuan (geb. 1963), als »ein riesiges Oxymoron« erscheinen, geprägt von paradoxen Begriffen wie »roter Tourismus« – zugleich nostalgisch-kommunistisch und konsumorientiert –, »Parteimitglied-Kapitalist«, »sozialistische Marktwirtschaft« oder »diverse Einheit«.

Jetzt scheint dieses Modell an sein Ende zu kommen: die letzte Führungsgeneration von Deng Xiaopings Gnaden ist auf dem 18. Parteitag (2012) abgetreten, Hu Jintao ist durch Xi Jinping (geb. 1953) als Staats- und Parteichef, Wen Jiabao durch Li Keqiang (geb. 1955) als Premierminister abgelöst worden. Der von langer Hand geplante Übergang soll Kontinuität der Politik verbürgen. Doch zugleich macht die Partei, erschüttert von Korruptionsskandalen auf höchster Ebene, eine ihrer größten Krisen durch; sie wird selbst zum Inbegriff sozialer Ungleichheit, gegen die sie einst angetreten ist – ein höhnisches Echo auf Deng Xiaopings Aufruf, »einige früher reich werden« zu lassen. Die Rede von »Einheit« und »Harmonie« vermag die tiefen Risse in der chinesischen Gesellschaft kaum zu verdecken, und das Wirtschaftswachstum wird sie nicht lange mehr kitten können. Denn auch Deng Xiaopings Wirtschaftspolitik steht, zwei Jahrzehnte nach seiner »Südreise«, vor dem Ende. Die europäische Finanzkrise hat die Abhängigkeit von ausländischen Märkten schmerzhaft deutlich gemacht, während der Binnenkonsum nur langsam steigt. Gleichzeitig gefährden steigende Löhne die Exportwirtschaft, das Reservoir billiger Arbeitskräfte erscheint nicht mehr unerschöpflich, und schon jetzt sind demographische Umbrüche absehbar, die alle wirtschaftlichen Verhältnisse grundlegend verändern werden: Chinas Bevölkerung wächst langsamer und altert dabei – ein Erbe der Ein-Kind-Politik – immer schneller. Schon 2020 dürfte das Durchschnittsalter der Chinesen bei 38 Jahren liegen, die Zahl junger Arbeitskräfte wird deutlich sinken, während Hunderte Millionen Rentner das Sozialsystem vor größte Herausforderungen stellen werden. China steht vor grundlegenden Reformen. Sie werden nicht rasch kommen, aber unvermeidlich. Mit ihnen wird ein neues Kapitel der Geschichte Chinas beginnen, geprägt von neuen Antworten auf die alte Frage, wie die Ambivalenzen dieser vielfältigen Gesellschaft bewältigt werden können.

Der chinesische Traum

Fünf Jahre sind vergangen, seit die neue Regierung angetreten ist: fünf Jahre, in denen China das Gesicht der Welt verändert hat. Nicht nur im eigenen Land sind Wolkenkratzer, Flugplätze, ja vollständig neue Städte entstanden, auch im Ausland haben chinesische Investitionen ganze Landschaften geprägt. In Afrika haben Chinesen Kraft- und Bergwerke gebaut, Schienen und Pipelines verlegt, Sportstadien, Krankenhäuser und komplette Städte hochgezogen, in amerikanischen Metropolen haben sie ganze Stadtviertel aufgekauft. In Europa haben chinesische Firmen allein

2016 über 35 Milliarden Euro investiert, in Deutschland Hightechunternehmen wie KraussMaffei und Kuka übernommen. Im Südchinesischen Meer, weit entfernt von der eigenen Küste, schafft China Fakten, indem es Inseln aufschüttet und militärisch besetzt; und im Rahmen der gigantischen »Belt and Road«-Initiative (*yidai yilu*) entsteht eine ›neue Seidenstraße‹ mit Infrastrukturprojekten in über sechzig Ländern, von Fuzhou bis Venedig, von Xi'an bis Rotterdam, im Wert von mehreren Billionen Euro.

China wächst über sich hinaus. Doch die Vehemenz, mit der China die Welt verändert, kann nicht darüber hinwegtäuschen, wie wenig es sich selbst in diesen fünf Jahren gewandelt hat. Grundprobleme wie die soziale Ungleichheit, Umweltzerstörung und mangelnde Rechtsstaatlichkeit bestehen unverändert fort. Während China heute mehr Milliardäre hat als die USA, sind die Landbewohner noch immer bitterarm. Obwohl die Reformpolitik Hunderte Millionen Menschen aus absoluter Armut befreit hat (S. 600), leben 500 Millionen noch immer von weniger als 5 Euro pro Tag. Nachrichten von zahllosen lokalen Aufständen gegen behördliche Willkür – bisweilen mit bürgerkriegsähnlichem Charakter – erinnern daran, dass die chinesische Gesellschaft unverändert tief gespalten ist. Trotz aller Bekenntnisse zum Umweltschutz gewinnt China weiterhin mehr als 60 % seiner Energie aus Kohle, allein die Luftverschmutzung trägt jährlich zum Tod von mehr als einer Million Chinesen bei, Wasserknappheit und Desertifikation in Nordchina haben Hunderttausende Menschen ihrer Heimat beraubt. Noch immer gibt es in China weder eine unabhängige Justiz noch eine freie Presse. Kritische Journalisten, Blogger und Bürgerrechtler werden zu langen Gefängnisstrafen verurteilt; Liu Xiaobo, der große Kämpfer für Freiheit, Demokratie und Menschenrechte, ist 2017 in Haft gestorben.

Die politischen Reformen, die er in der Charta 08 angemahnt hatte, sind bis heute ausgeblieben. Stattdessen hat die KP Chinas ihr altgedientes Arsenal autokratischer Herrschaftsmittel ausgebaut. Dazu gehören eine großangelegte Kampagne gegen Korruption, der auch hohe Parteikader zum Opfer fielen, verschärfte Kontrolle der Medien, vor allem des Internets, strengere Überwachung von NGOs und verstärkte Repressionen gegen ›Minderheiten‹: seit 2012 haben sich rund 140 Tibeter aus Protest selbst verbrannt. Dazu gehört auch ein großangelegtes Überwachungssystem. Wo früher schätzungsweise 141 Millionen Propagandalautsprecher (S. 567) hingen, sind heute 176 Millionen Überwachungskameras angebracht, viele davon mit Gesichtserkennung ausgestattet – und bis 2020 sollen es über 600 Millionen sein.

In einem ebenfalls für 2020 geplanten System von ›Sozialkrediten‹ geht es nicht nur um Vorstrafen und Kreditwürdigkeit, sondern auch um politisch konformes Verhalten. Wie einst in den Volkskommunen (S. 551) Punkte für Arbeitsleistung vergeben wurden, will der Staat jetzt für jeden Chinesen ein Punktekonto führen, in dem u. a. soziales Engagement, Lebensführung, Onlinegewohnheiten, Konsumverhalten, Gesetzestreue, politische Meinungen, moralisches Wohlverhalten sowie ›guter‹ und ›schlechter‹ Umgang verbucht werden. Der *danwei*-Blockwart ist vom Big Brother ersetzt worden. Wer kein ausreichendes Punktekonto vorzuweisen hat, muss gewärtigen, weder Wohnung noch Arbeit zu finden, keinen Kredit zu erhalten, nicht reisen zu dürfen, Freunde zu verlieren und keinen guten Schulplatz für seine Kinder zu bekommen: auch das alte Prinzip der Sippenhaft tritt wieder in Kraft.

Zu den altbewährten Herrschaftsinstrumenten zählen auch Kampagnen wie die vom »chinesischen Traum« (*Zhongguo meng*), der seit 2013 in Büchern und Filmen, auf Plakaten und Bannern, im Fernsehen und Internet verkündet wird. Symbole der chinesischen Kultur – Scherenschnitte, Kalligraphien, Drachen, Löwentänze u. a. – sind dort zu sehen sowie spielende Kinder, glückliche Paare und zufriedene Alte, die allesamt raunen: »Mein Traum – Chinas Traum«. Denn der angebliche Traum jedes Chinesen und jeder Chinesin handelt nicht vom individuellen oder familiären Glück, sondern vom »großartigen Wiederaufstieg der chinesischen Nation« unter Führung der Partei: »Die Herzen der Kinder sind mit der Partei«, lautet ein unmissverständlicher Slogan. All das wird flankiert von zivilisatorischen Kampagnen (S. 499 f.) und moralischen Unterweisungen – Kinder sind im Namen der »chinesischen Tugend der kindlichen Liebe« seit 2013 gesetzlich verpflichtet, ihre Eltern regelmäßig zu besuchen –, wie sie bereits aus der Republikzeit bekannt sind: das Projekt, ›neue Bürger‹ heranzuziehen, das China ein Jahrhundert lang beschäftigt hat (S. 477 f.), ist noch immer nicht abgeschlossen.

Auch die Inszenierung eines ›obersten Führers‹ ist ein altgedientes Herrschaftsinstrument aus der Republikzeit: Xi Jinping ist Generalsekretär der KP Chinas, Staatspräsident, Vorsitzender der Militärkommission, des Nationalen Sicherheitsausschusses sowie anderer zentraler Gremien und seit 2016 offizieller »Führungskern« (*lingdao hexin*) der KP Chinas, kurz: er ist »Vorsitzender von allem« (G. Barmé). Weit mehr als seine Vorgänger wird Xi mit Büsten, Werkausgaben, Lobliedern und Treuetänzen verehrt, sein Porträt ist allgegenwärtig, oft direkt neben dem Mao Zedongs. Dessen göttlichen Nimbus hat ›Onkel Xi‹ zwar noch nicht, aber dem eines ›Landesvaters‹, wie Sun Yat-sen es war (S. 515), dürfte er nahekommen. Tatsächlich geht das Wort vom ›Aufstieg Chinas‹ auf Sun Yat-sen zurück, und auch die äußeren Umstände scheinen vergleichbar. Denn schon damals, vor rund neunzig Jahren, hatte ein zeitgenössischer Beobachter jenen ersten Führerkult Chinas als Versuch erkannt, »einen Zusammenhalt in der klagenswerten Desintegration Chinas zu finden«, indem Suns Ideen »zum unhinterfragbaren Programm für Chinas nationale Entwicklung« erhoben wurden; und er fügte hinzu: »Diese intellektuelle Stillstellung einer Nation ist meiner Meinung nach der gefährlichste Aspekt des Sun-Yat-sen-Kults« (L. Sharman).

Eine solche »intellektuelle Stillstellung« droht auch heute, seit die Partei verordnet hat, »falschen Gedanken und Ansichten absolut keine Gelegenheiten oder Schlupflöcher zur Verbreitung zu gewähren« (Dokument Nr. 9, 2013). Seitdem ist die Diskussion von Demokratie, universellen Werten, Zivilgesellschaft, Neoliberalismus, freiem Journalismus und anderen ›westlichen‹ Ideen an Schulen und Universitäten verboten; liberale Professoren, die solche »falschen Gedanken und Ansichten« verbreiten, erhalten Lehrverbot. Stattdessen haben Xi Jinpings »Gedanken über den Sozialismus chinesischer Prägung für ein neues Zeitalter« durch Aufnahme in die Partei-Verfassung unantastbaren Status erlangt. Seine Vision vom chinesischen »Wiederaufstieg« (*fuxing*) wird in Schulbüchern, Filmen und in einer permanenten Ausstellung des Nationalmuseums in Beijing als offizielles Geschichtsbild propagiert. Seit 170 Jahren, so geht die Erzählung, seit die chinesische Nation im Opiumkrieg von den Westmächten gedemütigt worden sei, habe sie unbeugsam für ihren Wiederaufstieg gekämpft:

> Das schwere Leid, das die chinesische Nation erfahren, und die großen Opfer, die sie erbracht hat, haben in der Weltgeschichte kaum ihresgleichen. Aber das chinesische Volk hat sich niemals ergeben. Es hat sich permanent erhoben und Widerstand geleistet, um schließlich sein Schicksal selbst in die Hand zu nehmen, den großartigen Weg zur Gründung eines eigenen Staates zu beschreiten und einem großartigen nationalen Geist vollen Ausdruck zu verleihen, dessen Kern die Liebe zum Vaterland bildet. … Seit der Reform- und Öffnungspolitik haben wir die historischen Erfahrungen gebündelt und, permanent mühevoll strebend, schließlich den korrekten Weg gefunden, um den großartigen

Wiederaufstieg der chinesischen Nation zu verwirklichen, und haben Erfolge errungen, die alle Welt bestaunt. Dieser Weg ist der Sozialismus chinesischer Prägung. (*Xi Jinping*, zit. nach xinhuanet.com, 29.11.2012)

Der Weg sind seine »Gedanken«, das Ziel ist Xi Jinping. Die historische Teleologie dieser Erzählung ist unverkennbar dem Marxismus verpflichtet, und ihre Rhetorik trieft noch vom Pathos der Mao-Zeit. Doch die Akzente haben sich verschoben: nicht mehr die Revolution ist »permanent«, sondern das Aufstreben, und nicht das Proletariat treibt die Geschichte voran, sondern die Nation. Vom Klassenkampf kein Wort. Vielmehr werden alle inneren Brüche verschwiegen: keine Rede davon, dass die Krisen des 19. Jahrhunderts vor allem aus innenpolitischen Problemen resultierten oder dass Chinesen einander in den Bürgerkriegen des 20. Jahrhunderts selbst zerfleischten und im »Großen Sprung« aushungerten. Die Kulturrevolution kommt in dieser Geschichte überhaupt nicht vor, ebenso wenig die Gewaltherrschaft in Tibet und Xinjiang, von dem Massaker auf dem Tian'anmen-Platz zu schweigen. Das »schwere Leid«, das China selbst über sich und andere gebracht hat, findet keinen Platz im Narrativ von der »harmonischen Gesellschaft« und ihrem »friedlichen Aufstieg«.

Über 500 Konfuzius-Institute, Hunderttausende Auslandsstudenten, die das chinesische Schulsystem durchlaufen haben, und unzählige Publikationen verbreiten diese Erzählung auf der ganzen Welt: ein nachdrücklicher Beleg dafür, wie wichtig den Chinesen ihre Geschichte noch heute ist. Mehr noch, die Erzählung vom chinesischen ›Wiederaufstieg‹ ist auch ein Beleg für eine Grundthese dieses Buches: dass Geschichtsschreibung stets die Funktion hat, »die verstörende Unbeständigkeit der Welt zu kompensieren, indem sie Kontinuitäten konstruiert« (S. 13).

Es lohnt sich, auch diese neueste Version chinesischer Selbstdarstellung unter dem Aspekt der Kompensation zu betrachten. Wer das tut, erkennt hinter der Rede vom ›Wiederaufstieg‹ (der keiner ist, denn nie zuvor war China eine Weltmacht, wie sie es jetzt anstrebt) und der ›neuen Seidenstraße‹ (die mit der alten, die weder zentral geplant noch chinesisch dominiert war, wenig zu tun hat) den Versuch, eine völlig neue Ordnung durch Verweis auf Altes zu legitimieren; hinter dem Festhalten an der ›Tradition‹ den schmerzhaften Traditionsbruch, der am Anfang des modernen China stand; hinter dem moralisierenden ›konfuzianischen‹ Diskurs einen modernen Staat, der seine Interessen mit harter Realpolitik durchsetzen will; hinter der dröhnenden nationalen Rhetorik die Schwäche des sozialen Zusammenhalts; hinter der Verpflichtung zur ›traditionellen‹ kindlichen Liebe den Mangel einer gesetzlichen Altersversorgung; hinter jedem neuen Loblied auf Xi Jinping den Versuch, das Ausbleiben seiner Reformen zu überspielen – und hinter dem »chinesischen Traum« die desillusionierende Wirklichkeit eines Volkes, dessen Traum von Freiheit, Gleichheit und Menschenrechten sich noch immer nicht erfüllt hat.

Anhang

Literaturhinweise

Ausgewählte Bücher in westlichen Sprachen.

Gesamtdarstellungen

Das schwergewichtige Standardwerk ist: Denis C. Twitchett / John K. Fairbank (Hrsg.), *The Cambridge History of China*, bislang 13 Bde., Cambridge (Mass.) 1986 ff.; die neueste mehrbändige Darstellung: Timothy Brook (Hrsg.), *History of Imperial China*, 6 Bde., Cambridge (Mass.) 2007–10 (Einzelbände s. die jeweiligen Epochen). Immer noch lesenswert: René Grousset, *Histoire de la Chine*, Paris 1949; Bodo Wiethoff, *Grundzüge der älteren chinesischen Geschichte*, Darmstadt 1971; ders., *Grundzüge der neueren chinesischen Geschichte*, Darmstadt 1977; Charles O. Hucker, *China's Imperial Past: An Introduction to Chinese History and Culture*, London 1975; Valerie Hansen, *The Open Empire: A History of China to 1600*, New York 2000. Das Standard-Lehrbuch: Jacques Gernet, *Die chinesische Welt: Die Geschichte Chinas von den Anfängen bis zur Jetztzeit*, Frankfurt a. M. 1979. Die neuesten deutschen Gesamtdarstellungen sind: Monique Nagel-Angermann, *Das alte China*, Stuttgart 2007; Helwig Schmidt-Glintzer, *Kleine Geschichte Chinas*, München 2008; Michael Weiers, *Geschichte Chinas: Grundzüge einer politischen Landesgeschichte*, Stuttgart 2009. Einführende Aufsätze und Literaturhinweise zu vielen Themen enthalten: Brunhild Staiger [u. a.], *Das Große China-Lexikon*, Darmstadt 2003; Doris Fischer / Michael Lackner (Hrsg.), *Länderbericht China*, Bonn ^{3}2007. Kulturgeschichtliche Vignetten bietet: Thomas O. Höllmann, *Das alte China: Eine Kulturgeschichte*, München 2008. Viele Karten und Abbildungen hat: Caroline Blunden / Mark Elvin, *Bildatlas der Weltkulturen: China*, Augsburg 1998. Eine detaillierte Chronik chinesischer Herrscher findet sich in *The New Encyclopædia Britannica*, Chicago ^{15}1994, Bd. 3, 222–228. Die ausführlichste Quellenkunde bietet: Endymion Wilkinson, *Chinese History: A Manual*, 2. Aufl., Cambridge (Mass.) 2000. Eine große Anthologie von Quellentexten ist: Wm. Theodore de Bary [u. a.] (Hrsg.), *Sources of Chinese Tradition*, 2 Bde., New York ^{2}1999/2000. Ausführliche Bibliographien bieten: Helwig Schmidt-Glintzer, *Geschichte Chinas bis zur mongolischen Eroberung: 250 v. Chr. – 1279 n. Chr.*, München 1999; Sabine Dabringhaus, *Geschichte Chinas 1279–1949*, München 2006.

Vorgeschichte

Zu Mythen, grundlegend: Henri Maspero, »Légendes mythologiques dans le Chou-king«, in: *Journal asiatique* 204 (1924), S. 1–100; Bernhard Karlgren, »Legends and Cults in Ancient China«, in: *Bulletin of the Museum of Far Eastern Antiquities* 18 (1946), 199–366; Anne Birrell, *Chinese Mythology: An Introduction*, Baltimore/London 1993. Zu neolithischen Kulturen: Chang Kwang-chih, *The Archaeology of Ancient China*, New Haven [4]1986; Li Liu, *The Chinese Neolithic: Trajectories to Early States*, Cambridge 2004. Zur Bronzezeit: Wen Fong, *The Great Bronze Age of China: An Exhibition from the People's Republic of China*, New York 1980; Robert L. Thorp, *China in the Early Bronze Age: Shang Civilization*, Philadelphia 2006.

Die Entstehung Chinas

Eine autoritative Gesamtdarstellung ist: Michael Loewe / Edward L. Shaughnessy (Hrsg.), *The Cambridge History of Ancient China. From the Origins of Civilization to 221 B. C.*, Cambridge 1999. Immer noch lesenswert: Henri Maspero, *La Chine antique*, Paris 1927; Herrlee G. Creel, *The Origins of Statecraft in China*, Vol. 1: *The Western Chou Empire*, Chicago 1970; Léon Vandermeersch, *Wangdao ou La voie royale: recherches sur l'esprit des institutions de la Chine archaïque*, 2 Bde., Paris 1977. Eine faszinierende archäologische Perspektive bietet: Lothar v. Falkenhausen, *Chinese Society in the Age of Confucius (1000–250 BC): The Archaeological Evidence*, Los Angeles 2006. Aufsätze zur Religion versammelt: John Lagerwey / Marc Kalinowski (Hrsg.), *Early Chinese Religion, Part One, Shang through Han (1250 BC–220 AD)*, 2 Bde., Leiden 2009. Zu den Shang: David N. Keightley, *Sources of Shang History: The Oracle-Bone Inscriptions of Bronze Age China*, Berkeley 1978; Sarah Allan, *The Shape of the Turtle*, Albany (N.Y.) 1991; Thorp (s. »Bronzezeit«). Zu den frühen Zhou: Hsu Cho-yun / Katheryn M. Linduff, *Western Chou Civilization*, New Haven 1988; Li Feng, *Landscape and Power in Early China: The Crisis and Fall of the Western Zhou, 1045–771 BC*, Cambridge 2006; ders., *Bureaucracy and the State in Early China: Governing the Western Zhou*, Cambridge 2008. Die rituelle Revolution wird dargestellt bei von Falkenhausen (s. o.) und Jessica Rawson, *Western Zhou Ritual Bronzes in the Arthur M. Sackler Collections*, 2 Bde., Washington (D. C.) 1987/90. Zum politisch-sozialen Wandel ab der Frühling-und-Herbst-Periode: Hsu Cho-yun, *Ancient China in Transition: An Analysis of Social Mobility, 722–222 B. C.*, Stanford 1965; Hans Stumpfeldt, *Staatsverfassung und Territorium im antiken China: Über die Ausbildung einer territorialen Staatsverfassung*, Düsseldorf 1970. Speziell zur Kriegsführung: Raimund Kolb, *Die Infanterie im Alten China – Ein Beitrag zur Militärgeschichte der Vor-Zhanguo-Zeit*, Mainz 1991. Zur Geistesgeschichte: Yuri

Pines, *Foundations of Confucian Thought: Intellectual Life in the Chunqiu Period, 722–453 B. C. E.*, Honolulu 2002. Zu Konfuzius: Christiane Haupt, *Und der Meister sprach … Die Darstellung des Konfuzius in Texten der Zhanguo- und frühen Han-Zeit*, Diss. München 2006; Michael Nylan / Thomas Wilson, *Lives of Confucius: Civilization's Greatest Sage Through the Ages*, New York 2010. Die Quellen des Altertums werden besprochen in Keightley (s. »Shang«); Edward L. Shaughnessy, *Sources of Western Zhou History. Inscribed Bronze Vessels*. Berkeley 1991; ders. (Hrsg.), *New Sources of Early Chinese History. An Introduction to the Reading of Inscriptions and Manuscripts*, Berkeley 1997.

Das Klassische Altertum

Zur Geschichte der »Kämpfenden Staaten« gibt es kaum selbständige Publikationen in westlichen Sprachen; vgl. immerhin Li Xueqin, *Eastern Zhou and Qin Civilizations*, New Haven 1985; J. I. Crump (Übers.), *Chan-kuo Ts'e*, Ann Arbor [2]1996. Die Literatur zur Geistesgeschichte der Zeit hingegen ist uferlos; ein Klassiker ist: Wolfgang Bauer, *China und die Hoffnung auf Glück*, München 1971. Ebenfalls lesenswert: Benjamin I. Schwartz, *The World of Thought in Ancient China*, Cambridge (Mass.) 1985; Heiner Roetz, *Die chinesische Ethik der Achsenzeit*, Frankfurt a. M. 1992; Anne Cheng, *Histoire de la pensée chinoise*, Paris 1997. Zum Konfuzianismus: Hans van Ess, *Der Konfuzianismus*, München 2003; Paul R. Goldin, Confucianism, Durham 2011; zum Mohismus: A. C. Graham, *Later Mohist logic, ethics and science*, Hong Kong / London 1978; Ian Johnston, *The Mozi: A Complete Translation*, New York 2010; zum Daoismus: Max Kaltenmark, *Lao-tzu und der Taoismus*, Frankfurt a. M. 1996; Hans van Ess, *Der Daoismus: Von Laozi bis heute*, München 2011; s. a. »Religiöser Daoismus«; zum Legismus: Léon Vandermeersch, *La formation du légisme: recherche sur la constitution d'une philosophie politique caractéristique de la Chine ancienne*, Paris 1965. Zur Geschichte der Qin und Han: Michèle Pirazzoli-t'Serstevens, *China zur Zeit der Han-Dynastie: Kultur und Geschichte*, Stuttgart 1982; Denis Twitchett / Michael Loewe (Hrsg.), *The Cambridge History of China*, Vol. 1: *The Ch'in and Han empires, 221 B.C. – A.D. 220*, Cambridge 1986; Lothar Ledderose / Adele Schlombs (Hrsg.), *Jenseits der Großen Mauer: Der Erste Kaiser von China und seine Terrakotta-Armee*, Gütersloh/München 1990; Michael Friedrich (Hrsg.), *Han-Zeit: Festschrift für Hans Stumpfeldt aus Anlaß seines 65. Geburtstages*, Wiesbaden 2006; Mark Edward Lewis, *The Early Chinese Empires: Qin and Han*, Cambridge (Mass.) 2007; Michael Nylan (Hrsg.), *China's Early Empires: A Re-appraisal*, Cambridge 2010. Zu überlieferten Quellen: Michael Loewe (Hrsg.), *Early Chinese Texts: A Bibliographical Guide*, Berkeley 1993, mit Hinweisen zu Übersetzungen. Zu archäologischen Quellen: *Xi'an: Kaiserliche Macht im Jenseits. Grabfunde und Tempelschätze aus Chinas alter Hauptstadt* [Ausstellungskatalog], Mainz 2006; Enno

Giele, »Database of Early Chinese Manuscripts«, 2001 ff. (lucian.uchicago.edu/blogs/earlychina/research-and-resources/databases/early-chinese-manuscripts; 21.11.2011).

Das chinesische Mittelalter

Zur Späteren Han s. »Qin und Han«. Zur Zeit der Reichsteilung: Étienne Balazs, *La bureaucratie céleste*, Paris 1968; Mark Edward Lewis, *China between Empires: The Northern and Southern Dynasties*, Cambridge (Mass.) 2009. Eine archäologische Perspektive bietet: Albert Dien, *Six Dynasties Civilization*, New Haven 2007. Zur chinesischen Kunst: Michael Sullivan, *The Arts of China*, Berkeley 52008; Dietrich Seckel, *Buddhistische Kunst Ostasiens*, Stuttgart 1957; Steven Little [u.a.] (Hrsg.) *Taoism and the Arts of China*, Chicago 2000. Der Klassiker zum chinesischen Buddhismus ist: Erik Zürcher, *The Buddhist Conquest of China*, 2 Bde., Leiden 1959; konzise Überblicke bieten Arthur F. Wright, *Buddhism in Chinese History*, Stanford 1959, und Michael v. Brück, *Einführung in der Buddhismus*, Frankfurt a. M. 2007, 310–66. Zur Sui und Tang: Arthur F. Wright / Denis Twitchett (Hrsg.), *Perspectives on the T'ang*, New Haven 1973; Denis C. Twitchett (Hrsg.), *The Cambridge History of China*, Vol. 3, Part 1: *Sui and T'ang China, 589–906*, Cambridge 1979; Dieter Kuhn / Ina Asim (Hrsg.), *Chinas goldenes Zeitalter: Die Tang-Dynastie (618–907 n. Chr.) und das kulturelle Erbe der Seidenstraße*, Heidelberg 1993; Mark Edward Lewis, *China's Cosmopolitan Empire: The Tang Dynasty*, Cambridge (Mass.) 2009. Zur Hauptstadt Chang'an: Thomas Thilo, *Chang'an: Metropole Ostasiens und Weltstadt des Mittelalters 583–904*, 2 Bde., Wiesbaden 1997/2006. Zur Kaiserin Wu: Charles P. Fitzgerald, *The Empress Wu*, Melbourne 1955; zu Han Yu: Charles Hartman, *Han Yü and the T'ang Search for Unity*, Princeton 1986.

Der Beginn der Neuzeit (755–1270)

Vgl. zur Tang die dort genannte Literatur. Einen großangelegten Überblick des folgenden Jahrtausends bietet Frederick W. Mote, *Imperial China 900–1800*, Cambridge (Mass.) 1999; zur frühneuzeitlichen (dort: »mittelalterlichen«) Wirtschaftsrevolution klassisch: Mark Elvin, *The Pattern of the Chinese Past*, London 1973; auch Robert M. Hartwell, »Demographic, Political, and Social Transformation of China, 750–1550«, in: *Harvard Journal of Asiatic Studies* 42.2 (1982), 365–442. Zur Geschichte der Song und ihrer Nachbarn: Denis Twitchett / Paul Jakov Smith (Hrsg.), *The Cambridge History of China*, Vol. 5, Part 1: *The Sung Dynasty and Its Precursors, 907–1279*, Cambridge 2009; Herbert Franke / Denis Twitchett (Hrsg.), *The Cambridge History of China*, Vol. 6: *Alien Regimes and Border States, 907–1368*, Cambridge 1994; Karl August Wittfogel / Fêng Chia-shêng, *History of Chinese Society: Liao (907–1125)*, Philadelphia 1949; Hoyt C. Tillman / Stephen H. West (Hrsg.), *China Under Jurchen Rule*, Albany 1995; Dieter Kuhn, *Die Song-Dynastie (960 bis 1279)*, Weinheim 1987; ders., *The Age of Confucian Rule: The Song Transformation of China*, Cambridge (Mass.) 2009. Zum neuen Konfuzianismus: Hoyt C. Tillman, *Confucian Discourse and Chu Hsi's Ascendancy*, Honolulu 1992; Peter K. Bol, *»This culture of ours«: Intellectual Transitions in T'ang and Sung China*, Stanford 1992; ders., *Neo-Confucianism in History*, Cambridge (Mass.) 2008; zum Alltagsleben: Jacques Gernet, *Daily Life in China on the Eve of the Mongol Invasion, 1250–1276*, London 1962; zur Hauptstadt Kaifeng: Dorothee Schaab-Hanke (Übers.), *Kaifeng Around 1120: The Dongjing Meng Hua Lu by Meng Yuanlao*, Gossenberg 2011; zu Ouyang Xiu: Ronald Egan, *The Literary Works of Ou-yang Hsiu (1007–72)*, Cambridge 1984; zu Su Dongpo: Ronald C. Egan, *Word, Image, and Deed in the Life of Su Shi*, Cambridge (Mass.) 1994; zu Wang Anshi: James T. C. Liu, *Reform in Sung China: Wang An-shih (1021–1086) and His New Policies*, Cambridge (Mass.) 1959.

Die Späte Kaiserzeit

Zum Mongolenreich: Michael Weiers (Hrsg.), *Die Mongolen: Beiträge zu ihrer Geschichte und Kultur*, Darmstadt 1986; Jutta Frings (Hrsg.), *Dschingis Khan und seine Erben: Das Weltreich der Mongolen* [Ausstellungskatalog], München 2005; Timothy Brook, *The Troubled Empire: China in the Yuan and Ming Dynasties*, Cambridge (Mass.) 2010. Zur Ming: Denis Twitchett / Frederick W. Mote (Hrsg.), *The Cambridge History of China*, Vol. 7/8: *The Ming Dynasty, 1368–1644*, 2 Bde., Cambridge 1988/98; Ray Huang, *1587, ein Jahr wie jedes andere: Der Niedergang der Ming*, Frankfurt a. M. 1986; Timothy Brook, *The Confusions of Pleasure: Commerce and Culture in Ming China*, Berkeley 1999; zu Wang Yangming: Philip J. Ivanhoe (Übers.), *Readings from the Lu-Wang school of Neo-Confucianism*, Indianapolis 2009. Zur frühen Qing: Frederic E. Wakeman, *The Great Enterprise: The Manchu Reconstruction of Imperial Order in 17th Century China*, 2 Bde., Berkeley 1985; Pamela K. Crossley, *A Translucent Mirror: History and Identity in Qing Imperial Ideology*, Berkeley 1999; Willard J. Peterson (Hrsg.), *The Cambridge History of China*, Vol. 9, Part 1: *The Ch'ing Empire to 1800*, Cambridge 2002; Peter C. Perdue, *China Marches West: The Qing Conquest of Central Eurasia*, Cambridge (Mass.) 2005; William T. Rowe, *China's Last Empire: The Great Qing*, Cambridge (Mass.) 2009; zur Verwaltung: Ch'ü T'ung-tsu, *Local Government in China under the Ch'ing*, Cambridge (Mass.) 1962; Evelyn S. Rawski, *The Last Emperors: A Social History of Qing Imperial Institutions*, Berkeley 1998; zur Sozialgeschichte sehr anschaulich: Jonathan D. Spence, *Die Geschichte der Frau Wang: Leben in einer chinesischen Provinz des 17. Jahrhunderts*, Berlin 1987; Susan Naquin / Evelyn S.

Rawski, *Chinese Society in the Eighteenth Century*, New Haven 1987; zur medialen Revolution: Joseph McDermott, *A Social History of the Chinese Book: Books and Literati Culture in Late Imperial China*, Aberdeen 2006; zum Kontakt mit Europa: Donald F. Lach, *Asia in the Making of Europe*, 3 Bde. in 9 Teil-Bdn., Chicago/London 1965–93; Raymond Dawson, *The Chinese Chameleon*, London 1967; Jürgen Osterhammel, *Die Entzauberung Asiens: Europa und die asiatischen Reiche im 18. Jahrhundert*; München 1998; David E. Mungello, *The Great Encounter of China and the West, 1500–1800*, Lanham ^{2}2005; zur kritischen Gelehrsamkeit: Benjamin A. Elman, *From Philosophy to Philology: Intellectual and Social Aspects of Change in Late Imperial China*, Cambridge (Mass.) 1984.

Das lange 19. Jahrhundert (1793–1911)

John K. Fairbank / Liu Kwang-ching (Hrsg.), *The Cambridge History of China*, Vol. 10/11: *Late Ch'ing, 1800–1911*, Cambridge 1978/80; John Merson, *Straßen nach Xanadu: China und Europa und die Entstehung der modernen Welt*, Hamburg 1989; Jürgen Osterhammel, *China und die Weltgesellschaft*, München 1989; Immanuel Hsü, *The Rise of Modern China*, New York ^{5}1995; Jonathan D. Spence, *Chinas Weg in die Moderne*, München 1995; John K. Fairbank, *Geschichte des modernen China, 1800–1985*, München 1989; Jack Gray, *Rebellions and Revolutions: China from the 1800s to the 1980s*, Oxford 1990. Zum Opiumkrieg: Arthur Waley, *The Opium War Through Chinese Eyes*, London 1958; Harry Gelber, *Opium, Soldiers and Evangelicals: Britain's 1840–42 War With China, and its Aftermath*, Basingstoke 2004; speziell zur politischen Rolle von Netzwerken: James M. Polachek, *The Inner Opium War*, Cambridge (Mass.) 1992; zur Selbststärkung: Mary C. Wright, *The Last Stand of Chinese Conservatism: The T'ung-Chih Restoration, 1862–1874*, Stanford 1957; Jing Chunxiao, *Mit Barbaren gegen Barbaren: Die chinesische Selbststärkungsbewegung und das deutsche Rüstungsgeschäft im späten 19. Jahrhundert*, Münster 2002; zur Taiping-Rebellion: Franz Michael, *The Taiping Rebellion*, 3 Bde., Seattle 1966–71; Thomas H. Reilly, *The Taiping Heavenly Kingdom*, Seattle 2004; zum Boxeraufstand: Joseph Esherick, *The Origins of the Boxer Uprising*, Berkeley 1987; Diana Preston: *Rebellion in Peking: Die Geschichte des Boxeraufstands*, übers. von Sylvia Höfer, München 2001; Mechthild Leutner / Klaus Mühlhahn (Hrsg.), *Kolonialkrieg in China. Die Niederschlagung der Boxerbewegung* 1900–1901, Berlin 2007.

Das moderne China

Übergreifend: Jonathan D. Spence, *Das Tor des Himmlischen Friedens: Die Chinesen und ihre Revolution 1895–1980*, München 1981; ders., *Das Jahrhundert Chinas*, München 1996; Rana Mitter, *A Bitter Revolution: China's Struggle with the Modern World*, Oxford 2004; Thoralf Klein, *Geschichte Chinas: Von 1800 bis zur Gegenwart*, Paderborn 2007; Sabine Dabringhaus, *Geschichte Chinas im 20. Jahrhundert*, München 2008; zur Republikzeit: John K. Fairbank / Albert Feuerwerker (Hrsg.), *The Cambridge History of China*, Vol. 12/13: *Republican China 1912–1949*, Cambridge 1983/86; Dieter Kuhn, *Die Republik China von 1912 bis 1937: Entwurf für eine politische Ereignisgeschichte*, Heidelberg ^{2}2004; Diana Lary, *China's Republic*, Cambridge 2007; Frank Dikötter, *The Age of Openness: China before Mao*, Berkeley 2008. Zu Sun Yat-sen: Harold Z. Schiffrin, *Sun Yat-sen and the Origins of the Chinese Revolution*, Berkeley 1968; Marie-Claire Bergère, *Sun Yat-sen*, Paris 1994; zur nationalen Identität: Nicola Spakowski, *Helden, Monumente, Traditionen – nationale Identität und historisches Bewußtsein in der VR China*, Hamburg 1999; Marc André Matten, *Die Grenzen des Chinesischen – nationale Identitätsstiftung im China des 20. Jahrhunderts*, Wiesbaden 2009; zu politischen Bewegungen: Chow Tse-tsung, *The May Fourth Movement*, Cambridge (Mass.) 1960; Vera Schwarcz, *The Chinese Enlightenment: Intellectuals and the Legacy of the May Fourth Movement of 1919*, Berkeley 1986; Jürgen Osterhammel, *Shanghai, 30. Mai 1925: Die chinesische Revolution*, München 1997. Weltkrieg und Bürgerkrieg behandeln: Dieter Kuhn, *Der Zweite Weltkrieg in China*, Berlin 1999; Joshua A. Fogel (Hrsg.), *The Nanjing Massacre in History and Historiography*, Berkeley 2000; Hans van de Ven, *War and Nationalism in China, 1925–1945*, London 2005; Suzanne Pepper, *Civil War in China: The Political Struggle, 1945–1949*, Berkeley 1978. Zur Volksrepublik China: Roderick MacFarquhar / John K. Fairbank (Hrsg.), *The Cambridge History of China*, Vol. 14/15: *The People's Republic*, Cambridge 1987/91; Roderick MacFarquhar, *The Origins of the Cultural Revolution*, 3 Bde., Oxford 1974–97; Jürgen Domes / Marie-Luise Näth, *Geschichte der Volksrepublik China*, Mannheim 1992; Stéphane Courtois [u.a.] (Hrsg.), *Das Schwarzbuch des Kommunismus*, München 1998, 511–608; Kay Möller, *Die Außenpolitik der Volksrepublik China 1949–2004*, Wiesbaden 2005; zum Großen Sprung: Michael Schoenhals, *Saltationist Socialism: Mao Zedong and the Great Leap forward 1958*, Stockholm 1987; Jasper Becker, *Hungry Ghosts: China's Secret Famine*, London 1997; Frank Dikötter, *Mao's Great Famine*, New York 2010; zur Kulturrevolution: Hong Yung Lee, *The politics of the Chinese Cultural Revolution*, Berkeley 1978; Michael Schoehals (Hrsg.), *China's Cultural Revolution, 1966–1969: Not a Dinner Party*, Armonk 1996; Roderick MacFarquhar / Michael Schoenhals, *Mao's Last Revolution*, Cambridge (Mass.) 2006; Frederick C. Teiwes / Warren Sun, *The End of the Maoist Era*, Armonk 2007; Biographien von Mao Zedong: Philip Short, *Mao: A Life*, New York

2000; Chang Jung / Jon Halliday, *Mao: The Unknown Story*, New York 2005; dazu Gregor Benton, *Was Mao Really a Monster? The Academic Response to Chang and Halliday's »Mao: The Unknown Story«*, London 2010; Sabine Dabringhaus, *Mao*, München 2008.

Chinas zweite Moderne

David S. G. Goodman, *China Rising: Nationalism and Interdependence*, London 1997; Ross Terrill, *The New Chinese Empire*, New York 2003; Joseph Fewsmith, *China Since Tiananmen: From Deng Xiaoping to Hu Jintao*, Cambridge 2008. Zum Tian'anmen-Massaker: Ruth Cremerius / Doris Fischer / Peter Schier, *Studentenprotest und Repression in China: April–Juni 1989*, Hamburg 1991; Andrew J. Nathan, *Die Tiananmen-Akte: Die Geheimdokumente der chinesischen Führung zum Massaker am Platz des Himmlischen Friedens*, Berlin 2001; Zhao Ziyang, *Prisoner of the State: The Secret Journal of Zhao Ziyang*, London 2009; zur Ära Deng Xiaopings: Richard Baum, *Burying Mao: Chinese Politics in the Age of Deng Xiaoping*, Princeton 1994; Lawrence R. Sullivan (Hrsg.), *China Since Tiananmen. Political, Economic, and Social Conflicts*, Armonk 1995; Robert F. Ash, *The Chinese Economy under Deng Xiaoping*, Oxford 1996; Benjamin Yang, *Deng: A Political Biography*, Armonk 1998. Neueste Perspektiven bieten Mark Leonard, *What Does China Think?*, London 2008, und Michael McCullar (Hrsg.), *China: Power and Perils*, Austin 2010.

Literatur zu den Exkursen

Archäologie: Gina Lee Barnes, *The Rise of Civilization in East Asia: The Archaeology of China, Korea and Japan*, New York 1999; Yang Xiaoneng (Hrsg.), *New Perspectives on China's Past: Chinese Archaeology in the Twentieth Century*, 2 Bde. New Haven 2004; s. a. unter Vorgeschichte.

Jade: James Watt, *Chinese Jades from the Han to the Ch'ing*, New York 1980; Jessica Rawson, *Treasures from Shanghai: Ancient Chinese Bronzes and Jades* [Ausstellungskatalog], London 2009.

Bronze: Noel Barnard, *Bronze Casting and Bronze Alloys in Ancient China*, Tokyo 1961. Edward L. Shaughnessy, *Sources of Western Zhou History. Inscribed Bronze Vessels*, Berkeley 1991. Robert Bagley / Jessica Rawson / Jenny So, *Ancient Chinese Bronzes in the Arthur M. Sackler Collections*, 3 Bde., Cambridge (Mass.) 1987–95.

Klimageschichte: Zhu Kezhen, »A Preliminary Study on the Climatic Fluctuations During the Last 5000 Years in China«, in: *Scientia Sinica* 16 (1973), 226–256; Bret Hinsch, »Climatic Change and History in China«, in: *Journal of Asian History* 22 (1988), 131–159. Mark Elvin (Hrsg.), *Sediments of Time: Environment and Society in Chinese History*, Cambridge 1998.

Schrift: John de Francis, *The Chinese Language: Fact and Fantasy*, Honolulu 1984, räumt mit allen Mythen auf; zur Entstehung der chinesischen Schrift: William G. Boltz, *The Origin and Early Development of the Chinese Writing System*, New Haven 1994; zu ihrer Rezeption im Westen: Michael Friedrich, »Chiffren oder Hieroglyphen? Die chinesische Schrift im Abendland«, in: Jan und Aleida Assmann (Hrsg.), *Hieroglyphen. Stationen einer anderen abendländischen Grammatologie*, München 2003, 89–116.

Zahlen: Endymion Wilkinson, *Chinese History: A Manual*, Cambridge (Mass.) [2]2000, Kap. 5–7.

Das Buch der Lieder: Nach wie vor die schönste deutsche Übersetzung: Victor v. Strauß, *Schî-kîng. Das kanonische Liederbuch der Chinesen*, Heidelberg 1880; eine klassische Studie: Marcel Granet, *Fêtes et Chansons anciennes de la Chine*, Paris 1919; und eine moderne: Chen Zhi, *The Shaping of the Book of Songs: From Ritualization to Secularization*, Sankt Augustin 2007.

Die chinesische Sprache: John DeFrancis, *The Chinese Language: Fact and Fantasy*, Honolulu 1984; Jerry Norman, *Chinese*, Cambridge 1988.

Aberglaube: Michael Loewe, *Chinese Ideas of Life and Death*, London 1982; ders., *Divination, mythology and monarchy in Han China*, Cambridge 1994; Poo Mu-chou, *In Search of Personal Welfare: A View of Ancient Chinese Religion*, New York 1998; Richard J. Smith, *Fortune-tellers and Philosophers: Divination in Traditional Chinese Society*, Boulder 1991.

Die Gesänge von Chu: David Hawkes, *The Songs of the South: An Anthology of Ancient Chinese Poems by Qu Yuan and Other Poets*, Harmondsworth 1985; Michael Schimmelpfennig, *Qu Yuans Weg vom »wahren Menschen« zum wirklichen Dichter: Der Han-zeitliche Kommentar von Wang Yi zum »Lisao« und den Liedern von Chu*, Ann Arbor 2000.

Die Große Mauer: Arthur Waldron, *The Great Wall of China: From History to Myth*, Cambridge 1990, räumt mit Mythen auf; eine solide, reich illustrierte Darstellung ist Hans-Wilm Schütte, *Chinas große Mauer: Die Wiederentdeckung eines Weltwunders*, München 2002.

Kaiser: Jonathan D. Spence, *Ich, Kaiser von China: Ein Selbstporträt des Kangxi-Kaisers*, Frankfurt a. M. 1985; Ray Huang, *1587, ein Jahr wie jedes andere: Der Niedergang der Ming*, Frankfurt a. M. 1986; Pu Yi, *Ich war Kaiser von China*, München 1973.

Geschichtsschreibung: W. G. Beasley / Edwin G. Pulleyblank, *Historians of China and Japan*, London 1961; Helwig Schmidt-Glintzer / Achim Mittag / Jörn Rüsen (Hrsg.), *Historical Truth, Historical Criticism, and Ideology*, Leiden 2005; Kai Vogelsang, *Geschichte als Problem. Entstehung, Formen und Funktionen von Geschichtsschreibung im Alten China*, Wiesbaden 2007; Dorothee Schaab-Hanke, *Der Geschichtsschreiber als Exeget: Facetten der frühen chinesischen Historiographie*, Gossenberg 2010.

Kanonische Schriften: Michael Nylan, *The Five »Confucian« Classics*, New

Haven 2001. Klassische Übersetzungen sind die von: James Legge, *The Chinese Classics*, 5 Bde., London 1861–72; Richard Willhelm, *I Ging. Das Buch der Wandlungen*, 3 Bde., Jena 1924; ders., *Li Gi: Das Buch der Sitte*, Jena 1930; auf dem neuesten Stand ist: Dennis Schilling, *Yijing – Das Buch der Wandlungen*, Frankfurt a. M. 2009.

Erfindungen: Joseph Needham, *Science and Civilisation in China*, bislang 24 Bde., Cambridge 1954 ff.; kurzgefasst in: Robert K. G. Temple, *Das Land der fliegenden Drachen*, Bergisch Gladbach 1990.

Die Seidenstraßen: Frances Wood, *The Silk Road; Two Thousand Years in the Heart of Asia*, Berkeley 2002; Thomas O. Höllmann, *Die Seidenstraße*, München 2004.

Religiöser Daoismus: Klassische Einführungen sind Homer Welch / Anna Seidel (Hrsg.), *Facets of Taoism*, New Haven 1979, und Isabelle Robinet, *Geschichte des Taoismus*, München 1995; neuere Perspektiven bieten Timothy H. Barrett, *Taoism under the T'ang*, London 1996, und Stephen R. Bokenkamp, *Ancestors and Anxiety: Daoism and the Birth of Rebirth in China*, Berkeley 2007.

Bildsteine: Das Korpus dokumentiert Käthe Finsterbusch, *Verzeichnis und Motivindex der Han-Darstellungen*, 4 Bde., Wiesbaden 1966–2004; Überlegungen dazu: Hans Stumpfeldt, »Zwischen Seelenreisen und Lebensfreude: Seitenblicke auf die Grabkunst der Han-Zeit«, in: Hannelore Dreves [u.a.] (Hrsg.), *Kotobuki. Festschrift zu Ehren von Ursula Lienert*, Gossenberg 2009, S. 45–61.

Papier: Tsien Tsuen-hsuin, *Science and Civilisation in China*, Vol. 5.1: *Paper and Printing*, Cambridge 1985; ders., *Written on Bamboo and Silk: The Beginnings of Chinese Books and Inscriptions*, Chicago [2]2004, Kap. 7.

Das buddhistische Pantheon: Alice Getty, *The Gods of Northern Buddhism*, Rutland 1962; Heinz Bechert / Richard Gombrich, *Die Welt des Buddhismus*, München 1984; Hans Wolfgang Schumann, *Buddhistische Bilderwelt: Ein ikonographisches Handbuch des Mahāyāna- und Tantrayāna-Buddhismus*, Köln 1986.

Grottentempel: Mizuno Seiichi / Nagahiro Toshio, *Yun-Kang. The Buddhist Cave Temples of the Fifth Century A. D. in North China*, 32 Bde., Kyoto 1952–56; James Oliver Caswell, *Written and Unwritten: A New History of the Buddhist Caves at Yungang*, Vancouver 1988; Jan van Alphen, *The Buddha in the Dragon Gate: Buddhist Sculpture of the 5th–9th Centuries from Longmen, China*, Antwerpen 2001; Amy McNair, *Donors of Longmen: Faith, Politics, and Patronage in Medieval Chinese Buddhist Sculpture*, Honolulu 2007.

Städte: G. William Skinner (Hrsg.), *The City in Late Imperial China*, Stanford 1977; Alfred Schinz, *The Magic Square; Cities in Ancient China*. Stuttgart/London 1996. Nancy S. Steinhardt, *Chinese Imperial City Planning*, Honolulu 1990; Kai Vöckler / Dirk Luckow (Hrsg.), *Peking, Shanghai, Shenzhen: Städte des 21. Jahrhunderts*, Frankfurt a. M. 2000; Ding Lu (Hrsg.), *The Great Urbanization of China*, Singapur 2011.

Wasser: Karl A. Wittfogel, *Oriental Despotism: A Comparative Study of Total Po-*

wer, New Haven 1957: Klaus Flessel, *Der Huang-ho und die historische Hydrotechnik in China*, Tübingen 1974; Iwo Amelung, *Der Gelbe Fluß in Shandong (1851–1911). Überschwemmungskatastrophen und ihre Bewältigung im China der späten Qing-Zeit*, Wiesbaden 2000; Eva Sternfeld, *Beijing: Stadtentwicklung und Wasserwirtschaft*, Berlin 1997.

Recht: Liu Yongping, *Origins of Chinese Law*, Hongkong 1998; Ch'ü T'ung-tsu, *Law and society in traditional China*, Paris 1961; Derk Bodde / Clarence Morris, *Law in Imperial China: Exemplified by 190 Ch'ing Dynasty Cases*, Cambridge (Mass.) 1967; Wallace Johnson, *The T'ang Code*, 2 Bde., Princeton, 1979/97; Frank Münzel, *Das Recht der Volksrepublik China*, Darmstadt 1982; Harro von Senger, *Einführung in das chinesische Recht*, München 1994.

Dunhuang: Aurel M. Stein, *Serindia: Detailed Report of Explorations in Central Asia and Westernmost China*, 5 Bde., London/Oxford 1921; Roderick Whitfield, *Dunhuang: die Höhlen der klingenden Sande*, 2 Bde., München 1995.

Frauen: Christina Gilmartin [u.a.] (Hrsg.), *Engendering China*, Cambridge (Mass.) 1994; Tao Jie [u.a.] (Hrsg.), *Holding up Half the Sky: Chinese Women Past, Present, and Future*, New York 2004; Gail Hershatter, *Women in China's Long Twentieth Century*, Berkeley 2007; Marc Nürnberger, *Sanfte und mächtige Frauen aus China*, München 2009; zum Füßebinden: Wang Ping, *Aching for Beauty: Footbinding in China*, New York 2002.

Tee: John C. Evans, *Tea in China: The History of China's National Drink*, New York 1992; Beatrice Hohenegger, *Liquid Jade: The Story of Tea from East to West*, New York 2006.

Japan und China: Basil Hall Chamberlain, *ABC der japanischen Kultur*, Zürich 1990; G. B. Sansom, *Japan: A Short Cultural History*, Stanford 1978.

Buchdruck: Thomas F. Carter, *The Invention of Printing in China and Its Spread Westward*, New York 1925; Denis Twitchett, *Druckkunst und Verlagswesen im mittelalterlichen China*, Wiesbaden 1994; Cynthia J. Brokaw / Chow Kai-wing (Hrsg.), *Printing and Book Culture in Late Imperial China*, Berkeley 2005; Timothy H. Barrett, *The Woman who Discovered Printing*, New Haven 2008; Cynthia J. Brokaw / Christopher A. Reed (Hrsg.), *From Woodblocks to the Internet: Chinese Publishing and Print Culture in Transition, circa 1800 to 2008*, Leiden 2010.

Seefahrt: Joseph Needham [u. a.], *Science and Civilisation in China*, Vol. 4.3: *Civil Engineering and Nautics*, Cambridge 1971; Louise Levathes, *When China Ruled the Seas: The Treasure Fleet of the Dragon Throne 1405–1433*, New York 1994; Roderich Ptak, *Die maritime Seidenstraße: Küstenräume, Seefahrt und Handel in vorkolonialer Zeit*, München 2007.

Prüfungen: Miyazaki Ichisada, *China's Examination Hell*, New York 1976; John W. Chaffee, *The Thorny Gates of Learning in Sung China*, Albany 1995; Thomas H. C. Lee, *Government Education and Examinations in Sung China*, Hong Kong 1985; Benjamin A. Elman, *A Cultural History of Civil Examinations in Late Imperial China*, Berkeley 2000.

Porzellan: J. Carswell [u.a.], *Blue and White: Chinese Porcelain and Its Impact on the Western World*, Chicago 1985; Soame Jenyns, *Ming Pottery and Porcelain*, London 1953; ders., *Later Chinese Porcelain: The Ch'ing Dynasty (1644–1912)*, London 1954.

Sklaven: C. M. Wilbur, *Slavery in China during the Former Han Dynasty*, Chicago 1943; Eduard Erkes, *Das Problem der Sklaverei in China*, Berlin 1952; Thomas Thilo, »Das Bild der Sklaverei in der chinesischen Erzählungsliteratur der Tang-Zeit«, in: *Altorientalische Forschungen* 10 (1983), 319–386.

Speisen: K. C. Chang (Hrsg.), *Food in Chinese Culture*, New Haven 1977; Thomas O. Höllmann, *Schlafender Lotos, trunkenes Huhn: Kulturgeschichte der chinesischen Küche*, München 2010.

Seuchen: Carol Benedict, *Bubonic Plague in Nineteenth-Century China*, Stanford 1996; Ole J. Benedictow, *The Black Death, 1346–1353: The Complete History*, Woodbridge 2006; Kenneth F. Kiple (Hrsg.), *The Cambridge World History of Human Disease*, Cambridge 1993.

Tibet: David Snellgrove / Hugh Richardson, *A Cultural History of Tibet*, Boston 1986; Melvyn C. Goldstein, *A History of Modern Tibet*, 2 Bde., Berkeley 1989/2007; Anne-Marie Blondeau / Katia Buffetrille (Hrsg.), *Authenticating Tibet: Answers to China's 100 Questions*, Berkeley 2008.

Beijing: Juliet Bredon, *Peking: A Historical and Intimate Description of its Chief Places of Interest*, Shanghai 1922; Susan Naquin, *Peking: Temples and City Life, 1400–1900*, Berkeley 2000; Jasper Becker, *City of Heavenly Tranquility: Beijing in the History of China*, Oxford 2008; Wang Jun, *Beijing Record*, Singapur 2011.

Tribut: John K. Fairbank (Hrsg.), *The Chinese World Order*, Cambridge (Mass.) 1968; Wolfgang Bauer (Hrsg.), *China und die Fremden*, München 1980; Zhang Feng, »Rethinking the ›Tribute System‹«, in: *Chinese Journal of International Politics* 2 (2009), 545–574.

Suzhou: Liu Tun-chen, *Chinese Classical Gardens of Suzhou*, New York 1993; Michael Marmé, *Suzhou: Where the Goods of all the Provinces Converge*, Stanford 2005; Peter J. Carroll, *Between Heaven and Modernity: Reconstructing Suzhou, 1895–1937*, Stanford 2006.

Societas Iesu: Arnold H. Rowbotham, *Missionary and Mandarin: The Jesuits at the Court of China*, Berkeley 1942; Li Wenchao, *Die christliche Chinamission im 17. Jahrhundert*, Stuttgart 2000; N. Standaert (Hrsg.), *Handbook of Christianity in China*, Vol. 1: *635–1800*, Leiden 2001; David E. Mungello, *The great encounter of China and the West, 1500–1800*, Lanham [2]2005.

Korruption: Adam Y. C. Lui, *Corruption in China during the early Ch'ing period, 1644–1660*, Hong Kong 1979; Siegfried Klaschka, »Systemstabilisierung durch Korruption: Zur Funktionalität von Normenverletzungen im alten China«, in: *Oriens Extremus* 41 (1998/99), 105–125; Julia Kwong, *The Political Economy of Corruption in China*, Armonk 1997.

Manjurisch: B. Spuler (Hrsg.), *Handbuch der Orientalistik*, 1. Abt., Bd. 5.3: *Tun-*

gusologie, Leiden 1968; Martin Gimm, »Die Literatur der Manjuren«, in: Günther Debon (Hrsg.), *Ostasiatische Literaturen*, Wiesbaden 1984, 193–216; Pamela K. Crossley / Evelyn S. Rawski, »A Profile of the Manchu Language in Ch'ing History«, in: *Harvard Journal of Asiatic Studies* 53 (1993), 63–102; Liliya M. Gorelova, *Manchu Grammar*, Leiden 2002.

Auslandschinesen: Lynn Pan, *Sons of the Yellow Emperor: A History of the Chinese Diaspora*, Boston 1990; dies., *The Encyclopedia of the Chinese Overseas*, Singapur 1998; Flemming Christiansen, *Chinatown Europe*, London 2003; Pierre Picquart, *L'Empire chinois: Histoire et actualité de la diaspora chinoise*, Lausanne 2004.

Opium: Timothy Brook / Bob Tadashi Wakabayashi, *Opium Regimes: China, Britain, and Japan, 1839–1952*, Berkeley, 2000; Alan Baumler (Hrsg.), *Modern China and Opium: A Reader*, Ann Arbor 2002; ders., *The Chinese and Opium under the Republic*, New York 2007; Frank Dikötter, *Narcotic Culture: A History of Drugs in China*, London 2004.

Shanghai: Linda Cooke Johnson, *Shanghai: From Market Town to Treaty Port, 1074–1858*, Stanford 1995; Marie-Claire Bergère, *Histoire de Shanghai*, Paris 2002; Brunhild Staiger (Hrsg.), *Shanghai – Hamburgs Partnerstadt in China*, Hamburg 2002; Jeffrey N. Wasserstrom, *Global Shanghai, 1850–2010: A History in Fragments*, London 2009.

Hongkong: Helmut Martin, *Hongkong: Strategien des Übergangs*, Frankfurt a. M. 1997; Michael Ingham, *Hong Kong: A Cultural History*, Oxford 2007; Leo Ou-fan Lee, *City Between Worlds: My Hong Kong*, Cambridge (Mass.) 2008.

Sport: James Riordan / Robin Jones (Hrsg.), *Sport And Physical Education in China*, London / New York 1999; Andrew D. Morris, *Marrow of the Nation: A History of Sport and Physical Culture in Republican China*, Berkeley 2004; Volker Klöpsch [u.a.] (Hrsg.), *Sport in China: Beiträge aus interdisziplinärer Sicht*, Köln 2008.

Zivilisation: Henrietta Harrison, *The Making of the Republican Citizen: Political Ceremonies and Symbols in China, 1911–1929*, Oxford 2000; Kristin Stapleton, *Civilizing Chengdu: Chinese Urban Reform, 1895–1937*, Cambridge (Mass.) 2000.

Moderner Neukonfuzianismus: Mou Zongsan, *Spécificités de la philosophie chinoise*, Paris 2003; John Makeham, *Lost Soul: »Confucianism« in Contemporary Chinese Academic Discourse*, Cambridge (Mass.) 2008; Daniel A. Bell, *China's New Confucianism: Politics and Everyday Life in a Changing Society*, Princeton 2008; Régine Pietra, *La Chine et le Confucianisme aujourd' hui*, Paris 2008.

Zhongnanhai: Li Zhisui, *Ich war Maos Leibarzt*, Bergisch Gladbach 1994.

Regierung: Sebastian Heilmann, *Das politische System der Volksrepublik China*, Wiesbaden [2]2004; June Teufel Dreyer, *China's Political System: Modernization and Tradition*, New York [7]2010; Richard McGregor, *The Party: The Secret World of China's Communist Leaders*, New York 2010.

Nationale Minderheiten: Colin Mackerras, *China's Minorities: Integration and Modernization in the Twentieth Century*, Hongkong 1994; Gardner Bovingdon, *The*

Uyghurs: Strangers in Their Own Land, New York 2010; Thomas Shawn Mullaney, *Coming to Terms with the Nation: Ethnic Classification in Modern China*, Berkeley 2011.

Natur: Mark Elvin (Hrsg.), *Sediments of Time: Environment and Society in Chinese History*, Cambridge 1998; ders., *The Retreat of the Elephants: An Environmental History of China*, New Haven 2004; Judith Shapiro, *Mao's War against Nature*, Cambridge 2001.

Die Dritte Front: Barry Naughton, »The Third Front Defence Industrialization in the Chinese Interior«, in: *China Quarterly* 115 (1988), 351–386.

Umformung durch Arbeit: Harry Wu, *Laogai: The Chinese Gulag*, Boulder 1992; Jean-Luc Domenach, *Der vergessene Archipel: Gefängnisse und Lager in der Volksrepublik China*, Hamburg 1995; Kate Saunders, *Eighteen Layers of Hell: Stories from the Chinese Gulag*, London 1996.

Taiwan: Oskar Weggel, *Die Geschichte Taiwans: Vom 17. Jahrhundert bis heute*, Köln 1991; Murray A. Rubenstein (Hrsg.), *Taiwan: A New History*, Armonk 1999.

Sinologie: Herbert Franke, *Sinologie an deutschen Universitäten*, Wiesbaden 1968; José Frèches, *La Sinologie*, Paris 1975; Helmut Martin / Christiane Hammer (Hrsg.), *Chinawissenschaften – deutschsprachige Entwicklungen*, Hamburg 1999; Hans-Wilm Schütte, *Die Asienwissenschaften in Deutschland: Geschichte, Stand und Perspektiven*, Hamburg ^{2}2004; Helwig Schmidt-Glintzer, *Sinologie und das Interesse an China*, Stuttgart 2007.

Mao-Kult: Min Anchee [u.a.], *Chinese Propaganda Posters*, Köln 2003; Helen Wang, *Chairman Mao Badges: Symbols and Slogans of the Cultural Revolution*, London 2008; Daniel Leese, *Mao Cult: Rhetoric in China's Cultural Revolution*, Cambridge 2011.

Schließlich sei daran erinnert, dass sich die Geschichte Chinas nicht nur in wissenschaftlicher Fachliteratur studieren lässt, sondern auch in der Belletristik – weniger systematisch und faktentreu zwar, dafür aber umso fesselnder. Die klassischen Romane der Ming und Qing: *Die drei Reiche*, übers. von Franz Kuhn, Berlin 1940, *Die Räuber vom Liang Schan Moor*, übers. von Franz Kuhn, Leipzig 1934, *Djin Ping Meh*, übers. von Artur und Otto Kibat, 6 Bde., Hamburg 1967, *Monkey's Pilgerfahrt*, übers. von Arthur Waley, Georgette Boner und Maria Nils, Zürich 1947, sowie *Der Traum der Roten Kammer*, übers. von Rainer Schwarz und Martin Woesler, 3 Bde., Berlin 2006–09, liegen in (teilweise bearbeiteten oder gekürzten) deutschen Übersetzungen vor; sehr lesenswert sind auch zur späten Qing-Zeit: Shen Fu, *Sechs Aufzeichnungen über ein unstetes Leben*, übers. von Feng Qiyong, Hanau 1989; Wu Jingzi, *Der Weg zu den Weißen Wolken*, übers. von Yang Enlin und Gerhard Schmitt, 2 Bde., München 1990; Wu Wo-yao, *Vignettes from the late Ch'ing*, übers. von Liu Shih Shun, Hong Kong 1975. Aus der Fülle der Literatur des 20. Jahrhunderts seien nur genannt: das epische Werk von Chang Jung, *Wilde Schwäne: Die Geschichte einer Fa-*

Dieses Buch habe ich gerade bestellt aus zweiter Hand

milie, übers. von Andrea Galler und Karlheinz Dürr, München 1991; sowie zur Republikzeit: Lao She, *Rikschakuli*, übers. von Florian Reissinger, Frankfurt a. M. 1987; Ba Jin, *Die Familie*, Berlin 2002; Eileen Chang: *Gefahr und Begierde*, übers. von Susanne Hornfeck, Wang Jue und Wolf Baus, Berlin 2008; Mo Yan, *Das rote Kornfeld*, übers. von Peter Weber-Schäfer, Reinbek 1993; Qian Zhongshu, *Die umzingelte Festung*, übers. von Monika Motsch, Frankfurt a. M. 1988; zwei der eindrücklichsten Memoiren zur Kulturrevolution: Ma Bo, *Blood Red Sunset*, übers. von Howard Goldblatt, London 1995; Rae Yang, *Spider Eaters*, Berkeley 1997; vom Alltag des einfachen Volkes berichten Zhang Xinxin und Sang Ye, *Pekingmenschen*, hrsg. von Helmut Martin, München 1989; Liao Yiwu, *Fräulein Hallo und der Bauernkaiser*, übers. von Hans Peter Hoffmann und Brigitte Höhenrieder, Frankfurt a. M. 2009.

Die Schriftstellerin Ding Ling (1928 Tagebuch der Sophia) hat den Frauen ihrer Gen. ein Denkmal gesetzt – mit all ihren Sehnsüchten, Frustrationen, Begierden und Pathologien

S. 506

Dank

»Wenn ein Buch geschrieben wird, muss es an mehrere gute Freunde des Autors gehen, die seine Vorzüge und Mängel kritisch prüfen, bevor es unbegrenzt zirkuliert«: das wussten schon die Gelehrten der Qing-Zeit. Auch zum Entstehen dieses Buchs haben Freunde und Kollegen mit unzähligen Anregungen, wohlwollender Ermunterung und treffender Kritik beigetragen. Ihnen allen möchte ich herzlich danken: Thomas Höllmann, Maria Khayutina, Hans van Ess, Sarah Kirchberger und Michael Zimmermann, die jeweils Teile des Buchs kritisch gelesen und mir wertvolle Hinweise gegeben haben; Frank Kraushaar, der mit seinen feinfühligen Übersetzungen chinesischer Gedichte meine Prosa ungemein bereichert hat; den Teilnehmerinnen und Teilnehmern meiner Seminare für die lebhaften Diskussionen über Entwürfe des Textes; sowie Karin Weischenberg und Heike Lee, die das Manuskript mit unbestechlichem Blick von zahlreichen Fehlern bereinigt haben. Ganz besonders danke ich meiner Familie für ihre liebevolle Unterstützung: meiner Frau Sybille, die mir jahrelang den Rücken für dieses Projekt freigehalten und dabei meine Schrullen geduldig ertragen hat, meinen Töchtern Philine und Charlotte, die allzu oft auf Zeit mit ihrem Papa verzichten mussten, und meinen Eltern, die so häufig unterstützend eingesprungen sind. Vor allem aber danke ich meinem Lehrer, Kollegen und Amtsvorgänger, Hans Stumpfeldt, der nicht nur ein, sondern alle Kapitel des Manuskripts sorgfältig gelesen, gedankenreich kommentiert und mir in vielen Gesprächen unschätzbare Hilfe geleistet hat.

Nachweis der Karten und Abbildungen

Asien-Afrika-Institut, Hamburg / Fotoarchiv: Farbabb. 3, 4, 6. – British Museum, London: S. 70 (Group of bronze vessels, Shang Dynasty, China) © The Trustees of the British Museum. – Martin Völlm, Ditzingen: S. 19, 64, 105, 143, 184, 220, 249, 305, 361, 381, 429, 517, 527, 587. – Karin Weischenberg, Hamburg: S. 504.

Der Verlag Philipp Reclam jun. dankt den Rechteinhabern für die Reproduktionsgenehmigung. Nicht nachgewiesene Abbildungen entstammen den Archiven des Verlags und des Autors. In einigen Fällen konnten die Rechteinhaber nicht ermittelt werden. Hier ist der Verlag bereit, nach Anforderung rechtmäßige Ansprüche abzugelten.

Register

Zum Autor

Kai Vogelsang, geb. 1969 in Hamburg, studierte Sinologie und Volkswirtschaftslehre in Hamburg und Taipeh. 1997 Promotion in Hamburg. 1999 bis 2006 Wissenschaftlicher Assistent der Sinologie an der Ludwig-Maximilians-Universität München. 2004 Habilitation in den Fächern Sinologie und Manjuristik in München. 2006 bis 2008 Forschungsaufenthalt in Kyôto als Heisenberg-Stipendiat der DFG. Seit 2008 Professor für Sinologie an der Universität Hamburg.

Monographien: *Feng Kuei-fen und sein Chiao-Pin lu k'ang-i*, Hamburg 2001; *Geschichte als Problem: Studien zur Geschichtsschreibung im Alten China*, Wiesbaden 2007; *Shangjun shu – Schriften des Fürsten von Shang*, Stuttgart: Kröner Verlag, 2017. Mitherausgeber der Zeitschrift *Oriens Extremus*.

1 Bauchpanzer einer Schildkröte und Schulterblatt eines Rindes, Anyang, 13. Jh. v. Chr. Auf dem Bauchpanzer sind acht Orakelinschriften verteilt, auf dem Schulterblatt sind deutlich Bohrungen für die Pyromantik zu erkennen.

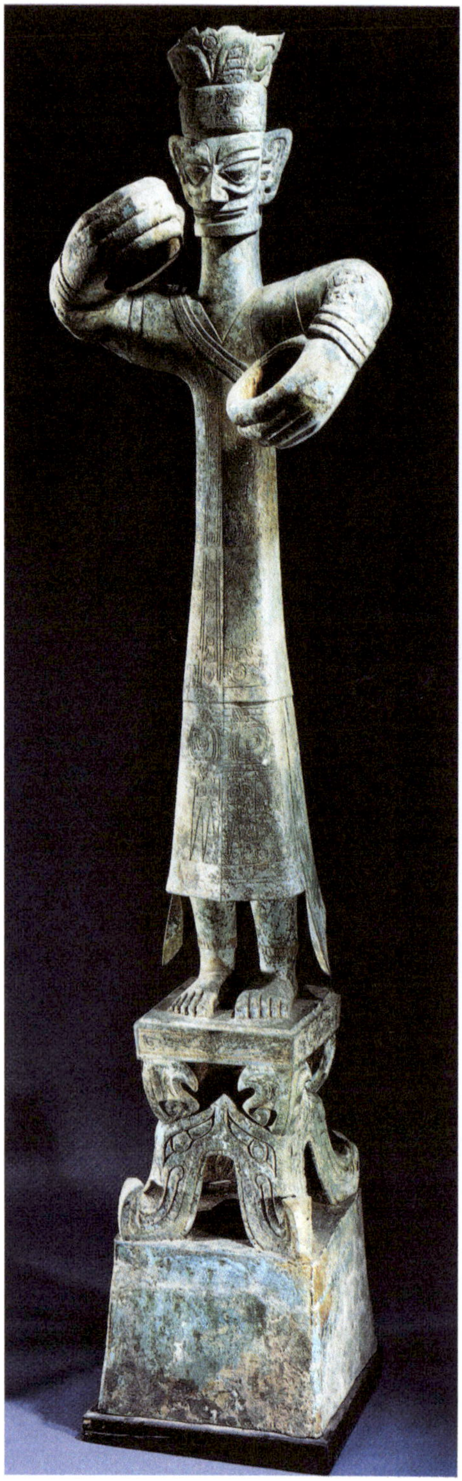

2 Bronzen aus Sanxingdui, Sichuan, etwa 13.–10. Jh. v. Chr. Ein Menschenkopf mit Goldauflage (Höhe: 48,5 cm), und ein stehender Mann (Höhe: 262 cm), der vielleicht einst den Stoßzahn eines Elefanten in Händen hielt.

3 Bronzesatz der Shang-Zeit (12. Jh. v. Chr.): Die meisten der Gefäße dienten der Zubereitung und dem Servieren von Wein, die runden Dreifüße und der Kessel im Vordergrund sind Speisgefäße. Alle Gefäße haben zoomorphen Dekor: Widder, Drachen, Zikaden und die *taotie*-Maske.

4 Die Terracotta-Armee des Ersten Kaisers der Qin; Truppen aus Grube 1. Die lebensgroßen Soldaten haben ihre Waffen und ihre ursprünglich bunte Bemalung schon lange verloren.

5 Daoistische Götter: der »Stern des Glücks«, der »Stern des Einkommens« und der »Stern langen Lebens« mit einem Bannerträger auf Wolken wandelnd. Hängerolle, Tusche und Farben auf Seide, 15. Jh.

6 Mittelasiatischer Unterhaltungskünstler auf einem Kamel; glasierter Ton, Tang-Zeit.

7 Zhang Zeduans »Qingming shanghe tu« zeigt das städtische Leben in Kaifeng: ein dreistöckiges Weinhaus mit Ziervorbau, davor allerlei Höker, ein Geschichtenerzähler, der eine Menge um sich schart, Imbissbuden, Gaukler, Wahrsager und Nippesverkäufer, Lastenträger, schwerbeladene Schub- und Zugkarren, Gelehrte hoch zu Roß, Ausflügler in Sänften, Kinder und Flaneure – und ganz am Ende eine Arztpraxis, die darauf spezialisiert ist, Alkoholkater zu kurieren …

正店

8 Vier Arbeitsschritte bei der Seidengewinung: Baden der Eier des Seidenspinners (o.l.), Pflücken von Maulbeerbaumblättern als Futter für die Raupen (o.r.), Anwärmen der Hürden für die Raupen (u.l.) und das Baden der Kokons vor dem Abhaspeln.

9 Chinesische Gelehrte entwickelten ab der Song-Zeit ein antiquarisches Interesse an alten Bronzegefäßen und ihren Inschriften. Mit der Wertschätzung dieser Gefäße stieg auch die Zahl der Fälschungen, die Wissenschaftlern bis heute Probleme bereiten. Tuschebild von Qiu Ying (16. Jh.).

10 Die Große Mauer nördlich von Beijing. Während dieser Abschnitt für den Tourismus restauriert ist, sind die meisten Teile der Mauer stark verfallen.

11 Das »Fünf-Pagoden-Tor« am Eingang zum Putuo zongcheng-Tempel in Jehol, einem Nachbau des Potala von Lhasa. Die Anlage, eine der »acht äußeren Tempel« des Lamaismus in Jehol, wurde 1771, zum 60. Geburtstag von Kaiser Qianlong, vollendet.

12 Torschild in Jehol. Während Schilder und Inschriften der Qing in Beijing meist zweisprachig waren, wurden sie in Jehol viersprachig ausgeführt: auf manjurisch, chinesisch, tibetisch und mongolisch (v.l.n.r.). Sie erinnern daran, dass das Reich der Qing ein Vielvölkerreich war, das weit über China hinausreichte.

13 Die »Ostgräber« der Qing, 125 km von Beijing entfernt: Die mehr als 2000 km^2 große Anlage mit den Gräbern von fünf Kaisern und rund 150 kaiserlichen Frauen erinnert noch heute an die Pracht des letzten Kaiserhauses.

14 Das Friedensdiktat von Shimonoseki, 1895: links vorne der chinesische Chefunterhändler, Li Hongzhang, rechts die japanischen Gesandten Mutsu Munemitsu (stehend) und Itō Hirobumi (sitzend). Auch an der Kleidung wird der unterschiedliche Stand der Modernisierung in China und Japan deutlich.

15 Propagandaposter der Volkskommune von Dazhai, von der in den 1960er Jahren die Landwirtschaft in ganz Chinas »lernen« sollte. Später entpuppten sich die blühenden Landschaften von Dazhai als Propagandalüge.

大海航行靠舵手 干革命靠毛泽东思想

毛主席最新指示

全面落实伟大领袖毛主席最新指示
夺取无产阶级文化大革命全面胜利

黑龙江日報

大海航行靠舵手
干革命靠毛泽东思想

黑龙江日報

紅太阳普照黑龙江 颗颗紅心向着紅太阳

参加省第二次活学活用毛泽东思想积极分子代表大会代表热情颂扬伟大领袖毛主席

毛主席啊：我们从心眼里热爱您，永远忠于您

突出一个"忠"字 狠抓一个"用"字 大树一个"群"字

掀起活学活用毛泽东思想群众运动新高潮

把全省办成紅彤彤的毛泽东思想大学校

省第二次活学活用毛泽东思想积极分子代表大会胜利閉幕

大会通过给毛主席的致敬电、致林副主席的决心书和大会倡议书

黑龙江日報

中国人民解放军的缔造者 伟大的统帅毛主席万岁！

黑龙江日報

纪念中国人民解放军建军四十周年
伟大的中国人民解放军万岁！

16 Mao Zedong in Zeitungen. In den 1960er und 1970er Jahren war Maos Konterfei – meist im revolutionären Rot unterlegt – allgegenwärtig, ebenso seine Zitate: Manchmal finden sich gleich Dutzende davon auf der Titelseite einer Zeitung.

17 Beijinger Hutong-Viertel, 2008. Die meisten dieser Gässchen und ihre traditionellen Hofhäuser, die einst typisch für Beijing waren, sind seit den 1950ern arg heruntergekommen und wurden in den letzten Jahrzehnten vollends abgerissen.

18 Der chinesische Pavillon der EXPO 2010, in der Form eines hölzernen Kapitells der chinesischen Palastarchitektur, symbolisiert die Verbindung von Tradition und Moderne. Noch heute besuchen täglich Tausende seine Ausstellung über ein fröhliches, sauberes, modernes China.

19 Shanghai modern: Vor dem Hintergrund des Jinmao-Gebäudes und des World Financial Center von Pudong steht das traditionsreiche Yuyuan-Teehaus in der alten »Chinesenstadt«. Deren kitschig erneuerte Gebäude sind jedoch keineswegs älter als die Wolkenkratzer im Hintergrund.